D1929221

Lektorat Bernd Gottwald

Unsere technisierte und automatisierte Arbeitswelt steht dem Bedürfnis nach ausreichender Bewegung und ungezwungener Kommunikation oft entgegen. Um so wichtiger ist für unser Leben der Sport geworden: als gezieltes Fitnessprogramm, als Freizeitgestaltung oder als gemeinschaftsförderndes Spiel.

Die *rororo Sportbücher* zeigen Wege auf, wie man allein oder in der Gruppe zu einer sinnvollen körperlichen Betätigung kommt. Sie informieren den Anfänger und geben Anleitungen für den Freizeitsportler, enthalten Lehr- und Übungsprogramme für den Fortgeschrittenen und stellen dem Lehrer methodisch wie didaktisch erprobte Unterrichtsmaterialien bereit.

Die in regelmäßiger Folge erscheinenden Bände runden sich zu einer in sich geschlossenen Sportbibliothek ab.

Lexikon Trainingslehre

Von Abhärtung bis Zyklus

Ulrich Jonath (Hg.)

Unter Mitarbeit von
Thomas Kurschilgen, Rainer Schrey,
Norbert Stein, Wolfgang Debus,
Olaf Glaeseker, Uwe Mäde,
Harald Müller

Rowohlt

Lexikon Nc 255

Originalausgabe

Layout Angelika Weinert
Umschlagentwurf Werner Rebhuhn (Abbildung R. O. S.
Werbeagentur GmbH, München)
Veröffentlicht im Rowohlt Taschenbuch Verlag GmbH,
Reinbek bei Hamburg, September 1986
Copyright © 1986 by Rowohlt Taschenbuch Verlag GmbH,
Reinbek bei Hamburg
Satz Times (Linotron 202)
Gesamtherstellung Clausen & Bosse, Leck
Printed in Germany
1680-ISBN 3 499 17638 6

Süddeutscher Rundfunk
Anstalt des öffentlichen Rechts
BIBLIOTHEK

1986-G-621

Vorwort

Die Bemühungen um die Klarheit der Begriffe in Theorie und Praxis der Sportwissenschaft werden international durch das «Internationale Büro für Dokumentation und Information des Weltrates für Sport und Leibeserziehung» und auf nationaler Ebene durch das «Bundesinstitut für Sportwissenschaft», Köln, vorangetrieben. In ungezählten Veröffentlichungen finden diese Anstrengungen ihren sichtbaren Niederschlag.

Die Trainingslehre als «angewandte Wissenschaft» wird hierbei einerseits als interdisziplinäres Teilgebiet der Sportwissenschaft verstanden, andererseits ist seit einigen Jahren eine erhebliche Ausgliederung erfolgt. Nach Harre umfaßt sie folgende Gebiete: Ziele, Aufgaben und Grundlagen des sportlichen Trainings, die Entwicklung des Trainingszustands, Grundsätze des Trainings, die sportliche Ausbildung im Trainingsprozeß, Planung, Auswertung und Organisation des Trainingsprozesses, spezielle Probleme der Vorbereitung auf sportliche Wettkämpfe sowie Hygiene und Ernährung des Leistungssportlers.

Infolge ihrer interdisziplinären Verflechtungen mit den verschiedenen Mutterdisziplinen stützt sich die Trainingslehre auf die Erfahrungen der Sportpraxis und die Ergebnisse sportwissenschaftlicher Untersuchungen, vornehmlich der Forschungsgebiete Sportmedizin, Leistungsphysiologie, Biomechanik, Bewegungslehre, Sportpädagogik, Sportpsychologie und Sportsoziologie. Sie kann daher als Kernstück der Sportwissenschaft gelten. Aus diesem Grunde scheint es durchaus gerechtfertigt, die Trainingslehre zum Gegenstand eines eigenständigen Lexikons zu erheben. Diese Arbeit kann daher auch als ein Beitrag zur Terminologie der Trainingslehre gewertet werden, jedoch nicht im philologischen Sinn. Die Aufgabe, die sich der Herausgeber gestellt hat, liegt vielmehr im *Erfassen* der Begriffe, im *Darstellen* und *Abgrenzen* der Sachinhalte sowie in einem enzyklopädischen *Speichern*. Dort, wo es geraten erscheint, werden Synonyma gegeneinander abgewogen.

Besonders gedankt sei meinen Mitarbeitern Thomas Kurschilgen, Rainer Schrey und Norbert Stein; ebenso haben Wolfgang Debus, Olaf Glaeseker, Uwe Mäde und Harald Müller zum Gelingen beigetragen. Auch dem Verlag gilt Dank für die engagierte Zusammenarbeit.
Dieser Versuch einer umfassenden Terminologie der Trainingslehre muß naturgemäß unvollständig sein. Daher ist die vorliegende Arbeit auf die anregende und ergänzende Mitarbeit aller Interessierten angewiesen; denn die Vollendung liegt im Detail.

Ulrich Jonath

Einführung

Dieses Wörterbuch verfolgt den Zweck, Fachwörter zu sammeln, zu ordnen und auf ihren Sachinhalt hin zu prüfen; durch diese klärende Wirkung soll es die korrekte Verständigung in Theorie und Praxis der Trainingslehre erleichtern und fördern.
Inhalt und Gliederung des Wörterbuchs werden dadurch bestimmt, daß verschiedene Wissenschaftsgebiete entscheidend zur Begründung und Klärung der Fachbegriffe der Trainingslehre beigetragen haben.
Als Arbeitsgrundlage diente dem Arbeitskreis vornehmlich der computererfaßte Pool der Begriffe zur Trainingswissenschaft des Bundesinstituts für Sportwissenschaft (BISp), Köln.
Bei der Auswahl der Stichwörter sowie der Ermittlung der auszuwertenden Literaturquellen hat sich Norbert Stein besonders verdient gemacht. Insgesamt sind über 450 Quellen der internationalen und nationalen Fachliteratur ausgewertet worden.
Zu Arbeitsmethode und System: Die Arbeitsgruppe erstellte zunächst ein Verzeichnis der Fachwörter; in einem zweiten Arbeitsschritt erfolgte die Auswahl der einschlägigen in- und ausländischen Literatur. Die auswertenden Mitarbeiter standen miteinander in Verbindung und berieten über die Aufnahme der einzelnen Fachwörter, ehe diese in dem von allen Mitarbeitern gebildeten Plenum erneut diskutiert wurden.

Die Fachwörter sind – alphabetisch geordnet – sachinhaltlich erläutert; auf eine Bewertung und Abgrenzung gegenüber Synonyma wird bewußt verzichtet.
Attribute stehen hinter dem Stichwort, z. B. findet man «intramuskuläre Koordination» unter: Koordination, intramuskuläre.
Innerhalb der inhaltlichen Erläuterung zu einem Stichwort wird der Begriff mit seinem Anfangsbuchstaben abgekürzt. Bei zusammengesetzten oder

aus mehreren Wörtern bestehenden Begriffen gilt dieser Buchstabe jeweils für den *kompletten* Begriff.

Zitate, Aussprüche etc. sind nur dann als solche gekennzeichnet, wenn innerhalb einer Definition mit vollständigem Wortlaut zitiert wird.

Synonyma stehen in Klammern und sind der Definition vorangestellt. Bei stichwortartig aufgeführten Synonyma verweist ein Pfeil auf das Fachwort.

Verweisungspfeile (→) deuten auf Fachwörter, die an anderer Stelle erläutert sind.

Mit s. a. (siehe auch) wird auf Begriffe verwiesen, die den Sachverhalt ergänzen.

Quellen- und Literaturhinweise, die eine eingehendere Bearbeitung der Begriffe erlauben, finden sich am Ende jedes Definitionstextes, wobei die Ordnungszahlen aus dem Literaturverzeichnis **fett**, die Seitenzahlen normal gedruckt sind. Zum vergleichenden Studium sind häufig mehrere Quellen aufgeführt.

A

Abhärtung Maßnahmen zur Verminderung der Anfälligkeit des Körpers gegenüber Erkältungskrankheiten. A. umfaßt u. a. Training der Hautgefäße auf Kälte- und Wärmereize. Dadurch soll z. B. erreicht werden, daß sich die Gefäße bei einem Kältereiz schnell verengen, um eine vermehrte Wärmeabgabe, d. h. eine Unterkühlung, zu vermeiden. Abhärtungsmaßnahmen sind u. a. Sonnenbäder, Luftbäder, Wechselbäder, Wechselduschen und Saunagänge. Beim Prozeß der A. sollte stets eine langsame Gewöhnung angestrebt werden.
[**116**, 271 f/**160**, 63]

Ablaufschnelligkeit, motorische Azyklische Erscheinungsform der → Kraft und → Aktionsschnelligkeit, s. a. → Schnelligkeit.
[**257**, 191]

Abtrainieren Training zur Wiederherstellung eines normalen Funktionszustands des Organismus im Anschluß an ein Hochleistungstraining oder eine andere Periode intensiver Belastung. Durch A. werden Regulationsstörungen, vornehmlich im kardiopulmonalen Bereich vermieden. A. wird auch als «Gewichtmachen», z. B. von Boxern und Ringern, durchgeführt, die nicht in einer höheren Gewichtsklasse starten wollen. Eine sukzessive Reduzierung von Umfang und Intensität des Trainings verhindert das Auftreten sogenannter → Entlastungssyndrome.
[**196**, 330]

Acetylcholin Chemische Substanz, die als Überträgerstoff zwischen einzelnen Nervenzellen sowie zwischen Nerven und quergestreifter Muskulatur wirkt, dort in der motorischen Endplatte.
[**182,** 26/**270**, 104 f/**391**]

Adaptation Funktionelle und strukturelle Anpassung des Organismus an Trainings- und Wettkampfbelastungen.
Nach Roux (1881) «ändert die stärkere Funktion die qualitative Beschaffenheit der Organe, indem sie die spezifische Leistungsfähigkeit derselben erhöht»; s. a. → Anpassung.
[**116**, 83/**196**, 329/**277**, 57/**293**, 4/**430**, 49]

Adaptation, metabolische Anpassung des Stoffwechselsystems als Folge eines gezielten Trainings. Nur gezielte, überschwellige Reize haben einen Trainingseffekt und führen zur A. So kommt es beim Ausdauertraining z. B. zu folgenden A.:
– Zunahme der Mitochondrienzahl und -größe,

– erhöhte Aktivität oxidativer und anaerober Enzyme,
– Zunahme des Myoglobingehalts,
– Vergrößerung der intramuskulären Glykogenmenge.

Adoleszenz (auch zweite Phase der Reifungszeit; zweite puberale Phase) Abschnitt der körperlichen Entwicklung im Jugendalter; reicht von der Menarche (Mädchen) bzw. Spermarche (Jungen) bis zur Maturität. Die A. ist vor allem gekennzeichnet durch den Abschluß der Geschlechtsreife, das allmähliche und schließlich deutliche Nachlassen des Längenwachstums, die verstärkte Zunahme des Körpergewichts sowie der Breiten- und Umfangsmaße des Körpers der Jugendlichen. Mit dem Abschluß der A. wird die körperliche Vollreife erreicht. Die A. umfaßt bei Mädchen das Lebensalter von 12 bis 16/17 Jahren; bei Jungen beginnt und endet die A. ein bis zwei Jahre später. Individuell sind häufig Abweichungen von den genannten Mittelwerten festzustellen (Früh- bzw. Spätentwickler).
[**100**, 67/**116**, 252/**255**, **271**, 135/**281**, 380]

ADP (Adenosindiphosphorsäure) Chemische Substanz, die durch hydrolytische Abspaltung eines Phosphorsäuremoleküls aus → ATP (Adenosintriphosphat) unter Einwirkung des Ferments Adenosintransphosphatase entsteht, wobei Energie frei wird.
[**116**, 46/**182**, 60/**270**, 54/**430**, 29]

Adrenalin Hormon, das im Nebennierenmark und an den Endigungen der postganglionären sympathischen Nerven sowie an den Endigungen verschiedener Gruppen von Neuronen ins ZNS freigesetzt wird. Dient als Regulanz für die Blutverteilung im Organismus sowie als Transmitter.

Adynamie Im allgemeinmedizinischen Sinn: Bezeichnung für Kraftlosigkeit und Muskelschwäche. Im medizinisch-psychologischen Sinn: Bezeichnung für Antriebslosigkeit und Mangel an Initiative.
[**116**, 204/**458**, 23]

Affekthandlung Reaktives Handlungsgeschehen mit deutlich reduzierter Bewußtseinskontrolle und desorganisierten Tätigkeitsstrukturen aufgrund hochgradiger emotionaler Erregungsprozesse. A. sind psychologische Folgen extremer Konflikt- und Spannungssituationen in bzw. zwischen gegensätzlichen Handlungs- und Erlebenstendenzen und werden durch cholerische Temperamentqualitäten und schwach entwickelte volitive Steuerungseigenschaften begünstigt (ungenügende Selbstbeherrschung). In bestimmten Fällen geschehen im Verlauf und als Ergebnis der sportlichen Handlung regelwidrige Verhaltensweisen (Fouls), die Affektcharakter tragen.

Afferenz Summarische Bezeichnung für Erregung.
Signalfolgen, die von einem Rezeptor als dem Empfangsorgan eines Analysators ausgeht und über → afferente Nervenbahnen zu den zentralen Organen (sensorische Zentren) fortgeleitet wird. In verallgemeinertem Sinn auch: die Gesamtheit afferenter Prozesse als Funktion der Aufnahme, Weiterleitung und aufbereitenden Verarbeitung von Informationen im Organismus.
Jeder sportlichen Handlung gehen Anlaß- und Situationsafferenzen voraus. Situationsafferenzen beziehen sich auf die Umwelt und den augenblicklichen Zustand der Bewegungsorgane. Anlaßafferenzen lösen die Bewegung aus (z. B. Startschuß). S. a. → Afferenzsynthese (siehe Abb. rechts).
[**257**, 223/**281**, 68/**446**]

Afferenzsynthese Als sogenannte Informationsaufbereitung ist die A. ein Teilbereich im Kybernetischen Modell der Steuerung und Regelung sportmotorischer Handlungen. (Zusammenfassung

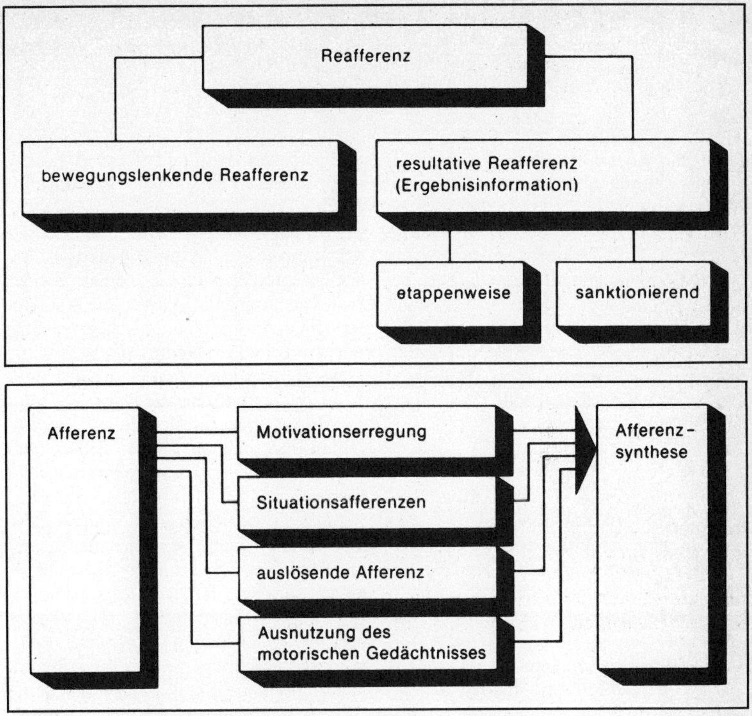

Reafferenz und Afferenzsynthese (Quelle: Meinel 1977, 70 f)

von afferenten und reafferenten Reizen und deren Verarbeitung (s. a. → Bewegungskoordination).
[**257**, 223/**281**, 72/**430**, 242/**446**]

Agonisten Gegenspielermuskel der → Antagonisten beim Zusammenspiel von Beugern und Streckern (s. a. → intermuskuläre Koordination) innerhalb eines Bewegungsvollzugs.
[**257**, 125/**446**/**458**, 29]

Agonistisch In der Bewegungsrichtung wirkend; speziell in der Muskelphysiologie benutzte Bezeichnung.

Akklimatisation Anpassung von Lebewesen an veränderte Umweltbedingungen, insbesondere an Klimaverhältnisse.

Akrobatik Gesamtheit der Sprünge am Boden mit verschiedenen Drehungen um die Körperachsen, mit und ohne Stütz. Die A. ist wichtiger Bestandteil des Trainings im Gerätturnen.

Akt, ideomotorischer Motorischer Vorgang, der durch einen gedanklichen Vollzug einer Handlung oder durch Beobachtung eines Bewegungsablaufs (Mitvollziehen) ausgelöst wird.
[**281**]

Aktionspotential Das elektrische Potential, das bei Erregung der Skelettmuskelfaser an den motorischen Endplatten entsteht und sich über die Muskelfaser ausbreitet. Im Anschluß erfolgt erst die Kontraktion der Muskelfaser.

Aktionsschnelligkeit, motorische (Nach Zaciorskij auch Bewegungsschnelligkeit) Kennzeichnung einer durch die Bewegungsstruktur und die Höhe der äußeren Widerstände beeinflußten Schnelligkeitseigenschaft. A. wird im Gegensatz zur motorischen Kraftschnelligkeit bei geringeren äußeren Widerständen eingesetzt. Die A. zeigt sich als motorische Ablaufschnelligkeit (azyklisch) und lokomotorische Schnelligkeit (zyklisch) z. B. beim Lauf auf der Stelle (Dribblings und Skippings).
[**25**/**255**/**257**, 190/**430**, 177/**452**, 51]

Aktivierungsniveau (auch Aktivationsniveau) Reaktionsbereitschaft des Menschen als Ergebnis der neurophysiologischen Prozesse im zentralen Nervensystem. Das A. kann sich sowohl allmählich als auch sprunghaft verändern, von sehr niedrigen (z. B. Schlaf) bis zu extrem hohen Ebenen (emotioneller Ausbruch o. ä.). Mit dem Anstieg des A. ändern sich in der Regel auch die physiologischen Werte (z. B. Puls- und Atemfrequenz, Blutdruck, Muskeltonus) sowie die Verhaltensmuster des Menschen. Eine sportliche Leistung verlangt im allgemeinen ein spezielles, optimales A. (z. B. ein hohes A. beim Sprint und ein niedriges A. beim Schießen). Von besonderer Bedeutung ist die Regulation des A. beim Sportler während des → Vorstartzustands.
[**340**, 167]

Akzeleration 1. Die im Vergleich zu früheren Jahrzehnten beschleunigten biologischen Wachstums- und Entwicklungsvorgänge in der Kindheit und Jugend sowie die damit verbundenen höheren Endwerte in der Entwicklung zum Abschluß des Jugendalters (säkulare A.). Die säkulare A. ist seit Beginn des 20. Jahrhunderts wissenschaftlich nachgewiesen. Sie äußert sich darin, daß die heutigen Kinder und Jugendlichen durchschnittlich größer, schwerer und damit weiter als in zurückliegenden Jahrzehnten entwickelt sind. Hervorzuheben ist ferner der deutlich frühere Abschluß der ersten Phase der Reifungszeit (Pubeszenz).
2. Die im Vergleich zum Durchschnitt der jeweiligen Alterspopulation beschleunigte Entwicklung eines Kindes bzw. Jugendlichen (individuelle A.). Unterschieden wird dabei zwischen synchroner A. (die Beschleunigung erfaßt die Gesamtentwicklung) und asynchroner A. (die somatische Entwicklung entspricht nicht der intellektuellen, emotionellen und sozialen). Sporttreiben kann einen synchronen Entwicklungsverlauf begünstigen. Hinsichtlich der Einschätzung der sportlichen Leistungsprognose ist die individuelle A. bei Kindern und Jugendlichen sportart- bzw. disziplinspezifisch zu beurteilen. Mit der A. sind insgesamt Voraussetzungen für bessere sportliche Leistungen und höhere Belastungsanforderungen als in früheren Jahrzehnten gegeben. Auch der heute frühere Beginn des → Höchstleistungsalters muß zum Teil auf die A. zurückgeführt werden.
[**116**, 203, 255f/**156**, 9/**182**, 607, 644/**317**]

Akzelerometrie → Beschleunigungsmessung.

Akzentuierung der sportlichen Ausbildung Schwerpunktmäßige Ausbildung einzelner Fähigkeiten und Fertigkeiten im Training.
Im → Nachwuchstraining erfolgt die A. im Verlauf des gesamten Ausbildungsprozesses. Sie geht von den Erfordernissen des → langfristigen Leistungsaufbaus aus. Im → Hochleistungstraining erfolgt die A. zur Lösung bestimmter Schwerpunktaufgaben im Rahmen der Aufgabenstellung der Perioden und Zyklen. Im Unterschied zur → Periodisierung dient

die A. nicht der Vorbereitung höchster sportlicher Leistungen zu einem bestimmten Zeitpunkt des Trainingsjahres.

Alaktazid Ohne Laktatbildung ablaufend bezogen auf Startreaktionen der anoxydativen Energiebereitstellung, die sich durch hydrolytische Spaltung von → ATP, → ADP und anorganischem Phosphat vollzieht; s. a. → Phosphate, energiereiche.
Das in der Muskelzelle gespeicherte ATP reicht für zwei bis drei Muskelkontraktionen. Eine momentane anoxydative Resynthese des ATP erfolgt in der Startphase von Belastungen mit Hilfe der enzymatischen Spaltung von Phosphokreatin. Unter maximaler Belastung wären die primären Energiespeicher in Form der energiereichen Phosphate nach etwa 10 bis 20 Sek. erschöpft, würden nicht gleichzeitig die laktaziden anoxydativen und die oxydativen Prozesse der Energiebereitstellung ablaufen.
[**273**/**430**, 29/**163**, 360/**334**, 176]

Alkalireserve Puffersubstanzen (Bicarbonate, Eiweiße und Phosphate), die stabilisierend auf den → pH-Wert wirken.
Die Erhöhung der A. beim Trainierten ist ein wichtiger Anpassungsvorgang. Sie erlaubt dem Organismus, eine größere Sauerstoffschuld einzugehen, setzt dadurch die Ermüdungsgrenze herauf und verbessert die → allgemeine anaerobe statische und vor allem die dynamische Ausdauer. Die A. puffert die infolge anaeroben Stoffwechselgeschehens auftretenden sauren Stoffwechselprodukte, vor allem Laktat, ab. Wenn die Belastung bis zur Grenze der Leistungsfähigkeit vorangetrieben wird, ist die A. bald erschöpft, und mit dem Erreichen des tiefsten noch tragbaren pH-Wertes muß die Arbeit eingestellt werden.
[**177**, 36/**196**, 295/**326**, 55/**458**, 41]

Alkalose Erhöhung des pH-Wertes im Blut über 7,43 hinaus. Folge der A. ist u. a. Steigerung der neuromuskulären Erregbarkeit. Die A. tritt auf z. B. als Folge einer → Hyperventilation, etwa bei muskulären Beanspruchungen unter Höhenbedingungen (respiratorische A.). Bei einer metabolischen A. bewirken Verminderung der fixen Säuren oder erhöhter Basenbestand den erhöhten pH-Wert.
[**182**, 525/**458**, 41]

Alles-oder-nichts-Gesetz Physiologisches Grundgesetz, welches besagt, daß erst bei einem überschwelligen Reiz (Reizschwelle) an einer erregbaren Struktur eine Funktion (Lebenstätigkeit) entsteht. Unterschwellige Reize bleiben wirkungslos. Für die gesetzmäßigen Beziehungen zwischen Belastung und Anpassung im Training bedeutet dies, daß Anpassungsvorgänge nur dann ausgelöst werden, wenn die Trainingsbelastung eine auf die individuelle Leistungsfähigkeit bezogene Intensität erreicht.
[**116**, 51/**160**, 66/**273**/**277**, 89/**458**, 44]

Alltagsmotorik Motorische Charakteristik für Alltagsbeschäftigungen. Die spezifischen Bedingungen, denen die → Motorik im Alltag ausgesetzt ist, führen zu einer Typisierung des dort anzutreffenden motorischen Bestands in der Art der Fertigkeiten wie in der Art und Weise ihrer Ausführung.
[**281**, 392 ff]

Alter, biologisches Altersangabe (Jahr, Monat) nach dem Ausprägungsgrad altersrelevanter biologischer Merkmale. Die Abweichungen vom kalendarischen Alter werden als individuelle → Akzeleration oder → Retardation bezeichnet. Bestimmungsmethoden: Bestimmung des Knochenalters (Mittelhandskelett), Bestimmung des Reifealters, Bestimmung des Körperbau-Proportionsalters.
[**116**, 260/**160**, 38/**181**, 21/**430**, 132, 142, 170 u. a.]

Alter, chronologisches → Alter, kalendarisches.

Alter, kalendarisches Zeitmaß (Jahr, Monate, Tage) vom Tage der Geburt an beginnend.
[**160**, 42ff]

Alterseigentümlichkeiten Charakteristische Eigenschaften und Prozesse, die sich durch entsprechend altersspezifische Merkmale der biologischen, psychischen und motorischen Genese äußern (z. B. in der Entwicklung des Skeletts, der Muskulatur, des Herz-Kreislauf-Systems; der emotionalen, kognitiven und volitiven Eigenschaften; der motorischen Fähigkeiten sowie Bewegungsfertigkeiten.
[**430**, 132, 142, 170, 195ff]

Alterssport Aktive Betätigung älterer Menschen im sportlichen Sinn mit der Zielvorstellung einer sinnvollen Freizeiterfüllung, der Gesunderhaltung und Gesundheitsförderung durch Sport und der sozialen Kontaktfindung zur Vermeidung von Randgruppenisolationen. Planende und veranstaltende Institutionen sind vor allem Kommunen, Turn- und Sportvereine, Rehabilitationszentren und Altersheime. In der Regel wird der Prozeß der sportlichen Aktivierung alter Menschen durch die Kooperation von Medizinern, Psychologen und Sportpädagogen in Gang gesetzt. Auf dem medizinischen Sektor zeichnen sich zunehmende Bemühungen um den A. ab.
[**52**/**116**, 262ff/**288**]

Aminosäuren Bausteine der Eiweißstoffe.

Amortisationsphase Teilphase des Absprungs z. B. in Sprungdisziplinen (siehe Abb. unten). A. beginnt mit der ersten Bodenberührung des Sprungbeins und endet mit der Beendigung des mit dem Fußaufsatz verbundenen Bremsstoßes.
[**35**/**143**, 193/**370**, 262ff]

AMP Adenosinmonophosphorsäure, s. a. → ATP.

Amphetamin Sympathikomimetikum mit euphorisierender, zentral erregender Wirkung. Verbotenes Dopingmittel im Sport, s. a. → Doping (siehe Tab. rechts).
[**182**, 635/**293**, 165/**458**, 57]

Amplitude (auch Schwingweite) Größter Abstand eines schwingenden Körpers von seiner Ruhelage. Dieser Begriff tritt besonders in der Sportart Gerätturnen

Absprungverhalten (Quelle: Jonath u. a. 1985, 192)

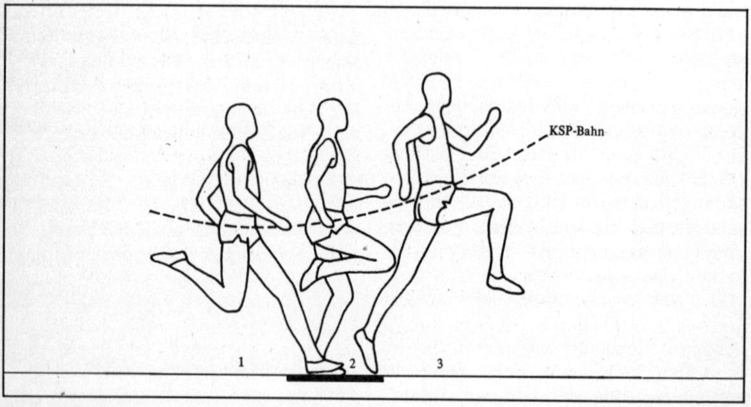

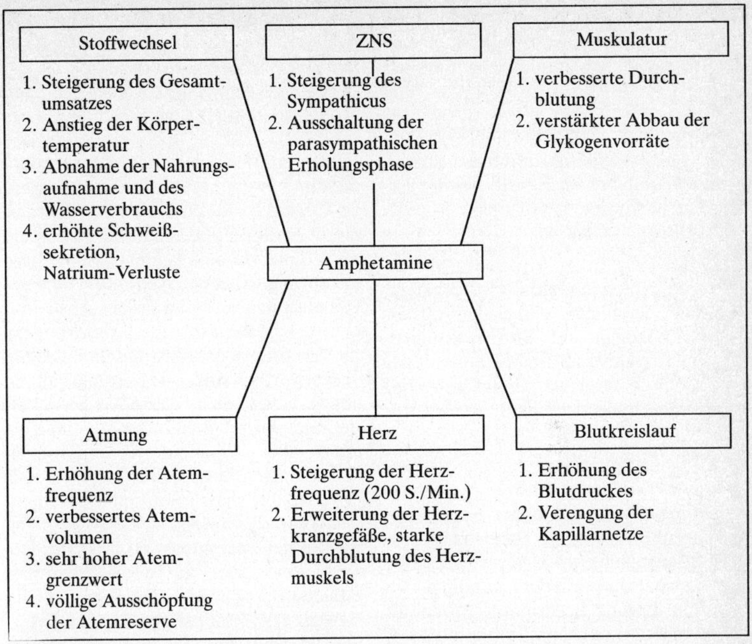

Physiologische Wirkung von Pharmaka auf die Organsysteme am Beispiel der Amphetamine (nach Mühlfriedel 1979)

(z. B. Reck, Seitpferd und Ringe) auf und wird sinngemäß auf die räumliche Weite von Bewegungen angewendet (s. a. → Bewegungsamplitude).
[**196**, 351]

Anabolika Abkömmlinge des männlichen Keimdrüsenhormons (Testosteron), bei denen durch Variation des Moleküls ein fast ausschließlich anaboler (Eiweiß aufbauender) Effekt erzielt wird (z. B. 19-Nortestosteron und seine Derivate). Das bekannteste Mittel heißt mit Handelsnamen «Dianabol».
A. werden von Leistungs-, hauptsächlich Kraft- und Schnellkraftsportlern zur Erzielung zusätzlichen Muskelwachstums benutzt. A. können gesundheitsschädliche Nebenwirkungen entfalten, gegebenenfalls Organschäden (z. B. der Leber, Virilisierungserscheinungen bei der Frau, vorzeitiger Epiphysenfugenschluß bei nicht ausgewachsenen Sportlern) und verstärkte Verletzungsanfälligkeit am Band- und Sehnenapparat infolge des Mißverhältnisses zwischen Kraftentwicklung und Belastbarkeit der Muskulatur. Da A. auf der Dopingliste stehen, werden neuerdings die natürlichen Androgene bevorzugt, weil sich die Analytik der A. zumindest bei Männern noch teilweise schwierig gestaltet.
[**116**, 157/**182**, 253/**293**, 168/**458**, 60]

Anabolismus (auch Assimilation) Aufbauende, energieverbrauchende Vorgänge des Stoffwechsels, in deren Verlauf aus energieärmeren Verbindungen Sub-

stanzen von höherem Energiegehalt, die Assimilate, synthetisiert werden. Neuerdings wird A. einschränkend für das Verhalten im Eiweißstoffwechsel verwendet und kennzeichnet Prozesse vermehrter Eiweißbildung. Der Grad anaboler Prozesse wird wesentlich durch ein ausreichendes Angebot an Eiweiß bei der Ernährung bestimmt.
[**116**, 157/**182**, 253/**458**, 60]

Anaerob (auch anoxidativ) Vorgänge, die ohne Beteiligung von Sauerstoff ablaufen, bezogen auf Stoffwechselprozesse im Organismus. Im Mittelpunkt der anaeroben Energiewandlung steht der Stoffwechselweg, der Laktat als Endprodukt hat (Glykolyse).
[**182**, 521/**257**/**458**, 60]

Analysator Teilsysteme der Sensorik – des Gesamtbereichs der sinnlichen Informationsaufnahme und -verarbeitung –, die Informationen auf der Grundlage von Signalen jeweils bestimmter Modalität (z. B. optische, akustische) empfangen, umkodieren, weiterleiten und aufbereitend verarbeiten. Zu einem A. gehören jeweils spezifische Rezeptoren, afferente Nervenbahnen und sensorische Zentren bis zum primären Projektionsfeld in der Hirnrinde.
Bedeutsam für die motorische Koordination sind vor allem fünf A.: der kinästhetische, der taktile, statico-dynamische, der optische u. der akustische A.
Die fünf A. haben sehr unterschiedliche Anteile an der Information über den Bewegungsablauf, was den Inhalt, die Menge und die Verwertbarkeit der möglichen Information betrifft, wobei es auch sportart- u. disziplinspezifische Unterschiede gibt.
[**160**, 190f/**257**, 223/**281**, 72/**430**, 216/**446**]

Analysator, kinästhetischer (Motorischer Analysator, Bewegungsanalysator) Organ zur Aufnahme, Umkodierung, Weiterleitung und ersten Aufbereitung von Informationen aus dem Bewegungsapparat.
Die Reizaufnahme erfolgt durch die sogenannten Propriorezeptoren in den Muskeln, Sehnen und Gelenken. Dies sind kurze, dünne und parallel zu den Muskelfasern angeordnete Muskelspindeln im bewegungsausführenden Organ. Im Gegensatz zur normalen Muskelfaser, die über die Alpha-Motoneurone erregt wird, innervieren Gamma-Fasern diese intrafusalen Fasern. Außerdem sind sie von einigen afferenten Fasern umschlungen, die in der Art eines Reflexbogens für den propriozeptiven Dehnungsreflex verantwortlich sind. Die Leitungsbahnen des A. besitzen eine besonders hohe Leitungsgeschwindigkeit. Der A. reagiert auf alle Spannungsveränderungen (Druck und Zug) bewegungsempfindlich, d. h., er signalisiert den Momentzustand und die laufenden Veränderungen sowohl der Spannungs- als auch der Bewegungsvorgänge aus allen Teilen des Bewegungsapparats und ist darum für die Bewegungskoordination, für das Erlernen, Vervollkommnen und Stabilisieren von → Bewegungsfertigkeiten von großer Bedeutung.
[**281**, 73/**430**, 216/**446**]

Anfängertraining → Grundlagentraining.

Anfangskraft (auch Ausgangskraft) A. tritt auf bei unterschiedlichen Bewegungen:
– Bei einer «schlagartigen» Beschleunigung aus einer ruhigen Stellung (z. B. beim Start): Hier ist die A. die bereits vor dem eigentlichen Bewegungsbeginn zur Erhaltung des Gleichgewichts aufgebrachte Muskelkraft, die maximal dem Eigengewicht entspricht.
– Bei einer Beschleunigung mit einer entgegengesetzt gerichteten, vorbereitenden Bewegung (z. B. Sprung, Wurf, Stoß): Hier ist die A. die durch Abbremsen der Gegenbewegung (Amortisation, Gegenbewegung, Schwungbewegung

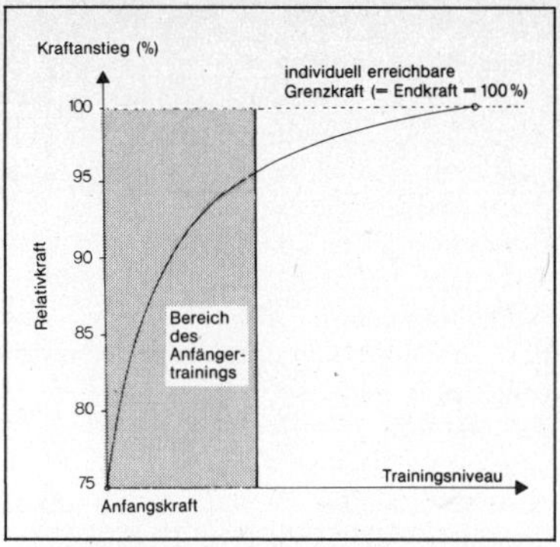

Zunahme der Relativkraft bis zur Grenzkraft unter besonderer Hervorhebung des Anfängerbereichs
(Quelle: Weineck 1983, 136)

u. a.) zu Beginn der Hauptbewegung bereits vorhandene positive Kraft. Die A. tritt auf, wenn der Übergang zwischen dem Bremsstoß der Gegenbewegung und dem Beschleunigungsstoß der Hauptbewegung gleitend ist, d. h. sich ohne Unterbrechung vollzieht. Dabei müssen Brems- und Beschleunigungsstoß in einem optimalen Verhältnis stehen, um eine hohe Endgeschwindigkeit zu erreichen. Die Ausnutzung des Prinzips der A. ist bei der sogenannten → Schlagmethode (s. a. → plyometrisches Krafttraining) gegeben.
[**175**, 163/**196**, 367/**255**/**275**, 116]

Anforderungsprofil, sportartspezifisches Mit diesem Begriff kennzeichnet man den für das Erreichen einer bestimmten Wettkampfleistung erforderlichen durchschnittlichen Ausprägungsgrad einzelner Leistungsfaktoren (aufgeschlüsselt auf differenzierte Fähigkeiten u. Fertigkeiten sowie psychische Wettkampfeigenschaften), der zum Teil in leistungskennzeichnenden Kennziffern ausgedrückt werden kann.
[**160**, 42ff]

Angst Komplexe emotionale Zustände, die aufgrund realer oder vermuteter Bedrohung (sog. Erwartungsangst) durch äußere oder innere Faktoren verursacht und mit den Begriffen wie Erregung, Lähmung, Beunruhigung beschrieben werden.
Im Sport entsteht A. in der Auseinandersetzung mit schwierig, riskant, gefahrvoll oder nicht lösbar erscheinenden und unbekannten Aufgabenstellungen und Anforderungen und erfüllt eine Warn- und Schutzfunktion im Handeln. Angstgefühle erzeugen ein breites Spektrum von Symptomen: Neben körperlichen Auswirkungen wie vegetativen Disregulationen (u. a. Pulsbeschleunigung, Herzklopfen, Atemnot, Puppillenerweiterung, Zittern, Schweißausbruch, Aktivierung der Blasen- und Darmtätigkeit) und der Störung motorischer Stereotype bewirkt A. oft die Entstehung aggressiver Reaktionsweisen. Angstüberwindung verlangt mutiges Verhalten. Angstreaktionen werden in der Regel rasch durch Gewöhnungsprozesse gemindert oder sollten von vornherein verhindert werden. Die Auswirkungen der A. im Sport ist individuell verschieden. A. kann sowohl leistungsfördernd (Freisetzung von Energiereserven) wie auch leistungshemmend (Verkrampfung, Verspannung) wirken.
[**99**/**151**/**156**, 47 f/**459**, 237–260]

Anlage Angeborenes Gefüge der erblich bedingten anatomisch-physiologischen Merkmale des Organismus, der Verhaltensdispositionen und der Fähigkeiten, das im Verlauf der Entwicklung die Herausbildung bestimmter Fertigkeiten und Eigentümlichkeiten des Individuums ermöglicht. A. sind weitgehend multipotent, das beobachtbare Verhalten bzw. Leistungsvermögen wird als eine lineare Funktion der Komponenten Anlage und Umwelt aufgefaßt. Erziehung und Umwelt nehmen Einfluß auf die reale Ausformung von A. Leibesübungen können zwar ererbte A. (z. B. motorische

rische Begabung) nicht generell ändern, sie können jedoch einen steuernden Einfluß auf Grad und Richtung ihrer Ausprägung nehmen. Hieraus ergibt sich, daß das sportliche Training als wesentliche Entwicklungsbedingung notwendig ist, um hohe sportliche Leistungen zu erreichen. Erst das regelmäßige Training hilft, vorhandene A. für hohe sportliche Leistungen zu notwendigen Fähigkeiten zu entwickeln.
[**281**, 37, 41ff]

Anoxämie Völliges Fehlen von Sauerstoff im Blut, entstanden z. B. durch maximale Ausschöpfung des Sauerstoffangebots im arteriellen Blut.
[**196**, 295/**458**, 75]

Anpassung Funktionelle und morphologische Veränderungen eines Organsystems durch überschwellige → Reize in Richtung der geforderten Leistung. Die Leistungsfähigkeit für die geforderte Beanspruchung wird dadurch erhöht, daß z. B. bei einer Beanspruchung auf Kraft die Kraft, bei einer Beanspruchung auf Ausdauer die Ausdauer verbessert wird. Jeder Bewegungsreiz bewirkt einen Abbau von Substanzen, und dieser Abbau birgt bereits den Effekt zum Neuaufbau in sich. Dabei entwickelt sich das Gewebe über den vorherigen Zustand hinaus. Nach der Art der Beanspruchungen und der A. unterscheidet man verschiedene → Trainingsformen.
[**326**, 9]

Anpassungsvermögen, motorisches (auch Anpassungs- bzw. Umstellungsfähigkeit) Koordinative Fähigkeit, die sich als Erscheinungsweise der komplexen Bewegungseigenschaften motorische Gewandtheit darstellt. Das A. als spezielle Gewandtheit zeigt sich im effektiven Reagieren und Anpassen an ungewohnte Aufgabenstellungen und veränderte Situationsbedingungen, wie z. B. im Sportspiel oder im Skilauf, wo Handlungen entsprechend korrigiert, umgestellt oder dynamisch geregelt werden müssen. Kriterium für das A. ist neben dem Grad der erzielten Anpassung die jeweilige Anpassungs- bzw. Umstellungszeit. Gemäß den Anforderungen in den einzelnen Sportarten dient neben der Erweiterung des koordinativen Schwierigkeitsgrades vor allem der ständige Aufgabenwechsel (der Situation, des Partners oder Gegners) zur Verbesserung des A.
[**257**, 204/**446**]

Anschlußtraining Ausbildung in einer Sportart oder sportlichen Disziplin mit dem Ziel, sowohl die allgemeinen als auch die speziellen Grundlagen zu erweitern und auszuprägen, den Übergang zur Spezialisierung innerhalb der Sportart bzw. in einer sportlichen Disziplin zu vollziehen und die disziplin- bzw. sportartspezifischen sportlichen Leistungen zielgerichtet herauszubilden. A. ist gekennzeichnet durch einen hohen, dem Hochleistungstraining angenäherten Anteil des speziellen Trainings bei weiterer Gültigkeit des Prinzips der Vielseitigkeit. Am Ende des A. sollen die Sportler steigerungsfähige Anschlußleistungen an Welthöchstleistungen erreichen. Im Verlauf des A. erfolgt die Auswahl der Sportler mit den besten Entwicklungsmöglichkeiten für das Hochleistungstraining.

Anspannung, isometrische → Krafttraining, isometrisches.

Anspruchsniveau Gütemaßstab (Leistungs- und Verhaltensmaßstab), der von einer Person an Verlauf und Resultat ihrer Tätigkeit angelegt wird. Der individuelle A.-Bereich hat eine untere und obere Schwelle, die mit der Veränderung der Leistungsfähigkeit modifiziert wird, d. h., Leistungen werden als Erfolg oder Mißerfolg empfunden, wenn ihr Schwierigkeitsgrad in einem individuellen A.-Bereich liegt. Intervenierende Variablen im Sport, die das A. beeinflussen, sind

Wettkampfbedingungen, Gegner, Publikum, Normtabellen, Bestenlisten etc. [**11**/**129**/**130**/**324**/**393**]

Antagonisten Gegenspieler der → Agonisten (→ Synergisten), im Zusammenspiel von Beugern und Streckern (und umgekehrt) bei allen, auch noch so einfachen Bewegungen. In Abhängigkeit von seiner jeweiligen Funktion kann ein Muskel für eine Bewegung A. sein, für eine andere Bewegung jedoch Synergist werden. Die A. bremsen die Bewegung und lassen dadurch feinabgestimmt und koordinativ hochwertige Bewegungen zu (→ intermuskuläre Koordination). [**257**, 125/**273**/**458**, 77]

Antagonistisch Der Bewegungsrichtung entgegenwirkend (Begriff der Muskelphysiologie). Im Gegensatz zu → agonistisch.

Große Muskeln, die auf das Ellbogengelenk (und das Schultergelenk) wirken
(Quelle: Markworth 1986, 17)

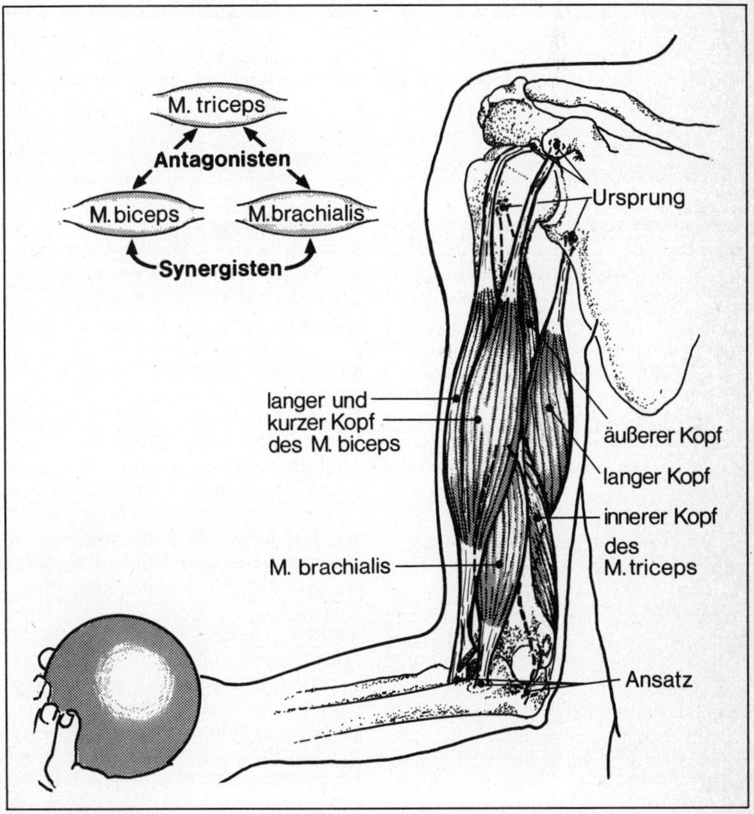

Anthropometrie Lehre von den Maßen und Maßverhältnissen des menschlichen Körpers und seiner Teile. Zur Durchführung der anthropometrischen Körpermessung wird ein spezielles Instrumentarium verwendet. Um die Messungen exakt vergleichen zu können, bestehen Übereinkünfte bezüglich der Durchführung der Messungen der einzelnen Körperbaumerkmale. Diese Methodik geht von besonderen Meßpunkten aus, die möglichst viele Aussagen über den natürlichen Aufbau der betreffenden Körperregionen zulassen. Hierbei handelt es sich in vielen Fällen um markante Punkte am Skelett, die – da sie relativ oberflächlich unter der Haut liegen – gut auffindbar, leicht tastbar und in ihrer Lage konstant sind.
Die Bestimmung von Körperproportionen (→ Körperbaumerkmalen) läßt Voraussagen über die → Eignung für spezifische Sportarten zu.
[**258**, 296–304/**407**/**430**, 171]

Anthropometrische Merkmale Körperbaumerkmale, wie Körperhöhe, Beinlänge, Rumpf-Extremitäten-Hebelverhältnisse u. a. m.
Correneti (1961) und Rajkai (1965) haben Zusammenhänge zwischen Körperbaumerkmalen und Leistungen in verschiedenen sportlichen Disziplinen gefunden. Bei Leistungssportlern ist vor allem die Beinlänge größer als bei Nichtsportlern. Die Beinlänge ist u. a. für die Schrittlänge und damit für die Laufgeschwindigkeit und die → Grundschnelligkeit von Bedeutung.
[**196**, 261/**226**, 6, 7]

Antidoping (auch Paradoping) Manipulation der Leistungsfähigkeit, bei der dem Gegner unbemerkt Dopingmittel vor entscheidenden Wettkämpfen verabreicht werden, um seine Disqualifikation herbeizuführen.
Bekanntgeworden besonders im Pferde- und Boxsport.
[**293**, 169]

Antizipation (auch motorische A., Bewegungsantizipation) Vorstellungsmäßige Vorwegnahme (im Sinn der Vorhersage) des Ergebnisses und des Ablaufs einer Handlung (Probehandlung) sowie darin eingeschlossen, der möglichen Veränderungen der Ausgangssituationen, der Bewegungsbahnen beweglicher Objekte (z. B. eines Balls), der Aktionen und Reaktionen anderer Sportler (Partner oder Gegner).
Die A. als Vorausnahme noch nicht eingetretener bzw. noch nicht abgeschlossener Ereignisse, insbesondere von Handlungsergebnissen, ist ein grundlegendes Prinzip der menschlichen Tätigkeit im allgemeinen, der sportlichen Handlungen im besonderen. Sie bestimmt im hohen Maße den Bewegungsablauf und wird in der Bewegungsstruktur, vor allem bei → Bewegungskombinationen sichtbar. Man unterscheidet: A. von Eigenbewegungen oder von Fremdbewegungen (z. B. die der Mit- und Gegenspieler), A. von Situationen oder von taktischen Zusammenhängen.
Beim → mentalen Training kann künftiges Verhalten durch A. beeinflußt werden (antizipatorische Reaktion).
[**281**/**446**]

Antizipationsfähigkeit Fähigkeit zur richtigen und rechtzeitigen Vorausnahme des Ergebnisses und des Verlaufs einer Handlung in Abstimmung auf die Ausgangssituation, die eintretenden Situationsänderungen und die Aktionen von Partnern und Gegnern (Antizipation). Das Ziel der A. ist ein vorausschauendes Programmieren und damit Bereitstellen von potentiellen Handlungsalternativen.

Antrieb Allgemeine Bezeichnung für richtungsspezifische Impulse, die das Verhalten in Gang setzen und seine Intensität bestimmen. A. sind die psychologischen oder anthropologischen Entsprechungen sogenannter primärer (biologischer) Bedürfnisse oder Triebe (z. B. des Bewegungsbedürfnisses), die aufgrund

eines homöostatischen Mangelzustandes entstehen. Ist die Störung der → Homöostase behoben, vermindert sich bzw. erlischt der A.
[**160**, 26ff/**430**, 36f]

Apophyse Knochenfortsatz (Processus, Spina, Christa usw.), der bei der endgültigen Formung der Knochen im Kindesalter (9–11 Jahre) aus besonderen Ossifikationszentren entsteht.
[**408**/**458**, 92]

Arbeit
1. Physikalisch: Arbeit = Kraft × Weg.
2. Physiologisch: Jede Sauerstoffaufnahme als Folge von Tätigkeit. Die physiologische Definition von A. ergibt sich aus der isometrischen Muskeltätigkeit, bei der zwar energetisch A. geleistet wird, jedoch kein Weg zurückgelegt wird. Entsprechend der physiologischen Definition ist für die Muskeltätigkeit Energie notwendig, die grundsätzlich auf zwei Arten bereitgestellt werden kann: aerob und anaerob. Dementsprechend unterteilt man die A. in → aerobe und → anaerobe A. Beide Arbeitsformen kann man weiter unterteilen in → statische und → dynamische A. Im Sport wird A. als ein Maß der → Trainingsbelastung (→ Trainingsumfang) verwendet. Sie kann mit Hilfe spezieller Ergometer (s. a. → Ergometrie) bestimmt werden.
[**171**, 6/**178**, 24/**196**, 262/**257**/**281**, 19]

Arbeit, aerobe Muskelarbeit unter Zufuhr einer genügenden Sauerstoffmenge. Arbeit unter aerober → Energiebereitstellung ist wesentlich ökonomischer als → anaerobe Arbeit. Der Körper stellt nach wenigen Minuten Belastung ein Gleichgewicht zwischen Energieverbrauch und Energiefreisetzung her (→ steady state). Es kann daher über längere Zeit nur so viel Arbeit geleistet werden, wie Sauerstoff aufgenommen wird. Laufbelastungen untrainierter Personen mit einer Pulsfrequenz von maximal 120–130/min. entsprechen einer aeroben Arbeit. Bei hoch ausdauertrainierten Sportlern können noch weit höhere Pulsfrequenzen aerob toleriert werden. Hierbei liegt die Belastungsintensität so niedrig, daß die energieliefernden Substrate ausschließlich über den Zitronensäurezyklus bereitgestellt werden.
[**182**, 60/**196**, 295/**327**, 27]

Arbeit, anaerobe Muskuläre Beanspruchung, wobei die energieliefernden Prozesse nicht über den Zitronensäurezyklus (→ aerobe Arbeit) vonstatten gehen, sondern über den Abbau energiereicher Phosphate und/oder über die Bildung von → Milchsäure (→ Laktat).
Arbeit unter anaerober Energiebereitstellung kommt insofern eine große Bedeutung zu, als dadurch in der ersten Phase einer Leistung, wenn der → steady state noch nicht erreicht ist, Arbeit geleistet werden kann, ohne daß gleichzeitig Sauerstoff aufgenommen wird. Die fundamentale Bedeutung dieser Tatsache besteht darin, daß ohne diese Fähigkeit der Organismus keine Art von schwerer körperlicher Arbeit leisten könnte. Ein 100-m-Läufer braucht für einen Lauf etwa 8 bis 10 l Sauerstoff. Die Sauerstoffaufnahme während des Laufs ist so gering, daß man sie praktisch vernachlässigen kann. Dabei entstehen saure Stoffwechselzwischenprodukte, wodurch die Mechanismen für die erhöhte Sauerstoffaufnahme ausgelöst werden und die → periphere Utilisation größer wird. Zu Beginn jeder Leistung steht daher immer die A., bei welcher der Organismus eine Sauerstoffschuld eingeht, die Voraussetzung und auslösendes Moment für die erhöhte Sauerstoffaufnahme ist. Je größer die Sauerstoffschuld, um so größer der Reiz für die erhöhte Sauerstoffaufnahme.
[**182**, 60/**196**, 295/**257**/**327**, 27]

Arbeit, dynamische (auch isotonische Arbeit) Kann verstanden werden als → dynamische Kraft × Weg. Der Weg ist von der Verkürzungsgröße abhängig. Bei

der A. wechseln Anspannung und Erschlaffung des Muskels ab.
Die A. kann unterschieden werden in positiv-dynamische (überwindende) Arbeit, bei der die aufgewandte Muskelspannung größer als die von außen angreifende Kraft ist, und negativ-dynamische (nachgebende) Arbeit, bei der die aufgewandte Muskelspannung geringer ist als die von außen angreifende Kraft (s. a. → Arbeitsweisen der Muskulatur).
[**171**, 60/**182**, 54f/**196**, 262/**257**, 142/**264**, 26]

Arbeit, nachgebende (negativ-dynamische Arbeit) → Arbeitsweisen der Muskulatur.

Arbeit, statische (auch Haltearbeit, → isometrische Arbeit) Die vom Muskel aufgewandte Spannung hält den von außen angreifenden Kräften das Gleichgewicht (z. B. Kreuzhang beim Ringeturnen). Da der Muskel bei einer statischen → Muskeltätigkeit nur Spannung entwikkelt, kann man entsprechend der physiologischen Definition die A. als Kraft (Spannung) × Zeit verstehen. Nach Lullies: Spannung × Länge. Die A. führt bei falscher Dosierung zu schneller Ermüdung. Schon bei 15 % der → Maximalkraft findet eine Kapillarenkompression statt, so daß die roten Blutkörperchen die Muskelfibrillen nicht mehr mit Sauerstoff versorgen können. Bei Überschreiten einer relativ niedrig liegenden Belastungsschwelle ist die A. mit der Ausübung eines Preßdrucks verbunden.
[**171**, 6/**178**, 24/**196**/**264**, 28]

Arbeit, überwindende (auch positiv-dynamische Arbeit) → Arbeitsweisen der Muskulatur.

Arbeitsanlaufzeit Zeitspanne, die nach Arbeitsbeginn bis zum Erreichen des → steady state der Sauerstoffaufnahme verstreicht und während der ein sog. Sauerstoffdefizit (die in Relation zur Arbeitsintensität bzw. zur Höhe des steady state zu wenig aufgenommene Sauerstoffmenge) eingegangen wird. Die A. ist abhängig von Geschlecht, Alter, Trainingszustand, Belastungsform und Belastungsintensität.

Arbeitsbewegung Als A. bei Lokomotionen sind die Bewegungen zu betrachten, die unmittelbar eine Ortsveränderung des ganzen Körpers hervorrufen. Dazu gehören die Bewegungen des Abstoßens, des Heranziehens, aber auch Schwungbewegungen, die eine Ortsveränderung ermöglichen. Jede A. wird mit einer bestimmten Amplitude in einer bestimmten Richtung durchgeführt und beginnt mit einer bestimmten Ausgangsstellung. A. wird auch verstanden als → Bewegungsform, welche sich in der Arbeitswelt zur Bewältigung gestellter Anforderungen herausgebildet haben (Arbeitsmotorik).
[**95**, 227/**96**/**281**, 21ff]

Arbeitsentwöhnung Gegenteil der → Arbeitsgewöhnung. Zeigt sich nicht nur in einer schlechteren Ökonomie, sondern erfaßt auch autonome Kreislaufregulationen. Kann auch einen Hochtrainierten betreffen, sofern er mehrere Tage das Bett hüten muß. Der infolge der Ruhigstellung zu verzeichnende Trainingsverlust kann zu diesem Zeitpunkt noch einen bescheidenen Umfang aufweisen, während die A. bereits eingetreten ist.
[**196**, 298]

Arbeitsgewöhnung Nerval-regulatorischer Anpassungsvorgang des Kreislaufs. Die A. sagt nichts aus über den Trainings- oder Übungszustand und tritt im Gegensatz zum Trainiertsein in wenigen Tagen ein. S. a. → Arbeitsentwöhnung.
[**196**, 298]

Arbeitshyperämie Verstärkung der Durchblutung im gereizten Bereich der arbeitenden Muskulatur durch Intensivierung der muskulären Blutversorgung,

die im Ergebnis der verursachten Muskelkontraktionen vor sich geht. Nach Tchorewskij (1968) ist die A. um so größer, je stärker die Kontraktionskraft des Muskels ist. A. ist eine Methode zur komplexen Therapie und Prophylaxe von traumatischen Erkrankungen bei Sportlern.
[**235**, 147ff]

Arbeitskapazität (auch Physical working capacity [PWC]; working capacity [WC] Das Verhalten von Kreislauf-, Atmungs- und Stoffwechselkriterien während einer muskulären Arbeit mit einer bestimmten Pulsfrequenz. Die ergometrisch bestimmte A. findet als absolute PWC (Leistung in Watt) oder relative PWC (Leistung in Watt dividiert durch das Körpergewicht) häufig Anwendung in der → Leistungsdiagnostik.
[**182**, 130, 407]

Arbeitspulssumme Summe aller Pulse, die während einer Arbeit und in der Erholungsphase über dem Ruheausgangswert liegt.
[**22**, 407/**182**, 131]

Arbeitsweisen der Muskulatur Man unterscheidet drei verschiedene A.: überwindende Arbeit (dynamisch-positiv), Haltearbeit (statisch) und nachgebende Arbeit (dynamisch-negativ). Diese drei Arbeitsweisen kommen in der Sportpraxis nur selten isoliert vor; meist sind sie kombiniert (siehe Abb. unten).
Vorrangig wird die überwindende A. und damit die dynamisch-positive Kraft gebraucht. Häufig wird sie jedoch in Verbindung mit der dynamisch-negativen Kraft benötigt (z. B. beim Lauf, Sprung, Schlag, Wurf), denn oft wird die dynamisch-positive A. durch die dynamisch-negative A. eingeleitet. So nutzt z. B. der

Bewegungen mit dynamischer und statischer Arbeitsweise der Muskulatur
(Quelle: Ehlenz u. a. 1983, 56)

Dynamisch-überwindende Muskelarbeitsweise (auxotonisch-konzentrische Kontraktionsform)

Statische Muskelarbeitsweise (isometrische Kontraktionsform)

Dynamisch-nachgebende Muskelarbeitsweise (auxotonisch-exzentrische Kontraktionsform)

Hochspringer im Absprung die durch das Nachgeben im Sprungbein (Abbremsen der Horizontalgeschwindigkeit in einer → Amortisationsphase) entstehende → Vorspannung im Sinn der → Anfangskraft zu einer explosiven dynamisch-positiven Muskelkontraktion. Die Fähigkeit, von der nachgebenden zur überwindenden Arbeitsweise überzuleiten, wird → reaktive Fähigkeit des Nerv-Muskelapparats genannt.
[**160**, 134ff/**182**/**255**/**257**, 142/**275**/**430**, 128]

Arterio-venöse Sauerstoffdifferenz Differenz im Sauerstoffgehalt, im Sauerstoffpartialdruck oder in der Sauerstoffsättigung zwischen arteriellem und venösem Blut.
[**182**, 324ff/**273**/**327**/**389**, 265, 323]

Aspirationsniveau Erwartung, Zielsetzung oder Ansprüche an zukünftige eigene Leistungen. Die Setzung eines A. ist ein komplexer Vorgang im Persönlichkeitsaufbau des Athleten. Grundlegende Komponenten im Aufbau eines A. sind die Realanpassung und die Leistungsmotivation.
[**11**/**129**/**130**/**324**/**393**]

Assimilation → Anabolismus.

Atemäquivalent (AÄV) Quotient aus → Atemminutenvolumen und Sauerstoffaufnahme pro Minute.
Je höher der Wert auf einer bestimmten Belastungsstufe ist, desto ungünstiger ist die jeweilige Stoffwechselsituation, der Wirkungsgrad der Atmung und der Trainingszustand. Wird beim Untrainierten ein A. von 25–30 ml überschritten, so ist das ein Beweis für das Erreichen des Grenzbereichs der Leistungsfähigkeit des Untersuchten. Mit Arbeitsbeginn wird das A. bis zu einer individuell unterschiedlich hohen Belastungsstufe kleiner, was die verbesserte Atmungsökonomie ausdrückt. Der niedrigste Wert wird bei männlichen und weiblichen Personen des dritten Lebensjahrzehnts im Mittel bei Pulsfrequenzen um 120–130 erreicht. Mit weiterem Arbeitsanstieg wächst der Quotient in Abhängigkeit von Arbeitsintensität, Arbeitsform, Größe der beanspruchten Muskelmasse, Trainingszustand, Geschlecht, Klimabedingungen und Alter auf 40–50 ml bei Ausdauertrainierten an.
[**177**, 98/**182**, 132, 403/**196**, 298/**430**, 296/**458**, 122]

Atemfrequenz Anzahl der Atemzüge pro Zeiteinheit. Abhängig von Trainingszustand, Alter, Geschlecht u. a. m. In Ruhe werden durchschnittlich 16 Atemzüge pro Minute gemacht, bei Trainierten 8–10. Der Jugendliche atmet schneller als der Erwachsene. Unter Belastung wird eine Atemfrequenz von 60 pro Minute selten überschritten.
[**116**, 146ff/**182**, 378/**196**, 298/**271**, 37ff/**327**, 46/**458**, 122]

Atemgrenzwert (AGW) Maximale Luftmenge, die über eine Zeitdauer von 10 Sek. bei maximal schneller und maximal tiefer Ein- und Ausatmung geatmet werden kann. Der Wert wird mit 6 multipliziert und auf 1 Minute bezogen. Der A. ist ein Gradmesser der ventilatorischen Leistungsfähigkeit der Lunge. Sein höchster Meßwert liegt direkt im Anschluß an eine schwere Belastung. Er ist stark von Körpergröße, Alter und Geschlecht sowie vom Trainingszustand abhängig. Bei untrainierten männlichen Personen des dritten Lebensjahrzehnts liegt er um 120 l und kann beim Trainierten Werte um 200 l pro Minute erreichen. Der A. liegt immer beträchtlich höher als das → AMV bei einer Höchstbelastung.
[**116**, 141ff/**177**, 100/**196**, 298/**327**, 42]

Atemminutenvolumen (AMV) Luftmenge pro Atemzug × → Atemfrequenz pro Minute.
Das AMV wird in seiner Größenordnung während körperlicher Arbeit des gesunden Menschen von Geschlecht, Alter, Trainingszustand, Art und Intensität der

Arbeit bestimmt. Bei langsam ansteigender Belastung bis zur Ausdauergrenze, d. h. bis zu ca. 50 % der maximalen Kreislaufleistungsfähigkeit, steigt das AMV nahezu linear zur Sauerstoffaufnahme an. Mit weiter zunehmender Belastungsintensität ist schließlich eine überschießende Arbeitshyperventilation zu beobachten. Die Atmungsökonomie verschlechtert sich.
In Ruhe beträgt das AMV 6–12 l. Unter Belastung steigt es an, und zwar beim Trainierten in den ersten zwei Minuten stärker als beim Untrainierten. Der Trainierte stellt sich mit Arbeitsbeginn auf eine tiefe und gleichmäßige Atmung um, während der Untrainierte in der ersten Arbeitsminute oft eine unregelmäßige, frequente und oberflächliche Atmung zeigt, die von kurzen Atempausen unterbrochen wird, bis sich im Lauf der Arbeit die Atmungsgröße der Belastungsstufe anpaßt. Der → steady state des AMV wird von Untrainierten später erreicht. Für die gleiche Belastungsstufe benötigt er auch ein größeres AMV als der Trainierte, weil er nur eine geringere Sauerstoffmenge pro Atemzug aufnehmen kann, wodurch sich der → Atemäquivalentwert verschlechtert. Nach Beendigung der Arbeit geht die Größe des AMV zurück, beim Trainierten schneller als beim Untrainierten.
[**116**, 138, 146ff/**177**, 37/**182**, 351ff, 400, 378/**327**]

Atemreserve auch Ventilationsreserve = → Atemgrenzwert minus Ruheminutenvolumen. Ist beim Trainierten fast doppelt so groß wie beim Untrainierten.
[**116**, 197, 329/**196**, 299/**458**, 123]

Atemtechnik Beim Kurzstreckenlauf wird der Sauerstoffbedarf fast ausschließlich aus den vorhandenen Reserven bestritten. Ein 100-m-Läufer atmet während des Laufes oft kein einziges Mal. Man muß lediglich darauf achten, daß es nicht zur Preßatmung kommt, weil dadurch eine Kreislaufbehinderung entsteht. Bei längeren Strecken ist die Sauerstoffnachlieferung von zunehmender Bedeutung. Eine optimale A. ist nur bei wirklich lockerer und rhythmisch arbeitender Muskulatur gewährleistet. Die Ausatmung sollte 15 % länger als die Einatmung sein. Die Einatmung wird durch das Atemzentrum angeregt und ist muskulär gut zu beeinflussen. Sie braucht daher nicht geübt zu werden. Man sollte jedoch auf tiefe Ausatmung achten. Große → Atemminutenvolumen können nur dann erreicht werden, wenn die Atmung zweckmäßig durchgeführt wird und sich dem Rhythmus der sportlichen Übung anpaßt. Beim Lauf empfiehlt sich, die Atmung im Verhältnis zur Schrittzahl einzurichten. Bei genügender Übung läuft der Rhythmus später bedingt reflektorisch, d. h. unbewußt ab. Atmung und Bewegungsrhythmus beeinflussen sich gegenseitig.
[**196**, 299/**327**/**430**, 168]

Atemtiefe (auch Atemintensität) Sie bestimmt die Luftmenge, die bei der jeweiligen Belastungsstufe ein- bzw. ausgeatmet wird. Die A. ist infolge geringerer Zwerchfellatmung bei der Frau nicht so groß wie beim Mann; bei Trainierten ist die A. größer als bei Untrainierten, s. a. → Atemminutenvolumen (AMV).
[**182**, 378/**196**, 299, 300]

Atemvolumen (auch Atemzugvolumen) Luftmenge, die bei der Atmung pro Atemzug ein- bzw. ausgeatmet wird. Die Tiefe der Ein- und Ausatmung ist je nach Belastung größeren Schwankungen unterworfen.
Das A. beträgt in körperlicher Ruhe etwa 0,5 bis 0,8 l. Bei sportlicher Auslastung kann das A. 80 bis 90 % der → Vitalkapazität ausmachen. Da Trainierte bei vergleichbarer Konstitution eine größere → Vitalkapazität haben als Untrainierte, kann bei diesen auch das Belastungs-A. entsprechend höhere Werte erreichen.
[**116**, 140ff/**196**, 300/**271**, 36ff/**273**/**458**, 123]

Athletenkrankheit (auch Sportkrankheit) Formen der Indisposition nach großen Belastungen, etwa kurzdauernden, maximalen Leistungen, deren Symptome wie Übelkeit, Erbrechen, Sehstörungen, Kopf- und Bauchschmerzen, Herzklopfen usw. stark der Berg- oder Höhenkrankheit ähneln und Minuten bis Stunden anhalten können. Die Ursache der A. sind letztlich ungeklärt.
[**182**, 669]

Athletiker Eine in der Konstitutionslehre E. Kretschmars benannte Form des Körperbautyps (→ Konstitutionstyp). Die hervorstechendsten Merkmale sind: Starke Ausprägung des Skeletts und der Muskulatur, breite Schultern, großer Brustkorb. Die seelischen Eigenarten des A. entsprechen nach Kretschmar dem viskösen Temperament. A. sind ruhig, bedächtig, beharrlich und zielstrebig. Die motorische Begabung liegt mehr in grobmotorischen, weniger in feinmotorischen → Bewegungskoordinationen.
[**238**]

Atmung, äußere Bindung des Luftsauerstoffs in der Lunge an das Hämoglobin des Bluts durch Bildung von Oxyhämoglobin und Abgabe von Kohlendioxid aus dem Blut an die Luft.
[**182**, 62f/**458**, 126]

Atmung, innere Atmung der Zellen durch Enzyme (z. B. Enzyme der Glykolyse und des → Zitronensäurezyklus) wobei der Sauerstoff zu Wasser und Kohlendioxid gebunden wird.
[**182**, 62f/**458**, 126]

ATP (Adenosintriphosphorsäure) Wichtigste energiereiche Verbindung des menschlichen Körpers. ATP wird für die meisten energieverbrauchenden Prozesse der Zelle als universeller Energieüberträger herangezogen. Dieses energiereiche Phosphat ist der unmittelbare Energielieferant für die Muskelkontraktion. Bei Abspaltung der letzten Phosphatgruppe (P_1) wird die in dieser Verbindung gespeicherte potentielle Energie des ATP-Moleküls als kinetische Energie frei, die dann von den kontraktilen Eiweißfäden der Muskelzelle dazu benutzt wird, Spannung zu erzeugen.

$$\text{ATP} \xrightarrow{\text{ATP-ase}} \text{ADP} + P_1 + \text{Energie}$$

Außer der Energie entsteht Adenosin-Diphosphat (ADP) und anorganisches Phosphat (P_1).
[**116**, 45/**182**, 59ff/**273**/**430**, 23]

Atrophie (auch Muskelschwund) Abnahme der Muskelmasse, insbesondere dadurch, daß die Eiweißfäden in den Myofibrillen abgebaut werden, aber auch andere Bestandteile der Muskelzelle wie die Mitochondrien. Die A. ist für verletzte Sportler ein ernst zu nehmendes Problem; denn sie müssen ihr Training unterbrechen, um dem verletzten Organ durch Ruhigstellung eine Chance zur Heilung zu geben.
[**144**, 67, 85/**167**, 262]

Aufbautraining (auch Nachwuchstraining) Zweiter Trainingsabschnitt des langjährigen (langfristigen) Trainingsaufbaus, in dem eine spezifische Leistungsfähigkeit und -bereitschaft angestrebt, die Feinform der sportlichen Technik geübt und das taktische Verhalten vervollkommnet werden. Im A. wird auf den im → Grundlagentraining erworbenen motorischen Eigenschaften und Fähigkeiten aufgebaut und der Sportler durch eine allseitige Vervollkommnung (Vielseitigkeit des Trainings, hoher Anteil des allgemeinen Trainings, Anwachsen des speziellen Trainings, betonte Ausbildung der koordinativen Fähigkeiten, ganzjähriger kontinuierlicher Ausbildungsreiz, Herausbildung leistungsbestimmender Fähigkeiten und Fertigkeiten) auf das → Hochleistungstraining vorbereitet.
[**19**/**196**, 329/**257**, 55ff/**430**, 325]

Aufbauwettkampf Wettkämpfe in der sog. ersten Wettkampfperiode, die zur Vorbereitung auf Wettkampfhöhepunkte der Saison sowie zur Vervollkommnung der wettkampfspezifischen Leistungsfähigkeit des Sportlers und deren Einschätzung dient.

Aufforderungscharakter Objekte, Normen, Situationen, die zu einem bestimmten Verhalten herausfordern, indem sie ein Bedürfnis erzeugen. Für sportliches Handeln kann ein A. ausgehen von der Beschaffenheit der Geräte, dem Zustand der Sportanlagen, der Trainingsorganisation, der soz. Atmosphäre der Gemeinschaft und der sportl. Leistung. Insbes. in der Anfängermethodik kommt dem A. eine zentrale Bedeutung zu. A. wird damit zu einer wichtigen Motivation des Sporttreibens und zum auslösenden Faktor von Bewegungshandlungen.
[**285**]

Aufwärmen (auch Aufwärmarbeit, Erwärmung, Einarbeiten) Vorbereitende Tätigkeit zur Herstellung einer optimalen psycho-physischen Verfassung vor Training und Wettkampf. Durch ein sinnvolles A. aktiver, passiver (z. B. Sportmassage, heiße Dusche, Einreiben), allgemeiner und spezieller (sportartspezifischer) Art werden die neuro-muskuläre, die organische und die geistige Leistungsbereitschaft gleichermaßen gefördert. Im einzelnen verbessert A. die Durchblutung und Elastizität der Muskulatur, die Leistungsbereitschaft der Organsysteme, die physische Einstellung, die Aktivität des Nervensystems. A. vermindert die Gefahr von Verletzungen am Stütz- und Bewegungsapparat.
Es erfolgt meist individuell oder in kleinen Gruppen (besonders bei Mannschaftssportarten). Form und Zeitdauer werden u. a. bestimmt von: Charakter der Sportart, Trainingszustand, Klima, Wetter, Tages- und Jahreszeit, vorangegangener Tätigkeit.
[**100**, 43, 141 ff/**182**, 499/**225**/**430**, 294]

Ausbildung, allgemeine (auch allgemeine Vorbereitung) A. stellt neben der speziellen Ausbildung einen wichtigen Faktor der sportlichen Ausbildung dar. Sie ist Vorbedingung zur Schulung der Leistungskomponenten. Ziele der A. sind im konditionellen Bereich die harmonische Entwicklung konditioneller Grundeigenschaften, im sporttechnischen Bereich das Sammeln umfangreicher Bewegungserfahrungen, im taktischen Bereich der Erwerb der Grundkenntnisse des taktischen Verhaltens, im psychomoralischen Bereich z. B. die Einstellung zum Training und im intellektuellen Bereich z. B. die Regelkenntnis.
[**257**, 81/**275**, 175]

Ausbildung, spezielle (auch spezielle Vorbereitung) Bevorzugtes Training der verschiedenen leistungsrelevanten Subkategorien bzw. Erscheinungsweisen der motorischen Grundeigenschaften. Durch die Anwendung von Spezial- und Wettkampfübungen wird die Anlehnung an die Wettkampftechnik deutlich. Während z. B. in der → allgemeinen Ausbildung die Grundeigenschaft Kraft und ihre Varianten das Trainingsziel bedeuten, sind es in der A. Erscheinungsweisen wie z. B. Sprint-, Sprung-, Wurf- oder Schußkraft.
[**257**, 82/**275**, 174]

Ausbildung, sportliche (auch sportliche Vorbereitung) Summe aller Maßnahmen der → allgemeinen und → speziellen Ausbildung. Beide Aspekte stehen in engem Zusammenhang. Die Unterscheidung ist zuerst ein organisatorischer Vorgang, welcher den pädagogischen Prozeß der Trainingsplanung besser steuert. Das Verhältnis von allgemeiner u. spezieller Ausbildung innerhalb der A. kann in drei Stufen dargestellt werden:
Bezogen auf den konditionellen Bereich bedeutet dies zuerst die Schaffung einer ausreichenden allgemeinen Kondition; im zweiten Schritt die spezifische Ausgestaltung der allgemeinen Kondition,

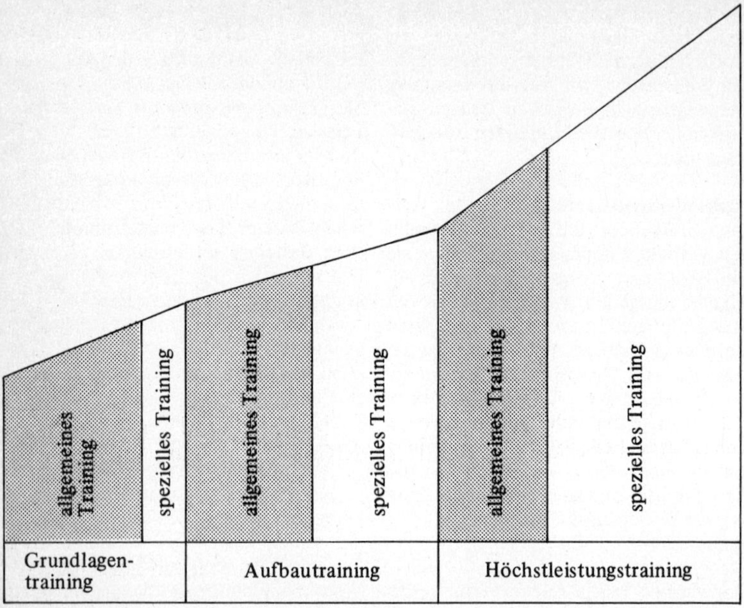

Das Verhältnis von allgemeiner und spezieller Ausbildung im langfristigen Trainingsprozeß, verdeutlicht an den Relationen im Grundlagen-, Aufbau- und Höchstleistungstraining von Kraft- und Schnelligkeitssportlern unter Berücksichtigung der «progressiven Belastung» (Quelle: Letzelter 1985, 82)

indem Grundeigenschaften bevorzugt werden, die für die gewählte Sportart Bedeutung haben, und im letzten Schritt das bevorzugte Training der aus diesen Grundeigenschaften sportartspezifisch bedeutsamen Erscheinungsweisen. Das Verhältnis von allgemeiner und spezieller Ausbildung verändert sich beständig mit den Trainingsfortschritten im Sinn der zunehmenden Spezialisierung. Es bestehen in den einzelnen Sportarten Unterschiede in den Relationen (vgl. Abb. oben).
[**257**, 81/**275**, 174ff]

Ausbildung, sporttechnische (auch Techniktraining) Bezeichnet die Gesamtheit aller zielgerichteten organisierten Maßnahmen zur Befähigung der Sportler, sportliche Handlungen mit einer zweckmäßigen, koordinativ beherrschten Technik auszuführen. Hauptbestandteil des sportlichen Trainings.
[**160**, 194]

Ausbrennen Verlust der Fähigkeit, eine früher innegehabte Leistungsfähigkeit infolge langzeitig vorausgegangener, übermäßig großer körperlicher Strapazen erneut zu erreichen. In neuerer Zeit wird A. im organischen Bereich angezweifelt; es gibt jedoch keinen Beweis hierfür. Im Skelettsystem kann A. als langjährige Summierung kleiner Schädigungen verstanden werden.
[**179**, 10/**196**, 300]

Ausdauer (auch Ermüdungswiderstandsfähigkeit) Konditionelle Fähigkeit; psycho-physische Widerstandsfähigkeit des Organismus gegen Ermüdung bei sportlichen Belastungen. Letzelter erweitert den A.-begriff unter Berücksichtigung seiner Funktion. A. ermöglicht, eine gewählte Intensität lange beizubehalten, vermindert die Verluste an Intensität durch Ermüdung und bewirkt eine schnelle Erholung. Die Erscheinungsformen der A. (Ausdauerfähigkeiten, -eigenschaften) werden in der Literatur je nach Betrachtungsweise unter verschiedenen Gliederungsansätzen systematisiert (vgl. Abb. Seite 30). Unter dem Aspekt der Sportartspezifität unterteilen Nabotnikowa, Simkin u. a. die A. in eine → allgemeine und → spezielle A. Harre u. a. unterteilen nach der Zeitdauer der Belastung in → Kurz-, → Mittel- und → Langzeitausdauer, ergänzt durch die → Kraft- und → Schnelligkeitsausdauer. Wesentlich präziser und exakter auf jede motorische Bewegungsform anwendbar ist die medizinisch orientierte Nomenklatur: Hollmann unterteilt unter dem Aspekt der muskulären Energiebereitstellung und der verschiedenen Stoffwechselvorgänge in eine → allgemeine A. und → lokale A. und deren Kombinationen. A. wird begrenzt von der Bewegungsökonomie, den volitiven Steuerungseigenschaften sowie dem Ausprägungsgrad physiologisch-morphologischer Funktionen.
[**182**, 303, 440, 513/**196**, 300/**257**, 162ff/**297**/ **384** /**430**, 66]

Ausdauer, allgemeine (auch Grundlagenausdauer) Konditionelle Fähigkeit; Ermüdungswiderstandsfähigkeit bei vielseitigen sportlichen Anforderungen. Die A. ist sportartübergreifend; die durch die Tätigkeit in einer Sportart erworbene A. müßte auf andere Sportdisziplinen transferiert werden. A. ist Grundlage für eine hohe allgemeine sportliche Leistungsfähigkeit des Menschen und damit Basis für die Entwicklung der → speziellen Ausdauer. Nach Zaciorskij sind bei der A. mehr als 3/4, nach Hollmann mehr als 1/7–1/6 der Gesamtmuskelmasse beteiligt. Hollmann unterteilt weiterhin in eine allgemeine aerobe und anaerobe Ausdauer und deren Kombinationen. A. wird vom Herz-Kreislauf-Atmungs- und Stoffwechselsystem sowie von der Qualität der bewegungstypischen Koordination leistungsmäßig begrenzt.
[**182**, 303, 347, 440/**196**, 300/**252**, 174/**270**, 184/ **297**/ **430**, 66ff]

Ausdauer, allgemeine aerobe Unterkategorie der → allgemeinen Ausdauer; wird als Ausdauerbeanspruchung großer Muskelmassen unter aerober Energiebereitstellung verstanden. Wird präzisiert durch die Kombinationen allgemeine aerobe → dynamische und statische Ausdauer. Hollmann, der den Terminus mit der → allgemeinen aeroben dynamischen Ausdauer gleichsetzt, empfiehlt zusätzlich eine zeitliche Unterteilung in → allgemeine aerobe Kurzzeitausdauer, → allgemeine aerobe Mittelzeitausdauer und → allgemeine aerobe Langzeitausdauer.
[**182**, 347/**196**, 300/**197**, 19/**257**, 170/**384**]

Ausdauer, allgemeine aerobe dynamische Ausdauerbeanspruchung mittels dynamischer Arbeit unter Einsatz von mehr als 1/7–1/6 der gesamten Skelettmuskulatur. Es muß eine Bewegungsintensität von mindestens 50% der maximalen Kreislaufbelastungsfähigkeit und eine Belastungsdauer von mindestens 10 Minuten gegeben sein. Die optimalen Trainingsadaptionen sind bei einer Pulsfrequenz oberhalb 130 Schläge/Minute gegeben, nach neueren Untersuchungen im Bereich der aerob-anaeroben Schwelle, die einer Laktatkonzentration von 3–4 mmol/l entspricht. Leistungsbestimmende Faktoren sind die Kapazitäten des Herz-, Kreislauf-, Atmungs- und Stoffwechselsystems sowie die Qualität der bewegungstypischen Koordination. Als Haupttrainingsformen können der Dauerlauf, das Fahrtspiel, Intervall-, Hügel-, Minutenläufe, Laufspiele sowie

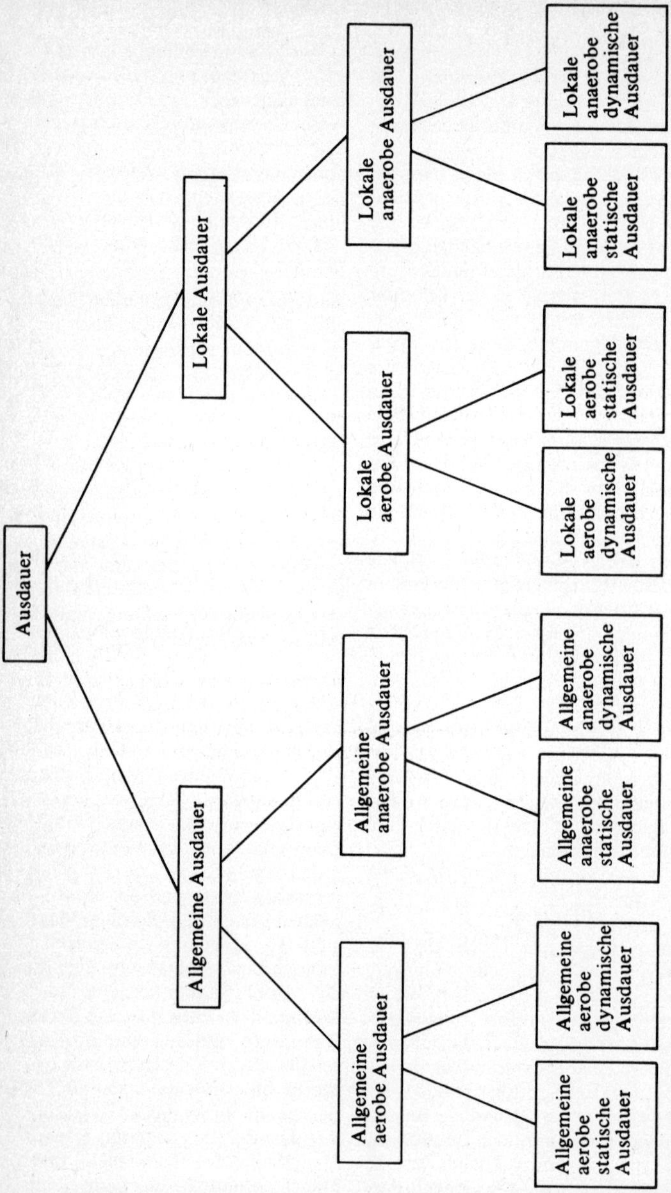

(Quelle: Jonath u. a. 1985, 18)

sportartspezifische Dauerbelastungen aller Art angesehen werden.
[**182**, 347/**196**, 300/**197**, 18f]

Ausdauer, allgemeine aerobe statische Beanspruchung auf A. liegt vor, wenn simultan große Muskelgruppen mit einer Intensität von weniger als 15% der maximalen statischen Kraft beansprucht werden. Leistungslimitierende Faktoren stellen in geringem Maße das maximale Sauerstoffaufnahmevermögen, die Muskelkraft und das periphere Sauerstoffangebot dar. Sportarten, in denen die A. eine besondere Rolle spielt, sind Schießen, Bogenschießen u. a. In den meisten Fällen werden bei einer A.-Beanspruchung fast immer einzelne kleine Muskelgruppen so intensiv belastet, daß für diese Muskelgruppen eine Schwelle von 30–50% der maximalen statischen Kraft überschritten wird. Es setzt ein dominierender anaerober Stoffwechsel ein. Die → lokale anaerobe statische Ausdauer wird für diese kleinen Muskelgruppen leistungslimitierend.
[**182**, 513/**196**, 301/**197**, 19]

Ausdauer, allgemeine anaerobe Untergruppe der → allgemeinen Ausdauer; wird als Ausdauerbeanspruchung großer Muskelmassen verstanden, die durch anaerob ablaufende Stoffwechselvorgänge leistungsmäßig begrenzt wird. Im Gegensatz zur → allgemeinen aeroben Ausdauer kann im Bezug auf die Muskelmasse kein annähernd verbindlicher Grenzwert gegeben werden. Die anaeroben Stoffwechselvorgänge können sowohl bei dynamischer als auch bei statischer Arbeit eine leistungsbegrenzende Rolle spielen. Demgemäß ist zu unterscheiden und zu präzisieren in → allgemeine anaerobe dynamische Ausdauer und → allgemeine anaerobe statische Ausdauer.
[**182**, 513/**196**, 301/**257**, 168]

Ausdauer, allgemeine anaerobe dynamische (auch Schnelligkeitsausdauer, Tempoausdauer, Stehvermögen) Beanspruchung auf A. liegt vor, wenn große Muskelgruppen dynamisch und dominierend anaerob belastet werden. Hollmann grenzt die A. zeitlich ab. Eine Beanspruchung unterhalb von 20 Sek. rechnet er der → Schnelligkeit zu, oberhalb von 120 Sek. zur → allgemeinen aeroben Ausdauer. Jonath spricht von größeren oder geringeren Anteilen der A. bei einer Belastung. So wird die A. schon im 200-m-Lauf wirksam und verliert oberhalb einer Belastungsdauer von 3 Minuten zunehmend an Bedeutung. Als leistungslimitierende Faktoren sind die Qualität und Quantität der anaeroben Energiegewinnung, der pH-Wert und die Alkalireserve anzusehen. In geringerem Maße spielen die dynamische Kraft der eingesetzten Muskulatur, die Koordination und die zentrale Ermüdung eine Rolle. Die A. wird benötigt in den Sportarten Leichtathletik (400-m- und 800-m-Lauf), Eisschnellauf, bei Ballspielen, Wasserball u. a. Haupttrainingsformen sind Tempo- und Temposerienläufe, Kurzhantelserienarbeit, Circuittraining sowie alle sportartspezifischen Belastungsformen, welche bei maximaler bis submaximaler Belastungsintensität durchgeführt werden und zu einer → Sauerstoffschuld führen.
[**182**, 513/**196**, 300/**197**, 20]

Ausdauer, allgemeine anaerobe statische Eine Beanspruchung auf A. liegt vor, wenn eine große Muskelmasse in ihrem Leistungsvermögen durch anaerobe Stoffwechselvorgänge begrenzt wird bei einer statischen Arbeitsform oberhalb 15% der maximalen statischen Kraft und möglichst langer Dauer. Leistungsbegrenzender Faktor ist die Qualität der aeroben Energiegewinnung, die durch die lokale und zentrale Ermüdung begrenzt wird. Für die absolute Leistung ist die maximale statische Kraft der betreffenden Muskulatur von Bedeutung. Eine Verbesserung der A. entspricht in ihren Grundzügen der Verbesserung der → lokalen anaeroben statischen Kraft. Ein

Unterschied besteht lediglich in der Größe der beteiligten Muskelmasse. Sportarten, in denen eine derartige muskuläre Beanspruchung besteht, sind Ringen, Geräteturnen (z. B. der Kreuzhang an den Ringen), Gewichtheben (Fixierung einer Hantel) etc.
[**182**, 535/**196**, 295]

Ausdauer, lokale Ausdauer einer Muskelmasse, die kleiner ist als 1/7 bis 1/6 (Hollmann) bzw. 1/3 (Zaciorskij) der gesamten Skelettmuskulatur. Die Angabe der Größenordnung von 1/7 bis 1/6 der gesamten Skelettmuskulatur als Differenzierung zwischen lokaler A. und allgemeiner Ausdauer beruht nach Hollmann auf der Tatsache, daß unterhalb dieser Größenordnung die Leistungsfähigkeit eines gesunden kardio-pulmonalen Systems keine maßgebliche Rolle mehr spielt. Dies gilt nur für eine dynamische Arbeitsform. Eine exakte Differenzierung kann nur über die Zusätze aerob, anaerob und dynamisch, statisch gegeben werden.
[**182**, 304/**196**, 302/**197**, 17/**257**, 170/**326**]

Ausdauer, lokale aerobe Untergruppe der → lokalen Ausdauer; wird als Ausdauerbeanspruchung einer Muskelmasse von weniger als 1/7 bis 1/6 der gesamten Skelettmuskulatur mittels dynamischer oder statischer Arbeit verstanden, die eine aerobe Energiebereitstellung zuläßt. A. muß über die Arbeitsform der Muskulatur präzisiert werden.
[**182**, 305]

Ausdauer, lokale aerobe dynamische Beanspruchung auf A. liegt vor, wenn eine dynamische Arbeit mit kleinen Muskelgruppen (z. B. ein Arm od. ein Bein) bei geringen Belastungsintensitäten (unterhalb 20–30 % der maximalen statischen Kraft) durchgeführt wird.
Leistungslimitierende Faktoren sind die Summe der Gefäßquerschnitte in der beanspruchten Muskulatur (Vaskularisierung bzw. Kapillarisierung und Kollateralen), die Kapazität des mitochondralen Stoffwechsels, die Größe der lokalen Kohlenhydratdepots, die Qualität der metabolischen Prozesse und die zentrale Ermüdung. Die A. wird benötigt z. B. beim Paddeln, Armzug beim Schwimmen, Armarbeit beim Boxen, Armarbeit beim Fechten u. a. Trainingsformen sind z. B. Wiederholungsarbeiten mit Gummizügen bei geringer Arbeitsintensität, Boxen an der Maisbirne, Dauergymnastikformen sowie alle sportartspezifischen Belastungsformen, welche bei geringer Belastungsintensität dauerhaft und dynamisch eine kleine Muskelgruppe beanspruchen.
[**182**, 305/**196**, 294/**197**, 20]

Ausdauer, lokale aerobe statische Beanspruchung auf A. liegt vor, wenn eine kleine Muskelgruppe unterhalb von 15 % der maximalen statischen Kraft belastet wird. Es kann eine ungestörte Durchblutung und damit ein aerober Stoffwechsel stattfinden. Jenseits einer Kontraktionsintensität von 15 % der maximalen statischen Kraft setzt eine Durchblutungsbehinderung ein bis bei 50 % der völlige Durchblutungsstopp auftritt. Zwischen 15 % und 50 % treten sowohl aerobe als auch anaerobe Stoffwechselprozesse auf. Die Bedeutung der A. ist im Vergleich zu den übrigen motorischen Beanspruchungsformen gering. Leistungslimitierende Faktoren sind die maximale statische Kraft sowie die lokale Durchblutungsgröße der beanspruchten Muskulatur. Die A. wird benötigt bei langen Halteübungen beim Schießen, Bogenschießen etc. Trainingsformen sind sportartspezifische Belastungsformen, welche dauerhaft und statisch eine geringe Muskelgruppe mit geringem Kraftaufwand belasten.
[**182**, 335/**196**, 294/**197**, 21]

Ausdauer, lokale anaerobe Untergruppe der lokalen Ausdauer; wird als Ausdauerbeanspruchung einer Muskelmasse von weniger als 1/7 bis 1/6 der gesamten

Skelettmuskulatur mittels dynamischer oder statischer Arbeit verstanden, die durch anaerob ablaufende Stoffwechselprozesse begrenzt wird. A. muß wie die → lokale aerobe Ausdauer über die Arbeitsformen der Muskulatur präzisiert werden.
[**182**]

Ausdauer, lokale anaerobe dynamische Fähigkeit, eine dynamische Arbeit einer möglichst kleinen Muskelgruppe bei hoher Belastungsintensität möglichst lange durchzuhalten. Leistungslimitierende Faktoren sind die Qualität und Quantität der anaeroben metabolischen Kapazität, das intrazelluläre Sauerstoffangebot sowie die lokale und zentrale Ermüdung. Die A. wird benötigt, wenn intensive Belastungen von kurzer Zeitdauer vorherrschen. Trainingsformen sind hohe Wiederholungszahlen bei lokaler Belastung von hoher Belastungsintensität.
[**182**, 335/**197**, 20]

Ausdauer, lokale anaerobe statische Beanspruchung auf A. liegt vor, wenn ein Gewicht von mehr als 15 % der maximalen statischen Kraft fixiert wird bzw. wenn eine Kontraktionsarbeit mit mehr als 50 % der maximalen statischen Kraft des betreffenden Muskels durchgeführt wird, wobei die statische Beanspruchungsdauer so lange ist, daß der Gesichtspunkt des jeweiligen dynamischen Arbeitsanteils keine entscheidende Rolle spielt. Leistungslimitierende Faktoren sind die lokale anaerob zu entwickelnde Energiegewinnung und als entscheidender Faktor die lokale und zentrale Ermüdung. Eine Vergrößerung der A. erfolgt durch eine Verbesserung der statischen Kraft. Die A. wird benötigt bei Haltegriffen im Ringen und Judo, bei Partnerwiderstandsübungen mit dem Arm etc. Trainingsformen sind sportartspezifische Belastungsformen, welche dauerhaft und statisch eine geringe Muskelmasse mit hohem Kraftaufwand belasten.
[**182**, 345, 336/**196**, 294/**197**, 21]

Ausdauer, spezielle Unterteilung der Ausdauer nach sportartspezifischen Gesichtspunkten.
Konditionelle Fähigkeit; Anpassungsfähigkeit eines Sportlers an die unter wettkampfmäßigem Einsatz gegebene Belastungsstruktur einer Ausdauersportart bzw. -disziplin. A. wird somit von den Besonderheiten der Sportart und dem Leistungsniveau bestimmt, in der die spezielle Ausdauerbelastung erbracht werden soll.
Zur Beurteilung der A. gibt es in den Sportarten verschiedene Beurteilungsverfahren. Z. B. wird die Sprintausdauer (→ allgemeine anaerobe dynamische Ausdauer) operationalisiert als SpA = t 200 m–2 t 100 m.
[257, 173/**297**]

Ausdauerleistung Leistungsfähigkeit eines Sportlers bei Ausdauerbelastungen. A. kann anhand von Wettkämpfen in Ausdauersportarten und durch sportmedizinische Untersuchungsverfahren ermittelt werden. Im ersten Fall gibt die ermittelte Zeit bzw. das sportliche Resultat Aufschluß über A., im zweiten Fall werden Parameter (wie Sauerstoffaufnahme, Atemzugvolumen, Atemfrequenz, Atemminutenvolumen[2], Herzfrequenz, Herzminutenvolumen, Sauerstoffpuls etc. zur Beurteilung der A. hinzugezogen.
[**271**, 159 ff]

Ausdauersportarten Sportarten und -disziplinen, bei denen die sportliche Leistung vorwiegend von Ausdauerfähigkeiten bestimmt wird. Zu A. gehören z. B. Mittel- und Langstreckenlauf der Leichtathletik, Rudern, Straßenradsport, Eisschnellauf u. a. Personen, die A. betreiben, werden Ausdauersportler genannt. Da in diesen Sportarten die Ausdauer als zentraler leistungsbestimmender Faktor auftritt, ergeben sich zahlreiche übereinstimmende Merkmale in der Trainingsmethodik der verschiedenen Sportarten.
[**375**, 22]

Ausdauertest Kontroll- und Testverfahren, die in der Trainingspraxis zur Ermittlung der allgemeinen und speziellen Ausdauerfähigkeit beitragen. Über A. können Fehler in der → Trainingsplanung und -gestaltung sowie im Einsatz von → Trainingsmethoden und -mitteln erkannt werden. Zur Ermittlung der → allgemeinen Ausdauer eignen sich Belastungen von 15 Min. bis zu 1 Std. und länger. Zur Ermittlung der → speziellen Ausdauer können folgende Kontrollen vorgenommen werden:
Test- und Aufbauwettkämpfe,
Tests mit Belastungszeiträumen über dem Wettkampf und höchstmöglicher Intensität,
Tests mit Belastungszeiträumen unter dem Wettkampf und höchstmöglicher Intensität,
Wiederholte Belastungen mit bestimmter Dauer und streng begrenzten Erholungspausen,
Kombinierte Umfangs- und Intensitätsbelastungen mit Tempowechselcharakter.
[**234**, 881ff/**297**, 49/**430**, 94]

Ausdauertraining Planmäßiger Prozeß zur Entwicklung von allgemeinen und speziellen Ausdauerfähigkeiten. A. bewirkt über spezielle Ausdauertrainingsmethoden (Dauermethode, Intervallmethode, Wettkampf- und Kontrollmethode) spezifische Anpassungsvorgänge in bezug auf Herz-Kreislauf-Atmungssystem und Stoffwechselvorgänge.
[**182**, 538/**196**, 330/**257**, 161ff/**430**, 66ff]

Ausdauertraining, allgemeines (auch Grundlagenausdauertraining) Erscheinungsform des Ausdauertrainings, gekennzeichnet durch Trainingsbelastungen, die große Muskelgruppen mit mittlerer Intensität über längere Zeit vielseitig und ausdauerfördernd beanspruchen. A. trägt zur Verbesserung der Leistungsbreite des Herz-Kreislauf-Atmungs- und des Stoffwechselsystems bei. A. beinhaltet die → Dauermethode, die → extensive Intervallmethode und allgemeinentwickelnde Übungen, die u. a. eine überdurchschnittliche allgemeine konditionelle Leistungsfähigkeit schaffen. A. findet somit Anwendung im Fitness- und Gesundheitstraining sowie im Leistungstraining als Basis für ein spezielles Ausdauertraining.
[**257**, 174/**430**, 81ff]

Ausdauertraining, extensives → Intervalltraining, extensives.

Ausdauertraining, intensives → Intervalltraining, intensives.

Ausdauertraining, spezielles Erscheinungsform des A. gekennzeichnet durch Trainingsbelastungen, die der Belastungsstruktur der Wettkampfsportart bzw. -disziplin entsprechen. A. beinhaltet die intensive Intervallmethode, die Wettkampf- und Kontrollmethode, die zur Entwicklung der wettkampfspezifischen Ausdauer beitragen. Die Entwicklungsrichtung wird über die Belastungskomponenten (Reizdichte, -umfang, -intensität, -dauer) bestimmt.
[**182**, 538/**257**, 174f/**430**, 81ff]

Ausgangskraft → Anfangskraft.

Ausgleichsbewegung Bewegung, die zur Aufrechterhaltung des Gleichgewichts erfolgt. A. erfolgen bei Gleichgewichtsstörungen (z. B. beim balancierenden Vorwärtsgehen auf dem Schwebebalken), die nicht mehr durch Veränderung des Krafteinsatzes kompensiert werden können (hier: Seitspreizen eines Beins).
(Bemerkung: A. bezieht sich auf Anpassungsleistungen des Organismus während eines Bewegungsvollzugs. Der Begriff ist daher nicht unter → Ausgleichssport einzuordnen.)
[**281**, 206]

Ausgleichsgymnastik Gymnastische Übungen zur Verbesserung und Beseiti-

gung von vorhandenen, einseitigen Körperbauschäden (Haltungsschäden), insbesondere zu Kraftausgleich, Schmeidigung und Lösung. Die Ausdehnung auf den Begriff der Ausgleichsübungen erfaßt eine zweckgerichtete Behebung von Körperbau-, Organ-, Muskel- und Koordinationsschwächen. A. wird im → Schulsonderturnen und in der Betriebsgymnastik vorwiegend ausgeübt.
[**84**/**217**]

Ausgleichssport Sportliche Tätigkeiten, die unter medizinisch-therapeutischen Gesichtspunkten den durch einseitige Belastung entstandenen Haltungs- und Haltungsfehlern entgegenwirken sollen. Darüber hinaus sollen unter A. auch jene Maßnahmen verstanden werden, die aus psychohygienischen Gründen in umfassenderem Sinn betrieben werden, d. h. dem Erholungssport und → Freizeitsport zuzuordnen sind.
[**84**/**85**/**359**]

Austreibungszeit Phase des Herzzyklus. Der Herzzyklus unterteilt sich in zwei Phasen:
1. Kontraktionsphase (Systole)
2. Erschlaffungsphase (Diastole)

Die Systole wiederum untergliedert sich in A. und Anspannungszeit. Ist der Druck in der Kammer größer als in den herznahen Arterien, öffnen sich die Taschenklappen des Herzens, das Blut strömt durch die Arterien.
[**116**, 98f/**182**, 382]

Auswahlreaktionen Komplizierte Form der → motorischen Reaktionen, bei denen im Gegensatz zu anderen einfachen oder komplizierten motorischen Reaktionen auf unterschiedliche Reize unterschiedlich geantwortet wird. Bei Täuschungen und Finten z. B. wird nicht nur der Reiz diagnostiziert, sondern auch die Reizantwort entsprechend variiert. Während in der Leichtathletik, im Schwimmen oder im Eisschnellauf lediglich einfache oder sensorielle Reaktionen vorkommen, überwiegen in den Sportspielen die Unterscheidungs- und A.
[**257**, 193]

Automatisierung (auch Automatisation) Charakteristischer Vorgang im Rahmen → motorischer Lernprozesse, insbesondere in der Lernphase der Stabilisierung der (Fein-)Koordination, der dazu führt, daß die erlernten Bewegungshandlungen bzw. die einzelnen Bewegungen ohne bewußt werdende Steuerung und Regelung ablaufen.
Folge der A. ist die Ausbildung eines sogenannten → motorisch-dynamischen Stereotyps.
[**107**/**182**, 158/**253**/**254**/**257**, 225/**281**, 274/**355**/**372**/**430**, 38, 55, 134, 216, 254]

Autosuggestion Methode der Selbstbeeinflussung durch bewußte Einstellung auf das eigene Verhalten (z. B. durch Konzentration auf bevorstehendes Geschehen) durch Selbstbefehle oder psychoregulative Maßnahmen. Dabei können funktionelle Veränderungen im sensorischen, vegetativen und motorischen System auftreten.
[**99**]

Auxotonisch (griechisch: vermehrend) In der Trainingslehre verwendet im Sinn von spannungsveränderlich. Kontraktionsform des Muskels, die zwischen → isometrischer und → isotonischer Kontraktion liegt (s. a. → auxotonische Kontraktion).
[**182**, 35/**257**, 145/**430**, 128]

Azidose Vermehrung saurer Stoffwechselprodukte (Akkumulation von → Metaboliten) im Blut und Gewebe und dadurch Absinken des → pH-Wertes unter 7.0 (= Neutralwert). Hauptursache für die A. ist eine → Hypoxie. Sportliche Belastungen führen zu einer A., die auf Grund kompensatorischer Mechanismen des Organismus rasch beseitigt wird. Der

Grad der A. gibt Auskunft über die Höhe der Belastung und kann durch Bestimmung des Säure-Basen-Status erfaßt werden.
[**182**, 525]

Azidose, metabolische Anhäufung von sauren Stoffwechselprodukten.
Bei akutem Sauerstoffmangel ist der aerobe Abbau der Kohlenhydrate erschwert. Es häufen sich die Endprodukte des anaeroben Kohlenhydratstoffwechsels, Brenztraubensäure und Milchsäure an. Eine Energiefreisetzung ist unter anaeroben Bedingungen gering. Die energiereichen Phosphate vermindern sich. Die Folge ist eine Übersäuerung.
[**116**, 330ff/**182**, 525/**271**, 182]

B

Bahn, afferente Nervenbahn, die Reize aus der Peripherie (z. B. Propriorezeptoren) über die motorische Hauptbahn des ZNS zum Zentrum (Hirnrinde) leitet.
[**196**, 263/**265**, 113/**458**, 149]

Basistraining Entwicklung der konditionellen Eigenschaften im → Grundlagentraining bis zu einem sportartspezifischen optimalen Niveau, durch Anwendung → allgemeinentwickelnder Übungen.
[**257**, 23]

Begabung Komplex von Fähigkeiten für geistige und körperliche Leistungen oder für spezielle Leistungen z. B. im Sport. Sie erleichtert den Sportlern das Erlernen sportmotorischer Fertigkeiten.

Begabung, motorische Gesamtheit der spezifischen Dispositionen, die zu Leistungen im Bereich der Motorik befähigen. Beschreibungsmodelle motorischer Begabung unterscheiden sich in den Faktoren, mit denen sie den Begriff erklären.

Begabung, sportliche → Begabung.

Behendigkeit Als Fachausdruck kaum verwendeter Begriff. Im umgangssprachlichen Gebrauch wird mit B. die Leichtigkeit und Schnelligkeit von Bewegungen angesprochen. B. ist nahe verwandt mit der → Gewandtheit.
[**112**, 18]

Beinkraft-Test, relativer Spezieller Konditionstest, bei dem eine Versuchsperson an einer Kraftmaschine sitzt und beide Beine beugt, bis der vom Testleiter angelegte Spezialwinkelmesser einen Kniegelenkswinkel von 90 Grad anzeigt. Aus dieser Ausgangsstellung erfolgt ein beidbeiniges Strecken der Beine gegen einen Widerstand, der so lange vergrößert wird, bis keine Beinstreckung mehr erfolgt. Die Testbewertung ergibt sich aus dem Quotienten aus Fremdgewicht (Widerstand) und Körpergewicht.
[**244**, 261]

Beinlänge Wichtiges anthropometrisches und leistungsbestimmendes Maß in vielen Sportarten und Sportdisziplinen. So ist Langbeinigkeit z. B. beim Hürdenlauf vorteilhaft, da der Athlet den KSP nicht so hoch heben muß wie ein kurzbeiniger Athlet. Beim Ringen oder Gewichtheben ist die Kurzbeinigkeit vorteilhaft, da diese die Standfestigkeit erhöht bzw. einen kurzen Hebeweg der Hantel ermöglicht.

Belastbarkeit Optimum von Umfang und Intensität (Anstrengungsgrad), mit der

eine sportliche Handlung durchgeführt werden kann, ohne daß es zu Schädigungen kommt. Zu Sportverletzungen bzw. -schäden kann es kommen, wenn die Belastung höher ist als die B.
[**271**, 284]

Belastung Situation oder Maßnahme (z. B. typische Belastungsprobe), die zur besonderen funktionellen Inanspruchnahme des Gesamtorganismus oder einzelner Organe bzw. Organsysteme führt.
[**116**, 211]

Belastung, ansteigende (auch Belastung, progressive) Wesentlicher Grundsatz des Trainings, nach dem die Anforderungen an den Sportler bezüglich der konditionellen, koordinativen, sporttechnischen, taktischen, intellektuellen und willensmäßigen Vorbereitung systematisch gesteigert werden müssen. Je höher das sportliche Niveau, desto umfangreicher und intensiver muß trainiert werden (siehe Abb.unten). Die Steigerung der Trainingsbelastung kann je nach Sportart, Lebensalter, Trainingsalter, Trainingszustand, Ziel- und Aufgabenstellung des Trainings, den momentanen Trainingsabschnitten und dem trainingsmethodischen Vorgehen über eine oder mehrere Belastungskomponenten erfolgen.
[**255**/**257**]

Belastung, äußere (auch Trainingsbelastung, äußere) In erster Linie Körperübungen, die gemäß dem Leistungsziel und der Leistungsstruktur der betreffenden Sportart ausgewählt und mit entsprechenden Trainingsmethoden zielgerichtet ausgeführt werden.
Um die B. exakt planen, differenziert steuern und ihre Wirkung genau erfas-

Das «Prinzip der progressiven Belastung» und die «nichtlineare» Leistungssteigerung (Quelle: Letzelter 1985, 53)

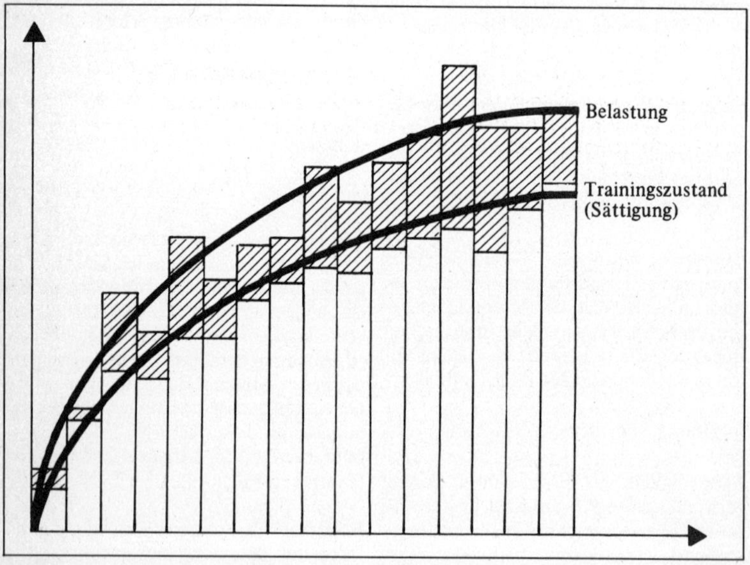

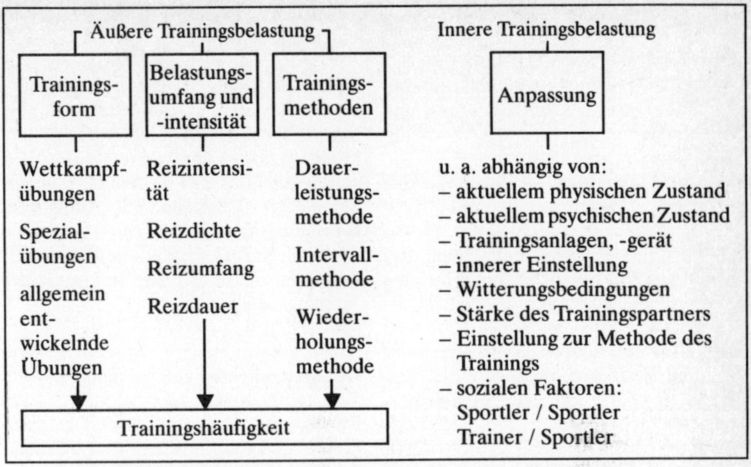

Sportliche Leistungsfähigkeit und ihre Abhängigkeit von äußerer und innerer Trainingsbelastung (nach Matwejew) (Quelle: Jonath/Krempel 1985, 15)

sen zu können, ist es erforderlich, folgende → Belastungskomponenten zu unterscheiden: Belastungsintensität, Belastungsumfang, Art der Körperübungen, die Übungsausführung und die Trainingszeit.
Belastungsdichte, Belastungshäufigkeit und Belastungsdauer gehen als Bestimmungsfaktoren in die Belastungsintensität bzw. den Belastungsumfang ein.
[**99**, 55ff]

Belastung, innere Reaktion des Sportlers auf die → äußere Belastung. B. äußert sich durch die Stärke und den Charakter der physiologischen, biochemischen und morphologischen Veränderungen im Organismus sowie den Grad der psychischen und intellektuellen Beanspruchung. B. wird durch die komplexe Wirkung aller → Belastungskomponenten hervorgerufen und muß im Hinblick auf einen positiven Trainingseffekt jeweils optimal sein und im Bereich der Grenzbelastungen liegen.
[**257**, 51]

Belastung, isometrische → Training, isometrisches.

Belastung, isotonische → Training, isotonisches.

Belastung, maximale Belastung im Bereich zwischen 90 und 100% der Leistungsfähigkeit (s. a. → Trainingsbelastung).

Belastung, mechanische Einwirken von Kräften auf einen Körper unter statischen und dynamischen Bedingungen.
Im Sport interessiert insbesondere die B. des menschlichen Skelettsystems. Die einzelnen Teile des Bewegungsapparats besitzen im Inneren ein axiales Skelett in Form der widerstandsfähigen Knochen. Durch Fugen und Gelenke sind die einzelnen Knochen im Gesamtskelett zu einem Gliedersystem verbunden, das sowohl statische als auch dynamische Funktionen erfüllt. Im Fall einer statischen Beanspruchung überträgt das Skelett ruhende Kräfte, während bei dynamischer Beanspruchung auf die Knochen Be-

schleunigungskräfte einwirken. Auf Grund einer derartigen funktionellen Beanspruchung treten als Belastungsarten für die Knochen und Gelenke sowohl Zug und Druck als auch Biegung und Torsion auf.

Belastung, physische → Training, körperliches.

Belastung, psychische Bedrohung des seelischen Gleichgewichts durch Druck-, Konflikt- und Spannungssituationen. B. steigert die nervöse Anfälligkeit und wird als Unlust empfunden. Bei mangelnder Stabilität Verhaltensstörungen und Neurosebereitschaft, bei sehr «Ich-schwachen» Persönlichkeiten evtl. psychotische Reaktionen. B. kann im Sport durch wichtige Entscheidungswettkämpfe entstehen und sich in Fehlstarts, überempfindlichen Reaktionen etc. äußern.
[**99**]

Belastung, sportliche → Training, sportliches.

Belastung, statische → Training, isometrisches.

Belastung, submaximale Belastung im Bereich zwischen 70 und 90% der maximalen Leistungsfähigkeit. S. a. → Trainingsbelastung.

Belastungsbereich Abstufungsgrad der Höhe der Trainingsbelastung.
Die Abstufung in hohe, mittlere, niedrige Trainingsbelastungen ist die einfachste Form der Einteilung. Leistungskontrollen zeigen, daß es für jeden Sportler einen rationellen Belastungsbereich gibt, der seinem Trainingszustand entspricht und sich mit ansteigender Leistungsfähigkeit verändert. So beziehen sich im Mittel- und Langstreckenlauf beispielsweise die Bereiche auf den Gesamtumfang, die Streckenlänge und die Geschwindigkeit einer Trainingseinheit. In den meisten Ausdauersportarten sind die Belastungsbereiche nach der Geschwindigkeit festgelegt.

Belastungsdauer (auch Reizdauer). Kennzeichnet den zeitlichen Umfang einer Übungsserie (bei Übungen mit azyklischem Bewegungsablauf) oder den zeitlichen Umfang für eine Streckenlänge (bei Übungen mit zyklischem Bewegungsablauf).
Die B. beeinflußt im Zusammenhang mit der Belastungsdichte die Intensität der Trainingsbelastung.
[**160**, 75ff/**257**]

Belastungsdichte → Reizdichte.

Belastungsdynamik Wechsel von Umfang und Intensität der Trainingsbelastung hinsichtlich der Qualität der Übungsausführung und der Auswahl des Übungsguts. Die Veränderungen können sowohl in der absoluten Größe als auch in der Relation von Intensität und Umfang erfolgen. Der Stärkewechsel bzw. die Veränderung folgt den Gesetzmäßigkeiten der Entwicklung der sportlichen Form und wird in den → Trainingseinheiten → Mikro-, →Makro-, und → Mesozyklen vollzogen.
[**160**, 107f]

Belastungselemente Belastungsnormative (Belastungskomponenten) sowie exogene Faktoren (soziale Bedingungen, Beziehungen des Sportlers, klimatische Faktoren, Sportstätten u. a.), die die → Trainingsbelastung verursachen und beeinflussen.
[**160**]

Belastungsgestaltung, zyklische Grundsatz des Trainings, nach dem bei der Planung und Durchführung des Trainings der objektiv gegebenen phasenhaften Entwicklung des Trainingszustandes Rechnung getragen werden muß.
Kontinuierliche Belastungen – im Sinne einer regelmäßigen Trainingsfolge – führen zu einem fortlaufenden Anstieg der

sportlichen Leistungsfähigkeit bis zum Erreichen der individuellen, genetisch festgelegten Leistungsgrenze (Klissouras 1972, 92). Wird die Kontinuität des Trainings jedoch unterbrochen, kommt es zu einem Abfall der Leistungsfähigkeit. Die B. erfolgt in Übereinstimmung mit der Periodisierung und Zyklisierung des Trainings.

Belastungsintensität Komponente der äußeren Trainingsbelastung. Die B. wird im wesentlichen durch die Stärke des einzelnen Reizes bzw. durch die in der Zeiteinheit geleistete Arbeit in einer Übungsserie bestimmt. Darüber hinaus kennzeichnet man mit dem Begriff Belastungsintensität recht vielfältige Sachverhalte. Die Intensität wird daher auch durch unterschiedliche Maßeinheiten bestimmt. Unterschieden wird vor allem zwischen Bewegungsintensität und Belastungsdichte.
[**43**/**160**, 76f/**196**, 343]

Belastungskomponente Bestandteil der Gesamtbelastung des Trainings. Die wesentlichsten B. sind: Reizintensität, Reizdichte, Reizdauer, Reizumfang und Trainingshäufigkeit. Um die Belastung der einzelnen Trainingseinheiten bzw. ihrer Summe zu optimieren, bedarf es der Kenntnis dieser einzelnen B. bzw. ihrer Interaktion bei der Entwicklung der sportlichen Leistungsfähigkeit. S. a. → Belastungsnormative.

Belastungsnormative Die als Regelmechanismen der äußeren Belastung die Belastungsstruktur bestimmenden Belastungsgrößen.
Durch die Festlegung der B. in → Reizhäufigkeit → Reizumfang → Reizdauer → Reizdichte → Reizintensität und Trainingshäufigkeit wird die Belastungsdosierung ausgemacht, welche neben der Belastungshöhe und der Belastungsart die Realisierung von Trainingsinhalten mit bestimmter Zielausrichtung ermöglicht. Trainingsintensität und Trainingsumfang sind vorrangige B., deren Festlegung nur eine Grobdiagnostik in der mittel- und langfristigen Trainingsplanung gestattet. Die einzelnen B. bedingen sich gegenseitig, was für eine Trainingsplanung von größter Bedeutung ist. (Trainingsumfang und Trainingsintensität verhalten sich z. B. gegensinnig.) Jede Veränderung eines B. muß prinzipiell dahingehend überprüft werden, ob nicht gleichzeitig eine Kovariation anderer B. notwendig wird.
[**255**/**257**, 34, 151]

Belastungsplan Hauptbestandteil eines Mehrjahresplans (auch Perspektivplan). Der allgemeine B. gibt Aufschluß über die abschnittsbezogene → Belastungsdynamik in den einzelnen Trainingsstufen. Er bezieht sich auf die Gesamt- sowie auf die Umfangs- und Intensitätsbelastung. Beide Belastungsnormative stehen dabei im Zusammenhang mit dem → Prinzip der progressiven Belastung. Ebenso muß bedacht werden, daß die Belastbarkeit stark ansteigt und so beträchtlich veränderte Belastungs-Erholungsrelationen möglich werden.
[**257**, 97]

Belastungsprinzipien Zu den B. sind zu zählen:
ansteigende Belastung, kontinuierliche Belastung im Trainingsjahr, zyklische Gestaltung der Belastung, systematischer Wechsel von Belastung und Erholung, vielseitige Belastungsgestaltung, Übereinstimmung der Belastung mit dem Leistungsvermögen und der -bereitschaft der Sportler.

Belastungssteuerung Zielgerichtete Veränderung der Belastung. Belastungsanforderungen werden durch Leistungskontrollen und Tests ständig neu festgelegt, so daß eine progressive Trainingsbelastung resultiert. Die B. erfolgt, um die Entwicklung des Trainingszustands und der sportlichen Form in Übereinstimmung mit den im Plan vorgesehenen Leistungsziffern zu bringen, um unvorhergesehene Abweichungen zu verhindern, um mögliche Beschleunigungen der Entwicklung zu erzielen und um die sportliche Höchstleistung zum vorgegebenen Zeitpunkt zu erreichen.

Belastungsstoß B. ist gekennzeichnet durch kurzfristige, extrem hohe Belastungsintensitäten. Ziel solcher Belastungsstöße ist es, Athleten in möglichst kurzer Zeit zu sportlicher Höchstform zu bringen. Bei Durchführung eines B. sollte sich der Trainer vorher davon überzeugen, daß ein stabiles Trainingsfundament durch ein langjähriges Training in den Stufen Grundlagen-, Aufbau- und Leistungstraining geschaffen wurde und somit eine gute Belastungsverträglichkeit bei den Athleten vorliegt (s. a. → Stoßtraining).
[**196**, 338/**308**, 184]

Belastungsumfang Menge der Belastungsanforderungen. Gebräuchliche Maßeinheiten für die Bestimmung des Belastungsumfangs sind in den Ausdauer- und Sprintdisziplinen Streckenlängen (km), im Krafttraining und in den Disziplinen der technischen Sportarten die Anzahl der Bewegungswiederholungen und im Gewichtheben die Summe der bewältigten Lasten (t). In einigen Sportarten wird der Belastungsumfang nach der Belastungszeit erfaßt. Das Zeitmaß ist eine universelle Maßeinheit für den Belastungsumfang.
Der B. ist einer der wesentlichsten Belastungsfaktoren. Er muß bei normaler Entwicklung der sportlichen Leistungsfähigkeit vom Anfänger bis zum Hochleistungssportler von Jahr zu Jahr ständig ansteigen und spielt damit auch eine bedeutende Rolle bei der systematischen Erhöhung der Belastungsverträglichkeit. In enger Einheit mit dem Faktor Belastungsintensität bestimmt er in konditionsorientierten Trainingseinheiten den Wirkungsgrad der Belastungsanforderungen. Im sporttechnischen, taktischen und technisch-taktischen Training wirkt er auf die Leistungsentwicklung in enger Einheit mit dem Faktor Bewegungsgüte.
[**19**, 334/**43**/**160**, 78f/**196**, 346]

Belastungsverträglichkeit Individuelle Fähigkeit, höchste Trainingsbelastungen physisch zu kompensieren. Das sportliche Training verlangt in dem langfristigen, mittelfristigen und kurzfristigen Trainingsaufbau unter Berücksichtigung des Prinzips der ansteigenden Belastung (progressive loading) eine gute B.

Belastungswellen Form der Belastungsdynamik im Jahres-Trainingszyklus. Man unterscheidet: Kleine Wellen, die kennzeichnend sind für die Belastungsdynamik in den → Mikrozyklen und je nachdem 2 bis 7 und mehr Tage umfassen; mittlere Wellen, in denen sich die allgemeine Belastungstendenz von mehreren kleinen Wellen (etwa 3 bis 6) in den Trainingsetappen ausdrückt; große Wellen, in denen sich die Grundtendenz der mittleren Wellen in den → Trainingsperioden widerspiegelt.
[**196**, 330/**257**, 78/**277**, 93–104]

Belastungswirkung (auch Belastungseffekt) Physische, psychische, intellektuelle und morphologische Reaktion des Sportlers auf bewältigte Trainingsanforderungen. B. sollen langfristig eine Steigerung der sportlichen Leistungsfähigkeit und Belastungsverträglichkeit erkennen lassen.

Beschleunigung Kinematische Bewegungsgröße; Geschwindigkeitsänderung pro Zeiteinheit in Richtung einer Größe (Symbol a = acceleration). B. ist stets die Wirkung einer Kraft auf einen Körper. Dimensionen Länge/Zeit^2, Einheit m/sec^2, cm/sec^2. Bei Drehbewegungen spricht man von Winkelbeschleunigungen. Man unterscheidet positive und negative B., d. h. Zunahme oder Abnahme des Geschwindigkeitsbetrags in der Zeit-

einheit (negative Beschleunigung = Verzögerung) sowie Radial- oder Normalbeschleunigung und Tangential- oder Bahnbeschleunigung.
[**24**, 43 ff/**175**, 23–26/**196**, 354]

Beschleunigungsfähigkeit Fähigkeit bei → lokomotorischen Bewegungen aus der Ruhe oder einem relativ langsamen Tempo hoch und lange zu beschleunigen. Resultat ist eine hohe Maximalgeschwindigkeit. Voraussetzung sind → Schnellkraft- und hohe → Maximalkraftfähigkeiten in Verbindung mit einer gut ausgeprägten sportlichen Technik. Typische Beschleunigungsleistungen werden z. B. im leichtathletischen Sprint und in der Startphase des Bobfahrens erbracht, ebenfalls in den Anläufen für leichtathletische Horizontalsprünge, in den Sportspielen, bei denen zwischen Beschleunigung mit und ohne Gerät zu unterscheiden ist und in Abhängigkeit von der gegebenen Spielsituation (Weglänge) die Beschleunigung nicht immer bis zur individuell möglichen Maximalgeschwindigkeit führt.
[**35**, 139, 227]

Beschleunigungsmessung (auch Akzelerometrie). Bestimmung des Werts der Beschleunigung mit geeigneten Meßverfahren (z. B. auf induktiver, kapazitiver oder piezoelektrischer Basis), denen der Effekt der Massenträgheit zugrunde liegt.
[**175**, 129 ff]

Beschleunigungsstoß Stoß, bei dem die Beschleunigung in Bewegungsrichtung erfolgt, wie z. B. beim Hochsprung in der Leichtathletik.
[**175**, 23 ff/**196**, 355]

Beschleunigungsweg Weg, den der Schwerpunkt eines Körpers während einer beschleunigten Kraftwirkung zurücklegt.
Im Sport ist B. von einer Reihe von Faktoren abhängig. So läßt der anatomische Bau des Menschen nur eine bestimmte Länge des B. zu. Die Wettkampfbestimmungen können weitere Einschränkungen vorsehen. Äußere und innere Kräfte verhindern mitunter das volle Ausnutzen des maximal möglichen B. Soll eine maximale Endgeschwindigkeit erreicht werden, dann ist der B. in Abhängigkeit vom Niveau der Kraftfähigkeit und der Fertigkeit optimal zu nutzen (Prinzip des optimalen B.).
[**175**, 23 ff]

Betarezeptorenblocker Gefäßwirksame Substanzen: Vermitteln Wirkungen des Sympathikus bzw. des Adrenalins und Noradrenalins auf den Herzmuskel und die Blutgefäßmuskulatur im Sinne einer Erweiterung. Im Sport werden B. z. B. zur Beruhigung übernervöser Sportler vor dem Wettkampf verwendet.
[**116**, 122/**458**, 173]

Beweglichkeit (auch Gelenksbeweglichkeit [Grosser], Biegsamkeit [Zaciorskij], Gelenkigkeit [Fetz], Geschmeidigkeit [Gaulhofer], Dehnfähigkeit, Flexibilität [Hollmann/Hettinger]).
Körperliche Fähigkeit, die Bewegungsmöglichkeiten der Gelenke nach allen Seiten möglichst voll auszunutzen. Die B. als Mittler zwischen konditionellen Eigenschaften und koordinativen Fähigkeiten ist eine elementare Voraussetzung einer qualitativ und quantitativ guten Bewegungsausführung. Je nach Auslegung des Konditionsbegriffs wird die B. verschieden zugeordnet. Der weite Konditionsbegriff beinhaltet die B. als weitere konditionelle Grundeigenschaft (auch: → motorische Grundeigenschaft).
Schnabel ordnet die B. weder der Merkmalsgruppe der konditionellen Eigenschaften noch der der koordinativen Fähigkeiten zu. Die sportmedizinische Definition der B. («Flexibilität, Gelenkigkeit») bezieht sich auf die → aktive B. Hier wird Flexibilität angegeben als der willkürlich mögliche Bewegungsbereich in einem oder in mehreren Gelenken.

Auch bei der Einordnung der B. als konditionelle Grundeigenschaft unterscheidet man einen engen und weiten B.-Begriff. Ersterer ist mit der Gelenkigkeit identisch, letzterer bezeichnet eine Wendigkeit als Komplex aus Gelenksbeweglichkeit und neurophysiologischer B. und rückt somit näher an den Begriff der → Gewandtheit.

Nach Fetz kann Gelenkigkeit am passiven Menschen gemessen werden, während B. die aktive Tätigkeit des Sportlers umfaßt und so Gelenkigkeit, Kraft und Koordinationsvermögen voraussetzt. B. wird im folgenden im engeren Sinne gebraucht und kann als Schwingungsweite der Gelenke (Kunath/Thiess) oder als Fähigkeit, Bewegungen mit großer Amplitude auszuführen, definiert werden. Da Bewegungen durch die Gelenke ermöglicht werden, sind Aussagen hinsichtlich der B. immer in bezug auf bestimmte Gelenksysteme zu sehen. (Z. B. Schultergelenks-B., Hüftgelenks-B.). Die maximale Bewegungsamplitude wird in der funktionellen Anatomie in Winkelgraden gemessen; in der Sportpraxis kommen auch lineare Maße und Indizes vor.

Die Voraussetzung für die Entwicklung der B. hängt von individuellen Besonderheiten ab: Dehnbarkeit der die Gelenke umgebenden Bänder, Sehnen und Muskeln; von der Kraft und dem Tonus der Muskeln; und von dem durch die Gestalt und Berührung der Gelenkflächen anatomisch vorgegebenen Aktionsradius.

Die B. wird durch spezielle Beweglichkeitsübungen (Beweglichkeitstraining) geschult. Eingeengt wird sie neben den genannten anatomisch-physiologischen Bedingungen weiterhin durch biochemische Bedingungen, altersbedingte Entwicklung und durch psychische und äußere Bedingungen (Erregung, Vorstartzustand, Ermüdung, Außentemperatur, Tageszeit, Aufwärmen).

B. kann nach drei verschiedenen Aspekten gegliedert werden: aktive und passive B., dynamische und statische B., allgemeine und spezielle B.

[**39**, 33, 80/**41**, 104/**109**, 80/**142**/**160**, 180f/**182**, 166/**196**, 316/**225**/**257**, 202f/**370**, 102/**452**, 108ff]

Beweglichkeit, aktive Größtmöglicher Bewegungsausschlag bei dynamischer Bewegung in den Gelenken. B. wird fast ausschließlich durch eigene Muskelaktivität erzeugt. Für die B. wird nicht nur der Dehnungsgrad bzw. die Entspannungsfähigkeit der → Antagonisten, sondern auch die Kraftfähigkeit der Muskeln, die die Bewegung verursachen, bestimmend. Die Werte der B. sind geringer als die der passiven Beweglichkeit.

[**257**, 203f]

Beweglichkeit, allgemeine Aspekt der Beweglichkeit; B. beschreibt den normalen Umfang der Schwingungsweite der Gelenke, besonders in den drei wichtigsten Gelenksystemen: Schulter- und Hüftgelenk sowie in der Wirbelsäule. Eine gute B. ist erreicht, wenn alle Gelenke des Körpers gute Bewegungsfähigkeiten aufweisen. Sportler sind in der B. den Nichtsportlern überlegen.

[**39**, 33, 80/**43**, 104/**109**, 80/**196**, 316/**257**, 204/**281**, 213ff]

Beweglichkeit, dynamische Aspekt der Beweglichkeit; B. ist charakterisiert durch die dynamisch erreichbare Bewegungsweite (→ Bewegungsamplitude) sowie die Widerstandsgröße, gegen welche eine Bewegung durchgeführt wird. Die B. kann theoretisch beeinflußt sein von der Trägheit, Reibung, Elastizität, Viskosität und Plastizität des Muskels. Die B. ist durchweg größer als die statische Beweglichkeit, vor allem bei intensiven Muskeleinsätzen.

[**182**, 166/**257**, 204]

Beweglichkeit, passive Größtmöglicher Bewegungsausschlag in einem Gelenk, den der Sportler durch zusätzliche Ein-

wirkung äußerer Kräfte (Schwerkraft, Partner, Zusatzlasten) erzielen kann. Durch die Entwicklung der B. wird im wesentlichen der Dehnbarkeitsgrad solcher Muskeln und Bänder verändert, die die → Bewegungsamplitude einschränken. Die B. erfährt dort ihre Begrenzung, wo anatomische Gegebenheiten (z. B. die Gelenksart) einen weiteren Bewegungsausschlag verhindern. Auch das passive Dehnen enthält eine aktive Komponente, nämlich die Entspannung der Antagonisten. B. weist höhere Werte auf als die → aktive Beweglichkeit.
[**257**, 203]

Beweglichkeit, spezielle Aspekt der Beweglichkeit; B. bezieht sich auf bestimmte, in den Bewegungsabläufen bevorzugt beanspruchte Gelenke (z. B. Hüftgelenk beim Hürdensprinter, Wirbelsäule des Turners). Die technischen Besonderheiten vieler Sportarten bzw. deren Disziplinen verlangen eine B. In der planvollen Leistungsschulung kommt demnach der speziellen Dehnungsgymnastik (→ Zweckgymnastik) eine große Bedeutung zu.
[**225**/**257**, 204/**430**, 192, 199]

Beweglichkeit, statische Aspekt der Beweglichkeit. B. wird gekennzeichnet durch das Maß der Bewegungsweite (→ Bewegungsamplitude), die statisch eingenommen werden kann, d. h. durch die Gelenkstellung, die belastet oder unbelastet eine gewisse Zeit gehalten werden kann. Die Werte der B. sind durchweg geringer als die der dynamischen Beweglichkeit.
[**182**, 166/**257**, 204/**430**, 192]

Beweglichkeitsmessung (auch Flexibilitätsmessung, Gelenkigkeitskontrolle). Direkte oder indirekte Messung des Bewegungswinkels in Grad oder linearen Maßen zur Objektivierung der Beweglichkeit. Oftmals ist es nötig, die erhaltenen Werte in Beziehung zu bestimmten Körperbaumerkmalen zu setzen und

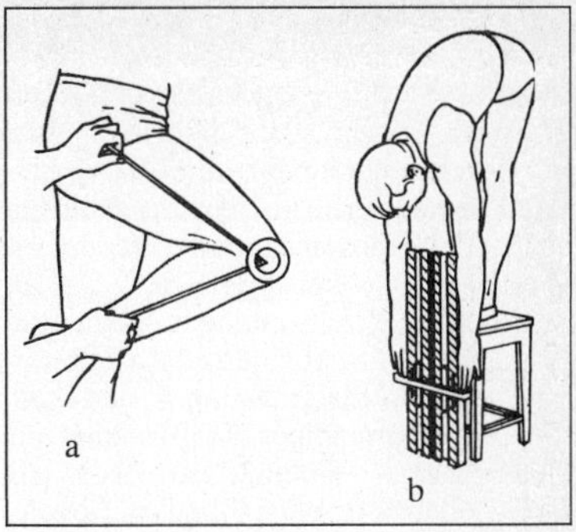

Beweglichkeitsmessung im Sport durch (a) Winkelgrade und (b) Zentimeter (Zaciorskij 1972)

Indexwerte zu verwenden; z. B. Indexwerte beim Ausschultern mit dem Stab ergeben sich nach folgender Formel:

$$\frac{\text{Griffbreite in cm}}{\text{Schulterbreite in cm}}$$

Für eine sportartspezifische Aussage sind solche Kontrollübungen auszuwählen, die der Struktur der jeweiligen Technik oder ihren Teilen sehr ähnlich sind.
[**182**, 204/**257**, 209]

Beweglichkeitstest Kontroll- und Testverfahren zur Gewinnung von Aussagen zur allgemeinen und sportartspezifischen Beweglichkeit. Als T. werden aus einer Vielzahl folgende häufig verwendet:
Feststellung der Wirbelsäulenbeweglichkeit,
Feststellung der Hüftgelenksbeweglichkeit,
Feststellung der kombinierten Wirbelsäulen- und Hüftgelenksbeweglichkeit,
Schultergelenksbeweglichkeit.
B. als Leistungsnachweis zur Ermittlung der sportlichen Eignung müssen sehr kritisch betrachtet werden. Eine gute Beweglichkeit aufgrund einer «äußeren Messung» kann u. U. auf eine Bindegewebsschwäche zurückgeführt werden.
[**191**, 28ff/**430**, 198]

Beweglichkeitstraining Training, welches durch Anwendung von Beweglichkeitsübungen der unmittelbaren Verbesserung der Beweglichkeit dient. B. ist damit Voraussetzung für eine überdurchschnittliche sportliche Leistungsfähigkeit und hat eine prophylaktische Bedeutung (Fitnesssport, Frühgymnastik). Ein B. muß immer in Verbindung mit dem Training anderer Eigenschaften gesehen werden, weil Wechselwirkungen bestehen. Wie ein übermäßiges Krafttraining die Beweglichkeit einengt, so kann ein übertriebenes B. die Schnellkraft beeinträchtigen. Nach Zaciorskij gilt der Grundsatz, daß die Beweglichkeit nicht maximal, sondern nur optimal entwickelt werden muß. Ein B. ist planmäßig und systematisch, nahe dem individuellen Grenzbereich anzuwenden und auch nach dem Erreichen eines bestimmten Optimums fortzusetzen. Besonders effektiv ist ein → Serientraining, da erst die Summierung der Wiederholungen ein Nachlassen der Gegenwirkung der Antagonisten herbeiführt.
Man unterscheidet im B. nach Übungen zur Verbesserung der aktiven Beweglichkeit (durch Kontraktionen der für die betreffende Gelenkbewegung verantwortlichen Muskeln) und der passiven Beweglichkeit.

Bewegung Ortsveränderung eines Körpers in bezug auf ein feststehendes oder ebenfalls bewegtes Bezugssystem. Die menschlichen B. treten als sichtbare Produkte von sensomotorischen Leistungen als Ortsveränderungen des ganzen Körpers oder seiner Teile in Raum und Zeit in Erscheinung.
Fetz unterscheidet verschiedene Arten von B., so etwa sportliche B., die sich wiederum in → azyklische und → zyklische B. unterteilen. Sportliche B. werden bei der Sportausübung oder deren Einübung und Vorbereitung ausgeführt.
Gaulhofer zählt die sportlichen B. zu den → Arbeitsbewegungen. Danach sind zyklische B. geschlossene Bewegungsabläufe, deren Phasengliederung Wiederholungen von Teilphasen zeigt. Azyklische B. sind hingegen geschlossene Bewegungsabläufe, deren Phasengliederung keine Wiederholungen von Teilphasen zeigt.
Anatomisch-physiologisch gehen die meisten B. nach Friedrich in Gelenken, einige in Knorpelverbindungen vor sich. Sie nehmen unwillkürlich oder mit Einsatz des Willens ihren Ausgang im Nervensystem und kommen durch Zusammenziehung oder Entspannung der Muskeln und den dadurch bewirkten Sehnenzug an den Knochen zustande.
[**41**, 23/**95**, 19, 263/**109**, 63]

Bewegung, automatisierte Häufiges Wiederholen und Üben von Bewegungshandlungen oder -teilhandlungen führt zu B.; sie laufen ohne bewußte Konzentration der Aufmerksamkeit auf ihre Durchführung ab.
Die B. entsteht aus einer ursprünglich bewußt gesteuerten Bewegungshandlung, die im Verlauf des Lernprozesses schließlich keiner bewußten, d. h. unmittelbar durch die höchsten Nervenzentren bestimmten Regulation mehr bedarf. Sie ist jedoch auch weiterhin bewußtseinsfähig – d. h. vom Bewußtsein erfaßbar –, jedoch nicht bewußtseinspflichtig.
[**281**/**446**]

Bewegung, azyklische Geschlossener Bewegungsablauf, dessen Phasengliederung keine Wiederholung von Teilphasen zeigt.
Die sportlichen Grundtätigkeiten Werfen, Fangen, Stoßen, Springen und Heben sind B. Als solche haben sie die typische Gliederung einer einfachen Bewegungsstruktur (Grundstruktur), welche sich als Verbindung einer Vorbereitungs- (Aushol-), einer Haupt- und einer Endphase (Ausklangphase) darstellt. Die Ausholphase kann in sich mehrgliedrig sein wie z. B. bei Sprüngen mit Anlauf.
[**109**, 67/**196**, 317/**281**, 110]

Bewegung, feinmotorische (auch Feinkoordination). B. bezeichnet die zweite Phase im motorischen Lernprozeß. Die Bewegungsaufgabe wird unter gewohnten, günstigen Übungsbedingungen ohne störende Einflüsse voll und mit Leichtigkeit erfüllt.
B. ist nach der grobmotorischen Bewegung eine höhere Stufe im geordneten Zusammenspiel der Kräfte; Teilbewegungen und Bewegungsphasen, überflüssige und ausfahrende Mitbewegungen verschwinden. Die B. ist im Unterschied zur grobmotorischen Bewegung eine angepaßtere, zweckmäßigere, rationellere Form des Sich-Bewegens, ohne die große Leistungen im Sport und in der Arbeit nicht möglich sind.

Bewegung, gleichförmige B. liegt vor, wenn in gleichen Zeiteinheiten gleiche Wege zurückgelegt werden.
[**24**, 46, 49/**175**, 14]

Bewegung, grobmotorische (auch Grobkoordination). Erste Phase im motorischen Lernprozeß.
Die B. umfaßt den Lernverlauf vom ersten näheren Bekanntwerden mit dem neu zu erlernenden Bewegungsablauf bis zu einem Stadium, in dem der Lernende die Bewegung bei günstigen Bedingungen ausführen kann. Die Bewegungsaufgabe wird gelöst, die Bewegungsausführung weist jedoch wesentliche Mängel auf. Die Bewegungsstruktur entspricht der mit der Lernaufgabe geforderten Technik in den Grundzügen. Die meßbare Leistung ist noch gering. Charakteristisch ist für diese Phase ein übermäßiger und teilweise falscher Krafteinsatz (z. B. Verkrampfung).

Bewegung, koordinierte Zusammenspiel von Nervensystem und Muskeln bei einer sportlichen Tätigkeit.
Die körpergemäße und gut koordinierte Bewegung muß in allen Formen der Leibesübungen Ziel der Methodik sein.

Bewegung, lokomotorische Bewegung, bzw. Bewegungsfolge, die der Fortbewegung dient (Gehen, Laufen, Sprinten).

Bewegung, rhythmische Elastisches, aktives Federn in der Auf- und Abbewegung, oder ein dynamisch-aktives Schwingen in der Hin- und Herbewegung und der kreisenden Bewegung. Jede Willkürbewegung, sei es eine Arbeits- oder Sportbewegung, erreicht erst mit dem Grad ihrer rhythmischen Vollkommenheit das Höchstmaß individueller motorischer Leistungsvoraussetzung. Die B. hat stets individuellen Charakter. Die rhythmische Begabung ist nicht vom Geschlecht abhängig.
[**39**, 42/**196**, 317]

Bewegung, sportliche Dynamischer Prozeß in Raum und Zeit, dessen Handlungsregulation zielgerichtet ist. B. kann in zyklische Formen (sich stetig wiederholende) und azyklische Formen (einmalige Abläufe) unterschieden werden. Mit Hilfe von → Bewegungsanalysen (→ Strukturanalyse, → Bewegungssehen, Steuerungsanalyse) kann B. von der Grundstruktur (→ Phasenanalyse) bis zur Feinstrukturierung in kleinste Elemente differenziert werden.
[**135**/**141**, 23ff]

Bewegung, ungleichförmige B. liegt vor, wenn in gleichen Zeiteinheiten verschieden lange Wege zurückgelegt werden. B. wird unterteilt in gleichmäßig beschleunigte (bzw. verzögerte) und in ungleichmäßig beschleunigte (verzögerte) Bewegung. Bei der ersten nimmt die Geschwindigkeit in gleichen Zeiteinheiten um einen gleichen Betrag zu bzw. ab, während bei der zweiten die Geschwindigkeit in gleichen Zeiteinheiten um verschieden große Beträge zu- bzw. abnimmt.
[**24**, 46, 49/**175**, 15]

Bewegung, zusammengesetzte Mehrere Bewegungen, die zu einer Synthese zu-

Süddeutscher Rundfunk Bibliothek

sammenschmelzen. So ergeben sich z. B. beim Speerwerfen die Bewegungen des Speers in bezug auf das Schultergelenk des Werfers (Relativbewegung) und die Bewegungen des Werfers beim Anlauf in bezug auf die Anlaufbahn und (übertragene Bewegung) die resultierende Bewegung der Verlagerung des Speers in bezug auf die Anlaufbahn. Entsprechend unterscheidet man eine relative, eine übertragene und eine resultierende Geschwindigkeit der B.
[**95**, 26/**196**, 317]

Bewegung, zyklische Verlaufsform einer Tätigkeit oder Handlung, in der die Verknüpfung gleichartiger Bewegungsformen oder Bewegungskombinationen so realisiert ist, daß einer Funktionsphase (Phasenstruktur) sowohl einleitende als auch aussteuernde Funktion zukommt (dies ist der Fall beim Lauf oder beim Hürdenlauf). Bewegungen, bei denen so eine zweigliedrige Phasenstruktur erscheint, sind als B. im engeren Sinn zu nennen. Als B. zählen die meisten lokomotorischen Bewegungen des Menschen wie Gehen, Laufen, Klettern usw. Gliedert man Gehen und Laufen in eine Stemm-, Schwung- und Stützphase der Beine, so ist im Gegensatz zu Meinel hier nicht von einer zweiphasigen Bewegung zu sprechen. Der Schwungphase kommt zwar zweierlei Funktion zu, mit Stütz- und Stemmphase sind aber immer drei Phasen vorhanden.
[**281**/**371**]

Bewegungsablauf (auch Bewegungsvorgang). Objektiv bestimmbarer raumzeitlicher Verlauf einer geschlossenen Bewegung. B. kann in seinen sichtbaren Bewegungserscheinungen festgestellt und bestimmt werden. Er ist Ergebnis der Wechselwirkung innerer und äußerer Kräfte sowie neuromuskulärer Vorgänge, einschließlich der sensomotorischen Steuerung und Regelung. Meinel unterscheidet drei Gruppen von Erscheinungsmerkmalen: (1) Figurale Merkmale als räumlich-zeitliche Struktur und Harmonie der Bewegung; (2) dynamische Merkmale als Bewegungsrhythmus, -fluß, -elastizität und -übertragung; (3) Merkmal der psychischen Einstellung.
[**39**, 39/**109**, 61/**281**/**370**, 12]

Bewegungsamplitude Schwingungsweite. Räumliche Weite von (menschlichen) Bewegungen. Größter Ausschlag einer Bewegung. Abhängig von anthropometrischen Merkmalen, von der bei einer Bewegung eingesetzten Kraft und von der Wirkung der → Antagonisten (s. a. → intermuskuläre Koordination). Die B. wird gekennzeichnet durch den Winkelbereich, in dem die Bewegung des Körperteils in einer bestimmten Bewegungsebene erfolgt.
[**25**, 145/**37**, 10/**180**, 11/**196**, 263/**370**, 47]

Bewegungsanalysator → Analysator, kinästhetischer.

Bewegungsanalyse Sammelbegriff für verschiedenartige Verfahren zur Beschreibung und Erforschung von Bewegungsphänomenen unter verschiedenen Aspekten. Man unterscheidet Strukturanalyse (biomechanische, funktionell-anatomische Verfahren), Steuerungsanalyse (neurophysiologische, sensomotorische – und psychomotorische Beschreibung) sowie das Techniksehen (einfaches trainingswissenschaftliches Beobachtungsverfahren). Aufgaben der B. sind im wesentlichen:
– Vergleich von «Idealtechnik» und momentaner «persönlicher Technik»
– Erkennen des momentanen Entwicklungsstands des Bewegungsniveaus, um daraus Verbesserungen abzuleiten.
[**135**/**141**, 23ff/**175**]

Bewegungsanalyse, biomechanische Untersuchungstechnik zur Diagnose der technomotorischen Merkmale von Bewegungen. Die beiden wichtigsten Analysebereiche sind die → Kinematik und die → Dynamometrie. Im Sinn der →

Leistungsdiagnostik (s. a. → standardisierte Wettkampfbeobachtung) und darauf aufbauend der Leistungssteuerung wird mit Hilfe der B. die Veränderung kinematischer und dynamischer Bewegungsmerkmale festgestellt. Kinematische Merkmale erfassen die Ortsveränderung des Sportlers in Raum und Zeit und leiten daraus Veränderungen in der Geschwindigkeit und in der Beschleunigung ab. So werden Beschleunigungswege, Winkel (Absprungwinkel, Abflugwinkel etc.), Körper- und Teilkörperschwerpunkte in ihrer Lage, Positionen von Körperteilen (z. B. bei Ausholbewegung oder beim Schwungbeineinsatz) beschrieben.
Wichtigste Registriertechnik ist das fotographische Abbildverfahren, insbesondere Filmaufnahmen mit hoher Bildfrequenz.
Dynamische Merkmale sind Ursache für eine Ortsveränderung. Es sind Kräfte, die «eine Masse beschleunigen oder eine Feder dehnen können» (Nigg). Sie werden mit Dynamometern (Kraftmessern) registriert, z. B. als Brems- oder Beschleunigungsstöße (horizontal und vertikal).
Außerdem wird informiert über Kontaktzeiten wie beim Absprung oder beim Lauf, über Brems- und Beschleunigungszeiten oder über den Kraftanstieg.
[**96**/**175**/**257**, 106f/**319**]

Bewegungsantizipation → Antizipation, motorische.

Bewegungsanweisung Verbale oder schriftliche Information über den Vollzug einer Bewegung oder Bewegungshandlung, bei der die Ausführung durch genaue Angaben und Aussagen reglementiert wird. Die B. läßt dem Lernenden wenig Spielraum für Eigenentscheidungen und eigene Lösungsstrategien durch eine Normierung des Bewegungsverlaufs, stellt aber andererseits einen raschen und effektiven Weg zur Erreichung der Zielübungen dar.

Bewegungsapparat Gesamtheit der an der Bewegungstätigkeit beteiligten peripheren Organe. Vom biomechanischen Standpunkt aus betrachtet ist der B. nach einem bestimmten Plan gebaut. Jeder Körper hat ein hartes inneres Skelett, das aus Knochen besteht. Die Knochen sind mittels Fugen und Gelenken zum Gesamtskelett verbunden. Die Fugen sind wenig beweglich, häufig ganz unbeweglich, die Gelenke besitzen meistens reichliche Bewegungsmöglichkeiten. Die Muskeln setzen an den Knochen an. Sie rufen durch Veränderung ihrer Spannung die Bewegungen hervor. B. setzt sich aus Stütz- und Bewegungsorganen zusammen. Man unterscheidet zwischen aktivem B. (Muskeln) und passivem B. (Skelett, Sehnen, Knorpel).
[**95**/**281**, 45, 158ff]

Bewegungsart Unterscheidung von Bewegungen nach ihrem geometrischen bzw. zeitlichen Ablauf.
Geometrisch verlaufende Bewegungen sind: Translation und Rotation; zeitlich verlaufende B. sind: gleichförmige Bewegungen und ungleichförmige Bewegungen. Die Einteilung der verschiedenen B. nach ihrem zeitlichen Verlauf gilt für Translation und Rotation.
[**175**/**196**, 355/**373**, 46ff]

Bewegungsaufgabe Die durch Bewegungshandlung bei der Realisierung des Handlungszieles zu erfüllenden Anforderungen.
B. im Sport werden durch den Charakter der jeweiligen Sportart bzw. Disziplin bestimmt und durch Wettkampfbestimmungen teilweise präzisiert bzw. begrenzt. Um B. zu lösen, benötigt der Sportler ein ausreichendes konditionelles Niveau und ein der Schwierigkeit der B. angemessenes Fertigkeitsniveau. Er muß über → Bewegungsfertigkeiten verfügen, mit denen er seine Aufgabe erfüllen kann.
Methode in der sporttechnischen Ausbildung; gehört zur methodischen Grund-

form des Aufgebens. Im Gegensatz zur Bewegungsanweisung, bei der eine äußere konkrete Form des Bewegungsablaufs gefordert ist, besteht das Ziel der B. im Lösen einer für den Lernenden neuen motorischen Aufgabe und damit im eigenen Finden der sporttechnischen Lösung (freie B.) oder in der Ausführung einer bekannten Bewegung unter anderen Bedingungen bzw. mit einer zusätzlichen Aufgabe (gebundene B.).
[**131**/**257**, 214/**446**]

Bewegungsausdruck Sportlich-ästhetischer Ausdruck von Bewegungshandlungen in technisch-kompositorischen Sportarten wie Eiskunstlaufen, Gerätturnen usw.
Der B. ist abhängig vom Beherrschen der Technik, von der persönlichen Ausstrahlungskraft, von der bewußten Nutzung der physischen und psychischen individuellen Besonderheiten und von der vollendeten Abgestimmtheit von Bewegung, Musik und Raum.
B. bestimmt maßgeblich die Darstellungsqualität.

Bewegungsausführung Bewußter, willensmäßiger, durch das sensomotorische System gesteuerter Verlauf von Bewegung des Körpers und (oder) seiner einzelnen Glieder.
Im besonderen werden langsame, monoton geführte, schwungvolle Bewegungen mit B. bezeichnet (s. a. → Bewegungssteuerung).
[**39**, 41 f]

Bewegungsbeobachtung Planmäßig geführter Prozeß der Wahrnehmung von sportlichen Bewegungsabläufen.
Die B. ist die universellste Form in der Kontrollmethodik der sporttechnischen Ausbildung, die in Form der direkten Beobachtung oder über audio-visuelle Aufzeichnungsmethoden vonstatten geht. Dabei ist die Aufmerksamkeit meist auf ausgewählte Schwerpunkte bzw. Merkmale gerichtet.

Bewegungsbeschreibung Darstellung eines Bewegungsablaufs, vorwiegend in seiner optisch erfaßbaren äußeren Gestalt und in der zeitlichen Folge der Teilbewegungen.
Durch die Registrier- und Meßmethodik ist es möglich, die Form beliebiger Bewegungsvollzüge zu objektivieren, in allen wesentlichen Parametern auch zahlenmäßig zu erfassen und mathematisch zu modellieren. Auf dieser Grundlage – oder weniger exakt, auf der Grundlage gezielter wiederholter Beobachtungen am Film oder in natura – läßt sich der Bewegungsakt in Form und Besonderheiten detailliert beschreiben.

Bewegungsdynamik Spiel der inneren (durch den Menschen hervorgerufenen) Kraft (Muskelkraft) und äußeren Kraft (außerhalb des Menschen wirkende Kraft) bei Bewegungsabläufen.
Sie umfaßt die Kraftwirkungen der Muskulatur, die Wirkungen der zu überwindenden äußeren Kräfte und der im Gefolge der Selbstbewegung auftretenden reaktiven Kräfte (Schnabel). Als Folge der Kraftimpulse ergibt sich ein «Spannungsverlauf», der mittels Elektromyogrammen und Dynamogrammen operational zu erfassen ist.
[**110**/**175**, 31 ff/**371**]

Bewegungselastizität Koordinierte Fähigkeit, die insbesondere bei Brems- und Umkehrbewegung in Erscheinung tritt.
B. ist gekennzeichnet durch ein ungebrochenes Tief- und Druckfedern bzw. ungebrochenes Hoch- und Zugfedern gegen die eigene Körperschwere oder gegen eine zusätzliche Körperbelastung (z. B. durch Handgeräte). Nach Fetz die durch aktiven Muskeleinsatz bestimmte Fähigkeit, stoßartig wirkenden äußeren Kräften zu begegnen. B. tritt vor allem bei Dämpfung oder ökonomischer Verwertung solcher Kräfte (z. B. beim Prellsprung) für den jeweiligen Bewegungsablauf in Erscheinung.
[**39**, 44/**109**, 72/**196**, 318]

Bewegungselement Teilbewegung.

Bewegungsempfindung (auch: Empfindung, kinästhetische). Widerspiegelung der empfundenen Bewegungen im Zentralnervensystem auf der Grundlage der Tätigkeit des → kinästhetischen Analysators. Zusätzlich zum kinästhetischen Analysator werden über optische, taktile Analysatoren sowie der Gleichgewichtsempfindung andere Informationen über die Eigenbewegung (Selbstbewegung) geliefert.
[**276**, 221/**281**/**446**]

Bewegungserfahrung Geordnetes System von Bewegungsmustern. B. sind als Elemente eines verbesserungsfähigen, internen Modells sensomotorischer Fertigkeiten und situationsspezifischer Verhaltensweisen über Rückmeldung des Erfolgs oder Mißerfolgs entstanden und mit der Bedeutung eines solchen Resultats gespeichert. B. entsteht über alle → Reafferenzen, die z. T. auch nach unbewußter, kognitiver Verarbeitung in strukturierter Form gespeichert sind. Diese geordneten Muster leiten die Verarbeitung von Informationen bei sensorischen Leistungen.
[**257**, 274/**421**]

Bewegungsfehler Fehler, technischer.

Bewegungsfertigkeit (auch Fertigkeit, [senso-]motorische, Fertigkeit, sportmotorische, Fertigkeit, technische).
B. wird als Qualitätsgrad motorischen Könnens und als Sammelbegriff für Bewegungsabläufe mit gewissen Erstellungs- und Produktionsmerkmalen bestimmt. Sie wird durch Üben zum festen und gesicherten Bestand der menschlichen Motorik und stellt eine wesentliche Leistungsvoraussetzung dar, die relativ konstant bleibt und mit der Zeit weitgehend automatisiert wird.
Schnabel definiert B. als automatisierte Komponente des bewußten Handeln des Menschen, welche durch oftmaliges Üben weitgehend gefestigt und automatisiert sind.
Eine umfassende Beurteilung des Aufbaus und der Struktur sportmotorischer Fertigkeiten stellt Göhner mit seiner Funktionsanalyse vor. Danach ist die sportmotorische Fertigkeit ein abgrenzbarer und zielgerichteter Bewegungskomplex, der in kleine Einheiten, die Funktionsphasen, unterteilt wird. Die einzelnen Phasen lassen sich in Kategorien erfassen und nach ihrer Einflußhöhe gewichten. Die B. umfaßt im Sport in der Regel eine ganze Bewegungshandlung, in anderen Fällen nur einzelne Komponenten der Handlung. B. stehen in Wechselbeziehungen zu den koordinativen Fähigkeiten: Das Ausgangsniveau koordinativer Fähigkeiten bestimmt die Entwicklung der B. wesentlich mit, während die Ausbildung von B. auch zur Entwicklung der koordinativen Fähigkeiten beiträgt. Die Ausprägung der B. kann daher an den Bewegungsqualitäten und -quantitäten abgelesen werden.
B. sind auf bestimmte Qualifikationsstufen abgestellt und das Ergebnis → motorischer Lernprozesse. Sie bezeichnen nach Martin nicht nur das gezielte und bewußte Bewegungsverhalten, sondern auch seine Qualität bzw. den Grad der Beherrschung eines Bewegungsablaufs, gemessen an der Zielsetzung oder Aufgabenstellung. Hohe B. ist gekennzeichnet durch rasche, sichere und relativ leichte Beherrschung der Bewegungsabläufe. Bernett faßt diese Kennzeichen unter dem Begriff Geläufigkeit zusammen.
Im weiteren Sinne bezeichnet B. jede Bewegungshandlung, die eine bestimmte sportliche Technik realisiert (sportliche B.) oder unter Anwendung eines grundlegenden motorischen Lösungsverfahrens abläuft (grundlegende B.). Dieser erweiterte Inhalt entspricht nicht dem Fertigkeitsbegriff der Psychologie, hat sich aber in der sportlichen Praxis weitgehend eingebürgert.
[**109**/**134**/**196**, 319/**257**/**446**]

Bewegungsfertigkeit, grundlegende Bewegungsfertigkeiten, die die Grundlage für verschiedene Formen der menschlichen Tätigkeitsbereiche sind (Spiel, Arbeit, Sport). B. werden bereits bei normaler Entwicklung in der frühen Kindheit erworben. B. sind die Grundformen des Gehens, Laufens, Hüpfens, Springens, Tragens, Kletterns, Werfens, Radfahrens, Schwimmens u. a. Auf der Basis von B. können sich sportliche Bewegungsfertigkeiten entwickeln, die im Übungs- und Trainingsprozeß erlernt werden. Sie stellen in der Regel die koordinative Aneignung einer → sportlichen Technik dar.
[**281**, 40, 48ff, 376ff]

Bewegungsfluß Bewegungsmerkmal, das den Grad der Kontinuität der Bewegungen in räumlicher, zeitlicher und dynamischer Beziehung innerhalb eines Bewegungsablaufs bestimmt. B. ist gekennzeichnet durch weitgehende Abstimmung der inneren auf die äußeren Kräfte und stellt die ökonomischste Verlaufsform dar. Er ist durch gezielte Beobachtung gut erfaßbar (Bewegungssehen) und u. a. durch biomechanische Bewegungsanalysen (Weg-, Weg-Zeit-, Kraft-Zeit- und Winkel-Zeit-Verläufe) objektivierbar. Als Verlaufskriterium kann der B. in bestimmtem Maße als Gütekriterium bei der Beurteilung und Schulung von Bewegungsfertigkeiten Anwendung finden. B. steht in naher Beziehung zu Bewegungsrhythmus, -elastizität und -harmonie. Am deutlichsten zeigt er sich bei Bewegungsverbindungen.
[**39**, 44/**109**/**196**, 319/**281**, 172]

Bewegungsfolge, rhythmische Ununterbrochene Wiederholung von gleichen oder ähnlichen Bewegungsabläufen. B. wird meist aus methodischen Gründen erstellt.
[**109**, 71/**196**, 319]

Bewegungsform (auch Bewegungsgestalt). Die räumlich-zeitliche und visuell erfaßbare Gestalt eines Bewegungsvollzugs.
Nach Meinel weist die B. eine räumlich-zeitliche und eine dynamisch-zeitliche Gliederung auf, wobei die dynamische Seite als Wechselwirkung der inneren und äußeren Kräfte die sichtbare Form wesentlich bestimmt. Die unterschiedlich sportlichen B. ergeben sich aus der jeweiligen Zielstellung und den entsprechenden biomechanischen Bedingungen.
[**196**, 319/**281**]

Bewegungsfrequenz Anzahl der Einzelbewegungen pro Zeiteinheit, abhängig von der Geschwindigkeit der Einzelbewegung als solcher, die identisch mit der → Schnelligkeit in azyklischen Bewegungen ist.
[**25**/**37**, 10/**180**, 11/**370**, 47]

Bewegungsgenauigkeit (auch Bewegungspräzision). Wichtiger koordinativer Faktor der → Geschicklichkeit, der sich aus Verlaufsgenauigkeit, Zielgenauigkeit und Wiederholungsgenauigkeit zusammensetzt.
[**196**, 319/**286**, 8]

Bewegungsgeschicklichkeit (auch motorische Geschicklichkeit. Fähigkeit, sich leicht in einen Bewegungsablauf einzufinden.)
B. kann eine allgemeine Anlage oder auch eine spezielle Bewegungsfähigkeit sein. Nach Meusel sind geschickte Bewegungen räumlich klein, im Bewegungsumfang begrenzt und weisen eine hohe Zielgenauigkeit auf. Sie erfordern differenziertes Hemmen und Steuern der Gliedmaßen unter Einsatz der Antagonisten. B. erfordert ein hohes Maß an Übung bis zur Automatisation, ist empfindlich gegen Störungen und zerfällt schnell wieder. Am günstigsten wird B. zwischen dem 9. und 12. Lebensjahr und nach der Pubertät. Schon im Kindesalter sollte durch einfache Aufgaben in den verschiedenen Leibesübungen der Grundstock für eine vielseitige Bewe-

gungserfahrung und ein gutes Koordinationsvermögen gelegt werden.
[**39**, 32/**44**, 10/**287**, 11]

Bewegungsgeschwindigkeit → Geschwindigkeit.

Bewegungsgestalt → Bewegungsform.

Bewegungsgliederung Differenzierung einer Bewegung nach Strukturmerkmalen. Man unterscheidet die raumzeitliche B. (→ Phasenstruktur) und dynamisch-zeitliche B. (→ Bewegungsrhythmus). Unter sensomotorischem Aspekt sind nach Ungerer sensomotorische Sequenzen Strukturelemente einer → sensomotorischen Fertigkeit.
[**40**/**108**/**141**, 28f/**281**, 27ff/**424**/]

Bewegungshandlung (auch Akt, motorischer; Bewegungsakt; Handlung, motorische).
Handlung, die vornehmlich durch die motorischen Vorgänge geprägt wird und deren Ziel nur durch Bewegungen erreicht werden kann. Die sportliche B. ist wie jede menschliche Handlung durch bewußte Antizipation und bewußte Entscheidungen gekennzeichnet und wird durch ständige analytisch-synthetische Kontrollprozesse reguliert (Bewegungskoordination).
[**281**/**446**]

Bewegungsharmonie Bewegungseigenschaft. Qualitatives Merkmal eines Bewegungsablaufs. Nach Meinel ist das ästhetische Urteil des Harmonischen wichtig, weil es Merkmale und Merkmalsgruppen zusammenfaßt, die für eine optimale, zweckmäßige und ökonomische Bewegungsführung wesentlich sind. Harmonie kann nur zwischen Teilen und dem Ganzen herrschen. B. ist die Ausgewogenheit der Teile und Phasen innerhalb von zyklischen bzw. azyklischen Bewegungen oder in den Teil- bzw. Mitbewegungen von Körperteilen. B. wird auch als ästhetisches, morphologisches Prinzip des rhythmisch-koordinierten, zielbestimmten und sicheren Bewegungsablaufs verstanden.
[**39**, 44/**109**, 68/**196**, 320/**281**, 233]

Bewegungshemmung Für die Bewegungsführung ist neben dem Erregungsprozeß auch der Hemmungsprozeß von großer Wichtigkeit. Das Abbremsen eines Bewegungsimpulses und das Eindämmen des Bewegungsschwungs gehören zur Feinsteuerung der Bewegung.
[**196**, 320/**281**, 179]

Bewegungskombination Ausführung zweier oder mehrerer azyklischer Bewegungsakte in unmittelbarer Folge (Sukzessivkombination). Die Verbindung ist dabei so eng, daß wie bei zyklischen Bewegungsvollzügen eine Phasenverschmelzung eintritt. Dadurch wird eine reibungslose, «fließende» Verbindung mehrerer ungleichartiger Bewegungen überhaupt erst möglich. Solche Kombinationen treten besonders im Gerätturnen auf (s. a. → Bewegungsverbindung).
[**281**]

Bewegungskonstanz Grad der Übereinstimmung zwischen den einzelnen Zyklen zyklischer Bewegungen oder zwischen den verschiedenen Wiederholungen azyklischer Bewegungen. Hohe B. ist das Ergebnis eines längeren Übungs- und Trainingsprozesses und Ausdruck der Anpassung der Bewegungskoordination an die gestellte Aufgabe unter Festigung der jeweiligen sportlichen Technik. Der Konstanz der Bewegungsparameter (z. B. Schrittfrequenz und -länge im Sprint) entspricht auch die Konstanz des Ergebnisses.
[**281**/**446**]

Bewegungskoordination Allgemein: Zusammenspiel aller am Zustandekommen eines Bewegungsablaufes beteiligten Faktoren und Prozesse, um das Bewegungsziel zu erreichen.
Meinel beschreibt B. als eine gesetzliche

Ordnung des Bewegungsgeschehens, die sich in der aktiven Auseinandersetzung mit der Umwelt durch Übung und Schulung herausbildet. Die B. kommt in der entsprechenden Abgestimmtheit aller Bewegungsparameter zum Ausdruck. Unter rein motorischem Aspekt kann die B. in erster Linie verstanden werden als Zuordnung der einzelnen Bewegungsglieder, -phasen und dynamischen Versuche zum gegebenen Bewegungszweck. Neurophysiologisch gesehen ist B. der Ausdruck interner Steuerungs- und Regelungsprozesse, d. h. eines Systems von Erregungs- und Hemmungsprozessen im Nervensystem, eines dynamisch-motorischen Stereotyps, der durch die Abstimmung aller inneren und äußeren Kraftwirkungen (einschließlich reaktiver Kräfte), bei Berücksichtigung aller Freiheitsgrade des Bewegungsapparats, eine auf den Zweck abgestimmte Tätigkeit des gesamten Bewegungsapparates gewährleistet.

Nach Foerster sind gut koordinierte Bewegungen gekennzeichnet durch das Erreichen des Ziels (Bewegungspräzision), durch Ökonomie (→ Bewegungsökonomie) und subjektive Leichtigkeit. Der Unterrichtsweg zur B. heißt Formung. Nach Bernhard reichen → Beweglichkeit und → Geschicklichkeit allein noch nicht aus für eine gute B.; um zu einer wahren athletischen Leistungsfähigkeit zu gelangen, müssen Kraft- und Schnelligkeitsschulung hinzukommen.
[**14**/**281**/**446**]

Bewegungskopplung Form des Zusammenhangs der Teilbewegungen im Bewegungsablauf als Ausdruck der Bewegungskoordination (siehe Abb. unten). Für die Bewegungsschulung bzw. die sporttechnische Ausbildung wurden bisher als bedeutsame Formen des Zusammenhangs erkannt: Schwungübertragung, zeitliche Verschiebung des Phasenbeginns, Rumpfeinsatz, Steuerfunktion

Funktionsstruktur des Handball-Sprungwurfs (nach König 1981, 18)
(Quelle: Willimczik/Roth 1985, 111)

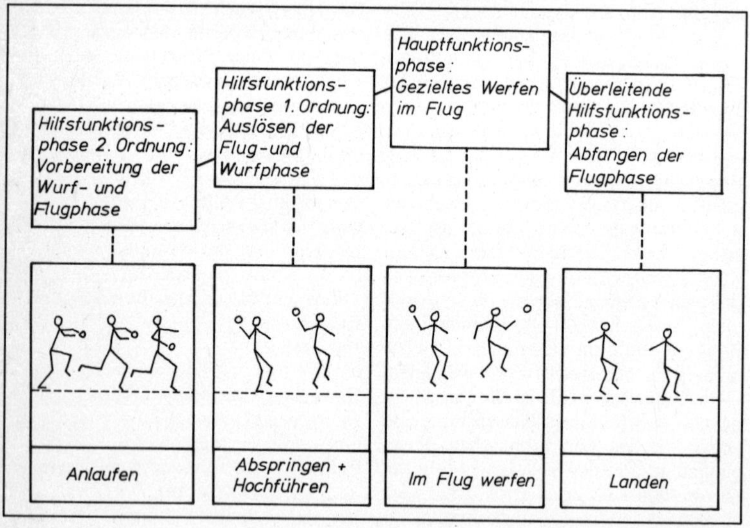

des Kopfes. Die B. ist ein Strukturmerkmal, d. h., sie stellt zugleich eine differenziertere Kennzeichnung der Bewegungsstruktur dar.

Bewegungskorrektur Wichtiges pädagogisches Mittel im Lernprozeß.
Jede B. stützt sich auf zwei Seiten derselben Erscheinung: auf das äußerlich sichtbare Bewegungsverhalten und auf die inneren Ursachen der fehlerhaften Ausführungen (Fehldeutungen des Muskelempfindens, ungenaue oder fehlerhafte Bewegungsvorstellung, fehlende Bewegungserfahrung, Angst, konditionelle Mängel). Der Erfolg einer B. ist abhängig vom Zeitpunkt und von den eingesetzten Korrekturhilfen. Besonders wirksam sind die Schnell- und die Sofortinformation.
[**105**/**257**, 232ff/**281**, 94, 133]

Bewegungslehre Gesamtheit wissenschaftlicher Aussagen über den Problemkomplex Bewegung im Sport. Sie sind das in der Theorie der Leibeserziehung und der sportwissenschaftlichen Forschung gewonnene und das in der Lehre dargestellte Wissen über sportliche Bewegungen und sportliches Bewegen. B. umfaßt verschiedene Konzeptionen (die auch als Bewegungslehre des Sports zu verstehen sind), die durch Vorentscheidungen eingeengt und durch Verwendung einzelner Theorien geprägt sind.
Pädagogisch-normative Konzeptionen: die B. des österreichischen Schulturnens, die B. der rhythmischen Gymnastik, die von Meinel entworfene pädagogische Theorie der sportlichen Bewegung. In diesen Konzeptionen geht es darum, Aussagen über das Gesamt der Leibesübungen, der Gymnastik bzw. des Sports unter einem spezifischen, pädagogisch gerechtfertigten Bewegungsverständnis zu gewinnen. Schwerpunkte dieser Lehren sind die Kennzeichnung der wesentlichen Merkmale (Bewegungseigenschaften) der ausgewählten Bewegungen, das Aufsuchen und Erforschen von Bewegungsprinzipien und die Beschreibung und unterrichtliche Verwertung des Erlernens der entsprechenden Bewegungen.
Kybernetisch-systemtheoretisch orientierte Konzeption: in der geht es darum, Aussagen über den sich Bewegenden als informationsverarbeitendes System zu erhalten (Sensomotorik).
Integrativ-funktionale Konzeption (funktionale B.): in denen geht es darum, Aussagen über den Zusammenhang von Bewegungen als Produkt (Bewegungsfertigkeit, Fertigkeit) und Bewegung als Prozeß (Bewegungshandlung) in den durch Leibesübungen und Sport traditionell gegebenen oder künftig erst noch festzulegenden Situationen zu gewinnen. Schwerpunkte der funktionalen B. sind die Erforschung der sportspezifischen Bewegungsprobleme (Bewegungsaufgaben), der Untersuchung der Notwendigkeiten und Bewegungsspielräume der vorliegenden oder erst zu findenden Lösungen, die Aufschlüsselung der individuellen Problemlösungshandlungen und der Besonderheiten des sich durch wiederholtes Problemlösen ergebenden motorischen Lernens.
[**110**/**281**/**424**/**446**]

Bewegungsmerkmale Wesentliche Kennzeichen sportlicher Bewegungen in der sporttechnischen Ausbildung.
B. sind äußere Kennzeichen des Bewegungsablaufs, da sie der unmittelbaren Erfassung und Beobachtung im Trainingsprozeß zugänglich sind. Gleichzeitig spiegeln B. jedoch wesentliche innere Zusammenhänge der Bewegungshandlung wider und sind als äußerer Ausdruck der → Bewegungskoordination zu verstehen. (B. sind u. a. Bewegungsrhythmus, -fluß, -präzision, -konstanz, -kopplung, -umfang.)
[**257**, 220/**281**, 99]

Bewegungsmerkmale, kinematische B. erfassen die Ortsveränderung des Sportlers in Raum und Zeit und leiten daraus

Veränderungen in der Geschwindigkeit und in der Beschleunigung ab (s. a. → Bewegungsmerkmale; → Bewegungsanalyse, biomechanische).
[**257**, 107]

Bewegungsmuster Durch das Bewegungsprogramm (speziell den Bewegungsentwurf) bestimmte, neurophysiologisch verankertes Schema der Muskelinnervation (Speicherung) zur Realisierung einer Bewegungsform. B. werden mit dem Bewegungsprogramm gebildet und könnten bei weitgehend automatisierten Bewegungen in relativ verfestigter Form gespeichert werden (Gedächtnis, motorisches).
[**281**, 94, 257/**424**/**446**]

Bewegungsökonomie Motorisches Prinzip des größtmöglichen Leistungsergebnisses bei möglichst geringem Leistungsaufwand. Auf der höchsten Leistungsstufe sollten bei größtmöglichem Leistungsaufwand das optimale und das maximale Leistungsergebnis zusammentreffen. Fetz spricht von einer Relation zwischen Energieaufwand und Leistungseffekt bei konkreten Bewegungsabläufen.
Die B. findet ihren Ausdruck im Verhältnis der erzielten Leistung zum biochemischen, physiologischen und mechanischen Energieeinsatz. Der Grad der B. hängt von der angewandten Technik und der Bewegungskoordination ab. Eine hohe B. ist nur bei weitgehend stabilisierter Feinkoordination zu erreichen. Als die B. limitierend können sich mangelnde Beweglichkeit und Muskelentspannungsfähigkeit auswirken. Die B. ist ein besonderes Merkmal der Zweckmäßigkeit sportlicher Bewegungen, das vor allem bei allen zyklischen Bewegungen, insbesondere bei Ausdauerleistungen, Bedeutung besitzt.
[**202**/**281**]

Bewegungsoperation Kleinste zweckbezogene Einheit im Ablauf einer → Bewegungshandlung.
[**281**]

Bewegungsphasen Sportliche Bewegungen, die durch zeitliche Abschnitte abgrenzbar sind. Sportliche Bewegungen sind durch eine Phasenstruktur gekennzeichnet. Zur besseren Durchführung von Analysen wird ein → Bewegungsablauf in einfachere Elemente, die B. (Funktionsphasen) aufgeteilt (siehe Abb. rechts).
Jede Phase unterscheidet sich von den übrigen entweder durch die Richtung der Bewegung, durch ihre Geschwindigkeit oder durch die wirkenden Kräfte. In den einzelnen Sportarten werden Stützphase, Stoßphase, Antriebsphase, Durchzugsphase u. a. (als aktive B.) sowie Flugphase, Freilaufphase u. a. (als passive B.) unterschieden. Für die → Bewegungsstruktur, als allgemeine Grundstruktur sportlicher Bewegungen verstanden, ist die Unterscheidung von verallgemeinerten Funktionsphasen (Göhner) charakteristisch, die jeweils eine bestimmte Aufgabe im Bewegungsablauf erfüllen. Danach lassen sich Vorbereitungs-, Haupt- und Endphasen, die funktionell weiter untergliedert sein können, unterscheiden.
[**95**, 222/**134**, 2/**196**, 321/**446**]

Bewegungspotential Gesamtheit der → konditionellen Fähigkeiten sowie die Fähigkeit zur Steuerung einer bestimmten Bewegungsaufgabe.

Bewegungspräzision (auch Bewegungsgenauigkeit). Bewegungseigenschaft; beruhend auf einem genau funktionierenden, rhythmisch koordinierten, zielbestimmten und zielsicheren Bewegungsablauf. Im engeren Sinne wird B. häufig nur auf den räumlichen Verlauf der Bewegungen bezogen (z. B. als Treff- oder Zielgenauigkeit).
B. ist das Ergebnis eines längeren motorischen Lernprozesses und abhängig von Bewegungserfahrungen und der Feinheit (Präzision) der Bewegungskoordination.
[**39**, 44/**196**, 321/**281**, 180ff]

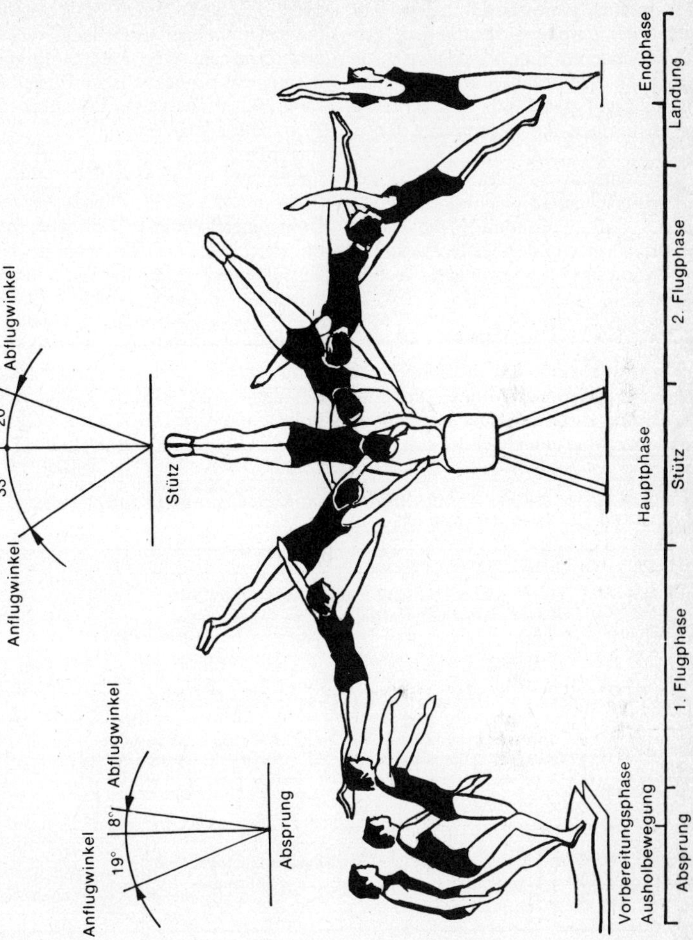

Pferdsprung: Handstand – Sprungüberschlag seitwärts
Der Anflugwinkel läßt die zunächst kurzzeitig stemmende Tätigkeit der Beine beim Springen «gegen das Brett» erkennen; analog dazu der Anflugwinkel und die Stütztätigkeit der Arme (Quelle: Meinel 1977, 108)

Bewegungsqualität Bewegungseigenschaft. Güte eines sportlichen Bewegungsablaufs, gemessen am Leitbild bzw. Modell der jeweiligen sportlichen Technik. Im engeren Sinn bezeichnet B. die äußerlich wahrnehmbaren Merkmale von Bewegungsabläufen. Als Kriterien der B. können die allgemeinen Bewegungsmerkmale, an denen die → Bewegungskoordination ablesbar ist (u. a. Bewegungsdynamik, -rhythmus, -genauigkeit, -fluß, -harmonie), die Bewegungsökonomie und spezielle Parameter und Merkmale der jeweiligen Technik bezeichnet werden.
[**109**, 67/**112**/**281**, 280 u. a.]

Bewegungsregistrierung Verfahren für die Bewegungsaufzeichnung und anschließende Ermittlung der Bewegungsparameter. Man unterscheidet drei Arten der B.: Fotografische B., wie Momentaufnahmen, Bildserien von Einzelbildern; Zeitaufnahmen (Lichtspuraufnahme, Impulsfotografie, optische Stroboskopaufnahme); kinematografische B. und elektromagnetische Bildspeicherung und -wiedergabe (Videorecorder). Abb. unten stellt exemplarisch die Systematik fotografischer Aufnahmeverfahren dar.

Bewegungsrhythmus Bewegungsqualität, welche sich aus dem Spannungs- und Entspannungsverlauf der Muskulatur ergebende räumlich-zeitliche Ordnung eines Bewegungsablaufs kennzeichnet. Aus dem Gesamtrhythmus einer Bewegung lassen sich schwerpunktmäßig räumliche und zeitliche Komponenten isoliert betrachten. B. kommt zyklischen und azyklischen Bewegungen zu. Dons-

Systematik fotografischer Aufnahmeverfahren (nach Gutewort/Töpfer 1968)
(Quelle: Willimczik/Roth 1985, 27)

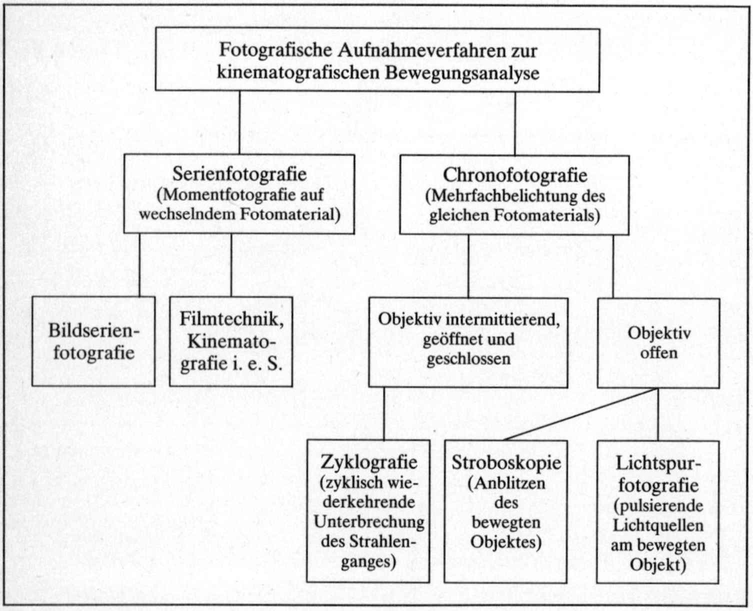

koi spricht je nach der Wechselbeziehungen zwischen den einzelnen Bewegungsteilen von einem wiederholenden oder einem beständigen B. In der Leichtathletik ist der Lauf weitgehend ein sich wiederholender Rhythmus, während der Absprung zum Hochsprung mit unbeständigem Rhythmus der Schritte erfolgt, was im Akzent des Abstoßens mit dem Sprungbein zum Ausdruck kommt. Bei Bewegungen, die sich nicht in Teile zergliedern lassen, kommt es zu keinem B. Durch Transponierung in akustische Rhythmen können B. hörbar gemacht werden und in der sporttechnischen Ausbildung geschult werden (Rhythmisierung). Der B. kann vom Sportler über kinästhetische Empfindungen erfaßt werden.
[**95**, 150/**109**, 71/**196**, 321/**281**, 128]

Bewegungsschnelligkeit Fähigkeit, mit Hilfe der Beweglichkeit des zentralen Nervensystems und des Muskelapparats Bewegungen in minimalen Zeiteinheiten durchzuführen.
In der Fachliteratur wird unterschieden in B. und → Fortbewegungsschnelligkeit. Je nach Verlaufsform der sportlichen Bewegungshandlung wird die → azyklische oder → zyklische B. gefordert
[**196**, 264/**257**, 196]

Bewegungsschnelligkeit, azyklische Die bei der Durchführung → azyklischer Bewegungen erforderlich ist (z. B. Boxen, Fechten, Springen). B. ist durch eine explosive maximale → Kontraktionsgeschwindigkeit der beteiligten Muskulatur gekennzeichnet. Das setzt vor allem eine ausgezeichnete → intramuskuläre Koordination voraus.
[**257**, 196/**308**]

Bewegungsschnelligkeit, zyklische Die bei der Durchführung zyklischer Bewegungen gefordert wird (z. B. Sprinten). Im Gegensatz zur → azyklischen Bewegungsschnelligkeit wird sie nicht durch maximale, sondern durch optimale Kontraktionen gekennzeichnet. B. ist das Produkt von Bewegungsamplitude und Bewegungsfrequenz. B. des Sprinters resultiert aus der optimalen Relation von Schrittlänge und Schrittfrequenz.
[**257**, 196]

Bewegungssehen Erfassen und Analysieren von Bewegungsabläufen durch visuelle Wahrnehmung.
Wichtige Grundlage für die Lehrtätigkeit in der sporttechnischen Ausbildung. Setzt neben allgemeinen und speziellen Kenntnissen von der sportlichen Technik und der Bewegungskoordination eigene → Bewegungserfahrungen und zumeist längere lehrpraktische Erfahrungen voraus.
[**141**, 48ff, 70, 119ff]

Bewegungsstereotyp → Stereotyp, dynamischer.

Bewegungssteuerung Regulation eines Bewegungsablaufs mit Hilfe eines Bewegungsprogramms, aus dem sich die jeweiligen Steuerimpulse ableiten, die vom Zentralnervensystem über die motorischen (efferenten) Nervenbahnen an die Muskeln übermittelt werden. B. im engeren Sinn bedarf der Ergänzung durch Regelungsvorgänge, d. h. der ständigen Korrektur und Präzisierung der Steuerimpulse.
[**140**, 54/**196**, 322/**281**, 24ff, 203ff]

Bewegungsstil Die von dem sich bewegenden Individuum persönlich-charakteristisch gestaltete Form des Bewegungsablaufs. Entsprechend kann der Begriff B. auch auf Gruppenindividuen angewendet werden (Bewegungsausdruck).
[**109**, 76/**196**, 322]

Bewegungsstruktur B. bezieht sich auf die gesetzmäßige, gleichzeitige und aufeinanderfolgende Ausführung aller Teile (Elemente) einer komplizierten Bewegung als einheitliches Ganzes im Raum und in einem entsprechenden Zeitablauf.

Die räumliche Struktur der Bewegungen ist untrennbar verbunden mit ihrer zeitlichen Struktur. Mit der Veränderung der räumlichen Wechselbeziehungen verändert sich auch die zeitliche Charakteristik der Bewegung. Die Grundstruktur der sportlichen Bewegungen ist eine → Phasenstruktur (Meinel), wobei die Phasen vor allem durch funktionale Beziehungen miteinander verknüpft sind (Funktionsstruktur). Spezielle Strukturen ergeben sich aus der jeweiligen Betrachtungsweise der einzelnen sportwissenschaftlichen Disziplinen. So differenziert z. B. die Biomechanik zwischen kinematischen und dynamischen Strukturen (s. a. → Bewegungsmerkmale). Unter sensomotorischem Aspekt ist nach Ungerer unter B. die Menge der Koppelungen von sensomotorischen Sequenzen zu verstehen.
[**95**, 141/**108**/**196**, 322]

Bewegungstempo → Bewegungsfrequenz.

Bewegungsübertragung → Bewegungskopplung.

Bewegungsumfang Maß für die Beweglichkeit, Gelenkigkeit. B. gibt das räumliche Ausmaß an, in dem Phasen der Bewegung (→ Phasenstruktur) oder sensomotorische Sequenzen ausgeführt werden können.
[**39**/**110**/**281**]

Bewegungsverbindung (auch Bewegungskombination). Gleichzeitig oder unmittelbar nacheinander ablaufende Bewegungen, bei denen Funktionsanpassungen bzw. Phasenverschmelzungen auftreten. Schnabel unterscheidet Sukzessivkombinationen mit Formanpassungen, Simultankombinationen und Multikombinationen, bei denen sowohl Sukzessiv- als auch Simultankombinationen auftreten. Eine allgemein bekannte Sukzessivkombination ist die Verbindung Fangen–Werfen. Eine Simultankombination wäre ein Wurf mit Täuschung des Gegners. Die Verbindung Fangen–Werfen mit gleichzeitigem Täuschen kann als Multikombination bezeichnet werden.
[**109**, 62/**196**, 322/**281**]

Bewegungsvorausnahme → Antizipation (motorische).

Bewegungsvorstellung B. stellt die über einen Denkvorgang, über verbale Signalverbindungen ausgelöste Reproduktion eines Bewegungsaktes dar. Unter B. versteht man aus dem Gedächtnis reproduzierte Abbilder von Dingen und Erscheinungen. Sie gründen sich auf frühere Wahrnehmungen, auf gespeicherte sensorische Informationen, die mit dem verbalen Zeichensystem verbunden sind. Wesentlich ist, daß B. als Vorstellung eines Aktes, eines Prozesses verstanden werden muß.
B. entwickelt sich im motorischen Lernprozeß und bedarf einer zielgerichteten Ausbildung und Präzisierung. Sie bildet die Grundlage für das ideomotorische Training.
[**110**/**281**/**446**]

Biegsamkeit Körperliche Eigenschaft; die Fähigkeit, Bewegungen mit großer Amplitude auszuführen. Maßstab der B. ist die maximale Bewegungsamplitude, die allgemein in Winkelgraden ausgedrückt wird. Man unterscheidet passive und aktive B.
[**430**, 192/**453**, 3]

Biofeedback-Training Methode zur Selbstkontrolle physiologischer Funktionen. Mit Hilfe dieser Methode ist eine Person in der Lage, auf äußere Signale Funktionen wie z. B. Pulsfrequenz, Blutdruck oder elektrische Aktivität des Gehirns zu beeinflussen. Anwendung findet B. bei der Behandlung psychosomatischer Störungen sowie zur Beeinflussung von Streßzuständen vor Wettkämpfen als Muskelrelaxationstechnik.

Biomechanik B. beschäftigt sich mit den mechanischen Bewegungen von Mensch und Tier unter Berücksichtigung der mechanischen Eigenschaften und Voraussetzungen der Bewegungsapparate, die funktionell von den biologischen Bedingungen des Organismus abhängig sind.
B. der sportlichen Bewegung befaßt sich mit: (1) Erforschung der zweckmäßigsten sportlichen Technik, d. h. des zweckmäßigsten biomechanischen Lösungsverfahrens der spezifischen Bewegungsaufgabe; (2) Verallgemeinerung der gewonnenen Erkenntnisse zu allgemeinen biomechanischen Prinzipien der zweckmäßigsten Technik; (3) Weiterentwicklung der biomechanischen Untersuchungsmethodik; (4) Entwicklung von speziellen biomechanischen Untersuchungsverfahren zwecks Schnell- und Sofortinformation beim Üben der Technik; (5) Erarbeitung der biomechanischen Grundlagen zur Entwicklung der erforderlichen physischen und psychischen Voraussetzungen (Kraft, Schnelligkeit, motorische Gewandtheit, Reaktionsvermögen und -schnelligkeit).
Nach Fetz ist es Aufgabe der B., die mechanisch faßbaren Aspekte der Bewegungsabläufe mit geeigneten Mitteln zu untersuchen, ihre Merkmale zu analysieren und so der Didaktik und Methodik der Leibesübungen gesicherte Grundlagen zu schaffen. Ballreich/Kuhlow gliedern den «Objektbereich der B.» in fünf Teilbereiche: die sportliche Bewegung, die Struktur des Bewegungsapparates, äußere Kräfte, innere Kräfte und Bewegungssteuerung und Bewegungsregelung.
[**24**, 8/**30**/**109**/**175**/**196**, 356/**257**, 219/**430**, 239]

Biorhythmik Lehre vom rhythmischen Wechsel gesteigerter und verminderter Leistungs- und Ertragungsfähigkeit. Im Augenblick der Geburt beginnt für jeden Menschen der Ablauf von drei sinnesförmigen Rhythmen mit Plus- und Minusphasen bei einer Schwingungsdauer von 23 Tagen für physische, 28 Tagen für die psychische und 33 Tagen für die intellektuelle Periode. Danach läßt sich aus dem Geburtsdatum für jeden beliebigen Zeitpunkt die Verhaltensprognose berechnen. Im Sport stehen die 24-Stunden-Rhythmen im Vordergrund. Bekannt ist diese Periodik besonders bei der Herzfrequenz und bei der Körpertemperatur. Der Biorhythmus der Leistungsfähigkeit hat von 9 bis 11 und 17 bis 19 Uhr ein Hoch und nach Mitternacht und am frühen Nachmittag ein Tief.
[**313**, 629–631]

Blut B. kann als Gewebe aufgefaßt werden, dessen Zellen in Flüssigkeit aufgeschwemmt sind. Die Blutmenge des Menschen beträgt ca. 8 % des Körpergewichts. 45 % des B. sind Blutzellen (rote und weiße Blutkörperchen, Blutplättchen), 55 % sind Blutplasma. Man unterscheidet folgende Funktionen des B.: Transportfunktion, Eigen- und Abwehrfunktion.
Zu den Transportfunktionen zählen: Respiratorische Funktion, Ernährungsfunktion, Entschlackung, humorale Funktion, osmotische Regulation, Wärmeregulation.
Eigenfunktionen sind Pufferung und Blutgerinnung. Abwehrfunktionen sind Antikörperbildung und Phagozytose.
Im sportlichen Training erhöht sich die relative Konzentration an Erythrozyten (rote Blutkörperchen) und Hämoglobin (Farbstoff der roten Blutkörperchen) sowie die Morphologie der roten Blutkörperchen, im Gegensatz zum → Höhentraining, nicht. Unterschiede treten nur im absoluten Blutvolumen und totalen Hämoglobingehalt zutage. Nach Mellerowicz/Meller kann eine Zunahme des Blutvolumens um 1–2 l und des entsprechenden Hämoglobins um etwa 200 bis 300 g erfolgen. Dadurch erhöht sich die maximale Sauerstoffaufnahme. Ein Leistungszuwachs im Verlauf eines Ausdauertrainings läßt sich somit auch am Anstieg des Blutvolumens verfolgen.
[**104**, 202 f/**282**/**430**, 77]

Blut, arterielles Mit Sauerstoff angereichertes Blut. B. versorgt den Organismus mit dem lebensnotwendigen Sauerstoff.
[**116**, 131, 143/**271**, 188ff]

Blut, venöses Sauerstoffarmes oder desoxigenisiertes Blut. B. wird in den Gefäßen, die Blut zum Herzen führen (Venen) transportiert. Im großen Blutkreislauf führen Venen B., im kleinen Kreislauf fließt hingegen venösiertes Blut in den Arterien zu den Lungen und arterisiertes Blut in den Venen zum Herzen.
[**116**, 131, 142f]

Body-Building Systematische Entwicklung der Muskelkraft. Ursprünglich verstand man unter B. einen Stationsbetrieb, in dem der Körper (body) systematisch aufgebaut (building) werden sollte. Dieses System trägt jedoch seinen Namen zu Unrecht, da es nur um eine Muskelhypertrophie geht, ohne die verschiedenartigen Funktionsmöglichkeiten der Muskulatur zu berücksichtigen bzw. zu verbessern. Es werden ‹Luxusmuskeln› gezüchtet, deren Ästhetik umstritten ist. Da die Funktion des Muskels in vielerlei Hinsicht dabei eingeschränkt ist, kann von einer harmonischen Körperbildung nicht gesprochen werden.
[**182**, 44, 223/**198**, 36f/**430**, 155]

Broken (auch gebrochene Strecke). Form des Schnelligkeitsausdauertrainings und Testmethode für den Wettkampf im Schwimmsport.
Hierbei gliedert sich die spätere Wettkampfstrecke in Teilstrecken, die mit maximalem Tempo geschwommen werden. Die Endzeit unter Abzug der Pausen muß unter der persönlichen Bestleistung liegen; die Pausen werden zwischen 5 und 10 Sek. festgesetzt.
[**124**, 141]

C

Caisson-Krankheit Folge eines schnellen Druckabfalls in der Körperumgebung, z. B. bei zu raschem Auftauchen aus großer Wassertiefe.
Die durch den vorherigen großen Partialdruck gelöste Gasmenge wird bei plötzlicher Dekompression frei und perlt im Blut. Die Folge ist eine Gasembolie, die im Gehirn und in den Herzkranzgefäßen tödlich wirken kann.
[**182**, 294/**389**, 250]

Caliper-Untersuchungsmethode Methode zur Messung der Hautfaltendicke. Durch ein spezielles Gerät (Caliper) wird der Anteil der fettfreien Körpermasse [lean body mass (LBM)] an der Körperzusammensetzung bestimmt.
Die «lean body mass» ist eine Größe, die aus präventivmedizinischer und leistungsmedizinischer Sicht in enger Beziehung zur körperlichen Leistungsfähigkeit steht.
[**182**, 133, 366]

Carpenter-Effekt Mikroinnervation der Muskulatur durch intensive und kinästhetische Bewegungsvorstellung des Bewegungsablaufs. C. tritt beim ideomotorischen Training auf. Die Innervation bezieht sich auf die Muskulatur, die bei der tatsächlichen Bewegung beansprucht wurde. C. ist nach dem engl. Arzt Carpenter benannt (s. a. → Training, mentales).
[**257**, 232/**275**/**426**/**430**, 272]

Cerutty-Training Komplexes Ausdauertraining im Gelände; benannt nach Percy W. Cerutty (Australien), der mit seiner Naturmethode Weltrekordler wie Landy, Elliott und Clark entwickelt hat. Aufbauend auf seiner Trainingsphilosophie (Trainingsphilosophie Stotan, nach der sich Athleten durch spartanisch einfache Lebensweise im Training auf ihre Wettkämpfe vorbereiten.) verlangt er in seinem Trainingslager Portsea bei Melbourne absolute Konzentration auf den Sport. Im Unterschied und zusätzlich zu anderen Methoden enthält das C. extrem lange Läufe (für Langstreckler bis zu 80 km), Dünen-Bergaufläufe bis zur Erschöpfung und ein intensives Krafttraining.
[**77**, 7/**196**, 89/**211**/**311**, 70ff]

Chemorezeptoren Spezialisierte Zellen oder freie Nervenendigungen im Gewebe, die auf Änderungen der chemischen Zusammensetzung ihrer Umgebung reagieren und so bestimmte Körperfunktionen regulieren. Es gibt C. im Blutgefäßsystem, die auf Schwankungen des Sauerstoff- und Kohlendioxyd-Gehalts bzw. des pH-Wertes ansprechen

(Atemregulation); ferner in der Muskulatur und in vielen inneren Organen.
[**458**, 243]

Chronophotographie Photographisches Verfahren, bei dem ein Bewegungsablauf auf nur einem Negativ abgebildet werden kann. Es hat den Vorteil großer Formate und einfacher und genauer Mechanik.
Man unterscheidet Verfahren mit offenem Verschluß, z. B. Lichtspuraufnahmen, wenn Lichtquellen am Probanden befestigt sind, oder Stroboskopie, wenn der Proband zyklisch unterbrochen beleuchtet wird, und das Verfahren mit zyklisch geöffnetem Verschluß, die Chronozyklographie, bei der eine Schlitzblende vor dem Objektiv oder in dessen Brennpunkt rotiert, so daß man Mehrfachbelichtungen mit definierten Zeitabständen erhält.
[**36**/**175**, 120ff]

Circuittraining (auch Zirkeltraining). 1953 in England von R. E. Morgan und G. T. Adamson entwickelte organisationsmethodische Form zur Entwicklung und Verbesserung der motorischen Eigenschaften Kraft, Schnelligkeit, Ausdauer, Koordination und Flexibilität sowie deren komplexen Formen Kraftausdauer, Schnellkraft und Schnellig-

(Quelle: Jonath 1985, 8)

keitsausdauer. C. kann auch die Schulung sportmotorischer Fertigkeiten zum Ziel haben. Im C. werden einfache Übungen, die über einen längeren Zeitraum zu einem gleichbleibenden Übungsprogramm zusammengestellt sind, verwendet. Typisch ist das Nacheinander verschiedener Übungsstationen (vgl. Abb. links), an welchen die Übungen absolviert werden, entweder in einem oder in mehreren Rundgängen. Die inhaltliche Gestaltung des C. richtet sich nach der Übungsabsicht, d. h. nach dem gesteckten Trainings- bzw. Übungsziel. Hierbei wird nach dem Prinzip des «progressive loading», dem Prinzip der steigenden Belastung, verfahren, wobei die Höhe der Belastung grundsätzlich individuell bestimmt und immer wieder dem aktuellen Trainingszustand angepaßt werden muß. C. erlaubt einer großen Anzahl von Übenden, gleichzeitig ein individuell dosiertes Training entweder in einer begrenzten Übungszeit mit festgesetzten Pausen oder in einer immer kürzer werdenden Übungszeit in Rundgängen zu absolvieren.
[**195**/**257**, 159/**385**/**430**, 155]

Coaching Betreuung und Beratung von Athleten während des Trainings und im Wettkampf. Mittels verabredeter Zeichen (ein direkter Kontakt zwischen Trainer und Athlet ist nicht immer möglich) soll der Athlet zur Zeit des Wettkampfs in der Lage sein, technische und taktische Fehler zu korrigieren, um ein optimales Wettkampfresultat zu erzielen. Ebenfalls zum C. zählen die Einstellung auf die Wettkampfbedingungen, taktische Anweisungen, psychologisches Einfühlungsvermögen bei Erfolg oder Mißerfolg und Eingehen auf die Persönlichkeit des Athleten.
[**117**, 98–103/**278**, 2224f]

Cooper-Test Einfaches Testverfahren zur Feststellung der allgemeinen aeroben dynamischen Ausdauer. Auf einer gut meßbaren Strecke (400-m-Rundbahn) soll in der Zeit von 12 Minuten eine möglichst weite Strecke zurückgelegt werden. An Hand einer Tabelle gibt die erreichte Wegstrecke unter Berücksichtigung des Lebensalters Auskunft über die allgemeine Ausdauerleistungsfähigkeit des betreffenden Läufers.
[**71**/**182**, 487/**293**, 90/**430**, 109]

Crescendo (ital.: anschwellend). Nach van Aaken die zu einem immer schneller werdenden Tempolauf gesteigerte Endphase eines Dauerlaufs. Die Länge des C. richtet sich nach der Jahreszeit. Das C. ist in seiner Wirkung ein Steigerungslauf.
[**196**, 90]

Crossing-Effekt (auch kontralateraler Trainingseffekt). Das bei einem einseitigen dynamischen Krafttraining zu beobachtende Phänomen, daß das Training einer bestimmten Muskelgruppe nicht nur einen Kraftanstieg in der trainierten Muskulatur, sondern ebenfalls in den entsprechenden Muskeln der Körpergegenseite zur Folge hat. Für das statische Krafttraining ist der kontralaterale Transfer bisher umstritten. C. beruht wahrscheinlich auf einer unbewußten Mitinnervation der kontralateralen Muskulatur.
[**182**, 255]

Crosslauf Wettkampf- und Trainingsläufe auf einer in der freien Natur gekennzeichneten Strecke mit Geländeschwierigkeiten und gestellten Hindernissen. In der Aufbauphase wird der C. zur Verbesserung der aeroben Ausdauerfähigkeiten eingesetzt, ist aber auch eigenständige Wettkampfdisziplin mit Meisterschaften im Spätherbst und Winter.
[**182**, 312/**196**, 91/**447**, 3]

Cross-Promenade Nach dem Belgier Raoul Mollet ein Querfeldeintraining mit läuferischen Übungen (Sprünge, Kraftübungen) in den Pausen.
[**196**, 91]

D

Dauerhaftigkeit (auch Dauerwirksamkeit) Trainingsprinzip zur Stabilisierung der erworbenen physischen Qualifikationen und psycho-intellektuellen Einstellungen eines Sportlers.
Das Prinzip der D. erfordert Trainingskontinuität, häufiges, systematisches und wiederholtes Üben des bereits Erworbenen sowie dessen regelmäßige Kontrolle.
[**160**, 105/257, 94]

Dauerleistungsfähigkeit Bruttokriterien der D. sind: Atemgrenzwert, Atemminutenvolumen und maximales Sauerstoffaufnahmevermögen sowie nach neueren Untersuchungen die Höhe des Laktatspiegels.
[**196**, 304]

Dauerleistungsgrenze (auch Puls-D.) Höchste Belastung bei dynamischer muskulöser Arbeit. Unterhalb dieser Grenze halten sich Sauerstoffwechselabbau- und -aufbauvorgänge die Waage.
Die Sauerstoffzufuhr entspricht dem Sauerstoffbedarf, und der Verlust an Nährstoffen wird aus dem Blut in vollem Umfang ergänzt.
Hollmann unterscheidet zwischen der Puls-D. und der Sauerstoff-D., wobei letztere höher anzusetzen ist.
[**182**, 130, 340/**196**, 91/**257**, 168f/**273**, 223/**452**, 68ff]

Dauermethode Haupttrainingsmethode zur Entwicklung und Verbesserung der allgemeinen → aeroben Ausdauer. Man unterscheidet die kontinuierliche D., die Wechselmethode und das Fahrtspiel.
D. wird im Training zur Entwicklung der grundlegenden sowie der speziellen Ausdauerfähigkeiten, hauptsächlich in den Langzeitausdauer-Disziplinen eingesetzt. D. ist durch große Trainingsumfänge gekennzeichnet. Nach neuesten physiologischen Untersuchungen und nach Erfahrungen der Trainingspraxis sind auch bei der D. relativ hohe Intensitäten erforderlich, um nennenswerte strukturelle und funktionelle Anpassungen zu erzielen. Hollmann sieht Pulsfrequenzen von 130 bis 150 Schläge/Min. als erforderlich an. Belastungsintensitäten der aeroben Energiegewinnung (aerob-anaerobe Schwelle) sind besonders wirksam. D. hat sich als effektiver für die Entwicklung der aeroben Ausdauer erwiesen als die → Intervallmethode, die in diesem Bereich vielfach nur noch eine Ergänzungsfunktion hat.
[**160**, 164f/**182**, 491/**257**, 178/**293**, 64/**430**, 81f]

Dauermethode, kontinuierliche Variante der Dauermethode zur Entwicklung der allgemeinen → aeroben Ausdauer. Charakteristisch für die D. ist ein Reizumfang von mindestens 30 Minuten bis zu

mehreren Stunden, wobei die gleichbleibende Belastung nicht durch Pausen unterbrochen wird. Die nach der Pulsfrequenz regulierte Reizintensität ist abhängig vom Trainingszustand und der Reizdauer. Sie reicht von 130 Schlägen/Min. beim Anfänger bis zu 170–180 Schlägen/Min. (80% der maximal erreichbaren Schlagzahl) bei trainierten Ausdauersportlern.
[**160**, 164ff/**182**, 49/**257**, 178ff/**293**, 64ff/**430**, 81ff]

Deduktionsverfahren Verfahren zur inhaltlichen Strukturierung der Bewegungsspezifik einer Sportart. Bei der Erstellung einer sog. Deduktionskette wird zunächst die Gesamtbewegungsspezifik der betreffenden Sportart in große inhaltliche Gebiete gegliedert (siehe Abb. Seite 68). Z. B. bei Ballspielen in Technik mit Ball und Technik ohne Ball. Auf darunter liegenden Ebenen werden immer weitere Ableitungen getroffen. Z. B. Technik ohne Ball in Angriff und Abwehr bis hin zu den feinsten Untergliederungen, den Variationen. D. werden vornehmlich angewandt, um Einzeltechniken, ihre Elemente und Variationen transparent zu machen, um so z. B. technische Mängel aufdecken zu können.
D. werden zur Strukturierung in Spielsportarten und kompositorischen Sportarten eingesetzt. Alle anderen Sportarten, vor allem sog. Start-Ziel-Sportarten, bedienen sich der Verlaufsbeschreibung als Methode zur inhaltlichen Strukturierung.

Degeneration Verschlechterung bezüglich Entwicklung und Leistungsfähigkeit.

Dehnfähigkeit (auch Dehnbarkeit) Kennzeichen großer Schwingungsbreite und Gelenksbeweglichkeit bei Bewegungen. Verminderte Beweglichkeit bei verschiedenen Übungen mit maximaler Amplitude beruht meist auf unzureichender D. der betreffenden Antagonisten. Überdies kann ein Muskel nur aus größter D. heraus seine größte Kraft entwickeln. D. kann durch Dehnübungen erhöht werden.
[**160**, 180/**196**, 322/**225**/**430**, 193]

Dehnübung Übung zur Verbesserung der Gelenksbeweglichkeit durch aktive oder passive Dehnung der betreffenden Muskeln, Sehnen und Bänder (s. a. → Stretching).
[**196**, 322/**225**]

Dehnung Verlängerung des Muskels über seine Ruhelänge hinaus, in der seine Ruhespannung den äußeren Kräften gegenüber das Gleichgewicht hält. D. ist immer passiv. Sie erfolgt durch die Wirkung der Antagonisten oder durch die Schwerkraft der Körperteile. Von sich aus kann sich ein Muskel nicht verlängern. Die Dehnbarkeit eines Muskels nimmt mit der Zunahme der Spannung während der Muskeltätigkeit ab. Die dynamische Kraft eines Muskels ist abhängig von seinem Dehnungsgrad. Je größer die D., desto größer die Kraftentfaltung, da die Verkürzungsgröße des Muskels zunimmt. Diese Tatsache wird für Techniken einiger sportlicher Disziplinen ausgenutzt. Beim Ausholen zu einer kräftigen Bewegung werden die entsprechenden Muskeln vorher passiv verlängert, um von dieser Lage aus die größte Arbeit leisten zu können.
[**196**, 264/**225**/**370**]

Dehnungsrezeptor Afferente Fasern der Muskelspindeln. Als Rezeptororgan des monosynaptisch aufgebauten Dehnungsreflexes dient D. der Steuerung der Motorik, da er neben anderen Rezeptoren dem Nervensystem Stellung und Lage des Organismus im Raum meldet (s. a. → Analysator).
[**182**, 15/**273**]

Demonstrieren Form der visuellen Informationsgebung, die das Schaffen einer Bewegungsvorstellung speziell im sporttechnischen und sporttaktischen Bereich zum Ziel hat.

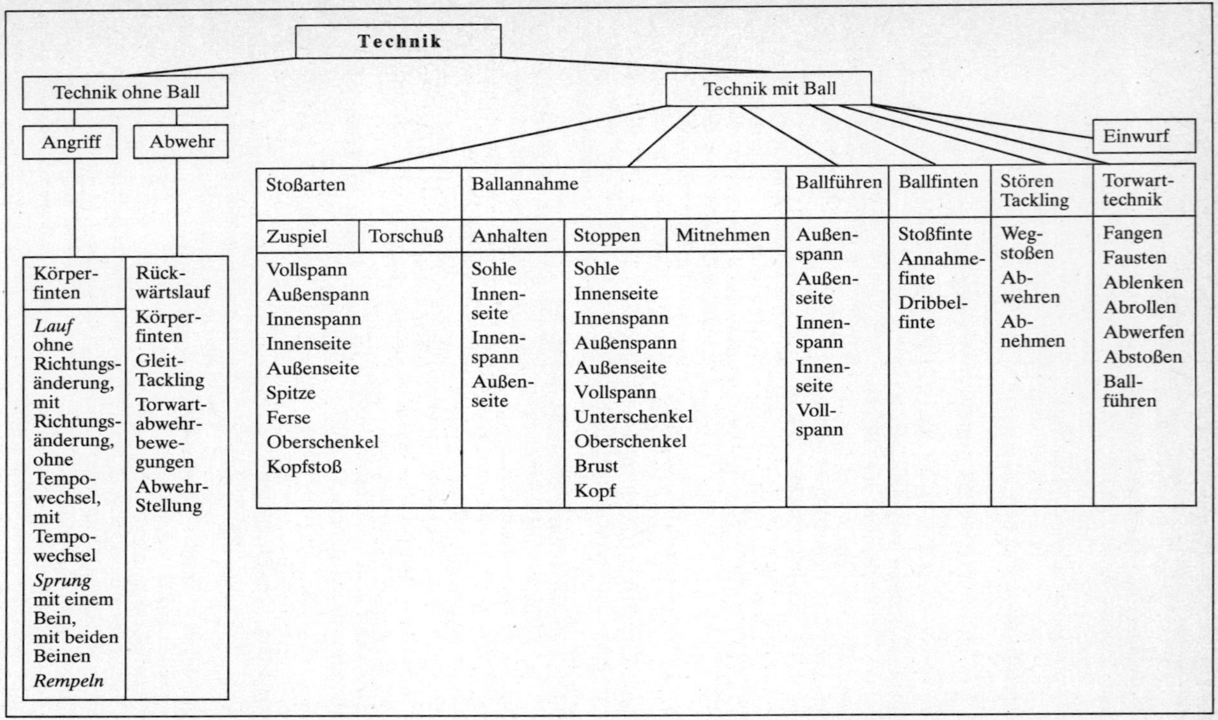

Beispiel einer Deduktionskette zur Erfassung der Technikelemente im Fußballspiel (nach Wendt 1975)

Denken, taktisches Kognitiver Prozeß zur Analyse und Lösung einer gegebenen Situation. D. ist wesentlicher Bestandteil des technisch-taktischen Trainings.
[**281**, 59, 93]

Depressoren Muskeln, die ihrer Funktion nach herab- bzw. niederdrücken.

Desensibilisierung Psychoregulatives Verfahren, das insbesondere bei Angstzuständen zur Anwendung kommt. Ziel der D. ist, angstauslösende Reize abzuschwächen oder auszulöschen.
[**64**, 85–102/**99**, 92, 220ff/**154**, 282ff/**212**, 91/**430**, 276]

Diastole Funktioneller Bestandteil der Herzmechanik. Der Herzzyklus unterteilt sich in die Kontraktionsphase (Systole) und die Erschlaffungsphase (D.).
[**116**, 98ff/**270**, 144ff/**273**, 131/**458**, 313]

Differenzierungsfähigkeit, motorische Fähigkeit, eine hohe Genauigkeit und Ökonomie von einzelnen Bewegungsphasen sowie von Gesamtbewegungen zu erzielen. Grundlage für eine D. ist u. a. ein differenziertes Zeit-, Raum- und Kraftempfinden.
[**160**, 188]

Diffusion Vorgang, bei welchem sich die Teilchen eines Gases oder einer gelösten Substanz aufgrund ihrer Eigenbewegung ausbreiten, um das verfügbare Volumen auszufüllen.
D. kann ablaufen, wenn ein Stoff am Ausgangsort höher konzentriert ist als am Zielort, da die Teilchen bestrebt sind, von Orten hoher Konzentration zu solchen niedriger Konzentration abzuwandern (Braunsche Molekularbewegung).
[**116**, 142ff/**270**, 157ff/**273**, 157]

Dilatation Erweiterung, z. B. eines Hohlorgans (Herzdilatation).
[**116**, 104ff/**430**, 84ff/**458**, 320]

Dilatation, regulative Herzvolumenzunahme bei Ausdauersportlern (Sportherz) im Gegensatz zur pathologischen Vergrößerung bei Herzkranken. Die Größe des Herzvolumens bestimmt die Größe des Schlagvolumens und damit neben anderen Faktoren die Höhe der aeroben Ausdauerleistungsfähigkeit.
[**257**, 164/**345**]

Disponibilität, motorische Verfügbarkeit über Bewegungsfertigkeiten. Eine frühe umfassende D. hilft, die Lösung von Bewegungsaufgaben des alltäglichen Lebens ökonomisch und zweckmäßig zu gestalten.

Distanzgeschwindigkeit Geschwindigkeit auf der Strecke; Abschnitt gleichförmiger Geschwindigkeit.
Im Kurzsprint ist D. der Maximalgeschwindigkeit gleichzusetzen. Sie stellt neben dem Beschleunigungsvermögen das entscheidende Kriterium für die Beurteilung der Leistungsfähigkeit des Sprinters dar; deshalb bedeutet Schnelligkeitsentwicklung eine Vergrößerung der D.
[**196**, 11f]

Distorsion Verletzung eines Gelenks mit Überschreitung des normalen Bewegungsspielraums; führt zur Dehnung oder Zerreißung des Kapsel-Bandapparats. Symptome: Schwellung, Ergußbildung, Druckschmerz. Behandlung: Kälteanwendung, Kompressionsverband, Ruhigstellung, eventuell Operation.
[**270**, 32/**458**, 251]

Disziplin, sportliche Aufgliederung der Sportarten in verschiedene Disziplinen. Jede D. ist gekennzeichnet durch eine wettkampfarteigene Bewegungsausführung sowie durch ihr zugeordnete Wettkampfbestimmungen und -regeln. D. können zu Mehrkämpfen zusammengefaßt werden, z. B. Triathlon (Schwimmen, Radfahren, Laufen), Zehnkampf, Moderner Fünfkampf usw.

Disziplin, taktische Einhalten von Anweisungen oder Vorhaben beim Wettspiel oder im Wettkampf durch Sportler und Mannschaften.

Disziplingruppe Zusammenfassung sportlicher Disziplinen einer Sportart, z. B. in der Leichtathletik die D. «Sprung» (Hoch-, Weit-, Drei-, Stabhoch-).

Doping Verabreichung einer körperfremden oder körpereigenen Substanz an ein gesundes Individuum zum Zweck einer künstlichen und unfairen Leistungssteigerung vor oder während eines Wettkampfs oder beim Training. D. kann zu schweren gesundheitlichen Schäden führen: Ausschaltung der Ermüdung durch Mobilisierung der autonom geschützten Leistungsreserven, Gewöhnung an die Droge, schädigende Eingriffe in normale Stoffwechselvorgänge u. a. Bei bedeutenden Wettkämpfen werden D.-Kontrollen durchgeführt und Sanktionen gegen betroffene Athleten verhängt.
Nach Donike kann man zwei Definitionen unterscheiden: eine ethisch-moralische Definition (IOC 1971), welche besagt, daß alle, auch zu therapeutischen Zwecken verwendete Substanzen, die die Leistungsfähigkeit aufgrund ihrer Zusammensetzung oder Dosis beeinflussen, Dopingmittel sind, und eine pragmatische Definition (Deutscher Sportärzte-Bund 1977), in welcher Doping als Versuch einer unphysiologischen Steigerung der Leistungsfähigkeit des Sportlers durch Anwendung einer D.-Substanz vor oder während eines Wettkampfs (für die anabolen Hormone auch im Training) definiert wird. D.-Substanzen im Sinn dieser Richtlinien sind insbesondere Phenyläthylaminderivate (Weckamine, Ephedrine, Adrenalinderivate), Narkotika, Analeptika (Kampfer und Strychninderivate) und anabole Hormone. Sportarztspezifisch können weiter Substanzen wie z. B. Alkohol, Sedativa, Psychopharmaka unter den D.-Substanzen aufgeführt werden. Wahrscheinlich müssen künftig auch Corticosteroide und die Gruppe der Beta-Rezeptorenblocker als D. bezeichnet werden.
[**116**, 89/**182**, 631/**399**]

Dopingkontrolle Prüfung von Dopingsubstanzen im menschlichen Organismus.
Die Prüfung der Proben ist durch ein anerkanntes, analytisches Institut gemäß den gültigen Vorschriften vorzunehmen.
[**94**/**116**, 241]

Doppelperiodisierung (auch Mehrfachperiodisierung, Doppelzyklus, zweigipflige Periodisierung) Trainingsperiodenzyklus, bei dem eine Vereinigung von zwei aufeinanderfolgenden Periodenzyklen innerhalb eines Trainingsjahres stattfindet (siehe Abb. rechts). Dabei fällt meistens die Übergangsperiode am Ende des ersten Zyklus weg. D. zielt auf zwei Jahreshöhepunkte hin bzw. den Einschub einer sog. Zwischenwettkampfperiode (z. B. bei den Leichtathleten auf die Hallen- und Freiluftsaison mit den entsprechenden Meisterschaften), um die lange wettkampfarme Zeit der Übergangs- und Vorbereitungsperiode zu überbrücken. Oft läßt die D. eine sportliche Form auf höherem Niveau zu. Matwejew weist in einigen Sportarten (insbes. Schnellkraftsportarten) eine höhere Effizienz der D. und dadurch einen größeren Leistungszuwachs nach. Mühlfriedel betont die Vorteile der D. für das Schüler- und Jugendtraining (s. a. → Periodisierung).
[**160**, 100/**197**, 31/**257**, 65/**277**, 194]

Drehimpuls Produkt aus Trägheitsmoment und Winkelgeschwindigkeit eines rotierenden Körpers.
[**24**, 74, 83/**175**, 28ff, 35ff]

Drehmoment Produkt aus Kraft und dem senkrechten Abstand ihrer Wirkungslinien von der Achse. Dieser senkrechte Abstand wird als Moment- oder Hebelarm bezeichnet.
[**24**, 70, 81/**175**, 35ff]

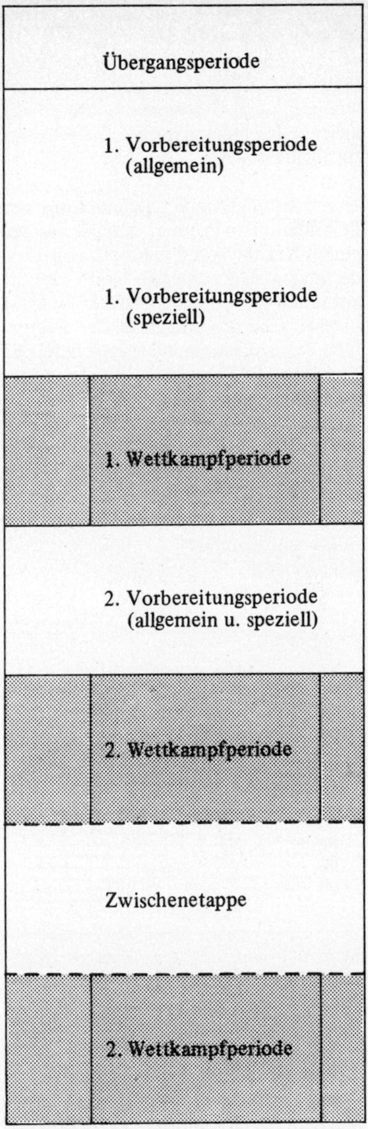

Schematische Darstellung einer Doppelperiodisierung (Quelle: Letzelter 1985, 67)

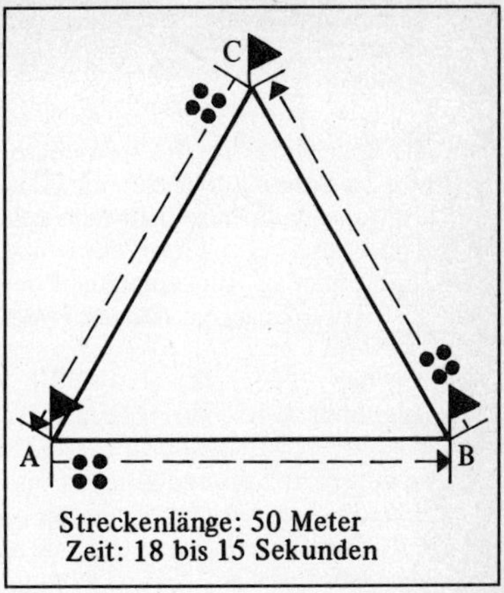

Beispiel eines jugendgemäßen Dreiecklaufs (Quelle: Jonath u. a. 1985, 84)

Dreiecklauf Jugendgemäße Trainingsform nach dem Intervallprinzip zur Ausbildung der allgemeinen aeroben Ausdauer und zur Tempogewöhnung im Mittel- und Langstreckenlauf. Mit Hilfe von vorher festgelegten Zeitangaben für jede Seitenlänge oder für mehrere Seiten nacheinander muß hierbei ein Dreieck mit bestimmter Seitenlänge umlaufen werden.
[**196**, 92/**197**, 83/**219**/**430**, 108]

Dreierhop Einbeinsprung aus dem Stand, Gehen oder Laufen, wobei drei Sprünge mit dem gleichen Bein ausgeführt werden.
D. gilt auch als einfacher sportmotorischer Test zur Überprüfung der horizontalen Streckkraft eines Beins.

Dreiminutenläufe Dreiminütige Dauerläufe zur Verbesserung der → aeroben Ausdauer.
Das Lauftempo richtet sich nach der Pulsfrequenz, die 150–170 Schläge/Min. nicht übersteigen soll; dazwischen Trabpausen zum Absinken der Pulsfrequenz auf 120 Schläge/Min. Bevorzugte Trai-

ningsform für Langsprinter, vornehmlich in der Vorbereitungsperiode.
[**196**, 92/**200**]

Drücken Spezielle Form des Gewichthebens im Krafttraining, bei der eine Hantel mit unterschiedlicher Griffbreite entweder im Stand bei fixierter Bein- und Fußhaltung oder in Rückenlage auf der Bank (Bankdrücken) vom Athleten weggedrückt wird.

Druckmeßbrett Gerät zur Messung des Abdrucks beim Lauf und Sprung. Das D. besteht aus einer Sprungplatte, die mit Eisenbändern (je zwei in vertikaler, je eins in horizontaler Richtung) in einem Rahmen befestigt ist und deren Dehnung gemessen wird.
[**196**, 131]

Durchblutung, lokale Blutmenge, die pro Zeiteinheit der arbeitenden Muskulatur zur Verfügung gestellt werden kann. Ist von entscheidender Bedeutung für die Sauerstoffzufuhr und damit für die Ermüdung oder die → lokale dynamische Ausdauer.
D. hängt von der Vaskularisierung und Kapillarisierung ab. Ist diese vergrößert, kommt es auch zu einer vermehrten D., die eine größere Sauerstoffzufuhr bedingt.
Auch durch die dynamische Arbeit wird eine bessere D. erreicht. Bei statischer Arbeit wird die D. stark gedrosselt. Nach Hollmann genügt bereits die Kontraktion eines Muskels mit 1/5 seiner Maximalleistung, um die Kapillaren so stark einzuengen, daß die roten Blutkörperchen sie nicht mehr passieren können. Damit ist die Stoffversorgung während der Arbeit weitgehend gedrosselt. Bei dynamischer Arbeit füllen sich während der Erschlaffung die erweiterten Kapillaren und Arterien verstärkt mit Blut, da zu diesem Zeitpunkt ihr Tonus verringert ist. Ihr Füllungsvermögen geht daher weit über das Ruhevolumen hinaus, und bei jeder Kontraktion wird das Blut zur venösen Seite hin ausgepreßt. Man spricht daher auch von einer Muskelpumpe. Zusätzlich kommt es bei dynamischer Belastung zu einer erheblichen Erweiterung der Gesamtstrombahn in der arbeitenden Muskulatur.
[**182**, 486/**196**, 305]

Durchblutungsschuld Behinderung der Durchblutung in den Kapillaren bei einem Kraftaufwand oberhalb von 15 % der maximalen statischen Kraft. Der erhöhte intramuskuläre Druck bewirkt hierbei eine Kompression der Blutgefäße. Infolgedessen sind energieliefernde Prozesse primär auf den anaeroben Metabolismus angewiesen.
[**182**, 341]

Dynamogramm Ausdruck eines Dynamometers (Kraftschreibers) und seiner nachgeschalteten Schreibgeräte bei der → Dynamographie.
[**116**, 332/**452**]

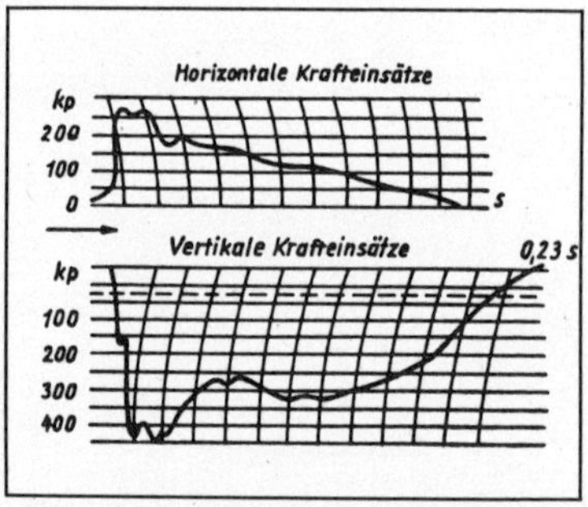

Dynamogramm des Abstoßes im Hochsprung (Zaciorskij 1972)

Dynamographie Gesamtheit der biomechanischen Verfahren zur orts- und zeitabhängigen Bestimmung von Kräften. Man unterscheidet zwischen indirekten (Errechnung von Kräften aufgrund von Bewegungen) und direkten Verfahren

(Messungen), sowie der Bestimmung von Reaktionskräften mit Hilfe von Dynamometern.
[**95**, 153ff/**175**, 132ff]

Dynamometrie Meßmethode zur Erfassung der Muskelkraft. Als Meßverfahren werden aufgrund der unterschiedlichen Funktionen der Muskelgruppen hauptsächlich folgende angewendet: Federwaagenprinzip, hydraulische Meßsysteme und Dehnungsmeßstreifen.
[**116**, 332]

Dysmetrie Verfehlung des Ausmaßes einer Bewegung (räumliche Bewegungspräzision), die zu groß (Hypermetrie) oder zu klein (Hypometrie) ausfallen kann. D. kann sich z. B. bei Wurfbewegungen durch seitliches Verreißen des Schlagballs zeigen. Beim Fußballstoß gelingt es dem Koordinationsgestörten nicht z. B. in genügendem Maße, Abduktoren, Adduktoren sowie Rotatoren des betreffenden Beins gleichzeitig zu innervieren.
[**217**/**396**, 421–464/**458**, 343]

Dysreflexie Defekt im Reflexgeschehen der unbewußten Bewegungskoordination (z. B. zwischen Agonist und Antagonist).
[**329**]

Dystonie, muskuläre Fehlerhafter Spannungszustand von Muskeln z. B. durch psychische Einflüsse bedingt.
[**169**, 265–420/**187**, 275–314]

E

Effektivität, Grundsatz der Grundsatz bei der Verwendung verschiedener Trainingsübungen im Krafttraining. Nach Zaciorskij / Raizin ist die Effektivität einer Übung nach dem schnellen Leistungszuwachs und dem → Transfer auf die Wettkampfübungen zu beurteilen. So gibt es Übungen, die zwar die Kraftwerte schnell steigern, aber relativ wirkungslos bleiben, weil eine Transformation auf die Wettkampfübung nur in geringem Umfang eintritt (Stützbeugen am Barren als Trizepsübung für das Kugelstoßen ist z. B. ungeeigneter als Bankdrücken in der Rückenlage auf der Schrägbank).
[**430**, 144/**454**, 17–24]

Effektivitätskriterien der sportlichen Technik Anhaltspunkte bzw. Richtwerte für die Beurteilung der Zweckmäßigkeit einer sportlichen Technik und Kriterium zur Beurteilung der sporttechnischen Qualifikation von Sportlern.
Allgemeinste E. sind die erzielte Leistung im Verhältnis zu den konstitutionellen Voraussetzungen und den konditionellen Fähigkeiten sowie der Energieverbrauch bei einer definierten Leistung (s. a. → Bewegungsökonomie). Spezifische E. für die einzelnen sportlichen Techniken beruhen vor allem auf biomechanischen Gesetzmäßigkeiten und Erkenntnissen der → Bewegungskoordination.

Efferent vom ZNS zur Peripherie leitend (s. a. → Bahn, efferente).

Efferenz Summarische Bezeichnung für die vom ZNS über → efferente (Nerven-) Bahnen zu den peripheren Erfolgsorganen (Muskulatur) laufende Impulsgebung (Erregung).
[**9**, 484–487/**15**, 2/**281**, 94/**430**, 242/**446**]

Eigenblut-Rücktransfusion (auch Erythrozyten-Retransfusion) Methode zur Leistungssteigerung in Ausdauersportarten, bei der in einer bestimmten Zeit nach einer Blutentnahme eine Erythrozyten-(rote Blutkörperchen)Rücktransfusion stattfindet. Obwohl in einschlägigen Untersuchungen eine signifikante Vergrößerung der maximalen Sauerstoffaufnahme und eine Verbesserung der maximalen Laufzeit bis zu 30 % nachgewiesen wurde, ist der Erfolg einer E. noch umstritten. Zudem fällt ihre Anwendung unter die Dopingbestimmungen.
[**182**, 77/**390**]

Eigenreflex (auch propriozeptiver Reflex) Reflex, bei welchem Empfangs- und Erfolgsorgan identisch sind, d. h., beim

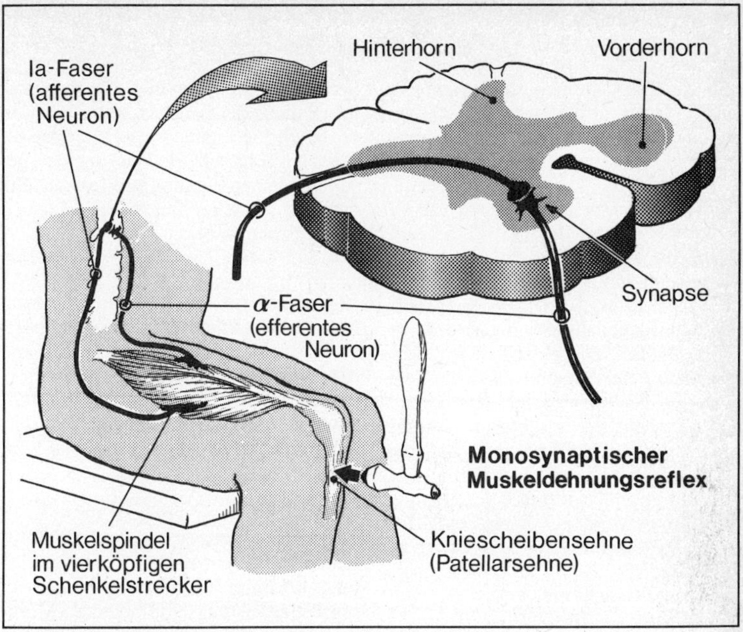

Muskeldehnungsreflex (Quelle: Markworth 1986, 104)

E. gehören sensibler und effektorischer Schenkel zum gleichen Muskel (siehe Abb. oben). Die monosynaptischen E. sind primär an der Steuerung der Motorik beteiligt. Beispiel: Muskeldehnung löst Kontraktion des Muskels aus, z. B. Patellar- und Achillessehnenreflex (im Gegensatz dazu → Fremdreflex).
[**182**, 18]

Eigenrhythmus Laufrhythmus, bei dem der Läufer aufgrund eines gewissen ökonomischen ‹Gefühls› das Tempo wählt, bei dem die Ausführung der betreffenden Bewegungen für den Läufer arbeitsökonomisch ein Optimum erzielen.
[**307**]

Eigenschaften, koordinative s. a. → Fähigkeiten, koordinative.

Eigenschaften, motorische (auch Bewegungseigenschaften) E. sind (Schnabel) bewegungsbezogene bzw. motorische Persönlichkeitseigenschaften eines Menschen; ihrem Wesen nach sind es motorische Fähigkeiten. Zu den E. kann man rechnen: motorische Kraft, motorische Schnelligkeit, motorische Ausdauer, Gelenkigkeit, motorisches Gleichgewicht, Bewegungsphantasie, Bewegungsgefühl und motorische Koordination. Die Unterscheidung von → motorischen Grundeigenschaften und E. bezeichnet dabei einen unterschiedlichen Grad von Generalität. Die synonyme Verwendung des Begriffs → Bewegungseigenschaft ist nach Röthig jedoch unzulässig, da Kraft und Ausdauer keine Bewegungsmerkmale aufweisen.
[**275**, 37]

Eigenschaften, psychische (auch affektive Eigenschaften, psychische Fähigkeiten, Persönlichkeitseigenschaften) Bestimmte Dispositionen des Charakters und der Struktur der Persönlichkeit von verschiedener Form und Ausprägung, die relativ konstant sind (Hehlmann). Als für den Sportler wichtige E., deren Summe die Leistungsbereitschaft (als Ergebnis der psychischen Qualifikationen) ausmacht, können Einstellungen, Werthaltungen, Motivationsstruktur, Steuerungseigenschaften (z. B. Selbstbeherrschung, Durchhaltevermögen) u. ä. genannt werden. Die einzelnen E. zeigen innerhalb einer Persönlichkeit ein kompliziertes Zusammenspiel. Ihr höheres Niveau macht sich in besseren Ausprägungen der → Kondition, → Technik und → Taktik bemerkbar. E. müssen sportart- und disziplinspezifisch gesehen und entwickelt werden. Eine möglichst durchgehende Stabilität von E. ist zur Erzielung sportlicher Höchstleistungen von großer Bedeutung.
[**156**, 168/**257**, 115/**276**, 248ff]

Eigenschaften, psychophysische Bezeichnung für die meisten → motorischen Eigenschaften (Fetz), da bei ihnen der physische und psychische Aspekt im Motorischen aufgeht.
[**257**, 115]

Eigenschaften, sportartspezifische psychische Leistungsvoraussetzungen zur erfolgreichen Bewältigung spezifischer Wettkampfübungen einer Sportart oder Disziplin. E. sind anforderungsadäquate Handlungsqualitäten der Persönlichkeit des Sportlers, die sich ausschließlich im Trainings- und Wettkampfprozeß einer bestimmten Sportart bzw. Disziplin entwickeln und festigen lassen (s. a. → Wettkampfeigenschaften, psychische).

Eignung, sportliche Die Ermittlung der E. zielt darauf ab, mit Hilfe diagnostischer Untersuchungen prognostische Aussagen über den wahrscheinlichen Erfolg im Training und im Wettkampf zu ermöglichen. Zugrunde gelegt werden dabei bestimmte Eignungskriterien. Zur Feststellung der E. haben besonders zwei Gruppen von Eignungstests Interesse gefunden: Tests zur Beurteilung der gesundheitlichen Eignung und Tests zur Ermittlung spezieller Begabungen für den Hochleistungssport.
[**156**, 34ff/**404**]

Eignungsdiagnostik Schlußfolgerung über den Grad der Eignung junger Sportler in einer gewählten Sportart aufgrund der Analyse des spezifischen Entwicklungsprozesses in den leistungsbestimmenden Merkmalen, auf deren Ausbildung sich das kommende Training konzentriert.
[**156**, 35]

Eignungsindikatoren Leistungsbestimmende Faktoren für die Eignungsermittlung, die unter Zugrundelegung der wesentlichen leistungsbestimmenden Merkmale den Entwicklungsprozeß junger Sportler objektivieren. E. sind z. B. Leistungsniveau, Tempo der Leistungserhöhung, Leistungsstabilität und deren Steigerungsfähigkeit, Belastungsverträglichkeit u. a.
[**156**, 38]

Eignungsprüfung → Eignungsdiagnostik.

Eihaltung Aerodynamisch günstige Körperhaltung z. B. beim Skiabfahrtslauf, die unter bewegungsökonomischen Gesichtspunkten jedoch ungünstig ausfällt, da die hohe statische Muskelanspannung eine relativ rasche Ermüdung bringt. Typisches Beispiel für den bewußten Verzicht auf eine optimale Bewegungsökonomie hinsichtlich der Erzielung einer maximalen Leistung.
[**182**, 159]

Einbeinsprünge Sprungfolgen mit einem Bein (links oder rechts) mit betontem

Hochreißen des Sprungbeins. E. gehören zum Sprung-ABC und stellen eine wichtige Trainingsform zur Verbesserung der Sprungkraft dar.

Ein-Drittel-Pause → Pause, lohnende.

Eindrucksanalyse, motorische Verfahren der analytischen Erfassung eines Bewegungsablaufs auf der Grundlage der visuellen Beobachtung. E. ist auf die Erfassung von Einzelheiten und Zusammenhängen gerichtet, die für die sporttechnische Ausbildung wesentlich sind. Zu unterscheiden sind die E. von einem Bewegungsablauf als gegenwärtige (aktuelle) Handlung und von einem aufgezeichneten Bewegungsablauf (Film, Videoaufzeichnung).

Einfachperiodisierung (auch eingipflige → Periodisierung) Trainingsaufbau, bei dem innerhalb der Jahresperiodisierung auf einen Höhepunkt im Gesamtablauf hingearbeitet wird, d. h. daß genau ein → Periodenzyklus den Zeitraum eines Jahres ausfüllt.
[**156**, 99/**257**, 65ff/**278**, 71/**412**, 1017–1019, **417**, 379–382/**430**, 285]

Einheit, motorische (auch neuromuskuläre Einheit) Nervenendplatte und die von ihr versorgten Muskelfasern. Zusammengehörende Nervenzellen, Nervenfasern, motorische Endplatten und Muskelfasern. Von einem motorischen Neuron können 20 bis 160 Muskelfasern innerviert werden. Die Zahl der E. kann in großen Muskeln bis zu mehreren Tausenden anwachsen (→ Koordination, intramuskuläre).
[**100**, 24, 100ff/**171**/**182**, 17/**196**, 265/**273**]

Einstellung Relativ konstante, erlernte (erworbene) und beeinflußbare Verhaltenstendenz bzw. relativ kurzzeitige Verhaltensbereitschaft. E. üben einen steuernden und dynamischen Einfluß auf individuelle Handlungen, Reaktionen, Meinungen, Urteile, Wahrnehmungen und Motivationen aus, die sich auf Gegenstände, Vorstellungen und Mitmenschen der sozialen Gruppe beziehen. Im Bereich des Sports zählt der Begriff der E. zu den psychologischen Komponenten der sportlichen Leistung (s. a. Leistungsbereitschaft) bzw. zu den psychischen Eigenschaften der Persönlichkeitsstruktur des Sportlers.

Einstellung, sportliche Durch eine positive Grundeinstellung zur sportlichen Leistung determinierte Faktoren, die sich durch weltanschauliche, moralische, gesellschaftliche und individuelle Kriterien manifestieren. E. steht in engem Zusammenhang zu den sportlichen und inneren Einstellungen des Athleten.
[**275**, 246ff]

Einstellung, taktische Taktische Vorbereitung auf ein Spiel, einen Wettkampf oder einen Gegner, wobei die generelle sportliche Einstellung von hoher Bedeutung ist (s. a. → Training, taktisches).

Einwirkung, analytische Methode des speziellen Krafttrainings, bei der die Muskelkraft vorrangig mit einer spezifischen oder einer führenden Bewegungseigenschaft entwickelt wird.
[**249**/**257**, 155]

Einwirkung, gekoppelte Methode des speziellen Krafttrainings, bei der die Entwicklung der spezifischen Krafteigenschaften und gleichzeitig eine technische Vervollkommnung angestrebt wird.
[**89**/**257**, 155]

Einwirkung, synthetische Methode im speziellen Krafttraining, die es ermöglicht, die Muskelkraft gleichzeitig mit einer spezifischen und einer führenden Bewegungseigenschaft zu entwickeln.
[**249**/**257**, 155]

Einzelbewegung Die im → Bewegungsablauf unterscheidbare Teilbewegung einzelner Glieder der kinematischen

Kette. In der Trainingspraxis wird zumeist die Unterscheidung von Arm- und Beinbewegungen und ihr gesondertes Üben (z. B. im Schwimmtraining) als E. bezeichnet.

Einzelimpulse, Koordination der Zweckmäßiges zeitliches Zusammenwirken von Teilkörperbewegungen mit dem Ziel, eine hohe Geschwindigkeit für ein Sportgerät oder den Sportler zu erreichen. Bei der gleichzeitigen Bewegung mehrerer Körperteile besteht das Problem in der gegenseitigen Beeinflussung. Die hervorgerufenen reaktiven Wirkungen sind kraft- und masseabhängig. Im konkreten Fall einzelner sportlicher Disziplinen ist die E. durch umfangreiche → biomechanische Analysen zu ermitteln. Dabei gelangen zunehmend mechanische und mathematische Modelle zur Anwendung.

Eiweißminimum Geringste Eiweißmenge, die mit der Nahrung aufgenommen werden muß. Sie beträgt bei Nichtsportlern und Ausdauersportlern 1,2 bis 1,5 g Eiweiß pro Kilogramm Körpergewicht und Tag, bei Kraft- und Schnellkraftsportlern 2 g und bei Hochleistungsgewichthebern bis zu 3,5 g.
[**182**, 87]

Eiweißstoffwechsel Auf-, Abbau und Umsatz von Aminosäuren im Gesamtstoffwechsel. E. spielt eine entscheidende Rolle für den Gewebeaufbau des Organismus.

EKG → Elektrokardiogramm.

Elastizität → Bewegungselastizität.

Elektrodenstimulation → elektrisches Krafttraining; Elektrostimulation.

Elektroenzephalographie Methode zur Darstellung der bioelektrischen Erscheinungen am lebenden Gehirn durch unipolare oder bipolare Ableitungen der Potentialschwankungen von der Kopfhaut. E. gibt Aufschluß über die sportliche Leistungsfähigkeit und enthüllt Auswirkungen des → mentalen Trainings.
[**182**, 160/**458**, 365]

Elektrokardiogramm (EKG) Aufzeichnung der vom Herzmuskel ausgesandten elektrischen Ströme, die bei der Erregungsbildung, -ausbreitung und -rückbildung im Herzen entstehen.
Wichtiges diagnostisches Verfahren zur Erkennung von Herzerkrankungen. Unbedingter Bestandteil von → sportärztlichen Untersuchungen des Typs A (Grobfilteruntersuchung) und des Typs B (Feinfilteruntersuchung), sowohl als Ruhe-EKG als auch als Ergometrie-EKG (Belastungs-EKG). Ein durch intensives → Ausdauertraining vergrößertes Herz (→ Sportherz) kann Veränderungen im E. zeigen, die sich manchmal nur schwer von pathologischen Befunden abgrenzen lassen.
[**182**, 596ff/**196**, 305/**352**]

Elektrolyte Stoffe wie Säuren, Basen, Salze, die in wäßriger Lösung in positive und negative Ionen zerfallen und daher elektrischen Strom leiten. Die im Körper enthaltenen Ionen wie Kalzium, Natrium, Kalium oder Magnesium werden ebenfalls als E. bezeichnet. Sie sind positiv geladen und spielen eine wichtige Rolle für den Wasserhaushalt des Körpers sowie für das Säure-Basen-Gleichgewicht des Bluts. Ein hoher Verlust an E. führt zu einer Leistungsminderung, die im extremen Fall zur Aufgabe eines Wettkampfs oder Spiels führt.

Elektrolytstoffwechsel → Stoffwechsel.

Elektrometronom-Kontrolle Trainingsmethode aus der UdSSR mittels eines akustischen Schrittmachers, um die Schrittfrequenz beim Sprint zu erhöhen. Über Lautsprecher oder Kopfhörer werden dem Athleten Signale zugesandt, die seine Schrittfrequenz bestimmen.
[**10**/**196**, 94]

Elektromyogramm Registrierung elektrischer Spannungsfelder (Aktionspotentiale), die in der Muskulatur entstehen. Das E. wird von der Haut abgeleitet oder durch Nadelelektroden, die in die Muskulatur eingestochen werden. Mit dem E. ist es möglich, den Innervationsmodus der Muskulatur zu studieren. Störungen in der Koordination höherer Zentren, Schädigungen der Vorderhornzellen, der peripheren Nerven und der Endplatte lassen sich mit Hilfe des E. diagnostizieren und lokalisieren. Muskelkräfte können mit dem E. nicht gemessen werden.

Elektromyographie Methode zur Ableitung der durch die Erregung der Muskeln entstehenden bioelektrischen Aktionsströme durch Nadelelektroden direkt vom Muskel oder mittels Oberflächenelektroden von der Haut. Dient zur Überprüfung des Funktionszustandes der Muskulatur und vor allem zur Einschätzung der → intra- und intermuskulären Koordination innerhalb eines gezielten Bewegungsablaufs.
[**182**, 193]

Elektrostimulation (auch elektrisches Krafttraining) Art des Krafttrainings, bei dem auf direktem oder indirektem Weg die zu trainierende Muskulatur elektrisch gereizt wird. Gegenüber der willkürlichen Anspannung gestaltet die E. die maximale Aktivierung des kontraktilen Apparats oder ruft zumindest eine größere und längere Anspannung der Muskeln hervor. Angewendet wird E. vornehmlich bei der gezielten Stimulation einzelner wichtiger Muskeln und in der Rekonvaleszenz.
[**182**, 245]

Elementarbewegung (auch natürliche Bewegung) Begriff der modernen Gymnastik für eine biologisch und physiologisch richtige Bewegung, die körpermäßig abläuft, in ihrem Kraft- und Zeitmaß genau dem Bewegungszweck entspricht und aus einem geschlossenen Antrieb entsteht.
[**39**, 108/**196**, 323]

Emotion Seelischer Zustand, der in vielen Fällen im Zusammenhang zwischen Gedanken, Wünschen und bestimmten Impulsmustern im Gehirn zu motorischen Handlungen führt. Schaltzentrale für solche Vorgänge ist wahrscheinlich das limbische System, welches das gesamte innere Milieu des Körpers regelt.
[**273**, 11f]

Empathie Fähigkeit, (a) sich in andere Personen hineinzuversetzen und ihre Verhaltensweisen zu verstehen, (b) sich Situationen aufgrund eigener Erfahrung als anders vorzustellen und vom Standpunkt anderer zu betrachten und (c) Gesellschaft als Potential beliebiger Möglichkeiten und Chancen und damit als veränderbar zu erleben.
E. ist auch für den modernen Sport eine wichtige Voraussetzung. So muß der einzelne z. B. von der Vielfalt sozialer Unterschiede, die das Leben des einzelnen formen, seiner Zugehörigkeit zu einer ethnischen Gruppe, seinen Beruf, seiner sozialen Stellung usw. abstrahieren und in einem kooperativen Training und Mannschaftsspiel gegenseitige Reaktionen auch in ungewöhnl. Situationen antizipieren.

Empfindung, kinästhetische → Bewegungsempfindung.

Endogen Entwicklungsvorgänge, die durch innere anlagebestimmte Dispositionen bestimmt werden und die sportliche Entwicklung beeinflussen. Gegenteil: exogen.

Endphase Letztes Element der Dreiphasen-Grundstruktur sportlicher Bewegungsakte (n. Meinel).
In der Verknüpfung von Vorbereitungsphase, Hauptphase und E. zu einer Funktionsstruktur der sportlichen Bewe-

gung kommt der E. entweder die Funktion eines Durchgangsstadiums als unspezifische Vorbereitung für weitere Bewegungsakte zu, oder sie führt in ihrem Ergebnis zu einem statischen Zustand (etwa beim Abgang vom Gerät) (s. a. → Bewegungsphasen).
[**281**, 103ff]

Endplatte, motorische Verbindung zwischen Nervenfaser und Muskelfaser.
[**196**, 265/**264**, 14/**273**]

Endspurt Schlußphase eines Rennens (10–20 m vor dem Ziel). Bei Sprintläufen z. B. ist dieser Streckenabschnitt durch einen Abfall der Geschwindigkeit gekennzeichnet, die durch Ermüdungsprozesse im Zentralnervensystem bedingt sind. Der Läufer verlängert automatisch seine Schrittlänge und versucht durch ein «Sich ins Ziel werfen» das Rennen für sich zu entscheiden. Dies ist aber nur dann sinnvoll, wenn der natürliche Bewegungsablauf nicht behindert wird.

Koppelung zwischen elektrochemischer Erregung und Kontraktion (elektromechanische Koppelung) (Quelle: Markworth 1986, 46)

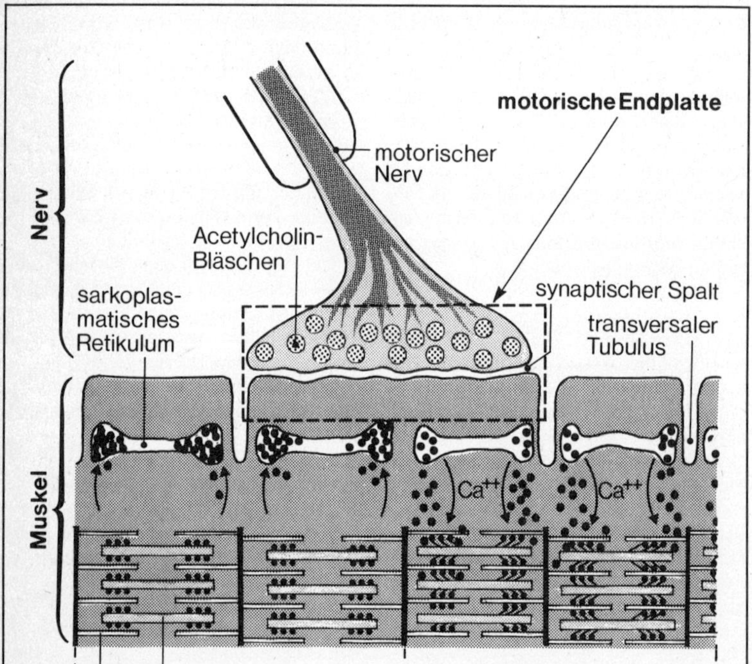

Das Vorwerfen sollte erst auf dem letzten Schritt erfolgen.
[**196**, 12]

Energie E. ist definiert als die Fähigkeit, Arbeit zu leisten. Die verschiedenen Erscheinungsformen der E. (mechanische, elektrische, chemische) können zwar unter geeigneten Bedingungen ineinander umgewandelt werden; nach dem ersten thermodynamischen Grundgesetz kann aber Energie weder neu erschaffen werden noch verlorengehen. Unabhängig von ihrer Erscheinungsform existiert Energie als gespeicherte (potentielle) oder als aktive (kinetische) Energie. Aus mechanischer Sicht ist potentielle E. die Fähigkeit eines Körpers, aufgrund seiner Lage Arbeit zu verrichten. So besitzt z.B. ein um die Höhe h angehobener Körper die potentielle E., die beim Herabfallen Arbeit verrichten kann:
$Wpot = m \cdot g \cdot h$.
Die → kinetische E. kann bei der Translation ($W_{kin\ transl.}$) und bei der Rotation ($W_{kin\ rot}$) auftreten:
$W_{kin\ transl.} = 1/2 \cdot mv^2$
(m= Masse des Körpers, v = Geschwindigkeit des Körpers)
Bei der Rotation sind das Massenträgheitsmoment und die Winkelgeschwindigkeit des Körpers einzusetzen:
$W_{kin\ rot} = 1/2 \cdot Jw^2$
(J = Massenträgheitsmoment des Körpers bezüglich der Drehachse, w = Winkelgeschwindigkeit).
[**273**]

Energie, kinetische Energie der Bewegung.

E_{kin}	$= 1/2 \cdot m \cdot v^2$
Kinetische Energie	= 1/2 mal Masse mal (Geschwindigkeit)^2

[**24**, 114]

Energie, potentielle Energie der Ruhe (Lageenergie). Ermöglicht das Verrichten von Arbeit.

E_{pot}	$= m \cdot g \cdot s$
Potentielle Energie	= Masse mal Schwerebeschleunigung mal gehobene Strecke

[**24**, 113]

Energiebedarf Bedarf an Energiebilanzen (Kalorien-, Nährstoff-, Mineralstoff-, Vitamin- und Flüssigkeitsbilanz). E. wird bestimmt vom → Grundumsatz (E. des ruhenden, nüchternen Menschen bei normaler Körper- und Umgebungstemperatur von 20 Grad), dem Leistungsumsatz (erhöhter E. durch motorische Arbeit), der spziellen dynamischen Nahrungsauswirkung (Energiebetrag, den der Organismus zur Verarbeitung der zugeführten Nahrung benötigt) und den Verdauungsumsatz (E., der für die Verdauungsarbeit verlorengeht). Bei Sportlern wirken zusätzliche Faktoren auf den E. ein: Trainingsumfang, -intensität, -häufigkeit, -zustand, -belastungen, Temperatur, berufliche Tätigkeit und Geschlecht. Schwierigkeiten in der Bestimmung des E. bestehen in der qualitativen Zusammensetzung der Nahrung.
[**93**, 20ff/**116**, 164f]

Energiebilanz Verhältnis von zugeführter Nahrung (Energiezufuhr) und der durch Wärme und mechanische Arbeit verbrauchten Energie. Das Körpergewicht ist Ausdruck der E. Ein konstantes Körpergewicht zeigt eine ausgeglichene E. Körpergewichtszunahme bzw. -abnahme signalisieren ein Mißverhältnis zwischen Energiezufuhr und -verbrauch.
[**428**, 56ff/**458**, 380]

Energiegewinnung, aerobe Stoffwechselvorgang (oxidativer Prozeß), der in den Mitochondrien über den sog. Zitronensäurezyklus und die Atmungskette abläuft. Energiequelle stellt das Sauerstoffangebot dar. E. hat im Gegensatz zur → anaeroben Energiegewinnung einen größeren Nutzeffekt in bezug auf die Resynthese von ATP (Adenosintriphos-

phat), läuft aber langsamer ab.
[**215**, 2/**216**, 22–32/**381**, 391–400/**430**, 28ff]

Energiegewinnung, anaerobe Stoffwechselvorgang, bei dem ohne Beteiligung von Sauerstoff mit Hilfe sog. chemischer Prozesse Energie gewonnen wird. E. läuft im Zytoplasma ab. Primärspeicher ist das ATP. Alle anderen Vorgänge dienen der ATP-Resynthese. Damit ist die erste energieliefernde Reaktion die Spaltung von ATP:

$$(1)\ \text{ATP} \xrightarrow{\text{Myosin-ATP-ase}} \text{ADP} + \text{E}$$

Der ATP-Vorrat reicht nur für 2–3 Sek. Um eine weitere Arbeit zu ermöglichen, wird das ATP über den zellulären Kreatinphosphat-Speicher aufgefüllt:

$$(2)\ \text{KP} + \text{ADP} \xrightarrow{\text{Kreatinkinase}} \text{Kreatin} + \text{ATP}$$

Die Gesamtarbeitszeit beträgt nach Keul/Doll/Keppler maximal 20 Sek., n. Hollmann 6–8 Sek. Dieser Vorgang wird auch als alaktazide Phase der E. bezeichnet. In der laktaziden Phase, der anaeroben Glykolyse, kommt es dann zu Bildung von → Laktat, wenn nicht ein ausreichendes Sauerstoffangebot vorhanden ist (→ aerobe Energiegewinnung). Ihre Gesamtarbeitszeit liegt bei 45 Sek.

$$(3)\ \text{Glucose} \xrightarrow{\text{Enzyme der anaeroben Energiebereitstellung}} 2\text{ATP} + \text{Laktat.}$$

[**182**, 66/**215**, 2/**430**, 28ff]

Energiequotient Beziehung zwischen Kalorienzufuhr und der Körperoberfläche.
[**458**, 380]

Energiestoffwechsel (auch Betriebsstoffwechsel) Gesamtheit der Stoffwechselprozesse und deren Verlauf, die zur Aufrechterhaltung der Lebensfunktionen und dem Vollzug von mechanischer Arbeit benötigt werden. Setzt sich aus Energieaufnahme-, -produktion (-gewinnung), -bereitstellung, -verwendung und -verbrauch zusammen.
[**116**, 165f]

Energiesubstrate Die meisten mit der Nahrung aufgenommenen Substanzen wie Kohlenhydrate, Fette, Eiweiße, Vitamine etc. Nicht nur die quantitative, sondern vor allem die qualitative Nahrungszusammensetzung spielt für die Leistungsfähigkeit sowie die Entwicklung der sportlichen Form eine entscheidende Rolle.

Energieumsatz Beim → Stoffwechsel auftretende Energiewandlung zur Erhaltung der Lebensvorgänge. Dazu wird im menschlichen und tierischen Organismus dauernd potentielle Energie aus den Nahrungsmitteln und der Körpersubstanz in mechanische Energie der Muskelbewegung umgewandelt oder chemische Energie zum Aufbau und Umbau körpereigener Stoffe und in Wärmeenergie umgesetzt.
[**93**, 20ff/**458**, 380]

Energieverbrauch → Energiebedarf.

Engramm Bleibende Spur eines geistigen Eindrucks, z. B. bereits erlebter Bewegungssituationen, in den sensomotorischen Feldern der Großhirnrinde (Erinnerungsbild).
[**293**, 136, 223/**458**, 381]

Entlastungsetappe (auch Zwischenetappe) Im → Periodenzyklus Einschub eines allgemein entlastenden Mikrozyklus während einer Wettkampfperiode, die sich auf zwei oder mehrere Höhepunkte ausrichtet. E. dient dazu, sich speziell auf den neuen Höhepunkt einzustellen und vorzubereiten. Sie dauert 3–5 Tage und ist durch aktive Erholung gekennzeichnet.
[**198**, 12/**257**, 69/**277**, 187]

Entlastungssyndrom Komplex belästigender Symptome im Anschluß an die abrupte Unterbrechung eines leistungssportlichen Trainingsprozesses. So kann es z. B. bei plötzlicher Unterbrechung eines intensiv und lange betriebenen Ausdauertrainings zu Kreislaufregulationsstörungen kommen, die zwar keinen Krankheitswert haben, aber sehr lästig sind. Deshalb ist es für Hochleistungssportler sinnvoll, über einen Zeitraum von Monaten allmählich abzutrainieren.

Entmüdungsmassage Physiotherapeutische Methode, die der Förderung von Erholungsvorgängen und der Gesunderhaltung insbesondere im Sport dient.
[**116**, 283/**225**]

Entscheidungsverhalten Bewußte Wahl von Richtung und Stärke des Reagierens und Handelns in einer mehrere Möglichkeiten enthaltenden sportlichen Situation. Die Qualität der Entscheidungsprozesse wird u. a. determiniert durch Erfahrung, Risikobereitschaft, subjektive Erfolgswahrscheinlichkeit, Anspruchsniveau, Frustrationstoleranz, Motivkonstellation, Informationen, Willensakte und dem Entwicklungsstand intellektuell-geistiger Fähigkeiten.

Entspannung Spielt bei → zyklischen Bewegungen eine Rolle. Nur ein entspannungsfähiger Muskel ist imstande, längere Zeit maximal schnell zu arbeiten. E. fördert die Erholung des Muskels.
[**196**, 265]

Entspannungsbad Form der Hydrotherapie mit physisch und psychisch entspannender Wirkung. E. beschleunigt die Entschlackung von Stoffwechselzwischen und -endprodukten und regt die periphere Durchblutung an. E. wird meist nach einem harten Training bzw. nach Wettkämpfen angewandt und dient einer schnelleren Wiederherstellung der physischen und psychischen Leistungsfähigkeit.

Entspannungsübung Spezielle gymnastische Übung, die zur Entwicklung der Fähigkeit dient, die Muskulatur bewußt zu entspannen. Ebenso ist die E. eine Trainingsform zur Entwicklung der Schnelligkeit. Die E. sorgt für Muskelentspannung, weitgehende Funktionsfähigkeit der Gelenksysteme, allgemeine Beweglichkeit sowie Geschmeidigkeit der Bewegung, verringert die inneren Reibungen der Muskulatur, die Blockierung der Gelenke und ermöglicht so einen zweckmäßigen rationellen Laufschritt. E. ist somit Voraussetzung zum optimalen Beherrschen von Bewegungsfertigkeiten, besonders sportlicher Techniken.
[**79**, 47/**196**, 323/**225**]

Entwicklung, motorische → Ontogenese, motorische.

Entwicklung, sportliche Durch Wachstum und Training hervorgerufene stufenförmige Veränderungsprozesse, die durch aufeinanderfolgende Zyklen gekennzeichnet sind und aus denen sich der Weg zum Spitzensport zusammensetzt (vgl. Abb. Seite 84/85).
Die Stufen der E. drücken jeweils quantitative und qualitative Leistungsebenen des Sportlers aus.
[**196**, 331/**278**, 39/**446**]

Entwicklungsdiagnose Erkennen und Benennen des aktuellen Entwicklungsstands (Aktualdiagnose) bzw. des Entwicklungsverlaufs (Verlaufsdiagnose) eines Athleten in biologischer, psychischer, physischer oder motorischer Hinsicht. Eine möglichst exakte E. hat für die Talentauswahl bzw. Talentsuche sowie die mittel- und langfristige Trainingssteuerung eine zunehmende Bedeutung. Die Vervollkommnung der entwicklungsdiagnostischen Untersuchungsverfahren sowie die Schaffung neuer, zuverlässiger entwicklungsdiagnostischer Verfahren ist deshalb eine wesentliche und ständige Aufgabe von hoher praktischer Bedeutung.

Entwicklungsetappe (auch Entwicklungsperiode, -phase, -stufe) In der Ontogenese des Menschen definierter Lebensabschnitt, der ein längeres Entwicklungsstadium spezifisch untergliedert

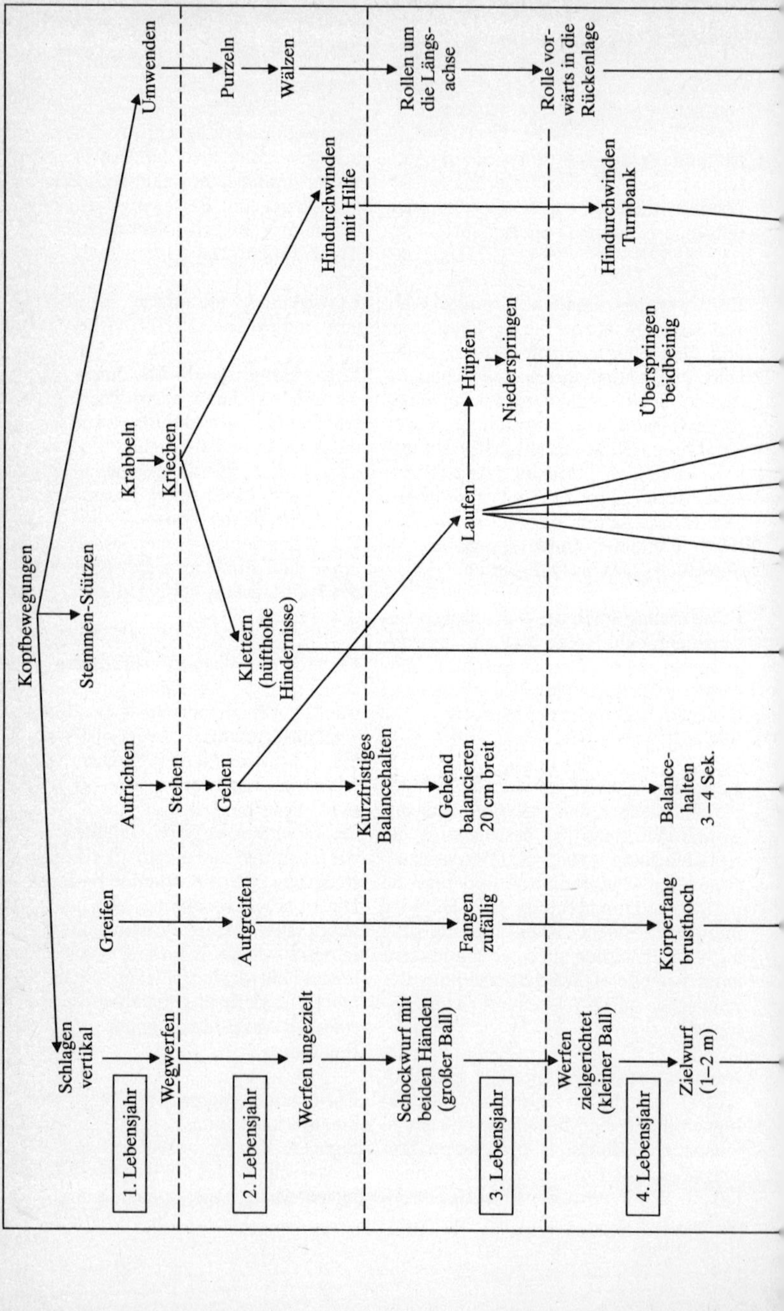
1. Lebensjahr
Schlagen vertikal
Greifen
Aufrichten
Kopfbewegungen
Stemmen-Stützen
Krabbeln
Umwenden
Wegwerfen
Stehen
Kriechen
2. Lebensjahr
Werfen ungezielt
Aufgreifen
Gehen
Klettern (hüfthohe Hindernisse)
Hindurchwinden mit Hilfe
Purzeln
Wälzen
Kurzfristiges Balancehalten
Schockwurf mit beiden Händen (großer Ball)
Fangen zufällig
Gehend balancieren 20 cm breit
Laufen
Hüpfen
Rollen um die Längsachse
3. Lebensjahr
Niederspringen
Werfen zielgerichtet (kleiner Ball)
Rolle vorwärts in die Rückenlage
4. Lebensjahr
Zielwurf (1–2 m)
Körperfang brusthoch
Balancehalten 3–4 Sek.
Überspringen beidbeinig
Hindurchwinden Turnbank

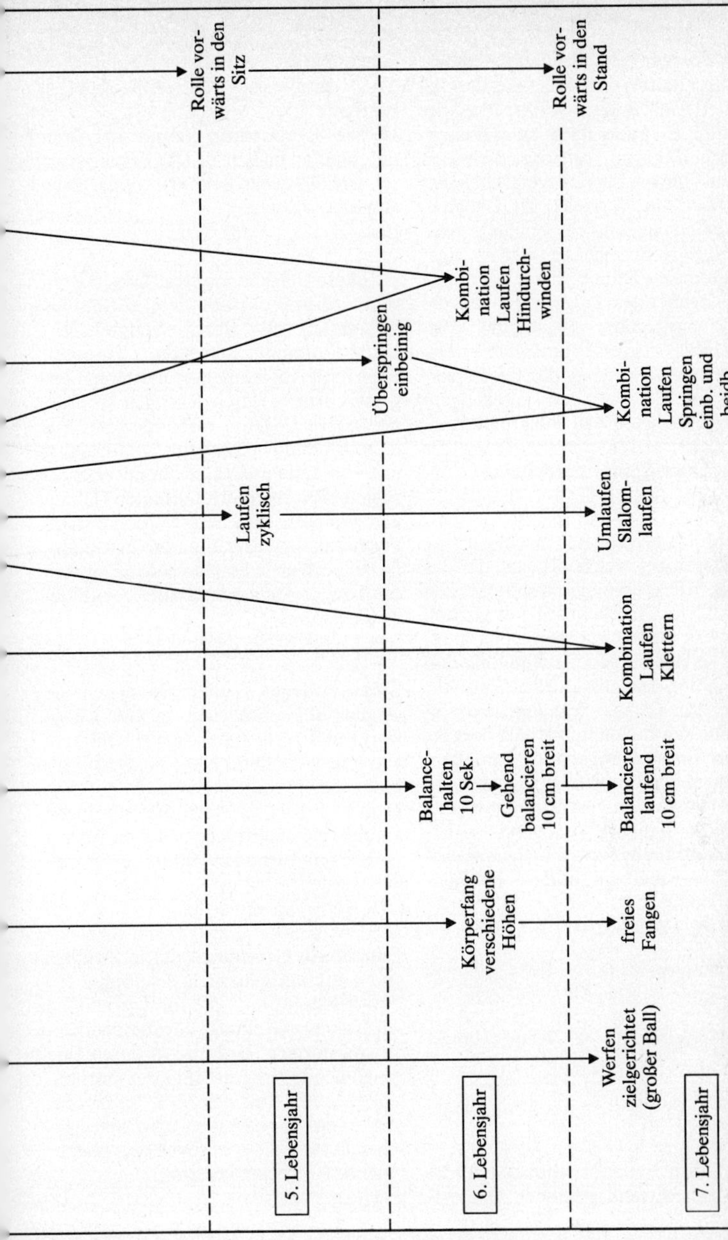

Die Genese elementarer Bewegungen von der Geburt bis zum 7. Lebensjahr (nach Roth) (Quelle: Willimczik/Roth 1985, 268f)

(siehe Abb. Seite 87). Die E. des Entwicklungsstadiums Jugendalter sind z. B.: Übergangsetappe vom Kindes- zum Jugendalter; Hauptetappe des Jugendalters; spätes Jugendalter. Die Gliederung in E. kann nach biologischen, psychischen oder motorischen Kriterien erfolgen. Innerhalb der verschiedenen E. ist eine im Vergleich zu Entwicklungsstadien wesentlich genauere und konkretere Kennzeichnung der ihr eigenen Wesensmerkmale sowie der sich daraus ergebenden Folgerungen für die entwicklungsgemäße Gestaltung pädagogischer Prozesse möglich. Die Beachtung und Nutzung der für die verschiedenen E. typischen Alterseigentümlichkeiten gehört zu den grundlegenden Erfordernissen der Steuerung des Trainings bzw. Sportunterrichts.
[**446**]

Entwicklungsgemäßheit Wichtiges → Trainingsprinzip, welches besagt, daß das Training dem biologisch-motorischen und auch dem intellektuell-psychischen Niveau des Sportlers entsprechen muß. Die E. setzt eine genaue Kenntnis und Beobachtung des individuellen Entwicklungsverlaufs voraus. Trainingsziele, -inhalte und -methoden haben sich dem jeweiligen Entwicklungsstand, vor allem im motorischen Bereich, anzupassen. So unterteilt man den gesamten Trainingsprozeß in → Kinder-, → Jugend-, → Erwachsenentraining bzw. in → Nachwuchstraining, → Aufbau- und → Hochleistungstraining.
[**225**/**257**, 85/**435**, 23–32]

Entwicklungsperiode → Entwicklungsetappe.

Entwicklungsphase → Entwicklungsetappe.

Entwicklungsstufe → Entwicklungsetappe.

Enzym (auch Ferment, Biokatalysator) Spezifisches Eiweiß lebender Organismen, welches durch die katalytisch wirksame Teilnahme an chemischen Umsetzungen Richtung und Geschwindigkeit der jeweiligen Stoffwechselreaktion bestimmt.
In der Sportmedizin konnte der Trainingseinfluß einiger E. (ATP-Stoffwechsel, Glykolyse und Zitronenzyklus) nachgewiesen werden.
[**182**, 421/**273**, 235/**458**, 389]

Epiphyse Gelenkende eines langen Röhrenknochens, das mit dem Mittelstück (Diaphyse) erst durch Knorpel (E.-scheibe, röntgenologische E.-fuge), dann nach Abschluß des pubertären Längenwachstums durch Knochen (röntgenologische E.-linie) verbunden ist. Aus diesem Grund sollte beim Krafttraining mit Vor- und Pubertären nur mit sehr geringen bis mittleren Intensitäten (Übungen mit dem eigenen Körpergewicht, Partnerübungen etc.) gearbeitet werden, da bei noch nicht geschlossenen E.-fugen das Längenwachstum negativ beeinflußt werden kann.
[**100**, 65/**104**, 207/**255**/**458**, 395]

Epiphysenfugen Stellen, an denen die langen Röhrenknochen in die Länge wachsen. Brechen diese, so spricht man von einer traumatischen Epiphysenfraktur.
Damit es nicht zu Wachstumsstörungen kommt, müssen Brüche in diesen Wachstumszonen besonders sorgfältig behandelt werden.
[**273**, 294]

Erbmotorik Gesamtheit der in Struktur und Funktion genetisch determinierten Bewegungsmuster. Die ontogenetische Ausformung (Reifung) angeborener Bewegungsformen wird erklärt durch eine zunehmende Ausgestaltung der morphologischen Struktur des ZNS. Im Gegensatz zu der angeborenen bzw. genotypischen E. steht die erworbene bzw. phänotypische → Erwerbsmotorik.
[**293**, 123]

Phasenbezeichnung	Charakterisierung	Altersspanne
Das Neugeborenenalter	Die Phase der ungerichteten Massenbewegungen	1.–3. Lebensmonat
Das Säuglingsalter	Die Phase der Aneignung erster koordinierter Bewegungen	4.–12. Lebensmonat
Das Kleinkindalter	Die Phase der Aneignung vielfältiger Bewegungsformen	1.–3. Lebensjahr
Das Vorschulalter	Die Phase der Vervollkommnung vielfältiger Bewegungsformen und der Aneignung erster Bewegungskombinationen	3.–7. Lebensjahr
Das frühe Schulkindalter	Die Phase schneller Fortschritte in der motorischen Lernfähigkeit	7.–10. Lebensjahr
Das späte Schulkindalter	Die Phase der besten motorischen Lernfähigkeit in der Kindheit	Mädchen 10./11.–11./12. Lj. Jungen 10./11.–12./13. Lj.
Die Phase der Reifungszeit (Pubeszenz)	Die Phase der Umstrukturierung von motorischen Fähigkeiten und Fertigkeiten	Mädchen 11./12.–13.–14. Lj. Jungen 12./13.–14./15. Lj.
Die zweite Phase der Reifungszeit (Adoleszenz)	Die Phase der Stabilisierung, der ausgeprägten geschlechtsspezifischen Differenzierung und der fortschreitenden Individualisierung	Mädchen 13./14.–17./18. Lj. Jungen 14./15.–18./19. Lj.
Das frühe Erwachsenenalter	Die Jahre der relativen Erhaltung der motorischen Leistungsfähigkeit	etwa 18/20–30 Jahre
Das mittlere Erwachsenenalter	Die Jahre der allmählichen Leistungsminderung	etwa 30–45/50 Jahre Jahre
Das spätere Erwachsenenalter	Die Jahre der verstärkten motorischen Leistungsminderung	etwa 45/50–60/70 Jahre
Das späte Erwachsenenalter	Die Jahre der ausgeprägten motorischen Involution	ab etwa 60/70 Jahre

Entwicklungsphasen (nach Winter 1976) (Quelle: Willimczik/Roth 1985, 331)

Erfolgserlebnis Subjektives Erleben des Erreichens einer angestrebten Position bzw. eines sportlichen Ziels oder Teilziels. E. ist im Leistungssport eng an die sportliche Leistung gebunden, speziell an die bei Wettkämpfen erreichte. Sie kann dazu beitragen, den Sportler zu aktivieren und zu mobilisieren.

Erfolgskontrolle Vergleich von Sollnormen mit dem realen Leistungsstand von Sportlern zu bestimmten Zeiten eines → Mehrjahresplans bzw. untergeordneten Trainingsperioden. Die beständige Überprüfung der Kennziffern, d. h. der Soll- und Istwerte der sportlichen Leistung, ist unbedingt notwendig, um festzustellen, inwieweit die angegebenen Ziele des Trainings erreicht wurden. Anhand von E. kommt es zu einer ständigen Revision des Mehrjahresplans, vor allem für die Ziele der einzelnen Trainingsstufen und -abschnitte. E. werden durchgeführt als → sportmotorische Tests, → Testwettkämpfe und → standardisierte Wettkampfbeobachtungen (bzw. Bewertung des Wettkampfergebnisses).
[**28**/**257**, 97, 102ff/**443**, 47ff]

Ergänzungsübung (auch technische Übung) Disziplinbezogene Übungen, die Schwerpunkte oder Kernphasen der Technik, oft in Verbindung mit allgemeinen Bewegungs- und Gewandtheitsaufgaben, schulen.
[**196**, 160/**199**, 6]

Ergometer Gerät zur Leistungsmessung bzw. Leistungsbestimmung (Ergometrie). Die Entwicklung erfolgte in den letzten Jahrzehnten vornehmlich durch die Sportmedizin für Forschungs- und Diagnosezwecke, so z. B. Drehkurbel-Ergometer, Laufband-Ergometer, Kanu-Ergometer, Ruder-Ergometer.
[**182**, 383]

Ergometerbelastung Wird zur Feststellung der Ausdauerleistungsfähigkeit bzw. Ausdauerbelastung eingesetzt.
Man unterscheidet bei den standardisierten ergometrischen Testverfahren (a) die Kniebeugebelastung, (b) den Stufentest, (c) die Laufbandbelastung, (d) die Tretkurbelbelastung.
Kniebeugebelastung und Stufentest finden wegen der schwierigen Registrierung der Meßwerte sowie der unterschiedlichsten Ausführungsarten in der medizinischen Praxis kaum noch Anwendung.
Laufbandbelastungen haben den Vorteil, daß die Art der Bewegung für viele Sportarten typisch ist und gegenüber der Tretkurbelarbeit der Einsatz der Muskelgruppen am größten ist. Es werden mit diesem Verfahren auch die höchsten Sauerstoffaufnahmewerte gemessen. Tretkurbelbelastungen haben sich wegen der guten Belastungsdosierbarkeit, der guten Reproduzierbarkeit und Vergleichbarkeit der Versuchsergebnisse als Methode zur Ermittlung der allgemeinen dynamischen aeroben Ausdauerleistungsfähigkeit für stationäre Untersuchungen durchgesetzt.
[**116**, 321, 325/**270**, 417–422]

Ergometertraining Training an speziellen Ergometertrainingsgeräten wie z. B. für Ruderer das Ruderergometer oder Radrennfahrer das Fahrradergometer. Praxisnahes Training, welches besonders von Ruderern und Radrennfahrern im Winter eingesetzt wird. Die Belastungsgröße ist variabel.
[**116**, 320ff]

Ergometrie Arbeits- bzw. Leistungsmessung bei muskulärer Arbeit. Dient der exakten Diagnose und Messung von Herz-, Kreislauf-, Atmungs- und Stoffwechselfunktionen. Das bekannteste Meßgerät ist das → Fahrrad-Ergometer, welches auch prophylaktisch und zur Rekonvaleszenz eingesetzt wird. In sportbezogenen Untersuchungen sind daneben noch das Laufrad-, Ruder- u. Kanuergometer im Einsatz.
[**182**, 378/**196**, 307/**353**]

Ergotrop Bei ergotropen (sympathikotonen) Reaktionen (Überwiegen des → Sympathikustonus) findet eine Austreibung des Kreislaufs und Mobilisierung der Darmtätigkeit zum Zweck einer Erhöhung der muskulären Arbeitsbereitschaft statt. Steigerung der Fähigkeit zu höchstem muskulären Einsatz durch entsprechende Arbeitsumstellungen im Herz-, Kreislauf-, Atmungs- und Stoffwechselsystem.
[**182**, 443]

Erhaltungsreiz Für Struktur, Aufbau und Funktion eines Organs wesentlicher Bewegungsreiz. Bei Fehlen des E. bildet sich das Organ zurück.
[**196**, 69]

Erholung Abklingen der Auswirkungen einer körperlichen Belastung auf den Organismus bis zum Wiedererreichen der Ruhe- und Ausgangswerte.
E. hängt im wesentlichen vom Grad der Erschöpfung und/oder Ermüdung, der nervlichen Konstellation, dem Erholungsverlauf, der Erholungsart und den methodisch geübten Erholungstechniken (z. B. autogenes Training) ab.
[**177**, 46/**196**, 332]

Erholung, aktive Versuch der Erholungsbeschleunigung durch weitere, gezielte muskuläre Beanspruchung mit geringer Intensität.
Maßnahmen zur Regeneration nach besonders leistungsintensiven Trainingszyklen zur Verhinderung von Übertrainingserscheinungen. E. wird in der Regel durch vielfältige, nicht disziplinspezifische sportliche Aktivitäten erreicht.
[**182**, 135/**257**, 72]

Verlauf der Erholung: Das Verhalten der Pulsfrequenz während und nach Arbeit unterschiedlicher Intensität und Dauer (nach Müller, E. A. 1961) (Quelle: Hollmann, W./Hettinger, Th. 1980, 131)

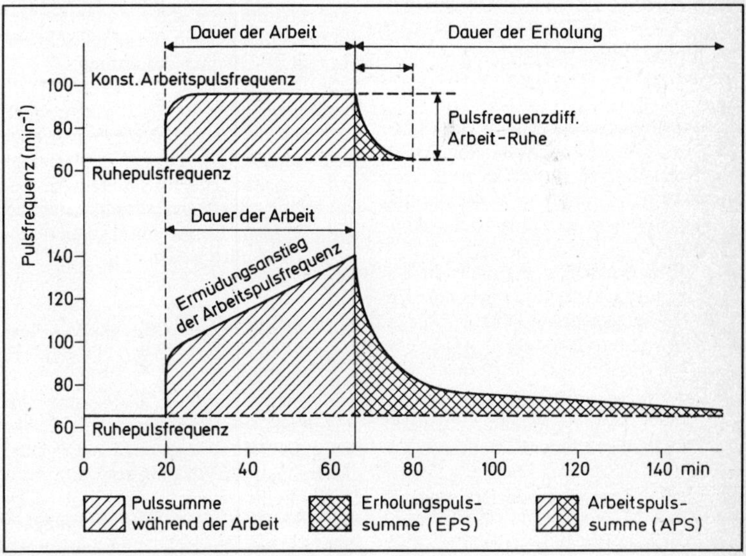

Erholungsnerv → Parasympathikus.

Erholungspause Unterbrechung der Belastung zur vollständigen oder unvollständigen Wiederherstellung des Pulses. Länge und Gestalt der E. richtet sich nach dem Trainingszustand des Athleten, der Belastungsintensität und angewandten Trainingsmethode (s. a. → Pause).
[**196**, 332]

Erholungsphasen Kurze, in die → Mesozyklen eingefügte Zeiten geringerer Belastungsintensität zur Beseitigung von Ermüdungssymptomen nach erschöpfenden Wettkämpfen oder energischen Erhöhungen der Trainingsbelastung. E. sind auch erforderlich, um bei ganzjährig hoher Belastung die Anpassungsvorgänge vollständig zu realisieren. Sie tragen gleichzeitig prophylaktischen Charakter und ermöglichen damit eine planmäßig optimale Belastungssteigerung von Zyklus zu Zyklus. E. sind unentbehrlich, um eine entsprechende Leistungssteigerung und Leistungsstabilität zu erreichen und um leistungsmindernde Überforderungen zu verhindern (s. a. → Entlastungsetappe).
[**160**, 107]

Erholungspulssumme Summe der Pulse, die nach der Arbeit noch über dem Ruhewert liegt. Nach E. A. Müller ist E. eine Funktion der Ermüdung und Erholung der belasteten Muskulatur (siehe Abb. Seite 89).
Sie wird um so größer, je stärker die Ermüdung, um so kleiner, je stärker die Erholung in der gleichen Zeit ist.
[**182**, 130]

Erholungsquotient Quotient aus Sauerstoffmehrverbrauch während Arbeit und Sauerstoffmehrverbrauch während Erholung.
E. dient der Beurteilung des Trainingszustands.
[**196**, 307]

Erholungssport Unter physiologischen Gesichtspunkten dient der E. prophylaktischen und therapeutischen Maßnahmen zur Verhinderung oder Beseitigung von Ermüdungs- und Erschöpfungszuständen, die durch einseitige körperliche Belastungen entstanden sind.

Ermüdung Durch Tätigkeit hervorgerufene reversible Leistungsminderung.
Komplexer Prozeß, bei dem als Folge vorausgegangener Belastung biochemische und biophysikalische Veränderungen auf verschiedenen Organisationsebenen des Organismus unterschiedlich ausgeprägt auftreten. Sie beeinflussen und bedingen sich gegenseitig und führen zu einer vorübergehenden Leistungs- und Funktionsminderung des Organismus. Die E. umfaßt körperliche und psychische Komponenten, die sich je nach dem Ausgangszustand des Organismus (trainiert, untrainiert, Alter, Geschlecht, Gesundheitszustand) und der vorangegangenen Belastung (Art, Form, Dauer, Höhe) u. a. in der Abnahme der Kraft und Schnelligkeit, in Mängel der Bewegungskoordination und verlängerten Reaktionszeiten äußern. Graduell schwere Form der E. ist die Erschöpfung.

Ermüdungsindex In das Trainingsbuch eingetragene Rangziffer, die dem Trainer Auskunft über die Schwere des Trainings gibt. 1 = sehr leicht, 9 = sehr schwer. Anhand des Ermüdungsgrades läßt sich das Training bzgl. Reizumfang, -dauer, -intensität und -dichte variieren.
[**257**, 172ff]

Ermüdungswiderstandsfähigkeit → Ausdauer.

Ernährung Beeinflußt die Leistungsfähigkeit und trägt dazu bei, daß die Reaktion auf die Bewegungsreize im Organismus optimal zur Wirkung kommt.
Qualitativ korreliert die E. mit der Leistungsfähigkeit. Sie bildet über längere Zeit gesehen einen leistungslimitieren-

den Faktor. Quantitativ sollte der Kalorienbedarf etwa zu 65 % aus Kohlenhydraten, 15 % durch Eiweiß und 20 % durch Fett gedeckt werden. Auf eine ausreichende Eiweißzufuhr ist besonders zu achten, dies vor allem in Zeiten des Neuaufbaus von Gewebe, in der Rekonvaleszenz und vor allem beim Muskelkrafttraining. Fettreiche Kost kann leistungshemmend wirken.
Nahrungszufuhr während des Trainings oder des Wettkampfes ist nur bei Dauerleistungen, z. B. Marathonlauf, erforderlich. Eine Nahrungskarenz von mindestens drei Stunden vor dem Wettkampf und von zwei Stunden vor dem Training ist zu empfehlen.
[**93**, 20 ff/**171**, 111/**196**, 256/**271**, 103 ff/**327**, 73 f/**430**, 316/**458**, 402]

Ernährung, sportgerechte Je nach Sportart, Belastungsgröße, Alter und Körpergewicht benötigt ein Sportler zwischen 15000 bis 25000 Joule je Tag (1 J= 0,24 cal.). Die gesamte Nahrungsmenge sollte mindestens auf vier Mahlzeiten verteilt werden. Die Zusammensetzung der Grundstoffe (Eiweiß, Fett, Kohlenhydrate) muß nach sportartspezifischen Gesichtspunkten erfolgen. Das Joule-Verhältnis der Grundstoffe sollte für Ausdauersportler 15 : 30 : 55 und für Kraftsportler 20 : 30 : 50 betragen.
Bei der Zusammensetzung der Nahrung muß auch der notwendige Vitamin- und Mineralstoffbedarf berücksichtigt werden.

Erregbarkeit Physiologisch: die Fähigkeit lebender Strukturen zur spezifischen Reaktion – in Form der Erregung – auf exogene und endogene Reize.
Psychologisch: die emotional-affektive Ansprechbarkeit z. B. bei Fehlentscheidungen, eigenem Mißerfolg etc. (s. a. → Erregung).

Erregung Veränderung der elektrischen Situation. Sie kann beim Muskel zur Muskeltätigkeit und beim Nerv zum Nervenimpuls (Erregungsleitung) führen. Dabei spielen elektrische Vorgänge (Potentialdifferenzen) eine wesentliche Rolle. Eine E. setzt ein, wenn das Membranpotential einer Nerven- od. Muskelfaser um einen gewissen Betrag gesenkt wird. Neben den (beim Muskel z. B. mittels Elektromyographie zu messenden) bioelektrischen Aktionsströmen sind als weiterer äußerer Ausdruck dieses Prozesses biochemische Erscheinungen (reversible Veränderungen von Eiweißstrukturen, Veränderungen der Ionen-Konzentration an den Zellmembranen, Bildung von Überträgerstoffen) zu beobachten.
[**196**, 266/**264**, 71, 85]

Erschöpfung Extremgrad der Ermüdung, der eine Fortsetzung der Belastung ausschließt.
E. entsteht durch Überbeanspruchung in Folge des Überschreitens der eigenen individuellen maximalen Leistungsfähigkeit. Sie bedarf in der Regel ärztlicher Behandlung.
[**182**, 137]

Erwärmen Physische Vorbereitung des Organismus vor dem Wettkampf und zu Beginn einer Trainingsstunde auf optimale Leistungsfähigkeit und -bereitschaft durch Belastungen mit ansteigender Intensität.
E. verbessert besonders die Durchblutung der Muskulatur und die Elastizität des Muskels, erhöht die Leistungsbereitschaft der leistungsbestimmenden Organsysteme. Durch E. wird die psychische Einstellung auf die bevorstehende sportliche Leistungsanforderung gerichtet, und das Reaktionsvermögen des Organismus wird durch den funktionsverbessernden Einfluß des E. auf das Nervensystem erhöht. E. vermindert die Gefahr von Verletzungen am Stütz- und Bewegungsapparat. Es erfolgt meist individuell oder in kleinen Gruppen (besonders bei Mannschaftssportarten). Form und Zeitdauer werden u. a. bestimmt

von: Charakter der Sportart, Trainingszustand, Klima, Wetter, Tages- und Jahreszeit, vorangegangener Tätigkeit.
[**225**]

Erwerbsmotorik Gesamtheit von Bewegungsmustern, die der Mensch in der Auseinandersetzung mit der Umwelt über Reafferenzen entwickelt und gespeichert hat. Im Gegensatz zu der erworbenen bzw. phänotypischen E. steht die angeborene bzw. genotypische Erbmotorik.
[**293**, 123]

Erythrozyten Rote Blutkörperchen, deren besondere Wirkung im Transport von Sauerstoff zu den Geweben und von Kohlendioxid zur Lunge liegt. E. haben eine kurze Lebensdauer von ca. 120 Tagen; ihr Abbau wird durch intensive körperliche Belastung oder Höhentraining verstärkt. Durch Höhenanpassung nimmt neben dem Blutvolumen und dem Hämoglobingehalt auch die E.zahl zu.
[**104**, 206ff/**182**, 564/**389**, 196/**408**, 465, 466/**430**, 89, 298]

Essigsäure, aktivierte Stoffwechselzwischenprodukt, das sowohl beim aeroben Abbau der Fettsäuren als auch bei der aeroben Zerlegung der Glukosemoleküle entsteht.
[**273**, 240f]

Etappe → Periodisierung.

Exer-Genie Trainingsmittel im Krafttraining. Hilfsgerät für das spezielle Krafttraining im Schwimmsport. Ein um einen T-förmigen Metallstab gewickeltes Nylonband stellt den je nach Anzahl der Windungen gewünschten Widerstand bei wechselseitigen Bewegungen (z. B. Kraularmzug) dar.
[**124**, 147]

Exkoriation Hautabschürfung. Eine der häufigsten Sportverletzungen in Mannschaftssportarten, aber auch in zahlreichen Individualsportarten. Obwohl eine E. nur selten Beschwerden bereitet, sollte sie durch ein keimabtötendes, abdeckendes Spray oder durch einen sterilen Pflasterverband behandelt werden.
[**273**, 267]

Exogen Entwicklungsvorgänge, die von außen her verursacht werden. Gegenteil: endogen.

Expander Übungsgerät zur Kräftigung der Muskulatur.

Expirationsvolumen → Vitalkapazität.

Explosivatmung Verspätetes Ausatmen beim Schwimmen, welches nicht – wie anstatt üblich – in der gesamten Unterwasserphase erfolgt, sondern vielmehr erst in der Druckphase beginnt. Dieses längere Luftanhalten bewirkt eine bessere Ausschöpfung der eingeatmeten Luft, eine erhöhte Auftriebsfähigkeit des Körpers mit verbesserter Wasserlage und ein schnelleres Ausatmen in der Druckphase als sonst.
[**124**]

Explosivkraft Kraft bei der Überwindung submaximaler Widerstände mit maximaler Beschleunigung; nach Werschoshanskij ist E. die Fähigkeit, die durch hohe Krafteinsätze mit weniger als 60–80 % der statischen Maximalkraft gekennzeichnet ist. Hier ist der Terminus E. mit der Bezeichnung Schnellkraft identisch. Nach Bührle/Schmidtbleicher ist die E. lediglich eine Komponente der Schnellkraft und charakterisiert die Fähigkeit der Muskulatur, einen bereits begonnenen Spannungsanstieg maximal schnell weiterzuentwickeln.
Somit stellt E. für die meisten Schnellkraftsportarten einen leistungsbestimmenden Faktor dar und ist besonders von der Kontraktionsgeschwindigkeit der schnellen motorischen Einheiten abhängig.
[**60**, 11–27/**255**]

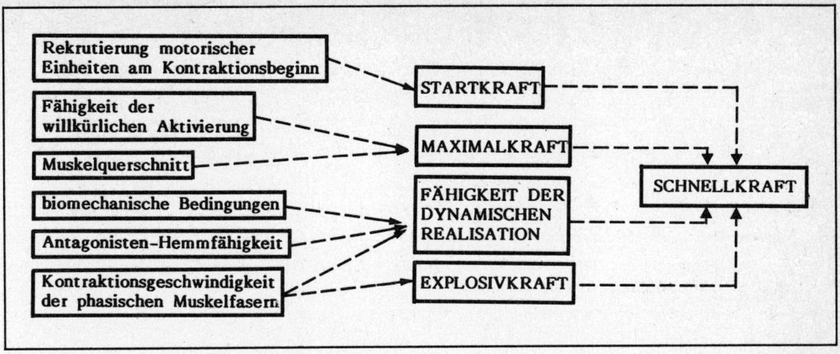

Komponenten und deren Einflußgrößen – zur Struktur der Schnellkraft (nach Bührle/Schmidtbleicher 1981) (Quelle: Letzelter, H. u. M. 1986, 87)

Extension Streckung.

Extensor Muskel oder Muskelgruppe, die ein Gelenk streckt. In der Medizin die mechanische Streckung eines gebrochenen, verrenkten oder operierten Glieds zur Wiederherstellung der Ausgangslage.

Extrapyramidales System Wichtiges Zentralorgan, das die unwillkürliche Körperhaltung, die unwillkürlichen Mitbewegungen der Gliedmaßen bei Körperbewegungen und vor allem den Muskeltonus beeinflußt und reguliert. **[182]**

Extrasystole Innerhalb der normalen rhythmischen Herzschlagfolge durch anomale Erregungsbildung ausgelöste, vorzeitige Herzkontraktion.

F

Fähigkeit, reaktive Fähigkeit des Nerv-Muskel-Apparats, schnell von der aktiv-nachgebenden auf effektiv-überwindende Anspannung unter der maximalen Belastung des Arbeitsorgans, die in diesem Moment besteht, umzuschalten (Werchoschankskij).
F. ist die spezifische Fähigkeit zur Entwicklung einer starken motorischen Kraft nach einer intensiven mechanischen Muskeldehnung. Diese wird dadurch nutzbar gemacht, daß zusätzlich zur Zugkraft der Muskeln der Arbeitseffekt durch die bei der Vordehnung auftretende Anfangskraft erhöht wird. Die F. ist besonders in Sportarten wirksam, in denen bedeutende Krafteinsätze in minimaler Zeit, bei schnellem Umschalten von nachgebender zu überwindender Arbeitsweise, gefordert wird (z. B. Sprünge, Würfe). Die Entwicklung der F. erfolgt hauptsächlich durch die → Schlagmethode, das sog. plyometrische Krafttraining (z. B. Nieder-/Tiefsprünge).
(**257**, 145/**437**, Nr. 12]

Fähigkeiten, affektive → Eigenschaften, psychische.

Fähigkeiten, bewegungsanalytische Die auf sensorischen und kognitiven Leistungen beruhenden Fähigkeiten eines Sportlers zur eigenen Bewegungsanalyse.
Die F. stellen eine wichtige Voraussetzung für die Vervollkommnung der sportlichen Technik dar. Die zentralen Vorgänge der Selbstbeobachtung, Bewegungsempfindlichkeit und Bewegungswahrnehmung werden aber als Teilelemente der F. erst ausgeprägt, wenn die Selbstwahrnehmung funktioniert, d. h. wenn die Beobachtungen und Rückmeldungen aus dem äußeren und inneren Milieu mit Hilfe der Sprache fixiert werden können und mit dem gedanklichen Sollwert, der Bewegungsvorstellung, verglichen werden können.
[**275**, 221 ff]

Fähigkeiten, intellektuelle Verstandes- und geistige Eigenschaften, die den Sportler in die Lage versetzen, Abläufe und Wirkungsweisen sportlicher Bewegungen und deren physiologischer und psychischer Prozesse in Training und Wettkampf zu erfassen.
[**160**, 230 ff/**257**, 17/**281**, 30, 51/**430**, 256 ff]

Fähigkeiten, kognitive Fähigkeiten, intellektuelle.

Fähigkeiten, komplexe konditionelle Vielschichtiges Zusammenspiel der einzelnen konditionellen Eigenschaften Schnelligkeit, Kraft, Ausdauer und

Koordination. Je nach Überwiegen der Anforderung während der Belastung definiert man z. B. Kraftausdauer, Schnelligkeitsausdauer und Schnellkraft.
[**143**, 9/**257**, 121/**275**, 37/**281**, 38, 197ff/**430**, 46]

Fähigkeiten, konditionelle Kraft, Schnelligkeit, Ausdauer, Koordination und Beweglichkeit bestimmen das konditionelle Niveau der sportlichen Leistungsfähigkeit (siehe Abb. unten). Aerobe und anaerobe energieliefernde Prozesse, anatomische Verhältnisse, sowie die nervlichen Wechselwirkungen von Bahnung und Hemmung begrenzen die konditionellen Fähigkeiten.
[**143**, 9/**257**, 120/**275**, 34ff/**281**, 38, 197ff/**430**, 46]

Fähigkeiten, koordinative Fähigkeit, einen Bewegungsablauf hinsichtlich zeitlicher, räumlicher und dynamischer Komponente optimal zu gestalten (siehe Abb. Seite 96). Erweiternde Begriffe sind: motorische Lern- und Steuerungsfähigkeit, Gleichgewichtsfähigkeit, Rhythmisierungs- und Orientierungsfähigkeit, die das Reagieren auf ungewohnte Situa-

Kondition als Summe der konditionellen Fähigkeiten Kraft, Schnelligkeit und Ausdauer und der koordinativen Fähigkeiten (Quelle: Letzelter 1985, 121)

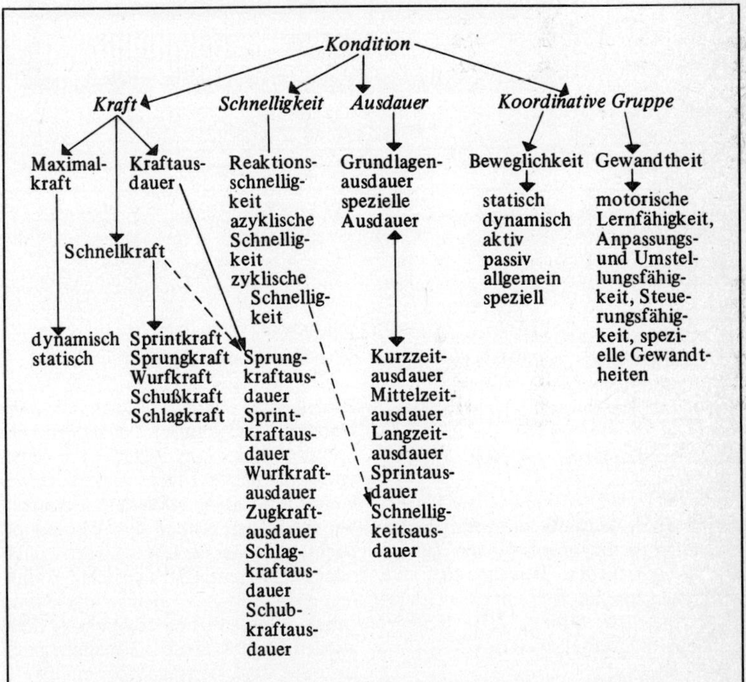

Die einzelnen Erscheinungsweisen kombinieren sich in der Sportpraxis recht unterschiedlich. Daraus entstehen komplexe oder kombinierte konditionelle Eigenschaften und sportartspezifische Erscheinungsweisen.

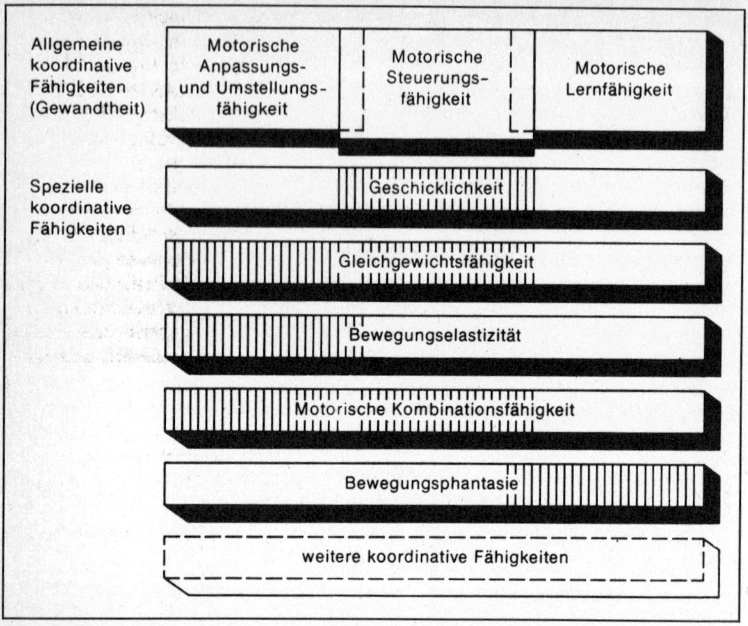

Übersicht über allgemeine und spezielle koordinative Fähigkeiten. Die allgemeinen F. prägen sich mit unterschiedlichem Akzent (Schraffierung) in den speziellen F. aus (Quelle: Meinel 1977, 215)

tionen und das Korrigieren während des Bewegungsablaufs ermöglichen. Sportmotorische Tests geben Aufschluß über den Stand der koordinativen Fähigkeiten.
[**100**, 12, 59ff/**141**, 126/**160**, 187ff/**257**, 121/**281**, 197ff]

Fähigkeiten, körperliche Anthropometrische Vorbedingungen für das Durchführen sportlicher Bewegungen und Techniken, die im Wettkampf leistungsdeterminierend wirken, z. B. Körpergröße bei Basketballspielern.
[**143**, 8/**281**, 38ff]

Fähigkeiten, motorische → Eigenschaften, motorische (siehe Abb. rechts).
[**446**, 53ff]

Fähigkeiten, sensomotorische → Eigenschaften, psychische.

Fähigkeiten, taktische (auch taktische Handlungsfähigkeiten) Vermögen des Sportlers, seine physischen Fähigkeiten und psychischen Eigenschaften, Bewegungsfertigkeiten, taktischen Fertigkeiten usw. entsprechend den Wettkampfbedingungen für die Lösung individueller oder mannschaftlicher taktischer Aufgaben anzuwenden. F. sind immer darauf gerichtet, das eigene Handeln optimal auf den Gegner oder auf Situationen einzustellen und Vorteile für das Wettkampfziel herauszuarbeiten. F. sind eng verbunden mit den intellektuellen Fähigkeiten und der persönlichen Erfahrung.
[**160**, 225/**257**, 242/**275**, 227]

Motorische Fähigkeiten (motorische Leistungseigenschaften) Synonyme: körperliche Fähigkeiten; physische Fähigkeiten; Bewegungseigenschaften; motorische Eigenschaften	
Konditionelle Fähigkeiten: (motorische Fähigkeiten, die primär durch die energetischen Prozesse determiniert sind)	Ausdauer (Ausdauerfähigkeiten) Kraft (Kraftfähigkeiten) Schnelligkeit (Schnelligkeitsfähigkeiten)
Koordinative Fähigkeiten: (motorische Fähigkeiten, die primär durch die Prozesse der Bewegungssteuerung und -regelung determiniert sind)	Motorische Steuerungsfähigkeit Motorische Anpassungs- und Umstellungsfähigkeit Motorische Lernfähigkeit
(motorische Fähigkeiten, die nicht eindeutig konditionell oder koordinativ determiniert sind)	Beweglichkeit

Übersicht über die motorischen Fähigkeiten (Bewegungseigenschaften). Die speziellen konditionellen Fähigkeiten – zum Beispiel Schnellkraft – und die speziellen koordinativen Fähigkeiten – zum Beispiel Gleichgewichtsfähigkeit – wurden hier zur besseren Übersicht weggelassen (Quelle: Meinel 1977, 198)

Fahrradergometer → Ergometer.

Fahrradergometrie Standardisiertes ergometrisches Testverfahren – Tretkurbelbelastung im Sitzen.
F. hat sich wegen der guten Reproduzierbarkeit u. Vergleichbarkeit als Methode zur Ermittlung der allgemeinen dynamischen aeroben Ausdauer für stationäre Untersuchungen durchgesetzt.
[**116**, 317ff/**182**, 375/**276**, 161f]

Fahrtspiel (schwedisch: Fartlek) Zu den Dauertrainingsmethoden gehörendes Lauftraining zur Schulung aerober und anaerober Ausdauerfähigkeiten.
Unterschieden werden schwedisches und polnisches Fahrtspiel (nach Mulak).
Das schwedische Fahrtspiel (nach Holmér) ist ein spielerisches Laufen auf Strecken im freien Gelände, wobei das Lauftempo und die Belastungsintensität vom Vermögen des Läufers und den Geländeschwierigkeiten bestimmt werden.
Im polnischen Fahrtspiel (nach Mulak) sind Belastungsintensität, Strecken- und Pausenlänge festgelegt.
[**160**, 166/**196**, 95]

Faktorenanalyse Zur Varianzanalyse gehörender statistischer Test, der prüft, ob sich die Differenzen der arithmetischen Mittel mehrerer nominal skalierter Größen (Faktoren) signifikant von Null unterscheiden. Der Test erlaubt die Aussage, die Faktoren verhalten sich in bezug zur metrisch skalierten Größe homogen oder inhomogen, z. B.: wie beeinflussen die Faktoren Sprungkraft, Laufsprungtest, 30 m Sprint, Fünferhop die Stabhochsprungleistung?

Faktoren, leistungsbestimmende Alle am Zustandekommen einer sportlichen Leistung beteiligten endogenen und exogenen Faktoren (siehe Abb. Seite 98).
[**293**, 149]

Leistungsbestimmende Faktoren	
Antrieb	Arbeitskapazität
endogene Faktoren	
Alter	Anlage des Bewegungsapparates und Kreislaufs
Konstitution Drüsenfunktion Stoffwechsellage	Zustand der inneren Organe
Seelische Grundstimmung Intelligenz	Vegetative Ökonomie Funktionsstand des endokrinen Systems und der Sinnesorgane
exogene Faktoren	
äußere Trainingsbedingungen vernunftgemäße Einstellung familiäre Situation Umgebungseinflüsse Verhältnis von Anforderung zu Neigung und Befähigung Kameradschaft, Vorbild Anerkennung künstliche Stimulierung (Doping) Freizeitgestaltung	Trainingszustand Trainingsqualität Trainingsquantität Ernährungszustand Erholungspausen Körperpflege Ausschaltung störender Reize bioklimatische Faktoren überstandene Krankheiten durchgemachte Verletzungen

Überblick über die wichtigsten leistungsbestimmenden Faktoren (nach Prokop) (nach Mühlfriedel 1979)

Fasertypverteilung → Muskelfaser.

Faßlichkeit Didaktischer Grundsatz der Trainingslehre, nach dem die Belastungshöhe und Aufgabenschwierigkeit so zu wählen sind, daß die Übenden durch Erfolgserlebnisse immer motiviert bleiben. In der Praxis ist die Faßlichkeit durch eine Lernvoraussetzungsanalyse und die geeignete methodische Übungsreihe anzustreben. Berücksichtigt werden Persönlichkeit, Stufendidaktik, Geschlechtsspezifität und das Differenzieren. Sowohl Über- als auch Unterforderungen sind zu vermeiden.
[**160**, 115]

Feedback Rückkoppelung.
[**446**, 119, 132ff, 161f]

Fehleranalyse Genaue Untersuchung einer sportlichen Bewegung im Vergleich zur optimalen Bewegungsausführung mit dem Ziel, Fehler zu erkennen und deren

Ursache zu ergründen. Die Fehleranalyse orientiert sich an biomechanischen Größen und ihren Darstellungen.
[**281**, 143]

Fehlerkorrektur Korrektur eines sportlichen Fehlverhaltens in Training oder Wettkampf. Erfolgt in der Regel durch den Trainer oder Betreuer.
[**141**, 115ff/**281**, 127, 178, 248ff]

Fehlerprophylaxe Vorausschauende Planung einer methodischen Übungsreihe, um das Entstehen von Fehlern in Bewegungsablauf und Technik zu vermeiden. Mittel der Fehlerprophylaxe sind: erleichterte Übungsbedingungen, frühzeitiges Schaffen der Bewegungsvorstellung und rechtzeitige Fehlerkorrektur.

Feinform Technisch, taktisch und koordinativ abgeschlossene Bewegungsstruktur.
F. kann oft nur nach jahrelangem intensiven Training erreicht werden. Sie unterscheidet sich von der Grobform einer Bewegung durch einen in sich abgeschlossenen Bewegungsablauf als Voraussetzung einer Höchstleistung.

Feinformung Prozeß des kontinuierlichen Übergangs von der Grobform zur Feinform (Entwicklung der Feinkoordination). Durch zunehmende Verarbeitung von visuellen und verbalen Eindrükken und Auswertung kinästhetischer, taktiler und vestibulärer Rückmeldungen erfolgt eine Verbesserung der Bewegungsausführung. Die sensomotorische Steuerung geht auf innere Regelkreise über.
[**112**/**196**, 323/**257**, 224]

Feinkoordination Entwicklungsziel der zweiten motorischen Lernphase mit folgenden Merkmalen: harmonischer Bewegungsablauf ohne Luxusbewegungen, zielgenaue Steuerung der Gesamtbewegung, richtiger Krafteinsatz, zweckmäßige Ausholbewegungen und guter Bewegungsfluß. Bei großen Anforderungen (Wettkampf) kann ein Rückfall in das Stadium der Grobkoordination erfolgen, weil noch keine Stabilisierung und Automation der Bewegung erreicht ist.
[**109**, 64/**196**, 323/**257**, 224/**281**, 248ff]

Feinstformung Übergang von der Feinform zur vollständig automatisierten Bewegung, die sich durch optimales Koordinationsvermögen und ökonomisierten Energieaufwand in Teilbewegungen kennzeichnet. Angestrebt wird geringe Anfälligkeit gegenüber äußeren Störgrößen und die variable Verfügbarkeit. Voraussetzung ist ein hochqualifiziertes und intensives Training mit individueller Betreuung.
[**109**, 103/**196**, 323/**257**, 225]

Feinstkoordination Ziel der dritten Phase des motorischen Lernens. Kennzeichen der F. ist ein optimales Zusammenspiel aller am Zustandekommen des Bewegungsablaufs beteiligten Faktoren und Prozesse. Die Bewegung verläuft dann sehr genau, höchst ökonomisch, leicht und sicher. Durch die → Automatisierung als → dynamischer Stereotyp wird eine Stabilisierung der Feinstkoordination sowie eine variable Verfügbarkeit der sportlichen Technik erreicht.
[**109**, 65/**196**, 323/**257**, 225/**281**, 248ff/**430**, 240]

Fermente (→ Enzyme) Biologische Katalysatoren, die Stoffwechselvorgänge ermöglichen. Mitbestimmend für die Ausschüttung der Energiedepots.
[**196**/**458**, 430]

Fertigkeit Automatisch verfügbare und in jede Handlung einflechtbare dynamische stereotype Verhaltensmuster und Bewegungen, die durch ihre hohe Bewegungskonstanz wichtiger Bestandteil des Leistungs- und Wettkampfsports sind.
[**275**, 177/**430**, 210]

Fertigkeit, motorische → Bewegungsfertigkeit.

Süddeutscher Rundfunk Bibliothek

Fertigkeit, sensomotorische Durch sensomotorische Sequenzen strukturiertes Gebilde, dessen adaptiver Anteil umweltspezifisch variiert wird. Struktureller und adaptiver Anteil einer F. bedingen einander.
So ist einerseits jede Sequenzstruktur nur durch einen bestimmten Kraft- und Geschwindigkeitseinsatz zu realisieren, andererseits liegt jeder sensomotorischen Adaptation eine Sequenzstruktur zugrunde.
[**76**/**424**]

Fertigkeit, sportmotorische → Bewegungsfertigkeit.

Fertigkeit, taktische Durch Training eingeübte, automatisierte Bewegungsfolge, durch die eine individuelle oder mannschaftliche taktische Aufgabe gelöst wird und die sich in ihrer Ausführung und Wiederholung unter gleichbleibenden Bedingungen durch Sicherheit, Präzision und einen der Sportart entsprechenden Rhythmus auszeichnet. Bei erfolgreicher wiederholter Anwendung taktischer Handlungen im Wettkampf reduziert sich der geistige Aufwand (Bewußtheitsgrad) bei der Analyse sowie bei der gedanklichen Lösung der Wettkampfsituation.
[**160**, 225/**257**, 242]

Fertigkeit, technische → Bewegungsfertigkeit.

Fertigkeitstest Erfassen des Trainingszustands einer die sportliche Technik leistungsentscheidend beeinflussenden Fertigkeit mittels sportmotorischer Tests. Kriterien sind die Anzahl von Versuchen in einer Zeiteinheit oder das Verhältnis von gültigen zu ungültigen Versuchen bei vorgegebener Anzahl. Man unterscheidet allgemeine Eignungs- oder Begabungstests und spezielle Tests, z. B. Korblegertest im Basketball.
[**160**, 217]

Fettstoffwechsel Alle im Gesamtstoffwechsel ablaufenden Prozesse, die der Aufnahme, dem Umsatz, der Verwertung und Ausscheidung von Fetten sowie ihrer Zwischen- und Endprodukte dienen. Die Bedeutung der Fettverbrennung für muskuläre Beanspruchung hängt von dem Arbeitstyp (z. B. statisch oder dynamisch), von der Arbeitsdauer und -intensität, von der Größe der eingesetzten Muskelmasse und von der Art der eingesetzten Muskelfasern ab.
[**116**, 173/**182**, 73f/261, 165–170/**430**, 76, 82]

Finish Endspurt.

Finte Zur Individualtechnik der Sportspiele und Zweikampfsportarten gehörende Falschinformation über eine Folgehandlung an den Gegner, um diesen zu unzweckmäßigen Reaktionen zu verleiten und in den eigenen Aktionen einen zeitlichen Vorsprung zu erlangen. Finten müssen deshalb durchführbar, sinnvoll, glaubhaft, zeit- und raumgerecht erscheinen und eine direkte Bedrohung, die es zu verhindern gilt, darstellen. Man unterscheidet Angriffs- und Verteidigungsfinten sowie Einfach-, Zweifach- und Mehrfachfinten, wobei letzteren zeitliche Grenzen gesetzt sind. Die Variabilität und die sichere Beherrschung der Finten sind im Wettkampf leistungsentscheidend.

Fitness Zustand einer im psychischen und physischen Bereich guten Leistungsbereitschaft für eine spezifische Aufgabe. F. wird oft mit sportlicher Leistungsfähigkeit gleichgesetzt.
[**182**, 127/**446**, 80f]

Fitnesstraining Optimieren oder Konservieren der sportlichen und physiologischen Leistungsfähigkeit durch Fitnessprogramme wie Lauf-Treff, Trimm-Dich-Aktion, Aerobic usw. oder durch sportliches Training. Um Sportschäden zu vermeiden, sollte ein Fitnesstraining nicht ohne sportärztliche Untersuchung durch-

geführt werden. Als besonders wertvoll erweist sich regelmäßiges, nicht leistungsorientiertes Training im Bereich der Ausdauersportarten Wandern, Schwimmen, Laufen und Radfahren. Zur Ermittlung des Fitnessniveaus existieren verschiedene Testformen, z. B. → Kraus-Weber-Test oder → Cooper-Test.
[**182**, 127ff]

Flexibilität (auch Beweglichkeit, Gelenkigkeit) Motorische Beanspruchungsform, die nach Hollmann den willkürlichen Bewegungsbereich in einem oder in mehreren Gelenken darstellt. Begrenzend wirken die Gelenkstruktur, der Umfang der Muskelmasse, die Dehnungsfähigkeit des Muskels, der Sehnen, Bänder, Gelenkkapseln und die Haut. Es ist zwischen einer statischen und einer dynamischen F. zu unterscheiden. Die Messung erfolgt über die direkte oder indirekte Ermittlung des Bewegungswinkels. Eine Verbesserung der F. ist durch Dehnungsübungen (maximale Streckung der Antagonisten infolge dynamischer Beanspruchung der Agonisten) möglich. Streckungsübungen vor sportlichen Beanspruchungen können Verletzungen (Muskelriß) vorbeugen.
[**100**, 10ff, 65ff/**182**, 171, 277/**225**]

Flexibilitätsmessung → Beweglichkeitsmessung.

Flexometer Gerät zur Beweglichkeitsmessung.

Flexor → Beugemuskel.

Footing Dauerlauf mit einem Tempo, das an der Obergrenze des → steady state liegt.
[**196**, 96]

Form, sportliche Trainingszustand, mit dem der Sportler erfolgreich an Wettkämpfen teilnehmen kann (Osolin). Nach Krestownikow ist die F. gekennzeichnet durch die Fähigkeiten zu hohen sportlichen Leistungen und zur stabilen Erhaltung der Leistungen über einen längeren Zeitraum bei häufiger Wettkampfbeteiligung.
Letunow definiert die F. als Zustand des Sportlers auf derjenigen Entwicklungsstufe der Leistungsfähigkeit, in der er auf sportliche Höchstleistungen in einer bestimmten (trainierbaren) Sportart vorbereitet ist.
Nach Matwejew ist F. der Zustand der optimalen Leistungsbereitschaft, den der Sportler durch entsprechende Ausbildung auf jeder neuen Stufe der sportlichen Entwicklung erreicht. Sie ist gekennzeichnet durch ein erhöhtes Niveau der funktionellen Möglichkeiten und durch die Koordinationsverbesserung der Arbeitsprozesse in allen Organen und Systemen des Organismus. F. ist eine organische Verbindung, eine einheitliche allseitige Leistungsbereitschaft – konditionell, technisch, taktisch und psychisch. Ihr allgemeinstes Kriterium ist das sportliche Resultat, das in Wettkämpfen oder Leistungskontrollen erreicht wird.
[**160**, 62ff/**257**, 62ff/**277**, 38–72]

Formaktualisierung Phase der optimalen Leistungsbereitschaft (Topform) bei der nach den Gesetzen der → Periodisierung entwickelten → sportlichen Form. Gleichbedeutend mit der Phase der relativen Stabilisierung der sportlichen Form (Matwejew). Im Training erfolgen keine grundlegenden Veränderungen bzw. Umstellungen mehr. Die Feinabstimmung der sportlichen Form wird abgeschlossen und macht sich in einer weiteren Leistungssteigerung bemerkbar.
[**257**, 65/**277**]

Formausbildung Zweigeteilte «Phase der Entwicklung der sportlichen Form» (Matwejew) im Periodisierungsverlauf. Der erste Abschnitt dient der Schaffung von Voraussetzungen durch allgemeine physische und psychische Konditionierung im Sinn des → Basistrainings, der

zweite der unmittelbaren Herausbildung der sportlichen Form durch ein mehr spezialisiertes Training.
[**257**, 64/**277**]

Formerhaltungstraining Training zur Sicherung der sportlichen Form in der → Wettkampfperiode. Die Trainingsanforderungen im F. richten sich nach den Wettkampfbelastungen. F. soll ein → Übertraining vermeiden. Bei Sportlern mit hohem Trainingsalter und gutem Konditionszustand bzw. bei relativer Häufigkeit von Wettkämpfen (z. B. sog. «englische Woche» im Fußball) wird in der Wettkampfperiode u. U. auf Training zugunsten von Wettkämpfen verzichtet.
[**196**, 332/**311**, 106, 122, 295]

Formkontrollauf (auch Formprüflauf, Testlauf oder time-trial) Begriff aus dem leichtathletischen Lauftraining, insbesondere der Mittel- und Langstrecke. F. über Strecken, die annähernd die Länge der Wettkampfstrecke aufweisen (z. B. 600 m für 800 m, 1200 m für 1500 m), verbessern die anaerobe Ausdauer, gewöhnen an den Schrittrhythmus der Rennstrecke und dienen gleichzeitig der Tempogefühlsschulung. F. können wie Wiederholungsläufe durchgeführt werden oder auch als einzelner F. zur Formkontrolle.
[**196**, 96/**302**, 45]

Formruhe Periodisch wiederkehrende Phase in der Entwicklung der sportlichen Form. Identisch mit dem von Matwejew als Phase des zeitweiligen Verlustes der sportlichen Form gekennzeichneten Leistungsabbau nach vorangegangener Phase der optimalen Leistungsbereitschaft (Topform). Innerhalb der → Periodisierung ist der zeitweilige Formverlust notwendig und bildet den Ausgangspunkt für einen Neuaufbau der sportlichen Form auf höherem Niveau. Auf der Grundlage eines gleichbleibenden konditionellen Eigenschafts- und technomotorischen Fertigkeitsniveaus wird die alte sportliche Form als relativ stabiles System bewußt zerstört. Wegen vorausgegangener Belastungssummierung hat die F. eine Entlastungsfunktion.
[**257**, 64/**277**]

Formtraining Training in der Vorsaison, um die der Wettkampfstrecke angemessene Geschwindigkeit zu trainieren. Vor dem F. liegt das Basistraining, danach das Formerhaltende Training.
[**196**, 96/**301**, 23f]

Formzuspitzung Schaffung eines optimalen Zustands der sportlichen Leistungsfähigkeit, insbesondere vor wichtigen Wettkämpfen, durch Belastungsdrosselung, wodurch eine aktive Erholung und die Wiederherstellung der bioenergetischen Leistungspotentiale herbeigeführt werden soll (s. a. → Tapering).
[**356**, 92–99]

Fortbewegungsschnelligkeit (auch Fortbewegungsgeschwindigkeit) Im Gesamtkomplex der motorischen Eigenschaft Schnelligkeit, verstanden als Schnelligkeit des gesamten Organismus unter Zurücklegung einer Wegstrecke bei zyklischen und azyklischen Bewegungsabläufen (z. B. beim Laufen und Springen). F. kann bei Schnelligkeit in zyklischen Bewegungen vor allem in Grundschnelligkeit und Schnelligkeitsausdauer unterteilt werden. Die komplexe F. beim Sprint (als typische zyklische Fortbewegung) ist nach Ballreich abhängig von Reaktionszeit, Sprintbeschleunigung (Sprintkraft), Sprintschnelligkeit und Sprintausdauer. F. ist gekennzeichnet durch einen wohlabgestimmten Bewegungsrhythmus, wobei der rhythmische Wechsel von Spannung und Entspannung (→ intermuskuläre Koordination) leistungsbeeinflussend wirkt. F. wird fälschlicherweise oft mit Schnelligkeit schlechthin gleichgesetzt oder nur auf zyklische Bewegungsformen bezogen.
[**182**, 273/**196**, 266/**257**, 188, 196/**275**, 106]

Fraktur Knochenbruch mit oder ohne Verschub der Bruchenden gegeneinander, der folgende Symptome aufweisen kann: abnorme Beweglichkeit, Schmerz, Funktionseinschränkung, Schwellung. Es gibt geschlossene Brüche ohne Hautverletzung und offene Brüche mit Hautverletzung, die wegen der Infektionsgefahr auch komplizierte Brüche genannt werden.
Nach Art und Weise des Bruchvorgangs unterscheidet man Drehfrakturen, Biegungs-, Abriß-, Stauchungs- und Ermüdungsbruch sowie die Grünholzfraktur, bei der die Knochenhaut unversehrt bleibt und nur Knochensubstanz bricht. Es fehlen die typischen Bruchsymptome; die Grünholzfraktur wird nur bei Jugendlichen beobachtet.
Im Sport treten Knochenbrüche durch Gewalteinwirkung von Gegner oder Gerät und durch unkoordinierte Bewegungen bei Nichtbeherrschen oder Übermüdung auf.

Freiheitsgrad der Gelenke Die Anzahl der F. bezeichnet die Bewegungsmöglichkeiten der betreffenden Gelenke und damit auch der an den Gelenken angeschlossenen Körperteile. Je nach Gelenktyp sind bis zu drei rotatorische F. möglich (siehe Abb. Seite 104). Distale Körperteile (Endglieder) können die F. der vorgelagerten Gelenke ausnutzen. Somit werden translatorische F. erst ermöglicht. Von einem Körperglied können maximal sechs F. (3 rotatorische/3 translatorische) genutzt werden. Ein Drehgelenk hat z. B. einen, ein Sattelgelenk zwei und ein Kugelgelenk drei F. Bernstein gibt für → Ganzkörperbewegungen 240 F. an.
[**281**, 62]

Freilauf (auch Treiblauf oder Coast) Vollkommen entspanntes Laufen bei Beibehaltung einer hohen Geschwindigkeit soll einer aufkommenden Verkrampfung beim Laufen entgegenwirken. Wird heute nur noch im Training zur Koordinationsverbesserung verwandt. Früher besaß der F. auch renntaktische Bedeutung für den Langsprinter.
[**196**, 14]

Fremdreflex Reflex, bei welchem gereiztes und Erfolgsorgan nicht identisch sind. Beim F. stammt der sensible Schenkel von → Rezeptoren der Haut, während der effektorische zum Muskel führt. Im Gegensatz zum monosynaptischen → Eigenreflex ist der F. durch Einschaltung von Zwischenneuronen polysynaptisch. Beispiel: Bauchdeckenreflex. Durch Reizung der sensiblen Rezeptoren in der Bauchhaut tritt die Kontraktion des betreffenden Bauchmuskelabschnittes ein (s. a. → Eigenreflex).
[**116**, 68f/**182**, 14]

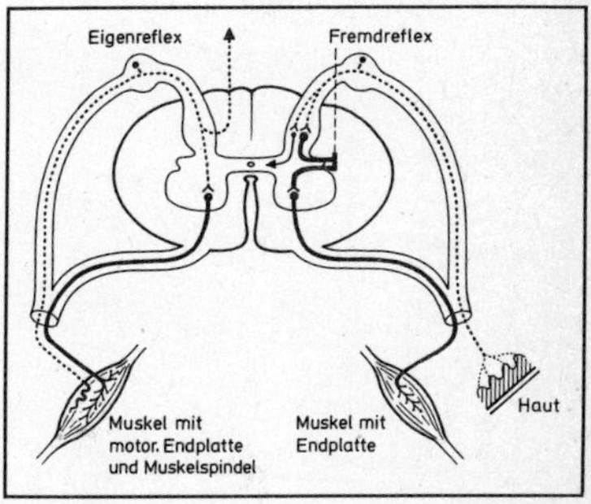

Eigen- und Fremdreflex (nach Rein/Schneider) (Quelle: Hollmann/Hettinger 1980, 14)

Frühform Durch falsche Planung und zeitlich falsche Anwendung der Trainingsformen (meist zu frühzeitige Intensitätssteigerung) erlangt der Athlet die → sportliche Form zu früh, d. h. vor den wichtigsten Wettkämpfen der Saison. (s. a. → Periodisierung).
[**196**, 332/**311**, 123]

Fruktose Traubenzucker.

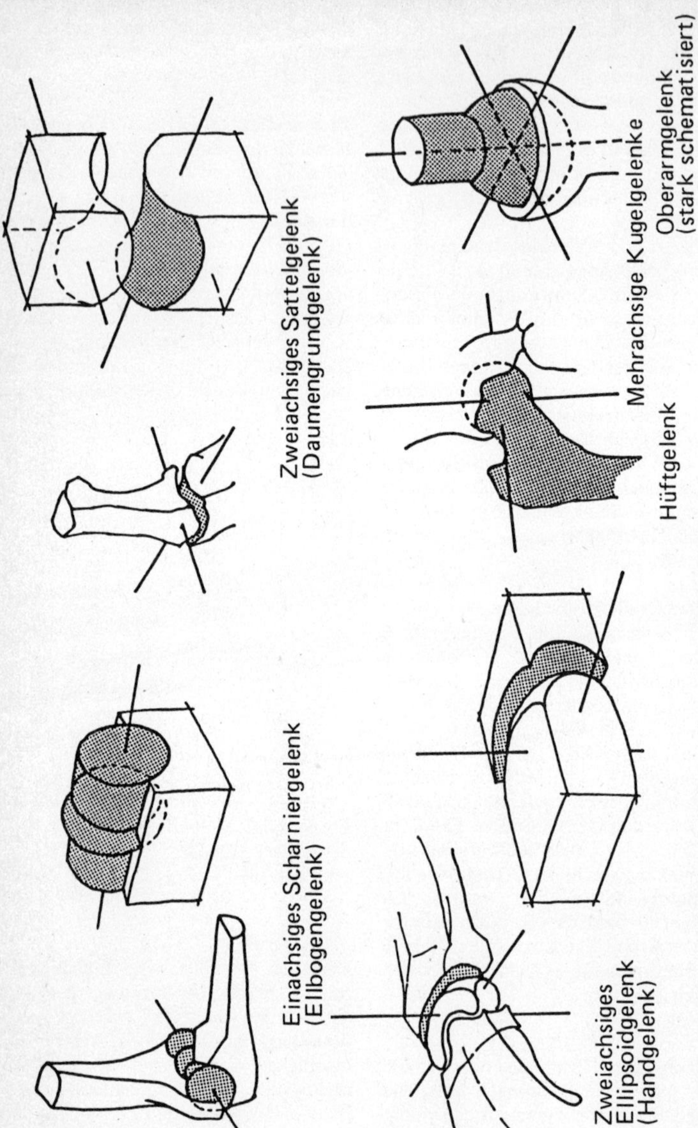

Beispiele für Gelenkformen (modif. nach Bammes o. J.) (Quelle: Knebel 1986, 20)

Frustrationstoleranz (auch Mißerfolgsstabilität) Fähigkeit eines Individuums, Frustration, d. h. das durch Behinderung bzw. Versagung bei zielgerichtetem Verhalten hervorgerufene Erlebnis der Enttäuschung, zu ertragen und so zu verarbeiten, daß keine bedeutsame Störung des Verhaltens erfolgt. Im Sport wichtige psychische Eigenschaft bei Versagen im sportlichen Wettkampf.

Fundamentalübung Basisübung oder -technik, mittels derer der Sportler durch positiven Transfer in der Lage ist, schwierigere oder abgeleitete Bewegungsformen schneller zu erlernen.
[**29**, 287/**160**, 191ff/**430**, 248]

Fünfsprungtest Sportmotorisches Testverfahren zur Kontrolle der horizontalen Sprungkraft bzw. Beinstreckkraft. Der F. erfolgt als Fünfsprung aus der Schrittstellung. Das Startbein springt dreimal. Jonath u. a. (1985, 51) haben die Sprungleistung von Jungen bewertet:

Alter	Sprungleistung (in m) durchschnittlich	gut	sehr gut
11/12 Jahre	9– 9,5	9,5–10	10,5
13/14 Jahre	11–11,5	11,5–12	12,5
15/16 Jahre	13–13,5	13,5–14	14,5

[**197**, 51]

Funktion, taktische Planmäßiges Ausrichten eines Athleten oder einer Mannschaft auf eine Wettkampfsituation, um den Sieg oder eine gute Plazierung sicherzustellen. Beispiele: «Wasserträger» im Radrennsport, «Hase» in Laufwettkämpfen usw.

Funktionsanalyse Theoriemodell der → Bewegungsstruktur: Gliederung einer sportmotorischen Fertigkeit (Technik) als abgrenzbarer und zielgerichteter Bewegungskomplex in kleinere Einheiten (sog. Funktionsphasen) aufgrund der Angabe ihrer jeweiligen Funktion im Hinblick auf die Gesamtbewegung.
[**134**, 2/**135**/**257**, 216/**275**, 186]

Funktionsphase Im Theoriemodell der Bewegungsstruktur nach Göhner bezeichnet F. eine Teilbewegung, die aufgrund einer genau definierten Funktion für die Zustandsänderung aus dem gesamten Bewegungsablauf ausgegliedert werden kann. Die einzelnen F. lassen sich in Kategorien erfassen und nach ihrer Einflußhöhe gewichten (s. a. → Funktionsanalyse, → Funktionsphasenmodell, → Bewegungsstruktur).
[**134**, 2, 120/**135**/**257**, 216/**275**, 186]

Funktionsphasenmodell Ein von Göhner in Anlehnung an Meinels Phasenstruktur der Bewegung erstelltes Theoriemodell zur Beurteilung des Aufbaus und der Struktur sportmotorischer Fertigkeiten. Danach ist die sportmotorische Fertigkeit ein abgrenzbarer und zielgerichteter Bewegungskomplex, der in die Funktionsphasen unterteilt wird. Das F. erhebt den Anspruch, daß nicht irgendeine räumliche, zeitliche oder nach subjektivem Empfinden festgelegte Einteilung den Gesamtbewegungsablauf gliedert, sondern die Phaseneinteilung aufgrund einer Funktionsanalyse, d. h. der Angabe ihrer jeweiligen Funktion im Hinblick auf die Gesamtbewegungsaufgabe vorgenommen werden muß (s. a. → Bewegungsstruktur).
[**134**, 2, 120/**135**/**257**, 216/**275**, 186]

Fußgelenkarbeit, leichtathletische (auch Trippellauf [Schmolinsky]) Trainingsform, bei welcher der Fuß ohne großen Raumgewinn von der Ferse über den Ballen abrollt und umgekehrt. Bei geringem Knieeinsatz wird der Fuß unmittelbar nach der Fußstreckung wieder aufgesetzt und rollt von der Fußspitze zur Ferse ab. Dabei kommt das Kniegelenk vollständig zur Streckung. Die Arme unterstützen die Bewegung der Beine durch schnelle, kräftige Schwünge. Ziel ist die Kräftigung des Bandapparats des Fußes sowie die Stärkung der Fuß- und Wadenmuskulatur, ferner die Schulung der Schrittfrequenz und der Lauftechnik.
[**35**/**196**, 14]

G

Ganglienzellen → Nervenzellen.

Ganzheitsbewegung (auch Totalbewegung) Bewegungsqualität, die nach Bernett die rhythmische, organische Bewegung kennzeichnet. G. soll den Gegensatz zu den isolierten Gliederbewegungen betonen.
[**109**, 75/**196**, 324]

Ganzheitsmethode (auch Ganzlernmethode) Methode im motorischen Lernprozeß des → Techniktrainings, bei der die zu erlernende → Bewegungshandlung sofort als Ganzes geübt wird.
G. erfordert vom Sportler eine große allgemeine Bewegungserfahrung und hohe kognitive Fähigkeiten.
[**160**, 206ff/**257**, 229ff]

Ganzkörperübung Körperübung, die mehrere Muskeln oder Muskelgruppen belastet (z. B. Liegestützwechselhüpfen). G. sind bevorzugt im Bereich des Fitnesstrainings anzuwenden. G. führen zu einer schnellen Ermüdung.

Gegenbewegung Entgegengesetzt wirkende Bewegung auf jede Bewegung eines Körperteils. Meist handelt es sich um Bewegungen von Körperteilen, die Drehungen zu verlangsamen oder zu beschleunigen suchen.
G. lassen sich auf das Wechselwirkungsgesetz zurückführen.
[**24**/**175**/**196**, 132/**281**]

Gegenwirkung Folge einer Wirkung. Wirkung und G. sind gleich groß, aber von entgegengesetzter Richtung. Die Wirkung auf den einen Körper wird Aktion, die auf den anderen Reaktion genannt. Aktion und Reaktion bilden stets eine Einheit. Dieses Newtonsche Axiom wurde in der Form eines biomechanischen Prinzips auf die Bewegung des Menschen übertragen. Im frei bewegten System führt hier die Bewegung eines Körperteils zwangsläufig zu einer Reaktion auf die anderen Körperteile. Dies wird ausgenutzt, um für die Bewegungsaufgabe zweckmäßige Körperhaltungen einzunehmen. Im gebundenen System werden die reaktiven Kräfte zu einem bestimmten Teil auf die Erdmasse übertragen. Der Sportler kann durch die G. den Beschleunigungsweg verstärken und die Zielsicherheit verbessern.

Geländehilfen Begriff aus dem Mittel- und Langstreckenlauf und alpinen Skisport. Beim Festlegen der Trainingsstrecken wird das natürliche Gelände (Täler, Berge usw.) mit in den Trainingsprozeß (Übungsprozeß) einbezogen

(s. a. → Hügeltraining von Cerutty und → Fahrtspiel).
[**196**]

Geländelauf → Crosslauf.

Geländespiel → Fahrtspiel.

Gelenkigkeit → Flexibilität.

Gelenkigkeitskontrolle → Beweglichkeitsmessung.

Gelenkigkeitstraining → Beweglichkeitstraining.

Gelenkkapsel Äußere Umhüllung des Gelenkkopfes und der Gelenkpfanne. G. wird von einer festen Bindegewebshaut umhüllt, die durch Bänder verstärkt sein kann.
[**271**, 11]

Gelenkknorpel → Meniskus.

Gelenksbeweglichkeit Das Ausmaß der möglichen Gelenkbewegungen hängt von der Führung ab: Knochenführung, z. B. im Hüftgelenk; Bänderführung, z. B. im Kniegelenk; Muskelführung, z. B. im Schultergelenk. Es sind je nach Art des Gelenks Bewegungen um eine, zwei oder mehrere Achsen möglich (s. a. → Freiheitsgrad).
[**271**, 13]

Gerschler-Training Woldemar Gerschler (Freiburg/Br.) brachte viele Weltrekordler und Olympiasieger (u. a. Harbig, Barthel u. Pirie) mit einem individuell abgestimmten → Intervalltraining in Form. Mit Reindell, Keul u. a. stellte er als einer der ersten die Trainingslehre auf eine wissenschaftliche Grundlage (→ Intervalltraining Freiburger Prägung). Nach 1956 hatte er kaum mehr Erfolge, da er seine Methode nicht mehr der weiteren Entwicklung anzupassen vermochte.
[**196**, 97]

Gesamtbelastung des Sportlers Alle durch Training, Beruf, Studium, Anforderungen der Schule usw. auftretenden psycho-physischen Belastungen, denen ein Sportler ausgesetzt ist. Übersteigt die G. seine Leistungsfähigkeit und Belastungsverträglichkeit, gerät der Athlet in den Zustand der Überforderung (→ Übertraining). Im Sinne von Gesamttrainingsbelastung bezeichnet G. die sich aus den → Belastungsnormativen, vor allem Belastungsumfang und -intensität, ergebende Trainingsbelastung in bestimmten Trainingsabschnitten.
[**160**, 75 ff/**257**, 40]

Geschicklichkeit (auch motorische Geschicklichkeit) Spezielle koordinative Beweglichkeit mit unterschiedlicher Definition in der Fachliteratur. G. wird vielfach gesehen als allgemeine Bezeichnung für den Grad der Genauigkeit motorischer Handlungen zur Lösung von Bewegungsaufgaben und taktischen Problemen. Fetz empfiehlt den Begriff «motorische G.», um zu kennzeichnen, daß es sich bei den zur Situationsbewältigung eingesetzten Fertigkeiten um Bewegungsfertigkeiten handelt. Demgegenüber versteht die Sportmedizin (u. a. Hollmann) unter G. die koordinative Qualität bei feinmotorischen Bewegungen von Teilen des Bewegungsapparats. Ähnlich definiert Meinel G. als Fähigkeit zur schnellen und zweckmäßigen Lösung feinmotorischer Aufgaben.
[**41**, 104/**109**, 191/**160**, 188/**182**, 142 ff/**196**, 324/**257**, 202 ff/**281**, 204]

Geschicklichkeitsübung Übung zur Entwicklung und Steigerung der Geschicklichkeit, aufgebaut nach spezifisch aufeinander abgestimmten Kriterien Koordination, situative Bedingungen u. a. G. sind Teil vielfältig variierbarer Formen zur Übung sensomotorischer Fertigkeiten und motorischer Eigenschaften (siehe Abb. Seite 108). Früher verstanden als Übung zur Lockerung und Kräftigung der Muskulatur, zur Schulung der

	Übungsspiele	Spielformen und Kleine Spiele
Übungen für die Gewandtheit und Geschicklichkeit (Koordinationsübungen)	• Schulung der koordinativen Fähigkeiten (allgemeine Gewandtheit) – Reaktionsvermögen – Anpassungsvermögen – Steuerungsvermögen – Orientierungsvermögen – Gleichgewichtsvermögen – Kombinationsvermögen – Verbesserung der Geschicklichkeit und Wendigkeit	Bewegungs- und Aufgabenspiele, Partnerspiele Nummernwettlauf, ‹Rette sich, wer kann›, Tag und Nacht, Henne und Habicht, Schattenlauf, Spiegellauf, Balltragestaffeln über Hindernisse, Slalomlauf, Achterlaufen, Drehsprünge, Reiterspiele, ‹Steh – Geh!›, Balancierübungen (auf Linien, mit Bällen, auf der Bank), Atomspiel, ‹Feuer – Wasser – Blitz›, Hahnenkampf Fenstersteigen, Klötzchenlauf, Ballwurfspiele, Wasserspiele (Fischestechen, Taucherstaffel), Frisbee-Werfen, Skateboardfahren, Staffelspiele mit dem Seil, Tragestaffeln (Eierlaufen)
	Übungsformen (allgemeine und sportartspezifisch)	
	Start- und Reaktionsübungen (optische, akustische und taktile Signale), Seilspringen, Dribbel- und Paßübungen mit dem Ball, Balancierübungen an Geräten (Bank, Schwebebalken, Rundbalken, bewegliche Unterlagen), rhythmische Bewegungsformen, Gymnastik nach Musik, Hürden- und Hindernislaufen, alle Tanzformen (Volks-, Jazztanz, Moderne Tänze) Slalom- und Hindernisläufe (Gerätebahn); Gymnastikübungen mit Handgeräten (Ball, Stab, Reifen, Seil, Band); Kleine und Große Sportspiele (Fußball, Handball, Volleyball, Basketball, Tennis u. a.)	

(Quelle: Jonath/Krempel 1985, 100)

Muskelnerven und zur Erhöhung der Beweglichkeit des Körpers oder einzelner Körperteile.
[**196**, 325]

Geschwindigkeit, submaximale (auch submaximale Schnelligkeit) Jede nicht maximale Geschwindigkeit. Die Höhe der Geschwindigkeit wird in Bruchteilen oder Prozenten der maximalen Geschwindigkeit angegeben.
[**160**, 175/**196**, 15]

Geschwindigkeitsbarriere Grenze, durch die ein Fortschritt in der Schnelligkeitsentwicklung ausbleibt.
Die G. wird ursächlich so gedeutet, daß im Trainingsprozeß keine neuen, höheren Anforderungen an den Organismus des Sportlers, an seine physischen Eigenschaften und Willensqualitäten gestellt werden. Die längere Anwendung ein und derselben Trainingsmittel, -methoden und -belastungen führt zu einem → motorisch-dynamischen Stereotyp, der das

Erreichen der möglichen Maximalgeschwindigkeit verhindert. Man führt das Eintreten der G. vor allem auf eine frühzeitige Spezialisierung zurück und später auf einen zu großen Umfang allgemeiner Konditionsarbeit. Die Verhinderung der G. erfolgt im Nachwuchstraining durch die Meidung einer zu starken und frühzeitigen Verfestigung des motorisch-dynamischen Stereotyps, im Leistungstraining am zweckmäßigsten durch das Aussetzen der Hauptübung über eine individuell anzupassende Zeitspanne. Trainingsformen sind Tempowechselläufe und ein vielseitiges, zielgerichtetes Schnellkrafttraining.
[**140**/**141**, 128f/**196**, 266/**257**, 201f/**331**, 979–984/**430**, 182]

Geschwindigkeitsbereich Maß, das das Verhältnis von persönlich erreichter und in einem vorgegebenen Zeitraum maximal möglicher Geschwindigkeit angibt. Man untergliedert im Training und Wettkampf in niedrige, mittlere, submaximale und maximale G. Die unteren G. schaffen grundsätzlich die Voraussetzungen für den nächsthöheren G. So findet z. B. ein Training im submaximalen Bereich Anwendung, wenn Unzulänglichkeiten in der technischen Ausführung ein Lernen mit maximaler Geschwindigkeit unmöglich machen.

Geschwindigkeitsreserve (auch Geschwindigkeitsvorrat) Zeitdifferenz zwischen einer Teilstrecke der Wettkampfdistanz und der persönlichen Bestzeit auf dieser Strecke. Die Berechnung der G. erfolgt nach der Formel:

$$GV = \frac{t_s}{n} - t_{KA}$$

t_s = persönliche Bestzeit für die Wettkampfstrecke;
t_{KA} = aktuelle Bestzeit für den Teilabschnitt;
n = Quotient aus der Länge der Wettkampfstrecke und der Länge des Teilabschnitts)

Gestaltwandel, erster Veränderung der Körperverhältnisse des Kindes zwischen dem 5. und 7. Lebensjahr. Während zu Beginn des G. die Bewegungen noch recht wenig kontrolliert sind, ist am Ende des 7. Lebensjahres schon eine verbesserte Kontrolle festzustellen. Für die motorische Entwicklung sind ein verstärktes Längenwachstum der Extremitäten und ein dadurch bedingtes günstiges Kraft-Last-Verhältnis von Bedeutung.
[**281**, 323/**446**]

Gestaltwandel, zweiter Veränderung der Körperverhältnisse während der ersten puberalen Phase (→ Pubeszens), bei Mädchen ab dem 11. Lebensjahr, bei Jungen ab dem 13. (Früh- bzw. Spätentwickler). Die vollkindliche Gestalt wird durch ein verstärktes Längenwachstum aufgelöst. Es bilden sich die sekundären Geschlechtsmerkmale aus.
[**281**, 366ff/**446**]

Gesundheitslauf Langsamer Dauerlauf zu Gesundheitszwecken, oft mit Gehpausen (s. a. → Jogging).
[**196**, 97]

Gewandtheit Qualitätsgrad der Bewegungskoordination sportlicher Bewegungsabläufe (siehe Abb. Seite 110).
Als Kriterien der Gewandtheit gelten Bewegungsquantitäten und -qualitäten, die ihrerseits vom Niveau der koordinativen Fähigkeiten abhängig sind. Damit erweist sich die Gewandtheit als die Summe der koordinativen Fähigkeiten unter besonderer Berücksichtigung des Reaktions-, Anpassungs-, Steuerungs-, Orientierungs-, Gleichgewichts- und Kombinationsvermögens. Die G. entwickelt sich in Wechselwirkung zwischen motorischen Fertigkeiten und koordinativen Fähigkeiten.

Gewandtheit, spezifische Fähigkeit eines Sportlers, die Bewegungsaufgaben seiner Disziplin mit größter Ökonomie, Vollkommenheit und Sicherheit zu lösen.

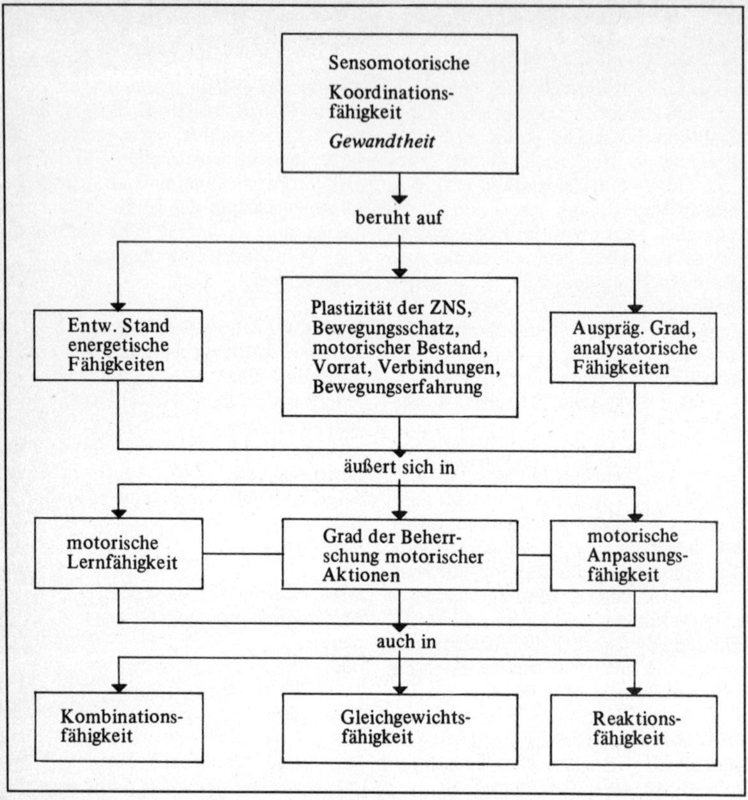

Die Gewandtheit und ihre Erscheinungsweisen sowie deren Grundlagen (nach Hirtz / Rübesamen / Wagner) (Quelle: Letzelter 1985, 207)

Die G. zeigt sich in einer Bewegungskoordination und Anpassungsfähigkeit beim Einüben und Trainieren spezieller sportlicher Techniken und bei deren Anwendung im sportlichen Wettkampf.
Die G. trägt dazu bei, neue technische Forderungen zu erfüllen und ungewöhnliche Situationen zu meistern. Letztere entstehen meist durch unvorhergesehene Störungen des Bewegungsablaufs (z. B. beim Reißen einer Hürde).
[**196**, 68/**370**, 226]

Gewandtheitslauf Spezielle Form eines allgemeinen Gewandtheitstests, bei der innerhalb einer Hindernisstrecke bestimmte Einzelgeräte entsprechend vorgegebener Lösungswege in kürzester Zeit zu bewältigen sind, z. B. Kasten-Bumeranglauf (siehe Abb. rechts).
[**281**, 344ff/**430**, 210]

Gewandtheitstests Testverfahren zur Überprüfung komplexer koordinativer Fähigkeiten. Als Verfahren der Gewandtheitsmessung sind sie geeignet,

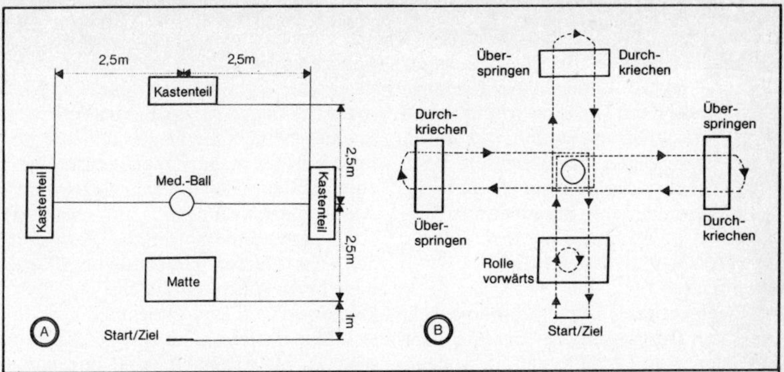

Gewandtheitslauf als Kasten-Bumeranglauf: A – Geräteaufbau; B – Streckenverlauf. Beschreibung: Hochstart, Rolle vorwärts auf der Matte – mit ¼-Kreis um den Medizinball laufen – Kastenteil 1 – Umlaufen des Balles – Kastenteil 2 – Umlaufen des Balles – Kastenteil 3 – Umlaufen des Balles – Ziellinie. Der Medizinball befindet sich stets rechts vom Läufer und wird nicht berührt. Der letzte Abschnitt des Laufes vom Medizinball zur Ziellinie wird frei durchlaufen (ohne Rolle!). Das Kastenteil wird aus der Laufrichtung nach außen frei übersprungen und anschließend von außen durchkrochen. Jüngere (kleinere) Sportler, die den Kasten nicht überspringen können, dürfen ihn überklettern. Der sichere Stand ist dabei durch Festhalten seitens anderer Teilnehmer zu gewährleisten.
Wertungsregeln: Die Versuchspersonen haben einen Probe- und einen Wertungslauf. Wenn der Ball beim Umlaufen so angestoßen wird, daß er seine Lage verändert, dann ist der Versuch ungültig und wird wiederholt.
Leistungssteigerung: Registriert wird die Zeit (in Sekunden und Zehntelsekunden) vom Startkommando bis zum Überschreiten der Ziellinie.

Kasten-Bumeranglauf (Quelle: Weineck 1983, 222)

Gewandtheit insgesamt zu quantifizieren. Dies ist notwendig im Rahmen der motorischen Ontogenese und in der Lernerfolgskontrolle. Bei den G. handelt es sich entweder um allgemeine sportartübergreifende Kontrollverfahren (allgemeine G.) oder um sportspezifische G. [**257**, 344 ff/**281**, 344 f/**430**, 235 ff]

Gewandtheitstraining Alle im Sinne eines Trainings durchgeführten Körperübungen, die auf die Schulung der → Gewandtheit ausgerichtet sind. Grundlage des G. ist eine vielseitige Übung, die den gesamten Bereich der jeweiligen koordinativen Fähigkeiten erfaßt. Gewandtheit schult sich am besten durch den systematischen Neuerwerb von → Bewegungsfertigkeiten und die beständige Erweiterung der Bewegungserfahrung. Martin bezeichnet dies als Aufbau von «Bewegungsreserven». Nach Israel sollten Gewandtheitsübungen mit Kraft-, Schnelligkeits- und Ausdauerübungen kombiniert werden. G. setzt ein intaktes zentrales Nervensystem voraus. Deshalb ist – wie beim Schnelligkeitstraining – lediglich die Wiederholungsmethode geeignet. Die Belastungsnormative sind identisch. Unter den Bedingungen der Ermüdung ist G. kaum wirksam.
Nach Martin läßt sich die Entwicklung der allgemeinen Gewandtheit vorwiegend mit den Verfahren der gezielten Bewegungsaufgabe und der Einführung einer Zusatzsportart fördern. Zur Schulung der speziellen Gewandtheit empfiehlt er die Einführung veränderter Situationen (z. B. häufiger Gegnerwechsel

bei Kampfsportarten, unter Windeinfluß trainieren im Tennis, Skisprung u. a.), die Einführung von Zusatzaufgaben zur Technik (z. B. «Spiegeldurchführung» bei Würfen mit dem wurfschwachen Arm), die Schaffung veränderter Bewegungsbedingungen (z. B. leichtere Bälle in den Spielsportarten) und die Methode des «Umweglernens» über mehrere Vor- und Zwischenstationen.
[**257**, 210ff/**275**, 168ff/**430**, 210f]

Gewichtsverlust Das Körpergewicht wird vom Training und der Energiebilanz bestimmt. Ein G. kann auf ein Mißverhältnis zwischen Energiezufuhr und Energieverbrauch hindeuten. Andererseits zeigt sich der G. als ein Symptom des Übertrainings. G. kann aber auch positiv gewertet werden. Die Häufigkeit und Dauer eines Ausdauertrainings hat maßgeblichen Einfluß auf den erreichbaren G. (Reduzierung der Fettdepots). Der G. wirkt sich hier positiv auf die Abnahme des bei Übergewichtigen meist erhöhten Blutdrucks aus und verhindert auf längere Sicht auch die Entstehung gravierender Herz- und Stoffwechselveränderungen.
[**428**, 57/**430**, 336]

Gewichtszunahme Wird durch die → Energiebilanz, das Wachstum und Training bestimmt. G. ist aus leistungsphysiologischen Gesichtspunkten als positiv oder normal zu bewerten (z. B. Knochenwachstum in der Pubertät, Muskeldickenwachstum durch Training). In der Regel ist sie jedoch aus medizinischen Gründen (Übergewicht als Risikofaktor für Krankheiten wie Herzinfarkt, Zukkerkrankheit u. a.) als ungünstig zu bewerten. G. im Training ist meistens mit einer Leistungsreduktion verbunden.
[**93**, 159ff/**428**, 57f]

Gewichttraining → Krafttraining.

Gleichgewichtsfähigkeit (auch motorisches Gleichgewicht; Gleichgewichtsvermögen) Als spezielle koordinative Fähigkeit eine Erscheinungsweise der → Gewandtheit. G. ist die Fähigkeit des Menschen, den eigenen oder fremde Körper (oder Fremdgegenstände), die sich nicht in einer stabilen Gleichgewichtslage befinden, in der vorhandenen indifferenten oder labilen Gleichgewichtslage durch Ausgleichsbewegungen zu belassen oder bestimmte motorische Aufgaben bei sehr kleiner Unterstützungsfläche oder beim Auftreten äußerer Kraftwirkungen schnell und zweckmäßig zu lösen. Man unterscheidet drei G.: die statische G. als Fähigkeit, eine bestimmte Lageposition (z. B. Handstand am Barren) zu halten; die dynamische G. als Fähigkeit, das Gleichgewicht bei einer Bewegung (z. B. beim Eislauf) beizuhalten, und die objektive G. als die Fähigkeit, einen fremden Körper bzw. Gegenstand im Gleichgewicht zu halten (z. B. einen Stab auf einem Finger balancieren).
Merkmale der G. sind die gelöste Koordinationsschwierigkeit und die Anpassungs-, Umstellungs- und Lernzeit, jeweils bezogen auf Bewegungsleistungen unter erhöhten Gleichgewichtsanforderungen. Besondere Bedeutung bei der G. kommt der sensorischen Information über den statico-dynamischen und den kinästhetischen Analysator zu. Die Beteiligung des optischen Analysators ist ebenfalls bedeutsam. Bei Nichtbeanspruchung verkümmert eine durch Training erworbene G. wieder.
[**160**, 188/**174**/**196**, 326/**257**, 205/**281**, 206]

Gleichgewichtsübung Übung zur Herstellung des körperlichen Gleichgewichts in Bewegungen und Halten mit dem Ziel der Ausbildung der → Gleichgewichtsfähigkeit.
Beispiel: Als Belastung wird eine spezifische Reizung des → Vestibularapparats durch mehrfache schnelle Drehungen um die Längsachse oder durch Rollen vorwärts und rückwärts gesetzt und danach eine bestimmte Gleichgewichtsleistung

(Gehen, Stehen u. a.) verlangt (G. nach Vorbelastung).
[**160**, 190ff]

Glukoneogenese (auch Glukosesynthese) Aufbau (Neubildung) von → Glukose im Organismus aus Nicht-Kohlenhydraten, vor allem aus Aminosäuren, Laktat, Glyzerin und Zwischenprodukten des Zitratzyklus. Die Leber und die Nieren sind mittels G. in der Lage, den Großteil der durch die → Glykolyse anfallenden Milchsäure in Glukose umzuwandeln. Da es sich hierbei um einen energieverbrauchenden Prozeß handelt, wird infolgedessen der Sauerstoffverbrauch erhöht.
[**182**, 67/**458**, 515]

Glukose Wichtigster Energielieferant einer Muskelzelle bei muskulärer Arbeit. Der Abbau der G. erfolgt bei muskulärer Arbeit im → Zitronensäurezyklus zu Wasser und Kohlendioxyd oder wird über Brenztraubensäure in Milchsäure als Stoffwechselzwischenprodukt umgewandelt. Die bei der Spaltung freiwerdende Energie wird über energiereiche Phosphate dem Betriebs- und Baustoffwechsel zur Verfügung gestellt. G. wird vor allem im Muskel und in der Leber als → Glykogen gespeichert. Der Blutglukosespiegel wird durch vielfältige hormonelle und nervale Mechanismen zur Aufrechterhaltung der → Homöostase konstant gehalten.
[**182**, 94/**299**/**405**/**443**]

Glukoseaufnahme Aufnahme von Traubenzucker. Belastungen im submaximalen Arbeitsbereich und mit längerer Arbeitsdauer als 30 Min. führen zu signifikanten Reduzierungen des arteriellen Glukosespiegels. Als Folge eines herabgesetzten arteriellen Glukosespiegels werden als erstes die Funktionen des → ZNS beeinträchtigt. Koordinative Störungen sind häufig die Folge. Zur Vermeidung solcher Störungen werden bei Laufbeanspruchungen auf allgemeine Langzeitausdauer (z. B. Marathon, Straßenradrennen etc.) Glukosegaben verabreicht.
[**116**, 171/**182**, 355f]

Glukosemobilisation Herrscht in den ersten Arbeitsminuten und bei zunehmender Belastungsintensität vor. Ändern sich die Qualität und Quantität der Arbeit, nimmt die Mobilisation und Verbrennung anderer Nährstoffe zu. Belastungen in submaximalen Arbeitsbereichen und mit einer längeren Arbeitsdauer als 30 Min. führen zu signifikanten Mobilisationen und Reduktionen des arteriellen Glukosespiegels.
[**182**, 356]

Glukosestoffwechsel → Glykolyse.

Glykogen Depotform der → Glukose, hauptsächlich in der Leber und im Muskel gespeichert. Volle G.-speicher (→ Glykogendepot) sind Voraussetzung für hohe sportliche Leistungen in Ausdauersportarten. Der G.-gehalt des Skelettmuskels beträgt normalerweise 1–2 g% (g pro 100 g Muskel), der der Leber 1,5 bis 6 g%. In Absolutwerten ausgedrückt, befinden sich in der Skelettmuskulatur ca. 200–400 g und in der Leber 50–100 g. Der G.-gehalt der Muskulatur ist offensichtlich nicht abhängig von Alter und Geschlecht. Lediglich der Grad der Ausdauerbeanspruchung scheint die Größe des Kohlenhydratdepots zu prägen.
[**100**, 60, 146/**182**, 65/**430**, 29, 31/**458**, 517]

Glykogenabbau → Glykogendepletion.

Glykogendepletion Glykogenspeicherentleerung; totaler Verbrauch der Muskelglykogenspeicher durch zeitintensive erschöpfende Belastungen. Je höher die Glykogenkonzentration vor der Belastung ist, desto größer ist die maximale Belastungszeit. G. ist ein ernährungsphysiologischer «Trick», um die Leistungsfähigkeit zu steigern. Nach erschöpfender Belastung und Gabe von Glykogen füllen sich die Glykogenspeicher innerhalb eines Tages nicht nur wieder auf, sondern steigen über den Normalwert an.

Glykogendepot Speicherstätte des Glykogens im Muskel (intrazelluläres bzw. lokales G.) und in der Leber (zentrales G.). Die Größe des G. hat entscheidende leistungslimitierende Bedeutung bei allgemeinen aeroben Ausdauerbeanspruchungen, insbesondere bei hoch intensiven Belastungen von über 30 Min. Dauer. Zu Beginn einer Belastung nehmen die intrazellulären G. besonders schnell ab. Bei fortgesetzter hochintensiver Arbeit werden die Glykogenreserven der Leber zusätzlich angegriffen (finaler Glykogenabfall). Nach Belastungsende kommt es in der Wiederherstellungsphase über das Phänomen der → Superkompensation zu einer Wiederauffüllung der Energiespeicher, wobei das Eingangsniveau überschritten wird. Ausdauertraining bewirkt so durch die sukzessive Entleerung und Wiederauffüllung im Lauf der Zeit eine Vermehrung der Energiespeicher.
[**116**, 246/**182**, 348, 355/**430**, 32, 40, 74, 82, 86, 134, 172, 306]

Glykogenolyse Glykogenaufspaltung; intrazellulärer Abbau von Glykogen, besonders in der Leber und im Muskel zu Glukose, angeregt durch Adrenalin und Glukagon.
[**116**, 172/**182**, 57]

Glykolyse Alaktazide Phase der → anaeroben Energiegewinnung. Allgemein der im Sarkoplasma stattfindende Abbau (anaerobe Spaltung) der Glukose zur Milchsäure (→ Laktat) in einer vielstufigen Reaktionskette. Die G. dient zur Wiederherstellung des Bestands an energiereichen Phosphaten (→ ATP) bei intensiven Belastungen. Sie setzt kompensatorisch ein, wenn → aerob gewonnene Energie zur Aufrechterhaltung des ATP-Gehalts nicht ausreicht, oder aber – bei Arbeitsanfang, bei supramaximaler bzw. intensiver statischer Arbeit –, wenn nicht genügend Sauerstoff zur Verfügung steht.
[**182**, 55ff/**430**, 28ff]

Glykolyse, aerobe Liefert einen großen Betrag an Energie, der jedoch erst allmählich zur Verfügung steht. 95% der Gesamtenergie werden durch die G. aufgebracht (s. a. → Glykolyse) (siehe Abb. rechts).
[**273**]

Glykolyse, anaerobe Liefert einen großen Betrag an Energie sehr rasch, kann jedoch nur 5% der Gesamtenergie, die der Muskel für seine Lebensprozesse benötigt, zur Verfügung stellen (s. a. → Glykolyse) (siehe Abb. Seite 116).
[**273**]

Grenzbelastung Höchster Belastungsgrad, mit dem ein Sportler im Trainingsprozeß konfrontiert werden sollte. G. werden erzeugt durch einen maximalen Belastungsumfang im jeweiligen Intensitätsbereich, vor allem aber durch umfangreiche Ausdauerbelastungen mit relativ hoher Intensität. G. liegen jenseits des optimalen Belastungsgrads. Bei zu oft wiederholter G., vor allem in der → Wettkampfperiode durch intensiv belastende Wettkämpfe, besteht die Gefahr der Überforderung (→ Übertraining). Das Erreichen einer G. kann am Ausprägungsgrad bestimmter Ermüdungssymptome abgelesen werden (u. a. Schlafstörungen, Konzentrationsmangel, übermäßig verlängerte Erholungszeiten, Störungen der Bewegungskoordination).
[**160**, 84, 88]

Grenzkraft Individuell erreichbare Maximalkraft nach Abschluß des Trainingsprozesses.
[**171**, 13/**182**, 183/**255**/**430**, 136ff, 140]

Grobform Ende der ersten Phase eines motorischen Lernprozesses. Alle Bewegungsquantitäten und -qualitäten sind

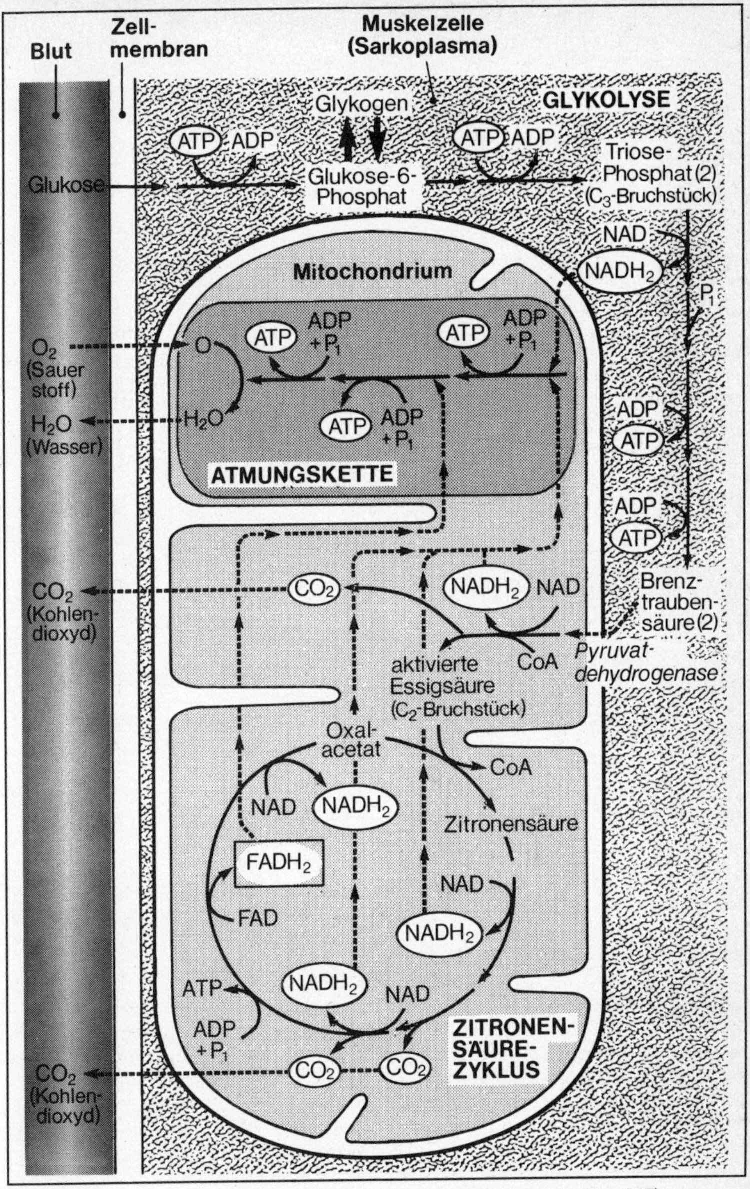

Vollständige aerobe Zerlegung der Glukose (Quelle: Markworth 1986, 247)

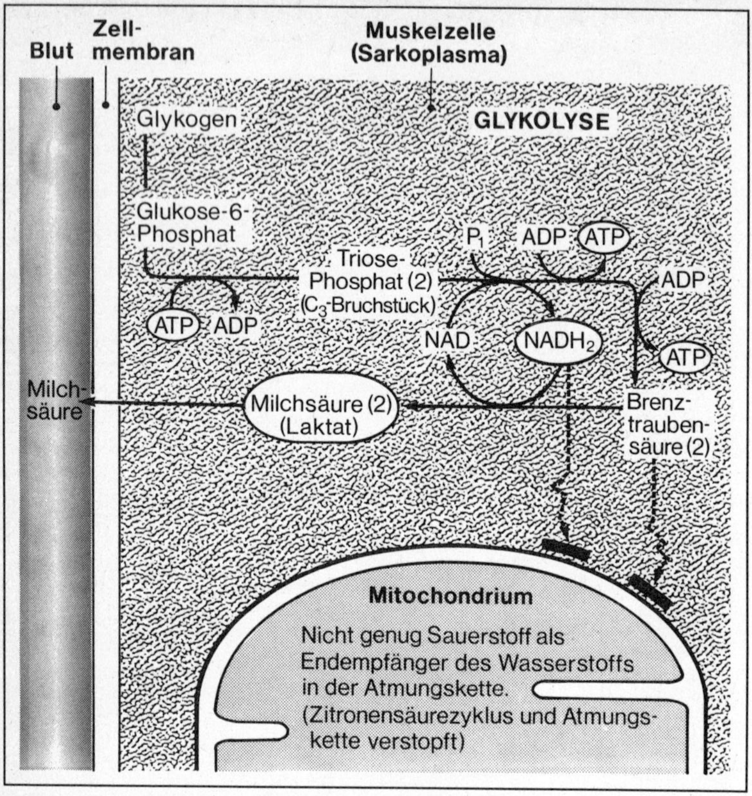

Anaerobe Glykolyse (Quelle: Markworth 1986, 250)

noch sehr mangelhaft ausgeprägt. Die Steuerung der Bewegung erfolgt in erster Linie über äußere Regelkreise.
[**257**, 224/**293**, 23, 124, 126]

Grobkoordination Entwicklungsstufe der Bewegungskoordination, in der das Erfüllen der Bewegungsaufgabe nur bei günstigen Ausführungsbedingungen gelingt. Das Bewegungsziel ist in seiner Grundstruktur erkennbar. Bewegungsfluß und -konstanz sind jedoch noch schwach ausgeprägt. Es kommt häufig zu Verkrampfungen. Das Bewegungsempfinden und die Bewegungsvorstellung sind noch verschwommen und vorwiegend optisch bestimmt.

Grobmotorik Grobform einer Bewegung. Das Erlernen grobmotorischer Bewegungen ist gekennzeichnet durch hohen Konzentrationsaufwand und schnelle Ermüdung, da durch unzureichende Koordinationsleistungen des motorischen Nervensystems zahlreiche überflüssige Mitbewegungen ausgeführt werden und unwillkürliche Mitinnervierung von antagonistisch wirkenden Mus-

keln die geplante Bewegungsausführung behindert. Erschwerend wirken sich emotionale Reaktionen aus wie Angst oder Unsicherheit.
[**273**, 67, 123]

Großhirnrinde Oberfläche des Großhirns mit funktionell unterschiedlichen Rindenfeldern. Die für die Motorik wichtigsten Funktionsorte im Gebiet der G. sind u. a. die motorische Rinde (motorischer Cortex), von welcher die Bewegungsabläufe der Muskelgruppen geplant und über die → Pyramidenbahn abgerufen werden. Hinsichtlich der Repräsentation der einzelnen Körperabschnitte in der motorischen G. fällt auf, daß sie sich nicht nach deren anatomischer Größe, sondern nach ihrer funktionellen Bedeutung richtet.
[**104**, 329 ff/**182**, 23 ff/**408**, 562 ff]

Grundausbildung, sportliche Ausbildung von → motorischen Grundeigenschaften, die Voraussetzung für jedes sportmotorische Handeln sind. Ziel der G. ist die Minimalausprägung von konditionellen Grundeigenschaften; eine spezielle Ausbildung hingegen zielt auf die Entwicklung von sportartspezifischen Bewegungseigenschaften ab.

Grundfertigkeiten → Bewegungsfertigkeiten.

Grundformen, methodische G. werden bezüglich ihrer Darbietung und der Vorgehensweise im Rahmen ihrer Erarbeitung in → Ganzheits- und Teillernmethode unterschieden. Eine spezielle Form der Darbietung ist die progressive Teillernmethode.

Grundkraft (auch Normalkraft) Höchste Kraft, die das Nerv-Muskel-System bei maximaler willkürlicher Kontraktion auszuüben vermag. G. realisiert sich in dynamischer und statischer Arbeitsweise.
[**196**, 267/**257**]

Grundlagenausdauer Konditionseigenschaft; sportartunabhängige Ermü-

Zusammenhänge der Grundlagenausdauer und speziellen Ausdauer (nach Martin 1979)

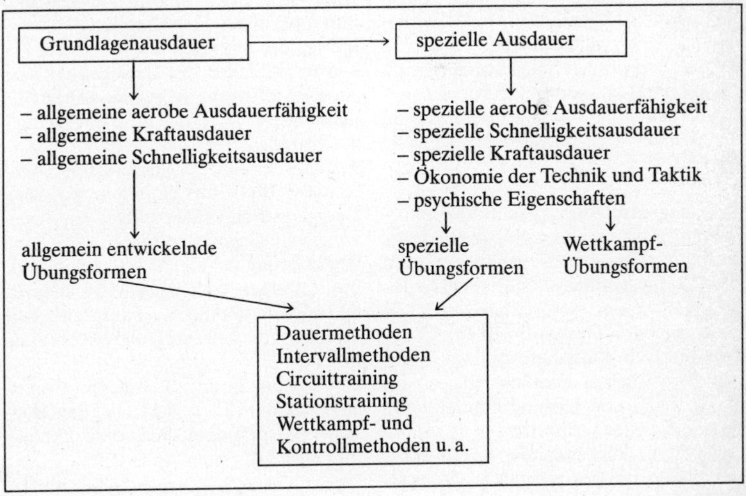

dungswiderstandsfähigkeit bei Langzeitbelastungen unter dem Einsatz großer Muskelgruppen (mehr als 1/7 der gesamten Skelettmuskulatur).
G. ist nicht nur Haupttrainingsziel im Fitnesssport, sondern spielt auch eine wichtige Rolle im Leistungssport. Sie ist die maßgebliche Vorbedingung für all jene Disziplinen und Sportarten, in denen die Ausdauerfähigkeit leistungsrelevant ist. Als allgemeine Ausdauer verstanden, betrifft die G. sowohl die aerobe als auch die anaerobe Ausdauerkomponente und deren verschiedene Erscheinungsformen, wobei die aerobe Ausdauer allerdings im Vordergrund steht. G. ist die Basis, auf der die sportartspezifische spezielle Ausdauer entwickelt bzw. nach dem Grundsatz der «positiven Übertragbarkeit» aufgebaut wird. Wichtige Kennzeichen der G. sind u. a. eine hohe Kapazität des Herz-Kreislauf-Atmungs- und Stoffwechselsystems sowie die Qualität der bewegungstypischen Koordination.
[**257**, 174/**275**, 126ff, 137ff/**297**, 15/**430**, 70ff]

Grundlagenausdauertraining Form des Ausdauertrainings zur Verbesserung und Entwicklung der allgemeinen aeroben Ausdaur. Es finden zwei Haupttrainingsprinzipien Anwendung: → Dauermethode, → Intervallmethode.
Vorwiegend werden Belastungsintensitäten mit gemischt aerob-anaerober Energiebereitstellung oder Belastungen im Bereich der aerob-anaeroben Schwelle gewählt.

Grundlagentraining Erste Stufe im → Trainingsaufbau, in der eine breite Basis des Fertigkeitsniveaus geschaffen wird speziell hinsichtlich konditioneller Eigenschaften, der motorischen Fertigkeiten sowie der Grundprinzipien der → Taktik. Nach Aufnahme des systematischen sportlichen Trainings dauert das G., je nach den leistungslimitierenden Faktoren der Sportart, insgesamt 2–6 Jahre. Dabei übersteigt das sportartspezifische Training niemals 50% des G. Harre unterteilt den langfristigen Trainingsprozeß in zwei große Ausbildungsabschnitte und bezeichnet das G. als ersten Abschnitt des → Nachwuchstrainings (Anfängertraining). Die gebräuchlichere, auf Thiess zurückgehende Dreigliederung sieht eine Aufteilung in G., Aufbautraining und Hochleistungstraining vor.
[**160**, 22ff/**196**, 333/**257**, 54ff]

Grundleistungsübung, leichtathletische Eine die disziplinspezifischen Leistungskomponenten berücksichtigende leichtathletische→ Wettkampfübung. Im Vordergrund steht die Verbesserung des technischen Bewegungsablaufs.

Grundschnelligkeit Maximal erreichbare Schnelligkeit in zyklischen Bewegungen. G. ist das Produkt aus Bewegungsfrequenz und Bewegungsamplitude.
Entsprechend den leistungslimitierenden Faktoren für Bewegungsfrequenz und Bewegungsamplitude wird sie vor allem von folgenden Faktoren limitiert: → statische Kraft, → Kontraktionsgeschwindigkeit, → Viskosität, → Latenzzeit der Bewegungsreaktion, → anthropometrische Merkmale sowie der → inter- und intramuskulären Koordination.
Infolge der zeitlichen Kürze und der hohen Schnelligkeit der Bewegungen sind aerobe Stoffwechselvorgänge nahezu bedeutungslos. Je geringer die Bewegungsgeschwindigkeit ist bzw. je höher die Bewegungsbelastung ausfällt, desto enger werden die Korrelationen zwischen Grundkraft und G. Je stärker die Bewegungsschnelligkeit anwächst, was eine Reduzierung der Belastung voraussetzt, desto stärker wirken sich die anderen leistungslimitierenden Faktoren aus, vor allem die intermuskuläre Koordination.
Das Maximum der G. wird bei Frauen zwischen dem 17. und 22., bei den Männern zwischen dem 19. und 22. Lebensjahr erreicht.
[**196**, 267/**197**, 23]

Grundumsatz (auch Erhaltungsumsatz) Energieproduktion, die zur Erhaltung der Organfunktionen notwendig ist. G. wird bei Indifferenztemperatur, Nüchternheit von mindestens 12 Stunden, Körperruhe sowie zwei Tage eiweißfreier Ernährung bestimmt. Der Normalwert beträgt bei Erwachsenen etwa 1200 bis 1700 Kalorien für 24 Stunden. Der normale G. beträgt beim Mann etwa 1 kcal/h und pro kg Körpergewicht. Frauen benötigen etwa 5–10 % weniger, da durch ihr vermehrtes Unterhautfettgewebe eine bessere Wärmeisolation gegeben ist. Etwa 60 % des G. wird für die Wärmeproduktion und damit für die Konstanterhaltung der Körpertemperatur benötigt. Der G. hängt u. a. von Lebensalter, Körperoberfläche, Hormonfunktion, Art der Ernährung und Geschlecht ab. Er ändert sich durch sportliches Training nicht wesentlich.
[**196**, 308/**430**, 316f]

Gruppentaktik Übergeordnete Erscheinungsweise im Bedingungsgefüge der Sporttaktik. Bezeichnet taktische Verhaltensweisen, an denen Teile einer Mannschaft beteiligt sind (z. B. Übergeben – Übernehmen im Hallenhandball).
[**257**, 238ff]

Gruppentraining Organisationsform des Trainings, bei dem mehrere Untergruppen mit Sportlern ähnlicher Qualifikationen in einer Trainingseinheit oder in Abschnitten der Trainingseinheit gebildet werden. Ziel des G. ist die Ökonomisierung des Trainings sowie die Vermeidung einer Über- oder Unterforderung von Sportlern. Der Vorteil des G. liegt in einem Training unter wettkampfähnlichen Bedingungen.

Gruppentrainingsplan Zielgruppenorientierter Einteilungsaspekt von Trainingsplänen. Der G. stellt die aus → Rahmentrainingsplänen geforderten Trainingsinhalte dar. G. werden – durch individuelle Trainingspläne ergänzt – hauptsächlich in Sportspielen angewendet, in den Individualsportarten aus Ökonomiegründen nur im → Grundlagentraining (als Mischform zusammen mit zusätzlichen → Individualplänen).
Der G. enthält Angaben über: Trainingshäufigkeit, -umfang, -intensität, -ziele und -teilziele, -mittel und -arten. Der G. wird unter Beachtung der Einbeziehung der schulischen und beruflichen Belastungen und Termine der Athleten erstellt.
[**160**, 236/**257**, 100/**276**, 18]

Gültigkeit (auch Validität) Grad der Genauigkeit, mit dem ein Test das mißt, was er zu messen vorgibt (s. a. → sportmotorischer Test).

Gymnastik Fachliches Teilgebiet des Sports, das sich unmittelbar auf den Eigenwert der Haltungs- und Bewegungsqualität und den Erlebniswert des Sich-Bewegens bezieht. Die nähere Kennzeichnung der Zweckrichtung oder des Arbeitsziels erfolgt durch Bestimmungsworte (u. a. Kranken-G., Früh-G., Organ-G., Ausgleichs-G., Konditions-G., Wettkampf-G. als eigenständige technisch-kompositorische Sportart). Die übliche Klassische G. fördert Koordination, Flexibilität, lokale aerobe und auch anaerobe dynamische und statische Ausdauer. Nur selten werden Effekte auf das kardiopulmonale System erzielt.
In einem umgangssprachlich eingeengten Sinn werden unter G. auch einfachste Körperübungen zum Aufwärmen, Dehnen, Lockern und Kräftigen verstanden.

Gymnastik, orthopädische Form der medizinischen G. mit dem Ziel der vollständigen funktionalen Wiederherstellung des passiven und aktiven Bewegungsapparats.

H

Habituation Gewöhnung an einen sich stets wiederholenden Reiz. Ein motorischer Gewöhnungsprozeß kann z. B. mit einer vestibularen H. gekoppelt sein, die das sukzessive Ausschalten der vom Gleichgewichtsorgan – speziell bei Drehbewegungen – ausgelösten Reize zur Folge hat.

Haltearbeit (auch statische Arbeit) → Arbeitsweisen der Muskulatur.

Handdynamometrie Verfahren zur Feststellung der augenblicklichen Leistungsfähigkeit des Nerv-Muskel-Apparats sowie der Erregbarkeit des ZNS. Auch für die Zustandsbestimmung vor und in Wettkämpfen ist die H. gut geeignet, weil sie keinen großen Aufwand erfordert. Ein guter Zustand des ZNS zeigt sich in individuell hohen Werten der Handkraftmessung.
[**415**, 502]

Handicaplauf Trainingsform zur Verbesserung der allgemeinen aeroben dynamischen Ausdauer, bei der schwächere Läufer eine bestimmte Streckenvorgabe haben. Diese Art des Trainings sollte nur nach guter Vorbereitung und relativ selten eingesetzt werden, da physische sowie psychische Überforderungen bei den Athleten auftreten können.
[**293**, 109]

Handlung, sportliche Verhalten, dem ein bewußtes sportliches Ziel zugrunde liegt und das zum Zweck der Zielerreichung bewußt organisiert ist. Man unterscheidet beim sportlichen Handeln Antizipations-, Realisations- und Interpretationsphase.

Handlung, taktische Zweckmäßige Realisierung der Fähigkeiten des Sportlers oder einer Mannschaft und maximale Ausnutzung der Schwächen des Gegners sowie Verschleierung der eigenen Absichten vor dem Gegner und Aufdeckung seiner Absichten (siehe Abb. rechts). Die Wettkampfsituation oder das taktische Konzept bilden den Ausgangspunkt einer H. Das Erkennen der Wettkampfsituation, ihre Analyse und Verbindung mit der Umwelt sowie inneren Faktoren (Analyse und Wahrnehmung) führt unter Berücksichtigung endo- und exogener Faktoren zur Erstellung eines Handlungsplans (gedankliche Lösung). Diese wird als komplexe motorische Handlung verwirklicht und ist als Verhaltensweise erkennbar und meßbar (motorische Lösung).
[**257**, 241/**268**]

Handlungskette Abfolge technisch-taktischer Handlungen eines Handlungsmodells zur Bewältigung sportlicher Aufgaben.

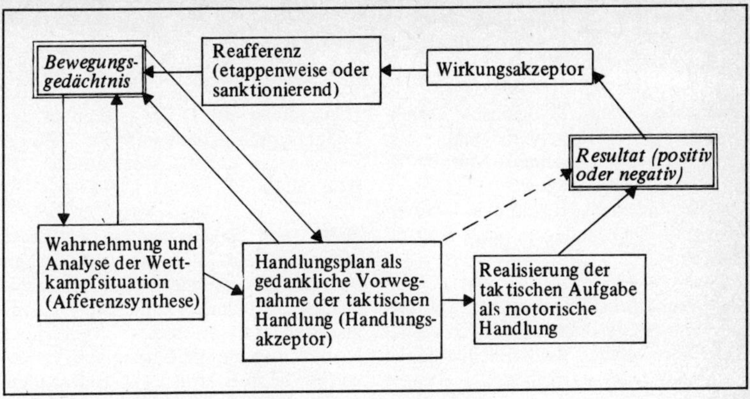

Stufen der taktischen Handlung (modifiziert nach Mahlo)
(Quelle: Letzelter 1985, 241)

Handlungskomplex Verkettung sinnvoller technisch-taktischer Angriffs- und Verteidigungsaktionen mit dem Ziel, durch ihren Einsatz eine sportliche Aufgabe erfolgreich zu lösen.
[**231**, 20–31]

Hanteltraining → Krafttraining.

Harnstoff Stickstoffhaltige Verbindung im Harn. Wichtigstes Endprodukt des Eiweißstoffwechsels, wird in der Leber gebildet und im Harn ausgeschieden.

Der Plan für die (komplexe) Spielhandlung «Vorwärtsstoß»
(Quelle: Willimczik/Roth 1985, 127)

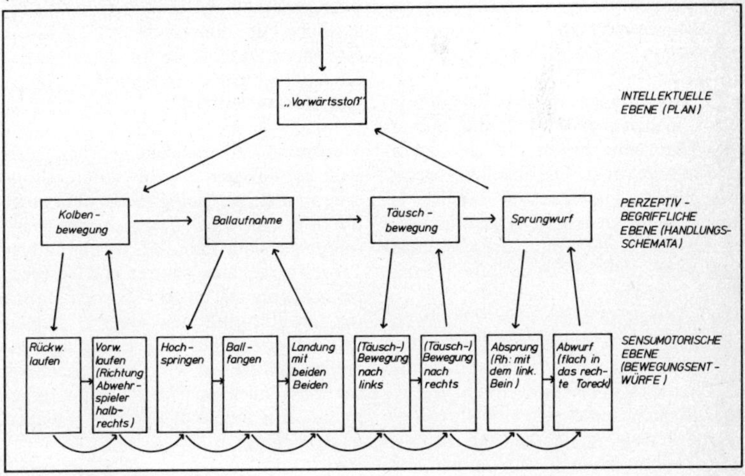

Hohe sportliche Belastungen führen zu einem erhöhten H.gehalt im Blut.
[**104**, 241/**116**, 216]

Hartspann (auch Myogelose) Druckschmerzhafte Muskelverhärtung. Bei Kontraktion des gesamten Muskels ist der H. nicht mehr tastbar.
Ursache für einen H. sind u. a. Überanstrengungen sowie degenerative Entzündungen.

Hauptbeanspruchungsformen, motorische Sammelbezeichnung für Koordination, Flexibilität, Kraft, Schnelligkeit und Ausdauer (Hollmann/Hettinger 1980).
Die personalen Bedingungsfaktoren sportlicher Bewegungsleistungen werden unterschiedlich systematisiert. Weitere gebräuchliche Oberbegriffe sind körperliche Fähigkeiten, motorische Eigenschaften, motorische Grundeigenschaften, körperliche Eigenschaften, physische Leistungsgrundlagen.
[**182**/**257**]

Hauptfunktionsphase (auch Hauptphase) Teilprozeß einer sportlichen Bewegung, der die Lösung einer Bewegungsaufgabe zum Ziel hat (s. a. → Bewegungsstruktur).
[**135**/**281**]

Hauptwettkampf National oder international hochwertige Wettkämpfe, oftmals als Endziel eines Zyklus oder eines mehrjährigen Trainings. Die absolute Höchstform wird hier erwartet, so daß die Planung der Makrozyklen in Abstimmung zu den H. erfolgen muß. Alle Maßnahmen sind dem Wettkampfhöhepunkt unterzuordnen.
Die Zeiträume zwischen Hauptwettkämpfen und deren Anzahl bestimmen die Festlegung auf eine Periodisierung: Liegen die H. in einem Zeitraum von nur 4–6 Wochen, bietet sich eine eingipflige Periodisierung an, erstrecken sie sich jedoch über einen Zeitraum von 2–6 Monaten, erfolgt die Planung innerhalb einer zweigipfligen Periodisierung.
[**173**, 391]

Hautatmung Die H. ist gegenüber der Lungenatmung minimal. Sie beträgt 2–3 % des gesamten Gasaustauschs.
[**116**, 136/**458**, 560]

Helfen und Sichern Helfen bezeichnet Maßnahmen zur physischen, psychischen oder kognitiven Unterstützung der Zielerreichung beim Erlernen von Bewegungsfertigkeiten. Sichern bezeichnet Maßnahmen zur Verhütung von Verletzungen beim Erlernen von Bewegungsfertigkeiten.
Obwohl H. mehr als pädagogisch-methodische Maßnahme und S. mehr als technische Maßnahme verstanden werden kann, gehen beide Begriffe und ihre konkreten Vollzugsformen häufig ineinander über. Der oft verwendete Begriff Hilfestellung drückt dies nur ungenau aus. Besser ist es, von Hilfeleistung (aktive Unterstützung) und Sicherheitsstellung (abwartende Bereitschaft zum Eingreifen) zu sprechen. Auch Sichern kann neben der Funktion der Unfallverhütung durch Abbau psychischer Hemmungen pädagogische Funktion erlangen. Als zusätzliche Funktion von H. u. S. wird die Erziehung zu Hilfsbereitschaft im sozialen Kontext der Gruppe genannt.
[**109**/**112**/**239**/**287**/**294**]

Hemmung Verlangsamung eines im Ablauf befindlichen psychischen, motorischen und physiologischen Vorgangs durch Zusammentreffen mehrerer Reize in der gleichen Bahn. H. ist ein aktiver Prozeß erregbarer Zentren und Gewebe. So ist Erregung im motorischen Bezirk der Großhirnrinde von einer H. begleitet. Sie ermöglicht eine Erregungskontrolle, schützt vor Überbeanspruchung und wird daher auch Schutzhemmung genannt. Ein physiologischer H.-Zustand ist der Schlaf.
[**196**, 267]

Heparin H. ist als medikamentöse Prophylaxe unerwünschter Gerinnungsvorgänge nach stumpfen Sportverletzungen (Zerrungen, Prellungen, Muskelfaserrisse u. a.) möglich. Lokale Anwendung, z. B. in Salbenform, kann die nachträgliche Gerinnung von Blutergüssen (Hämatom) im Gewebe verhindern und dadurch die schnelle Resorption bzw. Heilung fördern.
[**116**, 134/**458**, 572]

Herzdilatation Erweiterung eines oder beider Vorhöfe (Atrium) bzw. einer oder beider Herzkammern (Ventrikel). Die H. kommt zustande:
1. als sinnvoller Anpassungsvorgang bei Widerstandserhöhung im kleinen oder großen Kreislauf, durch die Erhöhung der Rest- bzw. Reserveblutmenge des Herzens und durch eine regulative Weitstellung des Herzens auf nervalem Wege. Der Anpassungsvorgang ist abhängig vom Umfang und der Intensität der Ausdauerbelastung. Er führt zu einer Erhöhung des Schlagvolumens und somit des → Herzminutenvolumens unter Belastung;
2. als Zeichen nachlassender Herzkraft nach vorausgegangenen Erkrankungen des Herzens, wobei es auch zu einer akuten Dilatation des Herzens, selbst bei leichter körperlicher Belastung, kommen kann;
3. als Folge einer Herzvergrößerung infolge einer Dickenzunahme der Herzmuskulatur oder Längsspaltung der Herzmuskelfasern. Das vergrößerte Schlagvolumen des Sportherzens stellt für den Herzmuskel einen Hypertrophiereiz dar. Es kommt zu einer Verdikkung der Wände beider Kammern.
[**116**, 104ff/**430**, 84f, 332/**458**, 320]

Herzfrequenz Anzahl der Herzschläge pro Minute. Leicht zugängliche Kennziffer des Herz-Kreislauf-Systems. Die H. liegt in Ruhe bei etwa 60–80 Schlägen/Min. Bei ausdauertrainierten Personen sinkt die Ruhefrequenz bis auf 40 Schläge/Min. (erhöhtes Schlagvolumen). Bei körperlicher Belastung kann die H. auf das Dreifache ansteigen. Die H. wird von zahlreichen Faktoren (Lebensalter, Körpertemperatur, körperliche Belastung, emotionaler Zustand, Körperhaltung, Schlaf-Wachzustand-Rhythmus, Blutdruck, Herzgröße u. a.) beeinflußt. Daher ist ihre Verwendung als Kennzeichen des Trainingszustands, der Intensität einer Belastung und als Kriterium der Erholungsfähigkeit der Belastung kritisch zu sehen. Die H.-Messung wird in der Trainingspraxis aufgrund ihrer Sofortanwendung häufig angewendet.
[**116**, 99f/**430**, 78f]

Herzgewicht, kritisches Ein Gewicht von 500 g, jenseits dessen die Sauerstoffversorgung der einzelnen Herzmuskelfasern nicht mehr voll gewährleistet ist. Das H. wird selbst von Sportherzen (ca. 350 bis 500 g) nur in seltenen Ausnahmefällen erreicht.
[**116**, 97f/**182**, 463/**430**, 78]

Herzinsuffizienz Ungenügende Herzleistung. Durch ein Absinken der Herzmuskelkraft kann das notwendige → Herzminutenvolumen nur mit Hilfe unphysiologischer Hilfsmaßnahmen gefördert werden. Die H. tritt unter anderem bei Störungen der Blutversorgung des Herzmuskels über die Koronargefäße, durch Einwirkung bestimmter Gifte auf den Herzmuskel, bei Herzmuskelschäden oder als Folge einer dauernden Überbelastung des Herzens bei Herzklappenfehler auf.
[**458**, 582]

Herz-Kreislauf-Anpassung Adaption von Struktur und Funktion des Herz- und Blutkreislaufs durch körperliche Belastung.
H. bezieht sich auf Herzgröße, Herzgewicht, Herzmechanik und wichtige Kenngrößen der Herzfunktion (Herzschlagfrequenz, Herzschlagvolumen,

Herzminutenvolumen), weiterhin auf die nervale Regulation des Blutkreislaufs sowie die Verbesserung der Transportfunktion sowie die quantitative und qualitative Zusammensetzung des Bluts.
[**116**, 99f/**270**, 168ff/**430**, 323]

Herzleistungsquotient Quotient aus Sauerstoffmehraufnahme während 10minütiger Arbeitszeit mit 12mkg/s und Sauerstoffmehraufnahme in der Erholungszeit. Der H. dient zur Beurteilung des Trainingszustands.
[**182**]

Herzmechanik (auch Herzarbeit) Arbeitsweise des Herzens, die in einem rhythmischen Wechsel von Zusammenziehung (Systole) und Erschlaffung (Diastole) der Herzmuskulatur besteht. Die vom Herzen geleistete mechanische Arbeit setzt sich aus einem Druck-Volumenanteil und einem Beschleunigungsanteil zusammen. Sie beginnt mit einer Systole der Vorhöfe, an die sich die Kammersystole anschließt. Dieser Tätigkeitszyklus wird als Herzperiode bezeichnet und setzt sich aus 7 Aktionsphasen zusammen:

1. Diastolische Phase der Kammer (Vorhofsystole),
2. Anspannungsphase der Kammer,
3. Austreibungsphase der Kammer,
4. reduzierte Austreibungsphase der Kammer,
5. Entspannungsphase der Kammer,
6. Füllungsphase der Kammer,
7. langsame Füllungsphase der Kammer.

Die H. verändert sich als Folge körperlicher Arbeit. Die Diastole verkürzt sich stärker als die Systole. Eine Verkürzung der Systole würde wegen der relativ langen Dauer der Austreibungsphase hauptsächlich den Blutstrom aus den Kammern vermindern. Die Verkürzung der Diastole beeinflußt den Bluteinstrom in den Kammern und damit das auszutreibende Blutvolumen dagegen relativ wenig, weil die Kammern in der am Beginn der Diastole liegenden raschen Füllungsphase schon weitgehend mit Blut gefüllt wurden. Infolgedessen kommt es beim → Sportherzen zu einer Hypertrophie des Herzens und damit zu einer Schlagvolumenvergrößerung bei Erhöhung des → Herzminutenvolumens.
[**104**, 176/**116**, 98/**270**, 147f/**458**, 578]

Herzminutenvolumen (HMV) Blutmenge, die das Herz pro Zeiteinheit (1 Minute) fördert (l/Min.).

HMV = HF × V_s
Herzminutenvolumen = Herzfrequenz × Schlagvolumen

Der Ruhewert liegt zwischen 5 und 7l/Min. und kann bei Trainierten unter Belastung auf 25–30l/Min. gesteigert werden. Wichtigster Mechanismus der HMV-Steigerung ist der Anstieg der Herzfrequenz, obwohl bei einer sportlichen Belastung auch das Schlagvolumen zunehmen kann.
[**116**, 322f/**270**, 126/**273**, 150, 160, 174, 214/**430**, 80, 296]

Herzvolumen Beträgt bei untrainierten Männern (20–30 Jahre) 750–800ml, bei untrainierten Frauen gleichen Alters 450–500ml. Ausdauertrainierte können Herzvolumina von 900–1200ml. in Extremfällen sogar 1700ml aufweisen.
[**116**, 259, 323/**182**, 465/**270**, 161/**430**, 80]

Herzvolumenäquivalentwert Quotient aus Herzvolumen in ml und maximalem Sauerstoffpuls. Der H. dient zur Beurteilung des Leistungs- und Gesundheitszustands des Herzens.
[**182**, 407, 674/**344**]

Heterochronismus der Regenerationsprozesse Zeitliche Staffelung der Wiederherstellungsprozesse einzelner Organe bzw. Organsysteme, welche je nach Art, Umfang und Intensität der voraufgegangenen Trainingsbelastungen in unterschiedlichem Umfang beansprucht worden sind.
Die Kenntnis des H. der jeweils bewirk-

ten Ermüdung sowie der Dauer der Wiederherstellung ist für eine effektive Trainingsgestaltung, insbesondere bei mehreren Trainingseinheiten pro Tag unumgänglich. Der H. ist daher auch ein wesentliches Entscheidungskriterium für die Auswahl der Trainingsinhalte. Besonders in komplexen Sportarten, bei denen mehrere physische Leistungsfaktoren von Bedeutung sind (z. B. im leichtathletischen Zehnkampf), spielen die Trainingsprinzipien der wechselnden Belastung bzw. der richtigen Belastungsfolge im Hinblick auf den H. eine entscheidende Rolle.
[**214**, 236/**275**, 60/**276**, 96, 114ff/**449**, 462]

Hilfsfunktionsphase Funktional abhängiger Bewegungsprozeß, der mittelbar auf die Lösung einer sportlichen Bewegung gerichtet ist. Es gibt vorbereitende, unterstützende und überleitende H.
[**135**]

Hillsche Gleichung Abgeleitet von der Energiebilanz der Kontraktionsphase des Muskels. H. ist definiert als:
$(F + a)(v + b) = \text{konstant}$
(F = äußere Kraft, v = maximale Bewegungsgeschwindigkeit, a und b sind Konstanten des jeweiligen Muskels, die dessen Wirkungsgrad charakterisieren).
Diese hyperbolische Funktion, die Hill 1938 mit der nach ihm benannten Gleichung beschrieben hat, drückt die Last-Geschwindigkeits-Relation aus, wenn sich ein Muskel bei gleicher Ausgangslänge gegen verschieden hohe Belastungen verkürzt. Dabei nimmt die Geschwindigkeit dieser Verkürzung mit zunehmender Last ab. Die Beziehung zwischen der Last und der Geschwindigkeit, mit der diese Last bewegt werden kann, ist nicht linear.
Überlegungen Schmidtbleichers (1980) zufolge läßt sich daraus folgender Schluß für die Trainingspraxis ziehen: Bei gleichbleibender äußerer Kraft (Last) muß mit wachsender Maximalkraft die Verkürzungsgeschwindigkeit größer werden. Demnach könnte mit einer Erhöhung der Maximalkraft eine Geschwindigkeitsverbesserung für alle normierten Belastungsstufen (Wettkampfgewichte) einhergehen.
Im Gegensatz zu diesen Überlegungen sind sich eine Anzahl von Autoren (Harre, Zaciorskij u. a.) einig, daß ein Training mit geringeren Lasten bei maximal schneller Bewegungsausführung andererseits unterschiedlich auf die Komponenten Maximalkraft und maximale Bewegungsgeschwindigkeit wirken.
[**355**, 15ff]

Hitzschlag Erkrankung durch Wärmestauung im Körper. Ursache des H. ist eine Schädigung des Nervensystems, besonders des Temperaturregelzentrums durch eine hohe Körperkerntemperatur. Trotz hoher Körperkerntemperatur ist die Schweißproduktion weitgehend eingestellt. Ab 41,5 Grad C tritt Bewußtlosigkeit, ab 43,5 Grad C der Tod ein. Behandlung des H.: Haut mit Wasser bespritzen und für Luftbewegung über dem Körper sorgen.
[**182**, 587]

Hochleistungstraining Letzter Abschnitt des langfristigen einheitlichen Trainingsprozesses.
Das H. ist eine individuelle, spezialisierte Ausbildung in einer Sportart bzw. sportlichen Disziplin mit der Aufgabenstellung, den Sportler auf der Grundlage der im → Nachwuchstraining (Grundlagen- und Aufbautraining) geschaffenen Voraussetzungen an sportliche Höchstleistungen heranzuführen, diese Leistungen im Verlauf des H. auszuprägen und weiter zu steigern. Wesentliche Ziele des H. sind: individuelle sportliche Höchstleistung in einer Sportart bzw. sportlichen Disziplin, stabile und steigerungsfähige sportliche Höchstleistung zu entscheidenden Wettkampfhöhepunkten und möglichst lange Höchstleistungsphase.
[**430**, 282]

Höchstleistungsalter Zeitraum, in dem ein Sportler über die besten psychophysischen Voraussetzungen für das Erreichen höchster sportlicher Leistungen in der betreffenden Sportart oder Disziplin verfügt (siehe Abb. unten).
Das H. ist von den spezifischen Besonderheiten der Sportarten bzw. Disziplinen abhängig, insbesondere von den Gesetzmäßigkeiten der Herausbildung und Entwicklung der für die jeweilige Sportart bzw. Disziplin leistungsbestimmenden Faktoren.
[**156**/**430**, 281]

Höhenanpassung → Höhentraining.

Höhenkrankheit (auch: Bergkrankheit) Kann bei schnellem Aufstieg in größere Höhen eintreten, z. B. bei Undichtigkeit im Kabinenraum hochfliegender Flugzeuge, bei Seilbahnen, die rasch große Höhenunterschiede überwinden. H. tritt erst bei Höhen über 3000 m auf. Bei nicht Höhenakklimatisierten und älteren Personen können Symptome schon bei 2000 m auftreten: Atemnot und Herzklopfen, Blässe und Schweißausbrüche, psychische Veränderungen (gehobene Stimmung, Überbewertung des eigenen Könnens), Konzentrationsstörungen, Reizbarkeit, Teilnahmslosigkeit, Bewußtlosigkeit, Tod.
[**116**, 228/**182**, 670/**270**]

Höhentraining Training in Höhen über 1500 m; Training unter erschwerten Bedingungen, wobei der herabgesetzte Sauerstoffdruck der Atmosphäre der bedeutendste Zusatzreiz ist. H. führt zu verstärkter Anpassung der Sauerstoff aufnehmenden, transportierenden und verwertenden Mechanismen des Organismus; H. dient der Vorbereitung der Sportler auf Wettkämpfe in der Höhe; verbessert auch infolge des sog. Nachhö-

Orientierungsrahmen für das Alter, in dem der zweite Ausbildungsabschnitt mit der Spezialisierung begonnen wird und wann daraufhin das Höchstleistungsalter liegen sollte (Martin 1980)

Sportart / Disziplin	Günstiger Beginn des zweiten Ausbildungsabschnittes (Jahre)	Beginn des Höchstleistungsalters, Ende des dritten Ausbildungsabschnittes (Jahre)
Eiskunstlauf	6– 7	13–15
Schwimmen	8	13–16
Wasserspringen	8	14–16
Tennis	8	14–16
Wettkampfgymnastik	9	15–17
Skisport (alpin)	9	15–17
Skisprung	9	15–17
Fußball	9	15–17
Schnellkraftdisziplinen der Leichtathletik	9	16–18
Basketball	9	16–18
Gerätturnen	10–11	16–18
Volleyball	10–11	17–19
Eishockey	10–11	17–19
Ausdauersportarten	12	18–20

heneffekts für einen kurzen Zeitraum (etwa 4 Wochen) die Leistungsfähigkeit (vorwiegend Ausdauer) im Flachland.
[**116**, 145, 228f/**182**, 670/**430**, 74f, 89]

Hopserlauf Übung des → Lauf-ABC mit wechselseitiger zyklischer Sprungfolge: Abdruck und Landung erfolgen auf demselben Bein (links – links – Wechselschritt – rechts – rechts – Wechselschritt etc.), Schwungbeineinsatz bis zur waagerechten Haltung des Oberschenkels und wechselseitiger Armeinsatz.
[**196**, 17]

Hügelläufe Bergauf- und Bergabläufe mit hoher Intensität (nach dem Intervallprinzip).
H. zwischen 10 und 15 Grad Steigung sind besonders effektiv zur Schulung der speziellen Ausdauer. Nach Keul (1975) und Nurmekiwi (1975) wird bei H. der Kohlenhydratstoffwechsel intensiv beansprucht. Streckenlängen von 150 m und hohe Arbeitsintensitäten führen zu höheren Laktatwerten und Azidosegraden im Blut als ein 400-m-Lauf. Die maximale Sauerstoffaufnahme wird jedoch über 400 m, nicht über 150 m erzielt. Laut Nurmekiwi eignet sich in der Trainingspraxis ein Hügellauftraining nach der Intervallmethode mit einer Streckenlänge von 150 m mehr für die Entwicklung der anaeroben Kapazität, ein 400-m-Lauf mehr für die Entwicklung und Stabilisierung der aeroben Kapazität.
[**201**, 142/**213**, 593–632/**328**, 1385f/**430**, 92f]

Hyperdynamik (auch Hypermobilität, Hyperkinesie, Hypermetrie) Übermäßige Bewegungstätigkeit als Folge von Kleinhirnerkrankungen.

Hypermobilität Gesteigerte Mobilität (Hyperflexibilität). H. kann sowohl ein Hinderungsgrund als auch eine Voraussetzung für überdurchschnittlich gute Leistungen sein.
Generalisierte Hypermobilität beruht auf einer allgemeinen Bindegewebsschwäche mit hypermobilen Gelenken. Es sind kaum Höchstleistungen in einer Disziplin zu erwarten. Die Verletzungsanfälligkeit ist vergrößert. Krafttraining kann die Bindegewebsschwäche nur in begrenztem Ausmaß kompensieren.
Lokale Überbeweglichkeit basiert durchweg auf einem spezifischen Übungsprogramm mit dem Ziel der regionalen Überbeweglichkeit. Sportarten wie Kunstturnen, Wettkampfgymnastik, Hürdenlaufen, Ballett, Eiskunstlauf, Speerwurf etc. verlangen zur Erzielung von Höchstleistungen eine lokale Hypermobilität. Dehnübungen stellen hier einen wesentlichen Teil des Trainingsprogramms dar.
[**138**, 261/**182**, 171ff]

Hyperoxie Vermehrter Sauerstoffgehalt einzelner oder aller Körpergewebe. Nach Hollmann u. a. (1959) ist es möglich, unter Atmung von 100 Vol.-Prozent Sauerstoff die maximale Sauerstoffaufnahme um durchschnittlich 10 % zu vergrößern.
[**116**, 227/**182**, 571]

Hyperthermie Überhitzung; → Hitzschlag.

Hypertonie (auch Bluthochdruck) Liegt der in körperlicher Ruhe gemessene systolische Blutdruck über 140 mmHg (19 kPa) und der diastolische über 90 mmHg (12 kPa), sind wiederholte Blutdruckkontrollen angezeigt, um das Vorliegen eines beginnenden Bluthochdrucks zu prüfen.
[**116**, 322/**270**, 141/**430**, 332]

Hypertrophie Anpassungsvorgang beanspruchter Organe oder Organteile an vermehrte Arbeitsleistung. Bei H. kommt es zu einer Vergrößerung der beanspruchten Zellen. Das gegensätzliche Verhalten tritt bei Unterbeanspruchung ein; → Atrophie.
[**100**/**116**, 225/**182**, 186/**293**, 12, 223/**430**, 133f]

Hyperventilation Vertiefte und/oder beschleunigte Atmung, die eine vermehrte Kohlendioxydabgabe bewirkt. Der CO_2-Partialdruck im Alveolarraum der Lungen und nachfolgend auch im arteriellen Blut verringert sich, so daß zunächst der Atemreiz fehlt.
Besondere Gefahr beim Tauchen: Erst nach entsprechend langer Tauchzeit wird das Atemzentrum durch den langsam wieder ansteigenden CO_2-Partialdruck im arteriellen Blut aktiviert. Muskuläre Arbeit hat in der Zwischenzeit zu einer starken Abnahme des Sauerstoffpartialdrucks im Alveolarraum und im arteriellen Blut geführt. So wird erklärlich, daß der Taucher – bevor er den Zwang zum Einatmen und damit zum Auftauchen verspürt – durch den Sauerstoffmangel im Gehirn bewußtlos werden und ertrinken kann. Weitere Nebenwirkungen der Hyperventilation: Abnahme der Hirndurchblutung infolge Gefäßengstellung mit Verstärkung des Sauerstoffmangels im Gehirn, Abnahme der Wasserstoffionenkonzentration im Blut (Alkalose) mit Neigung zu Muskelkrämpfen.
[**116**, 136/**182**, 590/**270**, 280 ff]

Hypotonie Man unterscheidet H. des Blutdrucks und H. des Muskeltonus. H. des Blutdrucks liegt vor, wenn der systolische Druck beim Mann unter 110 mmHg, bei der Frau unter 100 mmHg und der diastolische unter 60 mmHg gefunden wird.
Unter H. des Muskeltonus versteht man den Ruhetonus eines Muskels oder der Muskulatur.

Hypoventilation Verlangsamte Atmung, → Hyperventilation.

Hypoxie (auch Sauerstoffmangel) Reduzierung des Sauerstoffpartialdrucks unter den Wert in normaler atmosphärischer Luft (z. B. in der Höhe sowie bei Atmung von Sauerstoffmangelgemischen).
In H. ist die Leistungsfähigkeit von Herz, Kreislauf, Atmung und Stoffwechsel herabgesetzt.
Im Labor und in Höhenlagen wird Training unter H. als Methode zur zusätzlichen Leistungssteigerung durchgeführt (s. a. → Höhentraining).
[**182**, 568 ff]

I

Ideomotorik Bewegungen, die aufgrund von emotional- oder affektgetönten Vorstellungen unwillkürlich ausgelöst werden.
Im Gegensatz dazu liegt bei sensomotorischen Leistungen immer eine Verbindung von sensorischem Stimulus und motorischer Antwort vor.
Als sog. «innere Mitbewegung» spielt die I. eine zentrale Rolle beim → mentalen (ideomotorischen) Training (s. a. → Carpenter-Effekt).
[**340**/**430**, 273]

Ideomotorisches Training Form des → mentalen Trainings.
Geht zurück auf den Carpenter-Effekt, wonach jede wahrgenommene Bewegung den Antrieb zu ihrer Verwirklichung erregt.
Beim I. wird der Bewegungsablauf in der Vorstellung selbst ausgeführt, und damit werden auf höheren Regulationsebenen Bewegungsentwürfe und Bahnungen geschaffen.
Effektiv ist das I. nur in Verbindung mit dem praktischen Training.
[**246**/**327**, 51 ff/**420**/**427**]

Imitationsgeräte Geräte, mit denen der Sportler unabhängig von der Jahreszeit wettkampfspezifische Übungen trainieren kann.

Imitationsübungen Spezialübungen, die Elemente der Wettkampfübung enthalten.
Wichtig ist, daß die Dynamik der Wettkampfbewegungen annähernd erreicht wird und zumindest Teilstrukturen hinsichtlich des Weg-Zeit-Verlaufs imitiert werden. I. finden vorrangig im Techniktraining Anwendung.
Neben dem Forcieren von motorischen Lernprozessen dienen I. dem Festigen von bewegungsspezifischen Bewegungsabläufen. Angewandt werden I. bei der Konditionierung (Konditionstraining). I., die sich nur auf Teilausschnitte der Gesamtbewegung beziehen, findet man im leichtathletischen Techniktraining, im Trockentraining der Skiläufer oder Schwimmer. (Beispiel: Absprung aus kurzem Anlauf ohne Lattenüberquerung im Hochsprung, Strecksprung mit Bleiweste für den Volleyballspieler.) Im weiteren Sinn gehören zu den I. auch Körperübungen mit Imitationsgeräten.
[**257**, 24]

Inaktivitätsatrophie Muskelatrophie infolge vorübergehender Gebrauchsbehinderung von Muskeln bzw. Muskelgruppen (z. B. bei Gelenkerkrankungen oder erzwungener, längerdauernder Ruhigstellung einer Extremität durch Gipsverband etc.) oder bei chronischer Minder-

beanspruchung der betreffenden Muskulatur unterhalb einer bestimmten → Reizschwelle.
[**100**, 36f/**182**, 229/**458**, 128]

Index, anthropometrischer Verhältniszahl für die Veränderung statischer anthropometrischer Werte.
Zumeist als Quotient verschiedener Teilmaße dargestellt, informiert der I. über das Verhältnis von Körperteilen zueinander.

Indikatoren der sportlichen Eignung Anzeiger, die unter Zugrundelegung der wesentlichen leistungsbestimmenden Faktoren den Entwicklungsprozeß junger Sportler objektivieren. Folgende I. können mit hoher Wahrscheinlichkeit (unter Beachtung des Trainingsalters, des biologischen Alters und des Lebensalters) eine Aussage für die sportliche → Eignung zulassen: I. des Leistungsniveaus, I. des Tempos der Leistungserhöhung, I. der Leistungsstabilität und Steigerungsfähigkeit, I. der Belastungsverträglichkeit. Bei einer komplexen Ermittlung der sportlichen Eignung sollten immer in wechselseitiger Wertung alle vier I. festgestellt werden.
[**160**, 38ff]

Individualisierung Die sich aus der individuellen Persönlichkeitsstruktur eines Athleten notwendig ergebenden Abweichungen der Trainingsplanung von allgemeingültigen Prinzipien und Gesetzmäßigkeiten des → sportlichen Trainings.
I. bedeutet dabei im einzelnen: Berücksichtigung der psychischen und physischen Voraussetzungen des Trainingszustands, der sportlichen → Eignung, der Typologie, der intellektuellen Fähigkeiten, des Temperaments und anderer Persönlichkeitsmerkmale.
[**257**, 93]

Individualplan → Trainingsplan, individueller.

Induktive Lehrmethode (auch induktiver Lehrweg, induktives Lehrverfahren, normsuchende Methode) Die I. beginnt mit Schülerversuchen und endet mit dem Darbieten der Zielform. Diese wird mit Hilfe von Denk- und Handlungsimpulsen, Bewegungsaufgaben und -anregungen im selbständigen Erproben der Schüler und im planvollen Hinführen durch den Lehrenden erreicht. Seit die Ökonomie des Lehrens und Lernens in der Leibeserziehung beachtet und die Bedeutung des Bewegungsentwurfs für den motorischen Lernprozeß erkannt wird, stehen die verbale oder optische Darbietung des Lehr- und Lernziels und auch die Verwendung der I. am Beginn des Lernprozesses. Sie unterscheidet sich damit weniger durch ihren Ausgangspunkt als durch ihr Vorgehen von der deduktiven Lehrmethode, denn sie gibt dem Schüler einen breiteren Erfahrungs- und Erprobungsspielraum (s. a. → Deduktionsverfahren).
[**53**/**394**]

Information, kinästhetische Information, die aufgrund sich verändernder Muskelspannung über die Lage der Glieder informiert.
[**141**/**281**, 74ff/**446**]

Information, sensorische Die durch Sinnesorgane aufgenommenen Informationen aus der Umwelt und dem Körper und ihre Übertragung auf afferente Nervenbahnen zu informationsverarbeitenden Zentren des ZNS.
In der sporttechnischen Ausbildung ist für die Bewegungskoordination und ihre Entwicklung die I. Voraussetzung für den motorischen Lernprozeß.
Der über das innere Milieu ablaufenden Rückinformation (Reafferenz) über Verlauf-, Zwischen- und Endresultate der → Bewegungshandlung muß eine besondere Bedeutung beigemessen werden.
[**141**, 64/**281**, 68]

Information, verbale Die durch das akustische Informationssystem Ohr aufgenommenen Informationen. I. unterstützen in hohem Maße das Schaffen einer Bewegungsvorstellung.
[**281**, 77]

Information, zusätzliche Information, die dem Sportler während oder nach der Bewegungsausführung als Schnell- oder Synchroninformation durch Trainer (subjektiv) und/oder Videoaufnahmen, Chronozyklogramm (objektiv) übermittelt wird.
[**141**, 81 ff/**281**, 144 ff]

Informationsaufnahme Wichtiger Vorgang vor, während und nach jedem Bewegungsvollzug.
Bestimmte Analysatoren nehmen mittels spezifischer Rezeptoren (Reizaufnehmer) Signale aus dem äußeren Milieu (akustische, optische Informationen) und dem inneren Milieu (kinästhetische, taktile, statico-dynamische Informationen) auf, codieren sie und leiten sie weiter.
Den Vorgang der I. durch die Analysatoren und die Weiterleitung an höhere Zentren bezeichnet man als → Afferenz. Die I. endet jedoch nicht mit dem Beginn der Bewegung, vielmehr informiert die → Reafferenz (sensorische Rückinformation) weiter über den Bewegungsablauf. Die zusammenfassende I. von afferenten und reafferenten Reizen und deren Verarbeitung wird als → Afferenzsynthese bezeichnet.
[**160**, 194 ff/**257**, 221 ff/**275**, 209 ff/**281**, 65 ff]

Informationsaustausch Reziproke Abgabe von Informationen zwischen kybernetischen Systemen oder Individuen. Ein I. findet im Sport vor allem wechselseitig zwischen Trainer und Athlet durch verbale und nonverbale Kommunikation statt. I. dient der Bewegungspräzisierung und -klarstellung. Voraussetzung für einen gut funktionierenden I. ist ein gemeinsamer Verständigungscode.

Informationsfluß im motorischen Lernprozeß Der sich beim Aufbau von Bewegungsfertigkeiten (→ Techniktraining) durch ständige Wechselwirkung Trainer–Athlet (Informationsaustausch) sowie die Informationsaufnahme vor und beim Bewegungsvollzug ergebende Informationsprozeß (siehe Abb. Seite 132).
[**160**, 196/**257**, 227]

Informationsverarbeitung Bei jeder Bewegungsausführung fließen dem Gehirn vielfältige Informationen zum Ablauf der Bewegung zu. Diese werden in verschiedene Speicher aufgenommen, gefiltert, verarbeitet und anschließend behalten oder wieder vergessen. Die I. bestimmt wesentlich die Qualität der Bewegungskoordination und ist von grundlegender Bedeutung für die Leistung. Störgrößen der I. sind u. a. Ablenkung unmittelbar nach Bewegungsende, Sauerstoffmangel usw.
[**160**, 194 ff/**257**, 221/**275**, 209/**281**, 65 ff/**446**]

Innervation Es wird die sensible I. (mit → afferenten Nerven), als Verbindung der Rezeptoren mit dem ZNS, von der motorischen I. (mit efferenten Nerven), als Verbindung des ZNS mit den Erfolgsorganen (Muskulatur, Drüsen), unterschieden.
[**182**, 24/**196**, 267/**458**, 649]

Innervationsgeschwindigkeit Vom ZNS gesteuerte Zuckungsgeschwindigkeit der Muskulatur. Die I. wird häufig als → Grundschnelligkeit bezeichnet. Sie ist bei jedem Individuum aufgrund des unterschiedlich funktionierenden Nervensystems verschieden stark entwickelt und beruht nach Lorentz auf der Größe und Ladung der motorischen Ganglienzellen.
[**45**, 445 ff/**59**, 3–10/**190**, 989/**308**, 12/**430**, 171 ff]

Innervationstraining Einsatz von Trainingsformen zur Schulung schnellster Bewegungsfrequenzen (z. B. plötzliches Anfersen bzw. Knieheben aus dem Tra-

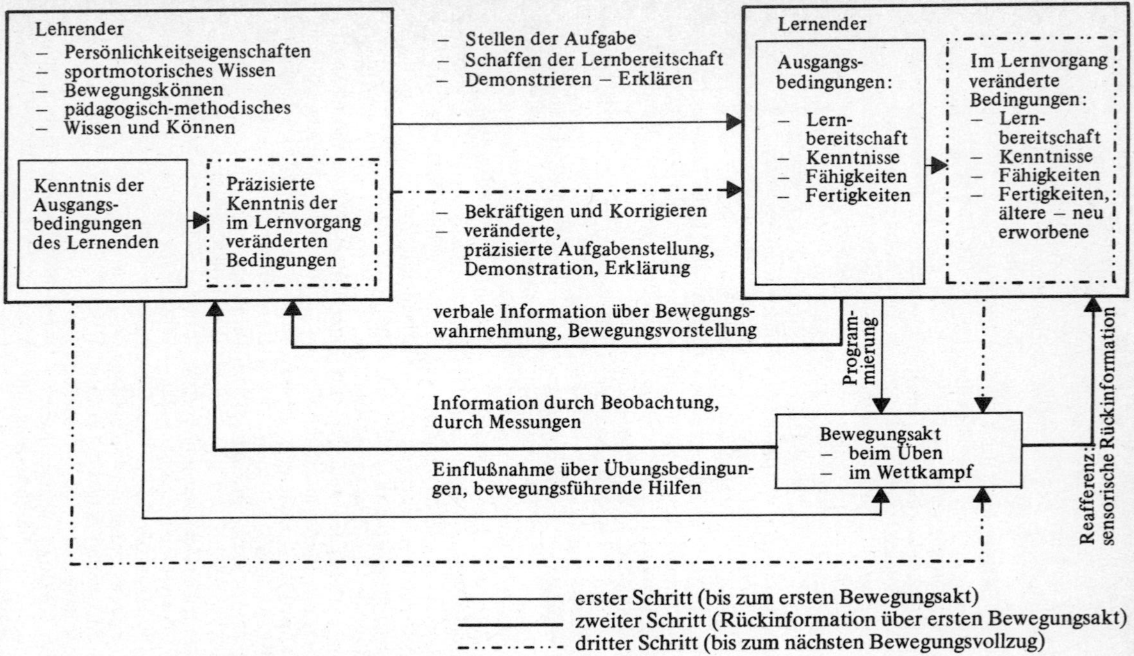

Informationsfluß im motorischen Lernprozeß (nach Schnabel)
(Quelle: Letzelter 1985, 227)

ben). I. verbessert die spezifische Innervationsfähigkeit als Leistungsfaktor der → Aktionsschnelligkeit.
[**332**, 416/**430**, 182]

Inotropie Einflußnahme auf Schlagstärke oder Kontraktionskraft des Herzmuskels. Hierbei bedeutet: positiv inotrop = kontraktionskraftsteigernd, vergrößertes Schlagvolumen; negativ inotrop = kontraktionskraftvermindernd, Schlagvolumen erniedrigt. Die I. kann durch Medikamente, aber auch durch Ausdauertraining beeinflußt werden.

Input Einwirkung der Umgebung auf ein System. Bei einem → sensomotorischen System unterscheidet man zwischen akustischen (verbalen), visuellen und taktilen Inputs.
[**424**]

Ins and Outs Trainingsform des leichtathletischen Lauftrainings zur Verbesserung der → allgemeinen anaeroben dynamischen Ausdauer (Sprint- oder Schnelligkeitsausdauer), bei der im Sinne eines Tempowechsellaufs abwechselnd gesprintet («in») und mit weniger Tempo («out») gelaufen wird. Während zur Verbesserung der Sprintausdauer auf einer Gesamtdistanz von z. B. 150 m die «Ins» (10–40 m) mit vollem Einsatz und die «Outs» mit etwa 90 % Einsatz als «Freilauf» gelaufen werden, bevorzugt man zur Entwicklung der Schnelligkeitsausdauer den Wechsel zwischen Sprint und Trab (z. B. im 50 m-50 m-Wechsel auf eine Gesamtdistanz bis zu 800 m).
[**182**, 533/**196**, 99/**197**, 60/**257**, 197 ff]

Intensität → Belastungsintensität.

Intensität, relative Relative Größe der Belastungsintensität im Verhältnis zur maximal möglichen Intensität. Hieraus ergeben sich verschiedene → Intensitätsbereiche. Die I. wird in Prozent ausgedrückt.
[**160**, 69 ff]

Intensitätsbereich (auch → Belastungsbereich) Abstufungsgrad der Stärke der Belastungsintensität bei sportlichem Training (Trainingsbelastung). Die nach einheitlichen Kriterien aufgestellten und voneinander abgrenzbaren I. sind unabdingbar für Planung und Auswertung des Trainings, u. a. auch, um die Belastungen der Sportler vergleichen zu können. Bei Kraft-, Schnellkraft- und Schnelligkeitsübungen (Sprint) wird die höchstmögliche individuelle Intensität als Bezugspunkt gewählt (100 % = maximale Intensität), und davon werden die I. abgeleitet. Bei Ausdauerdisziplinen sind die momentane Bestleistung auf den jeweiligen Trainingsstrecken oder die individuelle Wettkampfgeschwindigkeit geeignete Bezugspunkte.
[**160**, 69 ff, 130 ff]

Intensitätskoeffizient Mathematischer Wert zur Belastungsberechnung im Sport. Der I. kann z. B. beim Gewichtheben durch das Verhältnis der Gesamtsumme der gehobenen Last zur Anzahl der Wiederholungen bestimmt werden.

Intensitätsstoß Dichte Folge von wettkampfspezifischen Belastungen im Training oder Anhäufung von → Aufbauwettkämpfen am Ende eines Trainingszyklus, welche durch einen erhöhten Umfang des Trainings insgesamt oder durch einen reduzierten Anteil an wettkampfspezifischen Belastungen gekennzeichnet ist. Der I. dient häufig zur direkten Vorbereitung auf einen Wettkampfhöhepunkt, wenn wegen hoher Wettkampfdichte in den vorangegangenen Zyklen kein weiterer Leistungszuwachs erzielt wurde.
[**160**, 269 ff]

Intensitätstabelle Tabellarische oder graphische Veranschaulichung der im Training der meisten Ausdauersportarten nach der Geschwindigkeit festgelegten rationellen Belastungsbereiche (siehe Abb. Seite 134). Diese werden unter

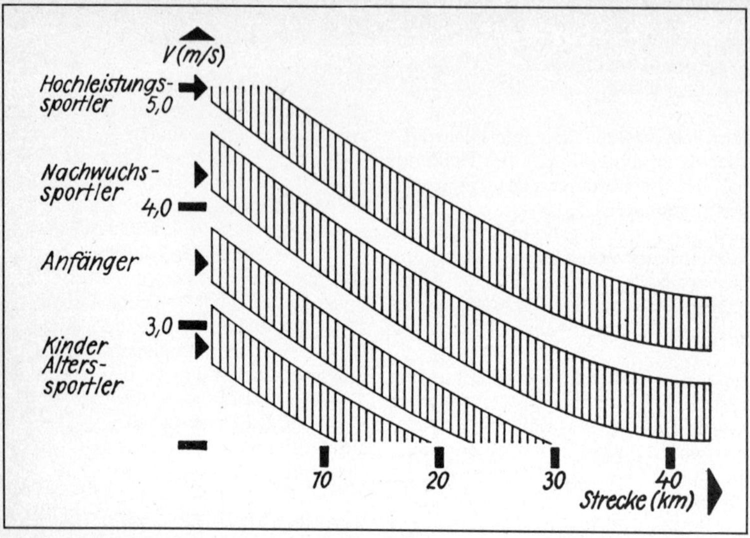

Trainingswirksame Bereiche bei unterschiedlichen Ausgangsleistungen im leichtathletischen Lauftraining (Quelle: Harre 1977, 160)

Beachtung des Trainingszustands entweder durch das prozentuale Verhältnis von der maximalen Geschwindigkeit zur momentanen oder geplanten Durchschnittsgeschwindigkeit auf der speziellen Wettkampfstrecke oder in m/Sek. abgegrenzt. Hinsichtlich der Vergleichbarkeit erscheint die Einteilung in m/Sek. oder km/h am vorteilhaftesten.
[**160**, 169]

Intensitätswechsel (auch Intensitätsvariation) Die im Ausdauertraining nach der → Dauermethode mit variabler Belastung entweder systematisch geplante (Tempowechsel) oder willkürlich auftretende, oft auch geländeabhängige (→ Fahrtspiel) Änderung der Belastungsintensität (Laufgeschwindigkeit). In beiden Fällen ist die Absicht des I. gleich: Durch die Erhöhung der Intensität wird kurzfristig eine Sauerstoffschuld provoziert.
[**257**, 179]

Intensivierung Erhöhung der Reizwirkung im Training und im Sportunterricht. I. kann quantitativ (Erhöhung von Umfang/Zeit) und qualitativ (Erhöhung der Reizintensität) erfolgen. I. muß unter Beachtung weiterer → Belastungsnormative optimal und zielgerichtet angewendet werden.

Interferenz Einschränkung durch bereits verfügbare Bewegungsfertigkeiten für die Entwicklung neuer, ähnlicher Fertigkeiten (z. B. bei der Umstellung einer sportlichen Technik). Beispiele verschiedener Sportarten: Umstellung der Stabhochsprungtechnik vom Springen mit dem starren Stab auf die Stabbiegetechnik; Einführung der gleichschlagenden Beinbewegung beim Delphinschwimmen nach vorangegangener Schulung der alternierenden Beinbewegung beim Kraulschwimmen. I.-erscheinungen sind um so geringer, je vollkommener die Fertigkeiten beherrscht werden. Sie können bei

durchdachter Planung und Gestaltung des Trainingsprozesses weitgehend ausgeschaltet werden.
[**281**, 285 ff]

Intervallarbeit Übergeordneter Sammelbegriff für alle Trainingsformen, bei denen in Intervallform, d. h. mit systematischem Wechsel von Belastung und Erholung trainiert wird. Durch I. können variiert werden: Länge der Trainingsstrecke, Trainingstempo, Anzahl der Läufe, Dauer der Pausen, Art der Pausen, Grad der Ermüdung (s. a. → Ermüdungsindex).
[**196**, 100/**257**, 147 ff/**302**, 3]

Intervalldauerlauf Rhythmisierender Dauerlauf, ähnlich dem → Fahrtspiel, dient der Verbesserung der allgemeinen aeroben Ausdauer (s. a. → Intervalltraining Freiburger Prägung).
[**196**, 100/**327**, 492]

Intervallmethode Trainingsmethode, die auf einem periodischen (oder systematischen, zyklischen, rhythmischen, phasenhaften) Wechsel von Belastung und Erholung bzw. von Arbeit und Pause beruht. Die Erholungsphasen sind immer durch unvollständige Pausen (→ lohnende Pause) gekennzeichnet. Insgesamt zielt die I. auf einen höheren Arbeitssummenwert pro Trainingseinheit ab als die Dauermethode. Je nach Art der Belastungsanforderung (Belastungsintensität, Dauer der Einzelbelastungen, Länge und Gestaltung der Pausen) kann die I. gezielt zur Entwicklung einzelner Ausdauerfähigkeiten sowie anderer konditioneller Fähigkeiten (z. B. im Krafttraining) eingesetzt werden. In der Praxis haben sich zwei Klassifizierungsaspekte der I. bewährt:
1. Die Einteilung nach der variablen Belastungsdauer, wobei in
Kurzzeit-I.: 15 Sek.–2 Min. (Harre) bzw. 10–20 Sek. (Hollmann);
Mittelzeit-I.: 2–8 Min. (Harre), 40 Sek. bis 2 Min. (Hollmann);
und Langzeit-I.: über 8 Min. (Harre) bzw. über 3 Min. (Hollmann)
unterschieden wird. Man geht davon aus, daß die Geschwindigkeit der Dauer der Einzelbelastungen angepaßt und um so höher ist, je kürzer die Belastungsphase gewählt wird.
2. Die Klassifizierung nach der variablen Belastungsintensität, wobei in extensive (geringe–mittlere Intensität) und intensive I. (hohe–sehr hohe Intensität) unterschieden wird.
[**160**, 166/**182**, 457/**196**, 333/**257**, 180 ff/**310**/**345**]

Intervallmethoden

Langzeit-Intervall-Methode	Mittelzeit-Intervall-Methode	Kurzzeit-Intervall-Methode

Varianten

Teilstrecke	Intensität	Pausenlänge	Pausengestaltg.
gleichlang	gleichmäßig	gleichbleibend	passiv
gleichlang	gleichmäßig	unterschiedlich	passiv
gleichlang	gleichmäßig	gleichbleibend	aktiv
unterschiedlich	gleichmäßig	gleichbleibend	passiv

Serienintervalltraining: Alle Methoden eignen sich zur Zusammenstellung von Serien

Überblick über die Intervallmethoden
(Quelle: Harre 1977, 155)

Intervallsprints Sprintläufe nach dem Intervallprinzip über Strecken bis zu 60 m. I. schulen in erster Linie die Schnelligkeit (Schnellkraft und max. Schnelligkeit), die Kraft (Maximalkraft und z. T. Explosivkraft), die Ausdauer (allgemeine anaerobe alaktazide Ausdauer). Bei großen Umfängen wird auch die allgemeine anaerobe laktazide Ausdauer (Schnelligkeitsdauer) beansprucht.
[**196**, 17/**327**, 492]

Intervalltraining → Intervallmethode.

Intervalltraining Freiburger Prägung Von W. Gerschler Ende der 50er Jahre eingeführte Variante des Ausdauertrainings nach dem Intervallprinzip, welche primär auf die Vergrößerung des Herzvolumens abzielt. Kennzeichen des I. sind die auf 15–20 Sek. limitierten Phasen der Belastung (15–70 Sek.), die sehr hohen, nahezu maximalen Belastungsintensitäten sowie die auf 30–60 Sek. reduzierten Erholungsphasen. Je nach individueller Leistungsfähigkeit wird dieses Belastungsschema 10- bis 15mal wiederholt, bevor sich eine längere Ruhepause einschiebt. Insgesamt werden 50 oder mehr Wiederholungen als möglich angesehen. Reindell u. Roskamm, welche die wissenschaftliche Begründung für diese Form des Intervalltrainings lieferten, beobachteten, daß der eigentliche Anpassungsreiz für die Herzvergrößerung vom Intervall (der Pause) ausgeht und nicht von der Belastungslänge. Diese «aktive Reizwirkung der Pause» gründet nach ihrer Meinung auf dem Befund, daß der größte Sauerstoffpuls (als Ausdruck eines vergrößerten Schlagvolumens) nicht während der Belastung, sondern in den Erholungsphasen auftritt. Vor dem Hintergrund der engen Beziehung zwischen Herzgröße und allgemeiner aerober Ausdauer wird diese Trainingsmethode von den genannten Autoren als besonders wirksam postuliert. Hinsichtlich der Intensität-Umfang-Relation muß man das I. trotz der atypisch hohen Belastungsintensität als eine Form der → extensiven Intervallarbeit bezeichnen (vgl. Abb. rechts). Die kurzfristige Belastungsdauer (I. gehört zum Bereich der Kurzzeitintervallmethoden) bewirkt im Muskel die Beanspruchung der alaktaziden, anaeroben Stoffwechselkapazität, wodurch sich die relativ geringen Laktatspiegel erklären lassen. Die ebenfalls kurzfristigen Pausen reichen aus, um auf aerobem Wege die energiereichen Phosphate (ATP und Kreatinphosphat) wieder aufzubauen. Es handelt sich nach Hollmann / Hettinger hierbei um einen kombinierten anaerob-alaktaziden und aeroben Stoffwechselvorgang. Bei der Anwendung des I. sollte man aber berücksichtigen, daß die lok. Anpassungserscheinungen in der Muskulatur bei weitem nicht der durch die Dauermethode erzielten Wirkung entsprechen. Nach Grosser et al. ist von einem Kurzzeitintervalltraining keine Anpassung in Form lokaler Ausdauerverbesserung zu erwarten. Auch zur Entwicklung der allgemeinen Ausdauerleistungsfähigkeiten reicht nach Ansicht der Autoren die alleinige Wirkung auf die Herzkapazität (Herzvolumenvergrößerung) nicht aus. Nur auf der Grundlage einer gut entwickelten allgemeinen aeroben Ausdauer findet ein I. seine Berechtigung.
[**213**/**301**/**345**]

Involution, motorische Als Leistungsminderung auftretende Alterserscheinungen der Motorik, welche als wesentliche Merkmale ein vermindertes Bewegungsbedürfnis, eine verlangsamte Bewegungsführung, den Verlust der Fähigkeit zur Simultankombination von Bewegungen sowie die Qualitätsminderung der motorischen Akte (besonders in der Bewegungskopplung und der Bewegungselastizität) aufweisen.
Ursachen der I. liegen in den Alterungsprozessen der Organe und Gewebe (z. B. verminderte Muskelkraft), vor allem aber in der eingeschränkten Beweglichkeit der Nervenprozesse. Die un-

Strecke	Laufzeiten	Intervall	Wiederholungen
14- bis 16jährige			
100 m	20–17 Sek.	100– 60 Sek.	10–12
200 m	42–38 Sek.	120– 90 Sek.	8–10
300 m	60–54 Sek.	120– 90 Sek.	6– 8
400 m	100–80 Sek.	150– 90 Sek.	5– 7
17- bis 18jährige			
100 m	16–14 Sek.	90– 60 Sek.	12–15
200 m	36–32 Sek.	120– 60 Sek.	10
300 m	56–52 Sek.	120– 90 Sek.	8–10
400 m	90–70 Sek.	150–120 Sek.	6–10
Fortgeschrittene			
100 m	15–14 Sek.	60– 45 Sek.	20–40
200 m	33–29 Sek.	90– 45 Sek.	40–50
300 m	58–48 Sek.	90– 45 Sek.	16–20
400 m	72–60 Sek.	120– 60 Sek.	16–20
500 m	110–60 Sek.	120– 60 Sek.	12–20

Läufe für Anfänger und Fortgeschrittene nach der Methode der extensiven Intervallarbeit (nach Schmolinsky) (Quelle: Letzelter 1985, 183)

vermeidlichen Vorgänge der I. lassen sich durch ein geeignetes Training im Alter hinausschieben.
[**281**, 409/**430**, 238]

Irradiation Ausbreitung der auf einen afferenten Nervenimpuls hin erfolgten Erregung bestimmter motorischer Felder der Großhirnrinde auf benachbarte Felder. Dieser Vorgang wird bevorzugt durch neuartige, erstmals auftretende Reize ausgelöst, so etwa beim Erlernen neuer Bewegungsvorgänge. Die häufigste Wiederholung des gleichen Reizes führt bei Ausklammerung des Ermüdungszustands der Muskulatur zur Einschränkung des I.-Umfangs. Äußerlich erkennbar ist der Vorgang der I. an der anfänglichen Mitbewegung (auch: Nebenbewegung, «Luxusbewegung») unnötiger Muskelgruppen. Der Übende befindet sich in der ersten Phase des sensomotorischen Lernprozesses (Grobkoordination).
[**141**, 92, 101/**182**, 29 ff/**293**, 103 ff]

Ischialgie Syndrom, bei dem Schmerzen aus der Kreuzbeingegend über die Außenseite des Oberschenkels in den Fuß ziehen. In den meisten Fällen kommt es zu einer Kompression einer Nervenwurzel durch einen lateralen Bandscheibenvorfall. Lokalzeichen sind Druckschmerz, Muskelspannung, Bewegungseinschränkung und Skoliose in der Lendenwirbelsäule. Vorbeugende Maßnahmen bestehen in einem gezielten Kraft- und Beweglichkeitstraining für die gesunde Bauch- und Rückenmuskulatur. In der Häufigkeit sind Sportler betroffen, deren Wettkampfübung eine starke Lordosierung der Wirbelsäule verlangt (z. B. Stabhochspringer beim Einstich).
[**225**/**428**, 98/**458**, 670]

Isokinetisch → Krafttraining, isokinetisches.

Isometrisch Spannungsänderung des Muskels bei gleichbleibender Muskelfaserlänge. Die kontraktilen Elemente des

Süddeutscher Rundfunk Bibliothek

Muskels kontrahieren sich, die elastischen Elemente werden gedehnt.
[**257**, 145 ff/**293**, 39/**430**, 151]

Isotonisch Kontraktionsform des Muskels, bei welcher sich die Muskelfaserlänge ändert. Die kontraktilen Elemente des Muskels kontrahieren sich, die elastischen Elemente verändern ihre Länge nicht. Hauptform muskulärer Beanspruchung.
[**257**, 145 ff/**430**, 128]

Isotronisch → Krafttraining, isotronisches; → Elektrostimulation.

Istwert Tatsächlicher Wert einer Regelgröße im betrachteten Zeitpunkt.
In kybernetisch ausgerichteten Modellen zur Steuerung des Trainingsprozesses wird der I. häufig mit dem gezeigten Verhalten oder dem Trainings- oder Leistungsstand des Sportlers gleichgesetzt. Es ist Aufgabe der Leistungsdiagnostik, I.-Analysen durchzuführen, diese mit einem zu Trainingsbeginn gesetzten Sollwert zu vergleichen, um Rückschlüsse auf die weitere Trainings- und Wettkampfplanung zu ziehen (s. a. → Istzustandsanalyse).
[**276**, 140 f/**430**, 38, 238]

Istzustandsanalyse 1. Feststellung und Beschreibung der subjektiven und materiellen Bedingungen des Zustands (spezielles Eigenschaftsniveau, technisches Fertigkeitsniveau, Einstellung, Gesundheit u. ä., sowie berufliche/schulische Belastung,
Trainingszeit, Trainingsvoraussetzungen, soziale Absicherung usw.);
2. Bestimmung des Ausprägungsgrades dieser Bedingungen.
Die I. dient in erster Linie als Basis für eine langfristige Trainingsplanung. Als permanentes trainingsbegleitendes Verfahren ist die I. aber auch Grundlage für Rückinformationen zur laufenden Planpassung und damit zur Trainingssteuerung.
[**276**, 29 ff.]

J

Jahrestrainingsplan (auch: Jahresplan) Trainingsplan, der für den Zeitabschnitt eines ganzen Jahres konzipiert ist. Der J. richtet sich im Gegensatz zum → Rahmentrainingsplan entweder an bestimmte Sportler oder Trainingsgruppen. Er wird auf einem Kalendarium und trainingsmethodischen Einteilungen (Perioden, Etappen, Zyklen) erstellt; außerdem enthält er allgemeine Vorbemerkungen und individuelle Anschreiben. J. werden entweder als Tabelle oder als Graphik gestaltet (siehe Abb. Seite 140).

Inhalte der individuellen Anschreiben: Hinweise auf die vergangene Saison im Sinn einer → Ist-Zustandsanalyse mit Bemerkungen über Stärken und Schwächen, dem Trainingsfleiß und der Einstellung zum Training. Ansprechen sozialer und psychologischer Probleme. Hinweise zum Sollzustand (jeder Plan erfüllt zunächst die Funktion einer Prognose): die angestrebte Wettkampfleistung in der kommenden Saison, Teilziele in einzelnen Trainingsabschnitten, Erziehungsziele im psychischen und kognitiven Bereich, Lösungsvorschläge zu sozialen Problemen (Beruf, Ausbildung und Training).

[**160**, 235ff/**276**, 18ff]

Japan-Test Allgemeiner Konditionstest, der die motorischen Grundeigenschaften Schnelligkeit, Gewandtheit und Schnelligkeitsausdauer erfaßt.

Japan-Test (Sidestep) auf dem Volleyballfeld (Quelle: Jonath/Krempel 1985, 118)

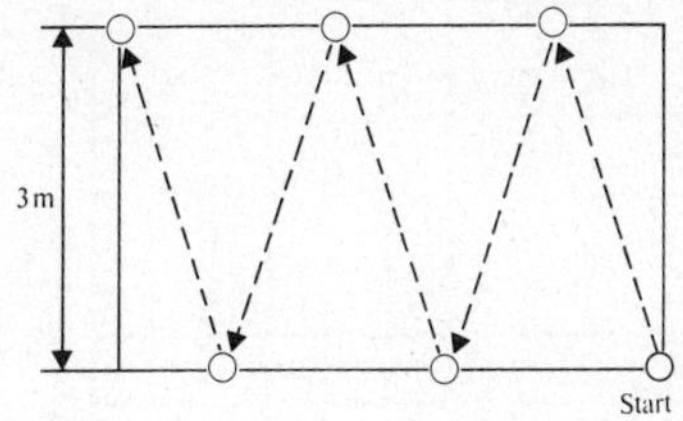

Der Start erfolgt aus der seitlichen Stellung von der Mitte der Grundlinie. Mit seitlichen Nachstellschritten wird die 4,5 m entfernte Seitenlinie berührt, dann zurück zur Startlinie etc., insgesamt 5 Bahnen. Die Zeit wird nach der 5. Bahn beim Überschreiten der Seitenlinie gestoppt. Die bessere Zeit von 2 Durchgängen wird gewertet.

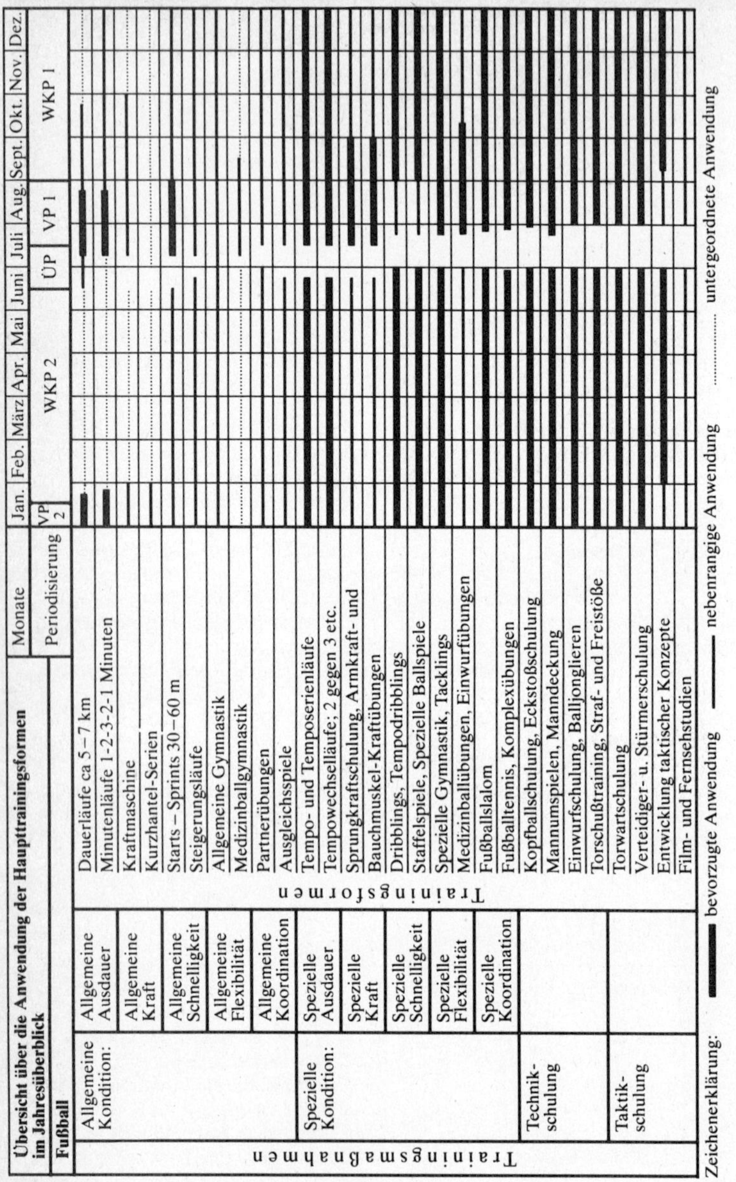

Beispiel eines Jahrestrainingsplans im Fußball (Quelle: Jonath/Krempel 1985, 217)

Jogging Dauerlauf in gemäßigter Geschwindigkeit (meist im aeroben Ausdauerbereich; als Belastungskriterium wird im Breitensport eine Pulsfrequenz zwischen 130 und 150 Schläge/Min. angegeben). J. ist eine beliebte Übung des Freizeitsports und hat ihren Ursprung in den USA.

Jugendtraining Trainingsabschnitt im sportlichen Entwicklungsprozeß eines Sportlers.
Bernhard (1968) und Feige (1978) verwenden den Begriff synonym mit dem Begriff Aufbautraining.
Martin (1980) definiert J. für den Altersbereich von 14–18 Jahren, erwähnt jedoch in diesem Zusammenhang, daß der Begriff unterschiedlich und differenziert anzusetzen ist, da er sowohl trainingsmethodisch und sportartspezifisch, aber auch wegen des jeweiligen Trainings- und Entwicklungsalters nur individuell zu bestimmen ist.
Mühlfriedel (1983) ordnet den Begriff des J. den biologischen Entwicklungsstadien Pubeszenz und Adoleszenz zu und stellt folgende Kurzcharakteristika von trainingsrelevanten Merkmalen dieser Abschnitte dar:
Pubeszenz:
– Festigung statt Neuerwerb von motorischen Fertigkeiten (bedingt durch Koordinationsstörungen), aber keine «Krisen- oder Schonzeit» (in der konditionellen Leistungsfähigkeit sind im Gegensatz zu früheren Auffassungen keine Minderungen zu beobachten);
– Krafttraining: einseitige Übung mit hohen Gewichten vermeiden (Gefahr von Haltungsschäden), Vermeidung von Preßdruckbelastungen;
– Ausdauertraining: Ausdauerschulung sollte noch vorwiegend aerob ausgerichtet sein und weitgehend im submaximalen Bereich erfolgen;
– Schnelligkeitstraining: erhöhte Anforderungen individuell möglich (Intensitätssteigerung), Trainierbarkeit der schnell kontrahierenden Muskelfasern (A- und C-Fasern) im ca. 12. Lebensjahr besonders günstig;
– Bewegungs- und geschicklichkeitschulende Sportarten fördern, psychologische Führung sehr wichtig (z. B. durch Gruppentraining Sicherheit und Selbstvertrauen erreichen).
Adoleszenz:
– Voraussetzungen im motorischen Lernen günstig – Fortschritte im Neulernen, Herausbildung von Feinformen, Stabilisierung der Koordination;
– Krafttraining: sehr gute Bedingungen für die Kraftschulung durch wachstumsbedingte günstige Last–Kraft-Verhältnisse (aber deutliche geschlechtsspezifische Differenz), hohe Belastungen sind möglich.
– Ausdauertraining: sehr günstige Voraussetzungen z. B. durch Zunahme der maximalen Sauerstoffaufnahme, trainingsbedingte Potenzen sollen ausreichend genutzt werden, nur dann Erzielung der vollen Ausdauerfähigkeit im Erwachsenenalter möglich.
– Schnelligkeitstraining: keine wesentlichen Intensitätssteigerungen mehr möglich, da Leistungsstand des Erwachsenenalters fast erreicht.
– Die Technik- und Taktikschulung weist günstige Bedingungen auf (Einbeziehung kognitiver Lernziele möglich).
– Wettkämpfe und Leistungskontrollen auf höherer Ebene, z. T. bereits auf höchster Ebene (z. B. Schwimmen).
[**255**/**276**, 257 ff/**293**, 25 f, 181, 183 f]

Jump-and-reach Test- oder Trainingsmethode zur Entwicklung bzw. Registrierung der vertikalen Sprungkraft (Beinstreckkraft).
Die Sprünge können aus der Hocke (mit und ohne Armeinsatz) oder auch von einem kleinen Kasten nach Niedersprung als reaktives Sprungkrafttraining durchgeführt werden.
Die Leistungsfähigkeit ergibt sich aus der vertikalen Differenz zwischen Reichhöhe im Stand und erreichter Sprunghöhe.

K

Kapazität, aerobe Maximales Sauerstoffaufnahmevermögen pro Minute oder Größe des Sauerstoffstroms in der Zeiteinheit. Bruttokriterium der Leistungsfähigkeit von Herz, Kreislauf, Atmung und Stoffwechsel. Wird bei maximaler dynamischer Arbeit großer Muskelgruppen von wenigstens 3 Min. Dauer erreicht.
[**182**, 154ff/**196**, 310/**257**, 163]

Kapazität, anaerobe Maximale Sauerstoffschuld pro Minute. Ausdruck der → allgemeinen anaeroben dynamischen Ausdauer. Wird entscheidend limitiert durch die Fähigkeit, trotz einer eingegangenen großen Sauerstoffschuld eine hohe Leistungsfähigkeit aufrechterhalten zu können. Kriterien hierfür sind die Höhe des Milchsäurespiegels und der pH-Wert, so daß nur speziell darauf trainierte Personen ihr Leistungsreservoir voll ausschöpfen können (s. a. → Sauerstoffaufnahmevermögen, maximales).
[**160**, 159ff/**182**, 521/**257**, 163]

Kapillaren (auch Haargefäße) Aufzweigungen des Gefäßsystems in den Organen. K. bilden die Verbindung zwischen Arterien und Venen. Im Bereich der K. erfolgen die Austauschvorgänge zwischen dem Blut und dem umgebenden Gewebe. Die Zahl der aktiven K. variiert je nach der augenblicklichen Arbeitsintensität. Bei großer Belastung können die geöffneten K. zusätzlich erweitert werden. Eine Vermehrung der K. durch lokales Ausdauertraining ist umstritten, eine Querschnittszunahme jedoch erwiesen.
[**182**/**197**, 14/**275**]

Kapillarisierung Eröffnung vorhandener oder Neubildung von Kapillaren. Unter Ruhebedingungen brauchen die Organe nur wenig Energie, so daß 3/4 aller Muskelkapillaren verschlossen sind. Sie öffnen sich nur und werden von Blut durchströmt, wenn ihre Organe aktiv werden und deshalb mehr Sauerstoff und Nährstoffe benötigen. Würden alle Kapillaren des Körpers gleichzeitig eröffnet und durchströmt, käme es im weiteren Kapillarenbett zu Blutversackungen und Kreislaufregulationsstörungen, zum Schock oder zur Ohnmacht.
[**182**, 305ff/**197**, 19/**257**, 165/**430**, 76f]

Kardio-pulmonales System Herz-, Kreislauf-, Atmungs- und Stoffwechselsystem. Wirkt in Verbindung mit dem intrazellulären Stoffwechsel leistungsbegrenzend für dynamische Ausdauerbeanspruchungen großer Muskelgruppen (z. B. beim Laufen, Radfahren, Schwimmen, Rudern, Skilaufen etc.).
[**182**, 325ff/**270**]

Kastenrudern Standardisierte Anlage zur Simulation von Ruderwettkämpfen und zur labormäßigen Überprüfung der spezifischen Leistungsfähigkeit im Training und Wettkampf.
[**182**, 540]

Katecholamine Gruppe von einfachen Aminen, wie Adrenalin, Noradrenalin und Dopamin, die natürlicherweise in der Nebenniere gebildet werden. Muskuläre Beanspruchungen bewirken hormonelle Veränderungen; sie dienen der ökonomischen Leistungserbringung. K. steigen dabei in Durchführung ihrer kreislaufregulatorischen und metabolischen Funktionen an. Die Größenordnung der K.-Ausschüttung hängt sowohl von der Belastungsintensität als auch der Belastungsdauer ab.
[**182**, 37f, 83]

Kennlinie, biomechanische Charakteristische funktionale Darstellung (Kurvenzug) eines bestimmenden Merkmals in Form einer definierten mechanischen Größe in Abhängigkeit von anderen Größen.
[**175**/**281**, 125ff]

Kennziffer, leistungskennzeichnende Vorgaben der sportlichen Leistung in bestimmten Maßeinheiten (m, Sek., kp) bzw. disziplinspezifischen Kriterien (z. B. Quotienten für den Wirkungsgrad technisch-taktischer Handlungen), in physiologischen Meßgrößen oder psychischen Meßangaben. Für Trainer und Sportler werden Leistungskennziffern als Zielkriterien in der Planung des Trainings sowie als Orientierungskennziffern bei der Steuerung und Regelung des Trainingsprozesses angewandt.
[**160**, 29ff]

Ketonkörper Zwischenprodukte im Stoffwechselgeschehen, besonders des Fettstoffwechsels. Im einzelnen handelt es sich um Azeton, Azetonazetat und Beta-Hydroxybuttersäure.
[**116**, 175, 217]

Kette, kinematische System aus mehreren gelenkig miteinander verbundenen Einzelgliedern, das zur Übertragung von Kräften sowie der Umwandlung in Bewegung dient. Bei einer geschlossenen Kette sind alle ihre Glieder endlos miteinander verbunden. Beim zweibeinigen Stand des Menschen bilden die unteren Extremitäten durch den Bodenkontakt eine geschlossene Kette. Der menschliche Arm stellt dagegen eine offene Kette dar. Offene K. haben wegen der einseitig fehlenden Bindung des Endgliedes mit anderen Körperteilen eine höhere Beweglichkeit als geschlossene K.
[**175**, 45/**196**, 363]

Kinästhesie Wahrnehmung der Raum-, Zeit- und Spannungsverhältnisse der Eigenbewegung über bewegungsempfindliche Propriorezeptoren. Die Propriorezeptoren gehören einem weitläufigen System innerhalb aller Sehnen, Muskeln, Bänder und Gelenke des menschlichen Bewegungsapparats und des Vestibularorgans an. Vor allem bei komplizierten Bewegungen ist die Feinabstimmung von Raum- und Zeitparametern auf kinästhetische Wahrnehmungen zurückzuführen. K. ist durch Übung beeinflußbar.

Kindertraining Auf eine zielgerichtete Leistungsentwicklung vorbereitendes Training. Im K. sind multifunktionale Bewegungsformen ebenso enthalten wie spezifische Formen der Sportart, auf die es vorbereiten soll. Durch spielerische Formen sollen vielfältige Bewegungserfahrungen gewonnen, in zielgerichteten Übungen erste Erfahrungen mit der Sportart gemacht und in gemeinschaftlichem Tun Möglichkeiten der Kooperation gefunden werden.
Ziel ist in erster Linie die Expansion aller motorischen Möglichkeiten zu einem breiten Bewegungsreservoir, aus dem heraus spezifische Bewegungsformen leichter, schneller und zielgerichteter erlernt werden können. Ziel ist nicht der extensiv rasche Anstieg sportlicher Lei-

Entwicklungsstufenspezifische Inhalte des Trainings mit Kindern

– Viel Anregung und Spielraum zu entdeckendem Spiel – vielseitige psychomotorische Entwicklung durch Hindernisturnen, Spiele mit und ohne Ball, Geschicklichkeitsaufgaben, rhythmische Schulung, Lauf-Sprung-Kombinationen u. v. a. – Sportartspezifische Bewegungsschulung in Verbindung mit Vielseitigkeitsaufgaben	– Freiraum für entdeckendes Spielen – viel Bewegung an der frischen Luft – viel technische Grundelemente aus verschiedenen Sportarten – Hindernisturnen mit konditionellen und koordinativen Aufgaben – Schnelligkeit, Reaktion – Spiele – Sportartspezifische Grundausbildung	– Bildung von überdauernden Interessen – entscheiden für die Spezialsportart – umfassende Schulung der Technik und der koordinativen Fähigkeiten – gesteigerte konditionelle Aufgabenstellung in der Kraft-, Ausdauer-, Schnelligkeits- und Beweglichkeitsschulung

♂	Vorschul-	Frühes Schul-	Spätes Schul-
Alter	5 6 7	8 9 10	11 12 13
♀	alter	kindalter	kindalter | 1. puberale Phase

Trainingsinhalte, zugeordnet zu den einzelnen Entwicklungsstufen (nach Martin 1980)

stungen, der möglich, aber im Regelfall nur von recht kurzer Dauer ist, da recht bald eine Übersättigung durch Sport eintritt.

Demnach verlangt ein K. eigenständige Trainingsprinzipien, Trainingsinhalte, Trainingsmittel und Trainingsmethoden, die den Entwicklungsstufen angepaßt sind (siehe Abb. oben).
[**156**, 52/**276**, 24, 26, 204]

Kinegramm Aufzeichnung bzw. Darstellung realer oder abstrakter Bewegungen. Aus Filmaufnahmen lassen sich Umrißzeichnungen bzw. Fotomontagen oder Reihenbilder als reale Widerspiegelung der Bewegung herstellen. Im Interesse einer weitergehenden Bewegungseinschätzung können darüber hinaus Ortskurven bzw. Weg-Zeit-Diagramme u. a. als abstrakte Darstellungen der Bewegung abgeleitet oder direkt aufgezeichnet werden.

Kinematik Im Gegensatz zur Dynamik als einer erklärenden Wissenschaft ist die Kinematik als Lehre von den möglichen Bewegungen jenes Teilgebiet der Mechanik, das die Bewegung deskriptiv erfaßt, indem sie ihren Verlauf in Raum und Zeit als Geometrie der Bewegung mathematisch formuliert.
[**24**, 11 ff/**175**, 14 ff/**196**, 363/**430**, 239]

Kinematographie Gesamtheit aller Verfahren zur Speicherung und Wiedergabe von Größen zur Kennzeichnung der Ortsveränderung eines Körpers in Raum und Zeit. Die Bewegungen können original reproduziert und abhängig vom Ver-

hältnis zwischen Aufnahmefrequenz und Wiedergabefrequenz zeitgetreu, zeitlich gerafft und zeitlich gedehnt werden.
Es besteht die Möglichkeit der Einzelbild- bzw. Bildreihenerstellung sowie Messung von Weg- und Zeitdifferenzen (s. a. → Kinemetrie).
[**116**, 333/**196**, 363]

Kinemetrie Verfahren zur Bestimmung der Orts- und Lageveränderungen eines Körpers. Als kinemetrische Meßverfahren der Biomechanik zur Orts- und Lagebestimmung eines Körpers in Raum und Zeit kann unterschieden werden in Zeit-, Winkel-, Geschwindigkeits- und Beschleunigungsmessung.

Kinesiologie (auch Bewegungslehre) Zusammenfassung der naturwissenschaftlichen Disziplinen Biomechanik, Anatomie-Physiologie und Psychologie.
[**24**, 8/**32**/**196**, 363]

Kinetik → Kinematik.

Kleinhirn Ein für motorische Funktionen wesentlicher Teil des Gehirns. K. liegt als Teil des Hirnstamms hinter dem Brükkenhirn.
Die Strukturen des K. kontrollieren die Stützmotorik (u. a. Körpergleichgewicht), koordinieren die Stütz- mit der Zielmotorik und veranlassen Kurskorrekturen bei teilweise falsch ausgeführten Bewegungen.
[**270**, 67ff]

Kniehebelauf Lauf am Ort oder in der Bewegung mit betontem Kniehub (hohe Knieführung) in der vorderen Schwungphase, steifem Fußaufsatz in der vorderen Stützphase, aktivem Abdruck und Streckung des Hüftgelenks (aufrechte Rumpfhaltung).
Der K. stellt eine wichtige Trainingsform zur Verbesserung der Laufkoordination dar und gehört zum → Lauf-ABC.
[**196**, 17]

Kohlendioxydspannung Partialdruck von Kohlendioxyd in der Atemluft oder im Blut.

Kohlenhydratdepots Einlagerung von Kohlenhydraten in der Skelettmuskulatur und in der Leber. Jenseits einer Belastung von 10 Sek. wird die Energie durch anaerobe und vor allem aerobe Oxydation der Brennstoffe, Kohlenhydrate und Fette bereitgestellt. Bei Ausdauerbeanspruchungen steht die tierische Stärke, das Glykogen, als Energielieferant im Vordergrund. Geht man von einem Glykogengehalt von 1,5 g pro 100 g Muskulatur und einer Gesamtmuskelmasse von 20 kg aus, so errechnet sich die Größe des K. mit 300 g. Bei Belastungen von mehr als 30 Min. mit ca. 75 % der maximalen Sauerstoffaufnahme stellt die Größe der K. einen leistungslimitierenden Faktor dar.
[**182**, 89]

Kohlenhydratverbrennung Energiebereitstellung durch Verbrennen von Kohlenhydraten. Bereits mit Arbeitsbeginn werden von der Muskelzelle Kohlenhydrate zur Energiegewinnung herangezogen. Der Körper des Erwachsenen benötigt hierfür täglich etwa 100 g Kohlenhydrate für essentielle Funktionen des neurologischen Systems und anderer Gewebe. Kommt es zu einer erschöpfenden Ausdauerbelastung, so werden die Kohlenhydratdepots bis auf ein Minimum geleert. Die Belastung muß vor der Erschöpfung abgebrochen werden. Im Mittel sollte der prozentuale Anteil von Kohlenhydraten in der Nahrung 48 % nicht unterschreiten, um die lebensnotwendige Energiebereitstellung durch die K. zu gewährleisten.
[**182**, 95]

Kollaps Plötzlich einsetzender, aber auch mit Vorzeichen beginnender Anfall allgemeiner Schwäche durch Versagen des peripheren Kreislaufs. Als auslösende Ursachen kommen u. a. stärkere Blutun-

gen, langes Stehen, seelische Einflüsse und schnelle Gleichgewichtsverlagerung in Frage. Symptome sind blasse Haut, kalter Schweiß, weite Pupillen, oberflächliche Atmung, unregelmäßiger, kleiner, beschleunigter Puls und Trübung des Bewußtseins.
Die Maßnahmen der Ersten Hilfe bestehen in der Flachlagerung mit Anheben der Beine, in der Frischluftzufuhr und im Öffnen beengter Kleidung.
Im Sport kann es durch langanhaltende Preßatmung zum orthostatischen K. kommen.

Kollateralen Aufzweigungen oder Seitenäste von Arterien, die bei Unterbrechung des Hauptweges in kurzer Zeit stark erweitert werden können. Sie stellen somit die ausreichende Blutversorgung sicher. Bei Endarterien entsteht kein Kollateralkreislauf, die Organe oder Organteile sterben ab (Nekrose bzw. Herzinfarkt).
Umstritten ist, ob eine Kollateralentwicklung durch Ausdauertraining zu ermöglichen ist.
[**182**, 305]

Kombinationseigenschaft Verbindung von zwei verschiedenen motorischen (konditionellen) Grundeigenschaften zu einer speziellen, aber eigenständigen Fähigkeit (z. B. Kraftausdauer, Schnellkraft).
[**257**, 136]

Kombinationsfähigkeit, motorische Leistungsvoraussetzungen eines Menschen, mehrere selbständige Bewegungsformen zu einem einheitlichen Handlungsgefüge zu verbinden. K. spielt in einer Vielzahl von Sportarten eine Rolle (Spiel- und Zweikampfsportarten, Eiskunstlauf etc.). Das Maß der motorischen Kombinationsfähigkeit ist wie bei den allgemeinen koordinativen Fähigkeiten die Koordinationsschwierigkeit, die Anpassungs- und Umstellungszeit.
Grundlagen und Voraussetzungen der motorischen K. sind Bewegungserfahrungen, sensorische Information und praktische Intelligenz.
[**257**, 136/**281**, 208f]

Kompensationstraining Training mit dem Ziel des Funktionsausgleichs von Leistungsschwächen, Haltungsschäden des Rumpfs und der Füße sowie von Organleistungsschwächen (Atmungs- und Kreislaufschwächen) und von Koordinationsschwächen.
Die Zielgruppe des K. sind Kinder und Jugendliche im Vorschul- und Primarbereich, Erwachsene, die durch Stress und Risikofaktoren besonders gefährdet sind, Kinder, Jugendliche und Erwachsene mit Haltungs- oder Koordinationsschäden leichter Art.
[**171**]

Komplextraining (auch Integriertes Training) Training, das alle wettkampfspezifischen Aufgaben (physiologische, psychische, motorische und taktische) in ihrer Gesamtheit löst. Typisches K. ist z. B. das → Fahrtspiel.

Komplexübung Trainingsübung, die mehrere Elemente einer Technik oder Taktik verbindet. Motorisch wird dieser Sachverhalt mit dem Begriff der Bewegungskombination erfaßt.

Kondition Summe aller leistungsbestimmenden Faktoren im Sport (siehe Abb. rechts).
Physischer und psychischer Trainingszustand eines Sportlers, der durch die Entwicklung der Ausdauer-, Kraft- und Schnelligkeitsfähigkeiten sowie der koordinativen Gruppe (Beweglichkeit, Gewandtheit) und die diesen Fähigkeiten adäquaten psychischen Eigenschaften gekennzeichnet ist.
K. ist ein wichtiger Faktor für das Erreichen hoher Wettkampfleistungen und bestimmt die physische und psychische Belastbarkeit des Sportlers im Training.
[**143**/**182**, 137/**196**, 333/**257**, 119]

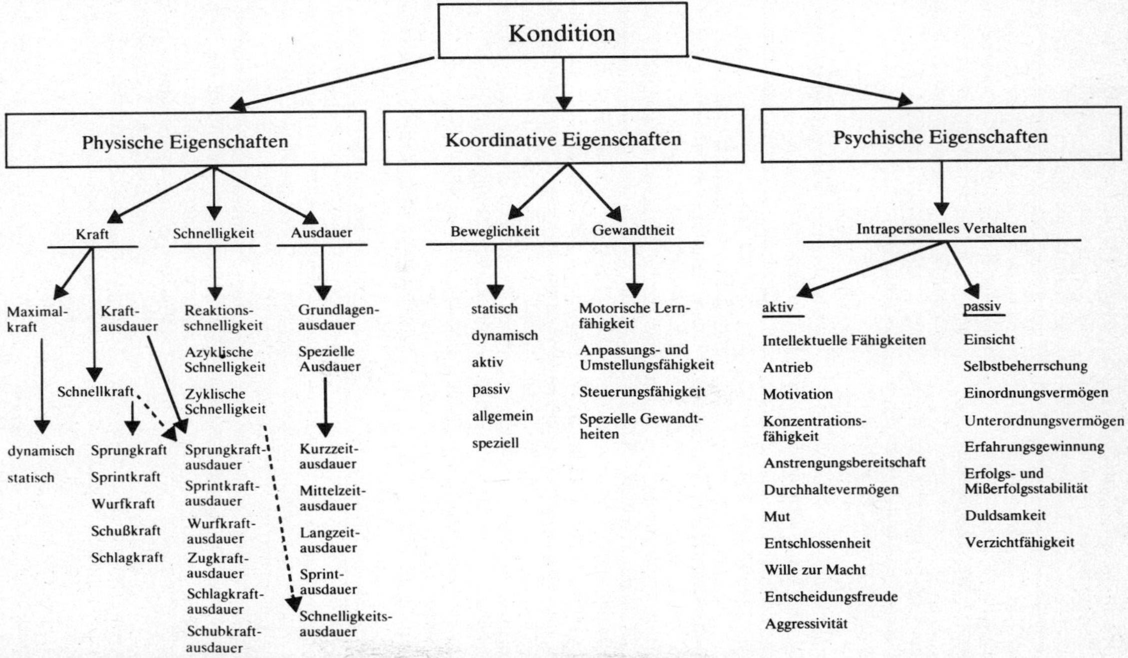

Kondition als Summe psychophysischer Eigenschaften und koordinativer Fähigkeiten (modifiziert in Anlehnung an Letzelter)
(Quelle: Jonath/Krempel 1985, 16)

Kondition, spezielle K. beschränkt sich – ausgehend von der allgemeinen Basis – auf die Entfaltung sportartspezifischer (leistungsbestimmender) Fähigkeiten (z. B. aerobe Ausdauer beim Marathonläufer), welche vorwiegend in den Stufen des Aufbau- und Leistungstrainings entwickelt werden.
[**143**, 10/**182**, 137/**257**, 119/**276**, 167f]

Konditionierung Spezifische Form des zielgerichteten Übens und Trainierens, in der vorwiegend physische Fähigkeiten wie Ausdauer, Kraft und Schnelligkeit verbessert werden.
Die Mittel und Methoden der K. sind nach sportmedizinischen und -pädagogischen Erkenntnissen ausgewählt.

Konditionsentwicklung Entwicklung aller leistungsbestimmenden Faktoren in einer Sportart. Insbesondere von einem gezielten Training abhängig. Die K. durch Training selbst beruht auf dem Prinzip der biologischen Anpassung, wo unter dem Einfluß äußerer Belastungen sich eine Umstellung innerer Systeme (Herz-Kreislauf, vegetatives Nervensystem, Muskulatur, psychische Verhaltensweisen) auf ein höheres Leistungsniveau vollzieht.
[**143**, 11]

Konditionsgymnastik Kräftigung und Dehnung der bei (speziellen) Bewegungen benötigten Muskulatur. Zum Erlernen oder Ausüben bestimmter Bewegungstechniken bedarf es der Einstimmung und Vorbereitung des Organismus, um die physiologischen Voraussetzungen zu verbessern.
[**143**, 143ff]

Konditionstest Test zur Überprüfung der motorischen Grundeigenschaften Kraft, Schnelligkeit, Ausdauer und Gewandtheit. Ziel ist es, den Grad der physischen und motorischen Leistungsfähigkeit eines Menschen festzustellen. Dabei wird der allgemeine K. vom speziellen K. für eine bestimmte Disziplin unterschieden. Generell sollte der K. die Leistungsfaktoren der allgemeinen oder der speziellen Kondition bestimmen und darüber hinaus abschätzen, wie groß die Einflußhöhe eines jeden dieser Leistungsfaktoren auf die allgemeine oder spezielle Kondition ist. Grundlage für einen K. ist eine Testbatterie mit verschiedenen Testübungen im Rahmen eines → sportmotorischen Tests.
[**143**/**276**, 154ff, 167ff]

Konditionstraining Trainingsform zur Verbesserung der allgemeinen oder speziellen Kondition.
Das allgemeine K. bezweckt im Rahmen der vielseitigen, disziplingerichteten, sportlichen Grundlagenausbildung die Entwicklung oder Stabilisierung der für die sportliche Leistungssteigerung benötigten konditionellen Grundlagen. Das spezielle K. wird mit Spezial- und Wettkampfübungen durchgeführt und bezweckt die Entwicklung der für hohe Wettkampfleistungen benötigten konditionellen Fähigkeiten. Es wird immer durch Training in der Wettkampfübung oder in Spezialübungen betrieben.
[**143**/**196**, 334/**293**, 31f, 40ff/**452**]

Konditionsvoraussetzungen Determinanten der → Konditionsentwicklung. Die Qualität des Konditionszustands ist nach derzeitigen trainingswissenschaftlichen Gesichtspunkten vor allem abhängig von der altersgemäßen Entwicklung, den genetischen Bedingungen der Organe und der Muskulatur, den koordinativen Steuerungsmechanismen des Zentralnervensystems (Zusammenspiel von Gehirn bzw. Nervensystem und Muskulatur), den psychischen Fähigkeiten (Willenskraft, Selbstvertrauen, Emotion) und dem Zeitpunkt des Trainingsbeginns.
[**143**, 8]

Konstitutionstyp Körperliche und psychische Merkmalskombination, die die

Konstitution eines Individuums charakterisiert, in ihren Grundzügen aber bei einer Vielzahl von Individuen vorkommt. Im Sport hat neben der Einteilung in einen Alterstyp die Einteilung in einen K. nach Kretschmer (Leptosom, Pykniker, Athletiker) eine besondere Bedeutung. Es wird oft versucht, die Eignung verschiedener K. für bestimmte Sportarten aufzuzeigen, besonders im Hinblick auf Talentförderung, Training und Betreuung des Sportlers.
[**238**]

Konstruktvalidität Aspekt der Validität (Gültigkeit von Testverfahren). K. spielt in der Trainingspraxis eine wichtige Rolle. So sind die konditionellen Grundeigenschaften Kraft und Ausdauer keine realen, in der Praxis vorhandenen Eigenschaften, sondern Sammelbegriffe, die mehrere Erscheinungsweisen zusammenfassen. Der Begriff Kondition ist ein noch abstrakteres Konstrukt. Sollen Kraft oder Ausdauer oder gar Kondition überprüft werden, so müssen diese Begriffe zuerst operational definiert werden. Je umfassender das Konstrukt ist, desto umfangreicher wird die Operationalisierung. Es werden mehrere Verhaltensweisen und damit mehrere Tests benutzt, um das Konstrukt ganz zu erfassen. Letztlich bedient man sich vieler Tests, die zusammengefaßt zu einer Testbatterie das Konstrukt beschreiben. Diese Batterie kann homogen oder heterogen sein. Ist das Konstrukt relativ homogen wie die Schnellkraft, dann bedient man sich einer homogenen Testbatterie; ist es dagegen heterogen wie die Kondition, dann benötigt man eine heterogene. K. liegt also vor, wenn ein Test ein Persönlichkeitsmerkmal mißt, das zu einem Konstrukt gehört und einen Teil davon ausmacht.
[**257**, 111]

Kontraindikation (auch Gegenanzeige) Umstand, der gegen eine unkontrollierte intensive körperliche Belastung spricht bzw. der die Anwendung einer an sich zweckmäßigen ärztlichen Maßnahme verbietet. Die wichtigsten Kontraindikationen gegenüber intensiven körperlichen Belastungen sind:
Angeborene oder erworbene Herzfehler bzw. -schäden, Rhythmusstörungen, die bei Belastung auftreten oder sich unter Arbeit verstärken, akute oder chronische Infektionen, größerer Fokus, speziell in den Tonsillen oder in den Nasennebenhöhlen, unbehandelte höhergradige Hypertonie (Bluthochdruck), unbehandelte höhergradige Hyperthyreose (gesteigerte Tätigkeit der Schilddrüse) und sonstige, für eine Belastung bedenkliche Organveränderungen (besonders Leber, Lunge, Nieren).
[**182**, 671, 677]

Kontraktion (auch Muskelkontraktion) Arbeitsweise der Muskulatur; aktive Verkürzung und/oder Spannungsentwicklung eines Muskels aufgrund einer Reizeinwirkung. Man unterscheidet demnach zwischen → isometrischer, → isotonischer und → auxotonischer K. Der Vorgang der K. verläuft unter physiko-chemischen Gesichtspunkten folgendermaßen: Eintreffen der Erregung über das motorische Neuron an der motorischen Nervenendplatte, Freisetzung von Azetylcholin mit nachfolgender Membrandepolarisation, Freisetzung von Kalziumionen, Aktivierung der Myosin-ATP-ase, ATP-Spaltung, Myosin-Aktin-Koppelung, Kontraktion (siehe Abb. Seite 150).
[**182**/**273**, 45/**276**, 52ff]

Kontraktion, auxotonische Kontraktionsvariante, bei der sich sowohl die Muskellänge als auch die Muskelspannung verändern. Die kontraktilen Elemente der Muskulatur verkürzen sich, die elastischen bleiben nahezu konstant. Dieses variable Verhältnis entsteht durch die mechanische Kraftübertragung des Knochen-Gelenk-Apparats, durch das synergistische und antagonistische Zu-

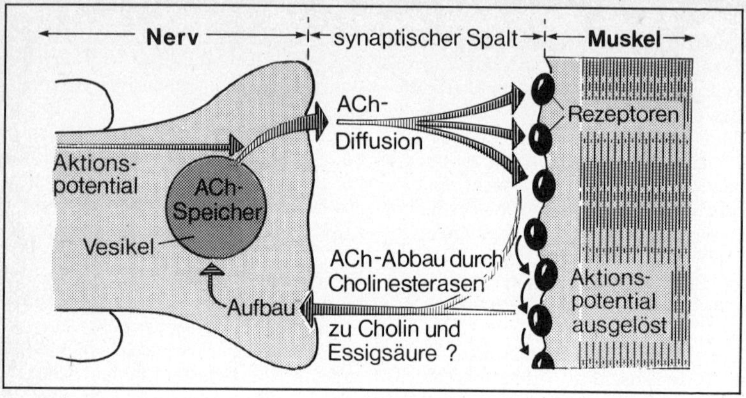

Übermittlung des Nervenbefehls an der motorischen Endplatte durch den Überträgerstoff Azetylcholin (ACh) (Quelle: Markworth 1986, 45)

sammenspiel einzelner Elemente des Nerv-Muskel-Systems und durch die bewegungsspezifischen Geschwindigkeitsanforderungen.
Durch differenziertes Zu- und Abschalten neuromuskulärer Einheiten wird die Kontraktionsstärke innerhalb einer Bewegungsamplitude anpassend verändert. K. ist der Normalfall der Muskelkontraktion.
[**100**, 55 f/**160**, 137/**182**, 33/**255**]

Kontraktion, exzentrische Kontraktionsvariante, bei dem die kontraktilen und elastischen Elemente des Muskels gedehnt werden. Aus der voll gekürzten Position (kontrahierter Zustand) wird der Muskel durch eine Belastung (äußere Kraft) auf seine Ruhelänge und darüber hinaus verlängert. Bei der K. ist eine hypermaximale Reizsetzung möglich.
[**100**/**182**, 23 f/**255**]

Kontraktion, isometrische Kontraktionsvariante, bei der das elastische Element durch Verkürzung des kontraktilen Elements des Muskels gedehnt wird. Äußerlich ist keine Kontraktion zu erkennen. Ursprung und Ansatz des Muskels nähern sich nicht. K. werden häufig in der Rehabilitation vorgenommen.
[**100**/**160**/182, 33, 215]

Kontraktion, isotonische Kontraktionsvariante bei gleichbleibenden Kraftanforderungen an das Nerv-Muskel-System. Auf Reizeinwirkung ändert der Muskel seine Länge, aber die Spannung bleibt gleich. Die kontraktilen Elemente des Muskels verkürzen sich bei gleichbleibender Länge der elastischen Elemente. K. kommt bei sportlichen Bewegungen in reiner Form kaum vor.
[**100**, 37 f/**160**, 137/**182**, 33]

Kontraktionen, wiederholte submaximale Methode des speziellen Krafttrainings. Beinhalten die Standardmethode I und II, die Bodybuildingmethode I und II, die isokinetische und die isometrische Methode (siehe Abb. rechts).
Alle Methoden bewirken primär eine Vergrößerung der Muskelmasse, die nur von geringen neuronalen Anpassungen (inter- und intramuskuläre Koordination) begleitet wird. Die Trainingseffekte bestehen in erster Linie in einer wesentlichen Erhöhung der Maximalkraft, weni-

	Standardmethode I (konstante Lasten)	Standardmethode II (progressiv ansteigende Lasten)	Bodybuildingmethode I extensiv	Bodybuildingmethode II intensiv	Isokinetische Methode	Isometrische Methode
Arbeitsweise: – konzentrisch – isometrisch – exzentrisch	 × 	 × 	 × 	 × 	 × ×	 ×
Krafteinsatz: – explosiv – kontinuierlich	 ×	 ×	 ×	 ×	 ×	 ×
Belastungshöhe	80 %	70 80 85 90 %	60–70 %	85–95 %	z. B. 70 %	100 %
Wiederholungen	8–10	12 10 7 5	15–20	8–5	15	10
Serien	3–5	1. 2. 3. 4.	3–5	3–5	3	3–5
Belastungsdauer						10–12 s
Pausenlänge	3–5 Min.	5 Min.	2–3 Min.	3–5 Min.	3 Min.	3 Min.

Methoden der wiederholten submaximalen Kontraktionen (nach Schmidtbleicher 1985)

ger in einer Verbesserung der Start- und Explosivkraft. Da bei der isometrischen Methode die koordinativen Trainingswirkungen ganz in den Hintergrund treten, sollte sie im Hochleistungssport nur in geringem Maß verwendet werden.
[**257**, 150ff/**368**/**439**]

Kontraktionsarbeit → Muskelarbeit.

Kontraktionsdauer Zeitliche Dauer der Muskelarbeit. Abhängig von der Spezifik einer Bewegung. Im Krafttraining spielt die K. z. B. eine entscheidende Rolle bei der Ausbildung der verschiedenen Krafteigenschaften und ihrer Subkategorien.
[**257**, 36f]

Kontraktionsgeschwindigkeit Geschwindigkeit, mit der sich eine Muskelkontraktion vollzieht. Sie ist abhängig von Latenzzeit, intra- und intermuskulärer Koordination, Muskelstruktur und -form, Viskosität und Biochemismus. K. ist angeboren und kaum trainierbar und ein wesentlicher Faktor der Schnelligkeits- und Schnellkraftfähigkeit. Je größer die K., desto günstiger sind die Voraussetzungen für eine hohe Schnelligkeit (Bewegungsfrequenz). Die maximale Gesamtleistung von Muskelkontraktionskraft und -geschwindigkeit ist immer gleich groß, denn das Produkt aus Kraft und Geschwindigkeit ist konstant (→ Hillsche Gleichung). Bei geringen Lasten kontrahiert der Muskel schnell, bei größeren Lasten langsamer.
[**100**, 59ff/**182**, 181, 278/**196**, 268/**430**, 30ff]

Kontraktionskraft Intensität, mit der eine Muskelkontraktion abläuft. Die

Kraft der Kontraktion kann durch den Einsatz einer wechselnden Anzahl von motorischen Einheiten und durch die Änderung der Impulsfrequenz innerhalb der einzelnen motorischen Einheiten abgestuft werden.
[**182**, 180]

Kontrastmethode Form des Krafttrainings mit kontrastierenden Gewichten (subjektiv: leicht–schwer) in kontrastierenden Geschwindigkeiten (subjektiv: schnell–langsam).
Unter psycho-physiologischem Gesichtspunkt beruht die Komplexwirkung der K. in der plötzlichen und großen Veränderung der Reizstärke. Psycho-physiologisch ist diese Veränderung verbunden mit der Erregung anderer Hirnzentren sowie mit der Steigerung der Leistungsfähigkeit und Beweglichkeit aller Nervenprozesse. Außerdem verzögert die Erregung neuer Nervenzentren (Erregungsherde) das Auftreten der Grenzhemmung in den arbeitsverantwortlichen Zentren. Unter dem Einfluß des krassen Reizwechsels (Kontrast) wird die Konzentration sowohl von Erregungsprozessen in den arbeitenden als auch von Hemmungsprozessen in den anderen Zentren aktiviert und verlängert.
[**414**, 402]

Kontroll-Lauf (engl. Time trial) Lauf zur Kontrolle des Strecken- und Tempogefühls. Kontroll-Läufe sollen nach Maigrot das Gefühl optimaler Wettkampfleistungen vermitteln. Sie werden über Laufstrecken durchgeführt, die im Wettkampfstreckenbereich des Läufers liegen oder sie geringfügig überschreiten. 100-/200-m-Läufer führen K. über 100 bis 300 m, 400-m-Läufer solche bis zu 1000 m durch.
K. stellt auch hohe Anforderungen an den Leistungswillen des Sprinters.
[**169**, 18]

Kontrollmethode Verfahren zur Ermittlung der erzielten Ergebnisse und zur Überprüfung der Wirksamkeit der angewandten Trainingsformen und -methoden. Die K. hat über ihre Steuerfunktion hinaus Trainingswirkungen, insbesondere hinsichtlich der Willensschulung. Als Trainingsmethode zielt sie auf ausschließlich wettkampfspezifische Ausdauerfähigkeiten.
Die Belastungsdauer kann mit der des Wettkampfs identisch, aber auch kürzer oder länger sein (Über- oder Unterdistanzstrecken).
[**160**, 164 ff/**257**, 176, 185]

Kontrollnormen Leistungsziele, die beim Übergang von einer Trainingsstufe zur anderen vom Athleten erreicht sein sollen. Die Kontrollen sollen nicht nur einmal am Ende einer Trainingsstufe vorgenommen, sondern jährlich neu durchgeführt werden.
[**257**, 57]

Kontrollwettkampf Wettkampfart, die vorrangig zum Ziel hat, den derzeitigen motorischen und konditionellen Trainingszustand zu überprüfen.
[**277**]

Konzeption, taktische Festlegungen über die Kampfweise, mit der Sportler bzw. Mannschaften bei Wettkampfhöhepunkten erfolgreich sein wollen. Wichtiger Bestandteil der langfristigen Trainingsplanung. K. (z. B. Spielkonzeption) wird in der Regel mit mehreren Varianten für einen Zeitraum von 1 bis 4 Jahren festgelegt.
[**160**, 219 ff]

Koordination Motorische Beanspruchungsform. K. stellt das Zusammenwirken von Zentralnervensystem und Skelettmuskulatur innerhalb eines gezielten Bewegungsablaufs dar. Hollmann unterscheidet zwischen einer inter- und intramuskulären K. Entscheidend für die Qualität der K. sind die Beachtung der für den Bewegungsablauf einschlägigen physikalischen Gesetze, der Übungsgrad

der agonistisch-antagonistisch tätigen Muskeln für den Bewegungsablauf und der Adaptationszustand des Vestibularapparats.
Eine Verbesserung der K. wird durch Übung des Bewegungsablaufs erreicht. Es resultiert hieraus eine Einsparung an Energieaufwand für eine gegebene Leistung und damit eine Herabsetzung des Sauerstoffbedarfs und des Ermüdungsgrads. Gleichzeitig reduziert die Ökonomisierung der Bewegung die Verletzungsgefahr. Endziel der anzustrebenden Verbesserung der K. muß die Einschleifung des → motorisch-dynamischen Stereotyps in einem optimalen Leistungsbereich sein.
[**182**, 165/**196**, 268/**281**, 29ff]

Koordination, intermuskuläre Zusammenwirken verschiedener Muskeln bei einem gezielten Bewegungsablauf. Gekennzeichnet durch das Zusammenspiel der agonistisch und antagonistisch tätigen Muskeln. Es ist wichtig, daß die innerhalb eines zielgerichteten Bewegungsablaufs antagonistischen Muskelgruppen möglichst wenig hemmend wirken, da sie sonst z. B. die Schnelligkeit herabsetzen würden. K. ist nur durch Übung zu verbessern; dabei soll erreicht werden, daß die betreffende Bewegungsausführung unbewußter abläuft. Es kommt zur Ausbildung eines dynamischen Stereotyps.
[**182**, 176/**196**, 268/**430**, 39f]

Koordination, intramuskuläre Nerv-Muskel-Zusammenspiel eines einzelnen Muskels innerhalb eines gezielten Bewegungsablaufs. Gekennzeichnet durch das Wechselspiel von ZNS und Skelettmuskulatur in bezug auf Einsatz und Beanspruchungsgröße der motorischen Einheiten. Da die Reizschwelle der einzelnen motorischen Einheiten unterschiedlich ist, werden auf einen schwachen Reiz nur die am leichtesten erregbaren Einheiten der Muskulatur angesprochen. So ist eine abgestufte Kontraktion des Gesamtmuskels möglich. Ein Krafteinsatz läßt sich um so feiner abstufen, je weniger Muskelfasern zu einer Einheit gehören und je weniger motorische Einheiten für einen gegebenen Bewegungsablauf eingesetzt werden. Dadurch steigt das Vielfache der für diesen Bewegungsablauf einsetzbaren Einheiten und damit auch die Kraft und die Kontraktionsgeschwindigkeit. Für die Abstufung des muskulären Kraftaufwands stehen verschiedene Mechanismen zur Verfügung: eine unterschiedliche Impulsfrequenz, die Innervation einer unterschiedlichen Zahl von motorischen Einheiten sowie unterschiedliche Einflüsse über das vegetative Nervensystem.
[**182**/**196**, 269/**197**, 52]

Koordinationsentwicklung Entwicklung des geordneten Zusammenspiels von Organteilen, Organen und Organsystemen zur Gewährleistung einer den jeweiligen Gegebenheiten angepaßten Funktion. Die Entwicklung der Koordination setzt bald nach der Geburt ein. In welchem Alter das koordinative Optimum erreicht wird, ist je nach Vorschulung und Art der Beanspruchung der Muskelgruppen unterschiedlich. Nicht speziell geübte Bewegungsabläufe dürften bei männlichen und weiblichen Personen zwischen dem 20. und 25. Lebensjahr die individuell optimale Qualität aufweisen. Bedingt durch Akzeleration und frühzeitiges spezifisches Üben läßt sich das koordinative Optimum schon vorzeitiger erzielen.
Sind komplizierte Bewegungsabläufe zu erlernen, sollte frühzeitig mit der Koordinationsschulung begonnen werden. Die größte Entwicklungsdynamik für die Koordination dürfte in der vorpuberalen Phase liegen. Mit dem Beginn des vierten Lebensjahrzehnts scheint es bereits zu einer Verschlechterung der Koordination zu kommen.
[**156**/**182**, 165, 597ff]

Koordinationslauf Leichtathletische Trainingsform zur Verbesserung der neu-

romuskulären Koordination. Spezielle Laufform zur Schulung der stilistischen Voraussetzungen. Durch das hierbei gelaufene langsame Tempo sind noch sensorische Korrekturen möglich, die beim maximalen Lauf entfallen. K. dient dem Anfänger zum Erlernen der Lauftechnik und Koordinationsverbesserung; sie erleichtert dem Fortgeschrittenen die Steigerung vom langsamen über das schnelle zum maximalen Lauftempo.
[**182**, 290/**196**, 18]

Koordinationsqualität Ausprägungsgrad, mit dem Teil- oder Gesamtkörperbewegungen beherrscht werden. Mit zunehmender K. verbessert sich die Ökonomie der Bewegungen, so daß der Energieaufwand und damit der Sauerstoffbedarf für eine gegebene muskuläre Beanspruchung abnimmt. Gleichzeitig sinkt der Ermüdungsgrad.
Entscheidend für die Qualität der Koordination sind die Beachtung der für den betreffenden Bewegungsablauf einschlägigen physikalischen Gesetze, der Übungsgrad der agonistisch-antagonistisch tätigen Muskeln für den betreffenden Bewegungsablauf und der Adaptationszustand des Vestibularapparates.
[**182**, 143]

Koordinationsstörung Ungeordnete, dysharmonische und pathologische Bewegungsabläufe im Sinne eines räumlich-zeitlichen und dynamisch inadäquaten, unökonomischen Zusammenwirkens von Muskeln, Nerven und Sinnen. Der gesamte Störungskomplex ist charakterisiert durch eine fehlbemessene, unabgestufte initiale Bewegungsgröße, mangelnde Ziel- und Richtungspräzision, gestörte zeitlich-rhythmische Präzision sowie die Unfähigkeit zur rechtzeitigen neuromuskulären Umstellungsfähigkeit von Kontraktion auf Erschlaffung und umgekehrt, wodurch es dem Bewegungsablauf insgesamt an koordinativer Feinsteuerung mangelt. K. ist häufig zentralnervös bedingt. Sie tritt in der Pubertät infolge eines beschleunigten Längenwachstums auf.
[**182**/**257**, 88]

Koordinationstests Kontroll- und Testverfahren, die in der Trainingspraxis zur Verbesserung der allgemeinen und speziellen Koordination beitragen. Aufgrund der Komplexität der koordinativen Fähigkeit ergeben sich für die Sportpraxis nicht unerhebliche und zum Teil auch noch ungelöste Probleme der objektiven Erfassung des koordinativen Leistungsstandes. Man versucht diesem Problem dadurch zu begegnen, daß man zum einen allgemeine sportartübergreifende, zum anderen sportartspezifische Gewandtheitstests bzw. Kontrollübungen verwendet.
[**113**/**430**, 211]

Koordinationstraining Training zur Optimierung des Zusammenspiels von Agonisten und Antagonisten. Hierzu müssen Übungen herangezogen werden, die diese feinkoordinativen Vorgänge schulen. Für den Sprint dienen zur Verbesserung der Arm-Bein-Koordination z. B. Kniehebeläufe, Sprungläufe, Hopserläufe, Kombinationsläufe, Bergabläufe mit unterschiedlichen Armhaltungen.
Grundsätzlich soll das K. in erholtem Zustand, nach vorangegangener Aufwärmung und hochkonzentriert angegangen werden. Die Ausführungsgeschwindigkeit der Übungen muß dem Niveau des Sportlers angepaßt sein (Anfänger: mittlere bis submaximale Intensität, Könner: maximale Intensität.) Erfolgt eine sichtbare Verringerung der Intensität, muß die Übung sofort abgebrochen werden, da sich sonst koordinative Veränderungen einschleichen, die sich später im Wettkampf als Fehlkoordination bemerkbar machen.
[**142**, 86f/**141**, 126f/**201**, 171]

Koordinationsübung Übung zur Entwicklung und Steigerung der → Koordination; aufgebaut nach spezifisch aufein-

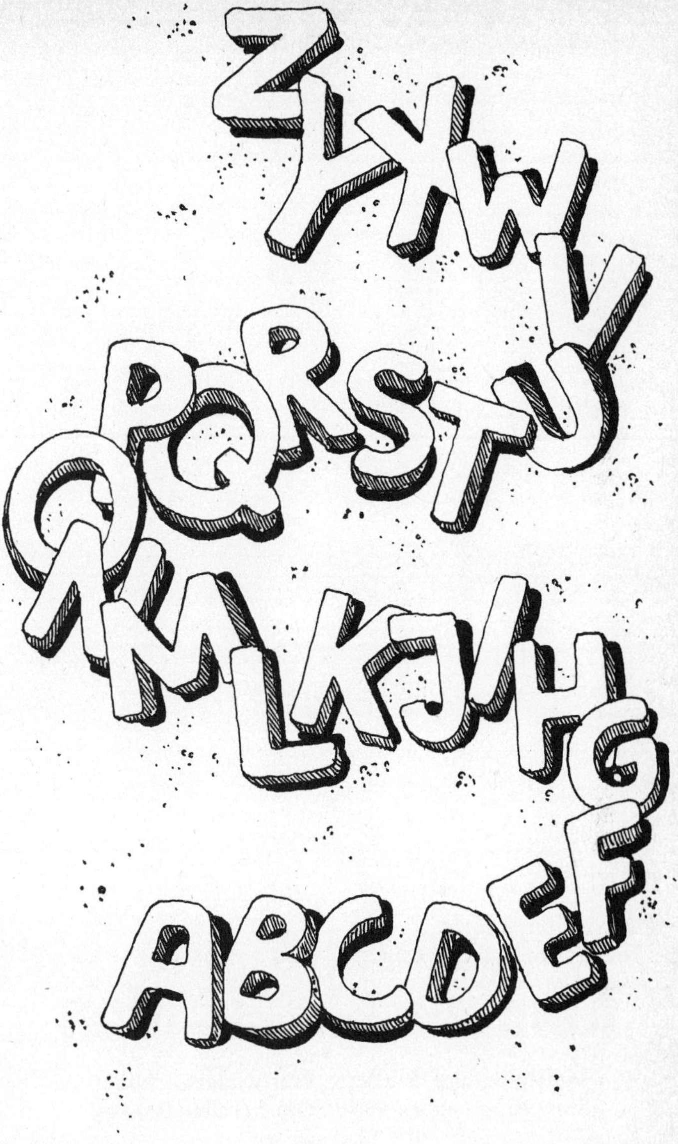

Von A bis Z . . .

... von Abhärtung bis Zyklus, finden Sie in diesem Lexikon eine Fülle von Stichwörtern über alles, was mit Training zu tun hat.
Stichwörter wie Sparen und Geldanlage werden Sie vergeblich suchen. Sie gehören in einen anderen, nicht minder wichtigen Fachbereich.

Pfandbrief und Kommunalobligation

Meistgekaufte deutsche Wertpapiere - hoher Zinsertrag - schon ab 100 DM bei allen Banken und Sparkassen

Verbriefte Sicherheit

ander abgestimmten Kriterien der Steuerung und Regelung einer Bewegung. Besonders gut eignen sich Bewegungs- und Sportspiele, Hindernisläufe aller Art und ähnliches.
Innerhalb einer Trainingseinheit sollte der Umfang der Übungen zur Koordinationsverbesserung relativ klein gehalten werden, dafür sollte aber häufiger an ihr gearbeitet werden.

Koordination von Teilimpulsen Zusammenspiel mehrerer Teilimpulse einer kinematischen Kette. K. ist erst dann optimal gewährleistet, wenn die einzelnen Teilimpulse in zeitlicher Übereinstimmung ablaufen. So gilt z. B. beim Kugelstoßen für den Moment, in dem die Kugel die Hand verläßt, daß die Streckung von Bein und Arm gleichzeitig das Maximum dieser beiden Teilkraftstöße aufweisen muß. Nur in diesem Fall kann die Addition der Komponenten den höchsten Wert ergeben. Da sich Teilimpulse vektoriell addieren, sind sie von der Richtung dieser Impulse abhängig. Daher müssen die Teilimpulse so koordiniert werden, daß die Geschwindigkeiten zur gleichen Zeit das Maximum erreichen und die Vektoren möglichst in die beabsichtigte Richtung zeigen.
[**175**/**275**, 202]

Kopplungsfähigkeit, motorische Fähigkeit, aus Einzelbewegungen, Elementen und speziellen Bewegungsphasen eine Handlungskette zu bilden, die als Programm sichtbar wird.
[**156**, 118]

Körperachse Man unterscheidet drei durch den Körperschwerpunkt (KSP) des Menschen gelegte Achsen, die senkrecht aufeinanderstehen: Längenachse (auch Längsachse), verläuft parallel zur größten Längenausdehnung des Körpers durch den KSP; Breitenachse, verläuft parallel zur Verbindungsgeraden der Hüftgelenke; Tiefenachse, verläuft von der Vorder- und Hinterseite des Körpers senkrecht zu den beiden anderen Achsen durch den KSP.
[**141**, 34/**196**, 364]

Körperbaumerkmal Grundfaktor, der bei vorliegendem Alter und Geschlecht die Eignung für eine überdurchschnittliche Leistungsfähigkeit in einer Sportart bestimmt.
Quantitatives oder qualitatives Kennzeichen der äußeren Erscheinung des menschlichen Körpers. Quantitative K. sind z. B. Kopf-, Rumpf- und Extremitätenmaße; zu den qualitativen K. gehören Haarfarbe, Augenfarbe, Hautfarbe u. a.
[**160**/29 ff/**182**, 10]

Körperhaltung Position eines menschlichen Körpers im Raum. Die große Beweglichkeit des Gliedersystems ermöglicht dem Sportler viele Variationen für die Position der Glieder zueinander.
Die Biomechanik interessiert dabei besonders: Lage des Körperschwerpunktes zur Unterstützungsfläche (Körpervorlage, Stütz, Gleichgewicht, Standfestigkeit); Einnehmen einer günstigen aerodynamischen Haltung (Anstellwinkel, Luft- und Wasserwiderstand); Lage der Körperteile zur Drehachse (Massenträgheitsmoment); Schaffen von Bedingungen, die eine optimale Kraftentfaltung bzw. Kraftübertragung gewährleisten (→ Muskelkraftmoment).

Körperschema Bezeichnung für das aus Raum-, Zeit- und Bewegungserfahrungen sich aufbauende schematische Bild des eigenen Körpers. K. ist die jeweils konkrete, auf Erfahrungen aufbauende, in der Situation aktualisierte Vorstellung vom eigenen Leib. Die Körpervorstellung entwickelt sich in der konkreten Auseinandersetzung mit den Gegebenheiten der Umwelt.
K. bezeichnet sowohl das Wissen um die anatomische Gestalt, Struktur und Ausdehnung der einzelnen Körperteile und ihrer segmentalen Untergliederung sowie der Bewegungsmöglichkeiten in den

Gelenken als auch deren räumliche Lokalisation im Sinn einer topographischen Anordnung und Zusammenordnung (Synthese) einschließlich der posturalen und motorischen Raumrichtung. Die einzelnen Körperteile sind in der motorischen Hirnrinde unterschiedlich repräsentiert. Den größten Raum nehmen Kopf und Hände ein, während der Rumpf kaum vertreten ist. K. braucht nicht der Wirklichkeit zu entsprechen.
[**273**]

Körperschwerpunkt (KSP) Fiktiver Punkt, in dem die gesamte Masse des Körpers vereinigt gedacht werden kann (Massenmittelpunkt). Die Lage des KSP ist von der Körperhaltung, genauer von der Lage der Körperteile zueinander abhängig. Dagegen hat ein starrer Körper einen im Körper festen KSP. Idealisiert man die einzelnen Körperteile zu starren Körpern, so lassen sich deren Schwerpunkte bestimmen und aus diesen Teilschwerpunkten der KSP des gesamten mehrgliedrigen Systems ableiten.
Der KSP wandert im Körper in Abhängigkeit von den ausgeführten Bewegungen bzw. der veränderten Körperteile zueinander; er kann sogar außerhalb des Körpers liegen. (Beispiel: Wird mit der Technik des Fosbury-Flop im Hochsprung der Rumpf im Rücken stark gebeugt, so befindet sich der KSP außerhalb des Körpers vor dem Rücken).
[**175**, 53/**196**, 364]

Körperschwerpunktbestimmung Bestimmung des Körperschwerpunkts (KSP) auf graphischem, analytischem oder experimentellem Weg.
In der Biomechanik werden vorwiegend experimentelle und analytische Methoden zur K. verwendet. Experimentell bestimmt man die Lage des Schwerpunkts eines starren Körpers am einfachsten durch mehrmaliges Aufhängen an einem Seil. Die Seilrichtung ist in jedem Fall gleich der Wirkungslinie der Stützkraft. Bei entsprechender Körperform kann

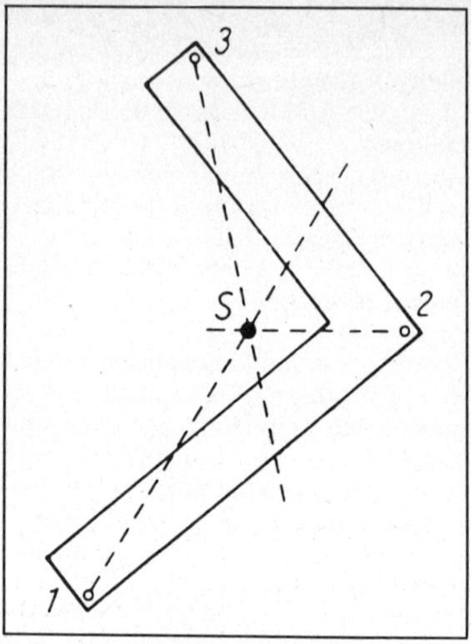

Experimentelle Schwerpunktbestimmung durch mehrmaliges Aufhängen (Quelle: Hochmuth 1981, 49)

der Schwerpunkt auch außerhalb des Körpers liegen. Dieser Fall tritt z. B. beim menschlichen Körper dann ein, wenn man sich in der Hüfte stark beugt. Die analytische K. fußt auf der Kenntnis der Lage aller Einzelschwerpunkte und Gewichte der menschlichen Körperteile.
[**175**, 94ff]

Körperteilachse Bei kinematischen Ketten ist die Körperteilachse die Verbindung zweier Gelenkmittelpunkte eines Gliedes (s. a. Kette, kinematische).
[**196**, 365]

Kraft K. als physikalische Größe ist die Ursache von Bewegung und Beschleunigung frei beweglicher Körper oder von Deformationen festgehaltener Körper. K. ist ein Vektor, der durch Angriffspunkt, Richtung und Betrag eindeutig definiert ist. Die Einheit der K. ist das Newton bzw. Kilopond.
Kraft als motorische oder konditionelle Grundeigenschaft bezeichnet die Fähig-

keit, einen äußeren Widerstand zu überwinden oder ihm entgegenzuwirken. K. kann als Muskelkraft in die verschiedenen Arbeitsweisen (überwindend, nachgebend, haltend, kombiniert), Kontraktionsformen (isotonisch, isometrisch, auxotonisch, exzentrisch) und die verschiedenen Charaktere der Muskelspannung (schnell-zyklisch, schnell-azyklisch, explosiv-reaktiv-ballistisch, explosiv-ballistisch, explosiv-tonisch, phasenhaft-tonisch) differenziert werden. Als konditionelle Eigenschaft wird sie zumeist in die verschiedenen Kraftarten (Maximalkraft, Kraftausdauer, Schnellkraft) und deren Subkategorien (Sprintkraft, Sprungkraft, Wurfkraft, Schußkraft, Schlagkraft u. a.) unterteilt.
[**182**, 176/**196**, 365/**255**/**257**, 120/**281**, 32f]

Kraft, absolute (auch physiologische Grenzkraft, Absolutkraft) In der Literatur werden 3 verschiedene Definitionen zu K. gegeben: (1) Willkürliche maximale Kraft plus durch psychische Komponenten freisetzbare Leistungsreserve (Hollmann, Letzelter, Harre u. a.); (2) Die vom Körpergewicht unabhängige Kraftentwicklung (Weineck); (3) Größtmögliche Kraft, die ein Muskel bei seiner momentanen verfügbaren Masse (psychologischer Querschnitt) produzieren kann (Schmidtbleicher).
[**160**, 135/**182**, 208/**255**/**293**, 57/**367**/**430**, 128]

Kraft, alters- und geschlechtsbedingte Bis etwa zum 10. Lebensjahr ist die statische Kraft bei Mädchen und Jungen gleich; mit zunehmendem Alter steigt sie bei den Jungen rapide an (vgl. Abb. unten). Das Maximum der Kraft wird beim Mann mit dem 20. Lebensjahr erreicht und bleibt über ein Jahrzehnt bestehen. Danach kommt es zu einem Abfall, so

Das Verhalten der maximalen statischen Muskelkraft bei männlichen und weiblichen Personen im Laufe des Lebens (nach Hollmann/Hettinger 1976) (Quelle: Willimczik/Roth 1985, 308)

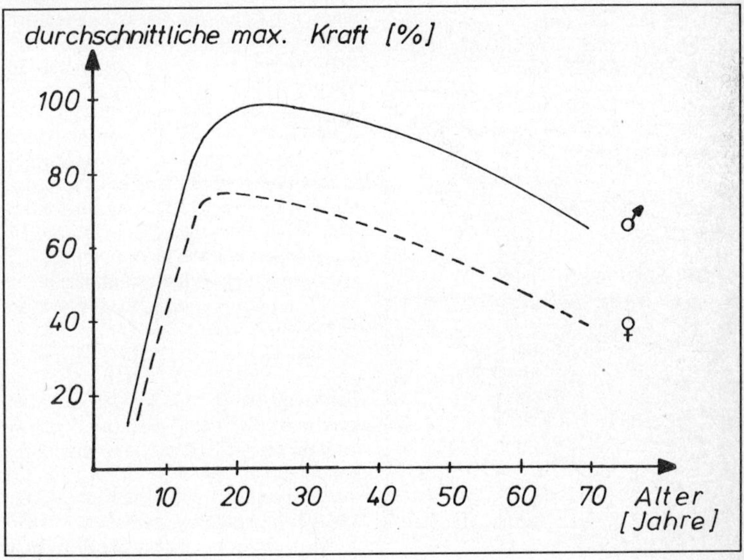

daß z. B. ein 65jähriger noch eine Kraft aufweist, die rund 75 % des 20- bis 30jährigen entspricht. Die maximal mögliche Kraft der Frau wird mit dem 14.–18. Lebensjahr erreicht. Mit dem Erwachsenenalter nimmt die Kraft dann parallel der Abnahme der Kraft des Mannes ab. Die Frau besitzt rund 70 % der Kraft des Mannes. Pro cm^2 Muskelquerschnitt ist die Kraft der Männer und Frauen gleich.
[**182**, 202ff/**196**, 269f]

Kraft, äußere Außerhalb des Menschen wirkende Kraft. Z. B. Widerstands-, Reibungs-, Trägheits- und Schwerkräfte. Im Sport gelten auch Widerstandskräfte des Gegners und Trägheitskräfte von Sportgeräten als äußere Kräfte.
[**160**, 140/**196**, 365/**281**, 63/**293**, 56]

Kraft, dynamische Kraftentfaltung innerhalb einer dynamischen Beanspruchungsform. Diejenige Masse, welche willkürlich innerhalb eines gezielten Bewegungsablaufs bewegt werden kann.

Statische und dynamische Arbeitsweise der Muskeln bei einer Zugbewegung (Quelle: Harre 1977, 128)

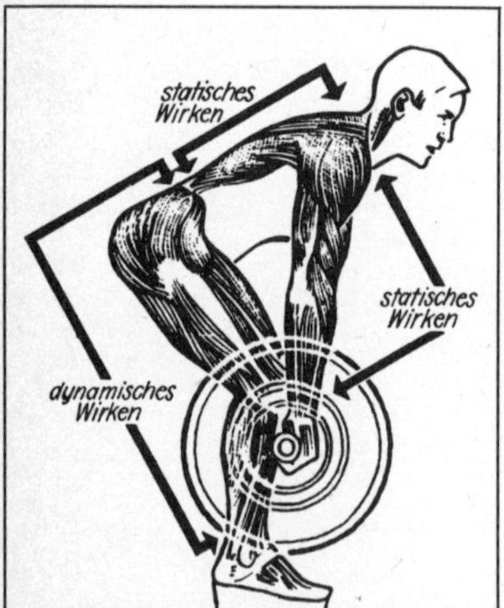

Die Größe der dynamischen K. wird von der statischen Kraft und ihren leistungsbegrenzenden Faktoren, der überwindenden Last, der Kontraktionsgeschwindigkeit, der Koordination, der einschlägigen physikalischen Gesetze, anthropometrischen Merkmalen und der Muskelvordehnung bestimmt.
[**143**,45f/**160**/**182**,176/**196**,271/**255**/**257**,163f]

Kraft, explosive (auch Explosivkraft) Fähigkeit des neuromuskulären Systems, einen bereits begonnenen Spannungsanstieg maximal weiterzuentwickeln. Charakteristisch für die K. ist die schnelle Entwicklung hoher Kraftwerte aus dem Ruhezustand des betreffenden Muskels (z. B. Startkraft).
[**255**/**367**/**441**, 25–28]

Kraft, innere (auch Kraft, aktive) Durch den Menschen hervorgerufene Kraft (Muskelkraft). Sie entsteht durch Willkürkontraktion, wirkt über die Knochenhebel und verursacht im Wechselspiel mit den äußeren Kräften Drehbewegungen in den Gelenken. Ebenso zählen zu den inneren Kräften die durch Sehnen und Bänder entstehenden Kräfte.
[**160**, 136/**196**, 164, 365/**281**, 63, 98/**293**, 56/**370**]

Kraft, reaktive Infolge einer Kraft hervorgerufene Gegenkraft. Keine Muskelkraftwirkung verläuft ohne äußere und innere reaktive Kräfte. Die auf reaktivem Wege hervorgerufenen Muskelanspannungen können größer sein als solche, die durch Willkürkontraktion erreicht werden. Dieser Umstand wird im → reaktiven Krafttraining ausgenutzt.
[**255**/**281**, 63]

Kraft, relative Spezifische Kraft des Muskels, entspricht dem Verhältnis der absoluten Kraft zur Größe seines physiologischen Durchmessers.
In der Sportpraxis ist K. die Kraft, die ein Sportler im Verhältnis zu seinem Körpergewicht entwickelt (siehe Abb. rechts).

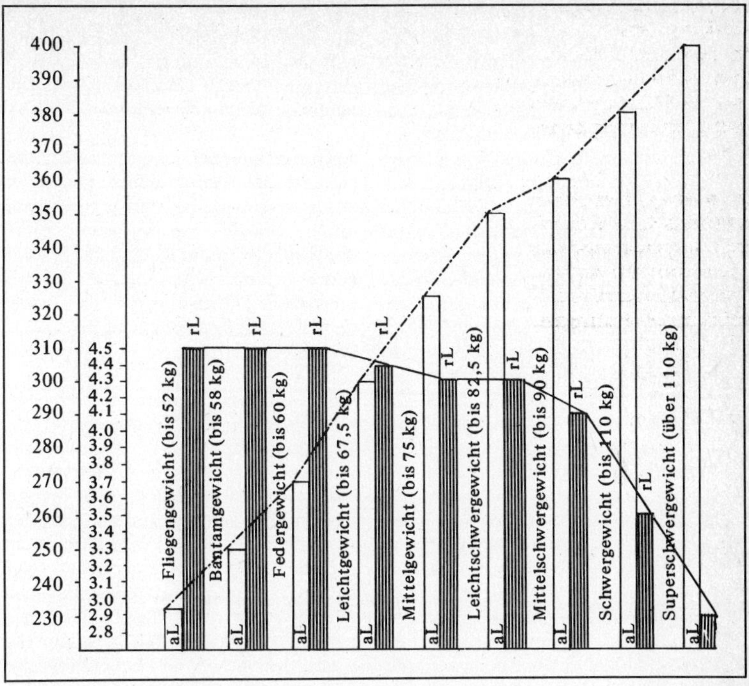

Absolute (aL) und relative Leistungen (rL) in den verschiedenen Gewichtsklassen der Gewichtheber der OS 1976 (Quelle: Letzelter 1985, 133)

Man erhält ihren Wert, indem man die absolute Kraft durch das Körpergewicht dividiert.
[**8**, 16f/**160**, 125/**182**, 182f/**196**, 272/**255**/**257**, 136/**293**, 57]

Kraft, statische Spannung, die ein Muskel oder eine Muskelgruppe in einer bestimmten Position willkürlich gegen einen fixierten Widerstand auszuüben vermag. Die Spannung im Muskel wird hierbei ohne eine sichtbare Veränderung der Muskellänge erhöht. Die Größe der maximalen K. wird vom Muskelquerschnitt, der Muskelfaserzahl, der Muskelstruktur, der Muskelfaserlänge und dem Zugwinkel, der Koordination und der Motivation bestimmt. Weitere Faktoren sind das Geschlecht, das Alter, der Ernährungs- und Trainingszustand. Sportarten, in denen die K. eine entscheidende Rolle spielt, sind z. B. das Gewichtheben, Ringen, Gerätturnen u. a.
[**160**/**182**, 184/**196**, 272/**255**]

Kraftabnahme Abnahme der Kraftleistung durch bestimmte äußere Einflüsse. K. tritt ein, wenn die Intensität der Muskelspannungen durch Krankheit, Bettruhe oder Gipsverband reduziert wird. Bereits ein 8tägiges Stillegen eines Muskels bewirkt eine Abnahme der maximalen statischen Kraft um etwa 20 %, eine 14tägige Ruhe um etwa 25 %.
[**182**, 229]

Kraftausdauer Fähigkeit eines neuromuskulären Systems, eine möglichst große Impulssumme in einem definierten Zeitraum gegen eine Last zu produzieren. Letzelter bezeichnet K. als eine Kombination von Kraft und Ausdauer. Je nach Tendenz kann man von K. oder Ausdauerkraft sprechen. Hollmann ordnet den Begriff der K. in der Hierarchie der motorischen Eigenschaften unter dem Oberbegriff und seinen Erscheinungsweisen → allgemeine und → lokale anaerobe statische Ausdauer ein. Schmidtbleicher plädiert für eine Einordnung der K. unter dem Oberbegriff Kraft, wenn die aktualisierten Krafteinsätze größer als 1/3 (30 %) des individuellen maximalen Leistungsvermögens sind. K. wird abgeschätzt, indem die eingesetzte Kraftgröße – in Relation zur Maximalkraft, z. B. 80 % – und die Anzahl der möglichen Wiederholungen bzw. die Haltezeit erfaßt werden. Bei Kraftausdauerleistungen, die Krafteinsätze über 80 % verlangen, ist ein Leistungsanstieg nur über die Verbesserung der Maximalkraft möglich. Liegen die Kraftmaxima bei ca. 30 %, läßt sich nur noch geringfügig eine Verbesserung mit der Steigerung des Maximalkraftniveaus erreichen.
[**182**/**255**/**257**, 123/**367**/**451**, 141–157]

Kraftausdauer, dynamische Dynamische Komponente der → Kraftausdauer. In der Sportpraxis überwiegt die Kraftausdauer bei dynamischer Arbeitsweise, da die → statische Kraftausdauer nur in wenigen Sportarten wirksam wird. Zu berücksichtigen ist, daß beide Varianten häufig kombiniert werden.
[**255**/**257**, 137]

Kraftausdauer, relative Verhältnis des durchschnittlich je Bewegungszyklus realisierten Kraftimpulses einer Person im Vergleich zu dem ihm möglichen maximalen Kraftimpuls. Die Differenz ist ermüdungsbedingt und daher Ausdruck der K. Ihre Größe ist vom individuellen Trainingszustand abhängig und wird entscheidend von den disziplinspezifischen Besonderheiten, der individuellen Bewegungsfrequenz, der Dichte der Bewegungshandlungen und der Intensitätsdynamik im Wettkampf bestimmt.

Kraftausdauer, statische Statische Komponente der Kraftausdauer. Die Kraftausdauer äußert sich statisch und dynamisch, wobei beide Varianten häufig kombiniert werden. K. wird nur in wenigen Sportarten wirksam, z. B. im Abfahrtslauf, Schießen oder im Turnen (z. B. Kreuzhang an den Ringen).
[**255**/**257**, 137/**367**]

Kraftausdauermethoden Methoden des Krafttrainings zur Verbesserung der Kraftausdauer. Die Trainingspraxis orientiert sich in den Belastungsnormativen an den im Wettkampf zu realisierenden Kraftanteilen und der geforderten Zeit. In der Regel wird durch Belastungen, die leicht über den Wettkampfanforderungen liegen, eine maximale Ausschöpfung der beanspruchten energieliefernden Substrate angestrebt. Nach Scholich und Schmidtbleicher kommen zwei Methoden schwerpunktmäßig zur Anwendung: Kraftausdauermethode I / Methode der extensiven Intervallarbeit I, die durch eine Belastungsintensität von 40–60 %, einen Belastungsumfang von 10–20 Wiederholungen und eine Pausendauer von 30–90 Sek. gekennzeichnet ist; Kraftausdauermethode II / Methode der extensiven Intervallarbeit II, die durch eine Intensität von 25–40 %, einen Umfang von 30 Wiederholungen und mehr und extrem kurze Pausen (30 bis 60 Sek.) gekennzeichnet ist.
[**100**, 70 ff/**255**/**257**, 151 ff/**368**]

Kraftausdauertraining Form des Krafttrainings zur Verbesserung der Kraftausdauer. Beinhaltet die Kraftausdauermethoden I und II (Schmidtbleicher), die auch mit dem Begriff der Methode der extensiven Intervallarbeit gekennzeichnet sind (→ Kraftausdauermethoden). K. wird u. a. von Ruderern durchgeführt. [**255**/**257**, 151/**368**]

Kraftbarriere Leistungsstillstand durch strukturelle Standardbelastungen im Krafttraining.
Häufiges Wiederholen gleicher Trainingsinhalte bei annähernd gleicher Intensität bewirken eine ungewünschte Fundamentierung der Maximalleistung, welche nicht mehr angehoben werden kann. K. kann durch eine Variation der Trainingsinhalte und -methoden – wenn auch nur mühsam – beseitigt werden. [**249**/**257**, 84]

Krafteigenschaften (auch Kraftarten) Subkategorien der Kraft (Maximal-, Schnellkraft und Kraftausdauer) (siehe Abb. unten).

Krafteinsätze, maximale Methode des speziellen Krafttrainings. Beinhaltet die Methode der quasimaximalen konzentrischen, der maximalen konzentrischen, der maximalen isometrischen, der maximalen exzentrischen und der maximal konzentrisch-exzentrischen Kontraktion (siehe Abb. Seite 162).
Alle Methoden bewirken einen primär intramuskulär-koordinativen Effekt, der nur von geringen Hypertrophieeffekten begleitet ist.
Die Trainingseffekte bestehen in erster Linie in einer Erhöhung der Explosivkraft und in der effektiveren Ausnutzung des vorhandenen Muskelpotentials ohne gleichzeitige Muskelmassenzunahme und damit ohne Gewichtssteigerung.
Ein Training nach der K. sollte in einem ausgeruhten Zustand erfolgen.
Die Methode der maximalen isometrischen Wiederholungen sollte, da sie sich nachteilig auf die intermuskuläre Koordination auswirkt, vorwiegend in der Rehabilitation ihre Anwendung finden. [**257**, 150ff/**368**/**439**, 111ff]

Kraft, Kraftfähigkeiten und Erscheinungsweisen
(Quelle: Letzelter, H. u. M. 1986, 66)

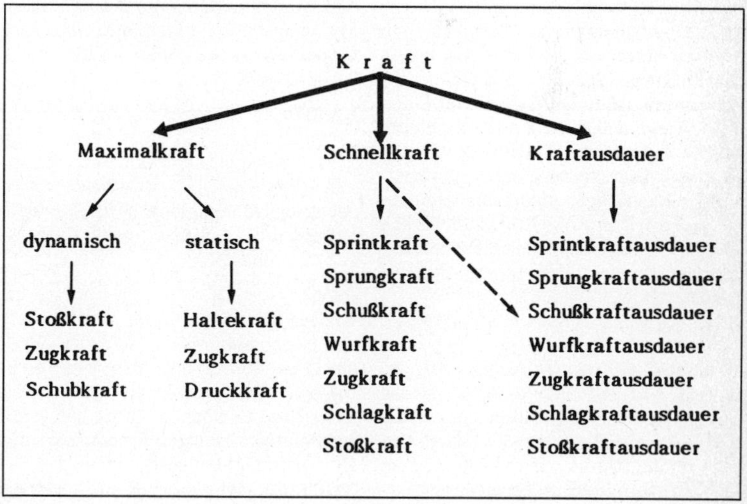

	Quasimaximale Kontraktionen	Maximale konzentrische Kontraktionen	Maximale isometrische Kontraktionen	Maximale exzentrische Kontraktionen	Konzentrisch-exzentrische Maximalkontraktionen
Arbeitsweise:					
– konzentrisch	×	×			×
– isometrisch			×		
– exzentrisch				×	×
Krafteinsatz:					
– explosiv	×	×	×	×	×
– kontinuierlich					
Belastungshöhe	90 95 97 100 %	100 %	100 %	ca. 150 %	70–90 %
Wiederholungen	3 1 1 1+1	1	2	5	6–8
Serien	1. 2. 3. 4.+5.	5	5	3	3–5
Belastungsdauer			5–6 s		
Pausenlänge	3–5 Min.	3–5 Min.	3 Min.	3 Min.	5 Min.

Methoden der maximalen Krafteinsätze (nach Schmidtbleicher 1985)

Kraftfähigkeit Leistungsvoraussetzung, um durch Muskeltätigkeit äußere Widerstände zu überwinden bzw. äußeren Kräften entgegenzuwirken. Man unterscheidet Maximalkraftfähigkeit, Kraftausdauerfähigkeit und Schnellkraftfähigkeit. Ausgehend von den unterschiedlichen koordinativen Aufgabenstellungen ist eine Unterscheidung der K. bei überwindender, nachgebender oder haltender Muskelarbeit angebracht. Damit werden gleichzeitig die unterschiedlichen Tätigkeitsregime des Nerv-Muskel-Systems berücksichtigt.
[**160**, 134/**281**, 197, 218]

Kraftfähigkeit, relative Auf das Körpergewicht bezogene Kraft. K. ist in den Disziplinen leistungsbestimmend, in denen das eigene Körpergewicht (Gerätturnen, Sprung, Sprint) oder das eines Gegners (Ringen, Judo) zu bewegen ist.

Kraftgradient Maß, das die Geschwindigkeit des Kraftzuwachses bei einer Muskelspannung beschreibt. Indikator für das Niveau der Explosivkraft.
[**60**, 11–27/**438**, 25–31]

Kraftlängenverhältnis des Muskels Abhängigkeit der Kraft eines Muskels von der Länge seiner kontraktilen und elastischen Elemente. Der Maximalwert wird bei einer Dehnung von 20 % über dem Ruhewert des Muskels erreicht (→ Muskelvordehnung).
[**143**, 47]

Kraftmeßplattform Gerät zur Messung von Bodenreaktionskräften in drei Ebenen. Funktioniert nach dem piezo-elektrischen oder dem Dehnungsmeßstreifenprinzip. Es können Kräfte von wenigen Pond bis zu einigen Tonnen sowie der Kraftangriffspunkt bestimmt werden.
[**96**/**175**/**182**, 150]

Kraftmessung Geeignetes Meßverfahren zur Bestimmung von Kräften in entsprechenden Maßeinheiten. Dient im Sport einer detaillierten Leistungskennzeichnung, deren Ergebnis sowohl zur Analyse der sportlichen Technik, als auch des Niveaus der konditionellen Fähigkeiten genutzt wird.
[**96**, 165/**142**, 27–63/**182**, 216/**276**, 187]

Kraftschnelligkeit Mischform aus Kraft und Schnelligkeit. K. stellt mit der Schnellkraft eine Kombination aus Maximalkraft und Bewegungsschnelligkeit dar (Letzelter 1985, 135). Je nach Tendenz kann man von Schnellkraft oder von Kraftschnelligkeit sprechen.

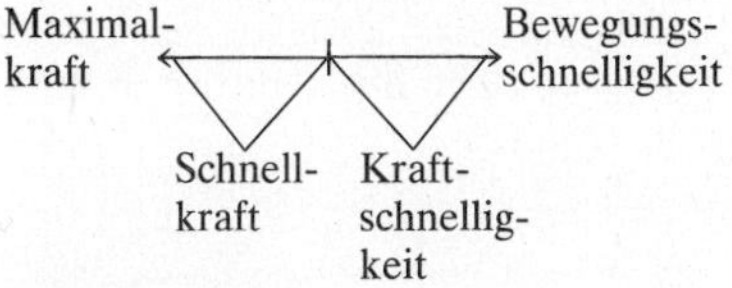

[**255**/**257**, 134]

Kraftschnelligkeit, motorische Durch Bewegungsstruktur und Höhe der äußeren Widerstände gekennzeichnete Schnelligkeitseigenschaft, die bei höheren Widerständen eingesetzt wird. K. trainieren z. B. Sprinter und Eisschnellläufer. Die K. äußert sich als motorische Ablaufschnelligkeit und als lokomotorische Schnelligkeit.
[**255**/**257**, 190]

Kraftschulung, vielseitig-zielgerichtete Herausbildung der Kraft derjenigen Muskeln, die die Haupt- und Zusatzbelastung bei der Ausführung spezieller Übungen tragen. Die Mittel (Übungen) sind der Wettkampfübung strukturell ähnlich, unterscheiden sich aber im Charakter der neuromuskulären Anspannung.
[**249**/**257**, 41f]

Kraftstoß (auch Kraftimpuls) Kurzzeitige Einwirkung einer endlichen Kraft auf einen Körper. K. erteilt dem Körper einen Beschleunigungsstoß. Er setzt sich aus mehreren Teilimpulsen zusammen (Produkt aus Kraft und Zeit).

Krafttest Kontroll- und Testverfahren, das in der Trainingspraxis zur Gewinnung von Aussagen über die Kraftarten dient. Zur Kontrolle der Maximalkraft eignen sich isometrische Messungen mittels Dynamometer und die Ermittlung der Maximalkraft bei dynamischer Arbeit.
Zur Kontrolle der Schnellkraft eignen sich Messen der Beschleunigung für die Überwindung einer gleichbleibenden geringen Last, die einen explosiven Muskeleinsatz gestattet, sowie Messen der Zeit, die für eine bestimmte, geringe Anzahl von Wiederholungen mit einer gleichbleibenden geringen bis mittleren Last bei maximaler Frequenz benötigt wird.
Zur Kontrolle der Kraftausdauer eignet sich das Messen der maximal möglichen Wiederholungszeit bei dynamischer Muskelarbeit bzw. der maximalen Haltezeit bei statischer Muskelarbeit.
[**113**/**430**, 159f]

Krafttraining Trainingsmethode, die durch Muskelhypertrophie und neuromuskuläre Anpassungen eine Kraftverbesserung hervorruft (vgl. Abb. Seite 164). Durch Anpassungen an die Trainingsreize werden dabei die leistungslimitierenden Faktoren verbessert. K. bewirkt auch eine Funktionssteigerung des Nerv-Muskelsystems durch Verbesserung des Energieumwandlungsvermögens und Bahnung von Steuerungsvorgängen zur intensiven Muskelinnervation.
Entsprechend den Muskeltätigkeiten unterscheidet man zwischen einem dynamischen und statischen Krafttraining. Mit beiden lassen sich die verschiedenen Kraftarten (Maximalkraft, Schnellkraft, Kraftausdauer) verbessern, wobei Höhe und Dauer der Muskelspannung über den Muskel- und Kraftzuwachs entscheiden.

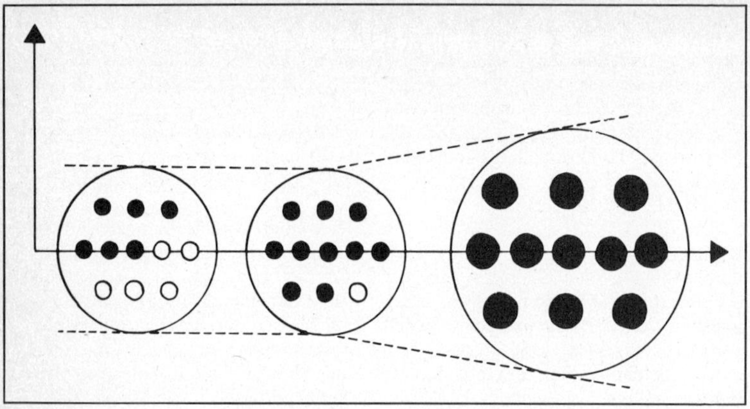

Mechanismus des Krafttrainings: Zuerst kommt es zu einer verbesserten intramuskulären Innervation, dann erst folgt die Muskelfaserhypertrophie. ● kontrahierte, ○ nicht kontrahierte Muskelfaser (verändert nach Fukunaga 1976, 265) (Quelle: Weineck 1983, 134)

Zur Entwicklung der Kraft verwendet man im K. die Wettkampfübungen, Spezialübungen und allgemeinentwickelnde Übungen, denen verschiedene Kraftmethoden zugeordnet sind.
Hinsichtlich der sportartspezifischen Kraft ist jede Art mit Vor- und Nachteilen verbunden.
In der Praxis kommt es daher auf eine geeignete Mischung an, die sich nach der betreffenden Sportart und der individuellen Kondition zu richten hat. Grundsätzlich soll im K. hauptsächlich die Trainingsweise angewendet werden, die der vorherrschenden Kontraktionsform der Wettkampfübung entspricht.
[**143**, 41 f/**160**, 146/**182**, 212/**196**, 334/**255**/**257**, 140 f/**430**, 1]

Krafttraining, allgemeines Trainingsbelastung unter Verwendung vorwiegend allgemeiner Kraftübungen. Es soll in ausdauer-, technik- und taktikorientierten Sportarten die sportartspezifische Kraftfähigkeit herausbilden und in maximalkraft- und schnellkraftorientierten Sportarten die Belastungsverträglichkeit erhöhen. Es soll Voraussetzungen für das → spezielle Krafttraining schaffen.
[**182**, 176/**255**/**257**, 140 f/**430**, 144]

Krafttraining, auxotonisches (auch Muskeltraining, auxotonisches) Trainingsform, bei der sich mit der Veränderung der Muskellänge auch die Anspannung verändert. Durch ein sehr differenziertes Zu- und Abschalten neuromuskulärer Einheiten gleicht sich das Nerv-Muskel-System spannungsveränderlich den unterschiedlichen Kraftanforderungen an, die durch die mechanische Kraftübertragung des passiven Bewegungsapparats, durch das synergistische und antagonistische Zusammenspiel einzelner Muskeln und durch bewegungsspezifische Geschwindigkeit hervorgerufen werden. K. nimmt somit eine Zwischenstellung zwischen dem → isotonischen und → isometrischen Krafttraining ein.
[**8**, 21/**160**, 128]

Krafttraining, dynamisches Trainingsmethode zur Niveausteigerung verschiedener Kraftfähigkeiten. Je nach Verhältnis

der inneren und äußeren Kraft unterscheidet man im K. nachgebende (isotonische, exzentrische) und überwindende (auxotonische, isokinetische) Muskelarbeit. Bei der Variante der reaktiven Muskelarbeit wird in der nachgebenden Phase Energie gesammelt und für die überwindende Phase ausgenutzt. K. bringt den gleichen maximalen, wenn auch nicht gleich schnellen Kraftzuwachs wie ein statisches Krafttraining, jedoch werden zusätzlich die inter- und intramuskuläre Koordination verbessert. Der Aufbau eines K. hat folgende Einzelfaktoren zu beachten: Belastungsintensität, Bewegungsschnelligkeit, Bewegungswiederholungen, Zahl der Bewegungsserien, Pausendauer zwischen den einzelnen Serien, Körperposition und in Verbindung damit die jeweils zurückgelegte Wegstrecke. Die Variation dieser Faktoren bestimmt die auszubildenden Kraftarten (Maximalkraft. Schnellkraft, Kraftausdauer und ihre Subkategorien). Entsprechend werden im K. auch verschiedene Methoden mit verschiedenen oder gleichartigen Zielsetzungen angewandt: → Maximalkraftmethode, → Mischmethoden, → Methode der maximalen Krafteinsätze, → Methode der submaximalen wiederholten Krafteinsätze, → reaktive Methoden u. a.
[**160**/**182**, 234/**196**, 272/**255**]

Krafttraining, elektrisches (auch Muskeltraining, elektrisches, isotronisches) Training der Muskelkraft durch Elektrostimulation, die wiederholt zur Kontraktion des Muskels eingesetzt wird und damit zur Vergrößerung des Muskelquerschnitts führt. Es wird unterschieden zwischen der direkten und indirekten Elektrostimulation. Im ersten Fall werden die Elektroden direkt über dem Muskel angebracht, bei der indirekten Stimulation liegen die Elektroden über dem Bewegungsnerv. Der elektrische Reiz ermöglicht eine maximale Muskelspannung, die wesentlich länger aufrechterhalten werden und viel häufiger wiederholt werden kann als bei willkürlicher Anspannung, bei der die zentrale Ermüdung eintritt. Damit ist eine stärkere und schnellere Zunahme des Muskelquerschnitts zu erwarten. Der Nachteil eines K. ist das völlige Fehlen der Koordinationsschulung hinsichtlich des Bewegungsablaufs in der betreffenden Sportart. Es entfallen somit alle Vorteile eines sportartspezifischen dynamischen Krafttrainings.
[**182**, 249/**314**, 452]

Krafttraining, exzentrisches (auch Muskeltraining, exzentrisches) Trainingsmethode. Im K. findet eine passive Beanspruchung des Muskels gegen dessen maximalen Widerstand statt.
Der physikalischen Arbeitsform nach handelt es sich um eine dynamisch negative Arbeit.
Im Vergleich zu den anderen Krafttrainingsarten kann beim K. das Zwei- bis Zweieinhalbfache des Muskelinnendrucks erzielt werden. Es besteht jedoch kein Unterschied hinsichtlich der Kraftzunahme. Die Steigerung des intramuskulären Drucks wirkt sich offensichtlich nicht als zusätzlicher Kraftgewinn aus.
[**97**/**182**, 241/**196**, 273/**430**, 148]

Krafttraining, isokinetisches (auch Muskeltraining, isokinetisches) Spezielle Form des dynamischen Krafttrainings. Apparativ wird eine Bewegungsgeschwindigkeit gegen einen maximalen Widerstand über den gesamten Bewegungsbereich konstant gehalten. So muß während der gesamten Bewegung die Maximalkraft eingesetzt werden. Eine schnelle Bewegung bzw. Steigerung der Geschwindigkeit innerhalb der Übungen wird durch einen automatisch erhöhenden Widerstand ausgeglichen und verhindert.
K. wurde zuerst in der Rehabilitation, dann besonders bei den Schwimmern der USA eingesetzt. In anderen Sportarten im Sinn der ständigen Variation des Krafttrainings.
[**182**, 249/**240**, 1/**255**/**257**, 145]

Krafttraining, konträres Trainingsmethode, die apparativ gesteuert der unmittelbaren Umsetzung von Maximalkraft in Schnellkraft dient. Ein Widerstand wirkt innerhalb einer Kraftübung als zeitweilige Sperre, die beim Überschreiten eines einstellbaren Kraftniveaus ausklingt. Die Belastung erfolgt also in drei Phasen: 1. Phase: Überwindende Tätigkeit mit ca. 30 % der maximalen Kraftfähigkeit; 2. Phase: haltende, maximalkräftige Tätigkeit mit zusätzlich 50–60 % der maximalen Kraftfähigkeit (eingestellter Widerstand der Sperre); 3. Phase: plötzliche, explosiv überwindende Tätigkeit nach Ausklinken der Sperre, mit nur noch 30 % der maximalen Kraftfähigkeit.
[**160**, 142]

Krafttraining, plyometrisches (auch Krafttraining, reaktives). Sonderform des dynamischen Krafttrainings, das der unmittelbaren Schnellkraftentwicklung dient. Training unter Verwendung der explosiv-reaktiv-ballistischen Muskelanspannung mit einem schnellen Umschalten der Muskeln von der nachgebenden zur überwindenden Arbeit. Die reaktive Fähigkeit des Nerven-Muskel-Apparats hängt mit den elastischen Eigenschaften der Muskeln und einer Steigerung der myotatischen Reflexerregbarkeit zusammen. Ein vorher optimal gedehnter Muskel kontrahiert stärker und schneller; der myotatische Reflex ist um so stärker, je schneller die Muskeldehnung vor sich geht. Wesentlicher Faktor ist dabei die gespeicherte kinetische Energie. Die vorhergehende Gegenbewegung zur eigentlichen Richtung der Bewegungsausführung bewirkt eine Dehnung der entsprechenden Muskeln in der Amortisationsphase, wobei kinetische Energie in Form eines bestimmten Potentials angesammelt wird. Bei der unmittelbar folgende Kontraktion erhöht diese angesammelte Energie und die Wirkung des myotatischen Reflexes zusätzlich zur Zugkraft der Muskeln den Arbeitseffekt. K. findet Anwendung besonders in den Sprung- und Wurfdisziplinen und kann ohne und mit Geräten durchgeführt werden. Der erste Teil (Dehnung) sollte immer mit der höchstmöglichen entspannten Muskulatur erfolgen, der zweite Teil (Kontraktion) mit dem höchsten Willenseinsatz.
[**8**, 42, 43 ff/**368**]

Krafttraining, spezielles (auch Krafttraining, spezifisches) Art des Krafttrainings, die in der Spezialsportart wirksam wird. Herausbildung der Kraft derjenigen Muskeln, die die Hauptbelastung tragen, in Verbindung mit anderen dominanten motorischen Eigenschaften. Dabei muß die spezifische Struktur der Wettkampfbewegung und der Charakter der neuromuskulären Anspannungen erhalten bleiben. K. dient in erster Linie der Umsetzung des verbesserten allgemeinen Kraftverhaltens in die Wettkampfbewegung. Das Prinzip des K. besteht in einer leichten Variation des Wettkampfgewichts nach oben und unten (z. B. Stoßen mit leichteren oder schwereren Kugeln im Vergleich zur Normkugel). K. stellt in erster Linie ein Koordinationstraining dar und sollte nur in ausgeruhtem Zustand zur Anwendung kommen.
[**182**, 176/**249**/**255**/**257**, 140/**368**/**430**, 144]

Krafttraining, statisches (auch Muskeltraining, statisches, isometrisches) Trainingsmethode, die unmittelbar die Niveausteigerung der haltenden Kraftfähigkeiten zum Ziel hat. Statische Belastung gegen einen fixierten Widerstand. Der maximale Trainingseffekt ist abhängig von der Höhe, Dauer und der Häufigkeit der Muskelspannung. Die Muskelanspannung sollte mindestens 50–70 % der Maximalkraft ausmachen, um den maximal möglichen Trainingseffekt zu erzielen. Die überschwellige Muskelanspannung wird erst wirksam, wenn sie mindestens 20–30 % der bis zur Erschöpfung möglichen Anspannungszeit beträgt. Etwa 5 Trainingsreize pro Tag ga-

rantieren den maximal möglichen Effekt. Die Vorteile des K. sind: Es kann gezielt jede Muskelgruppe trainiert werden, es erfordert wenig Zeit- und Mittelaufwand. Die Nachteile liegen im motorischen Bereich der Koordination; der Kraftzuwachs erfolgt nicht im Rahmen des speziellen Bewegungsvorgangs. Damit entfällt eine koordinative Schulung und die Möglichkeit der Einschleifung eines dynamisch-motorischen Stereotyps.
[**160**, 140/**182**, 229/**196**, 273/**255**]

Kraftübungen Körperübungen, die den Anforderungen des Krafttrainings entsprechen: Muskeln bzw. Muskelgruppen aktivieren, die nach der trainingsmethodischen Zielstellung exakt definiert werden (allgemeine K.); die Imitation von Elementen der Wettkampfbewegung erlauben, wobei zusätzliche Anforderungen an die Kraftfähigkeit möglich sein müssen (spezielle K.).
Die variable Belastungsgestaltung mittels K. erfordert Geräte, die in ihrer Bedeutung für das Krafttraining zu unterscheiden sind in Belastungsmittel, die zur Dosierung vor allem der Belastungsstärke benutzt werden (Scheibenhanteln, Sandsäcke, Gewichtswesten, Expander, Zuggeräte usw.), und Hilfsmittel, die eine Entlastung der Wirbelsäule sichern (Schrägbretter, Schrägbänke, Horizontalbänke usw.), ein unfallfreies Üben mit hohen Lasten gewährleisten (Hantelschwingen, Hantelgleitgerüste usw.), und das Beschleunigen der Hantel aus variablen Ausgangsstellungen ermöglichen.
[**160**, 149f/**196**, 334]

Kraus-Weber-Test Test zur Bestimmung der statischen Kraftausdauer der Rumpfmuskulatur. Die Durchführung besteht in einem Heben und Halten des Oberkörpers bzw. der Beine in der Rückenoder Bauchlage. Registriert und bewertet wird die Dauer der Haltezeit.
[**142**, 49f]

Kreatinphosphat Energiereiches Phosphat, welches mit ADP reagiert und ATP bildet. Der energiereiche Phosphatrest des K. (KP), das im Muskel in 3- bis 4facher Menge des ATP vorhanden ist, wird auf die Adenosindiphosphorsäure (ADP) übertragen, wodurch wieder Adenosintriphosphorsäure (ATP) entsteht, das als Grundlage für die Muskelkontraktion im Muskel vorhanden sein muß. Diese ATP-Restitution geht so schnell vonstatten, daß selbst nach erschöpfender muskulärer Arbeit der ATP-Spiegel wenig reduziert ist: ADD + KP → ATP + k.
[**182**, 60f/**255**/**273**]

Kreistraining → Circuit-Training.

Kugeltestgerät Psychomotorisches Testgerät zur Beurteilung der → Geschicklichkeit. Das Gerät besteht aus einer rotierenden Walze mit fünf unterschiedlich großen Bohrungen, in die passende Kugeln gefüllt werden müssen. Ein erfolgreicher Versuch wird registriert. Die Leistungsanforderung wird mittels einer unterschiedlichen Walzenumlaufgeschwindigkeit variiert.
[**182**, 152]

Kurzkorrektur Korrekturen sind als Schnellinformation besonders wirksam, weil sie unmittelbar anschließend an die Bewegungsdurchführung gegeben werden können. Je früher die Korrektur erfolgt, desto effektiver ist sie.
[**257**, 233]

Kurzzeitausdauer Form der Ausdauerfähigkeit für eine bestimmte Zeiteinheit. K. wird für das Zurücklegen einer Distanz benötigt, für die der Sportler nach Harre zwischen 20 Sek. und 1 Min. und nach Hollmann zwischen 3 und 10 Min. benötigt, ohne daß ein wesentlicher Geschwindigkeitsabfall eintritt. Harre und Keul beziehen die zeitliche Abgrenzung auf die Ausdauer als Grundeigenschaft, während Hollmann dagegen seine Unterscheidung lediglich auf die → allgemeine

aerobe Ausdauer bezieht. Für die K. spielt unter dem Stoffwechselaspekt die Fähigkeit zur anaeroben Energiegewinnung eine vorrangige Rolle (Harre/Keul). Nach Hollmann beinhaltet die K. eine Beanspruchung auf die allgemeine aerobe Ausdauer, bei der die absolut höchste maximale Sauerstoffaufnahme als Ausdruck der aeroben Leistungsfähigkeit erreicht wird. Da bei dieser Belastungsintensität die aerob ablaufenden Stoffwechselvorgänge allein zur Energiegewinnung nicht ausreichen, laufen parallel dazu anaerobe metabolische Vorgänge mit entsprechend hohen Laktatwerten in Blut und Gewebe ab.
[**160**/**182**, 347 ff/**257**/**430**]

Kurzzeitbahnung Vorgang, bei dem nach Durchführung eines Bewegungsablaufs elektrophysiologisch nachweisbare Spuren im ZNS zurückbleiben. Sie können ein verbindendes Element zu einer nachfolgenden Übung darstellen, wodurch deren Ausführung erleichtert wird.
[**182**, 28]

Kurzzeitintervallmethode Trainingsmethode zur Entwicklung von Ausdauerfähigkeiten.
Die Dauer der Einzelbelastungen liegt nach Harre zwischen 15 Sek. und 2 Min., nach Hollmann zwischen 10 und 20 Sek.
K. ist durch eine hohe Belastungsintensität und kurze, unvollständige Pausen gekennzeichnet. Bei Kurz- und Mittelzeitausdauerdisziplinen dient K. der Entwicklung der wettkampfspezifischen Ausdauer- sowie Kraftfähigkeiten (Harre).
Als Einzelbelastung beansprucht die K. nach Hollmann vornehmlich die alaktaziden und nach Harre die laktaziden anaeroben Stoffwechselvorgänge.
[**160**/**182**/**257**, 181 f/**430**, 84 ff]

Kurzzeitkraftausdauer Ausdauer bei Krafteinsätzen bis zu 2 Min. unter Berücksichtigung von Intensität, Schnelligkeit und Zeitdauer der Krafteinsätze.
[**257**, 138 f/**376**, 3]

L

Laktat Endprodukt der → Glykolyse. L. entsteht im Körper zu Beginn jeder Arbeit sowie bei schwerer körperlicher Arbeit, wo es durch Milchsäurebildung zu einer Übersäuerung des Muskels kommt.
Dies hat zur Folge, daß viele biologische Reaktionen im Muskel langsamer ablaufen, d. h., der Muskel ermüdet. Deshalb können durch Feststellung der Laktatkonzentration wertvolle Rückschlüsse auf die Belastung gezogen werden. Dies gilt nur für Ganzkörperbelastungen. Hier werden Aussagen über die Glykolyse und zum Teil auch über den oxidativen Stoffwechsel möglich.
L. verläßt den Muskel und gelangt über den Kreislauf in den Herzmuskel, wo es als Energielieferant oxidativ weiter abgebaut wird, und in die Leber, wo ein Teil des L. wieder zu Glykogen aufgebaut wird.
[**182**/**271**, 81ff/**430**, 33]

Laktatbildung (auch Milchsäurebildung) Hauptmerkmal der anaeroben Glykolyse. Durch die L. kommt es zu einer Übersäuerung des Muskels. Der Organismus ist gezwungen, seine Tätigkeit zu reduzieren oder ganz einzustellen. Z. B. typische Laufbeschwerden der Muskulatur während der letzten 50 m beim 400-m-Lauf. Die L. erreicht bei maximalen dynamischen Beanspruchungen von ca. 45–60 Sek. Dauer ihren Maximalwert.
[**182**, 326f]

Laktatspiegel Konzentration des Laktats im Blut und im Gewebe. Ein hoher Laktatspiegel zwingt in Verbindung mit einem entsprechend tief abgesunkenen → pH-Wert zum Arbeitsabbruch bzw. zu einer Reduzierung der Belastungsintensität (siehe Abb. Seite 170). Ein maximaler L. wird nach ca. 45 bis 60 Sek. maximaler Belastung erreicht, so daß besonders Belastungen auf allgemeine anaerobe dynamische Ausdauer in diesem Bereich (z. B. 400-m-Lauf) sehr stark durch die Höhe des L. limitiert werden.
[**116**, 127/**160**, 166ff/**182**, 536]

Längenwachstum Anatomisch-morphologisches Charakteristikum der → Pubeszenz. Starkes L. beeinträchtigt in der ersten puberalen Phase die Koordinations- und Beweglichkeitsschulung. Für das Training der koordinativen Fähigkeiten ergeben sich Einbußen in der Bewegungsführung bzw. Stagnationserscheinungen in der motorischen Entwicklung und eine damit verbundene zeitweilige Einschränkung des Neuerwerbs von komplizierten Bewegungsformen. In der Beweglichkeitsschulung sollten übermä-

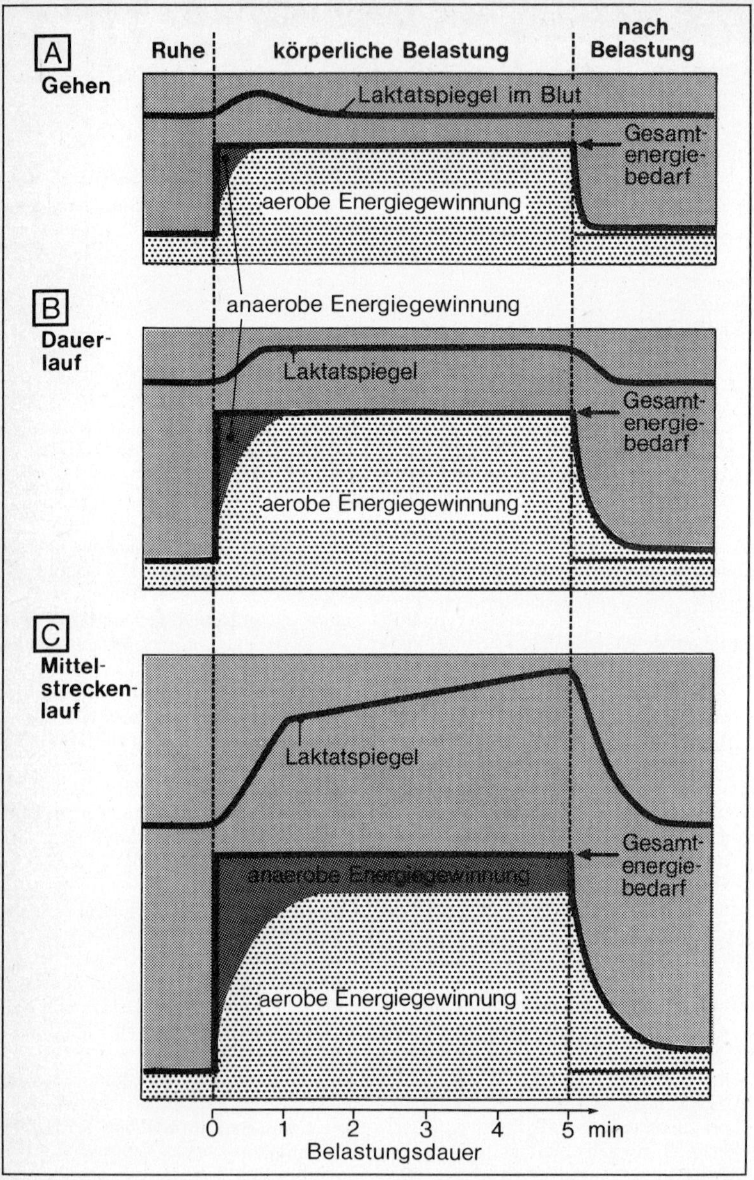

Laktatspiegel und Belastungsdauer (Quelle: Markworth 1986, 254)

ßige Torsions- und Biegebelastungen wie Überbiegen nach vorn bzw. rückwärts vermieden werden.
[**430**, 206]

Langzeitausdauer Form der Ausdauerfähigkeit für eine bestimmte Zeiteinheit. L. ist dann bestimmend, wenn der Athlet für das Zurücklegen einer Distanz mehr als 8 Min. (Harre/Keul), bzw. 30 Min. (Hollmann) benötigt und sich dabei sein Tempo nur unwesentlich verringert. Bestimmende Faktoren der L. sind: aerobe Kapazität, ökonomische Leistungsfähigkeit des Herz-Kreislauf-Systems, der Funktionen von Atmung und Stoffwechsel sowie der Substratkapazität. Im Bereich der L. II (Harre, 30–90 Min.) und insbesondere der L. III. (Harre, mehr als 90 Min.) nimmt bei der aeroben Energieerzeugung neben der Kohlenhydratverbrennung in zunehmendem Maße die Oxydation von freien Fettsäuren eine bedeutende Stellung ein. Dadurch ist die Skelettmuskulatur in der Lage, die Glykogenvorräte und die zur Aufrechterhaltung des normalen Blutzuckerspiegels sehr wichtigen Glykogendepots in der Leber zu schonen.
[**160**, 157/**182**, 348ff/**257**, 171/**270**, 189ff/**281**, 343/**293**, 58/**430**, 77]

Langzeitintervallmethode Trainingsmethode zur Entwicklung von bestimmten Ausdauerfähigkeiten. Die Einzelbelastungen liegen nach Harre in einer Zeitdauer von über 8 Min., bei Hollmann über 30 Min. Die Intensitätssteuerung erfolgt entsprechend der Auslastung der aeroben Kapazität, die auch leicht überschritten werden kann. Erholungspausen haben eine Dauer von 2–5 Min. Anwendung findet die L. in Langzeitausdauerdisziplinen, zur Entwicklung und Verbesserung wettkampfspezifischer Ausdauer- und Kraftfähigkeiten.
[**160**, 157ff/**182**, 506/**257**, 181]

Latenzzeit Zeit vom Setzen eines Reizes an einem Organ bis zum ersten Auftreten einer meßbaren Reaktion am gereizten Organ. Die Mindestdauer der L. beträgt 0,05 Sek. und ist durch Übung kaum zu beeinflussen. Komponenten der L.: Auftreten der Erregung im Rezeptor; Überleitung der Erregung auf das ZNS; Übergang des Reizes in die Nervennetze (Großhirnrinde) und Bildung des effektorischen Signals; Eintritt des Signals vom ZNS in den Muskel; Reizung des Muskels und Entstehung einer mechanischen Aktivität im Muskel.
[**116**, 48/**182**, 179/**196**, 20/**257**, 189/**281**, 340]

Lauf-ABC Übungen zur Verbesserung der Lauftechnik in der Leichtathletik (siehe Abb. Seite 172). Einzelne Phasen der Laufbewegung werden isoliert und zu eigenständigen Übungskomplexen zusammengefaßt. Durch unterschiedliche Ausführung und Intensität kann sowohl technische als auch konditionelle Verbesserung angestrebt werden. Charakteristische Übungen des L. sind: Ballenlauf, Anfersen, Fußgelenkslauf, Kniehebelauf, Hopserlauf, Lauf-Wechselsprünge, Sprunglauf usw.
[**35**/**201**, 144]

Laufspiel, polnisches Polnische Variation zum → Fahrtspiel. Trainingsform, die im Gegensatz zum Fahrtspiel spielerische Einlagen aus Lockerungs- und Dehnungsübungen enthält. L. wurde vom polnischen Trainer Jan Mulak entwickelt und gliedert sich in: Aufwärmen, Schulung des Laufrhythmus, Tempoarbeit und Auslaufen.
[**196**, 106/**302**, 179]

Lauftraining, gemischtes Mischung von Trainingsformen nach dem Dauer- und dem Intervallprinzip.
[**196**, 334/**311**, 14]

Lehrmethode, deduktive → Methode, deduktive.

Lehrmethode, induktive → Methode, induktive.

Trainingsform	Charakteristische Merkmale
• Trablauf, auch: Ballenlauf	Betont lockerer Lauf auf dem Ballen (kleine Schritte, hohe Knieführung) in langsamem Tempo. Dient vor allem der Erwärmung, Lockerung und Entspannung der Laufmuskulatur
• Anfersen	Hochpendeln des Unterschenkels bis zum Gesäß in der hinteren Schwungphase der Laufbewegung (Variationen: wechselseitig oder im Dreier-Rhythmus re–re–re–li–li–li)
• Fußgelenkslauf (FGL)	Federnder Ballenlauf mit elastischem Abdruck aus dem Fußgelenk am Ort oder in der Bewegung. Die Fußspitzen bleiben am Boden oder werden flach vorwärts bewegt Variationsmöglichkeiten des FGL: FGL flach, kurzer Schritt, mittlere Frequenz FGL flach, kurzer Schritt, hohe Frequenz FGL hoch, kurzer Schritt, mittlere Frequenz FGL hoch, kurzer Schritt, hohe Frequenz
• Kniehebelauf (KHL)	Lauf am Ort oder in der Bewegung mit betontem Kniehub (hohe Knieführung) in der vorderen Schwungphase, steilem Fußaufsatz in der vorderen Stützphase, aktivem Abdruck und optimaler Streckung des Hüftgelenks (aufrechte Rumpfhaltung) Variationsmöglichkeiten des KHL: KHL mit mittlerem Kniehub und mittlerer Frequenz; KHL mit hohem Kniehub und mittlerer Schrittfrequenz; KHL mit hohem Kniehub und langgezogenem Schritt
• Hopserlauf	Wechselseitige zyklische Sprungfolge: Abdruck und Landung erfolgen auf demselben Bein (links–links-Wechselschritt, rechts–rechts–Wechselschritt etc.) Hoher Schwungbein- und betonter Gegenarmeinsatz (Variationen: horizontaler oder vertikaler Krafteinsatz)
• Lauf-Wechselsprünge	Zyklische wechselseitige Sprungfolge, bei der Absprung und Landung wechselseitig erfolgen (li–re–li–re etc.)
• Sprunglauf	Lauf, bei dem die Laufschritte als hohe und weitausgreifende Sprünge ausgeführt werden (betont lange Flugphase durch hohen Kniehub und Hüftstreckung sowie explosivem Armeinsatz)
• Laufkombinationen	Z. B. Anfersen–KHL; FGL–Traben–KHL; Traben–Hopserlauf sowie Kombinationen mit anderen bekannten Laufformen, z. B. Sprunglauf–Steigerungslauf; Kniehebelauf–Sprintlauf

Die wichtigsten Trainingsformen zur Verbesserung der Laufkoordination (Lauf-ABC)
(Quelle: Jonath/Krempel 1985, 144)

Lehrprogramm Auf den Gedanken des programmierten Unterrichts basierende programmierte methodische Übungsreihe zum Erlernen sportlicher Disziplinen.
Die Konstruktion des Lehrprogramms umfaßt folgende Arbeitsschritte: Lernzielbestimmung, Bewegungsanalyse und Bewegungsbeschreibung, Bestimmung der Leistungsfähigkeit der Adressatengruppe, Konstruktion und Erprobung der Lehrschritte, Berechnung des Lernzuwachses und der Durcharbeitungszeiten, Bestimmung leistungsfördernder und leistungshemmender Variablen.
[**242**]

Leistung, Bedingungsgefüge Bestimmung derjenigen Merkmale, welche das Leistungsniveau in einer Sportart ausmachen. Je nach Komplexitätsgrad und Spezifik einer Sportart sind dabei die drei Leistungskomponenten → Kondition, → Technik und → Taktik mit unterschiedlicher Gewichtung in der je bestimmten Sportart bzw. Disziplin beteiligt.
[**257**, 117f]

Leistung, konditionelle Leistung, welche sich aus den Komponenten Kraft, Schnelligkeit, Ausdauer und allgemeiner Beweglichkeit zusammensetzt.
[**160**, 244]

Leistung, koordinative Leistung, Bewegungshandlung, die ein Sportler durch die Prozesse der Bewegungssteuerung und -regelung zu leisten in der Lage ist. L. wird durch das Repertoire an sporttechnischen Fertigkeiten und durch das erreichte Niveau in den koordinativen Fähigkeiten bestimmt.
[**160**, 187/**430**, 15, 27ff]

Leistung, sportliche Ergebnis einer sportlichen Bewegungshandlung. Ihr Resultat wird durch Bewertung oder Messung ermittelt. L. steht in Abhängigkeit zu Leistungsfähigkeit und -bereitschaft. Sie wird weiter beeinflußt von ökologischen und sozialen Bedingungen. Je nach Sportbereich (Gesundheits-, Breiten-, Leistungssport) ist die Definition von L. unterschiedlich. Erst durch Kenntnis der Leistungsstruktur wird die systematische Herausbildung von L. möglich.
[**160**, 42ff]

Leistungsalter Entwicklungsperiode des frühen (6./7.–10. Lebensjahr) und späten (10.–11./13. Lebensjahr) Schulkindalters. In dieser Periode haben die koordinativen Fähigkeiten (Gewandtheit), die aerobe Ausdauer (Grundlagenausdauer), die Schnelligkeit (Reaktionsschnelligkeit, Bewegungsfrequenz) und die Beweglichkeit (Ausnahme sind die Spreizfähigkeit der Hüfte und dorsal gerichtete Bewegungen im Schultergelenk) ihre höchsten Zuwachsraten. Lediglich die Kraftfähigkeiten (Maximalkraft, Kraftausdauer) erfahren erst in der Pubertät (insbesondere bei Jungen zwischen dem 13./14. und 18./19. Lebensjahr) ihre größten Zuwachsraten.
[**160**, 58]

Leistungsanalyse Voraussetzung für die individuelle Planung des Trainings. Um einen individuellen Trainingsplan ausarbeiten zu können, muß man die individuelle Leistung und das individuelle Leistungsprofil des Sportlers ermitteln, damit das Training zielgerichtet auf die Verwirklichung des für den zu planenden Trainingsabschnitt festgelegten Anforderungsprofils ausgerichtet werden kann. Es sind die individuellen Differenzen zu einzelnen Elementen des Anforderungsprofils festzustellen und damit die besonderen Stärken und Schwächen zu kennzeichnen, die vornehmlich den individuellen Plan notwendig machen.
[**160**, 245]

Leistungsaufbau, langfristiger Prozeß der zielgerichteten Entwicklung von Leistungsfähigkeit und -bereitschaft im Sport.

L. beginnt mit Aufnahme des sportlichen Trainings und endet im Höchstleistungsalter. Man untergliedert den L. in die Phasen des Grundlagen- (Kinder-), Aufbau- (Nachwuchs-) und Hochleistungs-(Erwachsenen-)trainings.
[**160**, 111f]

Leistungsaufgabe Form der Aufgabenstellung. Selbständiges Erbringen einer definierten Leistung durch den Lernenden. In der sportlichen Ausbildung wird die L. besonders zur Überprüfung und Festigung von Bewegungsfertigkeiten angewendet.
[**136**, 205]

Leistungsbereiche Einteilung der Leistungsfähigkeit des Menschen in verschiedene Fähigkeitsbereiche. Die absolute Leistungsfähigkeit des Menschen läßt sich in folgende L. einteilen: Automatisierte Leistungen, physiologische Leistungsbereitschaft, gewöhnliche Einsatzreserven und autonom geschützte Reserven.
[**160**, 20/**182**, 121/**196**, 275]

Leistungsbereitschaft Einstellung zu Leistungsanforderungen. Als komplexe Einheit kognitiver Faktoren (Intelligenz) und affektiver (Freude, Angst, Aggression) wirkt L. zusammen mit der Leistungsfähigkeit wesentlich auf das Erreichen einer Leistung ein.
[**160**/**182**, 124f/**257**, 114/**275**, 247/**281**, 22]

Leistungsbeurteilung Neben der Gesundheitsbeurteilung die zweite Form der sportärztlichen Leistungsuntersuchung. Dabei werden u. a. die submaximale Ausdauerleistungsfähigkeit und die maximale Sauerstoffaufnahmefähigkeit in möglichst sportartspezifischer Weise (Laufband, Ruderergometer, Fahrradergometer) bestimmt.
[**182**, 673f]

Leistungsdiagnostik Methode zur Analyse der momentanen Leistungsfähigkeit. L. ist wesentliche Voraussetzung für die Trainingssteuerung. Die Kenntnis der Leistungsstruktur führt zu bestimmten Testverfahren, welche leistungsbestimmende Parameter ermitteln können. Hierdurch werden Aussagen über Leistungsfähigkeit und Trainingswirkungen möglich.
[**160**, 62ff/**257**, 60/**276**, 142f]

Leistungsentwicklung, Bedingungen Begleitende bzw. maßgeblich beeinflussende Umstände, Ereignisse und Faktoren der sportlichen Leistungsentwicklung.
Exogene Faktoren: (gesellschaftlich-soziale) Schule, Elternhaus, Beruf, Freunde, Trainingsstätte etc.
Endogene Bedingungen: (individuell-personale) psychische Faktoren (Persönlichkeitseigenschaften, Interessen, Einstellungen, Motive u. a.) und physische Faktoren (morphologisch-physiologische Gegebenheiten).
[**257**, 14, 117ff]

Leistungsermittlung Durch Bewegungssystem oder Meßeinrichtungen vollzogene Ermittlung sportlicher Leistungsergebnisse. Die L. kann mit ihren Daten für die Leistungsbewertung trainingswirksam genutzt werden.

Leistungserwartung Persönlich empfundenes Leistungsziel bei einer gestellten Leistungsaufgabe. Die L. ist Teil der Leistungsbereitschaft und wird beeinflußt von Anspruchs- und Leistungsniveau sowie vom Grad psychischer Stabilität.

Leistungsfähigkeit, körperliche Potentielles, körperliches Leistungsvermögen eines Individuums. Die L. setzt sich zusammen aus funktionalen Fähigkeiten und Verhaltensfertigkeiten und steht in Wechselwirkung zur Leistungsbereitschaft. Erst bei optimaler Abstimmung dieser Komponenten ist maximale L. realisierbar.
[**281**, 41]

Leistungsfähigkeit, motorische Leistungsfähigkeit, welche durch die Parameter Schnelligkeit, Grundlagenausdauer, Kraft, koordinative Fähigkeiten und Beweglichkeit ausgedrückt wird.
[**160**, 58f/**281**, 43]

Leistungsfähigkeit, psychische Die durch psychische Determinanten bestimmte Gesamtheit von Fähigkeiten und Fertigkeiten, welche zum erfolgreichen Bestehen in Training und Wettkampf notwendig sind.
Exogene und endogene Faktoren beeinflussen die psychische Disposition des einzelnen und bestimmen, zusammen mit der Leistungsbereitschaft, die Trainings- und Wettkampfleistungen. Physische und psychische Leistungsfähigkeit werden zur einheitlichen Grundlage der Handlungsregulation.

Leistungsform Form einer Bewegung, welche meist das Ziel des motorischen Lernprozesses darstellt. L. bezeichnet die meßbare bzw. bewertbare Leistung, die erst durch ihre objektivierbaren, vom Reglement abhängigen Parameter einen Vergleich ermöglicht. Vorbereitet wird die L. durch Spiel- und Übungsformen.

Leistungsgrenze Maximal mögliche Leistungsfähigkeit eines Sportlers. Sie wird durch anatomische und physiologische Besonderheiten, Besonderheiten des Nervensystems und psychische Faktoren bestimmt. Diese anlagebedingte L. ist nicht absolut, denn in welchem Maß Fähigkeiten entwickelt werden können, hängt u. a. vom Stand der trainingsmethodischen Erkenntnisse und deren Verwirklichung ab.
[**160**, 32]

Leistungskennziffer Formulierung von Komponenten sportlicher Leistung in Zahlen, Maßeinheiten oder disziplinspezifischen Kriterien. Die L. ist eine Zielformulierung und dient dem Sportler als Handlungsanweisung. Angaben in m, Sek, kp, t, bestimmte technisch-taktische Verhaltensweisen (in Form von Quotienten für ihren Wirkungsgrad), physiologische Größen oder psychologische Anweisungen dienen der Steuerung und Bewertung von Training und Leistung.

Leistungskomponenten Anlagebedingte und herausgebildete personelle (innere, endogene) und äußere (exogene) Bestandteile, die die sportliche Leistung bestimmen. Zu den inneren L. gehören z. B. konditionelle, koordinative, psychische und taktische Fähigkeiten. Zu den äußeren L. gehören z. B. Geräte, Wettkampfanlagen, Klima u. a.
[**142**, 8/**257**, 21, 116]

Leistungskontrollen Die Anwendung bestimmter Testverfahren im Training zur Überprüfung der Wirksamkeit der angewandten Trainingsformen bzw. zur Diagnose leistungsbestimmender Faktoren.
L. werden in folgenden Bereichen eingesetzt: allgemeine Funktionsprüfungen und anthropometrische Messungen: Tests zur Beurteilung des allgemeinen Trainingszustands in einer Sportart; Tests zur Überprüfung der Bewegungstechnik durch Analyse des Bewegungsablaufs.
[**99**, 244/**160**, 65, 156ff]

Leistungsnorm Zielformulierung im Prozeß sportlicher Leistungsentwicklung. Die Aufgaben der L. liegen u. a. in der Klassifizierung von Leistungen und damit in der Schaffung von Leistungsklassen, sowie der Trainingssteuerung (Sollwert-Istwert-Vergleich). Die Erstellung der konkreten Werte einer L. orientiert sich an der statistischen Verteilung vergleichbarer Leistungswerte.
[**250**]

Leistungsprognose Die anhand von leistungsdiagnostischen Daten getroffene Vorhersage der individuellen sportmotorischen Leistungsentwicklung, die sich sowohl auf einzelne leistungsbestimmende Komponenten (konditionelle,

technomotorische, taktische) wie auch auf die komplexe Wettkampfleistung beziehen muß. L. darf nur im Zusammenhang mit den jeweils durchgeführten Trainingsverfahren bzw. den sie unterstützenden Maßnahmen gesehen werden.
[**116**, 317–336/**182**, 673/**257**, 60, 102ff]

Leistungspulsindex Beurteilungskriterium für den Grad der Leistungsfähigkeit von Herz, Kreislauf, Atmung und Stoffwechsel bei Untrainierten. Auf dem Fahrradergometer wird bei einer 1 bis 10 mkp pro Sekunde ansteigenden Arbeit minütlich der Puls gemessen und in ein Diagramm eingetragen. Der errechnete L. (Pulsfrequenzanstieg) ist dabei um so kleiner, je größer die Leistungsfähigkeit ist. Der L. ist kein Maß zur Beurteilung der Leistungsfähigkeit bei Menschen, die ihre Leistungsfähigkeit durch Training erworben haben. Selbst bei stark Ausdauertrainierten ändert sich der L. nicht gegenüber Untrainierten. So gesehen dient er nur der Differenzierung von Untrainierten in mehr oder weniger Leistungsfähige.
[**116**, 325/**196**, 311/**389**, 378ff]

Leistungsreserve Unter Ausschöpfung aller Reserven zu realisierende Leistung in einer bestimmten Sportart/Disziplin. Nur der austrainierte Mensch ist in der Lage, seine Leistungsreserven in einem Bereich von ca. 90–95 % einsetzen zu können, während eine weitere Ausschöpfung nur durch ungewöhnliche Situationen (Angst, euphorische Freude etc.) oder Drogen (Dopingmittel) möglich ist (s. a. → Leistungsbereiche).
[**116**, 121/**182**, 121/**196**, 275/**430**]

Leistungsstruktur Struktur von Wirkungen und Wechselwirkungen der Komponenten sportlicher Leistung. Die L. ist gebunden an die jeweilige Sportart bzw. Disziplin. Durch die Analyse der L. werden die einzelnen Leistungsfaktoren ebenso erkennbar wie ihre Bedeutung in der Gesamtstruktur. Hieraus ergeben sich Schlußfolgerungen für die Trainingssteuerung, d.h. für die Auswahl von Trainingsformen und -methoden.
[**160**, 25/**281**, 218]

Leistungsvermögen Summenwert, der sich aus Einzelgrößen wie körperliche Fähigkeiten, spezifische Intelligenz, technisches und taktisches Vermögen und spezifische Erfahrung zusammensetzt.
[**182**, 124/**257**, 115/**275**, 247]

Lernaktivität Verhalten des Lernenden im Lernprozeß. Angestrebt wird die aktive Lösung gestellter Lern- oder Übungsaufgaben durch den Lernenden, unterstützt durch zielgerichtete Motivation des Lehrenden.

Lernen, motorisches Form des Lernens, welche den Erwerb motorischer Bewegungsfertigkeiten beabsichtigt. Dieser Neuerwerb vollzieht sich auf verschiedenen Stufen des Lernprozesses: Grobform, Feinform, Automatisierung der Bewegung und damit Bildung eines motorischen Bewegungsstereotyps. L. ist untrennbar verbunden mit dem Erwerb konditioneller und koordinativer Eigenschaften.
[**141**, 53ff/**160**, 194ff/**257**, 221, 228/**275**, 209f/**281**, 223/**446**]

Lernfähigkeit, motorische Fähigkeit zum Erwerb neuer motorischer Bewegungsfertigkeiten, sowie deren Stabilisierung im weiteren Lernprozeß. Für die Beurteilung der L. ist die Schnelligkeit des Neuerwerbs von Bewegungsfertigkeiten maßgebendes Kriterium. Kontrollierbar wird die L. z. B. durch die für den Neuerwerb notwendige Zahl der Übungswiederholungen bzw. -einheiten. Der Ausprägungsgrad der L. wird wesentlich mitbestimmt durch die koordinativen Fähigkeiten.
[**156**, 67ff/**160**, 35ff/**257**, 206, 210/**281**, 203/**430**, 213]

Lernhilfen Hilfen zur bestmöglichen Gestaltung des Lernprozesses. Man unterscheidet mentale von materialen L. Erstere beziehen sich auf die Aufnahme und Verarbeitung von Information, z. B. in verbaler oder optischer Form, letztere meinen äußere Hilfen beim Ausführen von Bewegungen, z. B. Partnerhilfe, Gerätschaften zur Bewegungserleichterung usw. Die Lernhilfen werden im Lauf des Lernprozesses so weit reduziert, wie es die Ausführung der beabsichtigten Zielform einer Übung zuläßt.

Lernhilfen, programmierte Spezialübungen für einzelne sportliche Disziplinen. L. greifen den Gedanken des programmierten Unterrichts für den Bereich der Spitzenkönnerschulung auf, liefern jedoch keine fertigen Trainingsrezepte. Aufgabe des Trainers ist es, die Lernhilfen auf den Athleten abzustimmen.
[**242**]

Lernmethode Form des Vorgehens beim Neuerwerb motorischer Fertigkeiten und Fähigkeiten.
Es haben sich zwei wesentliche Vorgehensweisen herausgebildet. Zum einen die Teillernmethode, welche zunächst die Isolierung von Teileinheiten der Bewegung und dann ihr späteres Zusammensetzen zur Gesamtbewegung vorsieht, und zum anderen die Ganzlernmethode, welche die Bewegung direkt als Ganzes übt. Die Anwendung der jeweiligen Methode richtet sich nach den allgemeinen Lernbedingungen bzw. dem Stand der sporttechnischen Ausbildung des Lernenden.
[**141**, 135]

Lernphase Teilabschnitt im Prozeß des Neuerwerbs motorischer Fertigkeiten und Fähigkeiten. Man unterscheidet 3 Phasen: (1) Aneignung der Grobform, (2) Aneignung der Feinform, (3) Entwicklung eines → motorischen Stereotyps oder auch Automatisierung der Bewegung.
Für das sportliche Training ergeben sich durch Kenntnis der L. wichtige zielgerichtete Gestaltungsmöglichkeiten.
[**160**, 194 ff/**408**, 235/**446**]

Leukozytose Vermehrung weißer Blutkörperchen, der Leukozyten. Die L. ergibt sich aus der Reaktion des Körpers auf einen entsprechenden Belastungsreiz. Ausdauertraining kann bis zu einer dreifachen Erhöhung des Leukozytengehalts im Blut führen. Die L. ist reversibel. Durch den langsamen Rückbildungsprozeß kann der Grad der Ausprägung der L. als Maß für die Höhe des Belastungsreizes genommen werden.
[**116**, 132/**276**, 6 ff]

Levelling-off-Phänomen Ausbleiben einer weiteren Zunahme der Sauerstoffaufnahme bei einer Erhöhung der Belastungsintensität. An diesem Punkt der Belastung ist gleichzeitig die maximale Sauerstoffaufnahme/Min. erreicht.
[**182**, 400]

Linkshypertrophie Hypertrophie des linken Herzens als Folge der Anpassungserscheinungen des Herzens an hohe Anforderungen. Die Anpassung kann pathologisch bedingt sein oder durch ein intensives Leistungstraining hervorgerufen werden.
Röntgenologisch zeigt dieses Sportherz das Aussehen eines sog. Aortenherzens, bei dem die Vergrößerung des linken Ventrikels auffällig ist.
[**182**, 465/**458**, 816]

Lockerungsübung Entspannungs- oder Aufwärmübung für Muskeln und Gelenke, zur Mobilitätssteigerung oder Erholung. Gaulhofer unterscheidet zwischen Schüttel-, Pendel-, Schleuder- und Fallbewegungen.
[**131**/**195**, 40/**196**, 327/225]

Lokomotorik Teilgebiet der Motorik, welches sich mit der motorischen Fortbewegung beschäftigt.

Lungenvolumen Bei der Ausatmung unterscheidet man entsprechend den verschiedenen Atemstellungen, die eingenommen werden können, folgende Lungenvolumina:
Atemzugvolumen: Lungenvolumen, das bei normaler Atmung ein- und ausgeatmet wird. Inspiratorisches Reservevolumen: Volumen, das nach einer normalen Einatmung noch zusätzlich eingeatmet werden kann. Expiratorisches Reservevolumen: Volumen, das nach einer normalen Ausatmung noch zusätzlich ausgeatmet werden kann. Residualvolumen: Volumen, das auch bei tiefster Ausatmung noch in der Lunge zurückbleibt. Es kann nicht ausgeatmet werden (1,31). Totalkapazität: Volumen, das sich nach maximaler Einatmung in der Lunge befindet. Die Totalkapazität setzt sich aus der Vitalkapäzität und dem Residualvolumen zusammen. Vitalkapazität: Volumen, das nach maximaler Einatmung maximal ausgeatmet werden kann.
[**116**/145ff/**271**, 208]

Luxation Veränderung der Gelenkstellung durch traumatische Überdehnung der Kapsel. Der Mechanismus der Verletzung führt zur Einteilung in eine direkte L. (Gewalteinwirkung trifft das Gelenk, neben einem Kapsel- oder Bänderriß tritt der Gelenkkopf aus der Pfanne heraus) und indirekte L. (Gelenkkopf wird durch den langen Hebelarm der Knochen aus der Pfanne gehebelt). Erste-Hilfe-Maßnahmen bestehen in einer Ruhigstellung des ausgerenkten Gelenks. Ein Einrenkungsversuch durch einen Laien sollte nicht erfolgen.
[**116**, 306/**275**, 35/**458**, 838]

Luxusdurchblutung Bei der L. ist die tatsächliche Durchblutung des Gewebes größer als der eigentliche Durchblutungsbedarf.
[**182**, 315, 386]

Luftdichte Moleküldichte in der Atmosphäre, nimmt mit wachsender Höhe ab. Die Reduzierung der Luftdichte wirkt

Lungenvolumina (rechts) und Lungenkapazitäten (links) bei normaler Atmung. Die angegebenen Werte sind Mittelwerte von Männern im Alter von 20 bis 30 Jahren bei aufrechter Körperhaltung (Quelle: Findeisen/Linke/Pickenhain 1980, 146)

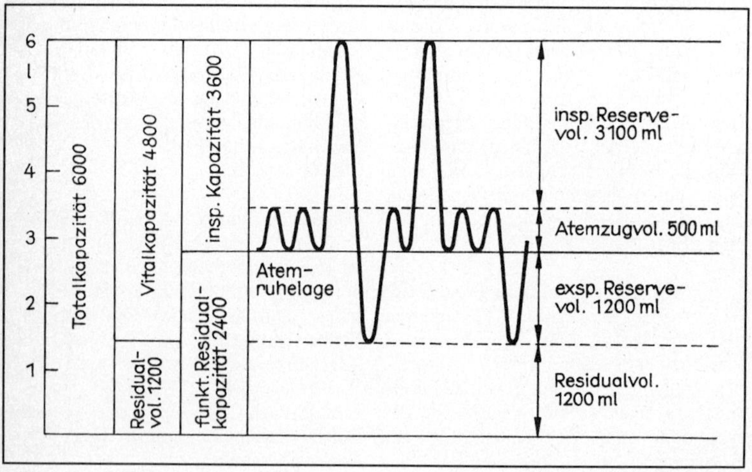

sich auf Schnelligkeits- und Schnellkraftleistungen positiv aus. So entspricht die Höhenlage von Mexiko-City in den Sprintwettbewerben einem Rückenwind von etwa 1,5–1,7 m/Sek. Gleichermaßen positiv beeinflußt werden der Speer- und Diskuswurf, der Weitsprung, der Stabhochsprung, die kurze Hürdenstrecke, das Kugelstoßen, der Hammerwurf u. a. Braine (1965) errechnete alle biomechanischen Gegebenheiten unter Höhenbedingungen und kam dabei zu folgenden Resultaten: Im Kugelstoßen wird in 2240 m Höhe (Mexiko-City) eine 5 cm größere Weite erreicht als in Meereshöhe, im Hammerwurf beträgt die Differenz 53 cm, im Speerwerfen 69 cm und im Diskuswerfen 162 cm.
[**182**, 555/**206**, 277]

Lungenkapazität, totale (auch Totalkapazität) Der größtmögliche Luftgehalt der Lunge nach maximal tiefer Einatmung.
Die L. ergibt sich aus der Vitalkapazität (ca. 5 l) und dem Residualvolumen (ca. 1–2 l).
Die Totalkapazität der Lunge liegt somit zwischen 6,5 und 7 l.
[**116**, 145 ff/**182**, 495/**389**]

Lungenkreislauf (auch kleiner Blutkreislauf) Aus dem rechten Vorhof des Herzens strömt das Blut in die rechte Kammer über die Lungenarterien ins Kapillargebiet der Lungen und über die Lungenvenen in den linken Vorhof.
[**440**, 4/**458**, 835]

M

Magnesiummangel Absinken der Magnesiumkonzentration im Körper unter den Normalwert.
Bei regelmäßigem täglichem Training von mehreren Stunden können Verluste von Magnesium in einer Größenordnung auftreten, die die Leistungsfähigkeit herabsetzen.
[**182**, 78]

Makrozyklus Organisatorische Einheit in den Trainingsperioden. Umfaßt in der Vorbereitungsperiode (VP) 4–6 Wochen, in der Wettkampfperiode (WP) kürzere Abstände von 2–4 Wochen.
Die Charakteristik des M. liegt in der Steuerung von Umfang und Intensität, wobei hohe, mittlere und geringe (auch Erholungsphasen) Belastungsphasen aufeinander abgestimmt sind (vgl. Abb. rechts).
[**182**, 126/**257**, 43/**275**, 48ff/**277**, 206/**430**, 305]

Marathontraining Periode des Dauerlauftrainings zum Erwerb der allgemeinen aeroben Ausdauer mit einem wöchentlichen Laufpensum von ca. 160 km im oberen Bereich des → steady state. Die Dauerlaufarbeit darf den Athleten nur so ermüden, daß er sich ohne weiteres davon erholen kann, um das Trainingsprogramm des nächsten Tages in vollem Umfang zu bewältigen.
[**182**, 508/**196**, 108/**267**, 61]

Marschfraktur Bruch des Mittelfußknochens, der durch Überbelastung bei längerem Marschieren oder Laufen auftritt. M. gehört zu den Ermüdungsbrüchen und tritt besonders häufig am zweiten Mittelfußknochen auf. Anzeichen einer M. können Schmerzen und Schwellungen am Mittelfuß sein. Ärztliche Behandlung ist erforderlich.
[**347**, 273/**458**, 862]

Marschhämoglobinurie Ausscheidung von gelöstem rotem Muskelfarbstoff (Myoglobin) im Harn nach großen Anstrengungen wie Märschen, Dauerbelastungen im Sport u. a.
[**458**, 862]

Master-Test Standardisiertes ergometrisches Meßverfahren. Stufentest mit verstellbarer Stufenhöhe (20–60 cm) und bestimmter Auf- und Abstiegsgeschwindigkeit für eine bestimmte Zeit (3–6 Min.). Manuell oder über das EKG wird aus der Herzfrequenz und der dazugehörenden Steigleistung eine Kennzahl errechnet. Die Leistung ergibt sich aus dem Produkt aus Gewichtskraft (N), Steighöhe (m) und der Zahl der Besteigungen pro Zeiteinheit (1/s). [**182**, 392]

Maximalgeschwindigkeit Höchster Geschwindigkeitswert bei Schnelligkeitslei-

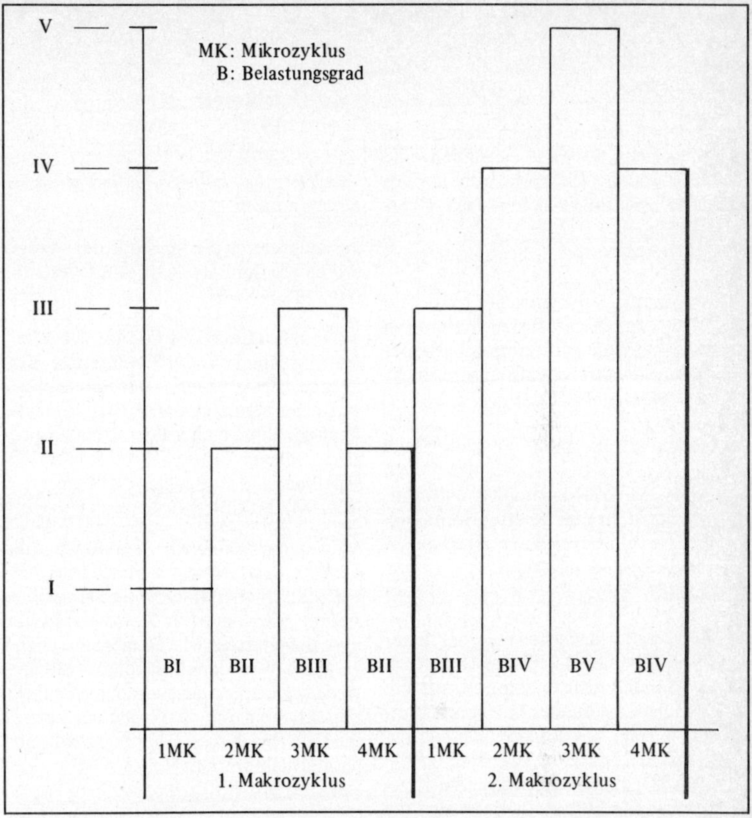

Vereinfachte Darstellung des Aufbaus zweier Makrozyklen im Sinne der progressiven Belastung, kombiniert mit ‹Entlastungszyklen› (Quelle: Letzelter 1985, 77)

stungen. Unter M. versteht man im Sport meistens einen bestimmten Zeitraum vor und nach dem Maximum der Geschwindigkeit und nicht nur den höchsten Wert innerhalb eines Geschwindigkeitsverlaufs.

Maximalkraft (auch Grundkraft) Höchster bei maximaler Willkürkontraktion gegen einen unüberwindlichen Widerstand realisierter Kraftwert.
M. ist durch den Muskelquerschnitt, die Muskelfaserzusammensetzung und die willkürliche Aktivierungsfähigkeit begrenzt. Als psychologische Grenze der M. wirkt die Mobilisationsschwelle. Nach Schmidt-Bleicher ist eine Unterscheidung in dynamische und statische M. dimensionsanalytisch gesehen unzulässig. Dennoch wird von verschiedenen Autoren in eine statische und dynamische M. unterschieden (Hollmann, Harre).
[**160**, 134/**182**, 182/**196**, 276/**430**, 122/**367**, 30]

Maximalkraft, absolute (auch physiologische Grenzkraft, Absolutkraft) Die bei einer willkürlichen maximalen statischen Muskelbeanspruchung aufgewendete Kraft. Der Einsatz der absoluten M. ist durch den Willen des Individuums allein nicht möglich; es muß zusätzlich eine Stress-Situation (Schreck usw.) oder Hypnose bzw. Pharmakaeinsatz (→ Doping) erfolgen.
[**182**, 182ff/**100**, 20ff]

Maximalkraft, dynamische Höchste Kraft, die das Nerv-Muskel-System bei willkürlicher Kontraktion innerhalb eines Bewegungsablaufs zu realisieren vermag.
[**182**, 183/**257**, 150/**430**, 122f]

Maximalkraft, relative Physiologische Grenzkraft. Die bei einer willkürlichen statischen Muskelanspannung aufwendbare Kraft, d. h. eine Kraftaufwendung, die nicht in den Bereich der autonom geschützten Reserve eindringt.
[**29**, 268/**182**, 183]

Maximalkraft, statische Die bei einer willkürlichen maximalen statischen Muskelanspannung aufwendbare Kraft. Sie gibt den Ist-Zustand der Muskelkraft unabhängig vom jeweiligen Trainingszustand wieder. M. ist stets größer als die dynamische, denn eine maximale Kraft kann nur dann auftreten, wenn sich die Belastung (Grenzlast) und die Kontraktionskraft des Muskels das Gleichgewicht halten.
[**182**, 182/**422**, 113]

Maximalkraftausdauer Subkategorie der Kraftausdauer. Die Kraftausdauer pendelt nicht nur zwischen den beiden konditionellen Grundeigenschaften Kraft und Ausdauer, sondern auch zwischen deren verschiedenen Subkategorien bzw. deren Erscheinungsweisen. Kraftausdauer kann somit mehr an der Maximalkraft oder mehr an der Schnellkraft orientiert sein (Letzelter 1985, 137).
Nach Kusnezow kann die Maximalkraft-

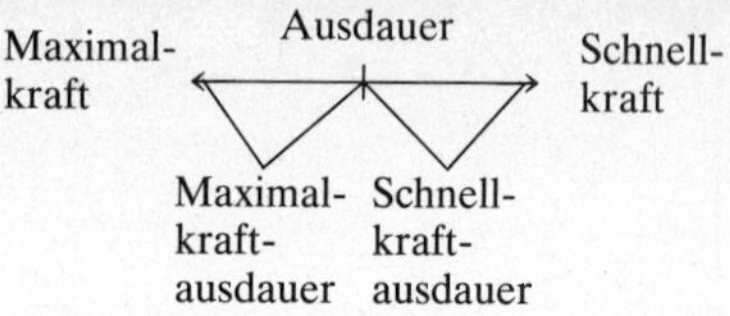

Ausdauer bei hohen und bei schnellen Krafteinsätzen

ausdauer durch die Methode der wiederholten Krafteinsätze verbessert werden.
[**249**,/**257**, 150/**255**]

Maximalkraftbarriere Grenze der Maximalkraftfähigkeit durch einseitige monotone Belastungen. Bei einförmiger statischer Trainingsweise stagniert die Kraftzunahme im Lauf des Trainingsprozesses. Das erreichte Kraftniveau stabilisiert sich, und eine sog. M. tritt ein.
[**430**, 144, 151, 155]

Maximalkraftfähigkeit Vermögen, die höchste Kraft des Nerv-Muskel-Systems bei willkürlicher Kontraktion zu mobilisieren. Man unterscheidet die statische und dynamische M. Dementsprechend kann der Wert der ausgeübten Kraft entweder gemessen (bei statischer Maximalkraft) oder durch die Größe der bewegten Last (bei dynamischer Maximalkraft) ausgedrückt werden.
[**160**, 134f]

Maximalkrafttraining Form des Krafttrainings zur Verbesserung der Maximalkraftfähigkeiten mit hohen bis höchsten Gewichtsbelastungen. Da ein M. den Halteapparat (insbesondere die Wirbelsäule) extrem hoch belastet, sollte es nur nach einem langjährigen allgemeinen Krafttraining betrieben werden. Beim M. gelten folgende Regeln: Belastungshöhe 80–100% der Maximalleistung; 2–3 Wiederholungen; je nach Gewicht bis zu 3 oder 4 Serien; 3- bis 5minütige Erholungspausen. Nach Grosser wird die Maximalkraft über die Muskelhypertrophie, zum anderen über die Verbesserung

	Maximalkrafttraining		
Trainingsart	Muskelaufbau-training	Kombiniertes Training	Intramuskuläres Koordinations-training
Charakteri-sierung	Muskelfaser-verdickung (= Hypertrophie)	Hypertrophie und synchrone Aktivierungserhöhung motorischer Einheiten	Synchrone Aktivierungserhöhung motorischer Einheiten
Anwendungs-bereiche	für alle Sportarten und Anwendungsbereiche als Krafttrainingsgrundart	vorwiegend für Leistungs- und Hochleistungssport	Leistungs- und Hochleistungssport
Trainings-methoden und Belastung	Methode hoher Wiederholungszahlen (10–15) und geringer Intensitäten (40–60 %)	Pyramiden-methode (40–100 %)	1. Methode hoher und höchster Intensitäten (75–100 %) und geringer Wiederholungszahlen (1–5) 2. Methode reaktiver Belastung (100 % und > 100 %)

Maximalkrafttraining (nach Ehlenz u. a. 1983)

des synchronen Einsatzes möglichst zahlreicher motorischer Einheiten erreicht (vgl. Abb. oben).
[**29**, 266/**196**, 335/**430**, 155/**100**, 99/**255**]

Maximalwiederholungen Dosierungsmethode im Krafttraining. Es wird davon ausgegangen, die Zahl der Übungswiederholungen an der kurzfristigen lokalen Ermüdung innerhalb einer Serie zu orientieren. So ergibt sich zu einem maximalen Kraftvermögen in Prozent eine bestimmte Anzahl von M. (z. B. 100 % : 1 Wh.; 95 % : 2–3 Wh. usw.). Die genaue Anzahl der jeweiligen M. resultiert aus der individuellen Regenerationsfähigkeit des Athleten. Die Richtwerte sind um so ungenauer, je niedriger der Prozentwert des maximalen Kraftvermögens ist.

Mehrfachperiodisierung Variante der Trainingsperiodisierung. Gemäß den Jahreshöhepunkten (z. B. Hallen- und Freiluftsaison) hat sich im modernen Leistungssport die zwei- oder mehrgipflige Periodisierung durchgesetzt (s. a. → Doppelperiodisierung).
[**160**, 99 f/**293**, 143]

Mehrfachsprünge Aneinandergereihte Sprungfolgen in Serien, z. B. Einbein-, Wechsel-, Schlußsprünge. M. gehören zum Lauf- und Sprung-ABC und dienen u. a. als konzentrisches Schnellkrafttraining.
[**196**, 148]

Mehrjahresplan Plan, der den gesamten Trainingsprozeß vom Anfänger bis zum Spitzensportler oder innerhalb des Hochleistungssports mehrere Jahre, z. B. den Olympiazyklus, umfaßt. M. legt das Gesamtziel und Teilziele für die einzelnen Entwicklungsabschnitte (Grundlagen-, Aufbau- und Höchstleistungsabschnitt) fest. Die Zielentscheidungen legen Rahmenrichtlinien für die Auswahl der Trainingsmethoden und -inhalte fest. Die Relationen von allgemeiner und spezieller sowie von konditioneller, technischer und taktischer Ausbildung sind für die drei Trainingsabschnitte grob vorgeschrieben.
Mittelpunkt des M. ist der allgemeine Belastungsplan, der die Belastungsdynamik in den einzelnen Trainingsstufen abschnittsbezogen angibt.
M. darf jedoch nicht als starres System angesehen werden, da die sportliche Entwicklung meist nicht ungestört abläuft.
[**257**, 97]

Menstruationsverschiebung Hinausschieben oder Vorverlegen der Menstruation mit Hilfe von Gestagen-Östrogen-Kombinationen in Tablettenform. Im Leistungssport wird eine M. gelegentlich angewendet, um zu vermeiden, daß der Wettkampftag mit der Menstruation zusammenfällt.
[**116**, 267/**182**, 86]

Merkmale, somatometrische Mathematische Ausdrücke aus mehreren Körpermaßen, in denen sich Leistungsgruppen oder Vertreter verschiedener Sportarten möglicherweise unterscheiden können. Kuhlow unterscheidet Einzelmerkmale und Komplexmerkmale, die anatomisch-morphologische und funktionell-energetische Merkmalsintensitäten berücksichtigen. Spezielle technikindifferente somatometrische Parameter stellen z. B. Beinlänge, Armlänge sowie ein niedriger Quotient des Körperfülle-Index für den Hochsprung dar.
[**243**]

Merkmalsausprägung Ausprägung eines Merkmals zu einem bestimmten Zeitpunkt. Diese Ausprägung eines trainingsrelevanten Merkmals wird als Trainingszustand bezeichnet. Intention eines Trainings ist es, die Ausprägung dieses Merkmals zu beeinflussen.
[**29**, 146]

Merkmalsbereich Einteilung der Merkmale in spezifizierte Merkmalsklassen und Zuordnung zu einer trainingswissenschaftlichen Disziplin.
[**29**, 154f]

Mesozyklus Zwischenzyklus mit einer Dauer von 2–6 Wochen. Größte organisatorische Einheit in den Trainingsperioden. Matwejew unterteilt den M. in einen einleitenden M., einen Basis-M., vorbereitenden Kontroll-M., einschleifenden M., Vorwettkampf-M., wiederherstellenden bzw. vorbereitenden M. und Wettkampf-M. In der Literatur wird der M. häufig synonym mit dem Begriff → Makrozyklus gebraucht.
[**160**, 104/**196**, 335/**277**, 211–219]

Methode, analytische Methode des speziellen Krafttrainings, bei der in einer Trainingseinheit ein Wechsel der Gerätegewichte nacheinander erfolgt. Im Gegensatz dazu die → variable Methode.
[**249**/**257**, 155]

Methode, deduktive Lehrmethode, die davon ausgeht, Übungsvorhaben, Normziele oder Bewegungsvorschriften zu erreichen oder zu erfüllen. Hierdurch wird es möglich, zielgerichtet zu üben. Dieses Erarbeiten von Bewegungsfertigkeiten verzichtet vielfach auf eigenständiges Hinführen zur Zielbewegung, d. h. auf experimentelles Üben.
[**136**]

Methode der analytischen Einwirkung → Methode, analytische.

Methode der extensiven Intervallarbeit → Intervalltraining, extensives.

Methode der gekoppelten Einwirkung → Training, gekoppeltes.

Methode der intensiven Intervallarbeit → Intervalltraining, intensives.

Methode der isometrischen Anspannungen Krafttrainingsmethode (→ Krafttraining, statisches).

Methode der maximalen Krafteinsätze → Krafteinsätze, maximale.

Methode der progressiv ansteigenden Widerstände Krafttrainingsmethode (→ Pyramidentraining).

Methode der variablen Einwirkung → Methode, variable.

Methode der wiederholten submaximalen Kontraktionen → Kontraktionen, wiederholte submaximale.

Methode der Wiederholungsarbeit → Wiederholungsarbeit.

Methode, induktive Lehrmethode, die die selbständige Lösung einer Bewegungsaufgabe zu stimulieren versucht. Im Vordergrund steht die Bewegungsaufgabe, die durch vielfältiges Versuchen des Lernenden gelöst werden soll. Die Reihenfolge der Aufgabenstellungen ist vom Lehrenden geplant, auch unter motivationalen Gesichtspunkten. Diese Methode läßt dem Lernenden viel aktiven Spielraum, er wird vom Lehrenden nur indirekt geführt (was viel pädagogisches Geschick erfordert). Die Anwendung bei größeren Gruppen erweist sich allerdings als schwierig.

Methode, kontinuierliche (auch Ausdauermethode, kontinuierliche) Methode zur Entwicklung der Grundlagenausdauer. Die M., als eine Form der Dauermethode, kann sowohl zur Verbesserung der speziellen, wettkampfspezifischen als auch der allgemeinen Ausdauer dienen. Der Trainingsumfang ist sehr hoch, bei etwa gleichbleibender, mittlerer Geschwindigkeit. Kontrollierbar und steuerbar ist die Intensität über die Herzfrequenz bzw. den Laktatspiegel.
[**160**, 164f/**293**, 64f]

Methoden, reaktive (auch Trainingsmethoden, reaktive; Training, plyometrisches) Komplexe Kopplung des Effekts des negativ dynamischen Trainings mit dem des positiv dynamischen. Schnellkraftleistungen, die muskelphysiologisch im Dehnungs-/Verkürzungsbereich der Muskulatur realisiert werden, stellen eine eigenständige motorische Eigenschaft dar und müssen mit eigenständigen Methoden, die im wesentlichen das beid- und einbeinige Hüpfen, Sprungübungen und Tiefsprünge beinhalten, trainiert werden. Alle reaktiven Krafttrainingsmethoden zielen primär auf eine Anpassung des Nervensystems. M. dürfen deshalb nur in ausgeruhtem Zustand angewendet werden. Die Verwendung von Zusatzlasten führt schon bei relativ geringen Gewichten zur Reduzierung der Innervation und zu einer frühzeitigen Ermüdung.
[**257**, 144/**430**, 150/**368**]

Methode, variable Methode des speziellen Krafttrainings, bei der in einer Trainingseinheit ein Wechsel der Gerätegewichte in einer Serie erfolgt.
[**249**/**257**, 155f]

Mikrozyklus Organisatorische Einheit, die mehrere Trainingseinheiten zusammenfaßt. M. ist meist identisch mit Wochentrainingsplänen, deren Trainingseinheiten durch den Wechsel von unterschiedlichen Zielsetzungen, Inhalten und Methoden bestimmt werden (vgl. Abb. Seite 186).
In Anlehnung an Harre kennzeichnen 4 Punkte den M.: Die Belastungsstruktur ändert sich im Zyklus, die Gesamtbelastung variiert ebenfalls im Sinn von Belastung und relativer Erholung, die Trai-

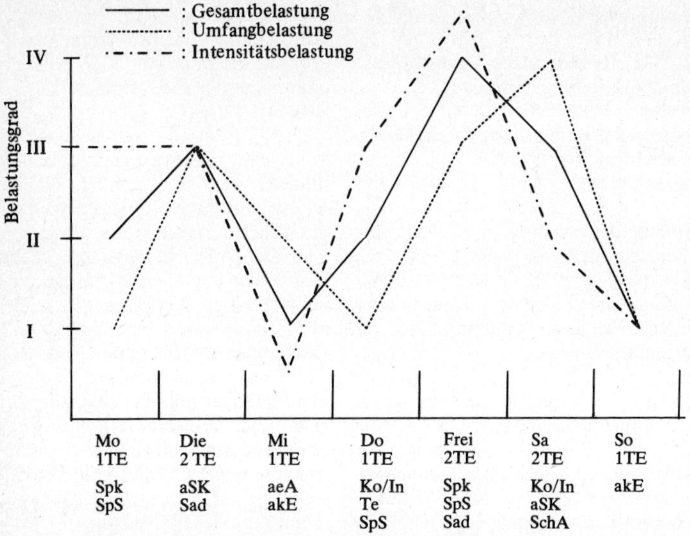

Symbolik: Spk: Sprintkraft; SpS: Sprintschnelligkeit; aSK: allgemeine Schnellkraft (vor allem Sprungkraft); Sad: Sprintausdauer; aeA: aerobe Ausdauer; akE: aktive Erholung; Te: spezielles Techniktraining (Start etc.); Ko/In: spezielle Koordinations- und Innervationsübungen; SchA: Schnelligkeitsausdauer; TE: Trainingseinheit

Belastungsgrad eines Mikrozyklus hinsichtlich Gesamt-, Umfangs- und Intensitätsbelastung (Beispiel: Sprinttraining in der speziellen Vorbereitungsperiode) mit Angabe der Trainingsziele (Quelle: Letzelter 1985, 75)

ningseinheiten haben unterschiedliche Feinziele und damit unterschiedliche Inhalte und Methoden, und ein M. wird so lange beibehalten, wie es für die Realisierung der Zielstellungen eines Makro- oder Periodenzyklus günstig erscheint.
[**141**, 18f/**160**, 98ff/**182**, 126f/**196**, 335/**257**, 74f/**277**, 210ff/**430**, 286]

Minimaltraining Tägliches 10minütiges Training mit einer Pulsfrequenz von 130 Schläge/Min. Von Hollmann für den Personenkreis vorgeschlagen, der keinen größeren Trainingsaufwand betreiben möchte oder kann. Ziel ist es primär, mit einem Minimum an Zeitaufwand zu einem Maximum an gesundheitlich wertvoller → Adaptation zu gelangen.
[**182**, 477]

Minutenvolumen Blutmenge, die in einer Minute das Herz verläßt. Diese Förderleistung des Herzens berechnet sich aus dem Produkt von Schlagvolumen und Herzfrequenz. Es beträgt in Ruhe etwa 3,5–5,0 l/Min. Bei schwerer körperlicher Arbeit kann es auf über 20 l/Min. ansteigen.
[**257**, 92f/**458**, 904]

Mis Abkürzung für die maximale isometrische Stärke (einer Muskelfaser).
[**430**, 68, 72, 127]

Mischläufe Läufe mit ständig wechselnder Strecke zur Verbesserung der Schnelligkeitsdauer; z. B. 150 m in Bestzeit + 1,5 Sek., 300 m in Bestzeit + 4,0 Sek., 200 m in Bestzeit + 2,5 Sek., 150 m in Bestzeit + 1,5 Sek. Die Reizsetzung erfolgt nach dem Prinzip der lohnenden Pause.
[**196**, 24/**198**, 172]

Mischmethode Methode des speziellen Krafttrainings. M. beinhaltet die Schnellkraft- und die Pyramidenmethode (vgl. Abb. unten). Beide Methoden bewirken sowohl eine intra- und intermuskulär-koordinative Verbesserung als auch eine Vergrößerung des Muskelquerschnitts. Allerdings sind bei gleicher Trainingsdauer die Anpassungserscheinungen im Vergleich zu den selektiven Trainingsmethoden der Methode der maximalen Krafteinsätze und der Methode der wiederholten submaximalen Kontraktionen relativ gering.
[**160**, 241/**257**, 151/**368**, **430**, 154]

Mitbewegung Unwillkürliche Begleitbewegungen beim Vollzug von Bewegungen. Man unterscheidet durch den → Carpenter-Effekt bedingte M., d. h., wahrgenommene Bewegungen werden in Ansätzen oder vollständig nachvollzogen (s. a. → ideomotorisches Training) und willkürliche Begleitbewegungen beim Vollzug einer Bewegung (z. B. Augenbewegungen, beim Drehen des Kopfs, Armbewegungen beim Gehen etc.).

Mitbewegung, kontralaterale Mitbewegung der jeweiligen Gegenseite des Körpers. Symptomatisch für die Motorik im

Mischmethoden (nach Schmidtbleicher 1985)

	Schnellkraftmethode	Pyramidenmethode						
Arbeitsweise: – konzentrisch – isometrisch – exzentrisch	× 	× 						
Krafteinsatz: – explosiv – kontinuierlich	×	×						
Belastungshöhe	35–50 %	80	85	90	95	100	95	85
Wiederholungen	7	7	5	3	2	1	3	7
Serien	5	1.	2.	3.	4.	5.	6.	7.
Belastungsdauer								
Pausenlänge	3–5 Min.	3–5 Min.						

Säuglingsalter. Bei schwierigen Aufgaben oder bei Bewegungen gegen Widerstand auch noch in späteren Entwicklungsjahren feststellbar. Beruht offensichtlich auf einer Irradiation der Erregung von den motorischen Nervenzentren der einen Seite zu den entsprechenden Zentren der Gegenseite. Dadurch kommt es zur Innervation von Muskelgruppen, die die M. zur Folge haben.
[**281**, 299]

Mitochondrien Organe, die in jeder Zelle in einer Anzahl von 100–10000 vorhanden sind und als deren «Kraftwerke» bezeichnet werden. Sie bestehen aus einer umhüllenden Doppelmembran, mit Einfaltungen der Innenmembran (Christae), die in den Innenraum (Matrix) hineinragen. Ihre Hauptfunktionen haben die M. bei der Atmung, der oxidativen Phosphorylierung und dem Zitronensäurezyklus. So ist in einer ausdauertrainierten Muskulatur die Anzahl und die absolute Größe der M. erhöht.
[**182**, 30/**273**/**275**, 182/**430**, 26f/**458**, 905]

Mittelzeitausdauer Form der Ausdauerfähigkeit für eine bestimmte Zeiteinheit. M. wird für das Zurücklegen einer Distanz notwendig, für die der Sportler nach Harre 2–8 Min., nach Keul 1–8 Min. und nach Hollmann 3–10 Min. benötigt, ohne daß ein wesentlicher Geschwindigkeitsabfall eintritt. Harre und Keul beziehen die zeitliche Abgrenzung auf die Ausdauer als Grundeigenschaft, während Hollmann dagegen seine Unterscheidung lediglich auf die → allgemeine aerobe Ausdauer bezieht. M. wird in einer zeitlichen Abgrenzung von 1–8 Min. u. a. vom Niveau der Kraftausdauer und der Schnelligkeitsausdauer des Sportlers beeinflußt. Unter dem Stoffwechselaspekt werden hohe Anforderungen sowohl an die aerobe als auch an die anaerobe Leistungsfähigkeit gestellt. In einer zeitlichen Abgrenzung von 3–10 Min. wird die M. vor allem von der aeroben Kapazität und einem hohen Grad der Ökonomisierung des Herz-Kreislauf-Systems, der Atmungs- und Stoffwechselfunktionen und von der Substratbevorratung bestimmt.
[**160**, 156ff/**182**, 507/**257**, 181]

Mittelzeitintervallmethode Trainingsmethode zur Entwicklung von Ausdauerfähigkeiten. Die Dauer der Einzelbelastungen liegt nach Harre zwischen 2 und 8 Min., nach Hollmann zwischen 40 Sek. und 2 Min. Nach Harre ist in der Regel die Belastungsintensität so hoch, daß der oxidative Stoffwechsel zur Energiedeckung nicht mehr ausreicht. Die Pausenlänge sollte 1–2 Min. betragen. Hollmann sieht in der M. ein Verfahren zur anaeroben Ausdauerschulung und der Vergrößerung der → allgemeinen anaeroben dynamischen Ausdauer.
[**160**, 156ff/**182**, 507/**257**, 181]

Mittelzeitkraftausdauer Ausdauer bei Krafteinsätzen von 2–8 Min. unter Berücksichtigung von Intensität, Schnelligkeit und Zeitdauer der Krafteinsätze.
[**257**, 138/**376**, 3]

Mitübung Positiver Einfluß einer Lernhandlung auf eine andere, selbst nicht geübte Lernhandlung. M. läßt sich als (positiver) Spezialfall des allgemeineren Phänomens der Übertragung (Transfer) auffassen. Während Übertragungen sowohl positiver als auch negativer Art sein können, bezeichnet M. nur die positive Einflußnahme einer Lernhandlung auf eine andere, nicht geübte Lernhandlung. Die zweite Lernaktivität wird also gleichsam automatisch mitgeübt, bzw. es werden bestimmte Lernergebnisse automatisch übertragen.
Unter motorischer M. versteht man die durch körperliche Übung in anderen nicht (absichtlich) betätigten Partien bzw. Bereichen hervorgerufene funktionelle Verbesserung. Diese kann sich beziehen auf Kraft, Ausdauer, Schnellig-

keit oder Koordination, wobei diese Gebiete nicht völlig unabhängig voneinander gesehen werden können.
[**109**, 58f/**110**, 166–174]

Mitvollziehen Rhythmisches Mitgehen beim Zuschauen einer Bewegung. Eine rhythmisch verlaufende Signalisation löst unter bestimmten Bedingungen im ZNS und auch im effektorischen Bewegungsapparat Vorgänge aus, die dem inneren Prozeß bei der Selbstbewegung weitestgehend entsprechen. Man bezeichnet diesen Vorgang als ideomotorisches M. der Bewegung (s. a. → ideomotorisches Training, → Carpenter-Effekt).
[**281**, 335f]

Mobilisationsgeschwindigkeit Fähigkeit, die Energievorräte der Muskulatur (ATP, KP, Glykogen) schnell zu mobilisieren. M. und die Größe der Energiespeicher bestimmen in hohem Maß die Maximalgeschwindigkeit eines Individuums.
[**430**, 172]

Mobilisationsschwelle Durch Training verschiebbare Grenze zwischen dem Bereich der gewöhnlichen Einsatzbereitschaft und der autonom geschützten Reserve. Der Trainierte kann nicht nur wie der Untrainierte rund 70 % seines Leistungspotentials freisetzen, sondern bis zu 90 %, weil er seine M. anhebt. Es verbleiben ihm dann noch etwa 10 % der gesamten potentiellen Leistungskapazität. Dieser Rest ist nur durch → Doping oder in Notsituationen (Lebensgefahr) erschließbar.
[**143**, 22f/**171**, 54/**196**, 276/**257**, 31/**293**, 5]

Mobilität, motorische (auch Beweglichkeit) Allgemeine Bewegungsmöglichkeit bzw. Dehnfähigkeit des Skeletts, der Muskeln, Sehnen und Bänder.

Monatscharakteristik des Trainings Inhaltliche Komponente des Rahmentrainingsplans. Neben der Einteilung des Trainingsjahres in die Trainingsperioden werden inhaltliche Erläuterungen in Form einer Monatscharakteristik gegeben.
Beispiel: Biathlon, Jugendliche (15–16 Jahre):
April: Aktive Erholung, lockere Läufe, Spiele, Schwimmen, Erhalten eines hohen Trainingszustandes.
Mai: Trainingsbeginn. Umfang groß, Intensität im mittleren Bereich.
Juni: Gegenüber Mai steigt der Trainingsumfang um fast 80 %.
Juli: ...
[**276**, 16ff]

Monatszyklus 4-Wochen-Zyklus im sportlichen Training. Entsprechend der Belastungsdynamik unterteilt sich der M. in vier Wochenzyklen: leichte Trainingsbelastung; Zyklus mit steigender Belastung; Wochenzyklus mit Erreichen des Maximums, wobei jeweils die Gesetzmäßigkeiten der → Superkompensation zu beachten sind. Der 4. Wochenzyklus sieht eine Verringerung des Belastungszyklus auf das Niveau der 2. Woche vor. Mit dieser Belastungshöhe wird der nächste M. begonnen, so daß die Belastung wellenförmig ansteigt (vgl. Abb. Seite 190).
[**196**, 336/**308**, 67]

Mooslauf Die Füße versinken beim Lauf bis zu 30 cm im sumpfigen Grund, was zu gleichzeitiger Massage und Fußgelenkarbeit führt.
[**196**, 109/**302**, 158]

Motilität Spontane, primäre, archaische Bewegungsentladungen, denen ein individuelles energetisches Potential zugrunde liegt.
[**182**, 7]

Motivation, extrinsische Eine Handlung wird nicht um ihrer selbst willen, sondern wegen der Folgen dieser Handlung (Fremdbekräftigung wie Lob, Anerkennung, Geld usw.) ausgeführt. Extrinsisch

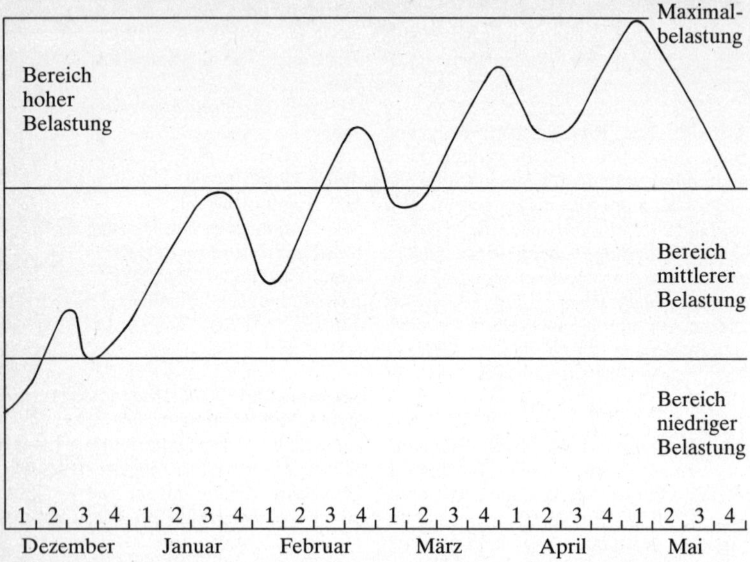

Belastungsdynamik innerhalb von Monatszyklen (Quelle: Jonath 1973, 336)

ist Handeln dann, wenn Mittel (Handlung) und Zweck (Handlungsziel) thematisch nicht übereinstimmen; wenn also das Ziel andersthematisch ist, so daß das Handeln und sein Ergebnis Mittel zum Erreichen eines andersartigen Ziels sind. So ist beispielsweise Aggression extrinsisch, wenn ein Verteidiger einen Angriffsspieler angreift, nicht um ihn zu verletzen (das wäre intrinsisch), sondern um ein Tor zu verhindern.
[**164**, 611/**333**, 580]

Motivation, intrinsische Eine Handlung wird um ihrer selbst willen und nicht wegen anderer Zwecke und Zielsetzungen bzw. wegen der Folgen dieser Handlung ausgeführt. Eine Handlung ist dann intrinsisch, wenn Mittel (Handlung) und Ziel (Handlungsziel) thematisch übereinstimmen, d. h. daß das Ziel gleichthematisch mit dem Handeln ist, so daß dieses um seiner eigenen Thematik willen erfolgt. So ist z. B. eine sportliche Leistungshandlung intrinsisch, wenn sie aus innerem Antrieb, Freude und Interesse bzw. nur um des zu erreichenden Leistungsergebnisses willen unternommen wird. Das Ergebnis dieser Leistung ist dabei nicht Mittel im Dienst eines anderen Zwecks, etwa um eine gute Note zu erhalten.
[**164**, 611/**333**, 580]

Motivationserregung Erste Form der Informationsverarbeitung bei der Aufnahme und Verarbeitung sensorischer Informationen.
[**281**, 72]

Motivierung Innerhalb des Motivationsprozesses Abschnitt zwischen Aufforderung und (Handlungs-)Ausführung, der mit kognitiven Zwischenprozessen gefüllt ist. Aufforderungsgehalte einer bestimmten Situation setzen einen Moti-

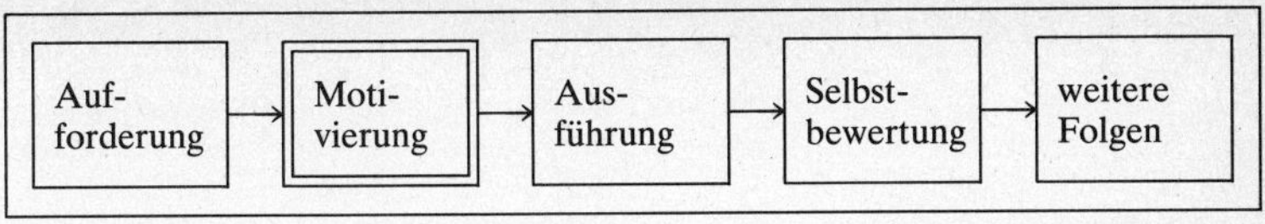

vierungsvorgang in Gang, indem überdauernde Motive (im Sport z. B. Leistungsmotiv, Anschlußmotiv, Aggressionsmotiv etc.) angeregt werden (vgl. Abb. oben). Innerhalb des Motivierungsvorgangs werden weiterhin unmittelbare (Selbstbekräftigung) und weitere Folgen (Fremdbekräftigungen) des Handlungsausgangs vorweggenommen (Anreize). Somit werden zwei Klassen von Anregungsbedingungen in der Motivierung wirksam: Aufforderungsgehalte der bereits bestehenden Situation und Anreize der erwarteten Handlungsfolgen. Nach Abwägung positiver und negativer Anreizwerte sowie deren vermuteter Eintretenswahrscheinlichkeiten kommt es nach entsprechender Entschlußfassung zur Handlungsausführung. [**333**, 151–158]

Motoneuron Motorische Nervenzelle mit allen ihren Fortsätzen (siehe Abb. unten). Gibt über ihre Nervenfortsätze

Aufbau einer motorischen Vorderhornzelle (Quelle: Markworth 1986, 87)

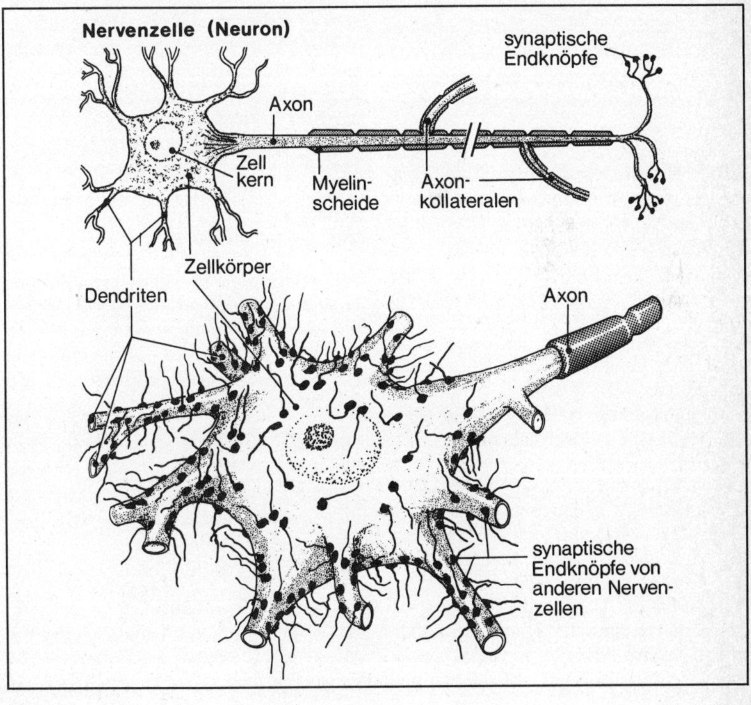

(Neuriten), von einer motorischen Vorderhornzelle ausgehend, elektrische Impulse an den Muskel. Bildet mit dem von ihr versorgten Kollektiv von Muskelfasern die → Motorische Einheit.
[**116**, 41/**270**, 53/**430**, 33f]

Multistruktur der sportlichen Leistung Kompensatorischer Charakter der Komponenten einer sportlichen Leistung. Hohe sportliche Leistungen sind auch dann möglich, wenn ein Sportler in Teilbereichen stark vom allgemeinen Trend abweicht. Die Ursache liegt darin, daß identische Leistungen bei stark unterschiedlichem Bedingungsgefüge erzielt werden. Schwächen in einem Merkmal können durch Stärken in anderen Merkmalen kompensiert werden. Allein diese Kompensationsmöglichkeiten verdecken die teilweise erheblichen Abweichungen von den Gesetzmäßigkeiten. Wäre die Monostruktur kennzeichnend, müßten bei allen Leistungen gleichen Niveaus ähnliche Ausprägungen leistungsbezogener Faktoren zugrunde liegen.
[**257**, 93f]

Muskelarbeit, kombinierte (auch auxotonische Muskelarbeit) Arbeitsweise der Muskulatur. M. ist gekennzeichnet durch Elemente überwindender, nachgebender oder verharrender Art. Z. B. erfolgt beim Heben eines Gewichts zunächst eine statische Muskelbeanspruchung, bis die aufgewandte Kraft die Masse des zu hebenden Gewichts der mitzubewegenden Gliedmaßen überwindet. In diesem Moment geht die statische in eine dynamische Muskelbeanspruchung über.
[**182**, 33]

Muskelarbeit, nachgebende (auch exzentrische Muskelarbeit) Arbeitsweise der Muskulatur. Entsprechend den äußeren Kräften entfernen sich bei aktivem Gegenwirken Ansatz und Ursprung der Muskeln voneinander. Hier ist die äußere Kraft größer als die maximal ausgeschöpfte innere Kraft. M. findet man z. B. bei Auftaktbewegungen und beim Abfedern von Sprüngen. Die Widerstandskraft, die der kontrahierende Muskel gegen die Dehnung ausübt, ist um das 1,2- bis 1,6fache größer als die Kontraktionskraft.
[**143**, 45f/**160**, 129f/**430**, 122]

Muskelarbeit, überwindende (auch Muskelarbeit, isotonische; Arbeit, dynamische) Arbeitsweise der Muskulatur. Durch Kontraktion des Muskels nähern sich längenverkürzend Ursprung und Ansatz einander; die innere Kraft ist stärker als die äußere. M. ermöglicht, durch Muskelverkürzung das eigene Körpergewicht bzw. Fremdgewichte zu bewegen oder Widerstände zu überwinden.
[**160**, 128/**182**, 496/**430**, 122]

Muskelarbeit, verharrende (auch Muskelarbeit, isometrische; Arbeit, statische) Arbeitsweise der Muskulatur. Während der Kontraktion der Muskulatur erfolgt lediglich eine Spannungsentwicklung der Muskulatur ohne Verkürzung. M. dient der Fixierung bestimmter Körper- bzw. Extremitätenhaltungen. Sie ist gekennzeichnet durch die Kontraktion, nicht aber Verkürzung der Muskellänge.
[**143**, 45f/**182**, 46/**430**, 122ff]

Muskelatrophie Muskelschwund. Mangelnde Übung, Verletzung, Trainingspausen oder Schädigung der den Muskel versorgenden Nerven führen zu einer Abnahme des Muskelgewebes.
[**29**, 252]

Muskelausdauer Lokale Ausdauer einer Muskelmasse von weniger als 1/7 bis 1/6 der gesamten Skelettmuskulatur hinsichtlich ihrer aeroben und anaeroben Belastbarkeit (s. a. → Ausdauer).
[**182**, 304/**257**, 168]

Muskelbiopsie Invasives (blutiges), direktes Verfahren zur Untersuchung von Muskelgewebe durch die Entnahme von Gewebeproben.

In der Sportmedizin bzw. Leistungs- und Sportbiochemie werden dabei zwei Entnahmemethoden angewendet: die Nadelbiopsie und die offene chirurgische Biopsie, bei der nach erfolgter Lokalanästhesie mit Hilfe einer Edelstahlhohlnadel winzige Stückchen von Muskelgewebe entnommen und sofort in flüssigem Stickstoff eingefroren werden, um so jeden biochemischen Vorgang abrupt abzustoppen.
Hierdurch lassen sich z.B. die sehr schnell stattfindenden Veränderungen verschiedener Stoffe (Substrate) im Muskelstoffwechsel während oder unmittelbar nach der Belastung bestimmen.
Hierbei können z.B. Fragen der Enzymaktivitäten, Elektrolytverteilung oder Eiweißansammlungen des Muskels untersucht werden.
[**182**, 344]

Muskeldynamik Einteilung der Muskelarbeitsweise nach physikalischen Gesichtspunkten. Man kann somit unterscheiden in statische oder isometrische Beanspruchung, dynamisch positive oder konzentrische Beanspruchung, dynamisch negative oder exzentrische Beanspruchung. Jenseits der Arbeitsformen der Muskulatur hängt die aufzuwendende Kraft von den physikalischen Eigenschaften der zu bewegenden Masse ab.
[**182**, 177]

Muskelentspannungsfähigkeit Fähigkeit zur willkürlichen Entspannung der Muskulatur. Bei einer ökonomisch, koordinativ richtig gesteuerten Bewegung ist es notwendig, nicht unmittelbar am Bewegungsablauf beteiligte Muskelgruppen so weit wie möglich zu entspannen. Ist dies nicht der Fall, verringert der unnötige Energieaufwand die Leistung aufgrund schnellerer Ermüdung.
Bei Kraftübungen führen nicht entspannte Antagonisten zur Minderung der Kraftwirkung.
[**160**, 174f]

Muskelenzyme Von Muskelzellen erzeugte besondere Eiweißstoffe, die an sich langsam verlaufende chemische Reaktionen des Abbaus und des Aufbaus in der Muskulatur zu beschleunigen und zu lenken vermögen. Muskelenzyme sind: Laktatdehydrogenase, Glutamatoxalazetattransaminase, Glutamat-, Pyruvattransaminase, Glutamatdehydrogenase, Malatdehydrogenase, Kreatinkinase.
[**389**, 314]

Muskelermüdung Reversible Herabsetzung der Leistungsfähigkeit der Muskulatur. Folge von Anhäufung von Stoffwechselzwischen- und -endsubstanzen (Laktat), Erschöpfung von energiebereitstellenden und energieliefernden Prozessen, Änderung des physiko-chemischen Zustandes, Störung der Regulation und Koordination.
[**182**, 130/**270**, 102/**293**, 59f/**458**, 932]

Muskelerregbarkeit Fähigkeit des Muskels, auf direkte oder indirekte elektrische Reize zu reagieren. Die Skelettmuskelfasern werden über die efferenten Nerven durch Erregungsübertragung an der motorischen Endplatte erregt.

Muskelerregung (Bio-)elektrische Erregung der Muskelfasermembran in Form eines fortgeleiteten Aktionspotentials; physiologisch ausgelöst durch die Erregung von Motoneuronen und deren Axonen mit nachfolgender Erregungsübertragung an der neuromuskulären Synapse.

Muskelfaser Bauelement der Muskulatur mit einem mittleren Durchmesser von 50–100 μm und einer Länge bis 10 cm und mehr. Physiologisch unterscheidet man entsprechend ihrer Kontraktionsgeschwindigkeit in tonische oder langsame M. und in phasische oder schnelle M. Entsprechend ihrem Aussehen im unbehandelten Zustand nennt man die langsamen Zuckungsfasern auf Grund des hohen Myoglobingehaltes rote M. und die

blassen, schnellen Zuckungsfasern weiße M.
[**29**, 266/**116**, 46/**196**, 277/**182**, 30/**271**, 42ff]

Muskelfaser, glatte Muskulatur der vegetativen Organe (Darm, Magen, Blase, Gefäße). Spindelförmige Zellen mit zentral gelegenem Kern und längsverlaufenden Myofibrillen ohne Querstreifung (glatt). Ihre Funktion besteht in unwillkürlichen, vom vegetativen Nervensystem gesteuerten langsamen Kontraktionen. So wird z. B. die Weite von Hohlorganen gegen dehnende Kräfte gehalten oder verändert.
[**38**, 95/**196**, 277/**264**, 10/**270**, 34]

Muskelfaser, quergestreifte Skelettmuskulatur. Zylindrische, lange Einzelfasern mit peripher gelegenen Zellkernen. Mehrere M. werden von lockerem Bindegewebe zu einem Muskelfaserbündel zusammengefaßt. Mehrere Bündel bilden einen Muskelstrang, viele Stränge ergeben den Muskel. Die Funktion besteht in vom animalen Nervensystem gesteuerten, willkürlichen, raschen Kontraktionen.
[**38**, 98/**116**, 44f/**171**, 2, 5, 7/**196**, 277/**264**, 10/**270**, 36]

Muskelfasern, extrafusale Die der Kontraktion dienenden quergestreiften Fasern der Arbeitsmuskulatur, im Gegensatz zu den intrafusalen Fasern, die zum Muskelspindelrezeptor gehören.
[**116**, 57ff/**182**, 15/**389**, 30/**415**, 473]

Muskelfasern, intrafusale Die innerhalb der Muskelspindeln gelegenen spezialisierten Muskelfasern mit Kontraktions- und Rezeptorfunktion; im Gegensatz zu den extrafusalen Fasern.
[**116**, 57ff/**389**, 30]

Muskelfaserspektrum Struktur eines Skelettmuskels, hinsichtlich unterschiedlicher Muskelfasertypen. Unterscheidungskriterium für die einzelnen Fasertypen sind Kontraktions- und Stoffwechselverhalten. So kommt man zur Gliederung in A-, B- und C-Fasern, in schnell- und langsamkontrahierende Fasern (FTF- und STF-Fasern), Fasern des Typs I + II, oxidative bzw. glykolytische Fasern und rote bzw. weiße intermediäre Fasertypen.
[**116**, 34]

Muskelfaserzahl Anzahl der Muskelfasern pro Muskel oder Muskelbündel.
Je größer die M. bei gleichem Muskelquerschnitt, desto größer sind der physiologische Querschnitt und die statische Kraft.
[**196**, 278]

Muskelformen Form und Aussehen der Skelettmuskulatur. Entsprechend der Faserstruktur unterscheidet man in breite, platte, einfach- und doppeltgefiederte Muskeln (siehe Abb. rechts). Eine weitere Unterteilung ergibt sich aus der Anzahl der Muskelstränge: Man unterscheidet zwei-(m.biceps), drei-(m.triceps), und vier-(m.quadriceps)köpfige Muskeln.
[**38**, 95/**196**, 278/**271**, 278/**273**]

Muskelgefühl → Kinästhesie.

Muskelglykogen Energielieferant der Muskelkontraktion neben Adenosin-triphosphat (ATP) und Kreatinphosphat (KP). M. spielt insbesondere bei langdauernden Ausdauerleistungen eine entscheidende Rolle.
[**116**]

Muskelgruppe Einteilung der Muskulatur nach topographischen Gesichtspunkten unter Berücksichtigung der Innervation.
Eine weitere Einteilung ist jene nach der funktionellen Zusammengehörigkeit der Muskeln. Man unterteilt z. B. nach Muskeln des Schultergürtels, des Oberarms, Rumpfmuskeln, Oberschenkelmuskeln u. a.
[**440**, 134]

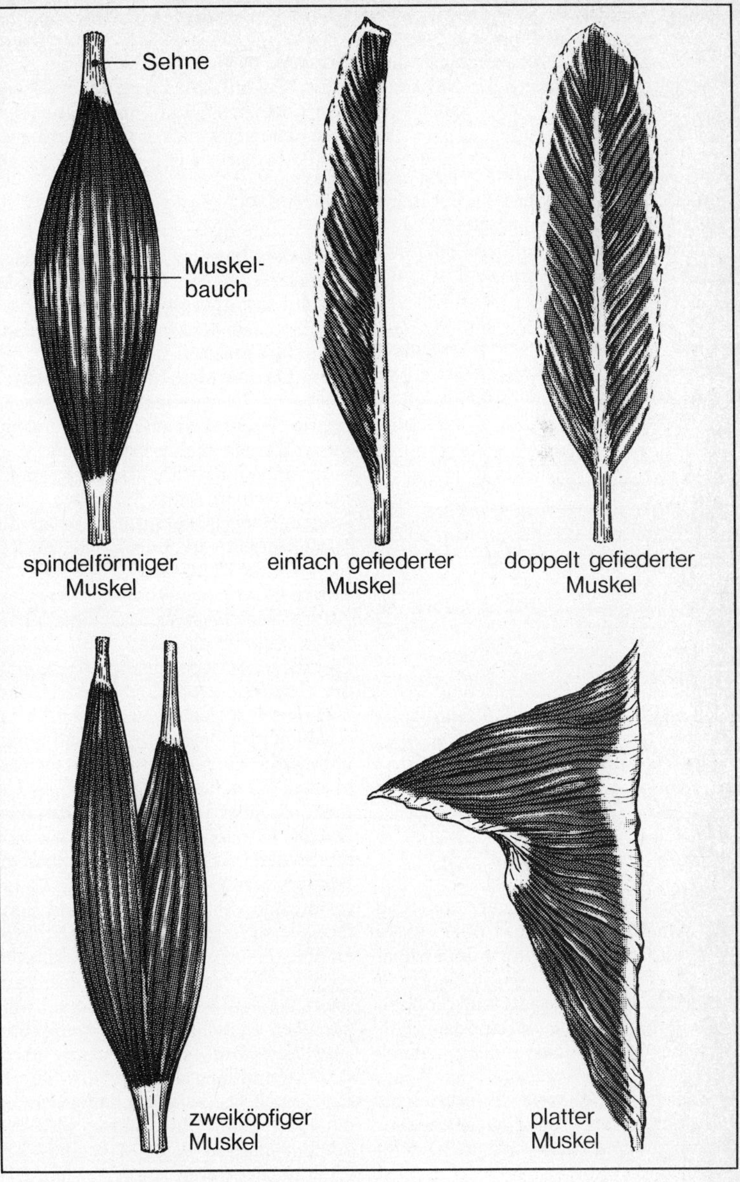

Muskelformen (Quelle: Markworth 1986, 19)

Muskelhyperplasie Vermehrung von Muskelfasern. Es ist umstritten, ob die Vergrößerung des Muskelquerschnitts auch durch Vermehrung der Muskelfasern zustande kommt.
[**29**, 267/**182**, 188]

Muskelhypertonie Überspannung des Muskels. Auffälliges Merkmal der Bewegungsführung im Säuglingsalter. Sie äußert sich motorisch besonders in der Entwicklung des Greifens und der Fortbewegung. Erst im letzten Vierteljahr des Säuglingsalters ist ein gewisses Nachlassen der M. erkennbar. Die Bewegungen verlaufen nicht mehr so eckig, ausfahrend, gebremst und verkrampft wie in den Monaten zuvor.
[**281**, 299]

Muskelhypertrophie Dickenzunahme der Muskelfaser. Vornehmliches Ziel eines Krafttrainings, da mit M. die Zunahme der Muskelkraft einhergeht. Den Reiz für M. stellt die erhöhte Spannung seiner Fasern dar. Dabei ist jedoch nur ein Spannungsreiz, der über eine gewisse Schwelle hinausgeht, von Nutzen.
[**29**, 267/**160**, 135]

Muskelinnervation (auch Muskelreizung) Erregung der Muskulatur über die efferenten (motorischen) Nervenbahnen. Dient der räumlich und zeitlich richtigen Bewegungsabstimmung (s. a. → Einheit, motorische).
[**281**, 62]

Muskelkater Muskelschmerz aufgrund von Überbeanspruchung oder ungewohnten Bewegungen. M. wurde früher auf die Ansammlung von Stoffwechselprodukten wie Milchsäure und die Freisetzung von Histamin und eine damit verbundene Faszienanspannung durch Ödementstehung zurückgeführt. Heute wird mehr die Theorie des Auftretens von Mikrotraumen im Bindegewebe favorisiert, welche nach wenigen Tagen repariert sind.
[**182**, 38, 515/**196**, 279]

Muskelkontraktion → Kontraktion.

Muskelkraft Bezeichnung für die Kraft eines Muskels. Man unterscheidet verschiedene Arten und Manifestationsformen der menschlichen Kraft bezüglich der Muskelarbeit und der Muskelspannung (siehe Abb. rechts).
[**197**, 20ff/**257**, 123ff/**430**, 122ff]

Muskelkraftmessung Man unterscheidet: Subjektive Methoden der M. Sie basieren auf der optischen Beurteilung und dem Befühlen der Muskulatur. Sie lassen keinesfalls gesicherte Aussagen zu.
Semiobjektive Methoden der M. Hierzu zählen die Dynamometrie bzw. Tensiometrie. Mit der Dynamometrie kann nur die willkürlich in einer bestimmten Körperposition ausübbare Maximalkraft gemessen werden. Diese Methoden geben keinen Hinweis darauf, wie groß die Kraftreserven – autonom geschützte Reserven – sind. Selbst exakte Meßeinrichtungen können den Willen der Versuchsperson, seine Muskulatur maximal zu belasten, nicht überprüfen.
Objektive Methoden der M. Hierzu zählt die Querschnittsermittlung eines Muskels mittels folgender Verfahren: Ultraschalluntersuchung nach Ikai und Fukunaga; Bsp.: Der ausgestreckte Arm wird in einen Wassertank eingetaucht, ein Ultraschallsender umkreist den Oberarm. Da die Ultraschallwellen von den verschiedenen Geweben unterschiedlich reflektiert werden, läßt sich ein Querschnittsbild der Gliedmaßen und ihrer Gewebe aufzeichnen; die Elektromyographie (EMG): Sie zeigt die elektrische Aktivität der aufgewandten Muskelanspannung auf, welche infolge einer willkürlichen statischen Muskelkontraktion entwickelt wird; die allgemeine Querschnittsermittlung des Muskels: Sie erfolgt durch Muskelquerschnittsmessung mit einer Schublehre; davon wird der durch Abheben einer Hautfalte bestimmte Dickenwert von Haut- und Unterhautfettgewebe abgezogen. Ausge-

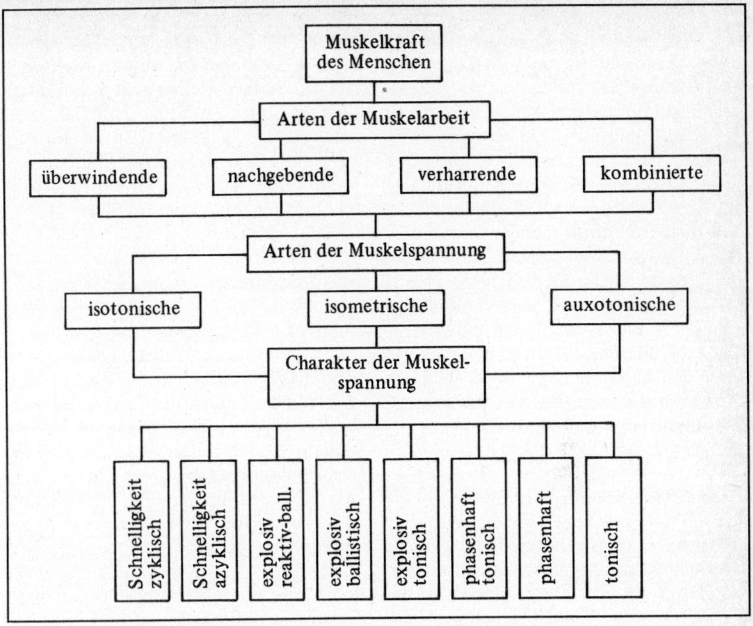

Strukturierung der Muskelkraft des Menschen (Quelle: Jonath u. a. 1986, 20)

hend von der nicht ganz richtigen Annahme, daß der Muskel eine Kreisform hat, läßt sich dann nach der Formel $r^2 \times \pi$ der Muskelquerschnitt errechnen.
[**182**, 196ff]

Muskelkraftmoment Die Muskeln im Bewegungsapparat sind so angeordnet, daß ihre Zugrichtungen nicht die Gelenkachsen durchlaufen. Aus der Muskelkraft und ihrem senkrechten Abstand zur Drehachse entsteht das M. oder Drehmoment. Der Muskel entwickelt nach dem Gegenwirkungsprinzip stets eine Aktions- und eine Reaktionskraft, d. h., es entstehen immer zwei Kraftmomente. Die Antriebskräfte des Körpers resultieren dabei aus dem Wirkungsgefüge äußerer Kräfte und innerer Widerstände sowie dem Zusammenwirken mehrerer M.
[**175**, 66]

Muskelkrampf Plötzliche, unwillkürliche Kontraktion eines Muskels oder einer Muskelgruppe. Ursache sind meist Stoffwechselstörungen infolge Sauerstoffmangels bzw. eine Störung des Elektrolythaushalts infolge starken Flüssigkeitsverlustes. Erste Versorgungsmaßnahmen können sein: Dehnung der betroffenen Muskulatur bis zur Lösung des Krampfes, Eisabreibungen und Lockerungsübungen. Prophylaktische Maßnahmen sind neben der ausreichenden Trainingsvorbereitung bei heißem Klima die Gabe von elektrolythaltigen Getränken sowie Eisabreibungen. Bei der Einnahme von Salztabletten ist die Nierenbelastung zu berücksichtigen.
[**133**, 159ff/**182**, 38/**196**, 279]

Muskelquerschnitt (auch Muskelfaserquerschnitt) Summe der Querschnittsflä-

chen der Muskelfasern. M. bestimmt neben der inter- und intramuskulären Koordination im wesentlichen die Höhe des Maximalkraftniveaus. M. ist der wichtigste Kennwert für die Abschätzung des Kraftpotentials. Je dicker eine Muskelfaser, desto stärker kann sie sich kontrahieren. Bei der Bestimmung des M. ist zu berücksichtigen, daß entsprechend der Faserrichtung zwischen anatomischem und physiologischem M. zu unterscheiden ist. Der anatomische M. – quer zur Faserrichtung – ist nur bei parallelfaserigen Muskeln mit dem physiologischen M. identisch, der immer quer zur Faserrichtung gemessen wird. Statische und dynamische Kraft verhalten sich proportional zum physiologischen M.
[**56**, 5ff/**182**, 185/**196**, 278/**368**]

Muskelriß (auch Muskelruptur) Faserriß größeren Ausmaßes; reicht bis zum Durchriß eines ganzen Muskelanteils oder auch eines ganzen Muskels. Er tritt infolge akuter Überanstrengung bzw. unkoordinierter Muskelanspannung auf. Auch kann die Gabe anaboler Steroide, die zu starkem Muskelwachstum führen, das Auftreten von M. fördern. Die Erstbehandlung erfolgt durch Kälteanwendung, die Sekundärversorgung sieht Salbeneinreibungen, funktionelle Übungsbehandlung mit Anspannungsübungen und aktiven Bewegungen gegen Widerstand vor. Dehnungsübungen werden in der Spätphase der Behandlung zusammen mit Massage durchgeführt. In jedem Fall ist mit einem mehrwöchigen Trainingsausfall zu rechnen.
[**116**, 308f/**182**/**196**, 280]

Muskelschlingen (auch Muskelketten) Zusammenwirken von verschiedenen Muskeln und Muskelgruppen bei bestimmten Bewegungen. Bei sportlicher Tätigkeit werden in den meisten Fällen nicht nur einzelne Muskeln eingesetzt, sondern Muskelgruppen. Die M. ziehen sich über mehrere Gelenke hin.
[**141**, 35/**196**, 280]

Muskelspannung, auxotonische Kombination von isometrischer und isotonischer Muskelbeanspruchung. Das Nerv-Muskel-System gleicht sich dabei durch differenziertes Zu- und Abschalten neuromuskulärer Einheiten an wechselnde Lastkraftmomente und bewegungsspezifische Geschwindigkeiten an. M. ist die im Sportbereich häufigste Form.
[**182**, 33f/**430**, 129f]

Muskelspannung, explosiv-ballistische Spezifische Form der Muskelanspannung. M. ist für Bewegungen charakteristisch, bei denen ein maximaler Krafteinsatz für eine relativ geringe Last erfolgt, z. B. für das Stoßen der Kugel, das Werfen des Speers, einige Elemente des Eiskunstlaufs, den Tennisschlag. Mit der Erhöhung der Last geht dieser Typ der M. in den explosiv-tonischen Typ über. Hauptsächliche Entwicklungsmethode u. a.: → Schlagmethode.

Muskelspannung, explosive reaktiv-ballistische Spezifische Form der Muskelanspannung. M. hat die gleichen Besonderheiten wie die explosiv-ballistische mit Ausnahme der Arbeitsweise der Muskeln. Hierbei ist die Phase einer vorausgegangenen starken Muskeldehnung ausgeprägt, wonach die Muskeln unmittelbar zur überwindenden Tätigkeit übergehen, wie z. B. bei Würfen mit ausgeprägtem Schwungholen, leichtathletischen Sprüngen, Eiskunstlauf, Schlagen des Tennisballes usw. Hauptsächliche Entwicklungsmethode: → Schlagmethode.

Muskelspannung, explosiv-tonische Spezifische Form der Muskelanspannung. M. kennzeichnet Bewegungen mit der Überwindung bedeutender Widerstände (z. B. beim Reißen und Stoßen der Hantel, bei einigen Elementen im Gerätturnen und im Ringen, beim Werfen schwerer Geräte). Die wichtigsten Besonderheiten dieser Bewegungen bestehen in der Notwendigkeit einer schnellen Entwicklung sehr großer Krafteinsätze, deren Maximum am Ende der Bewegung erreicht wird. Hauptsächliche Entwicklungsmethode: Methode kurzzeitiger maximaler Anspannungen.

Muskelspannung, isometrische Kontraktion der kontraktilen Elemente des Muskels bei gleichzeitiger Dehnung der elastischen Elemente. Äußerlich ist keine Muskelverkürzung sichtbar.
[**182**, 33f/**430**, 129f]

Muskelspannung, isotonische Verkürzung des Muskels durch Kontraktion der kontraktilen Elemente bei unveränderter Länge des elastischen Elements.
[**182**, 33/**430**, 129]

Muskelspannung, phasenhafte Spezifische Form der Muskelanspannung. M. entspricht einer dynamischen Muskelarbeit, in der Regel Bewegungen mit zyklischem Charakter, wobei die Entwicklung verschiedener Kraftgrößen gefördert wird. Beim rhythmischen Wechseln in entsprechender Wiederholungsfrequenz spielt die Entwicklungsgeschwindigkeit des maximalen motorischen Krafteinsatzes keine wesentliche Rolle, dafür aber die Fähigkeit, die Wiederholungen über längere Zeit durchhalten zu können (z. B. Rudern, Schwimmen, Eisschnelllauf, Radsport, Laufen). Hauptsächliche Entwicklungsmethode: Methode der wiederholten Krafteinsätze (s. a. → Wiederholungsmethode).

Muskelspannung, phasenhaft-tonische Spezifische Form der Muskelanspannung. Bei der M. wird die dynamische Tätigkeit der Muskeln durch eine verharrende abgelöst und umgekehrt. Während einer sportlichen Übung kann sowohl der tonische als auch der phasenhafte Typ der Muskelanspannung erforderlich sein, zum Teil mit einem schnellen Übergang von einem Typ der Anspannung zum anderen bei hohem Krafteinsatz (z. B. beim Ringen, Turnen, Eiskunstlauf, Wintersport). Hauptsächliche Entwicklungsmethode: Methode der wiederholten Krafteinsätze, Methode der isometrischen Anspannungen.

Muskelspannung, schnelligkeits-azyklische Spezifische Form der Muskelanspannung. Der schnelligkeits-azyklische Typ der Anspannung ist erkennbar bei Bewegungen mit einer schnellen, einmaligen Muskelkontraktion (Schlag im Boxen, Hieb im Fechten), bei denen der Krafteinsatz gegen den Trägheitswiderstand entwickelt wird und die mit einer unbedeutenden zusätzlichen Last (Degen, Tennisschläger) ausgeführt werden können. Deshalb wird bei diesen Übungen nicht die Entwicklung eines Maximums an Muskelkraft gefordert, sondern eine notwendige Schnelligkeit der Anspannung. Hauptsächliche Entwicklungsmethode u. a.: → Schlagmethode.

Muskelspannung, schnelligkeits-zyklische Spezifische Form der Muskelanspannung. Für den schnelligkeits-zyklischen Typ der Anspannung ist eine mehrmalige Muskelkontraktion in bestimmtem Tempo (z. B. im Sprint) charakteristisch, bei der eine Beibehaltung des Leistungsniveaus in jedem Anspannungszyklus verlangt wird und die Muskeln nach der Bewegungsausführung zur Entspannung fähig sein müssen. Hauptsächliche Entwicklungsmethode: Methode der wiederholten Krafteinsätze (s. a. → Wiederholungsmethode).

Muskelspannung, tonische Spezifische Form der Muskelanspannung. M. wird durch mehr oder weniger starke Anspannungen (Ringen, Gewichtheben, Geräturnen, Schießsport) charakterisiert, deren Entwicklungsgeschwindigkeit nicht entscheidend ist. In Abhängigkeit von der Sportart wird die Qualität der Kraft, die bei tonischer Anspannung entwickelt wird, durch ihre absolute Größe oder die Ausdauer bestimmt. Hauptsächliche Entwicklungsmethode: Methode des progressiv ansteigenden Widerstandes

(progressive loading), Methode der isometrischen Anspannungen (s. a. → isometrisches Krafttraining; → statisches Krafttraining).
[**257**, 123/**430**, 122/**439**]

Muskelspannungscharaktere Charakteristik der Vielzahl der Anspannungen und ihren Ausprägungen bei aktiver Muskelverkürzung. Sollen die vielfältigen Bedingungen der sportlichen Tätigkeit berücksichtigt werden, muß man vom spezifischen Charakter der Entwicklung der Muskelspannung Kenntnis haben, der sich insbesondere in der Schnelligkeit, der Größe, Dauer und Wieder-

Muskelanspannungen und Entwicklungsmethoden der Muskelkraft (nach Adam / Werschoshanskij 1972)

Typ der Muskelanspannung	Qualitative Besonderheiten der Muskelkraft	Charakteristische Sportarten oder Übungen	Hauptsächliche Entwicklungsmethode
Tonisch	absolute Kraft	Elemente des Turnens, Ringens, Schießens, Eisschnellauf, Eiskunstlaufs, Hanteldrücken	Methode des progressiv ansteigenden Widerstandes; Methode der isometrischen Anspannungen
Phasenhaft	Kraftausdauer	Rudern, Radsport, Schwimmen, Eisschnelllauf, Wintersport	Methode der wiederholten Krafteinsätze
Phasenhaft-tonisch	Kraftausdauer	Elemente des Ringens, Turnens, Eiskunstlaufs, Wintersport	Methode der wiederholten Krafteinsätze, Methode der isometrischen Anspannungen
Explosiv-tonisch	Explosivkraft, absolute Kraft	Reißen, Stoßen einer Hantel, Elememte des Ringens, Turnens, Werfens schwerer Geräte	Methode kurzzeitiger maximaler Anspannungen
Explosiv-ballistisch	explosive Schnellkraft	Würfe, Eiskunstlauf, Boxen	Schlagmethode
Explosiv-reaktiv-ballistisch	explosive Schnellkraft, reaktive Fähigkeiten	leichtathletische Sprünge, Akrobatik, Turnen, Eiskunstlauf, Würfe, Volleyballspiel	Schlagmethode
Schnelligkeits-azyklisch	Schnellkraft	Boxen, Fechten, Tennis, Sportspiele	Schlagmethode
Schnelligkeits-zyklisch	Schnellkraft-ausdauer	Lauf, Fechten, Boxen, Schwimmen, Radsport, Rudern, Eisschnellauf	Methode der wiederholten Krafteinsätze

holbarkeit der Anspannungen sowie in der Beschaffenheit des Muskels ausdrückt, die der Arbeitsanspannung vorausgeht. In der Vielfalt der sportlichen Bewegungen werden acht Typen der Muskelanspannung unterschieden (vgl. Abb. links): die → tonische M., die → phasenhafte M., → die phasenhaft-tonische M., → die explosiv-tonische M., die → explosiv-ballistische M., die → explosive reaktiv-ballistische M., die → schnell-azyklische M. und die → schnell-zyklische M.
[**197**, 20ff/**257**, 123ff/**430**, 122f]

Muskelspindel Dehnungsrezeptoren, die parallel zu den Muskelfasern verlaufen. Diese sensiblen Endapparate sind durch afferente Nervenfasern mit den Zentren verknüpft. M. sprechen auf Spannungsänderungen an und bewirken reflektorisch die Anpassung der motorischen Innervation an die Erfordernisse in der Peripherie. M. vermitteln auch bewußte Empfindungen vom Spannungszustand des Muskels und haben somit Bedeutung für die Beurteilung der Stellung der Körperteile zueinander.
[**29**, 272/**116**, 57ff/**171**, 3/**182**, 14f/**196**, 280/**264**/**276**]

Muskelstoffwechsel Chemische Veränderungen im Inneren des Muskels. Die Fähigkeit eines Muskels zur Verrichtung einer längeren Arbeit hängt u. a. von einer genügenden Durchblutung, Sauerstoff- und Nahrungszufuhr ab. Arbeitsform und Belastungsintensität haben dabei wesentlichen Einfluß auf den M. Dynamische Arbeit ist vornehmlich gekennzeichnet durch aerobe Stoffwechselprozesse, statische Arbeit durch intensive anaerobe Prozesse.
[**29**, 255/**104**, 40f/**116**, 215f/**293**, 43/**458**, 933]

Muskelstruktur Form und Aufbau des Muskels. Bauelemente sind die Muskelfasern mit einem mittleren Durchschnitt von 50–100 µm und einer Länge von bis zu 10 cm und mehr. Sie werden von einer Zellmembran, dem Sarkolemm, umhüllt und enthalten im Inneren außer ihrem Sarkoplasma und zahlreichen Kernen noch feinere, fädige Strukturen, die Myofibrillen.
[**182**, 189/**389**, 8]

Muskeltemperatur Temperatur des Muskelgewebes. Wichtiges Kriterium beim Aufwärmen, da die Empfindlichkeit der Rezeptoren stark von der Temperatur des Körpergewebes abhängig ist. Die optimale M. für Wettkampfleistungen dürfte bei 38,5–39 °C liegen.
[**182**, 548]

Muskeltonus Ruhespannung des Muskels. M. beruht auf einer reflektorischen Dauererregung, die den Muskel entgegen der Schwere der Körperteile in einer Dauerverkürzung zu halten versucht. Je größer der M., desto größer ist seine mögliche Kraftentfaltung. Durch einleitende Schwungbewegungen, die abgebremst werden müssen, kann die Muskelspannung zu Beginn einer Bewegung noch erhöht werden. Ein Muskel kann sich um so schneller kontrahieren, je geringer der M. seiner Antagonisten ist.
[**29**, 274/**196**, 289/**309**, 26/**430**, 194, 267, 270]

Muskeltremor Zittern der Muskulatur. In Folge langandauernder Haltearbeit (statischer Arbeit) kann es zu extremen Muskeltonusänderungen kommen, die sich in einem unkoordinierten Muskelzittern äußern.
[**29**, 274/**182**, 344]

Muskeltypen (auch Muskelfasertypen) Unterscheidung der Muskulatur nach mechanischen und funktionellen Gesichtspunkten. Man unterscheidet die schnellen (phasischen) und die langsamen (tonischen) M. Erstere weisen eine hohe Kontraktionsgeschwindigkeit auf und verkrampfen erst nach einer sehr hochfrequenten Reizung (typisch: Beugemuskulatur); letztere verfügen über eine langsamere Kontraktionsgeschwin-

digkeit, und ihr Kraftaktualisierungsvermögen ist schwächer ausgeprägt. Biochemisch unterscheiden sich beide Muskeltypen durch verschiedene metabolische Eigenschaften. Während der langsame Muskel aerobisch ist und seine Energie vorwiegend aus oxidativen Erzeugungsmechanismen bezieht, ist die oxidative Kapazität des schnellen Muskels geringer und seine Funktion stärker abhängig von anaeroben Energiebereitstellungsmechanismen. Der Typus des Ausdauersportlers hat in seiner Muskulatur mehr tonische, ein Sprinter oder Springer entsprechend mehr phasische Fasern.
[**116**, 34ff/**182**]

Muskelverletzung Schädigung des Muskelapparats. Die häufigsten Verletzungen des Muskelapparats sind die Schnitt-, Stich-, Riß- und Quetschwunden, die bis in die Muskulatur reichen, die Zerrungen und Muskelrisse, die Muskelabrisse, die Prellungen, die Sehnenscheidenentzündungen.
[**116**, 309/**275**, 46ff]

Muskelvordehnung (auch Muskelvorspannung) Spannungserhöhung, die bei der M. entsteht und die reflektorische Kontraktion des Muskels einleitet. Die anschließende Spannungsänderung, die aufgrund einer willkürlichen Verkürzung der Muskelfasern entsteht, bezeichnet man als Muskelanspannung. Man unterscheidet eine passive M. durch eine von außen einwirkende Kraft und eine aktive M., die durch die Tätigkeit der antagonistischen Muskeln entsteht. Die Ausnutzung des Prinzips der M. bewirkt eine Erhöhung der Kontraktionskraft des betreffenden Muskels (s. a. → Schlagmethode; → Training, plyometrisches).
[**116**, 50]

Muskelzerrung Überdehnung der Muskulatur. M. entstehen bei plötzlicher Überdehnung des Muskels, wobei auch kleinste Fasern einreißen können. Die Anfälligkeit gegenüber einer M. steigt mit dem Grad der Ermüdung, kann aber ebenso in ungenügendem Aufwärmverhalten seine Ursache haben. Die Erstbehandlung sieht Kälteanwendung vor, die Sekundärversorgung kann in Form von Salbenverbänden (Kompressions-Stützverbänden) sowie durch funktionelle Übungsbehandlungen geschehen, d. h. baldmöglicher Beginn mit aktivem Bewegungstraining unter Dehnung der betroffenen Muskulatur. Die durchschnittliche Dauer der Wiederherstellung beträgt 1–2 Wochen.

Muskelzuwachs Zunahme des Muskelquerschnitts. Beruht auf der Hypertrophie der Muskelfaser. Entsteht jedoch nur, wenn zwei Bedingungen erfüllt sind: ein genügender Überschuß an Eiweiß über den Erhaltungsbedarf hinaus und ein entsprechender, überschwelliger Trainingsreiz.
[**29**, 320/**171**, 67/**196**, 281]

Myofibrille Kleinste nachweisbare Fadenstruktur des Muskels in den Muskelfasern. Die M. sind in das Sarkoplasma der Fasern eingebettet und bestehen aus 50 bis 100 dicken Protofibrillen oder Filamenten. Unterscheiden lassen sich dikkere in hexagonaler Anordnung zueinanderliegende Filamente (Myosin) und dünnere Filamente (Actin), von denen je sechs ein dickeres Filament umgeben (siehe Abb. rechts). Man nimmt an, daß die Fähigkeit zur Kontraktion mit den Muskelzellen in Zusammenhang steht.
[**116**, 43ff/**171**, 2/**182**, 186/**196**, 278/**264**/**271**, 46/**430**, 26]

Myogelose Platten- oder wulstförmige Muskelverhärtungen. Ultramikroskopische Beurteilungen ergeben ein inter- und intrazelluläres Ödem, Kernschwellung und fettige Degeneration der Mitochondrien. Als Entstehungsursache werden intensives Training in Verbindung mit Nässe, Kälte und unelastischen Bodenbelägen bei Belastung angesehen.
[**182**, 462]

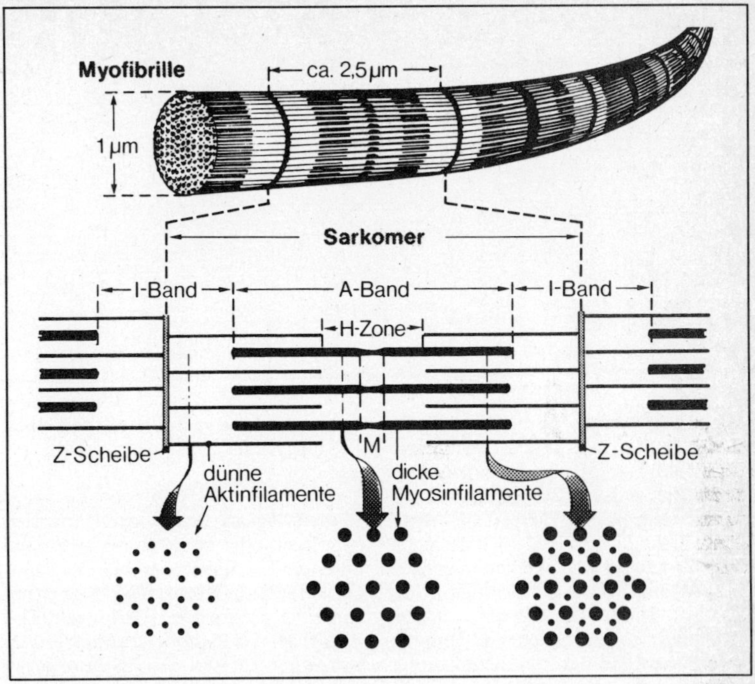

Feinstruktur der quergestreiften Muskelzelle (Quelle: Markworth 1986, 29)

Myoglobin Roter Muskelfarbstoff. M. ist eng verwandt mit dem roten Blutfarbstoff Hämoglobin. M. hat die Fähigkeit, noch bei sehr niedrigen Sauerstoffdrukken vollständig mit Sauerstoff gesättigt zu sein, und hat somit die Funktion eines intrazellulären Sauerstoffspeichers.
[**116**, 35, 48, 214ff/**171**, 8/**182**, 30, 322ff/**196**, 281/**264**, 11/**273**/**430**, 29, 74, 89]

Myokard Muskelschicht des Herzens mit spiralig eingelagerten Muskelfaserzügen, die an den bindegewebigen Skelettanteilen des Herzens verankert sind.
[**182**, 383/**458**, 939]

Myosin Eiweiß der Myofibrillen. M. ist ein fadenförmiges Eiweiß. Seine hervorstechendste Eigenschaft ist die ATP-ase-Wirkung, bei der ATP in ADP und Phosphat aufgespalten wird. Seine Funktion liegt in der Kontraktion der Muskelfibrillen.
[**60**, 30, 36/**184**, 1f/**275**, 49ff/**430**, 26/**458**, 941]

Myositis Muskelentzündung, schmerzhafte Erkrankung einer bestimmten Muskelgruppe, wobei der Muskelbauch beim Abtasten und Befühlen verhärtet erscheint. Ursachen der M.: Übertraining im Sport, Weichteilrheumatismus, Infektionskrankheiten (Typhus, Sepsis, Pyämie, Tuberkulose, seltener: Trichinose, Zystizerkose).

Myozyklus Kleinste organisatorische Einheit in den → Trainingsperioden.
[**196**, 336/**277**, 224]

N

Nachwuchstraining Trainingsabschnitt innerhalb des langfristigen Trainingsaufbaus. Im N. werden die Grundlagen der Entwicklung von Leistungsfähigkeit und -bereitschaft gelegt. Dieser Trainingsabschnitt beinhaltet sowohl → Grundlagen- (Kinder-) als auch → Aufbau- (Jugend-) training. Im Grundlagentraining wird der Erwerb einer allgemeinen, breiten Grundlage der konditionellen Haupteigenschaften und der koordinativen Leistungsfähigkeit angestrebt. Das Aufbautraining soll zur spezifischen sportlichen Leistungsfähigkeit führen.
[**160**, 22f]

Nährstoffbedarf Bedarf an Nährstoffen bei Arbeit oder in der Ruhe. Als grobe Orientierung nimmt man bei Erwachsenen auf jedes kg Körpergewicht einen bestimmten N. an: Der durchschnittliche Bedarf an → Nährstoffen beträgt für 1 kg Körpergewicht pro Tag 1g Eiweiß, 1g Fett, 4g Kohlenhydrate. Hohe Trainings-

Veränderungen im Bereich des sportlichen Leistungsvermögens in Abhängigkeit von einer entsprechenden Ernährungsweise (Quelle: Weineck 1983, 318)

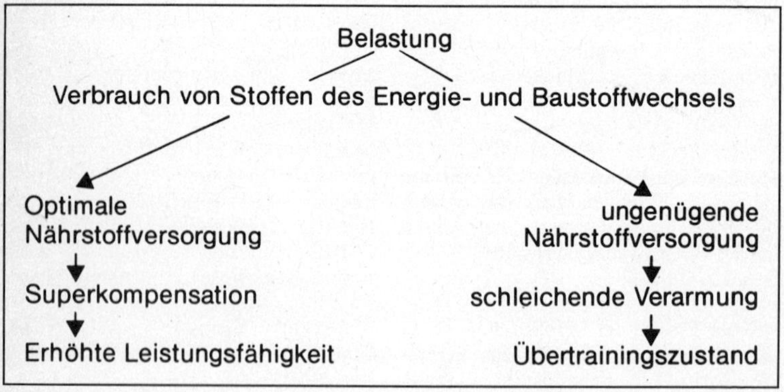

beanspruchungen sowie gezieltes sportliches Training erhöhen den N. und machen eine spezielle, beanspruchungsgerechte Nahrungsaufnahme erforderlich. So erhöht sich z. B. bei Kraftsportlern während der Aufbauphase die Eiweißaufnahme auf ca. 2,5 g / kg Körpergewicht oder in Sportarten mit hohem Ausdauercharakter (Langstreckenlauf, Fußball etc.) der Kohlenhydratbedarf. Entspricht die Nährstoffversorgung während der Trainingsperiode bzw. nach den jeweiligen Belastungen nicht dem erforderlichen N., kann es zu einem Abfall des Leistungsvermögens bzw. zum Zustand des → Übertrainings kommen.
[**430**, 318f]

Nährstoffe Gruppen von Stoffen, die in der großen Zahl der Nahrungsmittel enthalten sind. Zu den N., die vom Organismus aufgenommen und umgesetzt werden, zählen die Kohlenhydrate, die Fette und die Eiweiße.
[**270**, 479ff]

Natürliches Turnen Bezeichnung für die um 1920 stattfindende Neuorientierung des österreichischen Schulturnens. Diese Reformbewegung postulierte die Natürlichkeit in der Leibeserziehung, machte sie gleichsam zur leitenden Idee. Es entwickelten sich Grundsätze, die einfache, körper-, kind- und entwicklungsgemäße Leibeserziehung forderten. Man findet diese Ideen in den heutigen methodischen Konzepten vieler Sportarten wieder. Hauptvertreter Gaulhofer, Streicher, Hoschek, Slama u. a.

Nervenbahn, afferente Aus der Peripherie zum Zentrum leitende Nerven.

Nervenbahn, efferente Vom Zentrum zur Peripherie leitende Nerven.

Nervenbahn, extrapyramidale Nervenbahnen, die vorwiegend der Steuerung von Haltefunktionen, langsamen Bewegungen und der Muskeltonusverstellung dienen. Dabei überwiegt der hemmende Einfluß, so daß ein isolierter Ausfall dieser Bahnen zur spastischen Lähmung führt.
[**389**, 39]

Nervenbahn, pyramidale Nervenbahn, deren Axone zum Teil direkt an den α-Motoneuronen (motorische Vorderhornzelle) angreifen und damit die Information sehr schnell leiten. Sie sind für die schnelle Willkürbewegung verantwortlich. Ihr Einfluß ist überwiegend bahnend, was daraus zu ersehen ist, daß ihre Unterbrechung zu einer schlaffen Lähmung führt.
[**389**, 36]

Nervenimpuls Durch einen Nervenreiz ausgelöste fortgeleitete Erregung in einem Neuron, die u. a. die Muskelfaser durch die neuromuskuläre Verknüpfung erregt und vegetative Vorgänge steuert oder reguliert. Die Umschaltung in das Signal N. geschieht meist unter Einschaltung besonderer Aufnahmeorgane oder Rezeptoren. Der N. muß an den Orten, an denen er wirksam werden soll (Periphere Neuronen), in einem dem Organ angemessenen chemischen oder physikalischen Prozeß umgesetzt werden. Dies geschieht durch die Endorgane (Synapse oder motorische Endplatte). Innerhalb der Neuronen erfolgt kein Stofftransport, sondern eine wellenartige Fortpflanzung einer elektrischen Strömung. Die Übermittlung eines N. ist dadurch mit einer vielfach größeren Geschwindigkeit und mit einem geringeren Energieaufwand möglich als der direkte Transport von chemisch wirksamen Substanzen. Der an einer Stelle der Nervenfaser ausgelöste N. pflanzt sich in beiden Richtungen in gleicher Weise fort. Für gewöhnlich entsteht er jedoch immer nur an einem der natürlichen Enden der Faser. Ein N. kann über mehrere Neuronen hinweg wirksam werden. Sein Verlauf wird durch das Nervensystem gesteuert.
[**196**, 282f/**264**]

Nervensystem Mittels Nerven verknüpft das N. die Teile eines lebenden Organismus zu einer Einheit. Das N. ist ein Steuerungssystem, das aktivierend und hemmend wirken kann. Man unterscheidet das periphere N. und das → ZNS (zentrales Nervensystem). Beide werden wiederum in das → vegetative und → animale bzw. somatische N. unterteilt.
[**264**, 57]

Nervensystem, animales → Nervensystem, somatisches.

Nervensystem, parasympathisches Teil des → vegetativen Nervensystems in der Peripherie. Das N. entspringt dem Hirnstamm und dem Sakralmark. Die Endverzweigungen des Parasympathikus bilden Azetylcholin, deshalb wird das N. auch cholinerges System genannt.
Funktion: Verlangsamung des Herzrhythmus, Verengung der Herzkranzgefäße, Anregung der Darmtätigkeit, Verengung der Pupillen.
Parasympathikus und Sympathikus sind keine Gegensätze in dem Sinn, daß der eine für die Hemmung, der andere für die Erregung von Funktionen zuständig wäre; es sind eher Gegenspieler, die zusammen ein funktionsgerechtes Gleichgewicht schaffen.
[**296**, 270]

Nervensystem, somatisches N. (auch animalisches N.) umfaßt die Einrichtungen des peripheren und zentralen Nervensystems, die für die Vermittlung der bewußtwerdenden Empfindungen durch die Sinnesorgane und für den Ablauf der willkürlichen und unwillkürlichen Bewegungen der Skelettmuskulatur zuständig sind (siehe Abb. rechts). Das N. stellt die Beziehung des Organismus zur Außenwelt her. Die Motorik wird durch das N. geregelt. Eine Einwirkung afferenter Impulse auf die Motorik ist auf drei bzw. vier verschiedenen Ebenen möglich.
[**196**, 284/**264**, 123]

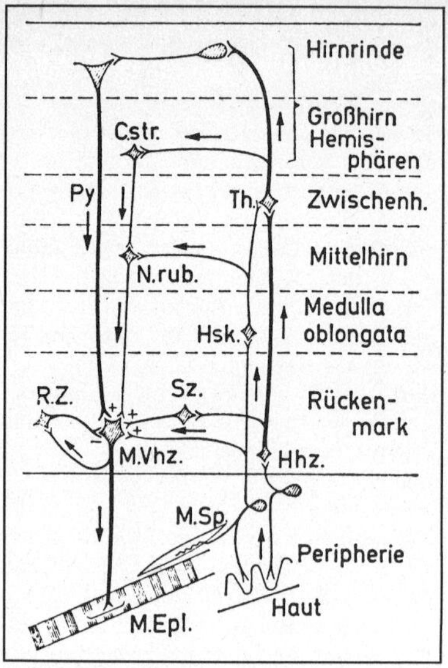

Somatisches Nervensystem
(Quelle: Jonath 1973, 284)

Nervensystem, vegetatives N., parasympathisches.

Nerventätigkeit, höhere N. gibt nach der Theorie, wie sie Pawlow ausgearbeitet hat, ein allgemeines Erklärungsmodell für den Lernfortschritt in den einzelnen Lernphasen.
In der ersten Phase eines Lernprozesses irradiert danach die Erregung in den arbeitenden Rindenzentren, d. h., es werden mehr Nervenzellen erregt, als für die Lösung der Aufgabe erforderlich sind. Daraus erklärt sich die Innervation und Tätigkeit überflüssiger Muskeln und damit der erhöhte Kraftaufwand für Anfänger. In der zweiten Lernphase grenzt sich das jeweilige Erregungsfeld in den einzelnen Rindenarealen mehr und mehr ein: Es kommt zu einer Konzentration der Erregung auf den Bereich, der eine zweckmäßige und zugleich ökonomische Bewegungsausführung veranlaßt. Diese

zunehmende Konzentration der Erregung – und Hemmung – wird durch eine differenziertere Analyse und Synthese der afferenten Informationen hervorgerufen. Infolgedessen werden insbesondere die reaktiven Kraftwirkungen besser unter Kontrolle gebracht und die Freiheitsgrade der einzelnen Gelenke, die zuvor blockiert wurden, mehr und mehr freigegeben.
[**281**, 253ff]

Nerv-Muskel-System → Einheit, motorische.

Neuron Nervenzelle mit der Gesamtheit ihrer Fortsätze. Funktionell sind an einem Neuron drei Abschnitte zu unterscheiden (vgl. Abb. Seite 191):
a) Zelle mit der Zelloberfläche, die für die Endigungen anderer N. den Rezeptor darstellt.
b) Strauchwerk der kürzeren Fortsätze (Dendriten), die sich um andere Nervenzellen der Umgebung weit verzweigen. Sie können den Erregungszustand und die Erregbarkeit der Zelle beeinflussen und als Modulator der Erregung des N. mitwirken.
c) Neurit (Nervenfaser), langer Fortsatz, der die Impulse in die Peripherie zum Erfolgsorgan oder zu den anderen Zellen leitet.
Durch ihre Fortsätze können verschiedene N. in Beziehung zueinander treten und Nervenbahnen bilden. In diesen Nervenbahnen setzt sich der Nervenimpuls fort. Das N. kann als Bauelement des Nervensystems angesehen werden.
[**182**, 7ff/**196**, 285/**264**]

Neurose Nachhaltige, erlebnisbedingte Störungen der Person-Umwelt-Beziehungen mit psychischer und körperlicher Symptomatik. Unter Umständen kann Sport zum Abbau neurotischer Konflikte dienen, möglich ist aber auch, daß Hochleistungssport zu neurotischem Fehlverhalten führen kann.
[**116**, 79]

Niedersprungtraining (auch reaktives Training; plyometrisches Training; Schlagmethode) Methode des Krafttrainings, bei der es zu einer komplexen Koppelung des Effekts des negativ dynamischen Trainings mit dem positiv dynamischen kommt. Auf muskelphysiologischer Ebene werden dabei Momente des Dehnungsreflexes, der Vorinnervation und der elastischen Komponente des Muskels ausgenutzt. Somit kommt es beim Niedersprungtraining zu einer erhöhten Kraftentwicklung, die für ein spezielles Krafttraining verwertet wird. Bei dieser Trainingsmethode ist jedoch sehr genau auf das richtige Verhältnis von bremsender und beschleunigender Kraft zu achten. Die optimale Fallhöhe ist dann gegeben, wenn die maximale Sprunghöhe erreicht wird.
[**255**/**369**, 480ff/**430**, 150f, 179]

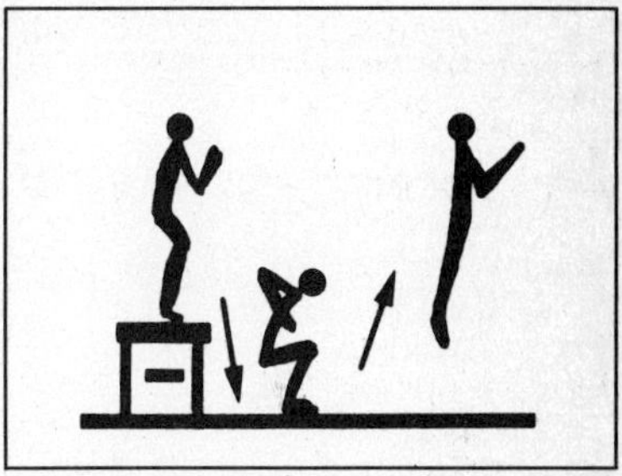

Beispiel eines Tiefsprungs aus der Hockstellung (Quelle: Letzelter H. u. M. 1986, 18)

Nonstop-Training Trainingsform, die das ohne Unterbrechung wiederholte Üben bestimmter Bewegungskombinationen vorsieht. Häufige Anwendung im Bereich der technisch-kompositorischen Sportarten, in denen Pflicht- und Kürprogramme gefordert sind. Mit dem N. versucht man die Wettkampfform durch häufiges unmittelbares Wiederholen zu stabilisieren. Dabei muß die Zielform bereits beherrscht werden, damit es nicht zur Einschleifung von Fehlern kommt. Die Steuerung des N. erfolgt über die pro Zeit geforderte Anzahl der Wiederholungen.

Norm, ideale Ideale Normen entsprechen Sollwerten. Es sind optimale Zustände konditioneller Faktoren, optimale Merkmalsausprägungen leistungsphysiologischer Parameter oder sporttechnische Idealnormen einer Sportart.
[**276**, 152f]

Norm, statistische Statistische Normen bestimmen die relative Position einer individuellen Merkmalsausprägung, die in einer Bezugsgruppe – z. B. allen A-Kaderangehörigen einer Disziplin – bestimmt werden.
[**276**, 152f]

Normierung (eines Tests) Nebengütekriterium zur Bestimmung der Testauthentizität, das in ermittelten Normwerten für den vorgesehenen Anwendungsbereich des Tests besteht. Darunter fallen Altersklassennormen, Normen für verschiedene Ausbildungsstufen, Leistungsklassen, Auswahlnormen u. a. Sie werden häufig auf der Grundlage von Summenprozentkurven als mehr oder weniger differenzierte Punktskalen dargestellt.

O

Ökonomisierung Anpassungserscheinungen im Herz-Kreislauf-System durch Ausdauertraining. Die Ö. des Kreislaufs resultiert aus verbesserter Blutverteilung (Kapillarisierung) und Verwertung des Blutsauerstoffs im ausdauertrainierten Muskel; die dadurch vergrößerten Stoffwechselreserven im Muskel führen zu einer Verminderung des sympathischen Antriebs auf das Herz und damit auch zu einer Abnahme des myokardialen Sauerstoffverbrauchs für eine gegebene Arbeitsleistung.
[**110**, 228f/**351**, 52]

Olander-Training Trainingsmethode des Schweden Gösta Olander, der mit → Fahrtspiel und Mooslaufen seine Läufer (Hägg, Anderson, Jazy) zu Erfolgen führte.

Ontogenese, motorische Individualentwicklung von konditionellen und koordinativen Fähigkeiten sowie von Bewegungsformen und Bewegungsfertigkeiten des Menschen im Verlauf seines Lebens.
[**257**, 85ff/**435**]

Optimierung Festlegung eines Weges oder die gezielte, kontrollierte Parametervariation, um unter gegebenen personalen und situativen Bedingungen zu bestem Ergebnis zu gelangen. Hierunter ist zu verstehen, daß schädigende Einflüsse minimiert und die Gesamtleistung maximiert werde sollen. O. bezieht sich im Sport primär auf die Komplexe Lernen und Trainieren, bei denen eine Vielzahl von Einflußvariablen im Hinblick auf ihr komplexes Zusammenwirken zur Erreichung eines Optimums überprüft werden müssen. Diese Überprüfung wird anhand system- bzw. modelltheoretischer Ansätze vorgenommen, bedarf damit der empirischen Grundlage und beinhaltet nach Ballreich (1972, 1980) den Dreischritt Diagnose, Analyse und Ansteuerung.
[**27**/**31**, 15ff]

Ordnungsrahmen Maßnahmen mit dem Ziel, das Neben-, Mit- und Nacheinander der Übenden und des Übens zu ordnen, um eine ökonomische Durchführung des Unterrichts zu sichern.
Der O. ist ein Teil der Sicherheitsmaßnahmen und bestimmt die Aufstellung der Geräte und der Übenden, das Nacheinander des Übens und den Weg der Übenden. Er soll das selbständige, zweckmäßige Einordnen der Übenden und pausierenden Schüler gewährleisten. Im Gegensatz zu den Ordnungsformen, die sich ausschließlich auf die Gliederung und Aufstellung der Übenden beziehen,

umfaßt der O. auch alle Anordnungen, die das Aufstellen der Geräte, das Nacheinander im Übungsablauf und die Wege der Übenden bestimmen.

Organgymnastik Form der Gymnastik, die der funktionellen Gymnastik zugeordnet wird. Ziel ist die Einflußnahme auf die Organtätigkeit durch bestimmte Körperhaltungen und -lagen. Auch kann eine Verbesserung der Kreislauf- und Verdauungstätigkeit erreicht werden.
[**225**/**279**]

Organisationsform Planmäßiges Herstellen eines Ordnungszustands in einer Trainingseinheit oder Sportstunde, welcher ökonomisches Üben und Trainieren möglich macht. Die O. ist wesentliche Gestaltungsform innerhalb des sportlichen Trainings oder Unterrichts. Die Anwendung der O. richtet sich nach Erziehungs- und Ausbildungsniveau der Übenden, nach äußeren und materiellen Bedingungen. O. können sein: alle Arten der Einteilung, Aufstellung, Formen des Übungsablaufs wie Frontal-, Riegen- oder Stationsbetrieb.

Organkraft Kaum gebräuchliche Bezeichnung der Leistungsfähigkeit von Herz, Kreislauf, Atmung und Stoffwechsel.

Organschwäche (auch Organleistungsschwäche) Einseitige Alltags- und Arbeitsbelastung sowie Mangel an Bewegung und aktiver Erholung führen zu einer Schwächung der Atmung und des Herz-Kreislauf-Systems. Allgemeine Symptome sind rasche Ermüdbarkeit und verlängerte Erholungszeit.
[**61**, 77ff/**84**, 22f]

Orientierungsfähigkeit, motorische Fähigkeit der Lage- und Bewegungsbestimmung bzw. Veränderung im Raum. Die O. bezieht sich immer auf einen begrenzten Raum wie Spielfeld, Turngerät oder auf ein bewegliches Objekt wie Partner, Gegner, Ball. Bewegungsentscheidungen werden auf der Grundlage sensorischer Informationen getroffen und berücksichtigen immer die Bewegung des ganzen Körpers und nicht die seiner Teilelemente zueinander.

Orientierungslauf Aus Skandinavien stammender Einzel- und Mannschaftswettkampfsport, bei dem mit Hilfe von Karte und Kompaß Geländepunkte in vorgeschriebener Reihenfolge gefunden und angelaufen werden müssen. Der richtige Ablauf wird durch Kontrollposten oder versteckt befestigte Stempel auf der Strecke bescheinigt. Sieger ist, wer nach Auffinden aller Punkte als erster das Ziel erreicht. Der O. ist in Skandinavien und den Alpenländern besonders populär.
[**51**]

Orthostatischer Kollaps Kreislaufregulationsstörungen, die beim Aufrichten aus der waagerechten Lage in die senkrechte Körperstellung sowie bei Preßatmung auftreten können. Es liegt eine venöse Regulationsstörung vor: Die Erweiterung im Venolenbereich bewirkt eine Abnahme der zirkulierenden Blutmenge, es tritt ein verringerter Blutrückstrom zum Herzen, eine Abnahme des Herzminutenvolumens und eine Reduzierung der Gehirndurchblutung ein. Als Stadien sind festzustellen: 1. orthostatische Kreislauflabilität, 2. Kreislaufinsuffizienz, 3. Kreislaufzusammenbruch.

OSC-Index Von van Aaken entwickeltes Verfahren, um die Leistungsfähigkeit von Mittel- und Langstreckenläufern zu ermitteln. Benannt nach dem OSC Waldniel.

$$\frac{\text{Herzschlagvolumen} \times \text{max. } O_2\text{-Aufnahme} \times \text{Beinlänge}}{\text{Körpergewicht} \times \text{Ruhepuls}}$$

Faustregel: Je höher der O., desto leistungsfähiger der Athlet.
[**2**, 18]

Osteochondrose Degeneration der Zwischenwirbelscheiben. Meist ist die O. ein Alterungsprozeß mit folgenden Stadien: anfangs Verbreiterung der Zwischenwirbelräume durch Quellung, dann Verschmälerung, Sklerosierung und Unregelmäßigkeiten der Deck- und Grundplatten der Wirbelkörper.
Im Sport kann die O. durch Überbelastungen bereits relativ frühzeitig entstehen. Hierfür sind dann Mikrotraumen verantwortlich zu machen, oft infolge von Krafttraining.

Overlearning (Überlernen) Lernen oder Üben über das augenblicklich notwendige Maß hinaus, z. B. über den Zeitpunkt hinaus, zu dem eine Bewegungsaufgabe erfüllt wird; für langfristiges Behalten motorischer Fertigkeiten von großer Wichtigkeit. Aufgrund des erheblichen Einflusses auf die Behaltensleistung motorischer Fertigkeiten empfiehlt sich O., wenn diese Fertigkeiten (z. B. Werfen, Laufen etc.) langfristig gesichert werden sollen. Unter didaktisch-methodischem Aspekt entspricht O. auch der Festigung des Gelernten.
[**73**, 405 f/**112**, 196/**460**, 194]

Overload-Training (auch Überlastungstraining) Trainingsmethode, bei der mit höheren Belastungen als den wettkampfgemäßen trainiert wird, z. B. bei Würfen mit schwereren Geräten, Läufen über längere Strecken.
Das O. sollte nur bei entsprechenden Leistungsgrundlagen durchgeführt werden.

Oxidation Verbindung mit Sauerstoff oder Entzug von Wasserstoff. Im → aeroben Stoffwechsel bezeichnet O. den Eintritt von Brenztraubensäure in den Zitronensäurezyklus. Dort erfolgt eine schrittweise Verarbeitung zu Kohlendioxid und Wasser.

Oxidativ Unter der Beteiligung von Sauerstoff ablaufende chemische Prozesse.
Im organischen Stoffwechsel hat die o. Energiewandlung als Endprodukte Kohlendioxid und Wasser. Die Leistungsfähigkeit des o. Stoffwechsels bestimmt den Grad der Ausdauerleistungsfähigkeit.

P

Pacer Akustischer Schrittmacher. Hilft dem Sprinter, seine Schrittfrequenz zu steigern und die → Schnelligkeitsbarriere zu überwinden, wenn dieser seine Schritte in der Frequenz und Länge den akustischen Intervallen angleicht. Beim Langstreckler erleichtert P. die Egalisierung des Lauftempos.
[**196**, 24]

Paradoping auch Antidoping. Unfaire Manipulation, bei der Gegnern unbemerkt Dopingmittel vor entscheidenden Wettkämpfen verabreicht werden, um deren Disqualifikation herbeizuführen.
[**293**, 211]

Parasympathikotonus Natürliche Verschiebung des Gleichgewichts, der in einem «funktionellen Antagonismus» (Tittel) zueinander stehenden nerv. sympathikus und nerv. parasympathikus zugunsten des letzteren. Diese Verlagerung tritt im Zustand körperlicher Ruhe auf.
Ein vorherrschender P. ist Maß für die Wiederherstellungsfähigkeit und Voraussetzung für Erholungsprozesse. Kennzeichen ist eine niedrige Herzfrequenz.
Im Sport deutet ein P. auf eine gute Ausdauertrainiertheit hin.
[**116**, 77ff/**408**, 563ff/**458**, 1050]

Patellarsehne Kniescheibenband (ligamentum patellae). In die Sehne des vierköpfigen Oberschenkelmuskels (m. quadriceps femoris) ist die Kniescheibe (patella) eingelagert; unterhalb der Kniescheibe bilden die Hauptzüge der Sehne die P., die an der Rauhigkeit der vorderen Schienbeinkante (tuberositas tibiae) Ansatz findet. Der P.nreflex gilt als wichtiger klinischer Reflex. Zur Prüfung des Lendenmarks klopft man auf die P. und erhält eine Zuckung des vierköpfigen Oberschenkelmuskels (siehe Abb. Seite 75).
[**58**, 83/**104**, 316ff/**408**, 309]

Pause Im Training nach dem Intervallprinzip verwendete Unterbrechung. Man unterscheidet nach

Art:
- Gehpause } aktive Pause
- Trabpause } aktive Pause
- Liegepause
- gemischte Pause

Dauer:
- ⅓ Pause } unvollständige Pause
- ⅔ Pause } unvollständige Pause
- vollständige Pause

Art u. Dauer der P. richten sich nach der Höhe der vorausgegangenen Belastung.
[**196**, 111/**430**, 84f, 100]

Pause, aktive Aktive Erholung durch Traben oder Gehen (s. a. → Trabpause).
[**196**, 94]

Pause, gemischte Pause, die aus mehreren Elementen besteht, z. B. Geh- und Trabpause, Liege- und Trabpause.
[**196**, 111]

Pause, lohnende Ein Drittel Pause. Erholung tritt nicht gleichmäßig ein, sondern anfangs sehr schnell, dann langsamer (siehe Abb. unten). Drittelt man die Erholungsphase, so fallen im ersten Drittel etwa ⅔ an Erholung an. Deshalb nennt man diesen wichtigen Teil auch lohnende Pause. Die restlichen beiden Drittel der Pause bringen nur noch ⅓ der Erholung.
[**143**, 27/**196**, 111/**257**, 38/**293**, 87/**430**, 84f]

Pause, passive Pausengestaltung nach intensiven Belastungen mit absoluter Ruhe.
[**143**, 28]

Pause, vollständige P. bis zur vollständigen Erholung des Herz-Kreislauf-Atmungssystems. P. müssen z. B. bei Wiederholungstempoläufen eingelegt werden, um anschließend wieder einen hohen Schnelligkeitsreiz setzen zu können. Alle Trainingsformen, die hohe Anforderungen an die Maximalkraft, die maximale Schnelligkeit und Koordination stellen, benötigen, um effektiv wirksam zu sein, eine vollständige Erholung (Pause).
[**143**, 30]

Pausengymnastik Gymnastik während einer Pause zum Zweck der Entkrampfung und Erholung. Dazu dienen Gymnastikformen wie Haltungsgymnastik, Ausgleichsgymnastik, Atmungsgymnastik und Organgymnastik mit ihren entsprechenden Wirkungen.
[**382**, 6ff]

Pendelprinzip (auch Pendeltraining) Trainingsprinzip, welches darin besteht, daß die Wettkampfvorbereitung (Training in der Wettkampfetappe) auf der Grundlage eines rhythmischen Wechsels zweier Typen von Mikrozyklen aufgebaut wird: Spezielle Mikrozyklen, die

Belastung und Erholung und der Begriff der «lohnenden Pause» sowie der «vollständigen Wiederherstellung» (nach Schmolinsky) (Quelle: Letzelter 1985, 38)

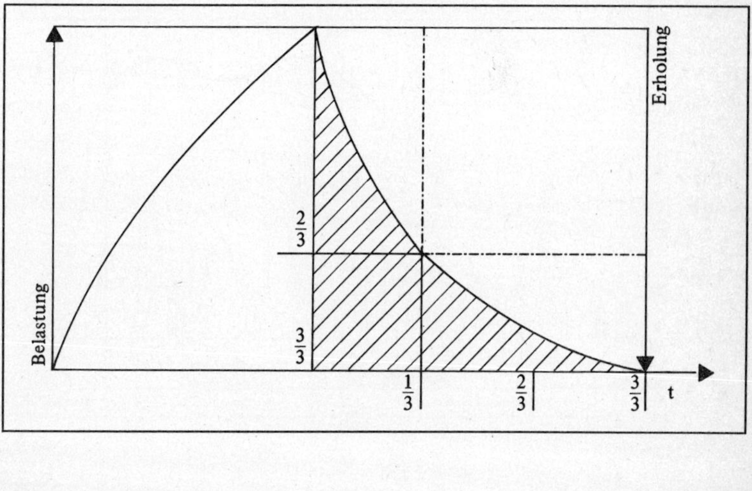

nach ihren Mitteln, den Methoden ihrer Anwendung und nach den Trainingsbelastungen dem bevorstehenden Wettkampf ähnlich sind, und kontrastierende Mikrozyklen, deren Ähnlichkeitsgrad mit dem Wettkampf viel geringer ist. Mit Näherrücken des Wettkampftermins erhöht sich der Ähnlichkeitsgrad der speziellen Mikrozyklen noch mehr, während der der kontrastierenden Mikrozyklen abnimmt. Die Dauer des speziellen Mikrozyklus muß der Dauer des Wettkampfzyklus gleich sein. Hauptanwendungsbereich: Boxsport.
[**18**, 110]

Periodenzyklus Als Trainingszyklus organisatorische Zusammenfassung der drei → Trainingsperioden: Vorbereitungs-, Wettkampf- und Übergangsperiode (siehe Abb. unten). Ein P. dauert bei Sportarten mit einem abgeschlossenen Wettkampfblock pro Jahr in der Regel zwölf Monate, bei Sportarten mit mehreren Wettkampfblöcken im Jahr ist der P. entsprechend kürzer. Der zeitliche Anteil der einzelnen Trainingsperioden in einem P. ist sehr unterschiedlich. Er wird in erster Linie durch den typischen Wettkampfkalender einer Sportart und durch den Trainingsabschnitt, den der Sportler gerade erreicht hat, bestimmt.
[**182**, 126/**277**, 83ff]

Periodisierung Mittelfristige Einteilung des Trainings in Perioden mit unterschiedlicher Zielsetzung und daraus folgend mit unterschiedlichen Trainingsinhalten und Trainingsbelastungen im Wettkampfsport. Ausgehend von den Gesetzmäßigkeiten der Entwicklung der sportlichen Form, unter Berücksichtigung der Bedingungen des Wettkampfkalenders sowie klimatischer und geophysikalischer Faktoren, wird der Zeitraum zwischen zwei Wettkampfhöhepunkten (ein Periodenzyklus) in eine Vorbereitungs-, eine → Wettkampf- und eine → Übergangsperiode unterteilt. Bei Sportarten mit einem Wettkampfhöhe-

Typische Variante der Dynamik von Belastungsumfang und -intensität im Jahrestrainingszyklus (nach Matwejew).
Oben sind die großen Wellen der Belastungsdynamik (1 und 1a), unten die mittleren Wellen (2 und 2a) dargestellt; die Säulen (3) drücken die schematisierten Mikrozyklen in den einzelnen Etappen aus (Quelle: Letzelter 1985, 78)

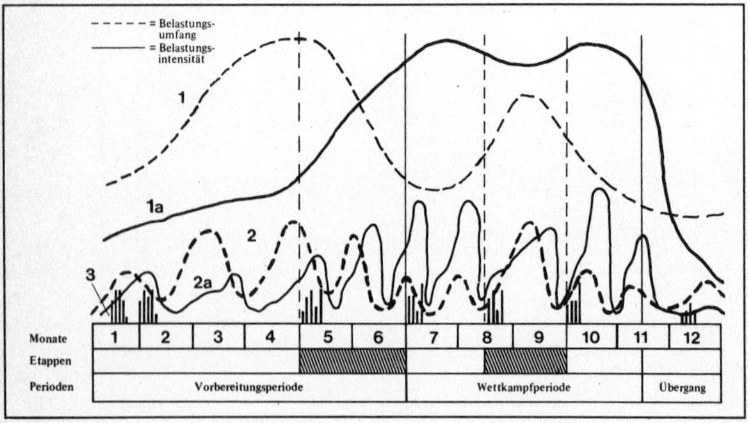

punkt pro Jahr umfaßt ein Periodenzyklus in der Regel den Zeitraum von 12 Monaten; bei Sportarten mit zwei Wettkampfhöhepunkten innerhalb eines Jahres wird das Trainingsjahr in zwei Periodenzyklen unterteilt (Doppelperiodisierung).
[**196**, 336/**257**, 62ff/**277**/**410**/**430**, 284]

Periost Knochen- oder Beinhaut; den Knochen überziehende bindegewebige, an Blut- und Lymphgefäßen sowie an sensiblen Nervenfasern reiche Haut. Das P. bildet einen Überzug des Knochens und läßt nur die von Knorpel überzogenen Gelenkflächen frei. Die aus dem P. stammenden Nerven und Blutgefäße ziehen durch viele nadelfeine Kanäle in das Innere des Knochens und ernähren ihn auf diese Weise. Das P. stellt nicht nur die Ernährungsbasis für den Knochen dar, sondern ist zugleich Bildungsstätte für neues Knochengewebe beim Dickenwachstum oder bei Verletzungen (Kallusbildung). Das dichte Geflecht sensibler Nervenfasern bedingt die Schmerzhaftigkeit des P. nach Stoß oder Schlag und nach Überlastungsschäden.
[**58**, 17/**408**, 64f]

Periostitis Knochenhautentzündung. Die P., die durch Druckschmerz entlang der Schienbeinkante an der Ansatzstelle der vorderen Schienbeinmuskulatur imponiert, kann entstehen durch einseitiges Training, z. B. häufige Sprints, Sprungübungen (Seilspringen, Volleyball, Basketball), häufige Zehenstände (Bodenturnen) und gehäufte Prellungen der Schienbeinkante (Wegschlagen der Beine beim Judo). Oft sind Sportler mit hohem Spann betroffen. Abhilfe schaffen können kurzzeitige Sportruhe, entzündungshemmende Medikamente und physiotherapeutische Maßnahmen.
[**116**, 305]

Periostose Mit entzündlichen und degenerativen Veränderungen einhergehender Überanstrengungs- oder Überlastungsschaden an den Sehnenansätzen (z. B. Tennisarm, Werferarm). Auch unpräziser Begriff für eine – meist reaktive – häufig spindel- oder stachelförmige Verdickung der Knochenhaut, evtl. in Form von Auflagerungen (z. B. Kallusnarbe nach einer Fraktur).
Im Sport häufig auftretender Überlastungsschaden ist die Tibiakanten-P., die sich im sehnenursprungsfreien Bereich der mittleren Schienbeinkante manifestiert; betroffene Sportarten sind hierbei Lauf, Sprung, Turnen, Volleyball und Basketball. Es bestehen gesicherte Zusammenhänge zwischen individuell geminderter Belastbarkeit (Spreiz-, Plattfuß) und dabei zu hoher Belastung (Training auf hartem Untergrund).
[**123**, 49]

Peritendinose Degenerative Erkrankung des Sehnengleitgewebes; z. B. mit Kalkeinlagerungen in paraartikulären Sehnen (z. B. bei Periarthritis humeroscapularis) und sekundär im benachbarten Schleimbeutel. Die Periarthritis humeroscapularis tritt als Überlastungsfolge auch bei Sportlern im jüngeren und mittleren Alter auf. Als Ursachen mit in Betracht zu ziehen sind intensive Leistungsanforderungen an den Schultergürtel, im Sport also beim Werfen, Handball, Volleyball, Baseball, Ringen, Judo, Skilanglauf, Kanu, Turnen.
[**123**, 240f]

Perspektivplan Trainingsplan, der sich über einen Zeitraum von drei bis fünf Jahren erstreckt und die Ziele, die Trainings- und Wettkampfschwerpunkte sowie Zahl und Art der Wettkämpfe bestimmt. Da eine kontinuierliche Leistungssteigerung nur durch eine planmäßige jährliche Erhöhung der Trainingsbelastung zu erreichen ist, sind im P. auch die Veränderungen in Trainingshäufigkeit, Trainingsumfang, Trainingsintensität sowie die in den Wettkämpfen zu berücksichtigen (siehe Abb. Seite 216).
[**196**, 337]

Süddeutscher Rundfunk Bibliothek

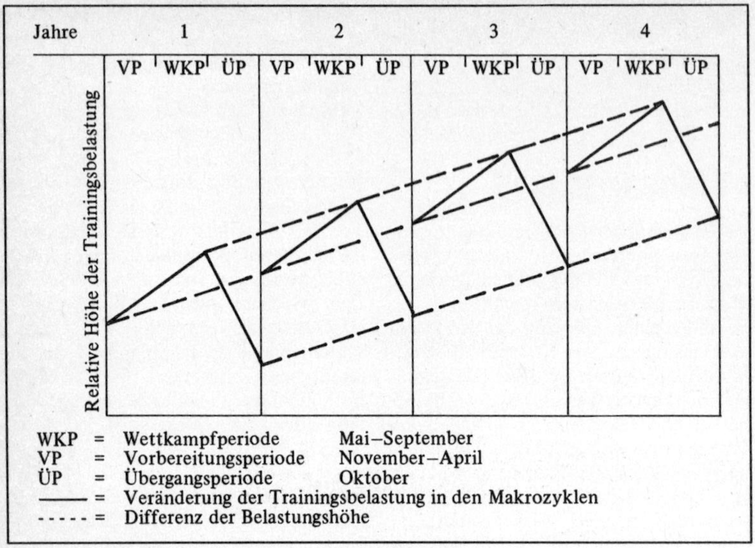

Trainingsbelastungen (Quelle: Jonath u. a. 1985, 29)

Phänographie der Bewegung Die P. untersucht die sichtbare Bewegung, die durch kinematographische Verfahren objektivierbar gemacht werden kann. So ist es möglich, die Bewegungsstruktur zu analysieren und hinsichtlich der Gestaltqualität und Bewegungseigenschaften Rückschlüsse zu ziehen.
[**281**/**446**]

Phänomenologie Lehre von den Erscheinungen. Im Sport beinhaltet die P. das Erkennen von charakteristischen und deren Diagnose ermöglichenden fehlerhaften Bewegungsausführungen.

Phase, kritische Zeitlicher Abschnitt innerhalb einer sensiblen Phase, in der gerade noch Entwicklungseffekte zu erzielen sind. In der sporttechnischen Ausbildung ist die Bedeutung der P. dadurch besonders hoch einzuschätzen, daß gerade hier noch Bewegungsfähigkeiten und -fertigkeiten leichter erworben und stabilisiert werden können. Gegenwärtig können lediglich Erfahrungswerte Hinweise auf die Abschnitte der P. geben.

Phase, sensible Zeitlicher Abschnitt innerhalb der Entwicklung von Lebewesen, in dem diese empfindlicher auf bestimmte Entwicklungsreize reagieren als zu anderen Zeitpunkten (siehe Abb. rechts).
In der sporttechnischen Ausbildung ist es durch Kenntnis der P. möglich, Training effektiver zu gestalten, d. h. eine umfangreichere oder intensivere Aneignung von Bewegungsfertigkeiten und -fähigkeiten als zu anderen Zeitpunkten zu erreichen.
[**156**, 66f.]

Phasenanalyse Gliederung einer sportlichen Bewegung in räumliche, zeitliche und dynamische Abläufe. Die einfache Einteilung hinsichtlich Raum und Zeit ist die sogenannte Phaseneinteilung.
[**141**, 29]

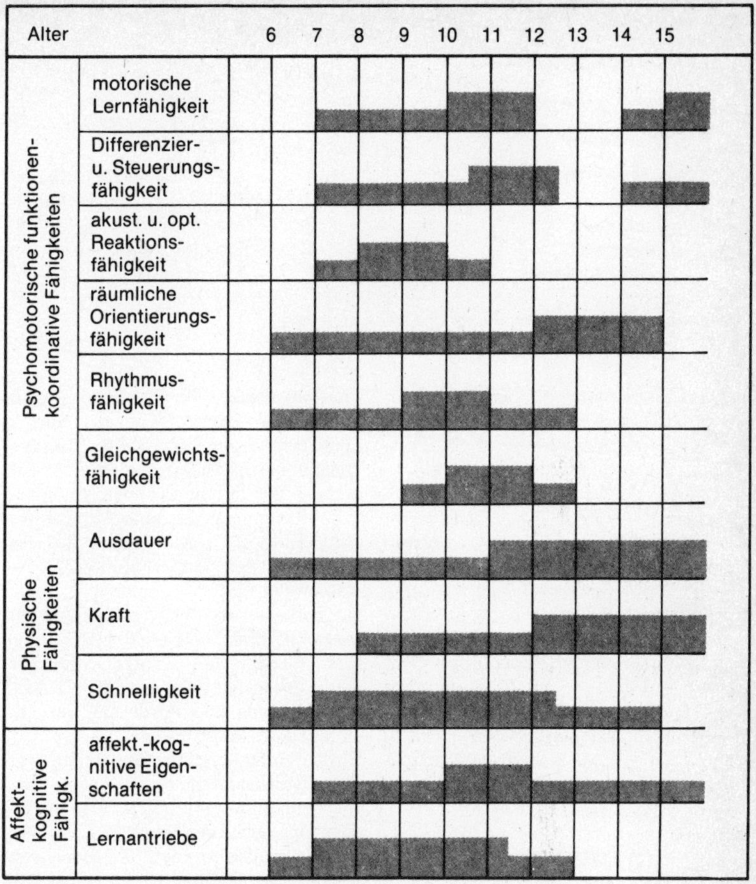

Modell der sensiblen Phasen (nach Martin) (Quelle: Hahn 1982, 67)

Phasenstruktur Die P. einer Bewegungsform wird konstituiert durch die Verknüpfung verschiedener Phasen verdichteter raumzeitlicher Anordnungen von Bewegungsfiguren. Sie läßt sich insbesondere in drei übergreifende Phasen gliedern: einleitende Funktionsphase, Hauptfunktionsphase und aussteuernde Funktionsphase.
Je nach der Verknüpfung von einleitender und auslaufender Funktionsphase sowie Art der Bewegungsformen unterscheidet man bei fortlaufender Bewegung → zyklische und → azyklische Bewegungen.
Die Differenzierung von Bewegungen in einzelnen Bewegungsphasen kann nach unterschiedlichen Kriterien erfolgen (siehe Abb. Seite 218).
[**135**/**141**, 23ff/**257**, 220/**281**, 289ff]

Technik
↓
Phasenstruktur

Kinem. Merkmale	Dynamische Merkmale
↓	↓
– Längen- und Wegmerkmale	– horizontale und vertikale
– Lagemerkmale	– Brems- und Beschleunigungsstöße
– Zeitmerkmale	– Drehmomente
– Weg-Zeit-Merkmale	– Stützzeiten

Differenzierung von Bewegungen in Bewegungsphasen

Phasenverschiebung Zeitliche Verschiebung von Teilbewegungen. Häufig nur in Zeitlupenaufnahmen z. B. bei Wurf- oder Stoßdisziplinen zu beobachten.
[**281**, 153ff]

Phasenverschmelzung → Bewegungsstruktur.

Phosphate, energiereiche Stoffe (u. a. ATP, ADP, KrP), die für das Stoffwechselgeschehen wichtige Bedeutung haben. Zum einen sind sie am Energieumsatz beteiligt, zum anderen beim Aufschluß und Abbau der Nahrungsstoffe. Die P. haben zentrale Aufgaben als Energieüberträger bei der Muskelkontraktion.
[**29**, 261/**430**, 29f, 304f]

pH-Wert Wasserstoffionen-Konzentration im Blut. Maßeinheit für die Stärke einer Säure oder Base. Für die Funktion des Bluts ist der P. von entscheidender Bedeutung. Durch den dauernden Einstrom von sauren Stoffwechselprodukten entstehen Milieuveränderungen. Die Alkalireserven bilden ein Stabilisierungssystem, das den P. von 7,3 bis 7,5 relativ stabil einstellt. In einem guten Trainingszustand werden niedrigere P. ertragen als im untrainierten Zustand.
Nach Arbeitsbeginn zeigt sich eine Verringerung des P.
[**177**/**182**, 416ff/**327**]

Physiotherapie Behandlung von Krankheiten mit naturgegebenen Mitteln (Wasser, Wärme, Licht, Luft, Massage, Heilgymnastik, Elektrotherapie). Die P. ergänzt die durch regelmäßiges sportliches Training angestrebte Anpassungsfähigkeit des Organismus an die verschiedenartigen Umwelteinflüsse. Physiotherapeutische Maßnahmen tragen zur Verbesserung der Kondition bei und regen darüber hinaus Regenerations- und funktionelle Kompensationsvorgänge an, womit sie in erheblichem Maß der Erholung und Förderung der Gesundheit des Sportlers dienen.
Physiotherapeutische Maßnahmen werden angewendet in der Trainings- und Wettkampfvorbereitung, im Stadium der Erholung sowie zur Verhütung von Verletzungen. Sie werden entweder vom Sportler selbst durchgeführt (Trockenmassage, Wechselduschen und andere abhärtende Wasseranwendungen, Saunabaden) oder vom Physiotherapeuten vorgenommen (Voll- oder Teilmassage, Unterwassermassage, Ultraschallbehandlung, Kurzwellenbehandlung.)
[**116**, 80, 282f/**225**/**458**, 68, 449]

Plan, individueller Planungsmodell für die Gestaltung einer Trainingseinheit. Im Hochleistungssport müssen in den Individualsportarten Leichtathletik, Schwimmen, Turnen etc. gemäß dem Prinzip der

Individualität individuelle Trainingspläne erstellt werden.
Auch in den Kollektivsportarten reichen im Hochleistungstraining die Gruppentrainingspläne nicht aus, da die einzelnen Mitglieder nicht gleich belastbar sind.
Individuelle Trainingspläne können bei zeitlich gleichen Trainingsumfängen durch die Veränderung der Belastungsnormative vorgenommen werden.
[**257**, 101/**281**, 18ff]

Planungssystem Alle die Trainingsplanung betreffenden Unterlagen. Dazu gehören Rahmenpläne: Mehrjahres-, Jahres-, Operativ-, Gruppen-, Individualpläne sowie Test- und Analysebogen, Trainingsbuch des Athleten etc.

Plastizität Eigenschaft des Muskels, nach einer Dehnung nicht völlig auf die Ausgangslänge zurückzukehren. Durch den Vorgang der Dehnung kommt es an den kontraktilen Elementen des Muskels offenbar zu einer dauernden Umordnung der Moleküle, die durch einfache Entlastung nicht zu beseitigen ist. Die P. kann durch eine isotonische Kontraktion behoben werden.
[**182**, 171]

Plateaubildung Stagnation im motorischen Lernprozeß trotz weiteren Übens. Der Stillstand in der Weiterentwicklung sportlicher Eigenschaften kann zunächst den Zustand vor annäherndem Erreichen des Lernziels betreffen (dieser ist durch methodische Mittel überwindbar), aber er ist auch Bezeichnung für den Abschluß des Lernprozesses, d.h., wenn keine Weiterentwicklung trotz Übens zu erwarten ist.

Plyometrie Kombination zwischen nachgebender (exzentrischer) und überwindender (konzentrischer) Kraftarbeit. Spannungsform dabei explosiv-reaktiv-ballistisch. Methode für die Förderung der Muskelspannung bei den Sprüngen durch Tiefsprünge mit anschließendem Hoch- oder Weitsprung.
Drei Hauptbedingungen und Eigenschaften dieser Bewegungen müssen dabei gewahrt werden: das Prinzip der Aufspeicherung der kinetischen Kraft, das Prinzip der optimalen Förderung der Beschleunigung und das Prinzip der Koordinierung der Impulse.
Die Tiefsprünge sollten bei gleichzeitiger techniknaher methodischer Aufgabenstellungen angeboten werden.
[**406**, 269]

Pneumothorax Kollabieren der Lunge infolge Eröffnung der Brusthöhle. Die Brusthöhle (Pleuralspalt) stellt einen hermetisch geschlossenen Raum zwischen Lungen- und Brustfell (Pleuralblätter) dar, der mit einer dünnen Flüssigkeitsschicht ausgefüllt ist. Hier herrscht ein Unterdruck, der die Lunge entgegen ihrer elastischen Spannung dehnt. Beim P. strömt (z.B. durch Verletzung), unter Aufhebung des negativen Drucks, Luft in die Brusthöhle ein, wobei die Lunge aufgrund ihrer Elastizität zusammenfällt.
Der gleiche Zustand tritt ein, wenn Atmungsluft aus dem Bronchialsystem in die Brusthöhle dringt. So kann es beim Tauchen mit Preßluftgerät zu einem sog. Lungenüberdruckunfall kommen, wenn die beim Aufstieg sich ausdehnende Luft nicht abströmen kann (z.B. durch psychisch bedingten krampfhaften Verschluß der Stimmritze). Durch Zerreißen der Alveolen an der Lungenoberfläche kann es dann zu einem P. kommen.
[**58**, 125f/**101**, 59, 207ff/**270**, 228]

Prellung (auch Kontusion) Durch direkte Gewalteinwirkung (Stoß oder Schlag) entstehende Quetschung der Weichteile des Unterhautfettgewebes, der Muskulatur, sowie Schäden an Knochen und Gelenken.
Das Ausmaß der Verletzung richtet sich nach der Stärke der Gewalteinwirkung bzw. dem Grad der Empfindlichkeit des

betroffenen Gewebes oder Organs. Es kann dabei zum Zerreißen von Blutgefäßen und damit zur Entstehung von Blutergüssen kommen. Besonders betroffene Gebiete sind Fuß, Knie, Oberschenkel, Ellbogen.
Primäre Versorgungsmaßnahmen bestehen in Kälteanwendung. Es ist notwendig, so bald wie möglich mit funktioneller Übungsbehandlung zu beginnen. Frühzeitige Massagen und heiße Packungen sind nicht angezeigt.
[**458**, 839]

Preßatmung Glottisverschluß und Einstellung der Atmung unter gleichzeitiger Ausübung eines Preßdrucks bei einer bestimmten Belastungsstufe größerer Muskelgruppen.
Wird im Krafttraining eine größere Muskelgruppe mit mehr als 80 % der Maximalkraft beansprucht, entsteht eine P. Die Bauchpresse wird aktiviert, es verschließt sich reflektorisch der Kehlkopfdeckel, und anormal hohe Drucke entstehen im Brustraum und Bauch.
Bei vorgeschädigten Personen (Herz-Kreislauf-Schädigungen) sind Übungen mit Preßatmung nicht angesagt, da es beim plötzlichen Rückstrom des Bluts zu reflektorischen Herzrhythmusstörungen kommen kann.
[**182**, 50f/**430**, 339f]

Pressung Ausatmung trotz starker Ausatmungsbehinderung. Durch Erhöhung des Drucks im Brustinnenraum kommt es zur Behinderung des venösen Rückstroms. Folgen sind Anschwellen der Kopfvenen, verschlechterte Atmung und verstärkte Kreislaufbelastung. Es bestehen Schädigungsmöglichkeiten bei Vorgeschädigten und Untrainierten (→ Preßatmung).
Im Sport ist eine P. bei Übungen mit kräftigem Armeinsatz, z. B. den Würfen, von wesentlicher Bedeutung. Trotzdem sollte die P. so kurz wie möglich gehalten werden.
[**182**, 50f]

Prinzip, biomechanisches Objektive, übergreifende Kriterien zur Beurteilung der Zweckmäßigkeit von Bewegungsabläufen. Die Biomechanik kennt bisher fünf P.: 1. Prinzip der Anfangskraft, 2. Prinzip der optimalen Beschleunigung, 3. Prinzip der Gegenwirkung, 4. Prinzip der Impulserhaltung, 5. Prinzip der Koordination von Teilimpulsen.
[**175**, 149/**196**, 369/**281**, 104ff]

Prinzip der dynamischen Übereinstimmung Übereinstimmung von kinematischer und dynamischer Struktur der konditionellen Übung mit der Wettkampfübung.
[**29**, 50]

Prinzip, didaktisches Pädagogisch-methodische Grundregeln zur Gestaltung des Unterrichts- oder Trainingsprozesses. Für den Trainingsprozeß sind folgende didaktische P. von Bedeutung: Prinzip der Anschaulichkeit, Prinzip der Bewußtheit, Prinzip der Dauerhaftigkeit, Prinzip der Faßlichkeit, Prinzip der Systematik.

Programmschritt Schritt in einem Lehrprogramm. Man unterscheidet Lernschritte und Adaptationsschritte. Lernschritte sind die erstmalige Kopplung von sensomotorischen Sequenzen oder Sequenzkomplexen. Adaptationsschritt bezeichnet die Beeinflussung des Kraft- und Geschwindigkeitseinsatzes bei konstanter Struktur.

Progressive Loading (engl.: ansteigende Belastung) Methode des Krafttrainings. Bei P. wird durch Erhöhung des Gewichts, Steigerung der Wiederholungszahl oder durch beides die Trainingsbelastung heraufgesetzt.
[**195**, 28]

Propriorezeptoren Reizaufnehmende Organe bzw. Zellen, die sich als Muskelspindeln in der Skelettmuskulatur, als Sehnenorgane in den Muskelsehnen und

in den Gelenkkapseln befinden. Sie signalisieren Längen- und Dehnungsänderungen der Muskeln und Gelenke. Ihre Funktion ist wesentlich für die Regelung der Muskelgrundspannung (Muskeltonus) und der Auslösung von Reflexen (z. B. Patellarreflex). Durch Aufwärmen wird die Empfindlichkeit der P. gesteigert; dies wirkt sich zum einen günstig auf die Reaktionsgeschwindigkeit aus, zum anderen auf die kinästhetischen Empfindungen, was für ein differenziertes Bewegungsgefühl wichtig ist.
[**116**, 58, 66/**182**, 14ff/**458**, 846]

Proteinstoffwechsel → Eiweißstoffwechsel.

Pseudohypertrophie Scheinhypertrophie. Durch Einlagerung von Fettgewebe im Muskel z. B. bei Untrainierten kommt es zu einer Dickenzunahme, die jedoch nicht mit einer echten Hypertrophie zu verwechseln ist.
[**182**, 224]

Psychogramm Geordnete und beschreibende Darstellung psychologischer Daten. Erstellt werden kann ein P. mit Hilfe von Tests, Befragung, Beobachtung etc. Ziel ist die Erstellung eines Persönlichkeitsbildes, wobei u. a. der Ausprägungsgrad bestimmter Eigenschaften in Relation zu Anforderungen der jeweiligen Sportarten gesetzt werden. So kommt dem P. bei der Talentsuche und -förderung besondere Bedeutung zu.
[**132**]

Psychomotorik Die P. untersucht Wirkung und Wechselwirkung von Psyche und Physis bei Bewegungshandlungen. Wichtige Ansätze bilden die intellektuellen Ausgangsbedingungen von Handlungen, die Struktur von Bewegungsvorstellungen und deren motorischer Umsetzung. Besonders im Bereich der Kinderpsychiatrie, Heilpädagogik und Rehabilitation sieht die P. ihre Anwendungsgebiete.
[**75**/**218**]

Psychophysiogramm (auch Formung eines Ideals [Zaciorskij]) Das P. bestimmt die Anforderungen, denen ein Sportler der Extraklasse in einer entsprechenden Sportart entsprechen soll. Die Erstellung eines P. ist eine der Untersuchungsaufgaben bei der Talentsuche im Sport, d. h., man versucht mit Hilfe des P. eine einmalige Verbindung von Fähigkeiten, die äußerst selten anzutreffen ist, aufzudecken.
[**455**, 240]

Psychoregulation Herstellung oder Aufrechterhaltung optimaler innerer Bedingungen für bestimmte (sportliche) Handlungen durch Selbst- oder Fremdbeeinflussung. Im Unterschied zur Bewegungsregulation zielt die P. auf die Schaffung einer psychovegetativen Funktionslage ab, die optimale Voraussetzungen zur Durchführung bestimmter (sportlicher) Handlungen bietet. Ausgehend vom Objekt der Beeinflussung können psychoregulative Selbst- und Fremdbeeinflussungen unterschieden werden.
Unterschieden werden können weiterhin primär medikamentöse Methoden (Psychopharmaka), primär medizinische Methoden (Hypnose) und primär psychologische Methoden (progressive Relaxation).
[**323**, 143ff/**409**, 17ff]

Pubertät Zeitraum der Entwicklung vom Kind zum Jugendlichen. Der Beginn der P. liegt für Mädchen bei 11/12 und für Jungen bei 12/13 Jahren, das Ende der P. bei 13/14 bzw. 14/15 Jahren.
Kennzeichen der P. sind Ausprägung der Sexualität, Auflösung kindlicher Strukturen, ausgeprägte Proportionsverschiebungen, Umstellung des inneren Drüsensystems, Ausprägung von primären und sekundären Geschlechtsmerkmalen.
Für die sporttechnische Ausbildung gilt der Hinweis der besonders günstigen Entwicklungsmöglichkeit konditioneller

Fähigkeiten, während die koordinative Leistungsfähigkeit durch starke Größen- und Gewichtszunahme beeinträchtigt ist.
[**271**, 10/**430**, 56ff]

Pubeszenz (auch 1. Phase der Reifungszeit; 1. puberale Phase; Vorpubertät). Abschnitt der körperlichen Entwicklung vom Kind zum Jugendlichen, der durch eine bedeutende Umstellung des Systems der Drüsen mit innerer Sekretion (Hirnanhangsdrüse, Geschlechtsdrüsen, u. a.), den dadurch verursachten Vorgang der Geschlechtsreifung, die damit verbundene Ausprägung der primären und sekundären Geschlechtsmerkmale sowie den zweiten Gestaltwandel geprägt ist. Bei Mädchen und Jungen beginnt diese Entwicklungsphase durchschnittlich im 11. bzw. um das vollendete 12. Lebensjahr. Ihr Ende wird durch die Menarche bei weiblichen und die Spermarche bei männlichen Jugendlichen markiert.
Die Abb. rechts zeigt u. a. die entwicklungsstufenspezifischen Inhalte des Trainings während der P.
[**271**, 10/**293**, 24f, 224/**430**, 56ff]

Pufferung Ausgleichsfähigkeit des Bluts gegenüber sauren oder basisch eindringenden reagierenden Stoffen. Die wichtigsten Puffersysteme des Bluts sind das Hämoglobin, die Plasmaproteine, die Bikarbonate und die Phosphate. Durch die Vermehrung des Blutvolumens nimmt auch die Pufferkapazität des Blutes zu. Die Zunahme der Puffersysteme bedeutet, daß eine wesentliche Voraussetzung für die geringere lokale und allgemeine körperliche Ermüdbarkeit des Ausdauertrainierten gegeben ist.
[**116**, 204/**182**, 78/**430**, 77]

Pulsamplitude Auch Blutdruckamplitude. Differenz zwischen dem maximalen systolischen und dem minimalen diastolischen Pulsdruck.
[**364**, 447]

Pulsfrequenz Zahl der Pulsationen einer Arterie pro Zeiteinheit (beim gesunden Individuum identisch mit der Herzschlagfrequenz). Beträgt in Körperruhe beim Erwachsenen 60–80 S./Min., beim Ausdauertrainierten 30–50 S./Min. Höchstbelastungen führen zu P. von 180–220 S./Min. Mit zunehmendem Alter nimmt die maximal mögliche P. ab.
Für den Sportler stellt die P. das einzige objektive Kriterium dar, welches ihm ohne Hilfsmittel beim Sporttreiben zugänglich ist. Anhand der Messung seiner P. – z. B. an der Speichenschlagader – erhält er eine Information über seine momentane Herz-Kreislauf-Belastungssituation und kann hierdurch seine Belastungsintensität steuern.
Je besser im Zuge eines Ausdauertrainings der Trainingszustand wird, desto niedriger wird bei unveränderter Lauf-, Schwimm-Geschwindigkeit etc. die P.

PWC 170 (Physical Work Capacity 170) Ausdauerleistungsfähigkeit bei einer Pulsfrequenz von 170/Min. Wichtiges Kriterium der allgemeinen aeroben Ausdauerleistungsfähigkeit bei Jugendlichen. PWC 170 bei einem 12jährigen Jungen = 100 Watt.
[**271**, 364]

Pyknisch Konstitutionstyp mit bestimmten Körperbaumerkmalen. Nach E. Kretschmers Konstitutionslehre benannte körperlich-seelische Veranlagung des Menschen, welche gekennzeichnet ist durch mittelgroße, gedrungene Erscheinung, Neigung zu Fettansatz, starker Entwicklung des Brust- und Bauchraumes.
Kretschmer spricht beim Pykniker vom zykothymen Typ, als freundlichen, anpassungsfähigen und kontaktwilligen Menschen. Gutes kinästhetisches Empfinden und flüssige Bewegungen zeichnen ihn aus.
[**238**]

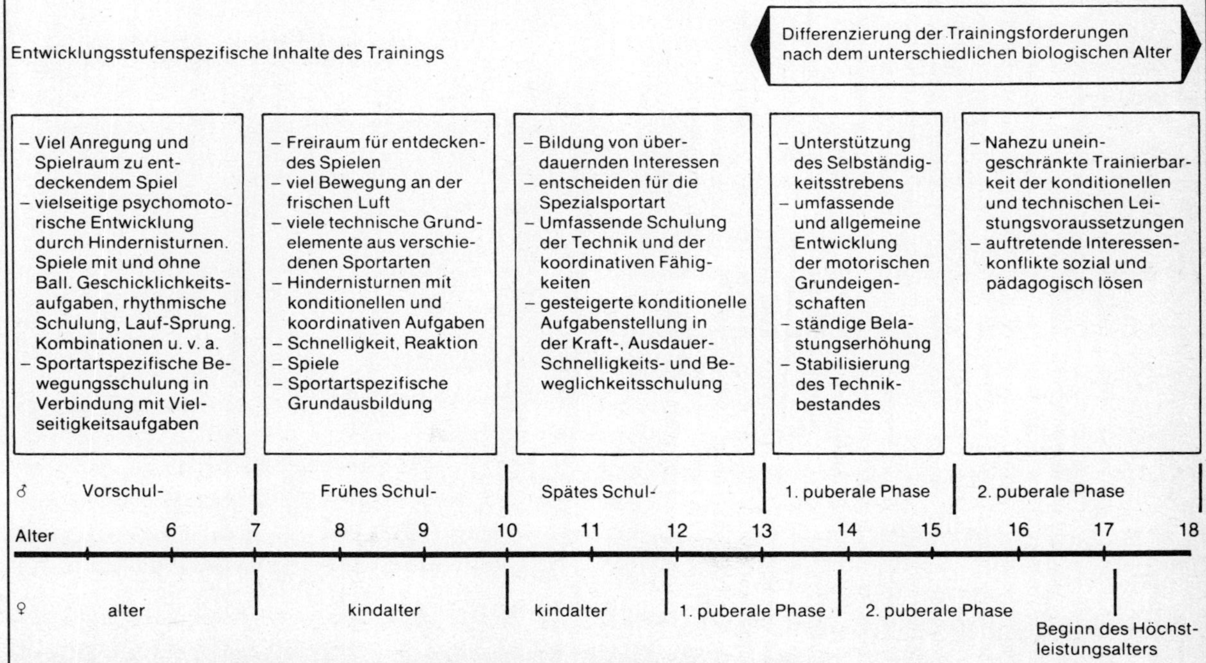

Trainingsinhalte, zugeordnet zu den einzelnen Entwicklungsstufen (nach Martin 1980)
(Quelle: Hahn 1982, 66)

Pyramidentraining Spezielle Form des Krafttrainings. Je nach Zielstellung werden 4–5 Übungen mit 5–10 Sätzen pro Übung durchgeführt.
Je nach Art des P. kann der Kraftzuwachs primär durch Hypertrophie der Muskulatur angestrebt werden oder primär durch Verbesserung der intramuskulären Koordination:
- Kraftzuwachs primär durch Hypertrophie: = hohe Wiederholungszahlen (längere Reizdauer); Art der P.: abgestumpfte Pyramidenspitze.
- Kraftzuwachs primär durch Verbesserung der intramuskulären Koordination: = niedrige Wiederholungszahlen (hohe Reizintensität); Art der P.: normale Pyramidenspitze.

Nach den Periodisierungsprinzipien wird ein Kraftraining mit Maßnahmen zur Muskelhypertrophie begonnen. Stehen z. B. vier Wochen für ein Pyramidentraining zur Verfügung, wird zwei Wochen ein abgestumpftes und zwei Wochen ein normales P. angewendet.
Die hohe Differenz in der Satzzahl erklärt sich aus der Tatsache, daß für die Effektivität eines Krafttrainings nicht nur die Höhe der Widerstände und die Anzahl der Sätze, sondern auch die Anzahl der Wiederholungen ausschlaggebend ist. Werden z. B. nur die Sätze 1–4 trainiert, ist die dabei realisierte Wiederholungszahl von (4+3+2+1)=10 zu gering, um entsprechende Trainingseffekte zu erzielen. Die Pyramide muß wiederholt werden, um eine ausreichende Anzahl von Wiederholungen zu erreichen (Beispiel c, Abb. unten).
Vorteile des P.: Einsatz im Jugendalter, Einsatz bei beschränkter Dauer für ein Krafttraining.
Nachteile des P.: geringerer Kraftzuwachs als die Maximalkrafttrainingsarten für Muskelaufbautraining.
[**100**, 103ff]

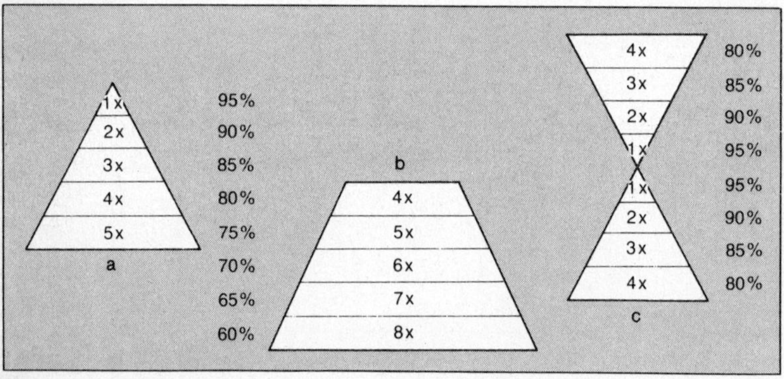

Pyramidentrainingsbeispiele: (a) normale Pyramide, (b) abgestumpfte, (c) doppelte (Quelle: Ehlenz u. a. 1983, 104)

R

Rahmenplan (auch Rahmentrainingsplan) Trainingsrichtlinien zur Steuerung und Regelung des Trainings für eine bestimmte Sportgruppe und Sportdisziplin. R. wird von den fachlich-technischen Gremien eines Fachverbands erstellt und hat die Funktion eines idealtypischen Vorbilds, eines Theoriemodells. R. dient dem Trainer als Muster und Vorbild zur Ableitung spezieller Jahrestrainingspläne für bestimmte Trainingsgruppen. R. arbeitet den jeweiligen Wissensstand aus der Trainingslehre und der speziellen Disziplin modellhaft zu einem Plan auf.
[**271**,14]

Rauchen Leistungsbeeinflussender exogener Faktor. R. beeinflußt körperliche Leistungsfaktoren über das Nikotin und das entstandene CO. R. einer einzigen Zigarette kann die Herzschlagzahl um 10–20 Schläge/Min. erhöhen. Der Effekt geht innerhalb von 15–45 Minuten zurück. Mit dem Pulsfrequenzanstieg geht eine Blutdruckerhöhung einher. Beides gemeinsam bedeutet eine vergrößerte Myokardbeanspruchung mit entsprechend erhöhtem Sauerstoffbedarf. Von den motorischen Eigenschaften eines Sportlers wird vor allem die allgemeine aerobe Ausdauer negativ beeinflußt. Positiv soll sich das R. auf einfache Reaktionen (z. B. Starten auf ein akustisches Signal) auswirken.
[**182**, 628]

Raumorientierung Aufnahme und Verarbeitung von sensorischen Informationen über die Lage des Körpers zur ihn umgebenden Umwelt sowie über räumliche Parameter des Bewegungsvollzugs.

Reafferenz Regelung des Bewegungsablaufs über extrinsische Rückmeldungen von begonnenen Fertigkeitsausführungen und Umweltbedingungen. R. ist in die Bewegungshandlung integriert, denn eine zielgerichtete Steuerung des menschlichen Bewegungssystems ist nur durch ständige bewegungslenkende R. möglich.
[**446**]

Reaktion, kardio-pulmonale Reaktion des Herz-, Kreislauf-, Atmungs- und Stoffwechselsystems auf Ausdauerbeanspruchungen. So zeigt z. B. der Organismus bei einer langfristigen Belastung auf allgemeine aerobe dynamische Ausdauer folgende R.: vergrößertes Schlagvolumen, geringere Herzfrequenz: Sportherz, verbesserte arterio-venöse Differenz, ökonomisches Atemäquivalent, verbesserte maximale Sauerstoffauf-

nahme, geringere Laktatwerte bei gegebener Belastung u. a.
[**182**, 340]

Reaktion, kardio-vaskuläre Reaktion des Herz-Gefäß-Systems auf Ausdauerbeanspruchungen. Sich verändernde Größen sind z. B. die Herzfrequenz, das Schlagvolumen und das Blutvolumenverhalten.
[**182**, 352]

Reaktion, motorische Ausführung einer motorischen Aktion auf akustische, taktile oder visuelle Signale hin.

Reaktionsfähigkeit, motorische Koordinative Fähigkeit, schnell und zweckmäßig auf Bewegungsreize oder bestimmte Signale zu reagieren. Man unterscheidet einfache und sportlich komplexe Reaktionen.
[**160**, 187 f/**281**, 200 ff/**430**, 214 ff]

Reaktionsschnelligkeit Leistungsparameter der motorischen Eigenschaft Schnelligkeit. R. beim Start ist nur geringfügig trainierbar. Die Zeit vom Auftreten des Reizes bis zum Reagieren bei visuellen Signalen beträgt bei Nichtsportlern 0,20–0,35 Sek., bei Sportlern 0,15–0,20 Sek. Bei akustischen Signalen beträgt die Reaktionszeit etwa 0,17–0,20 Sek., bei weltbesten Sprintern 0,07–0,13 Sek.
[**182**, 290/**257**, 189]

Reaktionstraining Training zur Verbesserung von Reaktionsfähigkeiten. Die Reaktion kann durch mehrmaliges Reagieren auf ein Signal mit entsprechender motorischer Reaktion (Wiederholungsmethode) oder isoliert losgelöst von nachfolgenden Bewegungshandlungen (analytische Methode) trainiert werden.
[**281**, 78]

Reaktionsübung Übungen zur Verkürzung der Reaktionszeit. Das Übungsgut wird so ausgewählt, daß ein schnelles Reagieren auf einen Reiz (Signal oder Situationsänderung) hervorgerufen wird. Bei einfachen R. wird eine gekonnte Bewegung auf ein bekanntes, aber plötzlich gegebenes Signal ausgeführt; z. B. unterschiedliche Startkommandos, auch aus verschiedenen Ausgangssituationen. Bei der komplexen R. erfolgt die oder eine gekonnte Bewegung auf zwei oder mehrere bekannte Situationsänderungen; z. B. verschiedene Angriffsschläge in den Kampfsportarten oder bei sich bewegenden Objekten; z. B. Verhalten des Torwarts bei Torschuß.
[**452**, 79 ff]

Reaktionsvermögen Schnelles und zweckmäßiges Reagieren auf unvorhergesehene Situationswechsel. Der Begriff R. geht über die Reaktionsschnelligkeit hinaus und bezeichnet mehr eine koordinative Fähigkeit (s. a. → Reaktionsfähigkeit, motorische).
[**174**, 8/**196**, 327/**257**, 204]

Reaktionszeit Zeit, die vergeht, bis ein Sinnesreiz von einer einfachen motorischen Reaktion beantwortet wird (siehe Abb. rechts). In der R. ist der Zeitbedarf für verschiedene Vorgänge enthalten:
1. die Empfindungszeit, d. h., die Zeit, welche die Prozesse im Sinnesorgan und den afferenten Neuronen beanspruchen, bis sie eine Empfindung bewirken;
2. die in den Synapsen verbrauchte Zeit, die je nach Kompliziertheit der verlangten Reaktion und der davon abhängigen Zahl der mitwirkenden und hintereinander durchlaufenden Synapsen sehr verschieden sein kann;
3. der Zeitbedarf für die Vorgänge in den efferenten Neuronen und für die Muskelbetätigung, also für Prozesse in der motorischen Endplatte und den Muskelfasern.
Die R. verlängert sich bei kombinierten Reizen mit Ansprüchen an Auswahlreaktionen. R. ist vom Erregungszustand des Nervensystems abhängig. Warmlaufen wirkt sich positiv auf die R. aus, ebenso eine vorgespannte Muskulatur.
[**171**, 97/**196**, 286/**257**, 193/**281**, 359/**293**, 74]

Reaktionszeiten 100 Meter Männer (Endlauf Olympische Spiele 1980)

Panzo (Frankreich)	
0,130 Sek.	8. mit 10,49 Sek.
Aksinin (UdSSR)	
0,131 Sek.	4. mit 10,42 Sek.
Petrow (Bulgarien)	
0,145 Sek.	3. mit 10,39 Sek.
Leonard (Kuba)	
0,151 Sek.	2. mit 10,25 Sek.
Lara (Kuba)	
0,155 Sek.	5. mit 10,43 Sek.
Murajow (UdSSR)	
0,161 Sek.	6. mit 10,44 Sek.
Woronin (Polen)	
0,163 Sek.	7. mit 10,46 Sek.
Wells (Großbritannien)	
0,193 Sek.	1. mit 10,25 Sek.

(Quelle: Jonath u. a. 1985, 55)

Reflex Unwillkürliche motorische Reaktion auf einen überschwelligen Reiz. Liegen Rezeptor und Effektor im selben Organ, so spricht man von einem Eigenreflex. Bei unterschiedlicher Lokalisation im Muskel und in der Haut spricht man von einem Fremdreflex.
[**116**, 158/**182**, 17/**389**, 30/**430**, 194, 269]

Reflex, bedingter Unbewußt ablaufende, durch Sinnesreiz ausgelöste Nerv-Muskel-Reaktion, die sich als Folge einer Gewöhnung entwickelt hat, auch indirekter Reflex genannt.
[**116**, 158/**389**, 44f/**430**, 269]

Reflex, myostatischer Reflex auf Dehnung, der schematisch dazu führt, daß sich durch die Veränderung der Körperlage die Muskelspindeln dehnen und es zur Erregung ihres rezeptorischen Apparats kommt. Reflektorisch ruft das eine Kontraktion der gedehnten Muskelgruppen hervor. R. ist um so stärker, je schneller die Muskeldehnung vor sich geht.
[**452**, 18/**439**, 20]

Refraktärzeit Zeitspanne, in der auf nervalem Wege keine Kontraktion ausgelöst werden kann. Es ist die Phase, die unmittelbar auf eine Erregung folgt und zur Wiederherstellung des aktiven Funktionszustands eines Systems erforderlich ist. In der Regel antwortet ein erregtes Gewebe nicht (absolute R.) oder reduziert (relative R.) auf Reize.
[**182**, 179/**389**, 23]

Regeneration Wiederherstellung der Leistungsbereitschaft. Psychische und physische Belastungen führen zur Ermüdung, d. h. zu einer reversiblen Herabsetzung der Funktionsfähigkeit eines Organs oder des Organismus.
In der anschließenden Erholungsphase kommt es zur Wiederherstellung des Ruhegleichgewichts der Stoffwechselprozesse.
Ebenso wie der Belastungsreiz stellt auch die folgende R. ein unbedingtes Erfordernis für die Anpassung des Organismus im Sinn einer Steigerung der Leistungsfähigkeit dar.
[**276**, 95f]

Regenerationsdauer Zeitdauer, die zur Erholung nach Belastungen benötigt wird. R. beträgt nach Ausschöpfung der Glykogenreserven – bei einer ca. 1,5- bis 2stündigen Belastung mit einer 70 bis 80 %igen Intensität – mindestens 12–24 Stunden, um den Ausgangswert wieder zu erreichen (Keul).
Harre gelangt zu ähnlichen Aussagen. Danach dauert die Regeneration nach großen Belastungen in der Regel mehr als 24 Stunden. Werden Parameter wie die Zusammensetzung des peripheren Bluts und der biochemischen Substrate (Blutzucker, Milchsäure u. a.) zur Regenerationsbeurteilung herangezogen, so beträgt die R. 2–5 Tage. Nach hohen Schnelligkeitsbelastungen dehnt sich die völlige R., gemessen am Grundumsatz, bis auf 36 Stunden aus. Nach Schnellkraftbelastungen im Leichtathletiktraining konnte im Verlauf von 24 Stunden

noch keine vollständige Regeneration nachgewiesen werden.
[**271**, 98f]

Regenerationsmaßnahmen Maßnahmen zur Wiederherstellung der Leistungsfähigkeit. Zu den trainingsbegleitenden Maßnahmen zählen die richtige Ernährung (Kohlenhydrate, Fette, Eiweiße, Elektrolyte, Mineralien, Vitamine), die Entspannungsmaßnahmen (Schlaf, autogenes Training, Sedativa, Milieuwechsel) und die physikalischen Maßnahmen (Massage, Bäder, Sauna, Klimawechsel).
[**225**/**276**, 103]

Regenerationsprozesse Verschiedenartige Erholungsformen des Organismus: Man unterscheidet folgende R.-Formen (siehe Abb. rechts): Laufende Regeneration, die noch während des Trainings stattfindet. Die laufende R. ist im wesentlichen von der ATP-Resynthese, die unter der laufenden Zufuhr von Sauerstoff und Nährstoffen an die Muskulatur gegeben ist, abhängig.
Unvollständige Regeneration, bei der keine 100%ige Erholung des Zustands verschiedener Organe und Systeme erreicht wird. Hier differenziert man wiederum in eine Sofortregeneration, die zu einer unvollständigen Regeneration führt, und die 90–95%ige Regeneration, die zwar unvollständig, aber mit einer guten Leistungsfähigkeit verbunden ist.
Die vollständige Regeneration vollzieht sich erst innerhalb mehrerer Stunden nach der Belastung. Sie besteht in einer Reproduktion und Synthese neuer Eiweißstrukturen, dem Wiederauffüllen der Energiereserven und in einer Verstärkung der Hormonaktivitäten.
Die Dauer der R. ist im wesentlichen von der Intensität und der Charakteristik der physiologischen Belastung abhängig.
[**141**, 19/**271**, 101]

Rehabilitationssport Sport in der Phase der Wiederherstellung nach Verletzungen, Schädigungen und Erkrankungen. R. dient der Vorbeugung eines Entlastungssyndroms sowie der Erhaltung oder Wiederherstellung der Leistungsfähigkeit bzw. der organischen und funktionellen Anpassung. Beim Sportler wird durch den R. versucht, den Trainingsausfall auf ein vertretbares Mindestmaß zu reduzieren.

Reihe, methodische Nach methodischen Grundsätzen aufgebaute Folge von Übungen, die zu einem fixierten Lehr- und Lernziel führt und planvoll und ökonomisch vorgeht. Sie folgt den methodischen Grundsätzen vom Bekannten zum neu zu Erwerbenden, vom Leichten zum Schweren. R. wird unterschieden von der Übungsreihe, deren Ziel eine Zielübung ist, und der Spielreihe, deren Ziel ein Spiel ist. R. ist der Oberbegriff und kennzeichnet das Vorgehen in allen Bereichen der Leibeserziehung.
[**227**]

Reihe, rhythmische Methodikhilfe im motorischen Lernprozeß. Durch eine rhythmisch gestaltete Unterstützung eines Bewegungsablaufs wird die Bewegungshandlung besser gefestigt. Kennzeichen der R. ist ihre Wiederholung. Eine rhythmische R. verlangt das Wiederholen von zwei und mehr Bewegungen; eine rhythmische Bewegungsverbindung ist dann gegeben, wenn sich die Bewegungsabläufe zu einem rhythmischen Ganzen vereinigen.

Reiz Veränderung in der gesellschaftlichen und natürlichen Umwelt sowie im inneren Milieu, die zur Erregung reizbarer oder erregbarer Gewebe und damit zur → Anpassung führt. Zur Auslösung einer Erregung muß der R. von einer bestimmten Stärke (Reizschwelle) und Dauer sein; kommt es zu keiner Erregung, war der Reiz unterschwellig. Als R. können auch definierte Informationsinhalte der Umwelt, z. B. die Belastung im Training wirken.

Regenerationsprozesse	mit aerober Energiebereitstellung (Laufen, Schwimmen, Rad)	mit gemischt aerob-anaerober Energiebereitstellung (Laufen u. a.)	mit anaerob-alaktaziter und -laktaziter Energiebereitstellung (Schnelligkeits-, Kraftübungen)	mit anaboler Wirkung (Maximalkraft)	mit Wirkung auf das neuromuskuläre System (Schnelligkeit, Technik)
laufende Regeneration	bei einer Intensität von 60–70 % findet laufende Regeneration statt				bei kurzen Belastungen nach der Wiederholungsmethode mit großen Pausen
Schnell-Regeneration (sehr unvollständig)		nach ca. 1½–2 Std.	nach ca. 2–3 Stunden		
90–95 %ige Regeneration (unvollständig mit guter Leistungsfähigkeit)	bei einer Intensität von 75–90 % nach ca. 12 Std.	nach ca. 12 Std.	nach ca. 12–18 Std.	nach ca. 18 Std.	nach ca. 18 Std.
vollständige Regeneration des Gleichgewichts der Stoffwechselprozesse (erhöhte Leistungsfähigkeit)	bei einer Intensität von 75–90 % nach ca. 24–36 Std.	nach 24–28 Std.	nach 48–72 Std.	nach 72–84 Std.	nach 72 Std.

Regenerationsprozesse und -zeiten bei verschiedenen Trainingsbelastungen (nach Keul 1978; Kindermann 1978; Martin 1980)

Reizdauer Belastungsnormativ. Kennzeichnet die Zeit, in der ein einzelner Trainingsinhalt als Bewegungsreiz auf den Organismus wirkt. Er kann sehr kurz sein, wie beim Sprung, er kann aber auch lang sein, wie beim statischen Krafttraining. Mit R. wird aber auch die Zeit definiert, in der mehrere Reize gesetzt werden. Hier wird nicht die Zeit des Einzelreizes bestimmt, sondern die der Serie.
[**257**, 34/**293**, 47/**430**, 17/**100**, **122**]

Reizdichte Belastungsnormativ. Kennzeichnet den zeitlichen Ablauf der Reize und reguliert den Wechsel von Belastung und Erholung.
[**257**, 34/**293**, 47/**430**, 17]

Reizgesetze Grundregeln der Anpassung des Organismus auf Belastungen. R. wurden 1891 von Roux formuliert. Nach der Arndt-Schultzschen Regel haben schwächste Reize keine Wirkung, wirken schwache Reize anregend, lösen mittlere bis starke Reize Anpassungsvermögen aus, wirken stärkste Reize lähmend und schädigend auf den Organismus. Nach Matwejew steigert sich die Reaktion auf mittelstarke Reize bis zu einer bestimmten Grenze, von der an selbst die geringste Reizverstärkung die Reaktion herabsetzt, weil maximale Reize einen so starken Erregungsprozeß im ZNS hervorrufen, daß dieser in einen Hemmungsprozeß umschlägt.
[**196**, 338]

Reizhäufigkeit Belastungsnormativ. Anzahl der Reize in einer Trainingseinheit. Bei kontinuierlicher Belastung (Dauerlauf) beträgt die Anzahl eins, bei Belastungen mit Intervallcharakter ist die R. entweder durch die Anzahl der Wiederholungen und/oder durch die der Serien quantifiziert.
[**143**, 31/**257**, 34]

Reizintensität Belastungsnormativ. (auch: Reizhöhe, Reizstärke) Die Ausprägung eines einzelnen Reizes oder einer Reizserie; sie ist mit dem Grad des Einsatzes identisch. So bedeutet ein Lauf mit maximalem Einsatz auch maximale R. In vielen Sportarten ist R. quantifizierbar. Sie kann z. B. in m/sek., kg, kp, m/kp, oder m/kp/sek. gemessen werden.
[**100**, 122f/**257**, 35f/**293**, 6/**430**, 17]

Reizleitungsgeschwindigkeit Geschwindigkeit der Impulsübermittlung. R. ist von der Dicke der Nervenfaser und von dem Anteil an markhaltigen gegenüber marklosen Fasern abhängig. Je größer der Faserdurchmesser, desto größer die Leitungsgeschwindigkeit.

Durchmesser:	Geschwindigkeit
10–20 µm	60–120 m/Sek.
4– 8 µm	30– 45 m/Sek.
1 µm	1 m/Sek.

[**271**, 53f]

Reizschwelle Reizintensität, bei der im gereizten Organ eine Reaktion ausgelöst wird.
Bei der Muskelkontraktion folgt die R. dem «Alles-oder-Nichts-Gesetz». Von einer bestimmten geringen Reizstärke an erfolgt auch bei noch so langer Wirkungszeit keine Kontraktion.
[**182**, 119/**263**, 30]

Reizumfang Belastungsnormativ. R. bezieht sich beim Training nach der Dauermethode auf die zurückgelegte Trainingsstrecke und wird deshalb in km oder m ausgedrückt. Beim Training nach der Intervallmethode bezieht er sich auf das Produkt aus Reizhäufigkeit und Reizdauer. Er läßt sich dann in km oder auch in Zeiteinheiten messen.
[**143**, 30f/**257**, 34/**293**, 47/**430**, 17]

Rekrutierung (auch Innervation, intramuskuläre) Zunehmende Beteiligung der Fasern eines Skelettmuskels am Kontraktionsvorgang bei erhöhter Innervationsstärke zum Zweck der Steigerung der Gesamtkontraktionskraft des Muskels. R. ist einer der leistungslimitieren-

den Faktoren der Maximal- und Schnellkraftleistung.
[**273**, 58/**430**, 134/**458**, 120]

Relaxation (auch Erschlaffung, Entspannung) Phase der Muskeltätigkeit, die der Kontraktion entgegengesetzt ist. R. ist z. B. auf psychischem Gebiet eine wesentliche Bedingung für eine durchgreifende Erholung oder für eine schnelle Wiederbelastbarkeit.
[**430**, 270f]

Reserven, autonom geschützte Oberhalb der → Mobilisationsschwelle liegender Leistungsbereich, der nur bei völliger körperlicher Ausbelastung bzw. Erschöpfung angegriffen wird (siehe Abb. unten). Bei Untrainierten liegen R. über 70% der absoluten Leistungsfähigkeit, bei Trainierten kann die Schwelle bis auf 90% der Absolutleistung gehoben werden. Die verbleibenden 10% sind nur in Stress-Situationen oder durch Doping erschließbar.
[**29**, 275/**257**, 31f/**430**, 134f]

Reservevolumen, expiratorisches Volumen, das nach einer normalen Ausatmung noch zusätzlich ausgeatmet werden kann (s. a. → Lungenvolumen).
[**116**, 146f, 329/**271**, 208/**389**, 162]

Reservevolumen, inspiratorisches Volumen, das nach einer normalen Einatmung noch zusätzlich eingeatmet werden kann (s. a. → Lungenvolumen).
[**116**, 146f, 329/**271**, 208/**389**, 162]

Residualkapazität Das nach normaler Ausatmung in der Lunge verbleibende Lungenvolumen, bestehend aus expiratorischem Reservevolumen und Residualvolumen (s. a. → Lungenvolumen).
[**116**, 147/**389**, 163]

Resonanzmethode (auch Schaukel- oder Pendelprinzip) Spezielle Form des Krafttrainings, bei dem nach der reaktiven Methode trainiert wird. Der Sportler sitzt in einer Schaukel, die mit hohem

Die menschliche Leistungsfähigkeit (bezogen auf Kraft und Ausdauer) in Prozent (nach Hettinger/Steinbach 1969) (Quelle: Digel (Hg.) 1983, 187)

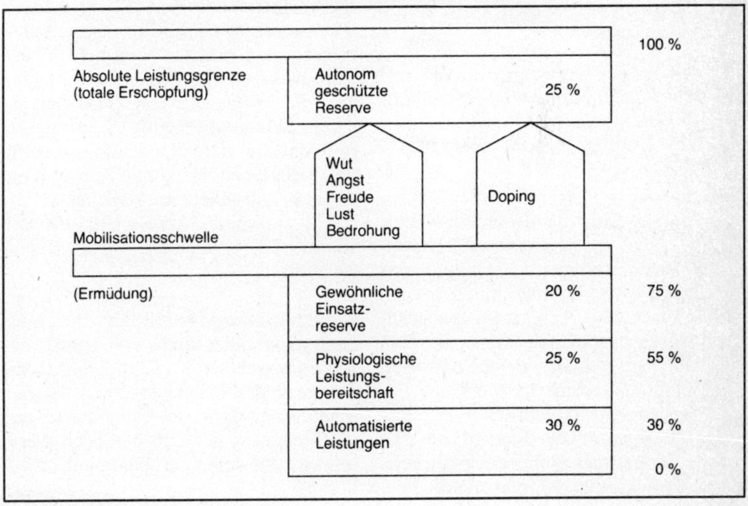

Tempo hin und her bewegt wird (siehe Abb. Seite 232). Die eigentliche Kraftübung wird so gestaltet, daß der trainierende Athlet mit seinen beiden Beinen an einer Wand das System Sportler/Schaukel abfängt und auf diese Weise eine hohe negativ-dynamische Arbeit leistet. Indem er nach der Amortisationsphase übergangslos streckt, kombiniert er die negativ-dynamische mit der positiv-dynamischen Arbeitsweise und schult so in erhöhtem Maße die reaktiven Fähigkeiten.
[**255**, 302ff]

Das Schaukelprinzip im Krafttraining (nach Kusnezow/Deniskin 1973)
(Quelle: Letzelter, H. u. M. 1986, 303)

Retardation (auch Entwicklungsverzögerung) Eine im Vergleich zum Durchschnitt der jeweiligen Alterspopulation verzögerte oder verlangsamte körperliche Entwicklung. R. wird als synchron, harmonisch bezeichnet, wenn alle Persönlichkeitsmerkmale gleich betroffen sind. Sind nur vereinzelte Merkmale betroffen, liegt eine asynchrone R. vor. Retardierte Kinder bzw. Jugendliche sind wegen ihrer zurückgebliebenen körperlichen Entwicklung in den Ausdauer-, Schnelligkeits- und Kraftsportarten gegenüber akzelerierten gleichaltrigen benachteiligt. Lediglich das Last-Kraft-Verhältnis ist als günstiger anzusehen. Bei der Einschätzung der Leistungsprognose ist jedoch in allen Fällen zu beobachten, daß eine R. nur zeitweilig vorliegt und später durch eine beschleunigte Entwicklung ausgeglichen werden kann.
[**430**, 46ff/**446**, 98]

Rezeptor Reizaufnehmender Teil von Analysatoren. Es handelt sich um physikalische und chemische Energieformen, die als Reize nach entsprechender Transformation Erregungsvorgänge auslösen können, wie Lichtwellen im Auge, Schallwellen im Ohr etc. Diese sensiblen Afferenzen an der Körperperipherie und auch die motorischen Efferenzen sind in bestimmten Regionen des Kleinhirns zu lokalisieren. Es ergeben sich dabei Projektionsfelder für die unteren und oberen Extremitäten, Gesicht und Rumpf.
[**116**, 82]

Rhythmik, biologische Tagesrhythmik. Die tagesperiodischen Schwankungen der menschlichen Leistungsbereitschaft zeigen ein deutliches Maximum in den Vormittagsstunden (siehe Abb. rechts). Um die Mittagszeit folgt ein Tief mit einem Wiederanstieg der Leistungsbereitschaft in den Nachmittagsstunden. An dieses Hoch schließt sich ein kontinuierliches Absinken an, welches in der Nacht zwischen 2 und 4 Uhr das Leistungstief erreichen läßt.
[**182**, 208]

Rhythmisierung Prozeß der zeitlich-dynamischen Gliederung von sportlichen Bewegungsabläufen. R. beinhaltet die Fähigkeit des Erkennens eines dynamischen Wechsels im Bewegungsablauf und der Steuerung des erforderlichen Wechsels von An- und Entspannung der Muskulatur.

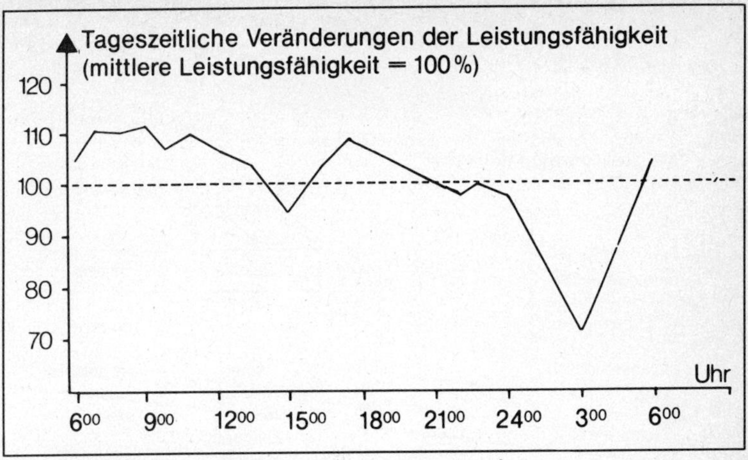

Die tageszeitlichen Veränderungen der Leistungsfähigkeit des Menschen (nach Graf) (Quelle: Weineck 1983, 135)

Risikobereitschaft Leistungsbestimmende psychische Wettkampfeigenschaft eines Sportlers. R. zeigt sich als volitive Steuerungseigenschaft in Entscheidungssituationen, wo der Sportler diejenige Alternative, deren erfolgreiche Verwirklichung einen erheblichen Leistungsvorteil, deren Mißlingen jedoch die Erfolgschancen reduziert, wählt.
R. ist auf ein stabiles und gesundes Selbstvertrauen des Sportlers zurückzuführen und muß in Trainingsmaßnahmen erarbeitet werden.

Rohkraft Gelegentlich benutzte Bezeichnung für die Maximalkraft.
[**257**, 131]

Rotation (auch Drehbewegung) Bewegung, bei der es inner- oder außerhalb des Körpers eine Linie gibt, die sog. Drehachse, die gegenüber dem Bezugssystem ihre Lage unverändert beibehält. Die anderen Körperpunkte beschreiben um diese Achse konzentrische Kreise. Eine reine R. ist bei sportlichen Bewegungen sehr selten.
Die allgemeine Bewegung kann immer auf eine Überlagerung von → Translation und R. zurückgeführt werden, d. h., der Körper dreht sich um eine Achse, während die Achse selbst auf einem Weg fortschreitet.
[**24**, 25/**175**, 108]

Rückatmungsmethode In- und Expiration aus einem bzw. in ein geschlossenes Respirationssystem. R. findet ihre Anwendung beim Rückatmungsversuch mit Douglas-Sack oder Plastiktüte zur Bestimmung der alveolären Sauerstoffspannung sowie einseitig zur Abschätzung der Funktionsfähigkeit der Restlunge.
R. kann auch als Therapie des Da-Costa-Syndroms zur Demonstration einer falschen Atmungstechnik als Ursache der Atembeschwerden angewendet werden.

Rückinformation Information über die Bewegungsausführung und Aktivität des Organismus (siehe Abb. Seite 234). Man

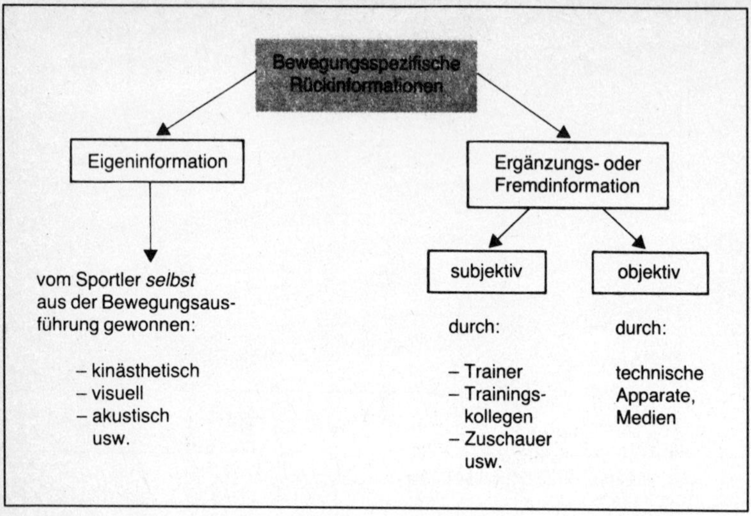

Arten der Rückinformation zur Bewegungsausführung
(Quelle: Grosser/Neumaier 1982, 76)

unterscheidet die Eigen- und Fremdinformation.
[**141**, 76/**160**, 211]

Ruderergometer Mechanisch oder elektrisch gebremste Meßvorrichtung zur Aufzeichnung des Kraft-Zeitdiagrammes unter gleichzeitiger Ermittlung physiologischer Daten.
[**7**, 623]

Ruhedehnungskurve Kurve im Druck-Volumen-Diagramm des Herzens. Bezeichnet die Beziehung zwischen Füllungsvolumen und Füllungsdruck des ruhenden Herzens. Die Form der R. ist in erster Linie abhängig von der Größe der Herzkammer und von der Dicke der Herzmuskelwand. Die R. eines Sportherzens verläuft z. B. länger im flachen Bereich und steigt erst später an. Innerhalb eines Druck-Volumen-Koordinatensystems lassen sich weitere Kurven bestimmen (Kurve der isovolumetrischen Maximalspannung, Kurve der isotonischen Maximalverkürzung, Kurve der Unterstützungszuckung).
[**271**, 128, 146/**273**, 136]

Ruheschlagvolumen Schlagvolumen des Herzens in Ruhe. Das R. des Sportherzens ist in Ruhe wesentlich größer als das eines Normalherzens. Allgemein kommt es mit einer zunehmenden Herzgröße zu einer entsprechend vergrößerten Zunahme des Schlagvolumens in Ruhe als auch unter Belastung. Dadurch senkt sich die Herzfrequenz, und die Herzarbeit geht ökonomischer vonstatten.
[**182**, 472]

Ruheumsatz Gesamtumsatz minus Arbeitsumsatz. In der Sportmedizin wird der Gesamtumsatz häufig nach Ruheumsatz und Arbeitsumsatz unterschieden. Der R. wird bei völliger Körperruhe ohne Einhaltung der Grundumsatzbedingungen gemessen. Er liegt 10–15% über dem →Grundumsatz.
[**271**, 470/**389**, 71]

S

Salzverlust Verlust des körpereigenen Salzgehalts in Folge von hohen Ausdauerbelastungen bei warmer und feuchter Witterung. Wird unter diesen Bedingungen eine Ausdauerbelastung (Marathonlauf u. ä.) durchgeführt, so besteht die Gefahr eines S. trotz des relativ niedrigen Salzgehaltes im Schweiß. Anzeichen des S. sind bei einem Defizit von 35 g Salz (0,5 g/kg) Mattigkeit, Schwäche, Gewichtsverlust; bei einem Defizit von 50 g Salz (0,7 g/kg) Erbrechen, Blutdruckabfall, schwere Muskelkrämpfe.
[**271**, 324 f]

Satztraining Organisationsmethodische Form des Krafttrainings. S. entspricht den Prinzipien des Stationstrainings, setzt sich aber nur aus 2–4 Übungen zusammen. Ein Satz wird abwechselnd angewendet, bis der vorgesehene Belastungsumfang (Reizintensität, Reizdauer) erreicht ist. Kurze Pausen zwischen den einzelnen Serien, bis zu 30 Sekunden, verbessern die Ausdauerfähigkeiten. Eine Querschnittvergrößerung der Muskulatur wird in Pausen bis zu 3 Min. erreicht, eine Verbesserung der intramuskulären Koordination in Pausen bis zu 5 Min.
[**143**, 57/**257**, 159/**100**, 95 ff/**255**]

Sauerstoffatmung Atmung von reinem oder annähernd 100-Vol.-%-Sauerstoff. Eine S. läßt durch die Ausschaltung pulmonal beschränkter Größen, z. B. Ventilation- und Diffusionsstörungen, die tatsächlich vorhandene Herz-Kreislauf-Fähigkeit ermitteln.
[**182**, 364/**458**, 1247]

Sauerstoffaufnahme Sauerstoffmenge, die vom Organismus in einer bestimmten Zeit eingeatmet wird. S. wird bestimmt durch die geforderte Belastung in Ausdauersportarten. Sie ist begrenzt durch die aufnehmenden, transportierenden und verwertenden Systeme.
[**29**, 260/**182**, 151/**271**, 157]

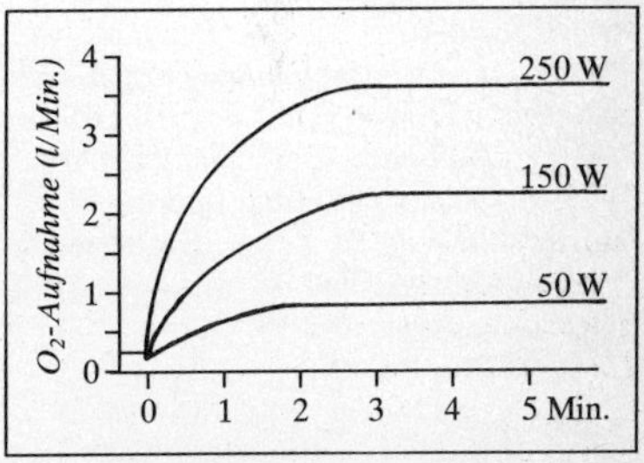

Schematische Darstellung des Verhaltens der Sauerstoffaufnahme bei einer je fünfminütigen Arbeit in drei verschiedenen Belastungsstufen (nach Hollmann/Hettinger 1980)

Sauerstoffaufnahme, maximale Sauerstoffmenge, die bei maximaler allgemeiner aerober dynamischer Arbeit pro Minute aufgenommen werden kann. S. ist in einigen Sportarten, z. B. im Radsport, ein Kriterium zur Beurteilung der Leistungsfähigkeit des kardio-pulmonalen Systems.
[**182**, 151/**271**]

Sauerstoffbedarf Sauerstoffmenge, die für den aeroben Stoffwechsel erforderlich ist. S. richtet sich nach den Stoffwechselansprüchen des Organismus; er beträgt in körperlicher Ruhe etwa 300 ml/Min. S. kann bei intensiver Ausdauerbelastung nicht gedeckt werden; in einem solchen Fall tritt ein → Sauerstoffdefizit ein, das in die → Sauerstoffschuld eingeht.
[**182**]

Sauerstoff-Debt Die nach Arbeitsende über dem Ruheausgangswert liegende Sauerstoffaufnahme. Liegt die Belastungsintensität unterhalb einer Pulsfrequenz von 130 Schläge/Min. und einer Arbeitsintensität von mindestens 5 Min., so liegen S. und Sauerstoffdefizit nahezu gleich. Bei Belastungen von 2–3 Min. ist hingegen S. größer (s. a. → Sauerstoffdefizit).
[**182**, 69]

Sauerstoffdefizit Sauerstoffschuld, welche zu Arbeitsanfang eingegangen wird. S. ist nicht identisch mit dem Begriff der Sauerstoffschuld. Bei leichter Arbeit sind das Sauerstoffdefizit und die Sauerstoffschuld nahezu gleich. Bei schwerer dynamischer Arbeit ist das Sauerstoffdefizit kleiner.
[**182**, 420/**271**, 446]

Sauerstoffdepots Einlagerungen von Sauerstoff im Organismus. Im Blut befindet sich etwa 1 l, in den Lungen nach normaler Inspiration 0,5 l, nach maximaler Inspiration 1 l Sauerstoff. Wird die Atmung angehalten, so stehen in Körperruhe dem Organismus ca. 600 ml Sauerstoff zur Verfügung. Geht man von einem Ruheverbrauch von 0,3 l Sauerstoff aus, so genügt der Vorrat gerade für zwei Min.
[**182**, 590]

Sauerstoffdifferenz, arteriovenöse (AVD) Differenz des Sauerstoffgehalts im arteriellen und venösen Blut. S. ist in Körperruhe beim Trainierten größer als beim Untrainierten, unter Belastung gleichen sich beide Werte an. Maximal-Werte: untrainiert 10–12 Vol%, trainiert 17–19 Vol%.
[**257**, 165/**327**, 22]

Sauerstoffpuls Menge Sauerstoff, die pro Herzschlag aufgenommen wird. S. korreliert signifikant mit dem Herzvolumen. Er gilt daher als Maßstab zur Beurteilung der Leistungsfähigkeit und Arbeitsökonomie des Kreislaufs.
[**29**, 303/**182**, 400/**271**, 416]

Sauerstoffsättigung Anreicherung des Bluts mit Sauerstoff. Von 100 ml Blut, das im Mittel 15 g Hämoglobin enthält, können maximal 20 ml Sauerstoff chemisch gebunden werden. Das Blut weist dann eine 100%ige Sättigung auf.
[**182**, 417/**271**, 197]

Sauerstoffschuld Sauerstoffmenge nach Arbeitsende. S. gleicht das zu Beginn einer Arbeit eingegangene Sauerstoffdefizit aus. Die Höchste S. entsteht bei allgemeinen anaeroben dynamischen Ausdauerbelastungen.
[**182**, 420/**271**, 446]

Säure-Basen-Gleichgewicht S. des Bluts wird durch die Wasserstoffionenkonzentration bestimmt. Der Normwert liegt bei einem Plasma-pH von 7,4. Steigt die H-Ionenkonzentration, wird die Reaktion des Bluts sauer (Acidose), mit sinkender H-Ionenkonzentration hingegen alkalischer (Alkalose).
S. wird zu einem großen Teil von den sog. Puffersystemen des Bluts konstant gehal-

ten. Der wichtigste Puffer des Bluts ist der Kohlensäure-Bikarbonat-Puffer.
[**271**, 216]

Schein-steady-state (auch Relative-steady-state) Im Gegensatz zum → steady-state findet man beim S. ein langsames Ansteigen der Pulsfrequenz bei konstanter Sauerstoffaufnahme.
[**182**, 70ff/**196**, 314/**264**, 42f]

Schlagmethode Methode des Krafttrainings zur Entwicklung reaktiver Kraftfähigkeiten. S. dient der Entwicklung der Schnellkraft im Dehnungs-Verkürzungs-Bereich und findet Anwendung nach dem Prinzip der Muskelstimulation durch Absorption der kinetischen Energie. Die Grundlage dafür ist die Fähigkeit der Muskeln zu einer intensiveren Kontraktion nach vorheriger schlagartiger Dehnung (siehe Abb. unten). Das geschieht z. B. beim Niedersprung eines Sportlers. Beim Fallen des Körpers sind die Muskeln gezwungen, von Anfang an ein hohes Potential der Anspannung zu entwickeln und dieses dann für den Abstoß oder Absprung einzusetzen. Vorteile sind die schnelle Entwicklung des Maximums des dynamischen Krafteinsatzes, der schnelle Übergang von der nachgebenden zur überwindenden Muskelarbeit und das hohe Potential der Muskelspannung in der Amortisationsphase.
[**257**, 143/**430**, 150/**367**/**440**, 83ff]

Schlagvolumen Blutmenge, welche bei jeder Kontraktion des Herzmuskels vom Herzen in die Gefäße ausgeworfen wird. Während körperlicher Arbeit ist eine Vergrößerung des S. um 1/3–2/3 des Ruhewertes möglich. Eine trainingsbedingte Vergrößerung des Herzens bewirkt auch eine Zunahme des maximalen S. und somit eine Vermehrung der Herzleistungsfähigkeit.
[**29**, 256/**182**, 52, 351ff/**270**, 126]

Schnelligkeit (auch Geschwindigkeit) S. äußert sich als Weg pro Zeiteinheit. Physiologisch kann man S. als Fähigkeit verstehen, aufgrund der Beweglichkeit der Nervenprozesse und des Muskelapparats Bewegungen in einer bestimmten Zeiteinheit auszuführen. Unterschieden wird in Reaktionsschnelligkeit, S. der Einzelbewegungen, Beschleunigungsfähig-

Übungen mit Schlagcharakter zur Entwicklung des Krafteinsatzes
(Adam/Werschoshanskij 1972)

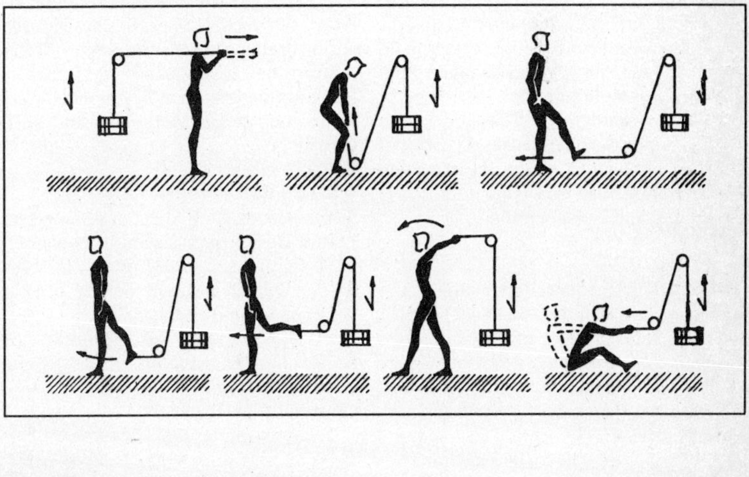

keit, lokomotorische S. Abgesehen von der Reaktions-S. äußert sich die S. als Resultat der Einwirkung der Kraft auf eine Masse. Dabei stehen sich positiv und negativ wirkende Elemente gegenüber. Das positive, antreibende Element kann vornehmlich durch eine Vermehrung der Muskelkraft unterstützt werden, während das negativ wirkende Element durch eine Koordinationsverbesserung reduziert werden kann. Entsprechend der Bewegungen unterscheidet man in eine zyklische und azyklische S. (siehe Abb. rechts).
[**160**, 179/**182**, 273/**196**, 287/**198**, 40/**257**, 120]

Schnelligkeit, lokomotorische Maximal erreichbare Geschwindigkeit innerhalb eines zyklischen Bewegungsablaufs. Voraussetzungen zum Erreichen einer maximalen Geschwindigkeit sind die Beweglichkeit der Nervenprozesse, die Schnellkraft, die Dehnungsfähigkeit, die Elastizität und die Entspannungsfähigkeit der Muskulatur. Biochemisch basiert die S. auf den Energievorräten im Muskel. Aufgrund der maximalen Bewegungsintensität entsteht eine hohe Sauerstoffschuld, die bis 95 % des Sauerstoffbedarfs betragen kann.
[**257**, 191]

Schnelligkeit, zyklische maximale Beschreibt das in zeitlicher Hinsicht (Raumgewinn pro Zeiteinheit) optimale Produkt aus Bewegungsfrequenz und Bewegungsamplitude bei sich rhythmisch wiederholenden Bewegungen im Sport. Leistungsbegrenzend wirken Technik und Kraft sowie die nervalen Prozesse Bahnung und Hemmung sowie Spannung und Entspannung.
[**143**/**182**]

Schnelligkeitsausdauer (auch allgemeine anaerobe dynamische Ausdauer) S. tritt bei anaerober Arbeit mit dynamischen Belastungen von maximaler oder submaximaler Schnelligkeitsintensität auf. Durch die maximale Bewegungsintensität ermüdet vor allem das ZNS. Dadurch kann die maximal mögliche Bewegungsschnelligkeit nicht aufrechterhalten werden. Dies führt z. B. beim 100-m-Lauf zu einem Geschwindigkeitsabfall auf den letzten 20 m.
[**182**, 276/**196**, 288/**257**, 138/**293**, 137]

Schnelligkeitstest Kontroll- und Testverfahren zur Gewinnung von Aussagen über die Schnelligkeit. Als S. haben sich in der Trainingspraxis bewährt: Standweitsprung, Dreisprung aus dem Stand, 25-m-Lauf fliegend, 30-m-Lauf mit Tiefstart, Einbeinsprünge über 30 m, Einsatz von Lichtschranken und Super-8-Filmkameras zur Bestimmung von Laufzeiten auf den verschiedenen Streckenabschnitten sowie Detailanalysen von Schrittfrequenz bzw. Schrittlänge.
[**430**, 184/**113**]

Schnelligkeitstraining Training zur Verbesserung der lokomotorischen Schnelligkeit und der Beschleunigungsfähigkeit.
Eine Verbesserung der Schnelligkeit ist durch eine Verbesserung der leistungslimitierenden Faktoren (Kraft, Viskosität, Kontraktionsgeschwindigkeit, Koordination und anthropometrische Merkmale) zu erreichen. Durch ein gezieltes Krafttraining läßt sich insbesondere die Kraft, durch ein laufspezifisches Koordinationstraining die Koordination, durch Aufwärmen die Viskosität trainieren. Kontraktionsgeschwindigkeit und die anthropometrischen Merkmale sind anlagebedingt.
[**160**, 173/**197**, 40/**257**, 198]

Schnellinformation Form der Fehlerkorrektur. Korrekturen sind als S. besonders wirksam und sollten sofort im Anschluß an den Fehler gegeben werden oder in der ersten Minute danach.
Nach Farfel lautet der Grundsatz: Je früher die Information erfolgt, desto wirksamer ist sie.
[**29**, 99/**142**, 10/**141**/**257**, 232]

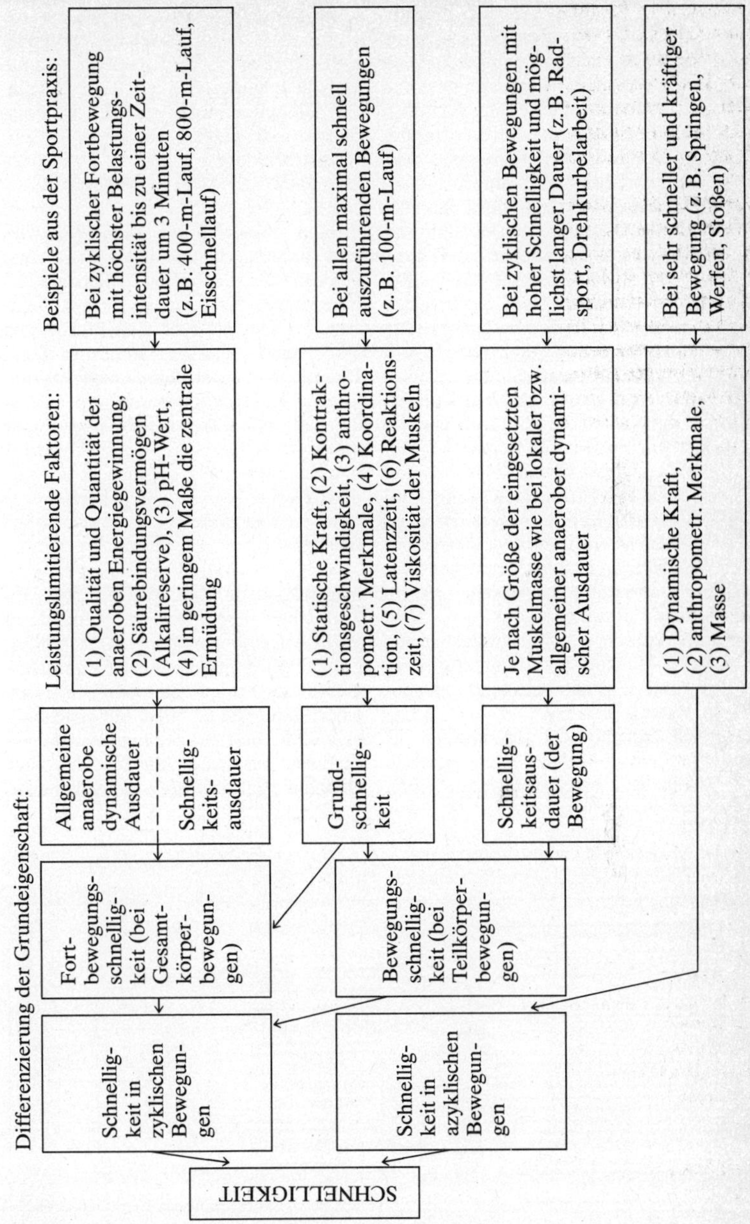
SCHNELLIGKEIT
Differenzierung der Grundeigenschaft:
Schnelligkeit in zyklischen Bewegungen
Schnelligkeit in azyklischen Bewegungen
Fortbewegungsschnelligkeit (bei Gesamtkörperbewegungen)
Bewegungsschnelligkeit (bei Teilkörperbewegungen)
Allgemeine anaerobe dynamische Ausdauer
Schnelligkeitsausdauer
Grundschnelligkeit
Schnelligkeitsausdauer (der Bewegung)
Leistungslimitierende Faktoren:
(1) Qualität und Quantität der anaeroben Energiegewinnung, (2) Säurebindungsvermögen (Alkalireserve), (3) pH-Wert, (4) in geringem Maße die zentrale Ermüdung
(1) Statische Kraft, (2) Kontraktionsgeschwindigkeit, (3) anthropometr. Merkmale, (4) Koordination, (5) Latenzzeit, (6) Reaktionszeit, (7) Viskosität der Muskeln
Je nach Größe der eingesetzten Muskelmasse wie bei lokaler bzw. allgemeiner anaerober dynamischer Ausdauer
(1) Dynamische Kraft, (2) anthropometr. Merkmale, (3) Masse
Beispiele aus der Sportpraxis:
Bei zyklischer Fortbewegung mit höchster Belastungsintensität bis zu einer Zeitdauer um 3 Minuten (z. B. 400-m-Lauf, 800-m-Lauf, Eisschnellauf)
Bei allen maximal schnell auszuführenden Bewegungen (z. B. 100-m-Lauf)
Bei zyklischen Bewegungen mit hoher Schnelligkeit und möglichst langer Dauer (z. B. Radsport, Drehkurbelarbeit)
Bei sehr schneller und kräftiger Bewegung (z. B. Springen, Werfen, Stoßen)

Schnellkraft Fähigkeit des neuromuskulären Systems, einen möglichst großen Impuls in der zur Verfügung stehenden Zeit zu produzieren. S. wird unterteilt in S. bei isometrischen und konzentrischen Kontraktionen und in S. bei Kontraktionen im Dehnungs-Verkürzungs-Zyklus. Bei isometrischen und konzentrischen Kontraktionen wird die S. muskulär vom Muskelquerschnitt und der Muskelfaserzusammensetzung (schnelle und langsame Muskelfasern), nerval von der Rekrutierung (Einsatz aller motorischen Einheiten) und von der Frequenzierung (der von den motorischen Einheiten momentan maximal verarbeiteten Innervationsfrequenz) bestimmt. Als Komponenten der S. sind die Startkraft und die Explosivkraft sowie in bezug auf den Muskelquerschnitt die Absolutkraft und die Maximalkraft anzusehen (siehe Abb. unten). Als Methoden zur Verbesserung des S. bei konzentrischen/isometrischen Kontraktionen sind Belastungen mit höchsten Intensitäten anzusehen. S. im Dehnungs-Verkürzungs-Zyklus wird muskulär durch den Muskelquerschnitt und die Muskelfaserzusammensetzung sowie durch Elastizität des tendo-muskulären Systems bestimmt.
S. ist die Fähigkeit des Organismus, aus einer abbremsenden Bewegung heraus in kürzester Zeit einen möglichst hohen konzentrischen Kraftstoß zu realisieren. Komponenten sind daher die Amortisationsfähigkeit, die Vorspannung und die Beschleunigungsfähigkeit der Muskulatur. Hauptmethoden zur Entwicklung dieser S.-Art sind die reaktiven Krafttrainingsmethoden.
[**182**, 178/**271**, 99/**430**, 114/**100**/**367**]

Schnell-Trainer Durch Schnell entwickelte Kraftmaschine, deren Übungs- und Wirkungsweise in vielen Teilen dem isokinetischen Krafttrainingsprinzip entspricht. Durch den gleichbleibenden Widerstand, den die Maschine einer Bewegung in jeder Phase entgegensetzt, können Kontraktionsbereiche des Muskels, die mit üblichen Übungen bisher kaum unter Belastung erreicht werden konnten, ebenfalls angesprochen werden. Der effektive Arbeitsbereich des Muskels wird größer.
[**100**, 133ff]

Schrittfrequenz Zahl der Schritte pro Zeiteinheit. Ergibt mit der Schrittlänge die Laufgeschwindigkeit. Der 100-m-Lauf zeigt charakteristische Verlaufsformen dieser beiden Komponenten: Nach einer Phase von 60–70 m mit gleichbleibender S. und Schrittlänge nimmt die Frequenz auf den letzten 10–20 m stark ab und die Schrittlänge entsprechend zu.

Komponenten und deren Einflußgrößen – zur Struktur der Schnellkraft (nach Bührle/Schmidtbleicher 1981) (Quelle: Letzelter, H. u. M. 1986, 87)

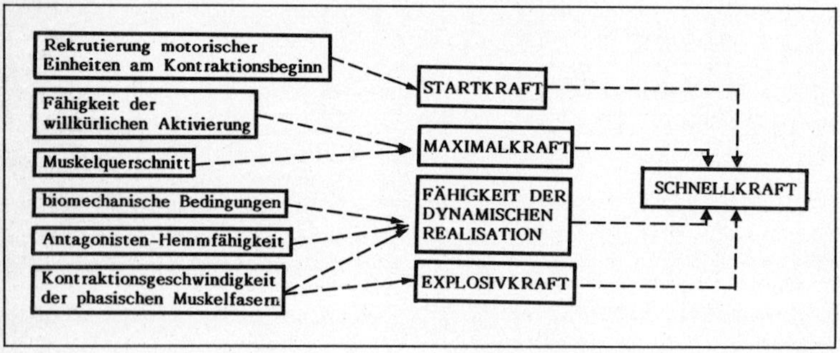

Es ist umstritten, ob die Maximalgeschwindigkeit überwiegend durch die Erhöhung der S. oder durch Vergrößerung der Schrittlänge zu erlangen ist. Geschlechtsspezifische und auch individuelle Unterschiede lassen hierbei keine generellen Schlüsse zu.
[**197**, 58f/**430**, 171f]

Schubladenphänomen Abnorme Beweglichkeit im Kniegelenk. Bei einem durchgerissenen vorderen Kreuzband kommt es zum sog. vorderen S. Reißt hingegen ein hinteres Kreuzband, so kommt es zum hinteren S. Der Unterschenkel kann entsprechend nach vorn oder hinten geschoben werden.
[**207**, 20/**458**, 1269]

Schutzreflex (auch Schutzsperre) Schutz vor Muskel- oder Sehnenrissen. Die Funktion der Muskelspindel wird hierbei durch die Sehnenrezeptoren (Golgi-Organe) sinnvoll ergänzt. Wird die Muskelspannung aktiv oder passiv zu stark erhöht, resultiert eine Hemmung der entsprechenden α-Motoneurone. Die Gefahr einer Sehnen- oder Muskelverletzung wird vermieden.
[**182**, 16/**281**, 295]

Schwelle, aerob-anaerobe Maß für die metabolische Kapazität. S. kennzeichnet die Konstanz von Kreislauf-, Atmungs- und Stoffwechselkriterien während einer allgemeinen dynamischen Arbeit. Sie gibt die Leistung an, bei der die Laktatkonzentration im Blut 4 mmol/l erreicht. Ausdauertrainierte Sportler können innerhalb der S. eine höhere dynamische Arbeit (Leistung) vollbringen als weniger gut trainierte Sportler.
[**182**, 60/**271**, 532]

Second Wind (engl. = zweite Luft) Gefühl der erneuten, verbesserten Leistungsbereitschaft. Wird eine intensive dynamische Beanspruchung großer Muskelgruppen ohne ein vorhergehendes Aufwärmen begonnen, so empfindet man die Belastung in den ersten Minuten als sehr hart. Der Puls wird fliegend, der Atem keuchend. Oftmals ändert sich dieser Zustand wenig später wieder, und man gewinnt das Empfinden, diese Tätigkeit noch eine längere Zeit aushalten zu können. Dieses Phänomen wird als S. bezeichnet.
[**182**, 546]

Sehen, peripheres Indikator für die visuelle Wahrnehmung. S. wird bestimmt durch die Verteilung der Stäbchen und Zapfen auf der Netzhaut des Auges und wird durch die aus der Peripherie auftreffenden Lichtreize bedingt. S. ist trainierbar. S. spielt im Zusammenhang mit dem Tiefensehen eine leistungsentscheidende Rolle in Sportarten mit räumlicher Ausdehnung bzw. Abhängigkeit von Partnern und Gegnern.
[**281**, 77/**315**, 271]

Sehen, zentrales S. wird bestimmt durch den zentralen Teil der Netzhaut. S. ermöglicht eine detaillierte Analyse bestimmter Objekte. S. nimmt bei der Fehlerkorrektur im Techniktraining eine zentrale Stellung ein.
[**281**, 76]

Sehne Verbindung des Muskels mit dem Knochen. S. dient der Kraftübertragung von den Muskeln auf das Skelett. Durch die hohe Belastung auf den Sehnen-Muskelapparat treten bei sportlichen Belastungen gelegentlich Beschwerden und Verletzungen an der S. auf.
[**276**, 20/**458**, 1281]

Sehnenriß Abriß oder Anriß einer Sehne. Am häufigsten ist ein S. bei durch Überbeanspruchung degenerierten Sehnen (Archillessehnenriß) festzustellen; schon eine Bagatellverletzung kann zu einem Abriß führen. Relativ häufig sind auch Abrisse von Strecksehnen, vor allem an den Fingerendgliedern.
S. kann bei intakter Sehne genäht werden. Bei degenerierten Sehnen ist eine

Sehnentransplantation nötig. Auch die Einpflanzung von Kunstsehnen ist möglich.
[**116**, 308]

Sehnenschmerz Trauma im Sehnenansatzbereich. Ursache sind zumeist degenerative Prozesse in der Sehne. In der Leichtathletik zeigen sich gelegentlich z. B. im Bereich der Patellarsehne bei Hochspringern ein S. Bei Langläufern ist häufig die Achillessehne betroffen.
Eine Behandlung des S. kann über Dehnung, Wärmeanwendung bis zu lokalen Injektionen vorgenommen werden.

Sehnenzerrung Schmerzhafte, häufig auftretende Verletzung des Sehnenstrangs durch Überdehnung.
Mangelnde Aufwärmarbeit sowie ruckartige ungewohnte Bewegungen führen zur S., die je nach Ausmaß in wenigen Tagen bis Wochen ausgeheilt werden kann.

Seitenband Bänderführung des Kniegelenks. Das sog. innere Seitenband stellt eine Verstärkung der Gelenkkapsel dar. Das äußere S. ist ein rundliches, etwa bleistiftdickes, selbständiges Band, das vom Gelenkkopf des Oberschenkelknochens zum Wadenbein zieht. Beide S. werden bei der Streckung des Gelenks gespannt. In der Beugestellung sind die S. völlig entspannt, und Drehungen um die Unterschenkellängsachse sind möglich.
[**271**, 157]

Seitenstechen Vorübergehender stechender Schmerz bei oder nach schnellem Lauf unterhalb oder an den Rippenbögen. Ursachen: Minderdurchblutung der Muskulatur (Muskelschmerz), Mobilisierung der Blutreserven aus der Leber oder der Milz.
[**430**, 320]

Speicherung Aufbewahrung von Informationen; in der sporttechnischen Ausbildung Aufbewahrung von Bewegungserfahrungen und theoretischen Kenntnissen im Bewegungsgedächtnis. Ziel jeder Informations-S. ist ihre spätere Ausnutzung, d. h. im Falle des motorischen Gedächtnisses das Abrufen gespeicherter Informationen bei der Lösung motorischer Aufgaben.
[**281**]

Spiroergometrie Untersuchungsmethode der Sportmedizin zur Prüfung der allgemeinen körperlichen Leistungsfähigkeit und zur Prüfung des Herz-Kreislauf-Systems. S. ermöglicht die Messung der Ventilation und der Sauerstoffaufnahme (siehe Abb. rechts).
Sie wird bevorzugt bei Ausdauersportarten und Spielsportarten mit Ausdauerkomponente angewendet.
[**182**, 363/**196**, 314]

Spirolyt Gerät zur Prüfung der Sauerstoffaufnahme und -abgabe; gebräuchliche Stoffwechselprüfapparatur.
[**116**, 235 f]

Spondylarthrosis Wirbelsäulenschaden. Degenerative Prozesse an der Wirbelsäule mit Befall der Zwischenwirbelgelenke.
[**458**, 982]

Spondylose Deformierendes, entartendes Wirbelleiden. Von den Bandscheiben ausgehende, degenerative Prozesse mit charakteristischen Randwucherungen, die im Röntgenbild als Zacken, Wülste, Klammern und Spangen an den Wirbelkörpern zu sehen sind. Krafttraining im Hochleistungsbereich ist ausgeschlossen.
[**458**, 982]

Spondylosis Wirbelsäulenschaden, der im Sinn einer Vorschädigung genetisch bedingt ist. Unter S. versteht man das sogenannte Wirbelgleiten, die Verschiebung des 5. oder 4. Lendenwirbelkörpers und seines oberen Gelenkfortsatzes nach vorn, während der restliche Wirbelbogen

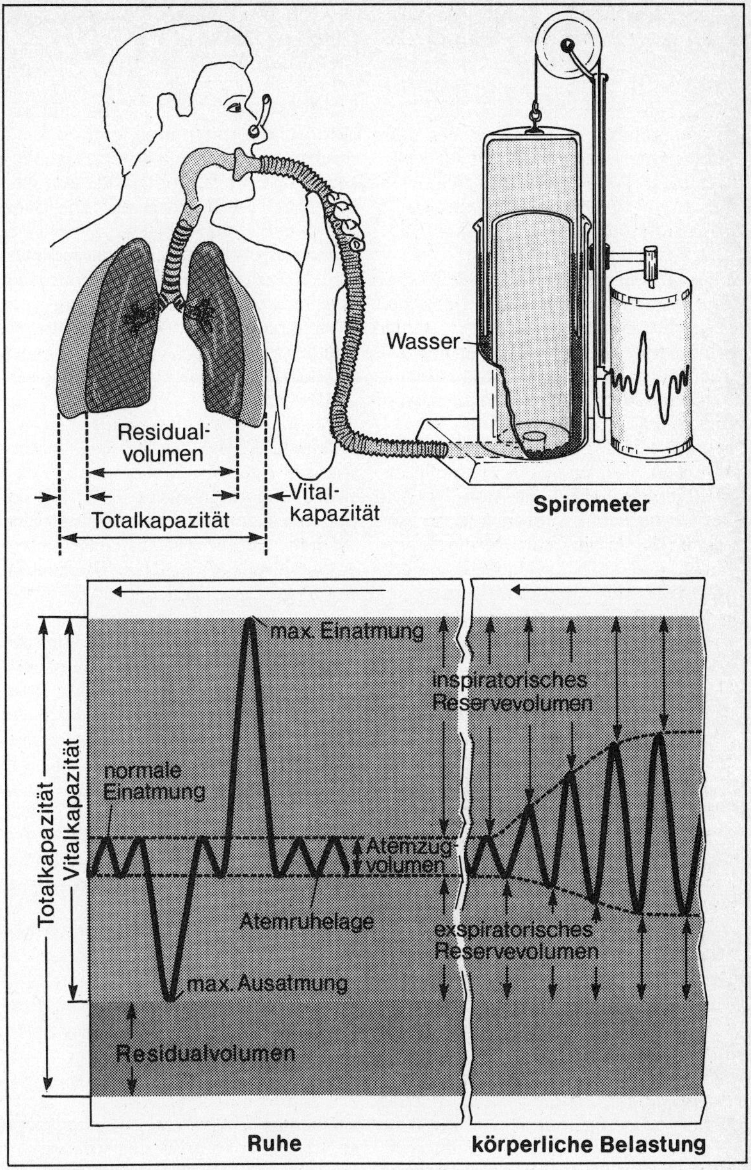

Lungenvolumina und ihre Messung mit dem Spirometer
(Quelle: Markworth 1986, 198)

mit seinen Fortsätzen an Ort und Stelle bleibt und nur nach vorn abkippt. Das Wirbelgleiten kommt erst in Gang, wenn die darunter liegende Bandscheibe geschädigt ist. Bei Aufnahme des Leistungstrainings, insbesondere des Leistungskrafttrainings, muß eine Vorschädigung der Wirbelsäule ausgeschlossen sein.
[**182**, 268/**458**, 983]

Sportentlastungssyndrom (Entzugssyndrom) Schädigungen sowohl psychischer als auch physischer Art durch einen plötzlichen Abbruch der sportlichen Tätigkeit, die nur durch systematisches, langsames Abtrainieren verhindert werden können.
Treten S. auf, dann im Sinne vegetativer Störungen. Bei den beobachteten Sportentzugserscheinungen handelt es sich überwiegend um psychosomatische Störungen, die im wesentlichen durch psychische und soziale Randbedingungen des Sportentzugs bestimmt werden, jedoch physiologisch weder zwingend noch erklärbar sind.
[**29**, 283f/**182**, 476, 669]

Sportentziehungserscheinungen Auftreten von Kreislaufregulationsstörungen bei Hochausdauertrainierten, die abrupt das körperliche Training einstellen. Symptome: Herz-Rhythmus-Störungen, Schwindel und Kollaps. Die beste Therapie ist die Wiederaufnahme eines leichten Trainings.
[**29**, 283f/**182**, 476f]

Sportherz Physiologische, nicht pathologische Herzvergrößerung als Folge eines Ausdauertrainings. Die normale Herzgröße eines Mannes beträgt 750 bis 800 ml. Dagegen weisen Sportherzen Größen von 900–1400 ml auf. Die Arbeitsweise des S. ist charakterisiert durch Rationalisierung der Funktion in Ruhe und bei submaximalen Belastungen, ein hohes Leistungsvermögen in der Ausbelastung sowie eine gute Erholungsfähigkeit.
Bei Unterbrechung des Trainings bildet sich das S. zurück.
[**29**, 256/**182**, 375/**270**/**293**, 60]

Sportkrankheit (auch Athletenkrankheit) Indisposition nach großen Belastungen, die nach intensiven Schnelligkeits- und Ausdauerbelastungen gleichermaßen auftreten kann. Die Symptome der S. sind Übelkeit, Erbrechen, Sehstörungen, Kopf- und Bauchschmerzen, Herzklopfen, evtl. Atemnot, und ähneln damit stark denen der Berg- oder Höhenkrankheit. S. kann Minuten bis Stunden anhalten. Ursache ist noch ungeklärt.
[**182**, 669]

Sportleber Physiologische, nicht pathologische Lebervergrößerung als Folge eines Ausdauertrainings. Reaktion der Leber als zentrales Stoffwechselorgan auf hohe Stoffwechselansprüche in den Ausdauersportarten. Beim Trainingsabbruch bildet sich die S. zurück.

Sportlernahrung Spezielle Nahrungszusammensetzung entsprechend der sportlichen Belastung. Je nach Sportart, Belastungsintensität und -umfang, Alter und Körpergewicht benötigt ein Sportler zwischen 15000 und 25000 Joule (1 J = 0,24 cal) pro Tag. Die Zusammensetzung der Grundnährstoffe (Kohlenhydrate, Fette, Eiweiß) richtet sich nach der Art und Dauer der Belastung. Das Joule-Verhältnis für Normalpersonen beträgt ungefähr 60:25:15.
Bei Ausdauersportlern steigt der Anteil der Kohlenhydrate, bei Kraftsportlern der der Eiweiße.
Auch dem erhöhten Vitamin- und Mineralbedarf muß Rechnung getragen werden.
[**389**, 87]

Sportlunge Lunge von Ausdauersportlern mit einer vergrößerten Vitalkapazität und einem erhöhten Atemgrenzwert.

Sportmassage Massageformen, die die sportliche Leistungsfähigkeit erhöhen oder die Erholungsprozesse beschleunigen. Es wird unterschieden in die Vorbereitungsmassage, die eine Auflockerung der Muskulatur vor einem Training oder Wettkampf bewirken soll; die Zwischenaktmassage, die dazu dient, die Muskulatur aufzulockern und die Stoffwechselprozesse zwischen einzelnen Wettkämpfen, die am selben Tag stattfinden, anzuregen, und die Entmüdungsmassage, die nach einem Training oder Wettkampf die periphere Durchblutung anregt, so daß die Stoffwechselverhältnisse schnell normalisiert werden können; außerdem wird die Muskulatur entspannt.

Sportschäden Durch ein Mißverhältnis zwischen Belastung und Belastbarkeit oder eine Sportverletzung verursachte funktionelle oder strukturelle Veränderung an Knochen, Bindegewebe, Sehnen, Muskulatur oder Organen, die die sportliche Leistungsfähigkeit einschränkt. Man unterscheidet primäre S., bei denen eine Rückbildung möglich ist, und den sekundären S., die progressiv sind und bei denen es über Knorpelschäden zu einer Arthrose kommt.
Am Stütz- und Bewegungsapparat treten S. am häufigsten auf. Eine wirksame Prophylaxe gegen S. sind eine ausgewogene Planung von sportlicher Belastung und Erholung sowie regelmäßige physioprophylaktische Maßnahmen.
[**29**, 280/**291**, 7 ff/**430**, 158]

Sporttod Eintreten des Todes durch sportliche Betätigung. In den weitaus meisten Fällen eines plötzlichen Sporttodes fanden sich angeborene oder erworbene Organschäden, die vorher nicht bekannt waren, oder es trafen mehrere ungünstige Faktoren zusammen wie hohe Umgebungstemperatur, hohe Luftfeuchtigkeit, voller Magen, Erkältung, Infekt u. a. Die nicht traumatisch bedingten plötzlichen Todesfälle bestehen aus Folgen symptomloser Koronarerkrankungen. Daneben spielen Hitzetod und vagovasale Synkope eine Rolle.
[**182**, 668]

Sprintausdauer Fähigkeit, die maximale Geschwindigkeit möglichst lange beibehalten und den Geschwindigkeitsabfall verringern zu können. S. wird unterteilt in die maximale und die submaximale S. Erstere wird durch die Meterzahl ausgedrückt, die der Sportler mit maximaler Geschwindigkeit zurücklegen kann, letztere bezeichnet das Geschwindigkeitsverhalten im negativen Beschleunigungsabschnitt.
[**25**/**182**, 285/**257**, 170]

Sprinteigenschaften Eigenschaften wie Reaktionszeit, Sprintkraft, Sprintschnelligkeit, Sprintausdauer, aus der sich die komplexe Sprintleistung zusammensetzt. Der Sprintkraft kommt als S. die bedeutendste Rolle zu. Beim Kurzsprint über 100 m können annähernd 85–90 % der Leistungsunterschiede mit denen der Sprintkraft und Sprintschnelligkeit begründet werden.
[**25**/**148**, 4/**257**, 197]

Sprint, fliegender Laufform zur Verbesserung bestimmter Schnelligkeitsfähigkeiten in der Leichtathletik. Aus einem fliegenden Start wird eine Strecke von 30–80 m mit maximalem oder submaximalem Tempo durchlaufen.
Die Läufe mit maximalem Tempo dienen der Schnelligkeitsentwicklung. Sie benötigen lange Pausen bis zur völligen Erholung und sollten nicht zu oft wiederholt werden. Zur Verbesserung der Sprintausdauer wendet man Serienläufe mit submaximalem Tempo an. Die Pausen sind kurz, um die Widerstandsfähigkeit gegen eine hohe Sauerstoffschuld zu verbessern.
[**196**, 28]

Sprintkraft Teilkomponente der Schnellkraft, die die Fähigkeit bezeichnet, möglichst hoch und möglichst lange zu be-

schleunigen. Sie wird von vielen Autoren (Ballreich 1969, Letzelter 1975) als entscheidende Schnelligkeitskomponente bezeichnet. Sie bestimmt zu 60 % das Niveau der Schnelligkeit.
[**25**/**256**/**257**, 197]

Sprintschnelligkeit Teilkomponente der zyklischen Schnelligkeit, die die Fähigkeit bezeichnet, eine möglichst hohe Maximalgeschwindigkeit zu erreichen. Neben der Sprintkraft ist die S. eine weitere entscheidende Schnelligkeitseigenschaft zur Verbesserung der komplexen Sprintleistung. Ihre Einflußgröße beträgt bis zu 30 %.
[**140**/**257**, 197]

Sprinttraining Training zur Verbesserung der komplexen Sprintleistung z. B. in der Leichtathletik. S. bezieht sich auf die Verbesserung der einzelnen Komponenten, Abschnitte der Sprintleistung (Reaktions-, positiver Beschleunigungs-, gleichförmiger Geschwindigkeits- und negativer Geschwindigkeitsabschnitt.) Der dominierende Einfluß von positivem und gleichförmigem Geschwindigkeitsabschnitt verlangt verschiedenartigste Trainingsformen (Intervall-Sprints, Koordinationsläufe, fliegende Sprints, Bergaufläufe, Bergabläufe, Kraftübungen etc.). Neben der Sprintbeschleunigung und Sprintschnelligkeit haben Reaktionsübungen und Sprintausdauer einen geringeren Einfluß auf die Sprintleistung. S. ist nicht mit Schnelligkeitstraining gleichzusetzen.
[**182**, 322/**196**, 28]

Sprungkrafttraining Training zur Verbesserung der Sprungkraft. Die Sprünge zur Verbesserung der S. sollen so schnell wie möglich, jedoch ohne Überhastung ausgeführt werden. Als Gewichte dienen Sandsack, Bleiweste und Hantel. Als aktive Erholung muß zwischen den Übungen eine Lockerungsgymnastik eingeschaltet werden. Man unterscheidet: Hoch-, Streck-, Scher- und Grätschwinkelsprünge; Schlußhüpfen vor-, rück- und seitwärts; Stephüpfen; Strecksprünge mit Raumgewinn; Schrittwechselsprünge; Sprungseilübungen; Schluß- und Hochsprünge über die Langbank; Skippings; Kreuzschrittlauf; Hindernissprünge über Kästen u. a.
[**293**, 51]

Sprunglauf Element des Lauf- und Sprung-ABC. Lauf, bei dem die Laufschritte als hohe und weitausgreifende Sprünge ausgeführt werden. S. basiert auf den physiologischen Grundlagen des plyometrischen Trainings. S. verbessert die Sprungkraft und Koordinationsmechanismen.
[**411**, 1053 ff/**430**, 75]

Stabilisierung Festigung des motorischen Bewegungsablaufs. Bei motorischen Lernprozessen im Sport lassen sich drei charakteristische Phasen unterscheiden: die 1. Lernphase: Entwicklung der Grobkoordination, Erlernen der Bewegungshandlung; die 2. Lernphase: Entwicklung der Feinkoordination, Vervollkommnen der Bewegungshandlung, und die 3. Lernphase: Stabilisierung der Feinkoordination und Entwicklung der variablen Verfügbarkeit, Stabilisierung der Bewegungshandlung.
[**141**, 90/**160**, 194]

Stabilität der Technik Fähigkeit, eine erworbene Bewegungsfertigkeit unter negativen Einflüssen wie psychischen Zuständen, strukturellen Veränderungen von Bewegungsfertigkeiten, Ermüdung, Widerstand des Gegners und äußeren Bedingungen aller Art aufrechterhalten zu können.
[**415**, 492]

Standardisierung Planmäßiges Ausarbeiten und Durchsetzen von Standard und Standardprogrammen im Training. Durch die S. wird eine höhere Trainingseffizienz erreicht. S. schließt die Entwicklung und Vereinheitlichung von Ver-

ständigungsgrundlagen (Übungssprache, Fachtermini) ein.
[**29**, 180/**160**, 214, 293]

Standardprogramm Festgelegter Arbeitsplan im Training. S. besteht aus Standards, die unter methodisch-organisatorischen Aspekten zusammengestellt sind und die bestmögliche Lösung von Trainingszielen beinhalten.
[**257**, 53]

Standhochsprung (auch «jump-and-reach-Test») Test zur Ermittlung der Schnellkraft der Beinmuskulatur. Hierzu tritt der Sportler mit präparierten Fingerkuppen (Anfeuchten, Kreide etc.) vorlings an eine markierte Wand, streckt beide Arme in die Hochhalte und markiert in Schulterbreite die maximale Reichhöhe. Anschließend stellt er sich seitlings zur Wand und springt beidbeinig nach oben ab und markiert an der Wand die Sprunghöhe im höchsten Punkt der Flugphase. Die Messung erfolgt durch die Festlegung der vertikalen Differenz.
[**113**, 22/**142**, 54]

Standweitsprung Test zur Ermittlung der Schnellkraft der Beinmuskulatur. Der Sportler springt mit beidbeinigem Absprung von einer markierten Linie möglichst weit nach vorn und landet mit beiden Beinen. Bei der Landung darf nicht mit der Hand zurückgegriffen werden.
[**113**, 25/**142**, 58]

Startapathie Bezeichnung für eine gehemmte Vorstartreaktion. Faktoren wie Angst, Unsicherheit etc. können die Vorstartreaktionen unterdrücken (Startapathie) oder eine überschießende Reaktion (Startfieber) verursachen und damit das Wettkampfverhalten negativ beeinflussen (siehe Abb. Seite 248).
[**99**, 46ff/**160**, 268]

Startkraft Komponente der Schnellkraft. Fähigkeit zur möglichst schnellen Entwicklung des Krafteinsatzes im Anfangsmoment der Kontraktion. S. ist besonders dort wirksam, wo nur minimale Zeitspannen zur Verfügung stehen, um die Kraft zu entwickeln. S. ist weitgehend unabhängig von der Größe des zu überwindenden Widerstandes zu sehen.
[**8**/**257**, 136/367]

Startvorbereitung Erwärmung/Regulation von Vorstartreaktionen. S. dient der optimalen physiologischen Vorbereitung auf die Beanspruchung in Training und Wettkampf und der Regulation der Vorstartreaktion.
So gestalten Sportler mit einem hohen Erregungsniveau (Kampffieber) die S. ruhiger oder greifen auf psychoregulative Maßnahmen zurück.
[**160**, 266]

Stationstraining Organisations-methodische Form des Krafttrainings oder beim Circuittraining. An jeder Station werden verschiedene Übungen in vorgegebener Wiederholungs- und Serienzahl absolviert. Man unterscheidet ein S. mit gleichbleibender Belastungs- und Wiederholungszahl, ein S. mit veränderlicher Belastungshöhe und gleichbleibender Wiederholungszahl und ein S. mit gleichbleibender Belastungszahl und veränderlicher Wiederholungszahl. Durch die Variation der Gesamtbelastung sowie der Ausführungsform lassen sich in unterschiedlicher Weise Maximalkraft, Schnellkraft und Kraftausdauer schulen.
[**143**, 136/**225**/**257**, 159/**430**, 149]

steady-state Fließgleichgewicht von Energieverbrauch und Energiebedarf des kardio-pulmonalen Systems. S. wird bei leichter Arbeit durchschnittlich nach 2–5 Min. erreicht. Sportmedizinisch ist das S. durch einen konstanten Laktatspiegel von 4 mmol/l gekennzeichnet.
[**182**, 70/**271**]

Stehvermögen
1. Populärer Begriff für → allgemeine anaerobe dynamische Ausdauer.

	Kampfbereitschaft	**Startfieber (Übererregt)**	**Startapathie (Gehemmt)**
Physische Prozesse	Alle physiologischen Prozesse verlaufen *normal*	*Stark irradiierende Erregung,* akute vegetative Umstellungen (erhebliche Pulsbeschleunigung, Schweißausbruch, Harndrang, Gliederzittern, Schwächegefühl in den unteren Extremitäten u. ä.)	*Träge, völlig gehemmte Bewegungen,* Gähnen
Erleben	*Leichte Erregung,* freudige, etwas ungeduldige Erwartung des Kampfes, optimale Konzentrationsfähigkeit, beherrschtes Auftreten, kraftsprühend	*Starke Nervosität,* unkontrollierte Handlungen, Vergeßlichkeit, Zerstreutheit, unsicheres Auftreten, Hast, unbegründete Geschäftigkeit	Schlaff, träge, apathisch, ängstlich, *Stimmungstief;* wünscht, den Kampf abzumelden, müde, «sauer», unfähig zum Aufwärmen
Handeln	Kampf wird sehr organisiert nach dem taktischen Plan aufgenommen, klare Orientierung, die *Kampfsituation wird beherrscht,* alle verfügbaren Kräfte werden taktisch richtig zum Einsatz gebracht; das erwartete Wettkampfresultat wird erreicht oder noch übertroffen	Tätigkeit des Sportlers ist gestört, teilweise desorganisiert, er kämpft *«kopflos»,* verläßt seine taktische Linie, verliert das Tempogefühl, verausgabt sich vorzeitig; Bewegungsabläufe sind unbeherrscht, bei hohen bewegungstechnischen Anforderungen Häufung von Fehlern, *stark verkrampft*	Es wird nicht energisch gekämpft, die Willensaktivität läßt schnell nach; der *Sportler ist unfähig, seine vorhandenen Kräfte zu mobilisieren, es «läuft» nicht;* nach dem Wettkampf nicht verausgabt, weil alle Handlungen auf einem niedrigen Niveau lagen

Kampfbereitschaft, Startfieber, Startapathie als psychische Prozesse bei Athleten im Vorstartzustand (nach Puni 1961, 167; modif. nach Mathesius u. a. 1974, 149) (Quelle: Eberspächer 1984, 48)

2. Differenz der Durchschnittsgeschwindigkeit auf der Wettkampfstrecke zu der vom Sportler auf der Halb- oder Vierteldistanz erreichten Durchschnittsgeschwindigkeit, wobei die aktuellen Bestleistungen des Sportlers auf diesen Strecken als Berechnungsgrundlage herangezogen werden (S.-Faktor).
[**29**, 261/**196**, 314]

Steigerungsfähigkeit Komplexes Merkmal individueller und kollektiver Leistungsfähigkeit. S. bringt die Fähigkeit des Sportlers zum Ausdruck, im Wettkampf die Trainingsleistungen zu überbieten, durch Leistungen und Verhalten anderer sich leistungswirksam stimulieren zu lassen und im direkten Verlauf des Wettkampfs mit den Gegnern die für den Sieg entscheidenden Kräfte zu mobilisieren. S. eines Sportlers basiert auf einem bestimmten Niveau organisch-funktioneller Prozesse, die vor allem durch die Mobilisationsfähigkeit als psychisches Moment der situationsbedingten Eigenaktivierung leistungsfördernd beeinflußt werden.
[**160**, 38]

Steigerungslauf Trainingsform im Koordinationstraining des Läufers. S. ist gekennzeichnet durch ein kontinuierliches, stufenloses Steigern der Geschwindigkeit. Mit zunehmender Laufhäufigkeit in einer Trainingseinheit wird die Anfangsgeschwindigkeit des S. erhöht.

Steptest (auch Harvard-Step-Test) Test zur Beurteilung der Funktion von Herz und Kreislauf. Die zu untersuchende Person steigt dabei mit einer bestimmten Frequenz ein oder zwei Stufen vorgegebener Höhe hinauf und herunter; dabei werden u.a. die Pulsfrequenz und der Blutdruck kontrolliert.

Stereotyp, dynamisch-motorisches Weitgehend automatisiertes Bewegungsmuster, das durch Übung und Lernen zustande gekommen, schnell verfügbar und relativ stabil ist. Die Bewegungsmuster sind das Ergebnis einer funktionellen Bahnung inmitten zahlreicher Erregungs- und Hemmungsprozesse. Zwischen beiden findet während des Trainings ein ständiger Vorherrschaftswechsel in der sensorischen Sphäre der Großhirnrinde statt, der mit der Festlegung bestimmter räumlicher und zeitlicher Wechselbeziehungen abschließt. Auf diese Weise soll sich ein sog. funktionelles Mosaik der Hirnrinde herausbilden, das eine optimale Exaktheit der Bewegungsabstimmungen garantiert.
[**180**, 330/**196**, 289]

Steroid, anaboles (auch Anabolika) Synthetisch hergestellte organische Verbindung, welche die Eiweißsynthese fördert und so zur Muskelentwicklung beiträgt. S. gehört zu den Dopingmitteln (s. a. → Anabolika).
[**196**, 289]

Steuerungsfähigkeit, motorische Fähigkeit, Bewegungen bei hoher Koordinationsschwierigkeit zu steuern. S. basiert insbesondere auf den koordinativen Komponenten der kinästhetischen Differenzierungsfähigkeit, der räumlichen Orientierungsfähigkeit und der Gleichgewichtsfähigkeit.
[**257**, 204/**276**, 310ff/**281**, 184ff/**446**]

ST-Fasern Langsam kontrahierende Muskelfasern. S. verfügen gegenüber den schnellen Muskelfasern (FT-Fasern) nur über eine geringe Kontraktions- und Erschlaffungsgeschwindigkeit. Sie überwiegen in den Haltemuskeln und bei Langstreckenläufern. Sie sind weiterhin charakterisiert durch dünne Fasern, einen höheren Myoglobingehalt und durch eine größere Kapazität der aeroben Energiegewinnung.
[**182**, 455/**430**, 26ff]

Stil, sportlicher Ausdruck der Persönlichkeit und der individuellen Besonderheiten eines bestimmten Sportlers beim Anwenden einer sportlichen Technik. Durch die unterschiedlichen biomechanischen Eigenschaften der einzelnen Menschen sind notwendigerweise auch Unterschiede im Bewegungsablauf vorhanden. Dabei zeigen sich in allen Bewegungsabläufen eines Sportlers die gleichen individuellen Besonderheiten, die bei fortschreitender sportlicher Meisterschaft zugleich als Ausprägung bestimmter Persönlichkeitseigenschaften in Erscheinung treten (s. a. → Technik, sportliche).

Stoffwechsel (auch Metabolismus) Alle Vorgänge, die zum Abbau, Aufbau oder Umbau der Körpersubstanzen führen. Der dauernde Stoff- und Energieumsatz kann als das Charakteristikum eines jeden lebenden Organismus bezeichnet werden.
Durch den Abbau hochmolekularer oder niedermolekularer Substanzen gewinnt der Organismus die dabei notwendige Energie. Sie wird als mechanische Energie oder als Wärme freigesetzt.
Jede körperliche und damit auch sportliche Leistung führt zu einem erhöhten Energiebedarf, den der Organismus durch entsprechende Energiebereitstellung deckt. Nach einer Belastung normalisiert sich der S. beim Trainierten schneller als beim Untrainierten.
[**177**, 95/**196**, 314/**327**, 26]

Stoffwechsel, aerober (auch Arbeit, aerobe) Prozeß, welcher unter Sauerstoffzufuhr vonstatten geht. Dynamische Arbeit vor allem größerer Dauer ist gekennzeichnet durch dominierend aerobe Stoffwechselprozesse (siehe Abb. rechts). Hierunter fallen Belastungen, deren Intensität unterhalb der → aerob-anaeroben Schwelle liegt.
[**182**, 59]

Stoffwechsel, anaerober (auch Arbeit, anaerobe) Prozeß, welcher ohne Sauerstoff vonstatten geht (siehe Abb. rechts). Statische Arbeit schon von mittlerer Intensität (mehr als 15 % der maximalen statischen Kraft) sowie dynamische Arbeit im maximalen Intensitätsbereich sind durch den anaeroben Metabolismus gekennzeichnet. Leichtathletische Sprintstrecken von 100 bis 400 m werden zum größten Teil durch den anaeroben Stoffwechsel bestritten.
[**182**, 59]

Stoffwechseltraining Systematische körperliche Maßnahmen zum Zwecke der Steigerung der Stoffwechselkapazität. Auf die jeweilige Kapazität des aeroben oder anaeroben Energiestoffwechsels bzw. des Eiweiß-, Fett- oder Kohlenhydratstoffwechsels kann mittels spezifischer Reize in spezifischer Weise Einfluß genommen werden. Das S. kann der Leistungssteigerung oder -erhaltung dienen; es kann die Leistung selbst oder die Förderung der Gesundheit zum Ziel haben.

Störung, vegetative (auch Dystonie, vegetative) Schwankung, Gleichgewichtsstörung im autonomen Nervensystem. Vor allem psychische und emotionale Stressoren können bei ungenügender Erholung zu funktionellen Störungen des autonomen vegetativen Nervensystems mit seinen sympathischen und parasympathischen Teilsystemen führen. Typische Symptome sind Schlafstörungen, Störungen der Kreislaufregulation, plötzlicher Schweißausbruch, chronische Müdigkeit sowie eine allgemeine Leistungsminderung.

Stoßtraining Sehr intensive Belastung in der Wettkampfperiode zur Verbesserung der sportlichen Form und unmittelbaren Vorbereitung auf den Wettkampf. Voraussetzung für die Anwendung des S. ist eine solide Leistungsbasis als Folge eines langjährigen Trainings. Nach den bisherigen Erfahrungen erfolgt bis zu 3 Wochen lang eine Steigerung des Trainings in Umfang und Intensität ohne Wettkämpfe, dann etwa eine Woche normale Belastung vor dem Wettkampf.
Nicht zu verwechseln mit (Kugel-)Stoßtraining.
[**308**, 183f]

Stress Zustand der Anspannung, Belastung oder Überforderung. S. wird ausgelöst durch die Konfrontation mit bestimmten Ereignissen bzw. Situationen. Physiologisch wird unter S. eine unspezifische Reaktion des Organismus auf ver-

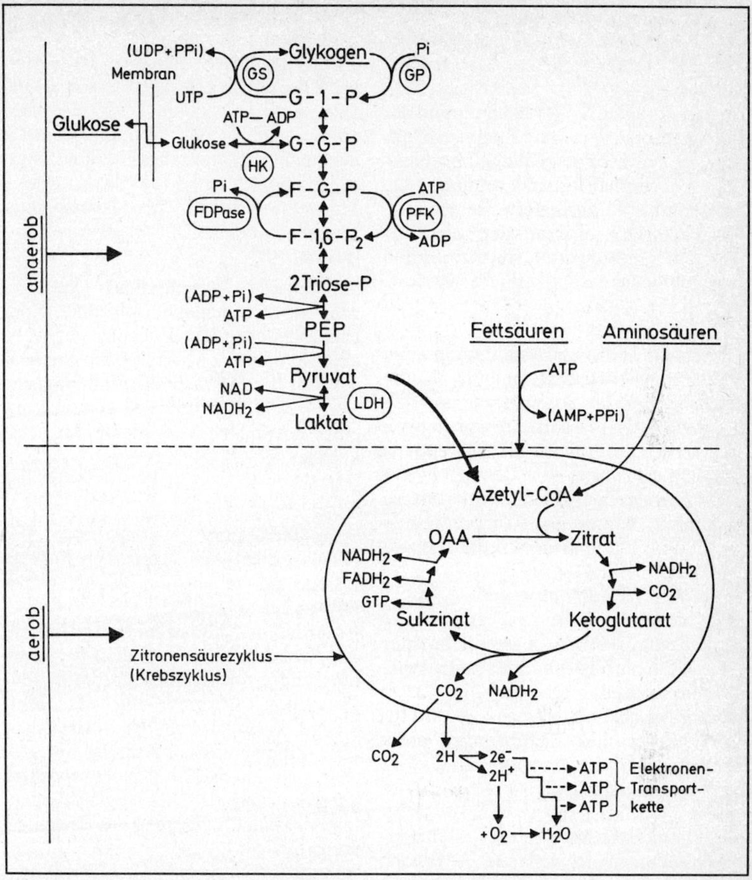

Vereinfachte, schematische Darstellung des anaeroben und aeroben Stoffwechsels in der Muskelzelle (Quelle: Hollmann/Hettinger 1980, 63)

schiedene Belastungsfaktoren, hervorgerufen durch eine Störung des physiologischen Gleichgewichts, verstanden. Dieser Mechanismus ist durch drei Phasen gekennzeichnet, den Zustand hoher Abwehrbereitschaft, die Anpassung weiterer Abwehrsysteme und den totalen Zusammenbruch des vegetativen Systems.
[**116**, 203, 208]

Stressoren Stressauslösende Faktoren, z. B. starke körperliche und geistige Belastungen, Sauerstoffmangel (z. B. beim Tauchen oder Bergsteigen), Hitze und Kälte oder Angst.
Ein Übermaß an S. oder lang andauernder schwerer Stress führen zur Überforderung.
[**29**, 286]

Stresszustand Zustand, der durch Stressoren ausgelöst wird. Ein derartiger Zustand kann auch bei körperlicher Schwerstarbeit (z. B. Sport) auftreten. Im ausgeprägten S. werden aufgrund der stark vermehrten Adrenalinausschüttung die autonom geschützten Leistungsreserven mobilisierbar, wodurch die Leistung bis an normalerweise nicht erreichbare Höchstgrenzen der Leistungsfähigkeit gesteigert werden kann (beträchtliches gesundheitliches Risiko).
[**29**, 260]

Stretching Statische Ausführungsweise einer gymnastischen Dehnübung. Kennzeichen des S. ist das langsame und haltende Dehnen. Positive Auswirkungen zeigen sich vor allem im präventiven Bereich. Es wurde von den USA versucht, S. als eigenständige Sportart zu etablieren, wobei ein solcher Stellenwert von S. sportwissenschaftlich anzuzweifeln ist.

Strukturwandel der sportlichen Leistung Veränderung der Leistungsstruktur einer Sportart, Sportdisziplin im langfristigen Trainingsprozeß.
Im Anfängerbereich sind andere strukturelle Inhalte und Zielsetzungen einer Sportdisziplin zu priorisieren als im Hochleistungssport.

Superkompensation (auch Mehrausgleich oder überschießende Reaktion) Jeder Bewegungsreiz bewirkt einen Abbau der Substanz, der jedoch den Reiz zum Neuaufbau in sich birgt. Dabei macht der Neuaufbau nicht halt bei dem Zustand, den das Gewebe vorher hatte, vielmehr entwickelt sich dieses über den alten Zustand hinaus (siehe Abb. rechts). Es ist deshalb charakteristisches Merkmal der lebenden Substanz, sich an erhöhte Leistungen durch erhöhte Leistungsfähigkeit anzupassen. Die Anpassung kann durch funktionelle bzw. strukturelle oder kombinierte Änderung geschehen.
Die S. läßt sich lediglich bei Trainingsanfängern schnell erkennen.
Bei Fortgeschrittenen dauert der Umsetzungsprozeß sehr lange; denn «erst die Summierung nicht unmittelbar nachweisbarer Trainingseffekte» (Harre) ermöglicht eine meist sprunghafte Leistungssteigerung.
Matwejew spricht von «verspäteter Transformation».
[**143**/**257**/**327**]

Superposition (Summation) Überlagerung rasch aufeinanderfolgender Kontraktionswellen.Die Zuckung der Muskelfaser oder des Muskels beim maximalen Reiz ist noch nicht die größtmögliche Verkürzung. Erst durch S. kommt es zu einer maximalen Verkürzung der Muskelfaser.
[**271**, 62]

Sympathikotonus Verlagerung des Gleichgewichts des vegetativen Nervensystems auf die Seite des Nervus sympathikus (Leistungsnerv).
Er fördert den Abbau der energieliefernden Substanzen, entleert die Energiedepots und erreicht durch Förderung der Herzarbeit, Vergrößerung der Blutmenge, Verminderung des Muskeltonus und Verbesserung der Atmung eine größere und intensivere Sauerstoffversorgung des Muskels. Dies ist gleichbedeutend mit einer Steigerung der Leistungsfähigkeit.
[**389**, 136]

Synapsen Verbindungsstellen zwischen zwei erregbaren Zellen, z. B. zwei Neuronen, aber auch zwischen Nerv- und Muskelzellen.
[**389**]

Synergisten (auch Agonisten) Muskeln, die gleiche Arbeit verrichten.
Im Sport wird jede Bewegung von mehreren Einzelmuskeln, die sich zu Muskelschlingen vereinigen können, ausgeführt.

Verhältnis zwischen Arbeit und Erholung im Training unter Berücksichtigung der Gesetze der Superkompensation (nach Jakowlew, UdSSR)
Schematische Darstellung der Ausschöpfung der Energiereserven und der Wiederherstellung in der Pause

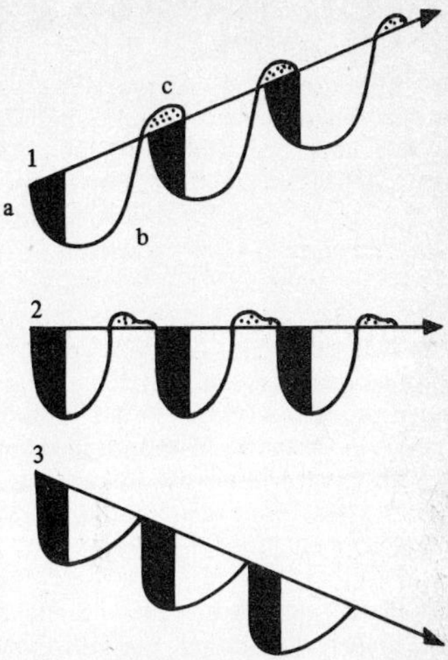

Die drei Arten der Gestaltung einer Erholungspause:
1. Richtig festgesetzte Erholungspause: Das Verhältnis zwischen Arbeit und Pause hat eine positive Trainingswirkung zur Folge (ansteigender Pfeil). Der jeweils auf die Pause folgende Trainingsreiz erfolgt exakt in der Phase der Superkompensation.
2. Zu weit ausgedehnte Erholungspause: Durch eine zeitlich zu weit ausgedehnte Pause wird der folgende Trainingsreiz zu spät gesetzt. Er erfolgte nicht in der Phase der Superkompensation. Die Trainingswirkung bleibt aus (waagerechter Pfeil).
3. Zu kurze Erholungspause: Die Wiederherstellung der energetischen Kraftreserven ist noch nicht abgeschlossen. Der Trainingsreiz hat jetzt einen negativen, abbauenden Trainingseffekt (abfallender Pfeil).

a = Ausschöpfung der Energiereserven durch den Trainingsreiz
b = Wiederherstellung in der Erholungspause (Kompensation)
c = Phase der erhöhten Bereitschaft zur Wiederherstellung (Superkompensation)

Das Serienprinzip als eine Variante für die richtige Aufeinanderfolge von Trainingsreiz und Erholung
Nach drei Trainingsreizen (Serie) mit unvollständigen Pausen erfolgt eine erhöhte Ausschöpfung der Energiereserven. Die vollständige Pause führt in die Phase der Superkompensation, welcher erneut eine Reizserie folgt. Der aufsteigende Pfeil deutet den positiven Trainingseffekt an.

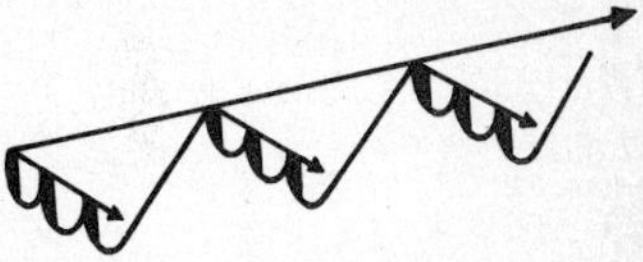

(Quelle: Jonath u. a. 1985, 13)

Synkinesie (auch Mitbewegungen, unzweckmäßige) Überflüssige, unzweckmäßige, unwillkürliche und dem Bewußtsein weitgehend entzogene, isotonische oder isometrische Mitinnervationen bei Willkürbewegungen. Sie manifestieren sich häufiger in kontralateralen, bewegungsunabhängigen Gliederabschnitten (z. B. Handverspannung) und in der mimischen Muskulatur (z. B. Zungenmitbewegung) als in den tätigen Muskeln selbst.

System, extrapyramidales Alle motorischen Kerngebiete in kortikalen und sub-

kortikalen Bereichen des ZNS mit den zugehörigen Bahnen, die nicht dem Pyramidensystem angehören.
Die Funktion des extrapyramidalen Systems liegt in der Regulierung des Muskeltonus, der unwillkürlichen und Koordinationsbewegungen, der Körperhaltung, der Ausdrucks- und Abwehrbewegungen und des Gleichgewichts.

System, pyramidales Teil des motorischen Nervensystems, das von der Pyramidenbahn und ihren spinalen Fortsetzungen gebildet wird. Dient der Willkürmotorik. S. ist sowohl monosynaptisch als auch bisynaptisch als Reglersystem arbeitend mit dem extrapyramidalen System gekoppelt.

System, sensorisches (auch Signalsystem, erstes) Gesamtheit der morphologischen Grundlagen und der Prozesse der Aufnahme, Kodierung, Weiterleitung und Aufbereitung (Synthese) sensorischer Informationen. S. umfaßt organisch die Rezeptoren bzw. die Sinnesorgane, die afferenten Nervenbahnen und die sensorischen Zentren bis zur Großhirnrinde (Analysator) und funktioniert im menschlichen Handeln nur in enger Verknüpfung mit dem verbalen System.

System, verbales (auch Signalsystem, zweites) Gesamtheit der Prozesse der Aufnahme, Kodierung, Weiterleitung, Verarbeitung und Speicherung verbaler Informationen. S. besitzt die gleichen organischen Grundlagen wie das sensorische System (optischer, akustischer und kinästhetischer Analysator im Bereich der Sprechmuskulatur) und schließt die Tätigkeit verschiedener Rindenregionen ein.
Es entwickelt sich auf der Grundlage des sensorischen Systems und bleibt im menschlichen Handeln – ganz besonders in der sportlichen Tätigkeit – eng mit dem sensorischen System und der Motorik (sensomotorisches System) verknüpft.

Systole Kontraktionsphase des Herzens. Ihre Dauer hängt vornehmlich von der Herzfrequenz ab.
[**270**, 127/**458**, 1373]

T

Tabellenplan Darstellungsform in der Trainingsplanung. Bei der Erstellung von Rahmen- und Jahresplänen wird immer mehr von textlichen Formulierungen zu Kennziffern übergegangen, wobei in zunehmendem Maß graphische Darstellungen, auch als Balkenpläne bezeichnet, und einfache mathematisch-statistische Verfahren in Form von T. Anwendung finden.
[**276**, 24ff]

Tachykardie Steigerung der Herzfrequenz. T. wird durch die gegebene körperliche Belastung bestimmt. Parallel dazu kommt es zu einer Erhöhung der Körpertemperatur und einer psychischen Erregung.
Bei verbesserter Grundlagenausdauer prägt sich T. bei vergleichbarer Belastung weniger aus. Diese bezeichnende Reaktionsweise wird in der Leistungsdiagnostik ausgenutzt.
[**270**, 469]

Tagesrhythmus Tagesrhythmische Schwankungen der Leistungsbereitschaft. Ein Maximum wird vormittags gegen 11 Uhr erreicht, am frühen Nachmittag findet sich gegen 14 Uhr eine Senke, anschließend ein deutlicher Nachmittagsanstieg, bis etwa 17 Uhr. Gegen 19 Uhr beginnt ein gleichmäßiger Leistungsabfall bis zu einem ausgeprägten Leistungsminimum um 3 Uhr morgens. Danach nimmt die Leistungsfähigkeit innerhalb von nur 6 Stunden bis zu ihrem Höchstwert um 11 Uhr morgens wieder zu.
[**29**, 276/**116**, 240/**182**, 637]

Tagesumsatz Gesamtumsatz an Nahrungsmitteln eines Sportlers in 24 Stunden. Im allgemeinen überschreitet der Gesamtumsatz des Sportlers ca. 25000 kJ/24 Std. nicht.
Bei Hochgebirgskletterern wurden T. bis zu 40000 kJ. ermittelt, womit die absolute Höchstleistungsgrenze eines Sportlers erreicht sein dürfte.
[**270**, 471/**389**, 82, 85]

Taktik Gesamtheit von Verhaltensweisen, Maßnahmen und Handlungen von Sportlern im Wettkampf, die unter Beachtung von Gegner- und Partnerverhalten sowie den äußeren Bedingungen auf die volle Nutzung der eigenen physischen und psychischen und motorischen Leistungsvoraussetzungen im Sinn eines bestmöglichen Wettkampfergebnisses gerichtet sind (vgl. Abb. Seite 256/257).
Theorie und Lehre von den Gesetzmäßigkeiten, Möglichkeiten, Mitteln und Formen einer effektiven Wettkampfgestaltung in Sportarten und Disziplinen, die einen Handlungsspielraum enthal-

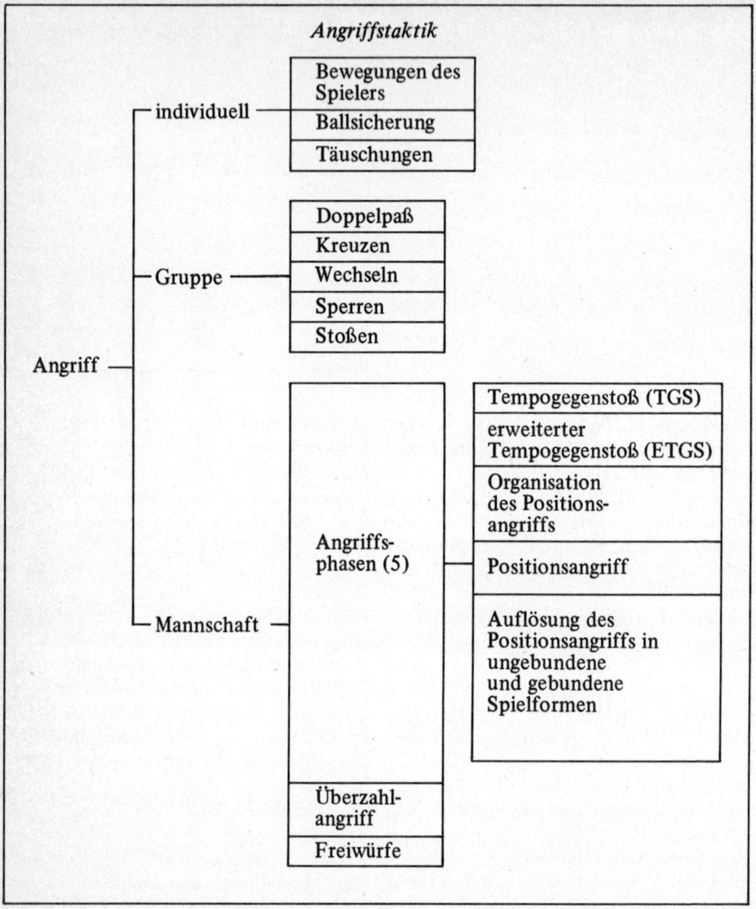

ten. Man unterscheidet zwischen individueller T. und Mannschafts-T.
[**196**, 120/**263**, 235/**276**, 250/**281**, 378/**293**, 118ff]

Taktik, Bedingungsgefüge der Komplex aller, das Niveau der sportlichen Taktik beeinflussenden Qualifikationen eines Sportlers, des Gegners und der äußeren Bedingungen.

Die taktische Handlung als Resultat der sportlichen Taktik wird hauptsächlich bestimmt durch:
das Wettkampfziel, das Qualifikationsniveau des einzelnen Sportlers und/oder der gesamten Mannschaft, das Qualifikationsniveau des einzelnen Sportlers und/oder der gesamten gegnerischen Mannschaft, äußere Bedingungen (z. B. Wettkampfregeln, Platz- u. Witterungsbedin-

Abwehrtaktik

- Individuelle Abwehrtaktik
  - Abwehr eines Spielers ohne Ball
    - Blockieren der Laufwege
    - Übernehmen eines Angriffsspielers
  - Abwehr eines Spielers mit Ball
    - Blocken des Torwurfes
    - Abwehren von Fern- und Nahwürfen
    - Herausspielen des Balles
    - Abwehr von Zuspielen und Finten
  - Stellungsspiel des Spielers
    - Sicherheitsabstand bewahren
    - Decken der Wurfarmseite
    - Abdrängen des Gegenspielers nach außen
  - Abwehrbereitschaft
- Gruppentaktik
  - Übergeben – Übernehmen
  - Raustreten und Einordnen
  - Blocken und Sichern
- Mannschaftstaktik
  - Beherrschen der Abwehrsysteme
  - Einstellung auf verschiedene Angriffsformationen
  - Verhalten bei Überzahl
  - Verhalten bei Unterzahl
  - Verhalten bei Freiwürfen

Abb. links und auf dieser Seite: Die komplexe Taktik im Sportspiel – Beispiel: Hallenhandball (Quelle: Trosse 1986, 127, 168)

gungen, Schiedsrichter usw.).
Neben diesen Hauptkategorien sind ferner das taktische Konzept des Gegners, der Spielstand und die Wichtigkeit des Spiels entscheidend. Man unterscheidet auch in objektive und subjektive Seite des taktischen Bedingungsgefüges.
[**257**, 239]

Taktikplan Systematisches Vorgehen nach einem vorgegebenen Verhaltensmuster (siehe Abb. unten). Sportler sind ausreichend taktisch qualifiziert, wenn sie gemäß dem T. und den jeweiligen Situationen zielgerichtet und zweckmäßig handeln.
Bei der Erstellung des Handlungsplans werden in der Regel mehrere Alternativen gedanklich durchgespielt und die günstigste ausgewählt. Erfolg oder Mißerfolg wird registriert und für spätere Handlungen gespeichert.
[**257**, 238]

Taktiktest Testverfahren als Verlaufskontrolle der technisch-taktischen Entwicklung. Als Verfahren eignen sich praktische (z. B. Abprüfung taktischer Grundformen) und theoretische Überprüfungen (Besprechung von Spiel- oder Wettkampfsituationen, Erarbeiten von Alternativlösungen).
[**430**, 271]

Taktikschulung Üben wettkampfmäßiger Situationen mit dem Ziel zu siegen oder mit einem optimalen Ergebnis abzuschließen. Zur taktischen Vorbereitung gehören die Einschätzung der eigenen und gegnerischen Leistung durch Wettkampfanalyse und Resultatstudien, das Studium der individuellen Taktik des Gegners, der Wettkampfbedingungen und der Witterungsverhältnisse.
Das taktische Verhalten wird vom konditionellen und technischen Zustand des Wettkämpfers beeinflußt.
[**160**, 219ff/**196**, 340]

Talent, sportartspezifisches Niveaustufe der Disposition für das Erreichen hoher sportlicher Leistungen in einer spezifischen Sportart. Idealtypische Merkmale wie anthropometrische Voraussetzungen, physiologische Merkmale, technomotorische Bedingungen und manchmal auch psychologische Anforderungen werden häufig zur Bestimmung des T. herangezogen. Bis heute sind weder all diese Anforderungen bekannt noch ihre

Stufen der taktischen Handlung (modifiziert nach Mahlo)
(Quelle: Letzelter 1985, 241)

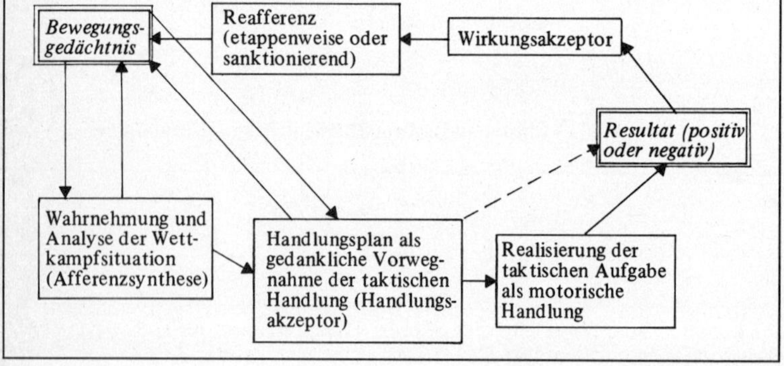

Gewichtung oder die Fähigkeit, die man alternativ benutzen kann, um ebenfalls zu Höchstleistungen zu kommen.
[**156**, 85]

Talent, sportliches Die über dem Durchschnitt liegende Disposition, im sportlichen Bereich hohe Leistungen erbringen zu können und zu wollen.
[**156**, 85]

Talentauswahl Auswahl bestimmter Personen, deren Begabungen noch nicht voll entfaltet sind und über das durchschnittliche Maß hinausgehen.
Carl (1978) bietet ein Modell der Talentauswahl an, das innerhalb eines dreigliedrigen Trainingsprozesses (Grundlagen-, Aufbau-, Hochleistungstraining) jeweils an den Nahtstellen stehen kann. Grobauslese motorisch überdurchschnittlich leistungsfähiger, an der Sportart interessierter und konstitutionell geeigneter Sportler; ein- bis eineinhalbjährige Trainingsphase, langsame Steigerung der sportartspezifischen Anteile, dabei ständige Beobachtung des Sportlers durch den Trainer bezüglich seiner Eignung für den Hochleistungssport; Auswahl für das eigentliche Training aufgrund der Parameter Leistungsniveau, Tempo der Leistungserhöhung und Leistungsstabilität unter Berücksichtigung psychosozialer Parameter. Dann Beginn des Trainings der nächsten Stufe.
[**156**, 89]

Talentförderung Einsatz aller Trainings- und trainingsbegleitenden Maßnahmen, mit deren Hilfe Talente die erwarteten späteren hohen Leistungen erreichen können.
[**156**, 87]

Talentsuche Systematische Auslese sportlich hochbegabter Schüler und Jugendlicher. Es geht nicht darum, Sportler zu entdecken, die schon Spitzenleistungen bringen, sondern um das Finden von Sportlern, die aufgrund bestimmter Persönlichkeitsmerkmale und Leistungsgrundlagen bei systematischem Training Spitzenleistungen erwarten lassen.
[**29**, 291/**156**/**293**, 151]

Tapering Formzuspitzung durch Belastungsdrosselung vor wichtigen Wettkämpfen, um eine aktive Erholung und damit die Wiederherstellung des bioenergetischen Leistungspotentials herbeizuführen.
In der englischen Terminologie als «build up», d. h. als ein Aufbautraining für den Wettkampf bezeichnet. (s. a. → Stoßtraining, Periodisierung).
[**357**, 210]

Tauchen in Apnoe Untertauchen unter die Wasseroberfläche ohne Hilfsmittel. Die maximale apnoische Tauchtiefe wird weitgehend von der Lungenkapazität bestimmt.
Entscheidend ist, bis zu welchem Ausmaß der Druck zwischen Blutbahn und Lungeninnenraum durch Volumenverkleinerung angepaßt werden kann.
[**210**]

Taucherflöhe Symptom der → Caisson-Krankheit. T. entstehen bei zu raschem Auftauchen durch Lösung der Atemgase unter hohem Druck in den Körpergeweben. Sie machen sich als Juck- bzw. Kribbelreize bemerkbar. Meist ist die Haut unterhalb des Schultergürtels und im Beckenbereich befallen.
[**270**, 236]

Taucherkrankheiten Krankheiten, oft auch Schädigungen, die durch Tauchen entstehen können. T. können beim Abstieg in der Kompressionsphase z. B. als Unterdruck-Barotrauma im Mittelohr, in den Nasennebenhöhlen, als Barotrauma der Lunge oder der Haut auftreten; beim Aufenthalt in konstanter Wassertiefe (Isopressionsphase) z. B. als Tiefenrausch, Sauerstoffvergiftung, Kohlendioxid-Vergiftung, Unterkühlung, Panik; und beim Auftauchen in der Dekom-

pressionsphase z. B. als Überdruck-Barotrauma, Caisson-Krankheit, Lungenriß, Luftembolie.
[**270**, 290]

Tauchreflex Abnahme der Herzfrequenz (Bradykardie) bei Tauchmanövern in Apnoe. Die Herzfrequenz kann durch Parasympathikusaktivierung in 30–40 Sek. Tauchzeit auf 50–60 Schläge/Min. abgefallen sein. T. dient der Sauerstoffeinsparung und überspielt dabei alle kreislaufantreibenden Mechanismen im menschlichen Körper, so auch die Herzfrequenzsteigerung bei körperlicher Arbeit unter Wasser.
[**270**, 283]

Täuschung → Finte.

Technik Spezifisches, in der Sportpraxis erprobtes, meist auch wissenschaftlich analysiertes Verfahren einer sportlichen Bewegungsaufgabe. Die T. basiert auf der Anwendung der der Bewegung zugrunde liegenden Gesetze; sie zielt auf die maximal mögliche sportliche Leistung durch effektives Ausnutzen vorhandener bzw. zu entwickelnder psychophysischer Potenzen des Sportlers und äußerer mechanischer Bedingungen unter Berücksichtigung der jeweils taktischen Situation. T. setzt Ausbildung und Beherrschung entsprechender Bewegungsfertigkeiten voraus und erfährt eine ständige Weiterentwicklung.
Die Vielfältigkeit sportlicher Techniken und deren Variation in den Sportspielen wird in Konzags Systematik sichtbar (siehe Abb. rechts).
[**160**, 194/**175**, 179/**196**, 340/**303**, 7]

Technikdarstellung, wissenschaftliche Objektive Darstellung sportlicher Techniken mit Hilfe wissenschaftlicher Analysen. Die Idealbewegung, verstanden als sportliche Technik, wird in quantitative Merkmale, d. h. meßbare Merkmale wie kinematische Phasen-Merkmale (räumlich, zeitlicher Verlauf, Gelenkwinkel, Geschwindigkeiten, Beschleunigung) sowie dynamische Merkmale (Kräfte, Impulse, Drehimpulse), Schwerpunkte u. a. zerlegt und gegliedert. Diese Analyse ist eine Teilvoraussetzung für das eigentliche Techniktraining.
[**141**, 9f]

Technikentwicklung Weiterentwicklung sportlicher Bewegungshandlungen in der Geschichte des Sports. Die T. erfolgte immer auf empirischer Basis; ihre Zweckmäßigkeit konnte zumeist nachträglich in wissenschaftlichen (biomechanischen) Verfahren nachgewiesen werden.
Prozeß der Entwicklung von Bewegungsfertigkeiten eines Sportlers im langfristigen Trainingsprozeß.

Technikmodell Modell einer Ideallösung einer sportlichen Bewegungsaufgabe. T. gilt als Anforderungsprofil und Zielsetzung des Techniktrainings. Ein komplexes T. sollte in drei Begründungszusammenhängen dargestellt werden.
In der ersten Ebene werden die biomechanischen Kennwerte vor dem Hintergrund der Gesetze der Mechanik als Sollwerte formuliert. In der zweiten Ebene muß versucht werden, muskel- und gelenkphysiologische Gesichtspunkte zu einem funktionell-anatomischen T. zu verdichten. In der dritten Ebene müssen die Gesetzmäßigkeiten der Bewegungslehre in einer Strukturanalyse der Technik zusammengefaßt werden.

Technik, sportliche In der Praxis entwickeltes Verfahren, eine bestimmte Bewegungsaufgabe auf möglichst zweckmäßige und ökonomische Weise zu lösen. Die T. basiert zunehmend auf dem Erkenntnisstand der der Bewegung zugrunde liegenden Gesetze und leitet sich aus dem Ziel ab, die maximal mögliche sportliche Leistung durch effektives Ausnutzen konditioneller und psychischer Komponenten und unter äußeren mechanischen Bedingungen zu erreichen. Sie entspricht deshalb einem sog. motori-

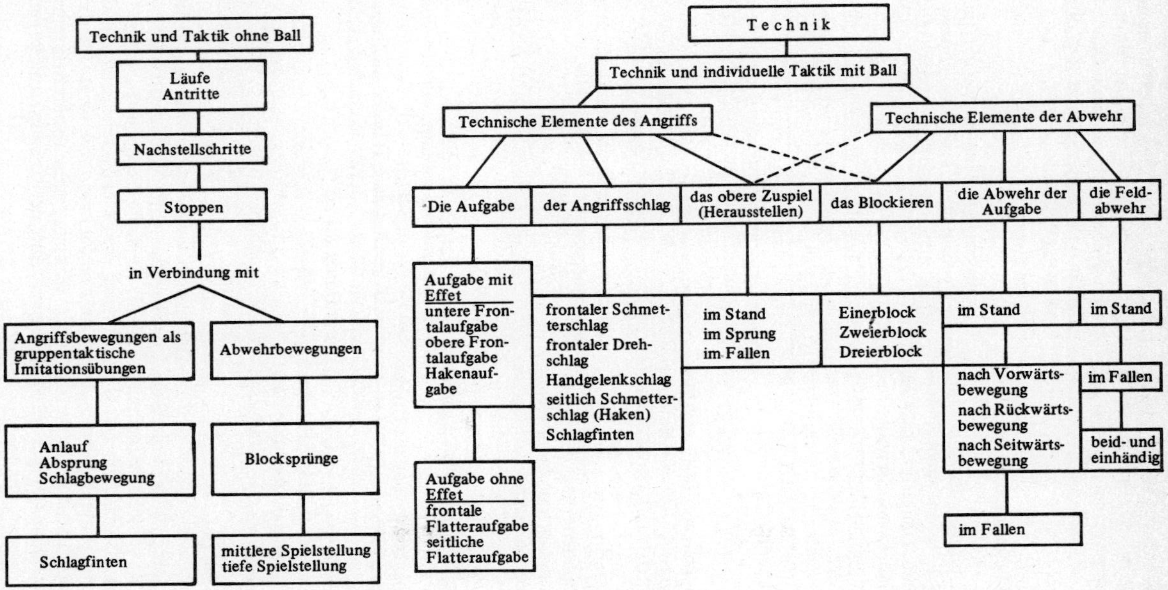

Die Vielfalt sportlicher Techniken und deren Variationen – verdeutlicht am Sportspiel Volleyball (nach Konzag)
(Quelle: Letzelter 1985, 215)

schen Idealtyp, der jedoch unter Erhaltung seiner charakteristischen Merkmale eine individuelle Modifizierung (persönlicher Stil) erfahren kann (s. a. → Stil, sportlicher).
[**275**/**401**]

Technikstillstände Stagnation der Technikentwicklung trotz weitergeführten Trainings. Als Ursachen der T. sind folgende grundsätzliche Möglichkeiten in Betracht zu ziehen: mangelnde oder fehlerhafte Informationsverarbeitung, verfestigte Bewegungsfehler, nicht ausreichend entwickelte konditionelle und koordinative Grundlagen, Vernachlässigung des gesamten Techniktrainings im Vergleich zum Konditionstraining.
[**141**, 12f]

Techniktest Kontroll- und Testverfahren, die in der Trainingspraxis zur Gewinnung von Aussagen über die Technik dienen. Zur Objektivierung der Bewegungstechnik sind folgende Kontrollmöglichkeiten angebracht: Objektivierung der Bewegungsparameter des technischen Niveaus durch Videorecorder, Film etc. sowie Beobachtung durch den Trainer, der aufgrund seines Erfahrungsschatzes bestimmte Bewegungsparameter erschließen kann.
Als Bewegungsparameter sind die Effektivität der Schlüsselelemente in der kinematischen Kette, die Zuverlässigkeit und Genauigkeit der Bewegung sowie die Automatisation und Stabilität der Bewegungsfertigkeiten gegenüber ungünstigen inneren und äußeren Einflüssen anzusehen.
[**89**, 16/**160**, 194f/**430**, 253]

Techniktraining Langfristiger Prozeß des Erwerbens und Vervollkommnens sportlicher Techniken. T. unterliegt den Gesetzmäßigkeiten des motorischen Lernens. Es umfaßt das Training vom Anfänger bis zum Spitzenkönner und wird auf allen Stufen von einem hohen Ausbildungsgrad sportlicher Kondition positiv beeinflußt. T. und Konditionstraining greifen ineinander und ergänzen sich. Sowohl in den Trainingseinheiten als auch in den größeren Abschnitten der Trainingsperioden wird das T. jeweils differenziert verankert.
[**141**, 89ff]

Techniktrainingbeginn Beginn der Technikentwicklung. Günstigste Voraussetzungen bietet jene Phase des Kindesalters, in der die Reifung des ZNS abgeschlossen ist und ein ausgewogenes Stadium zwischen Längen- und Breitenwachstum des Körpers vorliegt. Diese sensible Phase der besten motorischen Lernfähigkeit bezieht sich auf den Zeitraum zwischen Schuleintritt und der ersten puberalen Phase (6–12 Jahre) (s. a. → Entwicklungetappe).
[**141**, 15]

Teilkörperschwerpunkt Der Schwerpunkt eines Einzelteils innerhalb eines Massensystems.
In der Biomechanik arbeitet man z. B. mit den T. der Extremitäten, des Rumpfs und des Schädels.
[**196**, 373]

Teilkörperübung Übung, bei der Teile des Bewegungsapparats am Bewegungsablauf beteiligt sind. T. lassen im Gegensatz zu Ganzkörperübungen eine gezieltere Belastung zu.
[**257**, 146]

Teillernmethode Isoliertes Aneignen, Erlernen von Teilbewegungen einer sportlichen Technik, die später zu einem Ganzen zusammengefügt werden (analytisch-synthetisches Verfahren).
Die T. ist wenig ökonomisch, wenn ein Vorgang nach der Ganzheitsmethode auch zum Ziel führt. Sie ist aber besonders wirksam beim Verändern einer Technik bzw. bei komplexen Bewegungen.
[**141**, 1354ff/**257**, 229ff]

Teillernmethode, progressive Sonderform des analytisch-synthetischen Verfahrens im Techniktraining. Zwei Teilbewegungen einer ganzheitlichen Bewegung werden isoliert erlernt und dann miteinander verbunden. Später wird ein dritter Teil neu erlernt, der mit den beiden vorhergehenden gekoppelt ist.
[**73**/**257**, 230]

Teilmethode Nach Zaciorskij Methode zur Reaktionsschulung. Bei der T. oder analytischen Methode werden die erste Bewegungsaktion und die komplexe Bewegungshandlung getrennt geschult.
[**160**, 204ff/**257**, 199]

Telemetrie Fernübertragung von Meßgrößen. Häufig verwendetes Verfahren in der Sportmedizin ist die Biotelemetrie. B. ist die drahtlose Übertragung von biologischen Meßwerten wie z. B. Temperatur, Blutdruck, EKG u. a.

Tempogefühl Spezielle Form der motorischen Differenzierungsfähigkeit; Fähigkeit, die Geschwindigkeit bei lokomotorischen Bewegungen richtig wahrzunehmen, zu beurteilen und aufgabengemäß zu regulieren.

Tempogefühlschulung Schulung des Tempogefühls z. B. bei leichtathletischen Läufen. Alle Läufe nach der Stoppuhr dienen der T. Eine verstärkte T. erreicht der Trainer dadurch, daß er den Athleten jeweils die gestoppte Zeit erraten läßt. Der T. auf der eigentlichen Rennstrecke dienen Formkontrollrennen.
[**196**, 120/**300**]

Tempolauf Lauf mit relativ gleichbleibender hoher Geschwindigkeit über eine festgelegte Streckenlänge (100 bis 500 m). T. dient vor allem der Verbesserung der → Schnelligkeitsausdauer und der Schulung des Zeitgefühls.
[**196**, 34/**197**, 60]

Temposerienläufe Leichtathletische Trainingsformen. Läufe in submaximalem bis maximalem Tempo zur Verbesserung der Schnelligkeitsausdauer. Mehrere Tempoläufe werden zu Serien zusammengefaßt, z. B. 3mal 200 m, 3mal 300 m, 2mal 500 m. Innerhalb der Serie kurze Geh- oder Trabpausen, zwischen den Serien vollständige Erholungspausen. Dadurch läßt sich die Zahl der Trainingsläufe insgesamt erhöhen.
[**196**, 34/**302**, 177]

Tempotabelle Mittel beim Intervalltraining, um über das Jahr hinweg das Trainingstempo vorherzubestimmen (siehe Abb. unten). Die T. sollte nicht starr eingehalten werden. Als Ergänzung dienen → Ermüdungsindex und regelmäßige Pulskontrolle.
[**196**, 121/**229**, 32]

Tempowechsellauf Trainingsform zur Verbesserung von Schnelligkeit, Schnel-

Tempotabelle

200-m-Bestzeit	Nov.	Dez.	Jan.	Febr.	März	April	ab Mai
23	31	30	29	28	27	26	25
24	32	31	30	29	28	27	26
25	33	32	31	30	29	28	27
26	34	33	32	31	30	29	28
27	35	34	33	32	31	30	29

ligkeitsausdauer und Ausdauer. Beim T. wird die Laufgeschwindigkeit auf der Strecke mehrmals geändert.
[**196**, 36/**389**, 4]

Tempowechselmethode Neben der kontinuierlichen Methode und dem Fahrtspiel eine Form, die laut Harre zu den Dauermethoden zu zählen ist. Die T. ist durch das planmäßige Variieren der Fortbewegungsgeschwindigkeit (Reizstärke) ohne Erholungspause charakterisiert. Nach jeder Tempoerhöhung entsteht kurzfristig eine Sauerstoffschuld (anaerobe Belastung), die in den Phasen geringerer Intensität (unterhalb des steady-state) mit aeroben Mitteln teilweise oder vollständig wieder kompensiert wird. Auf diese Weise kann ein Athlet sich eine gute Spurtfähigkeit antrainieren.
[**293**, 86]

Tendinitis Sehnenentzündung.

Tendinose Pathologische Veränderung an den Sehnenansätzen. Durch mechanische Überbelastung oder toxischen Reiz bedingte degenerative Veränderung im Bereich der Sehnen-Knochen-Verbindung. Akute T. treten unter plötzlicher oder andauernder Überbelastung auf, bei gleichzeitiger Unterkühlung oder degenerativer Vorschädigung. Typisch hierfür ist der lokalisierte Druckschmerz und Anspannschmerz am Übergang vom Muskel zur Sehne und der Sehne an ihrem Ansatz.
[**335**]

Tendopathie (auch Insertionstendopathie) Schmerzzustände an den Sehnenursprüngen und -ansätzen. Typisches Beispiel ist der → Tennisellbogen, der infolge mechanischer Überbeanspruchung entstehen kann.

Tendovaginitis Entzündung des Sehnengleitgewebes. Sie kann als akute oder chronische T. vorliegen und wird durch berufliche oder sportliche Überlastungen hervorgerufen.

Tennisellbogen (auch Tennisarm, Epicondylitis) Pathologische Veränderung infolge mechanischer Überbelastungsvorgänge am Extensorenursprung mit rezidivierenden Mikrotraumatisierungen und degenerativen Involutionsvorgängen. Der für das Tennisspiel typische Bewegungsablauf bedingt überwiegend das Befallensein des Epicondylus radialis, während der Sportschaden am Epicondylus ulnaris mehr bei Wurfdisziplinen (Speerwurf u. a.) manifestiert wird. Kennzeichen sind starke Schmerzen bei der Dorsalextension von Hand und Fingern, lokaler Druckschmerz über dem Epicondylus radialis, bei extremem Händedruck und beim Herunterdrücken der geballten Faust aus Dorsalextensionen. Ursachen können verkrampftes Halten des Schlägers, zu großer Kraftaufwand beim Schlag, ungenügendes Aufwärmen, falsche Rückhandtechnik mit nicht korrektem Umgreifen zwischen Vor- und Rückhandschlag, falsch dimensionierter Schlägergriff oder auch zu harte Schlägerbespannung sein.
[**335**]

Terrainkur Form der Bewegungstherapie, insbesondere bei Herz-Kreislauf-Krankheiten. Ein bestimmtes Terrain wird etappenweise in festgelegten Zeitabschnitten bewältigt und so systematisch die körperliche Leistungsfähigkeit gesteigert. Die T. wurde im 19. Jh. von Oertel eingeführt.

Test, motorischer Test zur Ermittlung der motorischen Lernfähigkeit. Dient der Feststellung von Anpassungs- und Umstellungsfähigkeiten eines Individuums in bestimmten standardisierten Situationen. Als Maß gelten die Lernzeit und die Anzahl der Übungswiederholungen, die zum Erreichen eines bestimmten Fertigkeitsniveaus benötigt werden.
[**281**, 203 ff/**430**, 299]

Test, psychomotorischer Testverfahren in der Psychologie, um die speziellen Fertigkeiten der Psychomotorik zu erfassen (Koordinationsvermögen, Handgeschicklichkeit, Reaktionsschnelligkeit). Besonders angewandt bei Untersuchungen zur Feststellung des Entwicklungsstandes bei Kindern, zur Diagnose von Hirnschäden, zur Berufseignung u. a.
[**26**/**284**]

Test, sportmotorischer Unter standardisierten Bedingungen ablaufendes und wissenschaftlichen Kriterien genügendes Verfahren zur Erfassung eines oder mehrerer empirisch abgrenzbarer Merkmale des individuellen sportlichen Leistungsniveaus. Erfassungsziel ist eine möglichst quantitative Aussage über den relativen Grad der individuellen Ausprägung motorisch-konditioneller Fähigkeiten.
[**142**, 12/**257**, 109]

Testauthentizität Aussagekraft von Tests, ausgedrückt in bestimmten Gütekriterien.
Hauptgütekriterien sind → Validität, Reliabilität, und Objektivität, wesentlichste Nebengütekriterien die Normierung und die Ökonomie eines Tests.

Testbatterie Zusammenfassung einzelner sportmotorischer Tests, die in ihrer Endaussage zusammengefaßt interpretiert werden. Man unterscheidet zwischen homogenen (Einzeltests korrelieren signifikant miteinander) T. und heterogenen T. (Einzeltests korrelieren nicht miteinander).
Mit Hilfe von T. können für eine bestimmte Sportart und Disziplin leistungsrelevante konditionelle und technomotorische Fähigkeiten und Fertigkeiten des Athleten beurteilt werden (siehe Abb. Seite 266).
[**113**, 16/**257**, 112]

Testdurchführungsgrundsätze Durchführungsbestimmungen, die zur Wissenschaftlichkeit und Standardisierung eines Tests beitragen.
Man unterscheidet folgende T.: Beachtung der Gütekriterien, langfristige Planung und Einordnung von Testart und Testtermin, standardisierte Testvorbereitung unter Verwendung adäquater Hilfsmittel (Testanweisung, Testkarte), Testdurchführung ohne wertende Aussagen zur Testleistung, Testwert unmittelbar protokollieren.
[**113**/**142**, 17ff]

Testgrenzen von Konditionstests Standardisierte Bedingungen und wissenschaftliche Kriterien grenzen einen Konditionstest in seiner Aussagefähigkeit ein. Als T. müssen genannt werden: Konditionstests eignen sich nur zur Grobdiagnose einzelner, teilweise auch komplexer Anteile der Kondition; durch einen Konditionstest können nur Teilaspekte der sportmotorischen Leistung erfaßt werden; auch bei konsequenter Beachtung der Durchführungsgrundsätze können Störvariablen entstehen.
[**142**, 15ff]

Testläufe → Formkontrollauf

Testosteron Wichtigster Vertreter der männlichen Sexualhormone, der Androgene. T. wird in den Hoden (Testes), in den Zellen zwischen den Hodenkanälchen (Leydigsche Zwischenzellen) gebildet. Geringe Mengen werden von den Frauen in den Eierstöcken und der Nebennierenrinde gebildet.
T. nimmt bei Jungen – im Gegensatz zu den Mädchen – ab dem 12./13. Lebensjahr stark zu und bewirkt einen starken Muskelzuwachs. Parallel dazu bewirkt der Testosteronanstieg eine Enzyminduktion, die u. a. zu einer Verbesserung der anaeroben Arbeitsfähigkeit des Muskels führt.
[**116**, 206/**271**, 346/**430**, 51]

Tetanus Willkürliche Verkürzungen des Skelettmuskels. Bei der Verkürzung

Spezieller Konditionstest des DSV für Ski-Läufer

Die folgenden Testübungen sind in Form eines Rundlaufs in der Halle durchzuführen.

Die Anzahl der Hindernisse, die Abstände zueinander sowie die Höhen sind je nach Ausbildungsstand und Leistungsniveau für verschiedene Trainingsgruppen oder Einzelsportler veränderbar.

– Laufstrecke: 1 oder 2 Runden

– Wertung: die Gesamtlaufzeit nach korrekter Überwindung aller Hindernisse, Strafzeiten bei Auslassen.

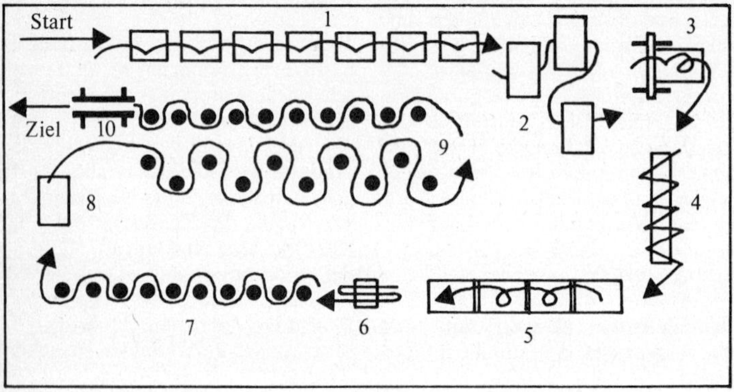

Übung 1: Beidbeiniges Überspringen von 7 bis 10 Kästen in abfahrtsähnlicher Körper- und Armhaltung;
Übung 2: Durchkriechen eines oder mehrerer Kastenteile;
Übung 3: Überwinden eines Pferds (Höhe: 1,30 m und höher), anschließend Rolle vorwärts auf der Matte;
Übung 4: Beidbeiniges Winkelspringen über Langbank (mindestens 10 Sprünge);
Übung 5: Mattenbahn: zweimal Rolle vorwärts, einmal Rolle rückwärts;
Übung 6: Bockspringen (Bockhöhe: ab 1,10 m), ein- bis dreimal mit Durchkriechen;
Übung 7: Slalomlauf um 10 bis 15 Stangen; Abstand: 1,50 m oder weniger; Strafzeit von 1 Sek. bei Umstoßen der Stange;
Übung 8: Hocksprünge auf der Matte zehn- bis zwanzigmal;
Übung 9: Slalomlauf hin und zurück (mindestens 10 Stangen);
Übung 10: Durchstützeln eines Barrens (einmal hin und zurück).

(Quelle: Jonath/Krempel 1985, 417f)

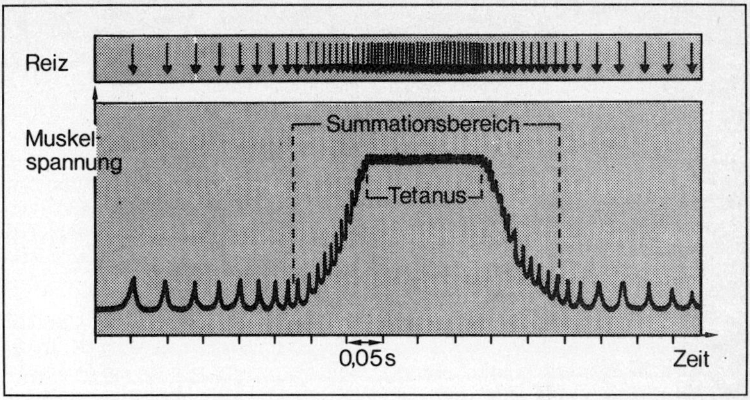

Vollständige mechanische Überlagerung von Einzelzuckungen zur tetanischen Kontraktion bei entsprechender Reizfrequenz (Quelle: Markworth 1986, 50)

eines Muskels sind niemals alle motorischen Einheiten gleichzeitig tätig (siehe Abb. oben). Der T. resultiert aus abwechselnder Tätigkeit der Einheiten. Bei natürlicher Innervation liegt die Erregungsfrequenz der einzelnen Fasern zwischen 5 und 50 Hertz.
[**116**, 53f/**270**, 63/**273**]

Thermoregulation Temperaturregelung beim Menschen. Zum Schutz gegen stärkere Veränderungen der Körperkerntemperatur besitzt der Mensch die Fähigkeit, seine Kerntemperatur unabhängig von den Schwankungen der Umgebungstemperatur konstant zu halten. Daraus ergibt sich die Notwendigkeit einer T., die beim Menschen aufgrund von äußeren Einflüssen, Umgebungstemperatur, Luftbewegung, Luftfeuchtigkeit und durch innere Einflüsse wie Änderung der Wärmebildung durch körperliche Arbeit und Verdauungsfunktionen erforderlich wird.
[**271**, 306/**389**, 215]

Thermorezeptoren Temperaturfühler, die die Körpertemperatur erfühlen. Eine Gruppe der T. befindet sich direkt im Temperaturregelzentrum, dem Zwischenhirn. Die zweite Gruppe der Rezeptoren sind die Wärme- und Kälterezeptoren der Haut, die Veränderungen der Hauttemperatur direkt an das Zwischenhirn weitermelden.
[270, 306/**389**, 215]

Thrombose Verschlüsse von Blutgefäßen durch einen Thrombus (Blutgerinnsel, Blutpfropfbildung). Eine T. entsteht durch Veränderungen der Gefäßwand, Veränderung der Blutströmung oder Veränderung der Blutzusammensetzung.
[**458**, 1397]

Thrombose par effort Akute Stauung der Vena subclavia. Beim Kugelstoßen, beim Kegeln oder beim Tennisaufschlag kann es infolge extremer Schulterbeanspruchung zu der recht seltenen T. kommen, die auch unter der Bezeichnung Paget-v.-Schroeter-Syndrom bekannt ist.
[**182**, 670]

Tiefenrausch Beschwerden während des Aufenthalts in größeren Tiefen. Ursache ist umstritten, von einigen Autoren wird ein verminderter Kohlendioxydabbau in-

folge verringerten Atemminutenvolumens ursächlich angegeben, andere führen den T. auf Erhöhung des Stickstoffpartialdrucks zurück. Symptome: metallischer Geschmack, Denk- und Konzentrationsstörungen, Euphorie.
[**182**, 585/**271**, 294]

Tiefsprünge Trainingsform zur Verbesserung der explosiv-reaktiv-ballistischen Muskelspannung in den Sprungdisziplinen. Die nach dem Prinzip der → Plyometrie aufgebauten Sprungformen verbessern die Fähigkeit, die dynamische Maximalkraft in möglichst kurzer Zeit zu erreichen. Der T. erfolgt mit Absprung von einem Kasten und sofortigem Aufsprung auf den nächsten Kasten. Zur Belastungserhöhung benutzt der Sportler Gewichtsweste oder Sandsäcke.
[**198**, 177/**257**, 144/**406**, 269/**456**, 305]

Tonisch Charakteristische Form der Muskelspannung im Sport. Man findet den T. Typ bei starker und relativ langsamer (Ringen, Tauziehen, Turnen), vor allem aber bei isometrischer Muskelspannung (Schießen). Von diesem Typus unterscheidet man den phasischen, den explosiv-tonischen und den schnelligkeits-azyklischen Typ.
[**257**, 145f]

Tonische Muskelspannung → Muskelspannung, tonische.

Tonus Ruhespannung des Muskels. T. beruht auf einer reflektorischen Dauererregung, die den Muskel entgegen der Schwere der Körperteile in einer Dauerverkürzung zu halten sucht.
Die Muskeln, die gewohnheitsmäßig am meisten gebraucht werden, besitzen einen höheren T. als die übrigen. Je größer der T. eines Muskels, desto größer ist seine Kraftentfaltung.
[**196**, 289f/**309**, 26/**370**, 46]

Topographie Beschreibung von Körpergegenden und der Lage einzelner Organe zueinander. Bezüglich der Muskelkraft ist neben den verschiedenen Krafteigenschaften sowie deren unterschiedlicher Bedeutung als dritter Faktor der topographische Faktor zu berücksichtigen. Kraft ist verschieden lokalisiert. In manchen Sportarten kommt es zu einseitiger, in anderen zu umfassender Kräftigung. Die Abb. rechts zeigt die Krafttopographie von Sportlern verschiedener Sportarten (die bestentwickelten Muskelgruppen sind durch Striche gekennzeichnet).
[**257**, 128f/**458**, 1406]

Totalkapazität Luftvolumen, das sich nach maximaler Einatmung in der Lunge befindet. T. setzt sich aus der Vitalkapazität und dem Residualvolumen zusammen.
[**271**, 208/**389**, 162f]

Toter Punkt Hohe Belastungsempfindung in der Anfangsphase einer intensiven dynamischen Arbeit. Oftmals tritt Atemnot auf. Der Puls wird fliegend, der Atem keuchend, und nur unter Aufbietung der gesamten Willensenergie läßt sich die bisherige Arbeitsgröße weiter beibehalten. Wenig später ändert sich dieser Zustand wieder.
[**116**, 222]

Trabpause Pause beim Training nach dem → Intervallprinzip in der Leichtathletik, bei der im Trab gelaufen wird. In der T. erholt sich der Organismus langsamer als in der Geh- oder Liegepause, dafür wird aber gleichzeitig die Muskulatur entschlackt, so daß bei der folgenden Belastung Organismus und Muskulatur annähernd gleich erholt sind.
[**196**, 122]

Trainer Fachkundige Person, die im Training unterweist und im Wettkampf betreut. Über die für jeden Sportler notwendigen Kenntnisse und Fähigkeiten hinaus muß der T. spezifisches Fachwissen auf seinem Spezialgebiet (Sportart) und v. a. in der Trainingslehre besitzen. Grundlage dafür ist neben einer entsprechenden Ausbildung meistens eigene

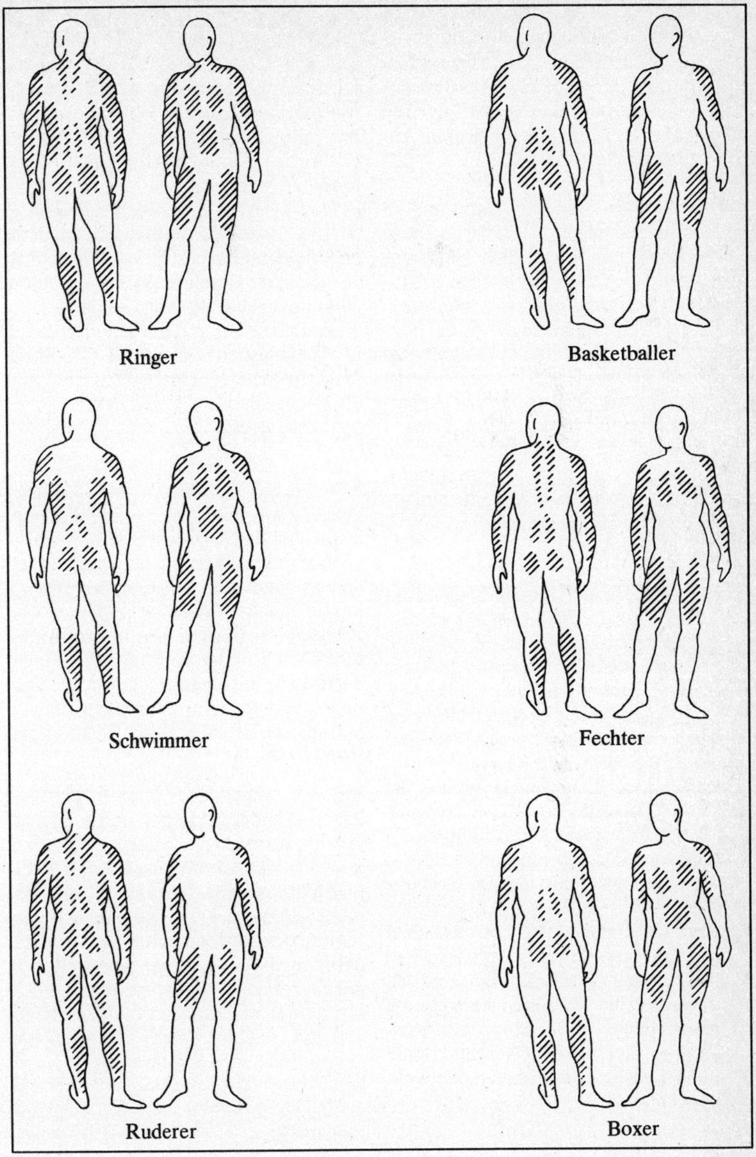

Krafttopographie von Sportlern verschiedener Sportarten (Quelle: Letzelter, H. u. M. 1986, 73)

Trainings- und Wettkampferfahrung. Wer als haupt- oder nebenamtlicher T. in den Organisationen des Deutschen Sportbundes tätig sein will, muß Trainerlizenzen erwerben, die das Absolvieren spezifischer Ausbildungsgänge und Abschlußprüfungen voraussetzen.

Trainierbarkeit Grad der Anpassung an Trainingsbelastungen. T. äußert sich im Entwicklungstempo sportlicher Leistungen, in der Zunahme derjenigen Faktoren der Leistungsfähigkeit, die diese sportliche Leistung bedingen, in der Verbesserung der Leistungsbereitschaft und der damit verbundenen Persönlichkeitsqualitäten sowie im Ausmaß der Anpassungsveränderungen derjenigen Organe und ihrer Funktionen, die die biologische Grundlage der sportlichen Leistung sind. Die T. ist individuell sowie alters- und geschlechtsspezifisch ausgeprägt.
[**160**, 29/**257**, 40/**430**, 14]

Trainierbarkeit, individuelle T. schwankt in weiten Grenzen. So lassen sich spätere Spitzenathleten gut trainieren, während der überwiegende Teil der Sportler trotz intensivster Trainingsarbeit nur einen relativ geringen Trainingseffekt aufweist. Hettinger ist es nicht gelungen, eine Beziehung zu bestimmten Konstitutionstypen und deren T. zu finden. Eine Rolle spielen jedoch Alter und Geschlecht sowie die Art des Gewebes. Je jünger der Organismus, um so prompter ist die Reaktion. Nervensystem und Muskulatur zählen zu den intensivst reagierenden Geweben. Bindegewebe und Knochen reagieren träger. Auch die Art der Muskelfasern spielt eine Rolle. Es zeigt sich auch an ein und derselben Person eine unterschiedliche T. verschiedener Muskelgruppen des Körpers wie auch eine unterschiedliche T. in Abhängigkeit vom Geschlecht.
[**171**]

Trainierbarkeit, jahreszeitliche Abhängigkeit der Trainingswirkungen von der Jahreszeit in Mitteleuropa. Von einem Tief in den Monaten Januar/Februar steigt die Trainingswirkung auf einen um etwa 60% höheren Wert in den Monaten Mai bis August. In den Monaten September/Oktober nimmt die Trainierbarkeit nochmals um rund 50% gegenüber den Monaten März bis August zu. In den Monaten November/Dezember fällt sie wieder ab. Zwei Faktoren scheinen dafür entscheidend zu sein: Die → Ernährung, vor allem im Hinblick auf das vermehrte Vitaminangebot in den Sommer- und Herbstmonaten, und die Trainierbarkeit in Abhängigkeit von der → UV-Strahlung. In neueren Untersuchungen wird die unterschiedliche T. bezweifelt.
[**171**, 122/**196**, 292]

Training Nach (wissenschaftlichen) Erkenntnissen geführter pädagogischer Prozeß der sportlichen Vervollkommnung, der durch systematisches Einwirken auf die psychophysische Leistungsfähigkeit und die Leistungsbereitschaft darauf hinzielt, Sportler zu hohen und höchsten sportlichen Leistungen zu führen. Durch aktive, bewußte Auseinandersetzung mit den im sportlichen Training gestellten Anforderungen entwikkelt sich die Persönlichkeit des Sportlers.
[**160**, 17f/**430**, 14]

Training, allgemeines Prozeß, der eine Zustandsänderung in physischer, motorischer, kognitiver und affektiver Hinsicht bewirkt. Matwejew versteht unter T. die physische, technisch-taktische, intellektuelle, psychische und moralische Vorbereitung des Sportlers mit Hilfe von Körperübungen. T. im Schulsport zielt auch auf eine planmäßige und gezielte Verbesserung der körperlichen Leistungsfähigkeit hin, hat aber nicht das Erreichen der sportlichen Höchstleistung in einem langfristigen und nach strengen Gesetzmäßigkeiten gesteuerten Trainingsprozeß zum Ziel.

Training, autogenes Psychoregulatives Verfahren; Verhaltens- und Konzentra-

tionstraining, das auch im Sport angewendet wird, um psychophysische Wiederherstellungsprozesse zu beschleunigen. Angewendet werden Gruppen- und Einzeltherapie sowie beruhigende verbale Fremd- und Selbstbeeinflussung.
[**458**, 1411]

Training, auxotones Physiologisch beschriebene Trainingsform, die eine Kombination von Muskelkontraktionen bei gleichzeitiger Änderung von Kraft und Länge des Muskels kennzeichnet.
[**29**, 252]

Training, bewegungsspezifisches Training, das auf die charakteristischen Merkmale einer Bewegung ausgerichtet ist. Das Prinzip des T. besagt, daß man nur denjenigen Bewegungsablauf trainieren soll, für den man eine Zunahme der Leistungsfähigkeit erzielen will. Nur mit einem T. können alle Komponenten, die zu einer Leistung beitragen, optimal ausgeprägt werden.
[**25**, 284]

Training, exzentrisches → Krafttraining, exzentrisches.

Training, freies Verfahren des Trainingsablaufs, bei dem der Sportler die Trainingsaufgaben selbst auswählt und gestaltet. Dieses Verfahren kann nur angewendet werden, wenn der Sportler über gewisse Trainingserfahrungen verfügt. Der Einsatz erfolgt zumeist in der Übergangsperiode. T. bietet den Vorteil, daß Selbständigkeit und bewußte Mitarbeit entwickelt werden.

Training, frontales Organisationsverfahren des Trainings, bei dem der Trainer den Trainierenden frontal gegenübersteht. Die Vorteile des T. liegen in der einfachen Organisation und der guten Gesamtübersicht des Trainers; die Nachteile bestehen neben der eingeschränkten Möglichkeit der individuellen Belastungsdosierung in der mangelnden Selbständigkeit der Athleten.
[**160**, 256]

Training, gekoppeltes Besondere Form des Mehrkampftrainings, bei der die im Wettkampf aufeinanderfolgenden Disziplinen im Training regelmäßig nacheinander trainiert werden, z. B. Hürdenlauf und Diskuswerfen im leichtathletischen Zehnkampftraining.
[**196**, 258/**370**, 455]

Training, ideomotorisches s. a. → Training, mentales

Training, isokinetisches → Krafttraining, isokinetisches.

Training, isometrisches → Krafttraining, isometrisches.

Training, isotonisches → Krafttraining, isotonisches.

Training, kinästhetisches Gezielte Steuerung des Bewegungsablaufs durch direkte Einflußnahme auf das Muskelempfinden (z. B. Führen der Stoßhand). Voraussetzung ist ein bewußtes und geschultes Mitdenken zur Aktualisierung bereits vorhandener Bewegungsmuster. Das Üben mit leichteren oder schwereren Geräten kann dabei zu einer kinästhetischen Wirkung führen, dem sogenannten Kohnstamm-Effekt.
[**42**, 116]

Training, komplexes (auch Training, integriertes) Anwendung verschiedener Trainingsmethoden und -formen im Training. Bei der Periodisierung, in den Trainingszyklen und manchmal sogar in der Trainingseinheit ist ein Zug zum T. feststellbar: Trainingsmethoden mit unterschiedlicher Wirkung werden miteinander und nacheinander in unterschiedlicher Akzentuierung eingesetzt, um die Zeit rationell auszunutzen und zugleich komplexe Trainingswirkungen zu erzielen. So sind im Lauftraining Methoden zur Verbesserung der aeroben und der anaeroben Kapazität miteinander gekoppelt.
[**196**, 340/**305**]

Training, mentales (auch Training, ideomotorisches) Form der technisch-koordinativen und der taktischen Vervollkommnung durch bewußtes vorstellungsmäßiges Nach- oder beobachtendes Mitvollziehen sportlicher Handlungen. Die Bewegungshandlung wird dabei durch lebhaftes Vorstellen eigener Bewegungsaktivität unter verbaler Steuerung planmäßig wiederholt, ohne daß Teil- oder Gesamtbewegungen äußerlich sichtbar werden. Mit dem Vorstellen verbunden sind jedoch bioelektrische Aktivitäten im neuromuskulären System, die denen der entsprechenden Bewegung ähnlich sind. Das T. kann als Vorbereitung auf eine nachfolgende Leistung, als Unterstützung des Übens bei der sporttechnischen Vervollkommnung oder als Überbrückung bei Trainingsausfällen wirksam werden. Wichtig ist, daß beim T. die zu erfassende Bewegung in ihren wesentlichen Merkmalen bekannt ist.
[**141**, 129 ff/**197**, 36/**257**, 228/**293**, 108]

Training, motorisches Training, das auf den Bereich der Motorik ausgerichtet ist. T. kann sich sowohl auf die Arbeits-, Alltags- und Ausdrucksmotorik als auch auf die Sportmotorik beziehen.
[**257**, 15]

Training, observatives Spezielle Art des Technik- und Taktiktrainings. Durch wiederholte Beobachtung einer Bewegungshandlung soll der Lernende eine Vorstellung vom Bewegungsablauf erhalten. Das Vorzeigen des Bewegungsablaufs kann direkt durch den Trainer, durch aktive Sportler oder mit Hilfe von Trainingsmedien (Bildreihen, Ringfilm, Videorecorder oder Zeitlupenfilm) erfolgen. Im Unterschied zum mentalen Training will man beim T. eine Lernbeschleunigung durch Anschauen des Bewegungsablaufs (verbunden mit Erklärungen, Fehlerkorrekturen etc.) erreichen.
[**196**, 341/**293**, 107/**427**, 66]

Training, präventives Körperliches Training zur Vorbeugung von Erkrankungen, insbesondere gegenüber den Folgeerscheinungen von degenerativen Herz-Kreislauf-Veränderungen sowie zur Begegnung altersbedingter Leistungseinbußen.
[**293**, 161]

Training, psychologisches Trainingsform, die aufgrund der hohen psychophysischen Belastbarkeit des Sportlers im Spitzensport zur Optimierung des Trainingsprozesses beiträgt. Das T. berücksichtigt Methoden zur Verbesserung der Wiederherstellung und Steigerung der physischen Leistungsbereitschaft, zur Verbesserung des technischen Lernprozesses, zur Behebung psychischer Störfaktoren, die die sportliche Leistungsfähigkeit beeinträchtigen.
Als Methoden können das → autogene Training und deren verwandte Formen angesehen werden.
[**430**, 279]

Training, psychoregulatives Technik zur geistig-körperlichen Stabilisierung und Regulation. T. dient der Behandlung psychosomatischer Störungen sowie der Steigerung der Konzentrationsfähigkeit. Methoden des T. sind u. a. autogenes Training, Hypnose, Yoga, Biofeedback-Training. Steuerbar wird T. durch somatische Funktionen wie Messungen von Muskeltonus und Herz-Kreislauf-Tätigkeit.
Der Sportler kann in der Vorbereitungsperiode unter Anleitung, in der Wettkampfperiode selbständig T. betreiben und damit Leistungsfähigkeit und -bereitschaft stabilisieren bzw. fördern.
[**98**, 255 ff/**128**]

Training, psychotonisches Verwandte Form des autogenen Trainings. Trainingsform, die der Steigerung der sportlichen Leistungsbereitschaft über eine Beeinflussung des Muskeltonus mittels der Unterstufenübungen des autogenen Trainings dienen soll. Über die Senkung des

Muskeltonus soll dabei eine Dämpfung des psychophysischen Erregungsniveaus erreicht werden; die sich daraus ergebende Einsparung an muskulärer und nervaler Energie kommt dann der sportlichen Leistungsfähigkeit zugute. Es ist ersichtlich, daß sich diese Form vom autogenen Training nur unwesentlich unterscheidet und auf den gleichen physiologischen Mechanismen aufbaut, sich aber auf die selektive Beeinflussung des Muskeltonus konzentriert.
[**430**, 286ff/**402**, 288ff]

Training, spezielles Sportliches Training zur zielgerichteten Entwicklung der in der jeweiligen Sportart bzw. sportlichen Disziplin leistungsbestimmenden konditionellen und koordinativen, technischen, taktischen und psychischen Fähigkeiten. T. wird durch den Einsatz spezieller Trainingsmittel und -formen gekennzeichnet.
[**293**, 171]

Training, spezifisches Teilkomponente des speziellen Trainings. Im Hochleistungstraining findet das T. seine Anwendung, indem es auf die spezifische Wettkampfleistung ausgerichtet ist.

Training, wettkampfnahes Training zur gezielten Ausbildung der konditionellen und koordinativen Grundeigenschaften der Wettkampfleistung. Die Belastungsnormative sind im T. mit der eigentlichen Wettkampfübung nahezu identisch.

Training, wettkampfspezifisches Komplexe Trainingsform, mit deren Hilfe die Verbindung zwischen den einzelnen leistungsbestimmenden Komponenten der Wettkampfleistung hergestellt und der Sportler direkt auf die Wettkampfanforderung und auf wettkampfgerechtes Verhalten technisch, taktisch und physisch eingestellt wird.

Trainingsabschnitt Abschnitt im langjährigen Trainingsaufbau. Der Abschnittszyklus umfaßt die drei T.: → Grundlagentraining, → Aufbautraining und → Hochleistungstraining. Ziele und Inhalte des T. sind von den leistungslimitierenden Faktoren der jeweiligen Sportart und vom Entwicklungszustand des Trainierenden abhängig. Zum nächsten T. wird erst übergegangen, wenn die sportliche Entwicklung das Ausbildungsziel eines T. erreicht hat. Harre unterscheidet im langjährigen Trainingsprozeß zwei große Ausbildungsinhalte, das Nachwuchstraining und das Hochleistungstraining. Das Nachwuchstraining umfaßt die Abschnitte Grundlagen- und Aufbautraining.
[**19**, 326/**196**, 341/**198**, 10/**293**, 126f/**370**f]

Trainingsadaptationen Funktionelle und strukturelle Anpassungserscheinungen des Organismus an körperliche Belastungsreize.
Hollmann/Hettinger unterscheiden zwei Anpassungsstufen: Die erste Stufe betrifft das vegetative Nervensystem, die Hämodynamik und die zelluläre metabolische Kapazität und ist von großer gesundheitlicher Bedeutung. In der zweiten Stufe, die Voraussetzung für die Erzielung hoher sportlicher Leistungen ist, kommt es zu Veränderungen der kardio-pulmonalen und sonstigen Organdimensionen.
[**152**, 454]

Trainingsalter/Wettkampfalter Zeitraum, der von der Aufnahme eines sportlichen Trainings bis zu einem bestimmten Termin vergangen ist. Das T. wird zumeist nur in vollen Jahren angegeben. Für sportwissenschaftliche Fragestellungen sollte jedoch eine Genauigkeit von zumindest einem halben Jahr angestrebt werden.
Außerdem ist es in vielen Fällen unerläßlich, für den fraglichen Zeitraum möglichst genaue Angaben zur Trainingshäufigkeit, durchschnittlichen Dauer der Trainingseinheit und zur Wettkampfhäufigkeit einzuholen.
[**160**, 38, 93, 115, 138]

Trainingsanalyse Erfassen und Begutachten des durchgeführten Trainings unter Einbeziehung der Leistungskontrollen und Wettkämpfe. Die T. hat die Funktion des Ist-Sollwert-Vergleichs. Verglichen werden die Trainingsplanung mit der Trainingsdurchführung sowie die konkreten Trainingsziele mit Test- und Wettkampfergebnissen. Die T. ist eine wichtige Voraussetzung für die Planung der folgenden Trainingsabschnitte.

Trainingsanpassung Entwicklung des physischen und psychischen Leistungsvermögens durch funktionelle und strukturelle Veränderungen des Organismus als Antwort auf überschwellige Trainingsbelastungen (s. a. Trainingsadaptationen).
[**182**, 122/**237**, 321 ff]

Trainingsantwort Physische und psychische Reaktion des Sportlers auf das durchgeführte Training. Die T. muß während und nach Training genau beobachtet werden, um ein Unter- oder Überfordern zu vermeiden bzw. die Art der Darbietung des Übungsstoffs dem jeweiligen Charaktertyp anpassen zu können.
[**78**, 196/**196**, 341]

Trainingsapparat Komplex von technischen Vorrichtungen, der die Wiederherstellung (bei instrumentaler Kontrolle) einer zu erlernenden Bewegung bzw. Übung oder auch nur ihrer Hauptelemente unter künstlich geschaffenen und regulierbaren Bedingungen sichert. Ein komplexer T., der nach dem Kriterium der «erleichternden Leader-Bedingungen» (Ratow) arbeitet, kann z. B. bei leichtathletischen Sprints und Hürdenläufen bis zu 400 m eingesetzt werden. Er basiert darauf, daß am Körper des laufenden Sportlers eine aufwärts gerichtete Zugkraft ansetzt, die den Einfluß der Schwerkraft vermindert und dadurch bessere Möglichkeiten für die Entwicklung einer höheren Laufgeschwindigkeit bietet. Als Transportvorrichtung für die Übertragung der Kraft auf den Körper können Motorräder oder bewegliche Wagen an Seilen bzw. auf einer Schiene dienen. Die Anwendung dieses speziellen T. verhindert u. a. die frühzeitige Ausbildung eines unerwünschten motorisch-dynamischen Stereotyps.
[**341**, 129 ff]

Trainingsarten (auch Trainingsformen) Die Unterteilung des Trainings in T. wird nach den jeweiligen Trainingszielen vorgenommen. Man unterscheidet als übergeordnete T. das Konditions-, Technik- und Taktiktraining. Das Konditionstraining seinerseits umfaßt das Ausdauer-, Kraft- und Schnelligkeitstraining. Teilkomponenten des Techniktrainings sind z. B. das Sprung-, Wurf- oder Balltraining, Komponenten des Taktiktrainings sind das Training des Angriffs- oder des Verteidigungsverhaltens. Nach Ballreich existieren je nach Unterscheidungskriterien folgende T.: Präventives, rehabilitatives und Hochleistungstraining je nach übergeordneter Zielvorstellung; Grundlagen-, Aufbau- und Hochleistungstraining nach didaktisch-methodischen Aspekten; Kinder-, Jugend- und Erwachsenentraining je nach Adressatengruppe; Einzel-, Gruppen- und Mannschaftstraining nach der Organisationsform; Konditions-, Technik- und Taktiktraining bzw. mentales und observatives Training nach der Gliederung des sportlichen Trainings in einen motorischen und kognitiven Bereich sowie Lauf-, Wurf- und Schwimmtraining etc. je nach sportlicher Disziplin.
[**29**, 31 ff/**196**]

Trainingsaufbau Geplante Einteilung des Trainings in langjährige Trainingsabschnitte oder -etappen (Grundlagen-, Aufbau- und Hochleistungstraining), in (mittelfristige) Trainingsperioden (Vorbereitungs-, Wettkampf- und Übergangsperiode), in Trainingszyklen (Makro- und Mikrozyklen) und in (kurzfristige) Trainingseinheiten.

Trainingsaufgabe Innerhalb des Trainingsprozesses zu lösende Aufgabe. Um das Ziel jeder Sportart erreichen zu können, «den harmonisch ausgebildeten, höchstleistungsfähigen, charakterstarken Sportler» herauszubilden, müssen nach Deschka (1961) folgende Trainingsaufgaben erfüllt werden:
Körperbildende T. wie Erhöhung der Muskelkraft, Verbesserung der Schnelligkeit, Verbesserung der Ausdauer, Lösung falscher Muskelspannungen, Schmeidigung der Gelenke, Nervenschulung;
Seelisch-geistige T. wie Wecken und Fördern der Arbeitsfreude, Schulung der Intelligenz, Beeinflussung der Stimmungen und Gefühle im Sinn einer Leistungssteigerung, Erziehung zum Wollen, Erziehung zur Persönlichkeit, Pflege des Gemeinschaftssinns.
Harre (1977) nennt als Hauptaufgaben des sportlichen Trainings die körperliche Vorbereitung, die sporttechnische und taktische Vorbereitung, die intellektuelle Vorbereitung und die Erziehung.
[**78**, 13/**160**, 15ff]

Trainingsaufwand Äußere Trainingsbelastung. Ballreich setzt den Begriff T. gleich mit Trainingsaufgabe oder Trainingspensum bzw. Trainingsbelastung. Er versteht darunter «eine vorgegebene Anforderung, die von äußeren Bedingungen, nicht aber vom betroffenen Individuum abhängt».
[**29**, 250ff]

Trainingsauswertung Analyse des durchgeführten Trainings. Basierend auf der Trainingsdokumentation (z. B. Trainingsbuch) wird das durchgeführte Training mit dem geplanten verglichen (Ist-Sollwert-Vergleich), um eventuell notwendige Änderungen des Trainingsplans vornehmen zu können. Die T. ist ebenso wie die Trainingsplanung, -durchführung, -kontrolle und -regelung ein Schritt im Modell der Trainingssteuerung.
[**143**, 15]

Trainingsbeginn, frühzeitiger Beginn des Trainings im Vorschulalter.
Ein T., zum Teil schon im Alter von 4–6 Jahren, ist vor allem in koordinativen Sportarten wie Turnen und Eiskunstlauf, aber auch im Schwimmen üblich. Als Ursachen dieser aus pädagogischer und gesundheitlicher Sicht umstrittenen Tendenz gelten die Vorverlegung des Höchstleistungsalters, übergroßer Ehrgeiz bzw. Prestigedenken von Trainern und Eltern, wachsendes Wettkampfangebot für Kinder sowie eine extreme Vorstellung von der Notwendigkeit frühzeitiger spezieller Belastungsreize für die optimale Ausschöpfung des genetischen Potentials.
[**156**, 54]

Trainingsbelastung Summe der auf den Organismus einwirkenden äußeren und inneren Belastungsreize. Man unterscheidet zwischen äußerer T. und innerer T.
Erstere stellt die Summe von Trainingsumfang und -intensität dar und ist durch Belastungsnormative wie Anzahl der Trainingseinheiten, Trainingsausdauer, Reizdauer, -intensität, -dichte-, -häufigkeit etc. quantifizierbar.
Die innere T. bezeichnet die Wirkung der äußeren T. auf den Organismus und ist gekennzeichnet durch das Ausmaß der physiologischen, biochemischen und morphologischen Veränderungen sowie den Grad der psychischen und intellektuellen Beanspruchung. Sie ist abhängig von der individuellen Leistungs- und Belastungsfähigkeit, dem physischen und psychischen Zustand des Sportlers, der notwendigen Konzentration und Intensität der Denkprozesse, dem Zustand der Trainings- und Wettkampfanlagen und -geräte, metereologischen Faktoren, der Stärke der Trainingspartner, psychologischer und sozialer Voraussetzungen etc.
[**160**, 65ff/**196**, 342/**257**/**277**, 86ff]

Trainingsbelastung, äußere → Belastung, äußere.

Trainingsbelastung, innere → Belastung, innere.

Trainingsbelastung, Variation der Wichtiges Prinzip (Steuerungskomponente) im Aufbau des Trainingsprozesses. Um die erforderlichen Adaptationsreaktionen auf eine Trainingseinwirkung (funktionelle Sofortänderungen, langfristige morphologisch-funktionelle Adaptationen) herzustellen, dürfen die Trainingsbelastungen nach Umfang, Intensität, Auswahl der Übungen, deren Anzahl, Reihenfolge, Ausführungstempo der Bewegungen, Wiederholungszahl, Serien usw. nicht standardisiert bleiben.
Je einförmiger die Trainingsbelastung, d. h. je monotoner sie angewendet wird, desto schneller gewöhnt sich der Organismus daran und desto geringer ist der Effekt in der Entwicklung der jeweiligen konditionellen Fähigkeit. So ist z. B. bei der Anwendung verschiedener muskulärer Arbeitsweisen (dynamisch, statisch, plyometrisch) im Training die Kraftzunahme der Muskeln größer als im Fall der allgemeinen Anwendung irgendeiner dieser Arbeitsweisen. Das Prinzip der T. gilt für alle Sportarten.
[**450**, 145 ff]

Trainingsbeobachtung T. hat in Form von Eigen- oder Fremdbeobachtung zum Ziel, dem Athleten und Trainer überprüfbare Daten über das Trainingsverhalten des Athleten zu vermitteln. Im Hinblick auf eine Optimierung des Trainings dient T. dazu, den Trainingszustand möglichst präzise zu erfassen und Trainings- und Wettkampfverhalten zu vergleichen.

Trainingsbuch (auch Trainingstagebuch) Meist vom Athleten selbst (oder vom Trainer) durchgeführte schriftliche Aufzeichnung über Training, Wettkampf und wichtige Einflußfaktoren. Das Führen eines T. ist eine Form bzw. Voraussetzung der Trainingsdokumentation (siehe Abb. rechts). Es sollte regelmäßige, genaue Eintragungen des absolvierten Trainingsprogramms, der Wettkampfergebnisse, der gegebenen äußeren Bedingungen sowie der physischen und psychischen Verfassung (Puls, Motivationslage, subjektive Anstrengung etc.) enthalten. Ferner sollten Angaben gemacht werden zur Jahresperiodisierung und Wettkampfplanung, zu sportmedizinischen Untersuchungen, Verletzungen und Erkrankungen, therapeutischen Maßnahmen sowie zu persönlichen Daten wie Größe, Gewicht, Ruhepuls etc.
[**196**, 342/**197**, 32]

Trainingsdokumentation Aufzeichnung des absolvierten Trainings. Systematische Sammlung, die Zusammenordnung nach Merkmalen, die Auswertung, Ergebnisverarbeitung und Nutzbarmachung von Trainingsdaten. T. erfaßt und wertet aus, mit welchem Training ein bestimmter Trainingszustand oder bestimmte Wettkampfleistungen zustande kommen. Außerdem ist sie in Form der Trainingsbuchauswertung Grundlage für Trainingsrahmenpläne, Periodisierungsmodelle etc.
[**276**, 204]

Trainingsdosierung Abstimmung von Trainingsbelastung und Erholung. Das Problem der individuell richtigen T. ist eng verbunden mit dem Gesetz der Superkompensation. Kurz-, mittel- und langfristig gesehen müssen Belastungsumfang und -intensität in der richtigen Relation zur nachfolgenden Erholungsphase stehen. Erst durch die Einhaltung optimaler Pausen kommt es letztlich im Zuge der Regeneration und Superkompensation zum erwünschten Trainingseffekt, zur Leistungssteigerung.

Trainingsdurchführung Schritt im Modell der Trainingssteuerung. Als Komponenten der T. nennt Grosser Trainingsinhalte, -methoden und pädagogisch-psychologische Prinzipien. Die Trainingssteuerung

Tagebuch

gZ. Wasser
Std./Min.

Datum ________ Mo Di Mi Do Fr Sa So Vm Nm Ab Temp. W ____°C, Lu ____°C

Trainingsform	alle	P	gSA	A	B	T	Ein Aus Erh	gStr	Div.	GA	SA	S	Bemerkungen
Gesamt													

Erg. Bem.	Ruhepuls pro Min.: (tägl. zu messen vor dem Aufstehen)	Trockentraining				
		gZ	K	G	AA	Bem.
	Schlaf u. Ruhe: Std. Schule u. Hausarbeit Std.	Std./Min.				

Trainingstagebuchblatt für eine Trainingseinheit. Zeichenerklärung: alle = (Trainingsform ist beispielsweise 20mal 100-m-Brust) alle 3 Min. hier wird die Belastungsdichte ausgedrückt; p = Pause; gSA = Gesamtschwimmart; A = Arme; B = Beine; T = Technik; Ein = Einschwimmen; Aus = Ausschwimmen; Erh = Erholungsschwimmen; gStr = Gesamtstrecke; Div = Diverse (Start, Wende, Technik u. a.); GA = Grundlagenausdauer; SA = Schnelligkeitsausdauer; S = Schnelligkeit; gZ = Gesamtzeit; K = Krafttraining; G = allgemeine gymnastische Übungen; AA = allgemeine Ausdauerarbeit

beinhaltet ihrerseits neben der T. die Trainingsplanung, -kontrolle, -auswertung und -regelung.
[**143**, 15]

Trainingseffektivität Eine hohe T. liegt vor, wenn mit geringem Aufwand ein großer Nutzen, d. h. mit relativ niedrigem Trainingsumfang eine hohe Leistungssteigerung erzielt wird. Je höher das Leistungsniveau, desto niedriger ist die T.

Trainingseinheit Kleinste Einheit im → Trainingsaufbau und somit Grundelement der Trainingszyklen und Perioden. Die T. besteht aus einleitendem Teil, Hauptteil und abschließendem Teil.
Der einleitende Teil – das sogenannte Aufwärmen – dient der allgemeinen und speziellen Vorbereitung, der physischen, psychischen und kognitiven Einstimmung auf den Hauptteil.
Der Hauptteil enthält die eigentlichen Trainings- bzw. Übungsmaßnahmen. Bei mehreren Schwerpunkten gilt die Reihenfolge: spezielles vor allgemeinem Konditionstraining bzw. Schnelligkeits- und Techniktraining vor Krafttraining und dieses vor Ausdauertraining.
Der abschließende Teil, auch Ausklang, hat regenerierende Funktion (Spiel, Auslaufen).
Die Zahl der T. differiert zwischen 2 und

22 pro Woche. Sie richtet sich nach der Spezifik der Sportart bzw. -disziplin, dem Leistungsstand, dem Alter- und Trainingsalter, dem Trainingszustand, der Trainingsperiode, der Struktur von Makro- und Mikrozyklus etc.
[**80**/**143**, 39/**160**, 296/**196**, 342/**257**, 74/**277**, 143/**308**, 65]

Trainingsetappe Abschnitt innerhalb des langjährigen Trainingsaufbaus. Der Zeitraum vom Beginn des Trainings bis zur Phase der Höchstleistung wird in drei T., das Grundlagen-, Aufbau- und Hochleistungstraining (vgl. Abb. unten), untergliedert (Thiess, 1964; Schmolinsky, 1977; Letzelter, 1978). Filin (1964) verwendet die Bezeichnungen: Etappe der Grundausbildung, der speziellen Ausbildung und der sportlichen Vervollkommnung. Fomin und Filin (1975) nehmen eine Unterteilung in vier T. vor. Synonym für «Trainingsetappe» wird von zahlreichen Autoren der Begriff Trainingsabschnitt (Bernhard, 1968; Feige, 1978; Mühlfriedel, 1979; Martin, 1980; Harre, 1977) oder der Begriff Trainingsstufe (Bernhard, 1972; Fiedler, 1978; Grosser u. M., 1981; Hahn, 1982) verwendet.
Inhalt und Dauer der einzelnen T. sind abhängig von der Spezifik der Sportart, vom Höchstleistungsalter, vom Trainingszustand und von individuellen Besonderheiten.
[**43**/**106**/**114**/**115**, 27/**119**, 34/**143**/**156**/**160**/**196**/**197**/**257**/**276**/**293**/**370**/**403**, 17]

Trainingsfestigkeit Stabilität des durch Training erworbenen Leistungsvermögens. Je schneller ein Trainingszuwachs durch Training gewonnen wird, desto schneller geht er in einer Trainingspause wieder verloren, desto geringer ist also seine T.
[**29**, 282]

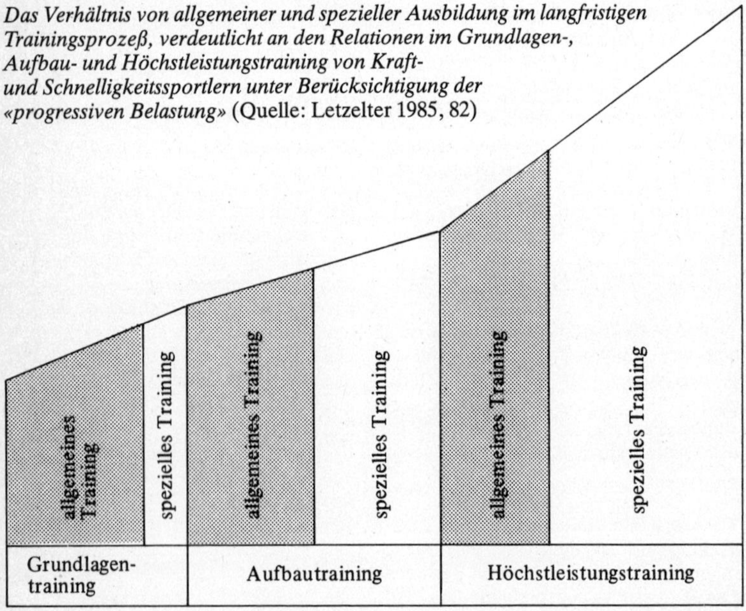

Das Verhältnis von allgemeiner und spezieller Ausbildung im langfristigen Trainingsprozeß, verdeutlicht an den Relationen im Grundlagen-, Aufbau- und Höchstleistungstraining von Kraft- und Schnelligkeitssportlern unter Berücksichtigung der «progressiven Belastung» (Quelle: Letzelter 1985, 82)

Trainingsform Verhalten des Sportlers im Training, das sich als Synthese von Trainingsinhalt und Trainingsmethode beschreiben läßt. Der Begriff T. wird in der Literatur mit unterschiedlichem Bedeutungsgehalt benutzt und u. a. gleichgesetzt mit Trainingsart, Trainingsinhalt, Trainingsmethode, Trainingsmittel. In der Regel bezieht man sich auch bei diesem Sprachgebrauch auf den o. g. Sachverhalt, akzentuiert dabei aber bestimmte Teilaspekte unter Außerachtlassung der o. g. Verbindung. T. wird dabei in abstrakterer als der hier gebrauchten präzisen Bedeutung verwandt.
[**65**, 218ff]

Trainingsform, plyometrische Trainingsform zur Verbesserung der Explosivkraft bei den Sprüngen. Verbessert die Fähigkeit, die dynamische Maximalkraft in möglichst kurzer Zeit zu erreichen. Zanon ging dabei von der mechanischen Seite vom Beispiel des Elastizitätsmoduls aus: Die plyometrische T. schaltet der positiven (Absprungstoß) eine negative (exzentrische) Phase vor. Die durch die Fallhöhe erzeugte Energie wird durch Dehnung der reihenelastischen Komponente und des Muskels als zusätzliches Spannungspotential gespeichert. Bei der anschließenden Kontraktion (Kraftstoß) steht diese aufgefangene Energie als vermehrtes Aktionspotential (wieder kinetische Energie) zur Verfügung, da der Muskel für die Aktion metabolisch keinen zusätzlichen chemischen Energieaufwand beisteuern muß. Die Beziehung der reihenelastischen zur kontraktilen Komponente ist identisch mit der Relation zwischen Brems- und Beschleunigungsstoß, dessen Ziel eine höhere Bewegungsgeschwindigkeit ist. (s. a. → Tiefsprünge, Plyometrie).
[**406**, 269ff]

Trainingsgestaltung → Trainingsstruktur.

Trainingsgrundsätze Die allgemeinen und speziellen Grundsätze für den Trainingsaufbau beziehen sich auf alle Elemente des Trainings: Die allgemeine und spezielle Ausbildung, die Trainingsabschnitte, -perioden, -zyklen sowie die Trainingseinheit, die Trainingsbelastung, -intensität und -umfang, das Trainingsalter und den Trainingszustand.
Das sportliche Training liefert nur dann vollwertige Resultate, wenn es als allseitiger Erziehungsprozeß verstanden wird, der die allgemeine und spezielle Ausbildung umfaßt. In den Trainingsabschnitten erfolgt eine langfristige, kontinuierliche Spezialisierung. Ein kontinuierlicher Anstieg der Trainingsbelastung charakterisiert die Trainingsmethoden. Durch die Adaptationsprozesse, die Arbeits- und Lerntätigkeit des Sportlers und die dadurch entstehenden funktionellen Möglichkeiten des Organismus sowie durch komplexes Training ergibt sich ein zyklischer Trainingsaufbau. Dabei bauen die Zyklen aufeinander auf und zeichnen sich durch die Anwendung von teilweise neuen Mitteln und Methoden aus. Innerhalb der Trainingseinheit sind folgende T. zu berücksichtigen: Keine plötzlichen Bewegungen (z. B. schnelle Antritte) ohne vorheriges Aufwärmen; Anforderungen dem Ausbildungsstand und der Tagesform anpassen; Leistungsansprüche nur unter Berücksichtigung der biologischen Anpassungsdauer stellen; bei eintretender starker Ermüdung das Training beenden; bei Anzeichen von Übertraining mit dem Training aussetzen.
Das gesamte Training muß durch den Wechsel von Belastung und Erholung gekennzeichnet sein. Die Erholungsintervalle sollen so lang sein, daß die Arbeitsfähigkeit sich wieder einstellen und ansteigen kann. Die Trainingsbelastungen schwanken zwischen relativ kleinen und maximalen Größen, müssen aber stets optimal sein und den Möglichkeiten des Sportlers entsprechen. Im Verlauf des Trainings erhöhen sich Trainingsumfang und -intensität. Obwohl beide eng zusammenhängen, stehen sie sich auch ge-

wissermaßen entgegen, so daß sie gleichzeitig nur bis zu einer bestimmten Grenze gesteigert werden können. Bei Anfängern ohne gründliche allgemeine Körperausbildung gelten folgende T.: Allgemeine Körperausbildung steht im Fordergrund; in den ersten Wochen keine hohen Leistungsanforderungen; keine übertriebenen Ansprüche an die geistige Leistungsfähigkeit; keine gleichzeitigen Bewegungsvorschriften; Erlernen der Grobform mit Korrektur der groben Fehler.
Für körperlich gut ausgebildete Anfänger im Spezialgebiet gelten folgende T.: Ständige Verbesserung der körperlichen Verfassung durch allgemeine Ausbildung; im Spezialtraining Schulung nach T. für körperlich nicht ausgebildete Anfänger; nur gelegentlich maximaler Krafteinsatz, da der freie Fluß der Totalbewegung sonst im Lernstadium zerstört wird; taktische Aufgaben auf Kondition und technisches Können abstimmen.
Für körperlich vielseitig und gut ausgebildete Spezialisten gelten folgende T.: Erhaltung und Verbesserung der Kondition durch allgemeine Ausbildung auch in der Wettkampfperiode; keine übertriebene, zu einseitige Spezialisierung.
[**277**, 73ff]

Trainingshäufigkeit Belastungsnormativ. T. wird bestimmt durch die Anzahl der wöchentlichen Trainingseinheiten. Sie ist abhängig von der Erholungsfähigkeit des Sportlers. Im Anfängerbereich kann deshalb nicht so oft trainiert werden wie im Fortgeschrittenen- oder gar im Hochleistungsbereich.
Im Hochleistungssport verschiedener Sportarten hat sich eine T. von 15–17 Einheiten pro Woche durchgesetzt.
[**257**, 34, 40/**281**, 66, 101/**312, 430**]

Trainingsinhalt Trainingsübungen, die die konkrete Ausrichtung des Trainings auf ein vorgegebenes Trainingsziel darstellen. Da das Üben die grundlegende Tätigkeitsform im Trainingsprozeß zur Entwicklung der sportlichen Leistungsfähigkeit darstellt, stehen die Übungsformen im Zentrum der inhaltlichen Gestaltung des sportlichen Trainings. Es kann in allgemeinentwickelnde Übungen, Spezialübungen und Wettkampfübungen unterschieden werden.
[**65**, 221]

Trainingsintensität (auch Belastungsintensität) Belastungsnormativ, Reizstärke, Reizdichte, Reizdauer und Reizumfang in der Zeiteinheit. Im Verhältnis zur Maximalleistung wird ein geringer, mittlerer, submaximaler und maximaler Intensitätsbereich unterschieden. Im Jahrestraining werden die höchsten Werte der T. in der → Wettkampfperiode erreicht.
[**160**, 71ff/**277**]

Trainingsjahr T. unterteilt sich in eine Trainings- und eine Wettkampfsaison. Trainings- und Wettkampfsaison nehmen in den Sportartengruppen unterschiedlich lange Zeiträume ein und finden in den meisten Sportartengruppen zu unterschiedlichen Jahreszeiten statt.
Die Abb. rechts stellt die Haupttrainingsformen eines T. am Beispiel des Basketball dar.
[**196**, 122]

Trainingskonspekt Kurzform der schriftlichen Vorbereitung einer Trainingseinheit. Der T. sollte zumindest die Benennung und Reihenfolge der Trainingsformen sowie geplante Dosierungen umfassen (z. B. Anzahl der Wiederholungen, Pausenlängen) und Maßnahmen des erziehungsmethodischen Vorgehens enthalten.

Trainingskontrolle Instanz des Trainings, in der der Trainingsvollzug hinsichtlich der tatsächlich durchgeführten Maßnahmen (z. B. in bezug auf die Trainingszyklen und die Trainingsbelastung) und hinsichtlich der dadurch auf den Leistungszustand (Trainingszustand) erzielten

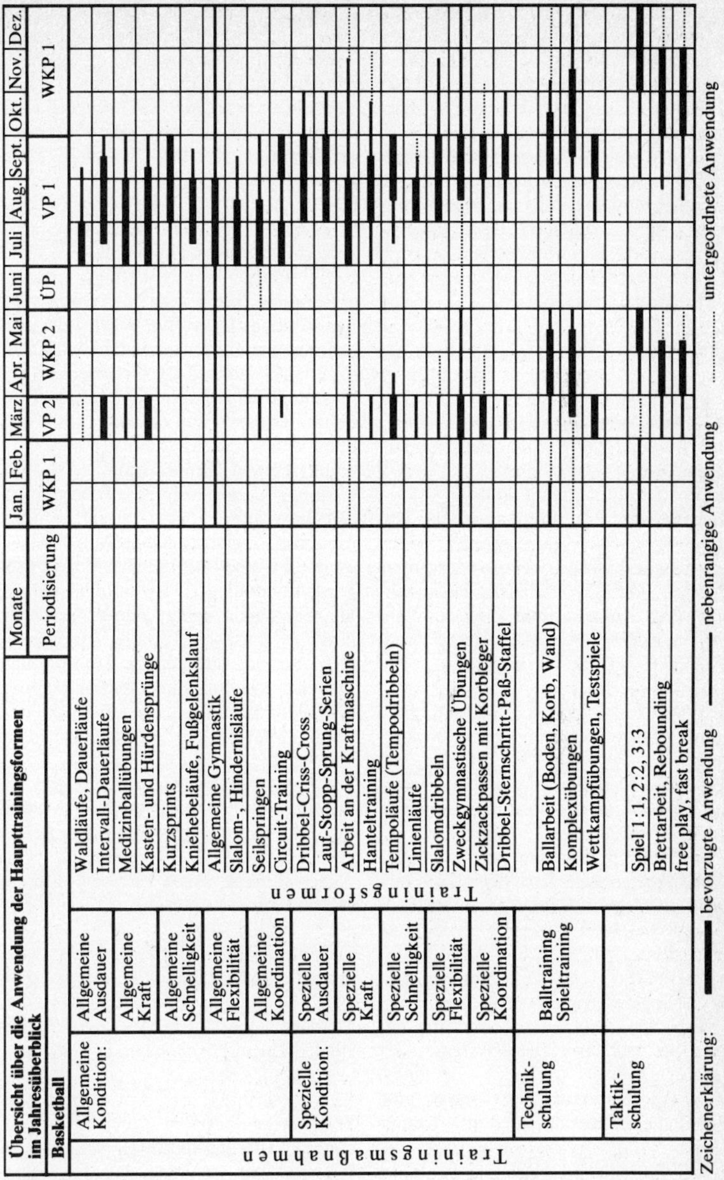

Haupttrainingsformen in einem Trainingsjahr (Beispiel Basketball) (Quelle: Jonath/Krempel 1985, 259)

Wirkungen erfaßt wird. Die Erhebung der wichtigsten, den Trainingsvollzug kennzeichnenden Größen und ein Vergleich mit den vorgeplanten Größen (Trainingsplanung) ist die Voraussetzung für eine effektive Steuerung und Regelung des Trainings (Trainingssteuerung). Die Daten des Trainingsvollzugs werden durch den Sportler oder durch den Trainer in Trainingsbüchern erfaßt, die Daten über den Trainingszustand werden mit den verschiedenen Methoden der Leistungsdiagnose erhoben.

Trainingskonzeption Rahmenorientierung für einen langfristigen Trainingsprozeß. T. erfolgt über eine Analyse der betreffenden Sportart und Sportdisziplin. Aus ihr entstehen die → Rahmentrainingspläne.

Trainingslager Zusammenfassung von Athleten zwecks gemeinsamer Wettkampfvorbereitung. Ein derartiges Gruppentraining von gleichstarken Athleten setzt einwandfreie örtliche Trainingsbedingungen und Betreuung durch einen Spitzentrainer voraus.
[**196**, 344]

Trainingslehre Disziplin der Sportwissenschaft, die das sportliche Training, die sportliche Höchstleistung und den sportlichen Wettkampf unter methodischen Leitaspekten zum Gegenstand hat.
T. untersucht in Zusammenarbeit mit anderen Wissenschaftsdisziplinen die sportliche Leistungsentwicklung, ermittelt allgemeine Gesetzmäßigkeiten im Herausbilden der sportlichen Leistungsfähigkeit und formuliert Regeln und Anweisungen zur Lösung der Trainingsaufgabe.
Inhalte der T. sind die Gestaltung der Trainings- und Wettkampfsysteme, der Trainingsstruktur und der Trainingssteuerung. Unterschieden wird in eine allgemeine T. (verallgemeinerte Kenntnisse für alle Sportarten) und die spezielle T. (für eine Sportart).
[**160**/**257**]

Trainingsmassage Massage im Anschluß an die Trainingsstunde als Ganz- oder Teilmassage je nachdem, ob nur bestimmte Muskelgruppen oder der gesamte Körper beansprucht wurden. Mit steigender Trainingsintensität sollte auch die Massageintensität allmählich gesteigert werden.
[**116**, 283/**271**, 404]

Trainingsmethode Planmäßiges Verfahren, das einen Weg beschreibt, auf dem angestrebte Trainingsziele erreicht werden können. Durch die T. wird die Anordnung der Trainingsinhalte, die Art der Trainingsbelastung, die Organisation des Trainings, die Auswahl der Trainingsmittel u. die Interaktion zwischen Trainer u. Sportler festgelegt. Wichtige T. sind Ausdauertraining, Gewichttraining, Höhentraining, ideomotorisches Training, Intervalltraining, Maximalkrafttraining, Mentales Training, Observatives Training, Plyometrisches Training, Progressive-Loading, Pyramidentraining, Schnelligkeitstraining, Schwerpunkttraining, gekoppeltes Training, Serientraining, Sprungkrafttraining, Stoßtraining, Terrassentraining, Überlastungstraining (Overloadtraining).
[**65**/221/**257**, 19, 29/**430**, 16/**210**, 19, 29/**346**, 16]

Trainingsmethodik Gesamtheit der im Trainingsprozeß angewendeten Methoden und Verfahrensweisen zur gezielten Herausbildung der sportlichen Leistungsfähigkeit und Leistungsbereitschaft.

Trainingsmittel Zur Herausbildung der individuellen und kollektiven sportlichen Leistung eingesetzte Mittel, z. B. Bäder, Massagen u. a. sowie eine zweckdienliche Ernährung.
[**257**, 19, 27f/**430**, 16]

Trainingsorganisation (auch Trainingssystem; Trainingsplanung) Planmäßige, systematische Ordnung aller der Vorbereitung von sportlichen Leistungen die-

nenden Maßnahmen und Faktoren bei Ausschaltung störender oder hemmender Einflüsse. Zur T. gehören die Aufstellung des Trainingsplans, eine sachgerechte Ernährung, die sportärztliche Untersuchung, die Mithilfe bei der Sicherung der beruflichen Existenz und die Förderung durch zuständige Institutionen, z. B. durch Schule, Hochschule und Betrieb.
[**200**, 171ff]

Trainingsperioden Der systematische Leistungsaufbau im ganzjährigen Training setzt eine Gliederung in drei Trainingsperioden voraus (siehe Abb. Seite 284). Jede Periode hat ihre eigenen Trainingsinhalte, die für die Entwicklungssteuerung der sportlichen Form eines Athleten zuständig sind.
[**201**]

Trainingsperiodisierung Einteilung des Trainings in kürzere Abschnitte mit eigener Prägung. Die lang-, mittel- und kurzfristigen Trainingsperioden oder Trainingszyklen ergeben sich, weil der Sportler aus biologischen Gründen nicht ständig in sportlicher Form sein kann und weil sich die Trainingsstruktur und die Trainingsinhalte im Hinblick auf die sportliche Entwicklung periodisch verändern müssen (siehe Abb. unten). Die Gesetze der T. sind daher vor allem Gesetze der Entwicklungssteuerung der sportlichen Form in verschiedenen Stadien eines im Grunde pädagogischen Prozesses.
[**257**, 14, 96/**275**, 11, 13ff]

Trainingsplan Systematische Anordnung der Einzelmaßnahmen zum Aufbau des sportlichen Trainings bis zum Erreichen eines bestimmten Trainingsziels.
Hinsichtlich der Adressatengruppe wird nach Einzel- und Gruppenplänen und hinsichtlich des Zeitraumes nach Mehrjahres-, Jahres-, Zyklen- und Wochenplänen (siehe Abb. Seite 285) unterschieden. Der Aufstellung des T. geht eine

Typische Variante der Dynamik von Belastungsumfang und -intensität im Jahrestrainingszyklus (nach Matwejew).
Oben sind die großen Wellen der Belastungsdynamik (1 und 1a), unten die mittleren Wellen (2 und 2a) dargestellt; die Säulen (3) drücken die schematisierten Mikrozyklen in den einzelnen Etappen aus (Quelle: Letzelter 1985, 78)

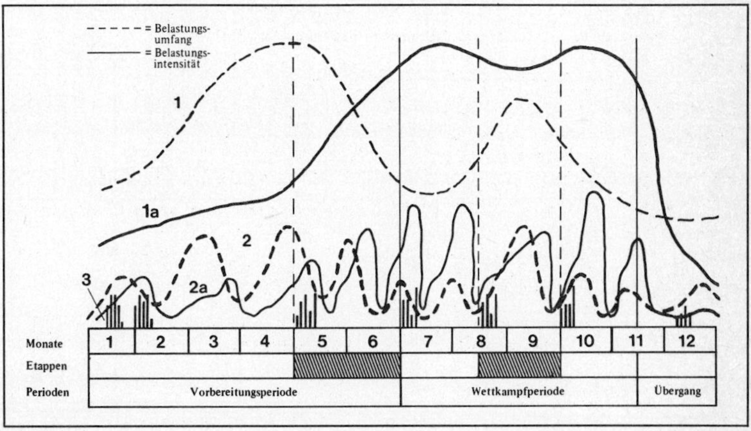

Trainingsperioden	Funktion des Trainings	Trainingsarten Formen und Methoden	Besonderheiten der Perioden
Vorbereitungsperiode I allgemeinvorbereitende Etappe Grundlagentraining	Erwerb und Entwicklung der Voraussetzungen, auf deren Basis die sportliche Form entsteht. Das allgemeine Niveau der funktionellen Möglichkeiten im Organismus soll wesentlich erhöht werden.	Anwendung von Übungen zur Entwicklung der allgemeinen Ausdauer: Dauerlauf der Kraft: Übungen mit Gewichtsbelastungen und Widerständen der Bewegungsschnelligkeit: Sprint und Spiele der Gewandtheit: Turnen, Bewegungs- und Sportspiele	Die Haupttendenz ist eine allmähliche Erhöhung des Umfangs und der Intensität mit vorrangiger Erweiterung des Umfangs.
Vorbereitungsperiode II speziellvorbereitende Etappe Aufbautraining	Physisch wird spezielle Ausbildung in den Vordergrund gerückt. Technisch-taktische Ausbildung. Wechselseitiger Zusammenhang der physischen, technischen, taktischen und willensmäßigen Ausbildung.	Spezialübungen passen sich den Wettkampfübungen an durch: 1. allmählichen Übergang vom Üben der Teilelemente zur ganzen Bewegung der Wettkampfübung; 2. entsprechende Verkürzung der Ausführungsdauer und Erhöhung der Intensität einer bestimmten Übungsgruppe zur Entwicklung der speziellen Ausdauer.	Abnahme des allgemeinen Umfangs und weitere Steigerungen der Intensität.
Wettkampfperiode Hochleistungstraining	Die sportliche Form soll erhalten und in Leistung umgesetzt werden. Erreichen eines maximalen, speziellen Trainingszustandes mit möglichst hoher Vervollkommnung der Technik. Entwicklung des taktischen Denkens und moralische und willensmäßige unmittelbare psychologische Einstimmung auf die Wettkämpfe.	Wettkämpfe in der Spezialsportart verwandten Übungen Allgemeine Übungen, besonders in den Zwischenetappen einer langen Wettkampfperiode. Die Mittel der allgemeinen Ausbildung sollen vielseitig sein.	Gesamtumfang fällt noch etwas, wird dann aber stabilisiert. Die Intensität der spezifischen Belastungen steigt bis zum Maximum und stabilisiert sich dann auch.
Übergangsperiode	Hauptinhalt ist die aktive Erholung (sonst Schutzreaktion des Körpers gegen Überbeanspruchung, was Leistungsabfall und Stagnation zur Folge hat).	Vielfältige Übungen der allgemeinen körperlichen Ausbildung (z. B. Wandern, Klettern, Bewegungsspiele, Gymnastik und Übungen aus Ergänzungssportarten)	Eine Dauer von vier bis sechs Wochen ist ausreichend. Mit zunehmender aktiver Erholung kommt der Übergang zur Vorbereitungsperiode.

Trainingsperioden und ihre Trainingsinhalte (Quelle: Jonath/Krempel 1985, 66)

Tag und Charakter der Trainingseinheit	Aufgaben	Inhalt
Montag Schwimmtraining	Verbesserung der Grundlagenausdauer	1. 400 m Einzelschwimmen 2. 4 × 400 m Lagen in mittlerer Intensität (10 Min. Pause) 3. 400 m Ausschwimmen
Dienstag Athletische Ausbildung an Land	1. Kraftausdauer-entwicklung 2. Verbesserung von Beweglichkeit und Lockerheit	1. Erwärmung 2. Lockerungs-, Dehnungs- und Entspannungsgymnastik 3. Belastungsstraße (Kreistraining) 4. Raufball mit Medizinball
Mittwoch Schwimmtraining	1. Kraftausdauer-entwicklung 2. Verbesserung der Grundlagenausdauer 3. Technikschulung	1. 400 m Einschwimmen 2. 8 × 50 m Delphin-Armarbeit im Wechsel mit 8 × 50 m Kraul-Beinarbeit, 4× 100 m Kraul in submaximaler Intensität und mit wettkampfmäßigen Wenden. In den Pausen Technikkorrekturen 3. 400 m Ausschwimmen
Donnerstag Athletische Ausbildung an Land	1. Verbesserung der Grundlagenausdauer 2. Kraftausdauer-entwicklung 3. Verbesserung von Beweglichkeit und Lockerheit	1. Waldlauf 2. Zugseilserien (Armarbeit) 3. Lockerungs-, Dehnungs- und Entspannungsgymnastik 4. Volleyball
Freitag Schwimmtraining	1. Verbesserung der Schnelligkeit 2. Verbesserung der Start- und Wende-technik	1. 400 m Einschwimmen 2. 10 × 25 m Kraul-Armarbeit, 10 × 25 m Kraul-Beinarbeit, 100 m Kraul mittlerer Intensität, 100 m Rücken 3. 100 m Rücken 4. 8 × 25 m Kraul-Sprints mit wettkampfmäßigem Start (2 Min. Pausen) 5. Wendentraining 6. 200 m Ausschwimmen
Sonnabend	trainingsfrei	
Sonntag Wettkämpfe	1. Verbesserung der Zwischenzeit über 100 m Kraul 2. Verbesserung der Teilzeit über 50 m Brustschwimmen bei 200 m Lagen	1. 100 m Kraul 2. 200 m Lagen

Das Beispiel zeigt einen «Wochentrainingsplan des Grundlagentrainings für Schwimmer» (nach Lewin 1974)

Analyse des Trainings voraus, an der Trainer und Athlet zusammenwirken. Der T. enthält Angaben über Trainingshäufigkeit, -umfang, -intensität, -mittel, -arten und -ziele sowie Leistungskontrollen durch Wettkämpfe und Tests; ferner Termine der Wettkämpfe und sportmedizinische Untersuchungen.
Der T. wird unter Beachtung und Einbeziehung der schulischen oder beruflichen Belastungen und Termine des Athleten erstellt.
[**257**, 41/**275**, 11]

Trainingsplanung Methode, um eine kontinuierliche Persönlichkeitsentwicklung zu sichern und um Sportler zu befähigen, im Höchstleistungsalter beste sportliche Leistungen zu erreichen. Die Aufgabe der T. besteht darin, die zielgerichtete Gestaltung des Trainings vorausschauend festzulegen (siehe Abb. rechts). Sie umfaßt den langfristigen Aufbau sportlicher Höchstleistungen ebenso wie die mittel- und kurzfristige Vorbereitung im Mehrjahres-, Jahres- und Periodenzyklus und die Vorbereitung auf die Trainingseinheit. Weiterhin gehören zur Planung Analysen und Auswertungen in bezug auf die Verwirklichung der Trainingspläne und deren Einfluß auf die Entwicklung der Persönlichkeit und sportlichen Leistung.
[**160**, 235]

Trainingsplanung, Inhalt der Gesamtheit jener Festlegungen, die für die Steuerung und Regelung von Trainingsprozessen wesentlich sind und deshalb in einem Trainingsplan enthalten sein sollten. Zur T. gehören folgende Angaben: Gültigkeitsbereich; Kaderkreis; Analyse der Ausgangsposition (Trainings-, Leistungsanalyse, moralischer Entwicklungsstand); Zielkriterien (Ziele, Teilziele, Hauptaufgaben, Leistungsstruktur); Periodisierung; Proportionen zwischen den Trainingsbestandteilen; trainingsmethodische Kennziffern; Anzahl, Art und Verteilung der Wettkämpfe; Kontroll- und Untersuchungsprogramm (Inhalt, Termine); sportmedizinische und physiotherapeutische Betreuung; Inhalte und Form der Protokollierung (Trainings- und Entwicklungsdokumentation); Lehrgangsplanung; Leitungs- sowie Informationsanforderungen und -wege; Hinweise auf trainingsmethodische Anleitungsmaterialien; Aufschlüsselung der Forderungen von individuellen oder Gruppentrainingsplänen auf kürzere Trainingsabschnitte (Wochen- oder Zyklenpläne) bis zu konkreten Angaben (Kernprogramme) für die einzelnen Trainingseinheiten.

Trainingsprinzipien Oberste Leitlinien eines Trainingsprozesses. T. sind bisher im wesentlichen für Teilbereiche im Leistungssport definiert worden, und zwar als Prinzip des langjährigen Trainingsaufbaus, Prinzip der ansteigenden Trainingsbelastung, Prinzip der Spezialisierung des Trainings und Prinzip der Alters- und Entwicklungsgemäßheit (s. a. → Trainingsgrundsätze).
[**160**, 87/**257**/**312**, 103/**144**, 113ff/**145**, 245ff]

Trainingsrhythmus Rhythmischer Wechsel von Belastung und Erholung in der → Trainingseinheit und im → Trainingszyklus. T. ist weitgehend abhängig von Trainingsumfang- und -intensität. Häufigkeit, Dauer und Art der Erholungspausen hängen vom jeweiligen Trainingsziel ab.
[**159**, 93/**196**, 346/**277**, 94ff]

Trainingssteuerung Gezielte kurz- und längerfristige Beeinflussung eines gegebenen Leistungszustands zum Zweck der Leistungsoptimierung. Inhalt der T. ist demzufolge die optimale Abstimmung aller trainingstheoretischen, trainingstechnischen, trainingsmethodisch-praktischen und situativen Bedingungen und Maßnahmen seitens des Trainers in individueller Relation zum Athleten.
Die steuerbaren und anteiligen Bedingungen und Maßnahmen können in einer

Grundbegriffe der Trainingsplanung

(nach Carl/Kayser 1976)

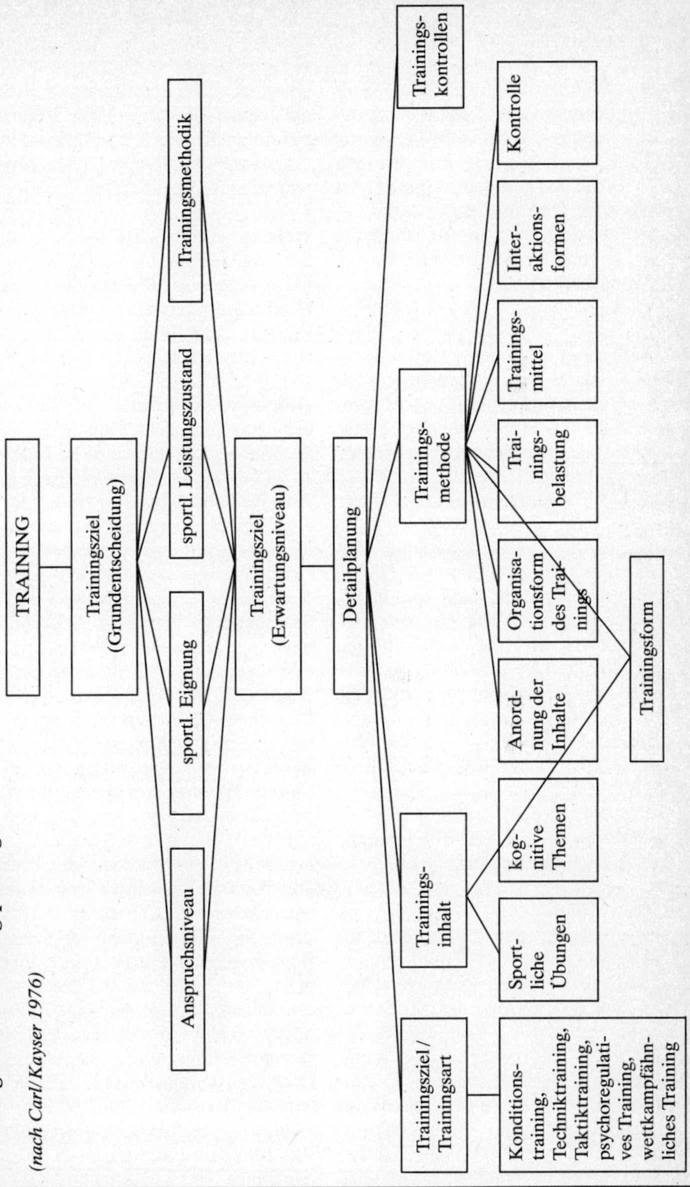

Art Regelkreis beschrieben und zueinander in Beziehung gesetzt werden.
[**143**, 14/**276**, 34]

Trainingsstruktur Relativ stabile Ordnung des Zusammenwirkens verschiedener Trainingselemente und ihr Verhältnis zueinander in bezug auf Proportionen und zeitliche Anordnung. Die T. ist hauptsächlich gekennzeichnet durch Periodisierung und Zyklisierung sowie die Proportionen und zeitliche Veränderung der Trainingsinhalte.
[**276**, 9]

Trainingsstufen Integrierte Bestandteile der langfristigen Trainingsplanung. Nach dem Periodisierungsmodell von Matwejew erreicht der Athlet in jeder Phase eine T., auf die er aufbauen und sich weiterentwickeln kann.
[**156**, 51/**257**, 55/**293**, 126]

Trainingssystem / Wettkampfsystem Gesamtheit der Grundelemente des systematisch organisierten und geführten Trainings- und Wettkampfprozesses einer Sportart und die zwischen den Grundelementen bestehenden Wechselbeziehungen. Grundelemente sind Personen (Sportler, Trainer, Funktionäre) sowie wesentliche Bedingungen und Wirkungsfaktoren (Trainingskonzeptionen, -planung, -mittel, -methoden, Steuerung und Regelung des Trainings, Wettkämpfe, Sichtung und Auswahl, ärztliche und hygienische Betreuung).
[**153**]

Trainingsumfang (auch Belastungsumfang) Komponente der Trainingsbelastung, die die Menge der in den verschiedenen Zeitabschnitten des Trainings (Trainingseinheiten, Trainingszyklen) ausgeführten Körperübungen kennzeichnet. Die Meßgrößen des T. sind sportartspezifisch, in Abhängigkeit von den Trainingsinhalten, zu definieren. Z. B. ist es im Dauerlauf üblich, T. durch Angabe der zurückgelegten Kilometer zu quantifizieren, im dynamischen Krafttraining durch Angabe der gehobenen Lasten, im Wasserspringen durch Angabe der realisierten Sprünge. Wegen der Unterschiedlichkeit der jeweils realisierten Inhalte ist es schwierig, Kennziffern zu finden, die den T. einer gesamten Trainingseinheit oder eines gesamten Trainingszyklus quantifizieren.

Trainingswirkung Reizeinwirkung auf ein Individuum im langfristigen Trainingsprozeß. T. äußert sich in physischen (Kondition, Technik) und psychischen (Taktik, kognitiv-affektive Fähigkeiten) Bereichen des Sportlers.

Trainingswissenschaft T. als Teildisziplin der Sportwissenschaft hat zum Ziel, verallgemeinernde Aussagen zu Problemen zu finden, die im Zusammenhang mit der Analyse sportlicher Leistung, mit Training und Wettkampf auftreten und die die Sportarten und Sportbereiche insgesamt, daraus ausgewählte Gruppen oder einzelne Sportdisziplinen / Sportarten und Sportbereiche betreffen. T. bezieht sich nicht nur auf den trainierenden Menschen, sondern darüber hinaus auf personenexterne Bedingungen der sportlichen Leistung, wie Sportstätten, Sportgeräte und geographisch-meteorologische Einflußfaktoren. T. wird weitgehend als empirische Wissenschaft verstanden. Sie hat den Charakter einer angewandten Wissenschaft, deren Aussagen die Grundlage für die Verbesserung der Trainings- und Wettkampfpraxis liefern. Trainingswissenschaftliche Theorien berücksichtigen die Erkenntnisse verschiedener Basiswissenschaften (vor allem der Medizin, der Biomechanik, der Psychologie und der Soziologie) und fassen sie innerhalb eines Modells mit dem Ziel zusammen, über einzelwissenschaftliche Erklärungsmöglichkeiten hinauszugehen. Die Begriffe T. und Trainingslehre werden gelegentlich synonym verwendet. Man kann allerdings als Trainingslehre auch jene Aussagen und Aussagensysteme zusammenfassen, die sich mit Handlungsstrategien in Training und Wettkampf befassen. Die wissenschaftlich abgesicherten Aussagen der Trainingslehre sind als Teil der T. aufzufassen.

Trainingszeit (auch Trainingsumfang) Zeitlicher Aufwand einer Trainingseinheit.

Trainingsziel Angestrebtes sportliches Ergebnis eines planmäßigen Trainings. Neben Teilzielen innerhalb des sportlichen Trainings können auch Erziehungsziele beim Persönlichkeitsaufbau zu den T. gehören.
[**196**, 346/**257**, 19/**276**, 28ff]

Trainingszustand Momentane psychophysische Leistungsfähigkeit eines Sportlers. T. ist Teilkomponente der sportlichen Leistung. T. ist Voraussetzung für das Erlernen und Beherrschen komplizierter sportlicher Techniken und notwendig für die Entfaltung taktischer Fähigkeiten.
[**198**, 11/**276**, 28ff]

Trainingszyklus Organisatorische Einheit im Trainingsprozeß zur Steigerung der Belastung. Die Belastung steigt nicht linear, sondern in T., wobei die Belastungsgrößen in der Folge mehrerer Tage (Mikrozyklen) und Wochen (Mesozyklen) variiert werden.
[**159**, 95/**196**, 347/**198**, 31/**277**, 208/**308**, 67]

Transfer Auswirkung erlernter Bewegungen auf das Erlernen neuer Bewegungen. Je nach Art des Einflusses bereits erlernter Techniken auf neues Bewegungslernen spricht man von einem positiven oder negativen T.

Transfer, bilateraler Funktionelle Verbesserung der einen Körperseite durch ein Training der anderen (z. B. Kräftigung des linken Arms bei beabsichtigter Übung des rechten; Fetz). Dabei bezieht sich das Phänomen auf die Übertragung von verschiedenen Komponenten der Bewegung (Transfergegenstand), wie Kraft, Kraftausdauer, Schnelligkeit, Geschicklichkeit. Als Erklärung überwiegen neuro-physiologische Deutungsversuche. Danach werden motorische Lernleistungen primär durch zentrale Steuerungsprozesse bestimmt. Die getrennte Lokalisation motorischer Funktionen im Gehirn und die kontralaterale Zuständigkeit gerade der Hirnhälften bei der Steuerung der Bewegungen über cortikale und subcortikale Prozesse ermöglichen die Übertragung gelernter Bewegungen der einen Körperseite auf die andere. Praktische Bedeutung erhält das Phänomen in klinischer Hinsicht (Begegnung von Muskelatrophien bei Stillegung einer Extremität nach einer Verletzung) und in der Trainingslehre (Effektivitätssteigerung durch T. sowie Ausnutzung des bilateralen Transferphänomens bei Trainingsunterbrechungen wegen Verletzung bzw. Übertrainings).

Transferenz Übertragungseffekt im (motorischen) Lernprozeß, fördernder Einfluß vorhandener Bewegungsfertigkeiten auf die Entwicklung neuer ähnlicher Fertigkeiten sowie der unter bestimmten Bedingungen wechselseitig fördernde Einfluß nebeneinander geübter ähnlicher Bewegungen oder bereits erworbener Fertigkeiten bei ihrer Anwendung.
[**281**, 281]

Transformation, verspätete Von Matwejew beschriebenes Phänomen, wonach nur zu Beginn eines Trainingsprozesses Anpassungsvorgänge in kurzer Zeit erfolgen. Bei höher qualifizierten Sportlern dauert der Umsetzungsprozeß Wochen und Monate.
[**160**, 70/**257**, 33, 49]

Translation Fortschreitende Bewegung eines Körpers ohne Änderung der Orientierung im Raum. Die Bewegung kann geradlinig, krummlinig in der Ebene (ebene Bewegung) oder im Raum (räumliche Bewegung) erfolgen. Bei der T. beschreiben alle Punkte des Körpers parallele Bahnen.

Treibenlassen (auch coasting) Laufen mit geringfügig herabgesetztem Krafteinsatz, etwa als gelöster Auftakt zum Endspurt oder auch über etwas längere Strecken (z. B. beim 800-m-Lauf auf der Gegengeraden).
[**196**, 123]

Treibhöhe des Körperschwerpunkts (KSP) Höhe des KSP, bezogen auf den Boden, auf die er durch die ihn beschleunigenden Kräfte getrieben wird. Abhängig von Abfluggeschwindigkeit, Abflugwinkel und Abflughöhe, zusammengefaßt also von der vertikalen Komponente der Abfluggeschwindigkeit und Abflughöhe.
[**196**, 176/**272**, 4]

Tremor Schnelles und mit geringer Amplitude spastisches Muskelzittern in Muskelregionen der Gliedmaßen bzw. des Körpers. T. (z. B. Augenlidzittern) kann u. a. ein Anzeichen für Übermüdung (→ Übertraining) sein.

Tretstil Laufstil beim Sprint mit hoher Schrittfrequenz und geringer Schrittlänge. Gegensatz: Schreitstil.
[**196**, 37]

Trippellauf → Fußgelenksarbeit.

U

Üben Das Wiederholen von Bewegungshandlungen mit dem Ziel, sie zu vervollkommnen und anzueignen. Das Ü. im Training und im Sportunterricht ist eine der wichtigsten Maßnahmen zum Erlernen und Vervollkommnen von Bewegungshandlungen und Bewegungsfertigkeiten sowie von konditionellen und koordinativen Fähigkeiten und Fertigkeiten.
Im medizinischen Bereich wird unter Ü. ausschließlich ein Einüben im Sinne der Verbesserung der neuromuskulären Koordination verstanden. Durch häufiges Üben kommt es zur Ausbildung eines → dynamisch-motorischen Stereotyps. Gleichzeitig nimmt die Ermüdung ab, und es kommt zu einer Ökonomisierung der Bewegung.
Im psychischen Bereich können bestimmte erforderliche Wettkampfeigenschaften, z. B. Mut durch entsprechende Einstellungs- und Verhaltensweisen, die im Training abverlangt werden, geschult werden.
[**159**, 259/**160**, 190ff/**196**, 347/**281**, 39]

Üben, sportliches Wiederholtes Ausführen von sportlichen Bewegungshandlungen. Ü. dient der Ausprägung physischer und psychischer Fähigkeiten und Fertigkeiten. Das Ü. ist die Hauptmethode im Techniktraining.

Üben, standardisiertes Üben unter Anwendung von Standards (Standardbelastung, Standardprogramm).

Überdistanztraining Trainingsverfahren, bei der die im Training zurückgelegten Strecken länger als die Wettkampfstrekken sind.

Übereinstimmung, dynamische Prinzip des speziellen Krafttrainings. Das Prinzip der Ü. besagt, daß im speziellen Krafttraining die Kraftübungen in bezug auf Arbeitsweise (überwindende, haltende, nachgebende Arbeit) und Art und Charakter der Muskelspannung (isotonisch, isometrisch, auxotonisch) sowie biomechanische Besonderheiten der Wettkampfübung angenähert sein müssen.
[**257**, 142/**438**, 1]

Überforderung Die Erholungszeit reicht zur vollen Restitution der Belastungen und zur trainingsbedingten → Superkompensation der Stoffwechselvorgänge nicht aus, wodurch ein Ermüdungsrückstand bleibt. Die Symptome der Ü. sind denen des → Übertrainings gleich.
[**116**, 240f/**182**, 550]

Übergangsperiode Trainingsperiode zur aktiven Erholung im Anschluß an die

Wettkampfperiode. Ü. dauert je nach Sportart, Trainingszustand und Trainingsalter 1–3 Monate. In allen Sportarten hat die Ü. die frühere Trainingspause ersetzt. Die Ü. bewirkt durch verminderte Trainingsintensität und einen verminderten Trainingsumfang eine Reduzierung der Gesamttrainingsbelastung.
In der Ü. soll der höhere allgemeine Funktionszustand des Organismus nahezu erhalten bleiben, damit im neuen Periodenzyklus auf einem höheren Ausgangsniveau trainiert werden kann.
[**159**, 179/**196**, 347/**198**, 11/**276**, 41/**277**, 188ff]

Übergangstraining Training in der → Übergangsperiode.
[**196**, 347/**311**, 123, 137, 295]

Überhollauf Form des Tempolaufs in der Leichtathletik. In einer Reihe hintereinander laufen mehrere Läufer mit langsamem Tempo. Der jeweils letzte überholt die Reihe durch Antritt oder Steigerungslauf und übernimmt die Führung. Danach oder auf Zeichen des Trainers folgt der nächste. Die Streckenlänge beträgt 200–800 m.
[**196**, 37]

Überkompensation → Superkompensation.

Überkopfarbeit Mehrgelenkige Kraftübung mit einer Belastung (Gewicht etc.) senkrecht über dem Kopf. Als klassische Ü. können das Reißen und Stoßen z. B. im Krafttraining der Gewichtheber angesehen werden. Zu frühe Ü. im vorpubertären und pubertären Alter mit schweren Gewichten kann zu Veränderungen an der Wirbelsäule führen.
[**143**, 65/**182**, 601]

Überlastung Kategorie der Belastung, die durch die übermäßige Anforderung einer bestimmten sportlichen Aufgabe gekennzeichnet ist. Diese übermäßige Anforderung kann durch einen unvollständigen Ausgleich von Ermüdung und Erholung (chronische Ü.) oder durch das Überschreiten der Höchstgrenzen der Belastbarkeit (akute Ü.) des Organismus gekennzeichnet sein. Aus Ü. resultiert das Ü.-Syndrom. Dies wird besonders im Bereich des Halte- und Bewegungsapparats z. B. von Ermüdungsbrüchen, Wirbelsäulen- und Meniskusschäden deutlich.
[**29**, 253ff/**182**, 550f]

Überlastungstraining (auch Overload-Training) Trainingsmethode, bei der die Wettkampfübung mit größerer Belastung als im Wettkampf trainiert wird (z. B. Kugelstoßen mit schwerer Kugel).
[**196**, 347]

Übertragung Vorgang, bei dem eine Fertigkeit, die in einer spezifischen Lernsituation erworben wurde, auf den Lernprozeß in einer anderen Lernsituation einwirkt.
Zu unterscheiden ist eine positive und eine negative Ü.. Wirkt sich eine erworbene Fertigkeit fördernd in einer neuen Lernsituation aus, dann ist eine positive Ü. gegeben, während eine negative Ü. bei hemmender Auswirkung vorliegt. Bei der positiven Ü. unterteilt man in eine einseitig und vielseitig ausgerichtete Ü., letztere wiederum in eine direkt und indirekt ausgerichtete. Die einseitig ausgerichtete Ü. ist z. B. bei der Erhöhung der Wurf- und Sprungkraft durch Übungen mit der Scheibenhantel gegeben. Die vielseitig ausgerichtete direkte Ü. liegt z. B. bei Kraftübungen vor, die gleichzeitig auch die Schnelligkeit verbessern. Eine vielseitig ausgerichtete indirekte Ü. kann sich durch die Verbindung von Anpassungsprozessen ergeben, z. B. wird durch Verbesserung der aeroben Ausdauer die Voraussetzung geschaffen für eine spätere Verbesserung der Schnelligkeit.
[**196**, 347/**257**, 81f/**277**, 111ff]

Übertraining Chronisches Überlastungssyndrom als Folge zu hoher Trainingsbelastungen (siehe Abb. rechts). Grund-

Basedowoides (symp.) Übertraining	Addisonoides (parasymp.) Übertraining
leichte Ermüdbarkeit	leichte (abnorme) Ermüdbarkeit
Erregung	Hemmung
Schlaf gestört	Schlaf nicht gestört
Appetit herabgesetzt	normaler Appetit
Körpergewichtsabnahme	Körpergewicht gleichbleibend
Neigung zum Schwitzen, Nachtschweiß, feuchte Hände	Thermoregulation normal
halonierte Augen, Blässe	–
Neigung zum Kopfschmerz	klarer Kopf
Herzklopfen, Herzdruck, Herzstiche	–
Ruhepuls beschleunigt	Bradykardie
Grundumsatz gesteigert	Grundumsatz normal
Körpertemperatur leicht erhöht	Körpertemperatur normal
ausgeprägter roter Dermographismus	–
verzögerte Einstellung der Herzfrequenz auf Ruhewerte nach Belastung	schnelle Kreislaufberuhigung nach Belastung
Blutdruck uncharakteristisch	unter und nach Belastung oft Erhöhung des diastolischen Blutdrucks auf > 100 Torr
abnorme Hyperpnoe unter Belastung	keine Atemschwierigkeiten
Überempfindlichkeit gegenüber Sinnesreizen (besonders akustischer Art)	–
Bewegungsablauf wenig koordiniert, oft überschießend	Bewegungsablauf eckig und ungenügend koordiniert (nur bei höherer Belastungsintensität)
Reaktionszeit verkürzt, allerdings viele Fehlreaktionen	Reaktionszeit normal oder verlängert
Tremor	–
Erholung verzögert	gute bis sehr gute Erholungsfähigkeit
innere Unruhe, leichte Erregbarkeit, Gereiztheit, Depression	Phlegma, normale Stimmungslage

Symptome und Zeichen der Erscheinungsformen des Übertrainings (nach Israel 1976, 2) (Quelle: Weineck 1983, 312)

sätzlich unterscheidet man zwischen einem basedowoiden (sympathikotonen) und einem addisonoiden (parasympathikotonen) Ü. Das basedowoide Ü. ist gekennzeichnet durch ein Überwiegen von Erregungsprozessen und verstärkter Antriebsfunktion mit den Symptomen der Reduzierung der Leistungsfähigkeit, Schlafstörungen, Unruhegefühl, Gereiztheit, Abgespanntheit und erhöhten Pulsfrequenzen.

Das addisonoide Ü. ist charakterisiert durch das Überwiegen von Hemmungsfunktionen mit den Symptomen der Reduzierung der Ruhepulsfrequenz, Antriebslosigkeit, Gleichgültigkeit und reduzierter Leistungsfähigkeit.

[**116**, 248/**182**, 550/**257**, 72/**276**, 47/**430**, 311]

Übung Alle systematisch zum Zwecke der Leistungssteigerung in bestimmten Zeitabständen wiederholten Bewegungsabläufe, die zu einer Verbesserung der Bewegungskoordination ohne morpho-

logisch nachweisbare Veränderungen führen.
[**178**, 23f/**182**, 128/**196**, 348/**277**, 118f]

Übung, allgemeinentwickelnde Übungsformen zur Verbesserung der psychophysischen, taktischen und technischen Basis.
Ü. ist mit der Zielübung nicht verwandt, sie stimmt weder in der Dynamik (Kraft-Zeit-Verlauf) noch in der räumlichen Struktur (Weg-Zeit-Verlauf) mit der Wettkampfübung überein. So ist die Tiefkniebeuge z.B. eine Ü. für Sprinter.
[**160**, 66ff/**257**, 22f]

Übung, haltungsformende Ü. dient der Entwicklung und Verbesserung der Haltung.
Sie ist nach bestimmten speziell aufeinander abgestimmten Kriterien (Koordination der Haltemuskeln, Beweglichkeit, Kraft, Gleichgewicht u. a.) aufgebaut.

Übung, techniknahe Übung, die bestimmte Kernpunkte einer bestimmten speziellen Technik enthält und diese in Verbindung mit allgemeinen Bewegungs- und Gewandtheitsaufgaben schult, z. B. im Weitsprung der Sprunglauf, die Vielsprünge auf Matten und über Kästen, Treppensprünge u. ä.
[**196**, 138/**199**]

Übungsablauf Nach methodisch-organisatorischen Gesichtspunkten vorgenommene Folge von Übungen im Sportunterricht und im Training.

Übungsauswahl Auswahl von verschiedenen Übungsformen nach dem Prinzip der Zweckmäßigkeit, der Ökonomisierung und Effektivität in konkreter Ausrichtung auf ein bestimmtes Ziel.

Übungsform Haupttrainingsinhalt im motorischen Lernprozeß. Durch die Anwendung und Wiederholung einer Ü. werden Bewegungshandlungen erlernt und gefestigt.
[**276**, 370]

Übungshäufigkeit Anzahl der Wiederholungen einer Übung in einem bestimmten Zeitabschnitt (Trainingseinheit, Trainingswoche). Ü. ist im Technik- und Koordinationstraining eine wichtige Komponente, da zwischen dem Erlernen eines Bewegungsablaufs und der Ü. ein bestimmter Zusammenhang besteht.
Beim Überschreiten einer bestimmten Zahl von Übungsbewegungen pro Tag steigt der Übungseffekt infolge eintretender Ermüdung nicht mehr, sondern fällt.
[**182**, 156ff]

Übungskarten Schriftliche Anleitung (Instruktion) zur Ausführung von Lern- oder Übungstätigkeiten im Unterricht oder außerunterrichtlichen Bereich. Im Sportunterricht enthalten die Ü. Angaben über Art der Ausführung von Körperübungen, Anzahl von Wiederholungen, Pausengestaltung u. ä. Ü. dienen der Aktivierung der Schülertätigkeit, helfen Zeit einzusparen und erleichtern eine Differenzierung der Aufgabenstellung. Die Abb. rechts stellt eine Ü. zur Vermeidung von Fehlern beim Hechtüberschlag im Turnen dar.

Übungsreihung (auch Übungsreihe) In der Methodik des Sportunterrichtes und des Trainings festgelegte Folge von Übungsformen. Ziel ist das Erlernen sowie Vervollkommnen eines Bewegungsablaufs.

Übungszustand Im Training jeweils erreichtes Niveau der Bewegungsqualitäten und -fertigkeiten sowie der Willenskraft des Athleten.
[**19**]

Umgebungstemperatur, ideale Die U. beträgt für eine ruhende, unbekleidete Person 28 Grad Celsius und für eine be-

Programmschritt 8 des Lehrprogramms «Hechtüberschlag» (aus: Tross 1979, 86)
(Quelle: Eberspächer 1984, 190)

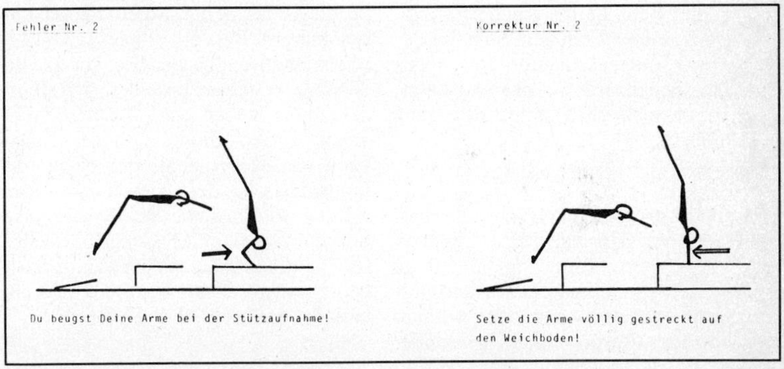

Beispiel einer Fehlerkorrekturkarte (aus Tross 1979, 150)
(Quelle: Eberspächer 1984, 190)

kleidete, sitzende Person ca. 18–22 Grad Celsius. Von den motorischen Hauptbeanspruchungsformen sind Ausdauerbelastungen dynamischer Art am intensivsten von hohen Umgebungstemperaturen betroffen. Etwa 75 % der bei Muskelarbeit aufgewandten Energie geht bei hohen Außentemperaturen als Wärme verloren.

Vor Ausdauerwettkämpfen in heißem Klima sollten Sportler aus kalten oder gemäßigten Klimata eine Hitzeakklimatisation anstreben.

Unter Kältebedingungen liegt bei Sportlern das Hauptproblem in der Vermeidung von Erkältungen und von diversen Muskelverletzungen.

[**182**, 588]

Umlernen Grundlegende Veränderungen erworbener Verhaltens- und Leistungsformen bzw. ihr Ersetzen durch verbesserte neue Formen; im Prozeß der sporttechnischen Ausbildung Ersetzen einer veralterten durch eine effektivere Technik oder einer fehlerhaft angeeigneten durch eine zweckmäßigere, auch individuell effektivste Technik.

Umstellungsschwierigkeiten, technische Schwierigkeiten, die sich aus der Wettkampfreihenfolge im Mehrkampf ergeben. Für viele Leichtathleten z. B. gibt es U. vom 100-m-Lauf zum Weitsprung und vom Hürdenlauf zum Diskuswurf. Darum sollte im Training entsprechend der Wettkampfreihenfolge trainiert werden (s. a. Training, gekoppeltes).
[**198**, 169]

Unterbrechungskomplex Durch seine Pausen kann ein ausschließliches Intervalltraining beim Läufer einen psychologischen Komplex erzeugen. So hatte der belgische Weltrekordläufer R. Moens «Angst» vor längeren Strecken als 400m, als er ausschließlich Intervalltraining durchführte.
[**196**, 123]

Unterkühlung Absinken der Körpertemperaturen. Ursache der U. liegt in der vermehrten Wärmeabgabe infolge verringerter Außentemperatur und nasser Haut (Schweiß) trotz der wärmeregulatorisch verursachten Verminderung der Hautdurchblutung. Die Atmung wird langsamer und flacher. Bei Körpertemperaturen unter 30 Grad C tritt Bewußtlosigkeit ein. Behandlung: den Unterkühlten abtrocknen, ihm trokkene Kleidung geben, ihn vor Windeinfluß schützen und in einen heizbaren Raum transportieren. U. treten häufig beim Schwimmen (niedrige Wassertemperatur), Skilaufen, Bergsteigen und vor allem bei Schwimm- und Bergunfällen auf.
[**116**, 315/**270**, 264]

Unterstützungskontraktion Kontraktionsart. Am Muskel hängt ein durch eine Unterlage unterstütztes Gewicht. Der Muskel muß zuerst durch Spannungsentwicklung das Gewicht selbst tragen (isometrische Phase), um sich dann durch Heben des Gewichts isotonisch oder meist auxotonisch zu verkürzen.
[**116**, 51/**270**, 44/**389**, 20]

Untersuchung, biomechanische Verfahrensweisen zur Prüfung von mechanischen Bewegungen (z. B. die Ortsveränderung von Massenteilchen) von Mensch und Tier unter Berücksichtigung der mechanischen Eigenschaften und Voraussetzungen der Bewegungsapparate, die ihrerseits von den biologischen Faktoren der Organismen funktional abhängig sind. Bei der U. wird mit biologischen Untersuchungsmethoden Material gesammelt, das durch Auswertung und Analyse gesicherte Grundlagen schafft für die Didaktik und Methodik der Leibesübungen. Bei der komplexen U. ist es vielfach notwendig, gleichzeitig verschiedene Methoden anzuwenden, z. B. Filmaufnahmen neben einer dynamographischen Untersuchungsmethode. Dabei kann das Meßergebnis der einen Methode durch das der anderen kontrolliert werden, sofern eine exakte Synchronisation der einzelnen Messungen gesichert ist. Dabei kommt man dem wahren Sachverhalt des mechanischen Bewegungsablaufs am nächsten.
[**109**/**175**]

Untersuchungsmethode, biomechanische Spezifische Art und Weise des Vorgehens bei biomechanischen Analysen zur Objektivierung der einem Bewegungsvorgang zugrunde liegenden biomechanisch darstellbaren Faktoren bzw. des Messens physikalisch-mechanischer Größen. Als Hauptmethoden werden die der Kinematik (Weg-, Winkel-, Zeit-, Geschwindigkeits-, Beschleunigungsmessung) und die der Dynamik (Kraft- und Momentanmessung) eingesetzt. Die

Methode des Messens einer physikalischen Größe läßt sich in viele Verfahren (als konkrete technische Lösungen der Meßaufgabe) differenzieren.

Unterwassergymnastik Form der Gymnastik, die zu therapeutischen Zwecken eingesetzt wird.

Unterwassermassage Massageform. Der Proband befindet sich im erwärmten Wasser und wird mit einem Wasserstrahl oder den Händen des Masseurs massiert. Der Wasserstrahl weist einen Überdruck von 2–4 bar auf und wirkt im Abstand von etwa 20cm auf die Haut ein. Bei schrägem Aufprall des Wasserstrahls auf die Haut kommt es zu flächigen Hautverschiebungen, bei senkrechter Wasserstrahlrichtung wird eine intensive Tiefenwirkung erzeugt, die noch durch den geringen Tonus der Muskulatur im warmen Wasser verstärkt wird. Die U. wird zur Beschleunigung der Regeneration nach sportlichem Training angewendet.
[**270**, 402]

Unzulänglichkeit des Muskels, aktive Absinken der Kontraktionskraft des Muskels bei wiederholter starker Verkürzung.
[**367**]

Utilisation, periphere Sauerstoffausschöpfung des Bluts in der arbeitenden Muskulatur. Meßbar als arterio-venöse Sauerstoffdifferenz. U. spielt eine wichtige Rolle hinsichtlich der Größe des maximalen Sauerstoffaufnahmervermögens. Je größer die Sauerstoffausschöpfung des Bluts, desto sauerstoffärmer erreicht es die Lunge und eine um so größere Sauerstoffmenge kann dort aufgenommen werden. U. kann von durchschnittlich 30% in Ruhe auf 60 bis 80% unter starker Belastung ansteigen. Eine bessere Sauerstoffausnutzung hat mehrere Ursachen. Durch eine verbesserte Kapillarisierung kommt es zu einer Vergrößerung der Gesamtstrombahn, zu einer Verlangsamung des Blutstroms und damit zu einer verlängerten Kontaktzeit zwischen Blut und Zelle. Weiterhin spielen biochemische Faktoren eine Rolle; so führt die Verbesserung der Fermentaktivität zur besseren U. Durch die Blutverteilung (Blutvolumen) werden zuerst die Brennpunkte des Bedarfs mit arteriellem Blut und dadurch mit Sauerstoff versorgt. Dabei ist der Trainierte in jeder Hinsicht weit besser ausgestattet als der Untrainierte und somit imstande, ökonomischer zu arbeiten.
[**327**, 22]

V

Vagotonie Verschiebung des Gleichgewichts im vegetativen Nervensystem zugunsten des Parasympathikus. Führt zu langsamer Pulsfrequenz und Hypotonie. Zur V. kommt es nach und infolge von Ausdauerbelastungen. Die Folge ist eine sog. «Schoneinstellung» in den Lebensvorgängen.
[**389**, 332/**458**, 1650]

Vagotonus Verschiebung der Aktivitäten im funktionellen Gleichgewicht zwischen Sympathikus- und Parasympathikustonus auf die Seite des Parasympathikus. Kennzeichen der parasympathischen Erholungsphase ist die Dämpfung der Leistungsbereitschaft durch den Vagusnerv, so daß alle physiologischen Vorgänge zur Erholung und Wiederherstellung verstärkt sind. Besonders bei Ausdauersportlern in Ruhe beinhalten die trophotrope (ernährende) Reaktion des Körpers, die ökonomisierte Herzarbeit (verminderte Frequenz und größeres Schlagvolumen) und die Aktivierung der biosynthetischen Enzyme eine Aussage über den Trainingszustand des Athleten.
[**389**, 323/**458**, 1650]

Valsalva Preßdruckversuch (Ausatmen gegen einen definierten Druck) in der Sportmedizin zur Feststellung pathologischer oder physiologischer Reaktionen des Herz-Kreislauf-Systems. Durch den äußeren Gegendruck sinkt der arterielle Blutdruck, weil die Lungenarterien zusammengedrückt werden und gleichzeitig die linke Herzkammer in ihrer Funktion als Saugpumpe das Blutvolumen des Lungenkreislaufes vermindert. Beide Faktoren führen zu einem Blutmangel im Herz-Lungen-System und zu einer Erhöhung der Herzfrequenz. Im Sport treten diese Regelungen bei langandauernder Preßatmung, z. B. im Gewichtheben auf.
[**182**, 365]

Van-Aaken-Training Training nach der reinen Ausdauermethode zur Verbesserung der → allgemeinen Ausdauer und der Koordination. Benannt nach Dr. med. Ernst van Aaken.
[**1/2/3/4/5/6/196**]

Variable Methode Methode zur Verbesserung der Laufgeschwindigkeit. Durch Veränderung von räumlicher und zeitlicher Struktur der Bewegung wird eine sog. Nachwirkung im Nerv-Muskel-System ausgenutzt. Trainingsformen der V. sind die Bergab- und Bergaufläufe, die in der Kombination bergan, bergab, normal angewendet werden sollten. Eine Verbesserung der Laufgeschwindigkeit mit Hilfe der V. ist nur dann möglich, wenn das neue Zeitschema vom vorher-

gehenden durch Schwellenwerte, d. h. minimale, doch vollständig wahrnehmbare und damit kontrollierbare Größen unterschieden ist.
[**430**, 181/**452**, 183]

Vaskularisierung Gefäßneubildung in Geweben durch Kapillarisierung und Kollateralenbildung. V. kann als Resultat eines Ausdauertrainings auf das kardio-pulmonale System und sonstige Organe angesehen werden.
[**182**, 305/**362**]

Vasodilatation Gefäßerweiterung. Passiv bei Blutüberfüllung sowohl im arteriellen als auch im venösen Schenkel des Gefäßsystems als Folge einer Elastizitätsminderung des Gefäßrohres. Aktiv durch das Eingreifen des Vasomotorenzentrums bei körperlicher Arbeit zwecks Durchblutungssteigerung. Die Einstellung erfolgt unter Einwirkung gefäßwirksamer Stoffe, z. B. Acetylcholin und Histamin.
[**116**, 121f, 202f/**270**, 149ff/**389**, 115/**458**, 1468]

Vasokonstriktion Gefäßzusammenziehung durch Kontraktion der muskulären Elemente der arteriellen Gefäße unter dem Einfluß des Vasomotorenzentrums bei der Regulation der Blutverteilung. Die Einstellung erfolgt unter Einfluß von Katecholaninen, z. B. Adrenalin und Noradrenalin.
[**116**/121f, 202ff/**389**, 124, 247/**430**, 296/**458**, 1468]

Vasomotoren Nerven, die den Tonus der Gefäßmuskularis verändern und damit für die Regulation des Herz-Kreislauf-Systems mitverantwortlich sind. Entscheidende Bedeutung kommt ihnen bei körperlichen Beanspruchungen in der Regulation von Vasodilatation und Vasokonstriktion zu. Letztere gehören dem sympathischen Nervensystem an.
[**270**, 149ff/**389**, 112ff/**458**, 1469]

Vegetative Trainingsbeeinflussung Erste Anpassungsstufe im Übergang vom untrainierten zum hochausdauertrainierten Zustand. Die Beeinflussung des vegetativen Nervensystems erfolgt in Richtung einer trophotropen (Schoneinstellung) Einstellung. Kennzeichen sind eine verringerte Pulsfrequenz, verringerter systolischer Blutdruck, reduzierte Katecholaminfreisetzung, vergrößertes Schlagvolumen und die Abnahme des peripheren Widerstands.
[**182**, 454]

Venenschäden Schädigung der Venen infolge sportlicher Beanspruchung. Bei folgenden Sportarten können Dispositionen zu V. bestehen: Beim Kugelstoßen, Kegeln und beim Tennisaufschlag kann infolge plötzlicher extremer Schulterbeanspruchungen die recht seltene «Thrombose par effort», die Stauung der V. subclavia, auftreten. Livide Hautverfärbung und Schweregefühl des Arms sind Hinweise.
Beim Rudern, Fußballspiel und Gewichtheben zeigt sich häufig das Auftreten einer primären Varikosis (Krampfadern).
Die positive Wirkung des Sports auf das Venensystem ist aber ungleich höher einzuschätzen als die möglichen Schäden.
[**182**, 670]

Ventilation Gasaustausch zwischen Mund/Nase und Alveolen (siehe Abb. Seite 300). Bei Gesunden spielt die Größe der Lungen-V. keine leistungslimitierende Rolle, was schon daraus hervorgeht, daß selbst bei maximalen Belastungen das → AMV (Atemminuten-Volumen) niemals die Größe des → AGW (Atemgrenzwert) erreicht. Es besteht stets noch eine gewisse V.-Reserve. Der trainierte Mensch atmet sowohl in Ruhe als auch unter körperlicher Belastung ökonomischer als der Untrainierte.
[**116**, 137/**177**, 59f/**182**, 376/**196**, 315]

Ventilation, alveoläre Gesamtventilation abzüglich der Totraumventilation; etwa

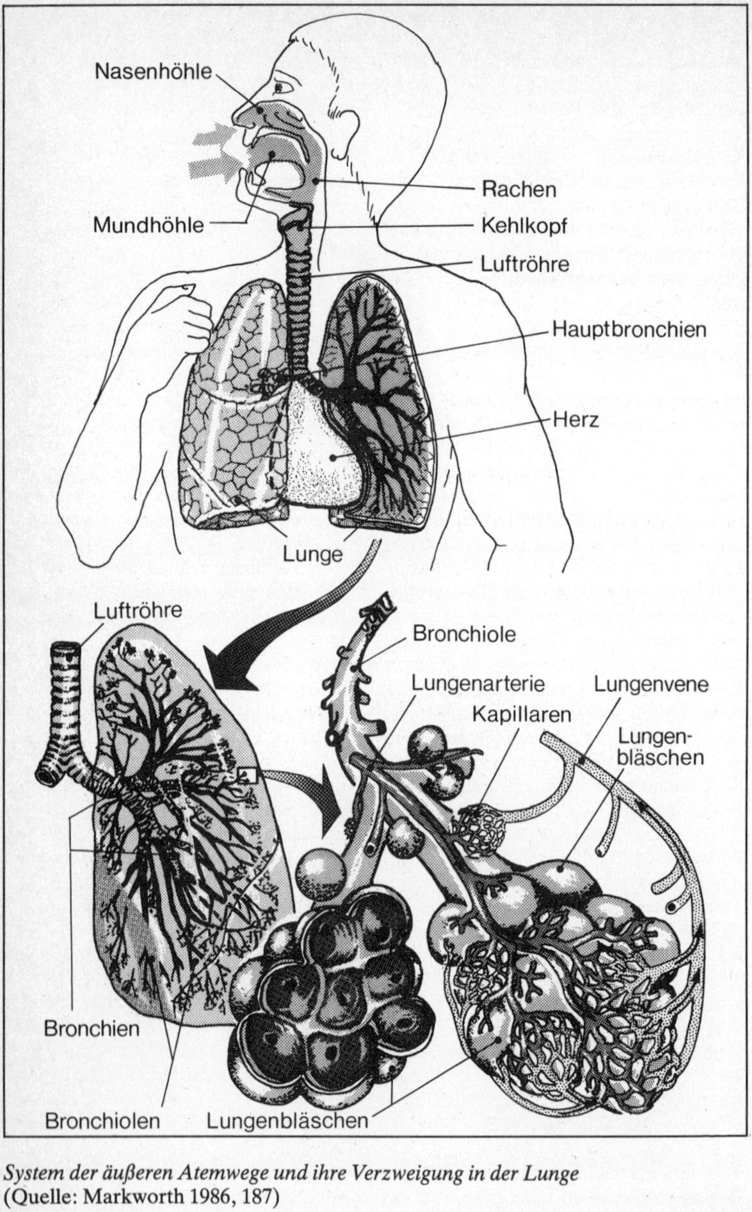

System der äußeren Atemwege und ihre Verzweigung in der Lunge
(Quelle: Markworth 1986, 187)

2/3 der Gesamtventilation bei Ruheatmung. Verringert sich das Atemzugvolumen und wird die Atemfrequenz erhöht, sinkt die V. Eine ökonomische Atmung verlangt bei körperlicher Arbeit ein großes Atemzugvolumen und eine niedrige Atemfrequenz.
[**389**, 164ff/**458**, 1480]

Verfahren, psychoregulatives Fremd- und autosuggestive Verfahren und Techniken, mit deren Hilfe eine bewußte Beeinflussung psychophysiologischer Funktionsabläufe realisiert werden kann. Zu den V. zählen in erster Linie verschiedene Varianten des autogenen Trainings, das Verhaltenstraining und das ideomotorische Training (auch observatives Training).
In einem Lernprozeß schult der Übende die Fähigkeit, über die Ausbildung bedingt reflektorischer Verbindungen einzelne psychische und psychovegetative Funktionen und Zustände sowie sensomotorische Prozesse anforderungsadäquat zu optimieren.
[**387**]

Verhaltenssteuerung Handeln aufgrund ererbter und erlernter psychischer Steuerungsinstanzen. Hierzu zählen die im Unterbewußtsein ablaufenden Aktionen der sensomotorischen Bewegungssteuerung und bewußte psychische Eigenschaften wie Motivation, Ziel- und Wertvorstellungen und Emotion, die im Lauf der Sozialisation eine individuelle Verhaltenssteuerung ausprägen.

Verknüpfte Reihenfolge (Trainingsprinzip der verknüpften Reihenfolge) Grundsatz im Krafttraining für eine lang- und mittelfristige Verbesserung z. B. des Sprungkraftvermögens (siehe Abb. rechts). Nach dem Prinzip der V. wird die komplexe Sprungkraft am günstigsten in folgender Reihenfolge entwickelt: einfache Sprungübungen ohne Zusatzbelastungen (Mehrfachsprünge als Wechselsprünge, Einbeinsprünge, Hüpfen auf

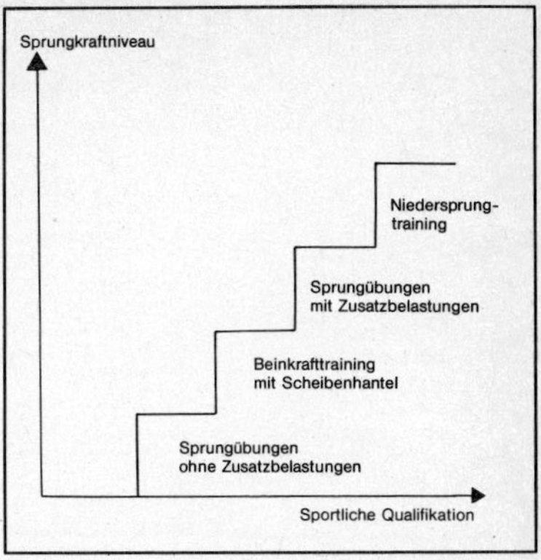

Schema zur Veranschaulichung des Prinzips der verknüpften Reihenfolge der Mittel zur Entwicklung des Sprungvermögens im mehrjährigen Trainingsprozeß (Quelle: Weineck 1983, 145)

der Stelle u. a.); Scheibenhanteltraining (insbesondere zur Kräftigung der Muskelstreckschlingen der Beine); Sprungübungen mit Zusatzbelastungen (z. B. Hüpfen und Springen auf der Stelle mit der Scheibenhantel, Mehrfachsprünge mit der Gewichtsweste) sowie Niedersprünge (Tiefsprünge von Kasten zu Kasten). Im Kinder- und Jugendtraining sollte auf ein Niedersprungtraining verzichtet werden. Die Sprungübungen mit Zusatzbelastungen sowie das Scheibenhanteltraining sollten erst in der Adoleszenz/Pubeszens Anwendung finden.
[**430**, 145]

Verknüpfung, neuromuskuläre Verknüpfung zwischen Nervenfasern und Muskeln, die zur Erregung der Muskelfaser oder – von den Muskeln ausgehend – zur Erregung der Nervenfaser führt (siehe Abb. Seite 302). V. erfolgt durch Endapparate: bei der quergestreiften Skelettmuskulatur durch die motorische Endplatte oder – vom Muskel ausgehend – durch die Muskelspindeln.
[**196**, 293/**264**/**273**, 44]

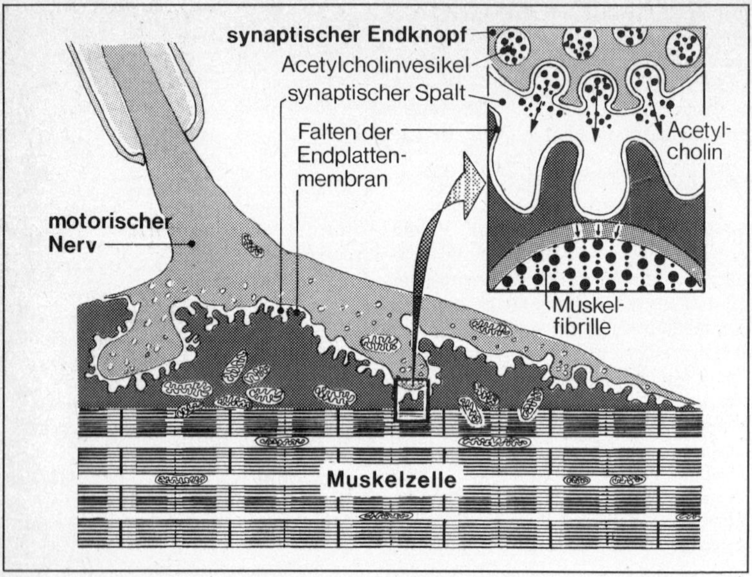

Die motorische Endplatte (Quelle: Markworth 1986, 44)

Verlagerung Veränderung der Bewegungsrichtung des Körpers oder Relativbewegung einzelner Körperteile innerhalb eines Bewegungsablaufs im Vergleich zu den zeitlich zuvor ausgeführten Bewegungen.

Verrenkung (Luxation) Gelenkverletzung, bei der die Gelenkflächen aus ihrer normalen Position verschoben sind und keine Haftung zwischen Gelenkkopf und Gelenkpfanne besteht. Häufige Begleiterscheinung ist der Riß des Kapsel- und Bandapparates. Man unterscheidet angeborene Verrenkungen, die durch eine Fehlform der Gelenkflächen entstehen, und die durch Gewalteinwirkung hervorgerufene Verrenkung. Bis zum Einrenken durch den Arzt ist das Gelenk in schmerzarmer Lage ruhigzustellen.

Verstauchung (Distorsion) Gelenkverletzung, bei der das Gelenk durch gewaltsames Stauchen in der Longitudinalachse über das aktiv erreichbare Bewegungsausmaß beansprucht wird. In vielen Fällen treten Schäden des Kapsel- und Bandapparats sowie Schädigungen des Knorpelgewebes und des Faserknorpels (Menisken) begleitend auf. Unmittelbar nach Eintreten der Verletzung muß das betreffende Gelenk hochgelagert und intensiv gekühlt werden, um eine Schwellung zu vermeiden. Hiernach sollte auf jeden Fall ein Arztbesuch folgen.

Vervollkommnung, sporttechnische Ausbildungsphase sportlicher Techniken nach dem Erlernen der Grobform mit dem Ziel, die Fein- oder Feinstform zu erreichen. Die sporttechnische Vervollkommnung erfordert regelmäßiges Training und ist im Vergleich zum Erlernen der Grobform ein Prozeß ohne endgültigen Abschluß.
[**160**, 17ff]

Vestibularapparat Organ im inneren Ohr, welches die räumliche Orientierung und die Stabilisierung des Gleichgewichts ermöglicht. Es besteht aus drei aufeinander senkrecht stehenden Bogengängen, Utriculus und Sacculus, die mit Endolymphflüssigkeit gefüllt sind. Die Rezeptoren, in den Bogengängen gelegen, nehmen alle Lageveränderungen und besonders Drehbewegungen wahr, und melden diese zum Kleinhirn, das die Stellung der Augen, des Kopfes und des gesamten Körpers reflektorisch steuert.
[**182**, 143]

Vielseitigkeit Grundsatz der Trainingslehre für die langfristige Trainingsplanung zur Bildung einer breiten Basis in konditionellen und technischen Fähigkeiten und zur Schaffung eines großen Bewegungsrepertoires als Grundlage der sportlichen Leistungsfähigkeit. Im Hochleistungstraining vermeidet die Vielseitigkeit der Trainingsmethoden, der Belastungsanforderungen und der allgemeinen und speziellen Bewegungsaufgaben eine Leistungsstagnation, indem sie immer wieder neue, anders akzentuierte Reize setzt.
[**160**, 20f]

Viereckslauf Trainingsform nach dem Prinzip des → Dreieckslauf.
[**196**, 124]

Viskosität (auch innere Reibung) Intramuskulärer Reibungswiderstand bei einer Bewegung. Je geringer die V., desto günstiger die Voraussetzungen für eine hohe Kontraktionsgeschwindigkeit der Muskulatur und Grundschnelligkeit. Bei größerem ATP-Gehalt und höheren Körpertemperaturen nimmt die V. ab.
[**196**, 294/**430**, 297f]

Vitalkapazität Maximal ventilierbares Volumen der Lunge. Die Vitalkapazität ist die Summe von in- und expiratorischem Reservevolumen und dem normalen Atemzugvolumen. Mit zunehmendem Alter nimmt die Vitalkapazität aufgrund von Elastizitäts- und Bewegungseinschränkung ab. Sie kann durch Training nur geringfügig verbessert werden und zählt nicht zu den Leistungsparametern.
[**116**, 138, 147f, 219, 329/**270**, 208/**389**, 162]

Vita maxima Verhalten von Leistungskriterien wie der Sauerstoffaufnahme pro Min., dem Atemminutenvolumen, dem Atemäquivalent, der Pulsfrequenz, dem Sauerstoffpuls, dem Milchsäurespiegel u. a. im äußersten Grenzbereich der körperlichen Leistungsfähigkeit. Der Begriff der V. wird heute meistens durch die Bezeichnung → aerobe Kapazität ersetzt.
[**182**/**264**/**270**/**273**]

Vitaminbedarf Zufuhr an notwendigen Vitaminmengen mit individueller Berücksichtigung. Die hohen Grunddosen für Vitamin C und B_1 haben vorwiegend für Ausdauersportler ihre Gültigkeit.

Vitamine	Normalbedarf	Sportler
B_1	1– 1,5 mg	4– 8 mg
C	50–100 mg	200–400 mg
A	5000 IE	12 000–15 000 IE

Vitamine Wirkstoffe, die für das Wachstum, die Erhaltung und Fortpflanzung des Menschen unentbehrlich sind. Sie können nicht vom Organismus selbst synthetisiert werden, sondern müssen mit der Nahrung zugeführt werden. Der Bedarf an einzelnen Vitaminen liegt im Milligrammbereich und ist bei sportlichem Training erhöht. Eine erhöhte Vitaminzufuhr bewirkt keine Steigerung der Leistungsfähigkeit, bei einigen V. sind bei sehr hohen Dosen sogar Giftwirkungen bekannt. Besondere Bedeutung für sportliche Leistungen kommt den V. B_1 und C zu.
[**93**, 72ff/**116**, 185ff]

Vita minima Verhalten von Herz-, Kreislauf-, Atmungs- und Stoffwechselkriterien unter Grundumsatzbedingungen, d. h. bei Herabsetzung der Stoffwechselvorgänge auf ein Minimum (s. a. → Vita maxima).

Vorbereitung Einleitender Teil der Trainingseinheit. Bewirkt ein optimales Einstellen des Sportlers auf das Lösen bestimmter sportlicher Aufgaben mit Hilfe von Körperübungen. Im vorbereitenden Teil sollen physiologische (Auflockern, Aufwärmen, Regulation), psychische und pädagogische Aufgaben gelöst werden.
[**160**, 232]

Vorbereitung, intellektuelle Herausbildung der intellektuellen Fähigkeiten (Wahrnehmen, Beobachten, Konzentrationsvermögen) im leistungssportlichen Training. Mit steigender Leistungsfähigkeit nehmen auch die intellektuellen Anforderungen (Selbständigkeit, Kreativität, Taktik, Aktionsschnelligkeit) in Training und Wettkampf zu. Deshalb muß die intellektuelle Vorbereitung mit den anderen Vorbereitungsarten bereits im Nachwuchstraining einsetzen, um den optimalen Einsatz der körperlichen und technischen Fähigkeiten zu sichern.
[**160**, 25]

Vorbereitung, körperliche Herausbildung der konditionellen körperlichen Fähigkeiten im Trainingsprozeß. Unter Berücksichtigung der stufendidaktischen Forderungen erfolgt die körperliche Vorbereitung systematisch und sportartspezifisch zur Steigerung der allgemeinen und speziellen Leistungsfähigkeit.
[**160**, 24]

Vorbereitung, psychische Je nach Sportart und Disziplin unterschiedlich lange Phase der optimalen Einstellung der Psyche des Sportlers auf bevorstehende Wettkämpfe mit dem Ziel der Schaffung eines Zustandes der Startbereitschaft sowohl in der Periode des Vorstartzustandes (frühe psychische V.) als auch während der Wettkämpfe.
[**280**, 234f/**321**, 15ff]

Vorbereitung, sporttechnische Herausbildung der Technik von der Grob- zur Fein- und Feinstform. Um den optimalen Einsatz der anderen Fähigkeiten zu garantieren, sollten sich die sporttechnischen Fähigkeiten immer auf deren Niveau befinden.
[**160**, 16]

Vorbereitungsperiode Zeitraum der Trainingsplanung, in der die Voraussetzungen für die sportliche Form und die sportliche Form selbst erarbeitet werden. Gegliedert ist die Vorbereitungsperiode in eine allgemeine Phase und in die spezielle Phase.
In der allgemeinen Phase erfolgt ein → Grundlagentraining zur Entwicklung der konditionellen Fähigkeiten und zur Erhöhung des sportlichen Niveaus. Vor allem wird der Belastungsumfang gesteigert, die Belastungsintensität wird nur leicht erhöht.
In der speziellen Vorbereitungsphase soll die sportliche Technik im Zusammenhang mit den konditionellen Aspekten verbessert und die sportliche Form erlangt werden. Innerhalb der Belastungsnormative erfolgt eine Abnahme des Belastungsumfangs und eine Steigerung der Belastungsintensität.
Die Dauer der V. ist stark abhängig von der Sportart und deren Wettkampfplanung.
[**182**, 125/**196**, 348/**197**, 31/**257**, 23ff, 68ff/**276**, 41/**277**, 108/**293**, 133ff]

Vorbereitungsphase Teilprozeß der Grundstruktur des sportlichen Bewegungsablaufs. Die Funktion der V. besteht in der Schaffung optimaler Voraussetzungen für die erfolgreiche und ökonomische Ausnutzung der Hauptphase einer Bewegung. Dies erfolgt in der Regel durch eine Ausholbewegung.
[**141**, 26ff/**281**, 103ff]

Vordehnung Plastische und elastische Muskelverformung durch die Ausholbewegung. Die Dehnung wirkt entgegengesetzt zur geplanten Bewegungsrichtung durch die Muskelkontraktion, gewährleistet aber im Vergleich zur Bewegung ohne Ausholen einen längeren Beschleunigungsweg und eine höhere Anfangskraft, wenn nicht übertrieben gedehnt wird.
[**225**]

Vorgabelauf Trainingslauf, bei dem ein oder mehrere Läufer mit Vorgabe eine kürzere Strecke als die volle Rennstrecke laufen, um einen Einzelläufer oder eine Gruppe zu ziehen. In der Wettkampfpraxis verboten.
[**196**, 37]

Vormachen Auslösen und Unterstützen des motorischen Lernprozesses durch Präsentation der angestrebten Bewegung. Die Wirkung des V. für den Lernprozeß beruht u. a. auf der Theorie der inneren Nachahmung, nach der das Beobachten eines Bewegungsablaufs die psychophysischen Voraussetzungen für den eigenen Bewegungsvollzug schafft. Das V. durch Lehrer und Schüler wird im modernen Sportunterricht durch visuelle und audiovisuelle Hilfsmittel erweitert.
[**86**]

Vorstartzustand Physischer und psychischer Zustand des Sportlers direkt vor Wettkampfbeginn. Kennzeichen sind verstärkte Kreislauf-, Atem- und Stoffwechselfunktion sowie psychische Reaktionen aufgrund gesteigerter Leistungsbereitschaft, die in unterschiedlicher Art und Weise sichtbar werden: Siegeswille, Startfieber, durch emotionale Nervosität, → Startapathie, durch überstarke Schutzhemmungen des Nervensystems. Je nach Leistungszustand und Bedeutung des Wettkampfs und seiner Atmosphäre variiert der Vorstartzustand. Anzustreben ist ein optimaler Zustand, der ein gutes Wettkampfresultat ermöglicht. Trainingsmethoden sind das → mentale Training und das → autogene Training.
[**99**/**182**, 28/**430**, 195, 268, 295, 299]

W

Wachstumsperioden Perioden wechselnden Längen- und Massenwachstums bei Kindern und Jugendlichen.
1.–4. Lebensjahr: Massenwachstum (1. Fülle); 5.–7. Lebensjahr: Längenwachstum (1. Streckung); 8.–10. Lebensjahr: Massenwachstum (2. Fülle); 11.–15. Lebensjahr: Längenwachstum (2. Streckung); 15.–20. Lebensjahr: Reifung, (Längen- und Massenwachstum gleichzeitig, bei Mädchen früher als bei Knaben). Innerhalb der einzelnen W. ergeben sich sensible Phasen, in denen der Organismus auf äußere Einwirkungen mit günstigeren Entwicklungseffekten reagiert als zu anderen Zeitpunkten.
[**160**, 45f/**458**, 1511]

Wahrnehmung Summe der Reizaufnahme durch die taktilen, optischen, akustischen und kinästhetischen Sinnesorgane. Die Reizaufnahme erfolgt als bedingter Reflex und wird für die weitere Verarbeitung hinsichtlich ihrer situativen Bedeutung ausgewählt. Außerordentlich wichtig ist die aktive Wahrnehmung aller Bewegungsparameter für die technisch richtige Ausführung von Bewegungen im Sport.

Wärmebilanz Wärmeproduktion und Wärmeabgabe in Abhängigkeit von verschiedenen Klimabedingungen zwecks Konstanthaltung der Körperkerntemperatur (siehe Abb. rechts). Der menschliche Körper kann zwar Umgebungstemperaturen zwischen 70 Grad C und 100 Grad C für kurze Zeitspannen unter bestimmten Bedingungen tolerieren, jedoch Schwankungen der Körperkerntemperatur von 37 Grad C nur in einem Bereich von 1 Grad C.
[**182**, 575/**389**, 222]

Wärmebildung Wärmeenergie, über die der Organismus u. a. als Stellglied zur Konstanterhaltung der Körperkerntemperatur verfügt. Der menschliche Organismus besitzt drei Möglichkeiten, bei niedrigen Außentemperaturen dem Absinken der Körperkerntemperatur durch W. entgegenzuwirken: Steigerung des Muskeltonus, Kältezittern, chemische Thermogenese.
[**116**, 190f/**271**, 7/**458**, 1515

Wärmepolypnoe Anstieg der Körpertemperatur in sehr warmer Umgebung. Hier sind insbesondere die Atembewegungen beschleunigt, was bei Ausdauersportarten zum limitierenden Leistungsfaktor werden kann.
[**458**, 1515]

Wärmeregulation Physiologischer Prozeß, der die Körperkerntemperatur kon-

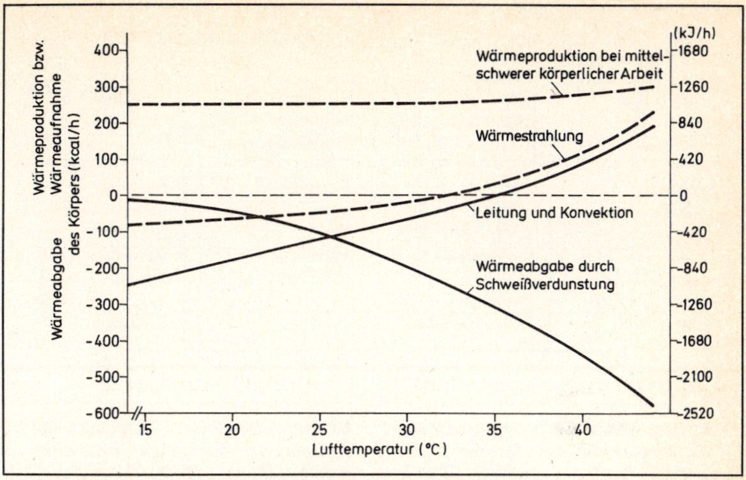

Ausgleich der Wärmebilanz des Menschen in Abhängigkeit von der Lufttemperatur (nach Lehmann) (Quelle: Hollmann/Hettinger 1980, 576)

stant hält. Infolge der Tätigkeit der menschlichen Organe und der im Vergleich zum Volumen geringen Oberfläche besitzt der Körperkern (Rumpf) eine höhere Temperatur als die Peripherie. Die normale Temperaturdifferenz beträgt 3–9 Grad Celsius und wird durch die Wärmeabgabe aufgrund der großen Oberfläche der Peripherie (Extremitäten) an die Umwelt bewirkt. Nimmt die Temperaturdifferenz in Folge von Muskelarbeit oder geänderter Umweltbedingungen, z. B. Hitze, ab, so daß die Gefahr einer Überhitzung des Körperkerns besteht, welches eine Funktionseinschränkung darstellt, korrigiert der Körper mit den Mechanismen der Verdunstung, Wärmestrahlung, Konvektion und Wärmeleitung die Temperatur. Unterkühlung kompensiert der Körper durch Muskelzittern.

Wasserhaushalt Gesamtvolumen und Verteilung des Wassers im menschlichen Körper.
Das Transportmittel Wasser bildet durch unterschiedlichen Gehalt an Eiweiß- und Mineralstoffen die Körperflüssigkeiten Blut und die extra- und intrazellulären Medien.
Für einen optimalen Nährstofftransport ist ein Mindestvolumen an Körperflüssigkeit und somit an Wasser notwendig. Wird das Flüssigkeitsvolumen durch zu geringe Flüssigkeitsaufnahme bei zu hoher Flüssigkeitsausscheidung durch Nierenüberfunktion oder starkes Schwitzen verringert, so kommt es zu einer Funktionseinschränkung und verminderten Leistungsfähigkeit.
[**116**, 189/**389**, 217ff]

Wechselmethode Variante der Dauermethode mit planmäßigem Wechsel von Belastungen über und unter der anaeroben Schwelle innerhalb einer langandauernden Belastung (siehe Abb. Seite 308). Die anfallende Laktatmenge wird in der Belastungsstufe geringerer Intensität kompensiert. Mittels der W. werden die aeroben Fähigkeiten verbessert.
[**201**/**257**]

Süddeutscher Rundfunk Bibliothek

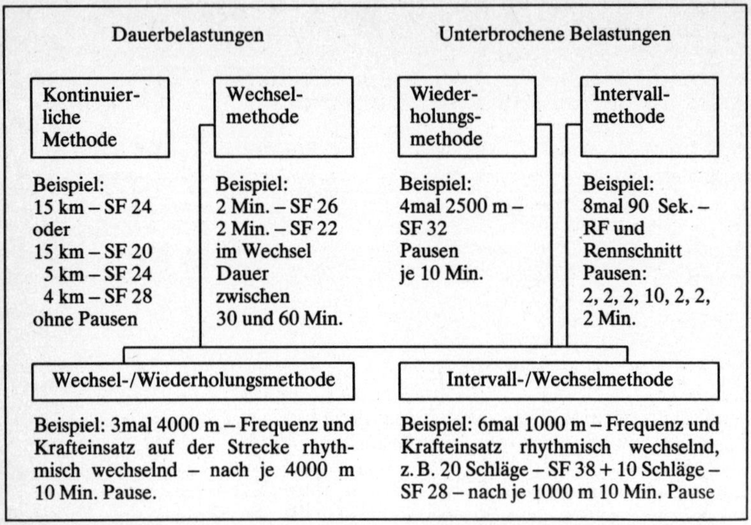

Übersicht über die Trainingsmethoden zum Ausdauererwerb im Rudern (nach Herberger) (Quelle: Jonath/Krempel 1985, 367)

Wechselsprünge Aufeinanderfolgende Sprünge am Ort oder in der Fortbewegung mit regelmäßigem Wechsel von Sprung- und Schwungbein.

Wechseltempolauf (auch Tempowechsellauf) Trainingsform, bei der das Lauftempo (z. B. auf Pfiff oder an vorgegebenen Stellen) gewechselt wird. Es kann angetreten (schnell gewechselt) oder hineingelaufen (langsam gewechselt) werden. W. fördert das Spurtvermögen und in gewissem Maß auch die Schnelligkeit.
[**92**, 110/**196**, 125]

Weckamine Dopingsubstanzen mit Phenyläthylaminstruktur, die durch ihre chemische Verwandschaft zu den körpereigenen Hormonen Adrenalin und Noradrenalin wirksam werden (s. a. → Doping).
[**271**, 534]

Weichmacherfunktion Liegt ausreichend ATP in ungespaltener Form im Muskel vor, so erschlafft derselbe. Das ATP besitzt somit eine sog. W. Liegt ausreichend ATP vor und wird dieses durch die ATPase gespalten, so kann sich der Muskel kontrahieren.
[**271**, 42]

Wertigkeit, biologische, des Eiweiß Menge an menschlichem Eiweiß, die von 100 g des betreffenden Nahrungseiweiß ersetzt werden kann.
[**271**, 481 f]

Bilogische W. einiger Eiweiße:

Milch	100 g	Kartoffeln	71 g
Ei	94 g	Reis	68 g
Haferflocken	89 g	Mais	54 g
Rindfleisch	80 g		

Wettkampfanalyse → Wettkampfauswertung.

Wettkampfauswertung Analyse der Wettkampfbeobachtung, um Ursachen für Stärken und Schwächen der eigenen Sportler oder deren Gegner und der Auswirkung auf den Wettkampfverlauf zu ergründen. Die W. kann den Wettkampf direkt, noch in seinem Verlauf, und indirekt durch Fehlerkorrektur und taktische Einstellung im Training beeinflussen. Hierdurch wird eine optimale Einstellung auf folgende Wettkämpfe und sportliche Gegner ermöglicht.

Wettkampfbeobachtung Differenzierte Kontrollmethode, um Erfolg oder Mißerfolg sowie deren Ursachen zu beschreiben. Die subjektive Methode erfaßt einzelne Athleten oder Mannschaften hinsichtlich ihres nicht zahlenmäßig greifbaren Verhaltens im Wettkampf durch sachkundige Beobachter. Auf der anderen Seite beschreibt die objektive Methode alle quantitativ faßbaren Leistungskriterien eines Wettkampfs anhand von Wettkampfprotokollen, Film- und Videoaufzeichnungen sowie standardisierter Beobachtungsbögen, unterteilt in Einzel- oder Gesamtbeobachtung.

Wettkampfbestimmungen Regelwerk, das die reproduzierbare Durchführung von Wettkämpfen und deren Vergleichbarkeit garantiert sowie Möglichkeiten und Grenzen der sportlichen Disziplinen festlegt.

Wettkampfeigenschaften, psychische Zusammenfassung der psychischen Eigenschaften, die sich direkt auf die Wettkampfleistung auswirken: Motivation, Konzentration, Siegeswille, Stabilität gegenüber äußeren Einflüssen und Gegnereinwirkung usw. Sämtliche Eigenschaften sind im Trainingsprozeß zu berücksichtigen und zu optimieren.

Wettkampfhäufigkeit Anzahl der Wettkämpfe in der → Wettkampfperiode. Wichtiges Kriterium für die Formerhaltung- und steigerung, da zeitlich richtig gesetzte Wettkämpfe selbst einen positiven Einfluß auf die aktuelle Leistungsentwicklung ausüben. Liegen die Wettkämpfe zu dicht oder zu weit auseinander, so geht diese Wirkung verloren.
[**160**, 103, 264ff/**276**, 33, 227ff/**430**, 286]

Wettkampfmassage Unmittelbar vor dem Wettkampf ausgeführte Massage. Soll über die Durchblutungssteigerung in der Muskulatur die Aufwärmarbeit unterstützen, zur Lockerung der Muskulatur und zur psychischen Beeinflussung des Athleten beitragen.
[**271**, 404]

Wettkampfmodus Art und Weise der Austragung und Wertung sportlicher Vergleiche. Es werden unterschieden: Platzsystem; K.O.-System; Punktsystem. Eine Kombination dieser Systeme ist möglich.
Beim Platzsystem sind der Sieger und eine bestimmte Anzahl von Plazierten startberechtigt. Beim K.O.-System scheidet der Verlierer aus (Boxen usw.) Beim Punktsystem werden die Sieger nach dem Prinzip «Jeder gegen Jeden» in einem Hin- und Rückspiel ermittelt (Fußball, Handball ...).

Wettkampfperiode Trainingsabschnitt, in dem die sportliche Form erhalten und in Leistung umgesetzt werden soll. Gekennzeichnet ist dieser Zeitraum durch einen geringen Gesamtumfang des Trainings bei höchster Intensität, wodurch ein maximaler Leistungszustand und eine bestmögliche Technikausbildung erreicht werden sollen, die sich in stabilen Wettkampfergebnissen widerspiegeln (s. a. → Periodisierung).
[**182**, 125/**257**, 25/**276**, 46f, 64f, 227f/**293**, 133, 138ff/**430**, 20, 285]

Wettkampfplanung → Periodisierung des Trainings.

Wettkampftaktik, progressive Art der Wettkampfgestaltung, bei der aufgrund konditioneller Überlegenheit eine Ge-

schwindigkeitszunahme auf der zweiten Hälfte der Wettkampfstrecke erfolgt. Eine W. wird hauptsächlich von Schwimmern bevorzugt.
[**356**, 96]

Wettkampftraining Training am Ende der Vorbereitungs- oder in der Wettkampfperiode mit dem Ziel, den Sportler unter wettkampfnahen Bedingungen vorzubereiten. Dabei wird unter möglichst wettkampfspezifischen Bedingungen trainiert, d. h. gleiche Anlagen, Geräte, Tageszeit, Dauer und Pausen sowie gleiches Aufwärmen.
[**196**, 349]

Wettkampfübungen mit Zusatzbelastung Spezielle Form des Krafttrainings mit Ausrichtung auf die Wettkampfdisziplin. Inhaltlich sind W. auf die Kraft der Hauptmuskulatur in enger Verbindung mit anderen Bewegungseigenschaften bezogen, wobei die Struktur mit der Wettkampfbewegung innerlich und äußerlich identisch ist.
[**160**/**255**/**257**, 141, 157]

Wettkampfübungen unter erleichterten Bedingungen Spezielle Übungsform mit leichteren Geräten oder Bedingungen. Es wird hierbei sowohl ein motorischer Lernprozeß initiiert als auch das konditionelle Niveau verbessert. W. sind z. B. das Kugelstoßen mit einer leichteren Kugel, der Bergabsprint oder Gewichtheben mit geringen Lasten. Zwei Ziele werden dominant angestrebt: Erhöhte Bewegungsgeschwindigkeit (vor allem beim Vorhandensein einer → Geschwindigkeitsbarriere), verbesserte Bewegungstechnik.
[**257**, 27]

Wettkampf- und Kontrollmethode Trainingsmethode zur Schulung der z. B. wettkampfspezifischen Ausdauer in den einzelnen sportlichen Disziplinen, um die konditionellen, koordinativen, psychischen und taktischen Fähigkeiten den Wettkampfanforderungen anzupassen.

Wettkampfvorbereitung Maßnahmen im langjährigen Trainingsprozeß eines Athleten. W. stellt eine komplexe sozio-psychosomatische Einheit dar. Die allgemeine W. besteht aus verschiedenen, länger andauernden Phasen und Zyklen. Die spezielle W. ist als zeitlich klar umgrenzte, individuell unterschiedlich ausgeprägte unmittelbare Startvorbereitung zu verstehen.
Man kann die spezielle W. unterteilen in Maßnahmen aus dem somatischen Bereich (u. a. Anregung des Blutkreislaufs, Änderung der Stoffwechselverhältnisse usw.) und in einen psycho-sozialen Bereich (taktische Einstellung, Organisation der Aufmerksamkeit, Anpassungen an reale Wettkampfbedingungen usw.).
[**196**, 37/**202**, 380/**276**, 237 ff/**308**, 52 ff]

Widerstände, progressiv ansteigende → Progressive loading; → Pyramidentraining.

Wiederherstellung Summe der aktiven und passiven regenerativen Maßnahmen, um die nach Verletzung oder Beanspruchung eintretende Leistungsverminderung zu kompensieren und in den ursprünglichen Zustand zurückzuversetzen. Maßnahmen der Wiederherstellung sind Erholung, aktive und passive Pause, Massage, Sauna, reaktive Hyperämie usw.
[**225**/**257**, 43/**430**, 304]

Wiederherstellung, latente Durch Vervollkommnung der Bewegungstechnik in den Ausdauersportarten bewirkte Wiederherstellung bereits während der Tätigkeit ohne wesentliches Absinken der Arbeitsintensität.
[**296**, 12]

Wiederherstellungsmassage Massage nach größeren Anstrengungen im Trai-

ning oder Wettkampf. Zweck: Beseitigung der Stoffwechselschlacken. Zur Unterstützung der W. können warme Bäder und Saunabesuche empfohlen werden.
[**271**, 405]

Wiederholungsarbeit Methode des Ausdauer- und des Krafttrainings. W. galt ursprünglich als ausschließliche Klassifizierung von Ausdauertrainingsmethoden und wurde erst später von verschiedenen Autoren (Harre, Letzelter, Schmolinsky) mit unterschiedlichen Belastungsnormativen auf das Krafttraining übertragen. M. verbessert im Ausdauertraining die Erscheinungsformen der speziellen Ausdauer (alaktaziden und laktaziden Stoffwechsel, Regulationsmechanismen des Herz-Kreislauf-Systems) und ist gekennzeichnet durch höchste Belastungsintensitäten (90–100%), ausreichende und zur Erholung führende Pausen (3–45 Min.) und eine geringe Wiederholungszahl (3–6 Läufe).
Im Krafttraining verbessert die W. mit Reizintensitäten von 85–100%, einem Reizumfang von 1–5 Wiederholungen und einer Pausenlänge von 3–5 Min. nach Harre die Maximalkraft.
Letzelter sieht in der W. eine Möglichkeit zur Verbesserung der Maximalkraft, Explosivkraft und des Muskelquerschnitts (Hypertrophie).
[**160**/**257**/**333**, 76f/**430**, 81f]

Wiederholungslauf Trainingsform in Anlehnung an die Wiederholungsmethode zur Ausbildung der allgemeinen anaeroben Ausdauer. Es werden wenige Läufe über unterschiedliche Streckenlängen mit hohem Tempo und Pausen bis zur vollständigen Erholung durchgeführt.
[**197**, 84]

Wiederholungsmaximum (WM) Anzahl der möglichen Wiederholungen in einer Serie beim Krafttraining. Kann z. B. ein Gewicht 10mal gehoben werden, so wird es mit 10 WM bezeichnet.

Wiederholungsmethode Trainingsmethode zur Verbesserung der maximalen Schnelligkeit, Schnellkraft, Maximalkraft und Schnelligkeitsausdauer. Kennzeichen sind maximale oder submaximale Reizstärke, vollständige Erholungspause, kurze Belastungsdauer und geringer Belastungsumfang.
[**257**, 29/**430**, 86]

Wiederholungstempolauf (auch Wiederholungslauf) Trainingsform zur Schnelligkeitsverbesserung und zur gleichzeitigen Erhöhung der Schnelligkeitsausdauer. T. führt mit sehr hohem Tempo und langen Pausen über Strecken von 100 bis 500 m.
[**196**, 125/**302**, 45]

Willenseigenschaften Summe der psychischen Eigenschaften, die langandauerndes Training und gute Wettkampfergebnisse ermöglichen, wie Zielstrebigkeit, Motivation, Entschlußkraft, Ausdauer, Selbstbewußtsein, Durchsetzungsvermögen, Einordnungsvermögen, Stabilität und Selbstbeherrschung.
[**281**, 23]

Willensschulung Verbesserung der Willensqualitäten in der Wettkampfvorbereitung. Trainierbar durch Überwindung des Unlustgefühls bei Ermüdung; Üben gegen einen größeren Widerstand; Überwinden des «Toten Punkts»; Verzicht auf leistungshemmende Genüsse; Trainieren trotz äußerer Widrigkeiten; Trainieren mit schlechtem Wettkampfgerät.
[**196**, 349f]

Willensspannkraft Steuerungseigenschaft der Persönlichkeit, die innere und äußere Schwierigkeiten und Hindernisse durch eine weitgehende Konstanz in der Anstrengungsbereitschaft und im Willenseinsatz überwinden helfen. W. kann insbesondere durch kontinuierliche Dauerbelastungen im Langzeit- und Mittelzeitausdauerbereich geschult werden.
[**160**, 168]

Willensstoßkraft Maximale Willensanspannung. Entscheidend für das Erreichen der höchstmöglichen Schnelligkeit. W. betrifft nicht den Bewegungsablauf, sondern die innere Mobilisationsfähigkeit.
[**160**, 164/**430**, 174]

Willkürmotorik Bewußt und zielgerichtet ausgeführte Bewegungen und deren nervliche Steuerungsprozesse. Für das Gelingen der zielgerichteten Bewegung ist das Kleinhirn verantwortlich, welches über den Ablauf der Bewegung im voraus informiert ist und die Koordination zwischen den für die Zielmotorik zuständigen Pyramidenbahnen, überwiegend bahnende Funktion, und des für die Ausgleichsmotorik zuständigen Extrapyramidalsystems, überwiegend gleichgewichtsregelnde Funktion, übernimmt. Das komplexe Zusammenspiel bewußter und unbewußter Bewegungssteuerung läßt einen isolierten Begriff wie den der Willkürmotorik im ursprünglichen Sinne nicht zu.
[**169**, 265–420/**446**]

Windkesselfunktion der Gefäße Analog der bei technischen Pumpen zur Druckwellenglättung verwendeten Einrichtung nehmen die arteriellen Gefäße ein bestimmtes Blutvolumen unter Zunahme ihrer Wandspannung auf.
Während der Systole des linken Ventrikels wird ein bestimmtes Blutvolumen in der arteriellen Gefäßwand gespeichert, um es während der Ventrikeldiastole wieder in den Blutstrom einzuspeisen. Aufnahmefähigkeit, also Größe und Elastizität des Windkessels, sind für die Kontinuität und in Folge der damit verringerten Beschleunigungsarbeit für die Ökonomie der Blutströmung von erheblicher Bedeutung. Die Größe des Windkesselvolumens ist vom Volumen sowie von der Herzfrequenz abhängig. Infolgedessen kommt W. insbesondere bei Ausdauerbeanspruchungen (vergrößertes Schlagvolumen und erhöhte Herzfrequenz) Bedeutung zu.
[**270**, 139/**271**, 5f/**458**, 1528]

Windsprints Trainingsform. Mehrfach sich wiederholende Sprints über 20–50 m mit fliegendem Start. W. dienen der Verbesserung der maximalen Schnelligkeit sowie der Schnelligkeitsausdauer.
[**196**, 37/**197**, 60]

Wind-up-Bewegung Gegenbewegung, die eine bessere Leistung in Schnellkraftdisziplinen ermöglicht. Jeder schnellen und kräftigen Bewegung geht eine W. voraus. Ohne W. würde eine Verzögerung in der Intensität des Krafteinsatzes entstehen. Dieser Zusammenhang beruht auf mechanischen Faktoren in der Muskulatur.
[**182**, 213]

Wirbelgleiten → Spondylosis.

Wirkungsgrad Verhältnis der in äußerer Arbeit umgewandelten Energie zur aufgewandten Energie. In der Sportmedizin meistens das Verhältnis verrichteter Körperarbeit zum Arbeitsumsatz. Der W. von weitausholender Drehkurbelarbeit beläuft sich im Mittel auf 18 %, Fahrradergometerarbeit im Mittel auf 23 %. Der W. wird häufig als Maß für die Ökonomie einer Arbeit herangezogen.
[**182**, 433/**270**, 454/**389**, 76ff]

Wochenzyklus Organisatorische Einheit im → Jahreszyklus. Die Belastungsdynamik im W. deckt sich mit der des → Mikrozyklus.
[**196**, 350/**277**, 189/**308**, 66]

Z

Zeichenkinegramm Bahnkurven einer sportlichen Bewegung unter Beobachtung ausgewählter Körperpunkte. Zeichenkinegramme werden aus Fotoserien und Film- oder Videoaufnahmen mit Computerunterstützung hergestellt, um ideale Bewegungskurven darzustellen oder Fehler in der aufgezeichneten Bahnkurve im Vergleich mit der idealen Bewegungskurve zu analysieren. Über den Rechner können aus den Zeichenkinegrammen abgeleitete Größen, Geschwindigkeit, Beschleunigung usw., ermittelt werden.

Zeitorientierung Sensibilisierung der menschlichen Sinne im Hinblick auf die zeitliche Komponente der Bewegungsfertigkeit oder der sportlichen Technik. Die gute Zeitorientierung äußert sich in dynamisch richtiger Bewegungsausführung und hoher Bewegungskonstanz bei mehrmaliger Wiederholung derselben Bewegung und dem genauen Einhalten von Zeitabschnitten.

Zentrifugalkraft Bei Drehbewegungen auftretende Kraft, die radial von der Drehachse weggerichtet ist und den bewegten Körper tangential zur Bahnkurve bewegt, wenn der Kontakt zur Drehachse nicht mehr besteht. Die Zentrifugalkraft ist eine Funktion der Körpermasse, der Geschwindigkeit und der Größe des Radius.
[**175**, 82f/**196**, 377]

Zentripetalkraft Zur Achse der Drehbewegung gerichtete Kraft bei sämtlichen krummlinigen Bewegungen, die den bewegten Körper auf die Bahnkurve um die Drehachse zwingt, wenn zwischen Körper und Drehachse eine Verbindung besteht.
Die Z. ist ebenfalls eine Funktion der Körpermasse, der Geschwindigkeit und des Bahnradius. Sie besitzt den gleichen Betrag wie die Zentrifugalkraft, ist dieser aber entgegengerichtet, so daß sich beide Kräfte kompensieren und den Körper auf eine Kreisbahn führen.
[**175**, 82f/**196**, 377]

Zielangabe Methodisch-didaktische Vorgehensweise im deduktiven Unterricht mit dem Ziel, die Motivation zu erhöhen. Das Lernziel wird in bezug auf schon erlernte Bewegungsfertigkeiten bereits zu Beginn der Unterrichtsstunde bekanntgegeben und soll so die Schüler zu einer besonders aktiven Unterrichtsteilnahme führen.

Zielmotorik Ausführungsziel einer bestimmten Bewegung. Für den Bewegungsablauf bedarf es einer präzisen

räumlichen, zeitlichen und kraftmäßigen Abstimmung des Einsatzes der Muskeln, die für die Z. benötigt werden.
[**270**, 110]

Zieltechnik Technik, die im Gegensatz zur Sporttechnik ausschließlich auf eine bestimmte Qualifikation ausgerichtet ist. Sie muß daher nicht dem sogenannten motorischen Idealtyp zur zweckmäßigsten und ökonomischsten Lösung einer Bewegungsaufgabe entsprechen.
[**257**, 216/**444**]

Zielübung Übung, die am Ende einer Unterrichtseinheit oder einer methodischen Übungsreihe von den Schülern unter normalen Bedingungen in der Grobform beherrscht werden soll.

Zugkraft Die Bewegung der Knochenhebel nach irgendeiner Seite oder ihre Fixierung erfolgt durch die Z. der Muskeln. Sie ist ihrem physiologischen Durchmesser proportional und hängt von der Veränderung der Muskellänge, von der Anzahl der aktivierten Muskelfasern und ihrem funktionellen Zustand ab.
[**8**, 16]

Zusatzbelastungen Trainingsmittel des Krafttrainings. Im Krafttraining müssen Widerstände überwunden werden, die zum einen in der Schwerkraft bzw. dem eigenen Körpergewicht liegen und zum anderen in der Überwindung eines äußeren Mediums, einer Z. liegen. Man unterscheidet die variable Z. (Scheibenhantel, Kraftmaschine, Gewichtsweste etc.) und invariable Z. (Medizinball, Knochenhanteln, Sandsack, Partner, Gelände etc.).
[**249**/255/**257**, 141f]

Zweckgymnastik Dehn- und Lockerungsübungen zur Vorbereitung der speziellen Muskulatur und der besonders beanspruchten Gelenke auf eine bestimmte sportliche Tätigkeit. Die Zweckgymnastik ergänzt die allgemeine Gymnastik (s. a. → Stretching).
[**225**]

Zweibeinsprünge Sprünge mit beidbeinigem, gleichzeitigem Absprung am Ort oder in der Fortbewegung zur Verbesserung der Beinstreckkraft.

Zweistreckentest In der Sportmedizin häufig angewandtes Testverfahren zur Bestimmung der Laktatkonzentration. Eine bestimmte Strecke wird zweimal, jeweils mit unterschiedlicher Geschwindigkeit, zurückgelegt. Aus der Lage der Testgeraden im Laktatgeschwindigkeitsdiagramm können die maximale Laktatkonzentrationen aus beiden Testläufen, in Abhängigkeit von der Geschwindigkeit, ermittelt werden. Die individuelle Leistungsfähigkeit kann so charakterisiert werden.
[**182**, 523]

Zwerchfell (Diaphragma) Trennwand zwischen Bauchraum und Brustraum. Wichtigster Atemmuskel. Es entspringt mit seinem Rippenteil von der Innenseite des Rippenbogens. Der Lendenteil bildet die Zwerchfellpfeiler. Der Mittelteil ist sehr sehnig. Die Kontraktion des Z. vergrößert den Brustraum und führt dadurch zur Einatmung.
Kann das Z. seinen Sauerstoffbedarf vorübergehend nicht decken, kommt es zu → Seitenstichen, die bei Ausdauertrainierten seltener auftreten als bei Ausdaueruntrainierten.
[**104**, 93f/**116**, 139f/**273**, 222]

Zwischenetappe Abschnitt zwischen zwei Wettkampfhöhepunkten. Bei der Wettkampfperiode wird eine einfache auf einen Wettkampfhöhepunkt ausgerichtete und eine komplizierte, auf zwei oder mehrere Wettkampfhöhepunkte ausgerichtete Wettkampfperiode unterschieden. Bei der am meisten vorkommenden Variante mit zwei Höhepunkten werden die beiden Abschnitte der zwei-

ten Wettkampfperiode durch eine Z. (Matwejew) getrennt.
[**257**, 70/**276**, 244f]

Zwischenwettkampfperiode Einschub einer weiteren Wettkampfperiode in einen sonst eingipfligen Periodenzyklus; z. B. Hallensaison in der Leichtathletik (s. a. → Doppelperiodisierung).
[**198**, 12]

Zyklenpläne (auch Operativpläne) Beziehen sich auf bestimmte Trainingsabschnitte oder Aufgaben. Sie werden für mittlere (Mesozyklen) oder kürzere Zeitabschnitte (Mikrozyklen) oder für bestimmte Aufgaben (z. B. für Lehrgänge, zur Vorbereitung auf bedeutende Hauptwettkämpfe, für das Training nach Krankheit oder Verletzung usw.) mit unterschiedlichem Zeitumfang für Sportgruppen, Mannschaften oder einzelne Sportler erarbeitet.
In den Z. werden entsprechend dem Charakter der Zyklen und ihrer spezifischen Ziel- und Aufgabenstellung besonders die Belastungsformen, das methodische Vorgehen und die Organisation des Trainings bis auf die Trainingseinheiten aufgeschlüsselt. Die an Termine gebundenen Leistungszielstellungen sind bei der Zyklenplanung die Orientierungsgröße.
[**160**, 238/**276**, 20ff, 28f]

Zyklus Periodisch ablaufendes Geschehen des Trainingsprozesses. Die für den Aufbau des sportlichen Trainings charakteristischen Zyklen werden nach ihrer unterschiedlichen Dauer benannt (wobei jedoch ihre unterschiedliche Funktion im Prozeß der sportlichen Vervollkommnung das wichtigste Unterscheidungsmerkmal ist). Makrozyklen: Halbjahreszyklen, Jahreszyklen (in Form von Periodenzyklen) sowie Mehrjahreszyklen; Mesozyklen: 3- bis 6wöchige Zyklen; Mikrozyklen: vom zyklischen Aufbau einer Trainingseinheit bis zu wöchentlichen Zyklen.
[**160**, 98ff]

Literaturverzeichnis

1 Aaken, E. van: Kritik des Intervalltrainings Freiburger Prägung aus Biochemie und Praxis. Vortrag an der Deutschen Sporthochschule Köln am 13. 4. 1962. Erweitertes und überarbeitetes Manuskript. Köln 1964.

2 Aaken, E. van: Das Training der Zukunft für Mittel- und Langstreckenläufer. In: Rundbrief der Interessengemeinschaft älterer Langstreckenläufer 16/1968.

3 Aaken, E. van: Pulsfrequenzen beim Waldnieler Ausdauertraining. In: Rundbrief der Interessengemeinschaft älterer Langstreckenläufer 17, 18/1969.

4 Aaken, E. van: Sind Frauen wirklich nur ein schwaches Geschlecht? In: Rundbrief der Interessengemeinschaft älterer Langstreckenläufer 20/1969.

5 Aaken, E. van: Die Dauerfunktion der biologischen Oxidation als Krebsprophylaxe. Waldniel 1969.

6 Aaken, E. van / Berben, D.: Waldnieler Lauftraining. In: Rundbrief der Interessengemeinschaft älterer Langstreckenläufer 13/1967.

7 Adam, K. u. a.: Rudertraining. Hamburg 1977.

8 Adam, K. / Werschoshanskij, J. W.: Modernes Krafttraining im Sport. Berlin 1972.

9 Adler, P.: Ausgewählte Theorien des motorischen Lernens. In: Leistungssport 6/1977.

10 Alexejew, J.: Der akustische Schrittmacher, Forschung zum Lauftraining, Band IV. Moskau 1952.

11 Allmer, H.: Zur Diagnostik der Leistungsmotivation. Ahrensburg 1973.

12 Alt, R.: Vorlesungen über die Erziehung auf frühen Stufen der Menschheitsentwicklung. Berlin (DDR) 1956.

13 Andresen, R.: Chancen und Risiken im Leistungssport. Hochheim/Main 1980.

14 Anochin, P. K.: Das funktionelle System als Grundlage der physiologischen Architektur des Verhaltensaktes. Jena 1967.

15 Anochin, P. K.: Physiologie und Kybernetik. In: Psychologische Studientexte. Berlin (DDR) 1969.

16 Argelander, H.: Gruppenprozesse. Reinbek bei Hamburg 1972.

17 Argyle, M.: Soziale Interaktion. Köln 1972.

18 Arosjew, P.: In: Nikiforow J. B. / Viktorow, J. B.: Mikrozyklen nach dem Pendelprinzip in der Wettkampfvorbereitung von Boxern. In: Leistungssport 1/1973.

19 Autorenkollektiv: Methodik des Sportunterrichts. Berlin (DDR) 1966.
20 Autorenkollektiv: Zur Geschichte der Arbeitserziehung in Deutschland. Berlin (DDR) 1970/1971.
21 Autorenkollektiv: Basketball. Berlin (DDR) 1981.
22 Baader, E. W.: Handbuch der gesamten Arbeitsmedizin, Band I: Arbeitsphysiologie. Berlin/München/Wien 1961.
23 Bärtschni-Rochaix, W.: Einführung in die neurologische Diagnostik. München 1952.
24 Bäumler, G. / Schneider, K.: Sportmechanik. München 1981.
25 Ballreich, R.: Weg- und Zeitmerkmale von Sprintbewegungen. Berlin 1969.
26 Ballreich, R.: Grundlagen sportmotorischer Tests. Frankfurt/M. 1970.
27 Ballreich, R.: Zur Optimierung des sportmotorischen Leistungszustandes. In: Rieder, H. (Hrsg.): Bewegung, Leistung, Verhalten. Schorndorf 1972.
28 Ballreich, R.: Biomechanische Normen, Gesetze, Prinzipien. In: Letzelter / Müller: Sport und Sportwissenschaft. Festschrift zum 65. Geburtstag von Prof. Dr. B. Wischmann. Berlin 1976.
29 Ballreich / Baumann / Haase / Ulmer / Wasmund-Bodenstedt: Trainingswissenschaft 1. Bad Homburg 1982.
30 Ballreich, R. / Kuhlow, A.: Begriffsbestimmung, Objekt und Problembereich der Biomechanik des Sports. In: Sportwissenschaft 4/1974.
31 Ballreich, R. / Kuhlow, A.: Beiträge zur Biomechanik des Sports. Schorndorf 1980.
32 Barham, J. N.: Mechanische Kinesiologie. Stuttgart/New York 1982.
33 Barnett, H. G.: Innovation. The basis of cultural change. New York 1953.
34 Bauer, C.: Fußball perfekt – vom Anfänger zum Profi. München 1973.
35 Bauersfeld, K. H. / Schröter, G.: Grundlagen der Leichtathletik. Berlin (DDR) 1979.
36 Baumann, W.: Kurzzeitfotografische Verfahren hoher Raumauflösung in der Biomechanik. Saarbrücken 1974.
37 Baumann, W. / Groh, H.: Über die Bedeutung des Körperbaus für die Laufgeschwindigkeit des 100-m-Läufers. In: Sportarzt und Sportmedizin. Köln 1967.
38 Benninghoff, A.: Lehrbuch der Anatomie des Menschen. München/Wien 1968[10].
39 Bernett, H.: Terminologie der Leibeserziehung. Schorndorf 1962.
40 Bernett, H. (Red.): Zum Begriff der Bewegung. Gauting 1966.
41 Bernhard, G.: Leichtathletik der Jugend, Teil 1 und 2. Frankfurt/M./Wien 1964.
42 Bernhard, G.: Didaktik der Jugendleichtathletik. Schorndorf 1976.
43 Bernhard, G. / Koch, K.: Motorisches Üben und Trainieren. In: Koch, K.: Motorisches Lernen, Üben, Trainieren. Schorndorf 1972.
44 Biederstedt, K.: Kritische Studie über Wesen und Theorie der Geschicklichkeit. Weida 1942.
45 Bloser, P.: Die Entwicklung der konditionellen Fähigkeiten / Schnelligkeit und Schnelligkeitsausdauer im Sportschwimmen bei Schülern der 6. Klasse. In: Theorie und Praxis der Körperkultur 6/1978.
46 Boch, I.: Kommunikation und Erziehung, Grundsätze ihrer Beziehungen. Darmstadt 1978.
47 Boensch, M.: Differenzierung des Unterrichtens. München 1972.
48 Brauchle, A.: Hypnose und Autosuggestion. Stuttgart 1967[14].
49 Brezinka, W.: Über Erziehungsbegriffe – Eine kritische Analyse und ein Expli-

kationsvorschlag. In: Zeitschrift für Pädagogik 17/1971.
50 Brickenkamp, R.: Handbuch psychologischer und pädagogischer Tests. Göttingen 1972.
51 Brinkmann, H.: Orientierungssport. Frankfurt/M. 1967.
52 Brodtmann, D.: Didaktische Gesichtspunkte zum Sport von Älteren. In: Sportunterricht 4/1977.
53 Brodtmann, D.: Schulsport und Sportunterricht. Bad Heilbronn 1979.
54 Brodtmann, D. / Jost, E.: Koedukation im Sportunterricht. In: Zeitschrift für Sportpädagogik 1/1977.
55 Brüggemann, H. J.: Kreativität im Sportunterricht, eine Bestandsaufnahme. In: Dieckert, J. / Leist K. H.: Auf der Suche nach Theorie-Praxis-Modellen im Sport. Schorndorf 1976.
56 Bührle, M. / Werner, E.: Das Muskelquerschnittstraining der Bodybuilder. In: Leistungssport 3/1984.
57 Brünner, G. / Röthig, P. (Hg.): Grundlagen und Methoden der rhythmischen Erziehung. Stuttgart 1979.
58 Bücker, J.: Anatomie und Physiologie. Stuttgart 1974.
59 Bührle, M. / Schmidtbleicher, D.: Der Einfluß von Maximalkrafttraining auf die Bewegungsschnelligkeit. In: Leistungssport 1/1977.
60 Bührle, M. / Schmidtbleicher, D.: Komponenten der Maximal- und Schnellkraft. In: Sportwissenschaft 1/1981.
61 Bundesarbeitsgemeinschaft zur Förderung haltungsgefährdeter Kinder und Jugendlicher e. V. Mainz (Hg.): Lehr- und Arbeitsbuch Schulsonderturnen. Bonn 1979.
62 Burger, W. / Groll, H.: Leibeserziehung. Wien 1971[3].
63 Buytendijk, F. J. J.: Allgemeine Theorie der menschlichen Haltung und Bewegung. Berlin/Göttingen/Heidelberg 1956.
64 Carl, K. (Red.): Psychologie in Training und Wettkampf. Berlin 1973.
65 Carl, K. / Kayser, D.: Zur Terminologie des Trainings. In: Leistungssport 2/1978.
66 Cartwright, D. / Zander, A.: Group dynamics. New York 1968.
67 Cenk, H.: Der Verein. Standort, Aufgabe, Funktion in Sport und Gesellschaft. Der Verein Hamburger Turnerschaft von 1816 (Hg.). Schorndorf 1968.
68 Cerutty, P. W.: How to become a champion. London 1963[7].
69 Chertok, L.: Hypnose. Theorie, Praxis, Technik. München 1973.
70 Clarke, R.: The unforgiving minute. London 1966.
71 Cooper, K.: Bewegungstraining. Frankfurt/M. 1972.
72 Correll, W.: Pädagogische Verhaltenspsychologie. München/Basel 1969.
73 Cratty, B.: Motorisches Lernen und Bewegungsverhalten. Frankfurt/M. 1975.
74 Cube, v. F.: Was ist Kybernetik? München 1971.
75 Däumling, M.: Beiträge zum mentalen Training. Frankfurt/M. 1983.
76 Daugs, R.: Zum strukturellen Aufbau sensomotorischer Fertigkeiten. In: Koch, K. / Ungerer, D. (Hg.): Neue Beiträge zur Methodik der Leibesübungen. Schorndorf 1972.
77 Demeter, A.: Sport im Entwicklungs- und Wachstumsalter. Leipzig 1981.
78 Deschka, K.: Trainingslehre und Organisationslehre des Sports. Wien 1961.
79 Deutsche Sporthochschule Köln: Zur Trainingslehre der Leichtathletik. In: Berichte und Literatur zur Trainingslehre, Dokumentation zum Leistungssport, hg. von der Deutschen Sporthochschule Köln, Sondernummer 2. Köln 1967.

80 Deutscher Sportbund: Lehrbriefe für Übungs- und Jugendleiter. Frankfurt/M. 1968.
81 Deutscher Sportbund (Hg.): Freizeitsport im Verein, Sport für alle. Frankfurt/M. 1974.
82 Deutscher Sportbund (Hg.): Rahmenrichtlinien für die Ausbildung im Bereich des Deutschen Sportbundes. Frankfurt 1978.
83 Diem, C.: Weltgeschichte des Sports. Stuttgart 1967.
84 Diem, L. / Scholzmethner, R.: Ausgleichsgymnastik und Schulsonderturnen. Frankfurt/M. 1969.
85 Diem, L. / Scholzmethner, R.: Schulsonderturnen. Bad Homburg 1979³.
86 Dietrich, K.: Möglichkeiten des Einsatzes audio-visueller Techniken in der Leibeserziehung. In: Recla (Hg.): Methodik der Leibesübungen. Graz 1969.
87 Dietrich, K.: Zum Problem der Lehrplanentscheidung. Ahrensburg 1972.
88 Dimitrova, S.: Diagnostik der Aufmerksamkeitsaktivität der Sportler. In: Internationale wissenschaftliche Konferenz über die Frage der psychischen Vorbereitung des Sportlers. Varna 1974.
89 Djatschkow, W. M.: Die Steuerung und Optimierung des Trainingsprozesses. Berlin 1974.
90 Döpp-Vorwald, H.: Erziehung in Schule und Lehrerbildung. Ratingen 1966.
91 Doherty, K.: Modern training for running. Englewood Cliffs, New York 1964.
92 Donath, R.: Mittelstrecken- und Hindernislauf. Berlin (DDR) 1960.
93 Donath, R.: Ernährung des Sportlers, Berlin (DDR) 1978.
94 Donike, M.: Doping. In: Hollmann, W. (Hg.): Zentrale Themen der Sportmedizin. Berlin/Heidelberg/New York 1972.
95 Donskoi, D.: Biomechanik der Körperübungen. Berlin 1960.
96 Donskoi, D.: Grundlagen der Biomechanik. Berlin 1975.
97 Drygalsky, K.-H.: Der Einfluß des exzentrischen Trainings auf die lokale Muskelausdauer und den Kraftzuwachs eines Muskels. Diplom-Arbeit. Deutsche Sporthochschule Köln 1969.
98 Eberspächer, H.: Psychoregulatives Training. In: Gabler, u. a. (Hg.): Praktische Psychologie im Leistungssport. Berlin 1979.
99 Eberspächer, H.: Sportpsychologie. Reinbek 1984².
100 Ehlenz, H. / Grosser, M. / Zimmermann, E.: Krafttraining. München/Wien/Zürich 1983.
101 Ehm, O. F.: Tauchen – noch sicherer. Zürich 1974.
102 Epuran, M.: Psychologische Betreuung des Sportlers. In: Bericht über den III. Europäischen Kongreß für Sportpsychologie, Köln, 26.–29.2.1972 (Hg. Bundesinstitut für Sportwissenschaft). Schorndorf 1973.
103 Epuran, M. / Horghidan, V. / Muresanu, I.: Variations of psychical tension during the mental preparation of sportsmen for contest. In: Contemporary psychology of sport. Chicago, The Athlete Institute 1970.
104 Faller, A.: Der Körper des Menschen. Stuttgart 1976.
105 Farfel, W. S.: Bewegungssteuerung im Sport. Berlin 1977.
106 Feige, K.: Leistungsentwicklung und Hochleistungsalter von Spitzenläufern. Schorndorf 1978.
107 Feldes, D.: Reafferenzprinzip und sportliche Bewegungslehre. In: Theorie und Praxis der Körperkultur 11/1966.
108 Fetz, F.: Beiträge zu einer Bewegungslehre der Leibesübungen. Wien 1964.
109 Fetz, F.: Grundbegriffe der Bewegungslehre der Leibesübungen. Frankfurt/M. 1969.

110 Fetz, F.: Bewegungslehre der Leibesübungen. Frankfurt/M. 1972.
111 Fetz, F.: Mentale Trainingmethoden. In: Praxis der Leibesübung 3/1973.
112 Fetz, F.: Allgemeine Methodik der Leibesübungen. Frankfurt/M. 1975.
113 Fetz, F. / Kornexl, E.: Sportmotorische Tests. Berlin/München/Frankfurt/M. 1978.
114 Fiedler, M.: Volleyball. Berlin 1978.
115 Filin, V. P.: Zur Vervollkommnung des Ausbildungssystems für junge Sportler. In: Wissenschaftliche Zeitschrift der Deutschen Hochschule für Körperkultur. Leipzig, Sonderheft. 1964.
116 Findeisen, R. / Linke, G. / Pickenhain, L.: Grundlagen der Sportmedizin. Leipzig 1980.
117 Fisher, A. C. / Motta, M. A.: Activation and sportperformance, some coaching guidelines. In: Motor skill 2/1976.
118 Fixx, J.: Das komplette Buch vom Laufen. Frankfurt/M. 1975.
119 Fomin, N. A. / Filin, V. P.: Alterspezifische Grundlagen der körperlichen Erziehung. Schorndorf 1975.
120 Foppa, K.: Lernen, Gedächtnis, Verhalten. Köln/Berlin 1968.
121 Frank, H.: Kybernetische Grundlagen der Pädagogik. Baden-Baden 1969.
122 Frank, R. G.: Leistungssteigerung durch Hypnose und autogenes Training im Sport. München 1975.
123 Franke, H.: Traumatologie des Sports. Stuttgart 1980.
124 Freitag, W.: Schwimmen. Reinbek bei Hamburg 1986[9].
125 Frey, G.: Zur Terminologie und Struktur physischer Leistungsfaktoren und motorischer Fähigkeiten. In: Leistungssport 5/1977.
126 Frey, G.: Training im Schulsport. Schorndorf 1981.
127 Gabler, H.: Leistungsmotivation im Hochleistungssport. Schorndorf 1972.
128 Gabler, H.: Praxis der Psychologie im Leistungssport. Berlin 1979.
129 Gabler, H.: Motive und Motivation im Sport. In: Grupe, O. (Hg.): Sport. Theorie in der gymnasialen Oberstufe. Schorndorf 1980.
130 Gabler, H.: Leistungsmotivation im Hochleistungssport. Schorndorf 1981[3].
131 Gaulhofer, K.: System des Schulturnens. In: Natürliches Turnen II. Wien 1949.
132 Geron, M.: Methoden und Mittel zur psychischen Vorbereitung des Sportlers. Schorndorf 1975.
133 Gesert, G.: Probleme des Wasser-, Temperatur- und Elektrolythaushaltes beim Sportler. In: Deutsche Zeitschrift für Sportmedizin 6/1978.
134 Göhner, U.: Zur Strukturanalyse motorischer Fertigkeiten. In: Sportwissenschaft 4/1974.
135 Göhner, U.: Bewegungsanalyse im Sport. Schorndorf 1979.
136 Grössing, S.: Einführung in die Sportdidaktik. Frankfurt/M. 1977.
137 Groh, H.: Sportverletzungen und Sportschäden. München 1975.
138 Groher, W.: Rückenschmerzen bei Kunst- und Turmspringern (Versuch einer Analyse). In: Sportarzt und Sportmedizin 11/1971.
139 Grosser, M.: Die Zweckgymnastik des Leichtathleten. Schorndorf 1972.
140 Grosser, M.: Psychomotorische Schnellkoordination. Schorndorf 1976.
141 Grosser, M. / Neumaier, A.: Techniktraining. München 1982.
142 Grosser, M. / Starischka, S.: Konditionstests. München 1981.
143 Grosser, M. / Starischka, S. / Zimmermann, E.: Konditionstraining. München 1981.
144 Grosser, M. / Zimmermann, E.: Allgemeine Trainingsprinzipien und biologische Adaptation. Kölner Beiträge zur Sportwissenschaft 8, 9/1979/1980.

145 Grosser, M. / Zimmermann, E.: Aspekte der biologischen Adaptation. In: Leistungssport 4/1981.
146 Grupe, O. (Hg.): Einführung in die Theorie der Leibeserziehung. Stuttgart 1970.
147 Günzel, W.: Taschenbuch des Sportunterrichts. Baltmannsweiler 1977.
148 Gundlach, H.: Laufgeschwindigkeit und Schrittgestaltung beim 100-m-Lauf. In: Theorie und Praxis der Körperkultur 12/1963.
149 Gutewort, W. / Willmsen, G.: Ein speedographisches Verfahren auf impulstechnischer Basis. Theorie und Praxis der Körperkultur 1/1974.
150 Haag, H.: Die amerikanische Gesundheitserziehung. Schorndorf 1981.
151 Hackfort, D. / Schwenkmezger, P.: Angst und Angstkontrolle im Sport. Köln 1981.
152 Hagedorn, G.: Braucht der Sportspiel-Trainer die Spielanalyse? In: Leistungssport 1/1979.
153 Hagedorn, G. / Niedlich, D. / Schmidt, G. J.: Basketball-Handbuch. Theorie, Methoden, Praxis. Reinbek bei Hamburg 1985.
154 Hahn, E.: Regulative Methoden im Sport. In: Leistungssport 4/1972.
155 Hahn, E.: Bewegungsentwicklung und Bewegungsbarrieren. In: Stübing / Tress (Hg.): Sporterziehung im Vorschulalter. München 1975.
156 Hahn, E.: Kindertraining. München 1982.
157 Hanebuth, O.: Grundschulung zur sportlichen Leistung. Frankfurt/M. 1961[3].
158 Haralambie, G.: Biochemische und Blutveränderungen nach einem 3000-m-Wettschwimmen. In: Leistungssport 1/1979.
159 Harre, D.: Einführung in die allgemeine Trainingsmethodik. Berlin (DDR) 1970.
160 Harre, D.: Trainingslehre. Berlin (DDR) 1977.
161 Haselbach, B.: Tanzerziehung. Stuttgart 1978.
162 Hauptmann, A.: Der «Mangel ohne Antrieb» – von innen gesehen (Das psychische Korrelat der Akinese), Nervenheilkunde 66/1922.
163 Hecht, A.: Zur Adaption der Muskelzelle an einen Belastungsreiz und Möglichkeiten ihrer Trainierbarkeit. Medizin und Sport 12/1972.
164 Heckhausen, H.: Motivation und Handeln. Lehrbuch der Motivationspsychologie. Berlin/Heidelberg/New York 1980.
165 Heipertz, W.: Sportmedizin. Stuttgart 1980.
166 Heissig, W.: Tischtennis. Herford 1976.
167 Helmreich, R.: Strategien zur Auswertung von Längsschnittdaten. Stuttgart 1977.
168 Henning, W.: Die geschichtliche Entwicklung des Betriebssports in Deutschland und seine gegenwärtige Bedeutung. In: Die Leibeserziehung. Schorndorf 1962.
169 Henotsch, H.-D.: Zerebrale Regulation der Sensomotorik. In: Haase, J. / Henotsch, H.-D. u. a.: Sensomotorik. Berlin/Wien 1976.
170 Hess, W. R.: Das Zwischenhirn: Synchrone, Lokalisation, Funktion. Basel 1954.
171 Hettinger, Th.: Isometrisches Muskeltraining. Stuttgart 1968[3].
172 Hiltmann, H.: Wortassoziation und verbale Ergänzungsverfahren. In: Handbuch der Psychotope, Band 6. Göttingen 1964.
173 Hirsch, L: Möglichkeiten der Wettkampfvorbereitung in Ausdauerdisziplinen. In: Lehre der Leichtathletik 10/1977.

174 Hirtz, P.: Zur Bewegungseigenschaft Gewandtheit. In: Theorie und Praxis der Körperkultur 8/1964.
175 Hochmuth, G.: Biomechanik sportlicher Bewegung. Berlin (DDR) 1981.
176 Hoke, R. J.: Die Entwicklung der Hochsprungtechnik. In: Lehre der Leichtathletik 17/1966.
177 Hollmann, W.: Der Arbeits- und Trainingseinfluß auf Kreislauf und Atmung. Darmstadt 1959.
178 Hollmann, W.: Körperliches Training als Prävention von Herz- und Kreislaufkrankheiten. Stuttgart 1965.
179 Hollmann, W.: Definitionen aus sportmedizinischer Sicht. In: Lehre der Leichtathletik 17/1966.
180 Hollmann, W.: Muskuläre Beanspruchungsformen und ihre leistungsbegrenzenden Faktoren. In: Sportarzt und Sportmedizin. Köln 1967.
181 Hollmann, W. / Bouchard, C.: Untersuchungen über die Beziehungen zwischen chronologischem und biologischem Alter. In: Kreislaufforschung 2/1970.
182 Hollmann, W. / Hettinger, Th.: Sportmedizin – Arbeits- und Trainingsgrundlagen. Stuttgart 1980.
183 Hollmann W. / Valentin, H. / Venrath, H.: Vergleichende Arbeitsuntersuchungen männlicher und weiblicher Personen unter fortlaufender Registrierung von Ventilation, Stoffwechsel, Pulsfrequenz und Blutdruck. In: Medizinische Wochenzeitschrift 39/1959, München.
184 Holmes, K.: Molekulares Muskelspiel im Licht des Synchrotrons. In: Periscop 8/1978.
185 Holz, P.: Soziale Hilfen für Landeshochschulathleten am Beispiel Baden-Württemberg. In: Leistungssport 10/1980.
186 Holz, P.: Nachwuchsathleten im Spannungsfeld sozialer Wirklichkeit. In: Leistungssport 11/1981.
187 Homburger, A.: Zur Gestaltung der menschlichen Motorik und ihrer Beurteilung. In: Zeitschrift für Neurologie und Psychiatrie 85/1923.
188 Hoske, H.: Wiederherstellung der Lebenstüchtigkeit geschädigter Menschen. Stuttgart 1955.
189 Hurlock, E. B.: Die Entwicklung des Kindes. Weinheim/Berlin/Basel 1970.
190 Israel, S.: Bewegungskoordination, früh gebildet. In: Lehre der Leichtathletik 30/1977.
191 Israel, S.: Sportmedizinische Positionen zu Leistungsprüfverfahren im Sport. In: Medizin und Sport 1, 2/1979.
192 Jacobs, D.: Die menschliche Bewegung. Ratingen 1962.
193 Jacobsen, C.: Tischtennis. Stuttgart 1979.
194 Javeau, C.: Zur Persönlichkeit des Sportlers. In: Sport 16/1973.
195 Jonath, U.: Circuittraining. Reinbek bei Hamburg 1985.
196 Jonath, U. (Hg.): Praxis der Leichtathletik. Berlin 1973.
197 Jonath, U. / Haag, E. / Krempel, R.: Leichtathletik I. Reinbek bei Hamburg 1985[9].
198 Jonath, U. / Haag, E. / Krempel, R.: Leichtathletik II. Reinbek bei Hamburg 1986[8].
199 Jonath, U. /Kirsch, A.: Leichtathletik Teil II. Der Sprung. Beiheft zum Leichtathletik-Lehrfilm, hg. vom Institut für Film und Bild in Wissenschaft und Unterricht. Seebruck 1966.
200 Jonath, U. / Kirsch, A. / Schmidt, P.: Das Training des jugendlichen Leichtathleten, Teil III: Lauftraining. Schorndorf 1970.

201 Jonath, U. / Krempel, R.: Konditionstraining. Reinbek bei Hamburg 1985[4].
202 Jonath, U. / Spielvogel, W.: Analyse des Sprungverhaltens bei Hochspringern vor und unmittelbar nach Gewichtsbelastung verschiedener Intensität. In: Leistungsport 5/74.
203 Jons, P. / Wright, V. L.: Relative importance of various tissues in joint stiffness. In: Journal Applied Physiology 17/1962.
204 Jung, K.: Bewegungstherapie bei Übergewicht und Stoffwechselkrankheiten. In: Ärztezeitschrift für Naturheilverfahren 23/1982.
205 Jung, R.: Einführung in die Bewegungslehre. In: Haase, J. u. a.: Sensomotorik. München 1976.
206 Jungmann, H.: Sport in großen Höhen: Sportarzt und Sportmedizin 8/1965.
207 Kahle, W. / Leonhardt, H. / Platzer, W.: Taschenatlas der Anatomie. Stuttgart 1979.
208 Kaminski, G.: Bewegungshandlungen als Bewältigung von Mehrfachaufgaben. In: Sportwissenschaft 3/1973.
209 Kautz, P. / Schumann, E.: Lauf und Sprung. Kleine Bücherei für den Übungsleiter und Sportlehrer, Band 6. Berlin (DDR) 1960[2].
210 Keidel, A.: Physiologie. Stuttgart 1967.
211 Kelly, G.: Controversial. London 1964.
212 Kemmler, R.: Psychologisches Wettkampftraining. München/Bern/Wien 1973.
213 Keul, J.: Die Bedeutung des aeroben und anaeroben Leistungsvermögens für Langstreckenläufer(-innen). In: Lehre der Leichtathletik 17, 18/1975.
214 Keul, J.: Training und Regeneration im Hochleistungssport. In: Leistungssport 8, 1978, 3.
215 Keul, J. / Doll, E. / Keppler, D.: Muskelstoffwechsel. München 1969.
216 Keul, J. / Kindermann, W. / Simon, W.: Die aerobe und anaerobe Kapazität als Grundlage für die Leistungsdiagnostik. In: Leistungssport 1/1978.
217 Kiphard, E. J.: Bewegungs- und Koordinationsschwächen im Grundschulalter. Schorndorf 1970.
218 Kiphard, E. J.: Die Bedeutung der Motorik für die Entwicklung normaler und behinderter Kinder. Schorndorf 1973.
219 Kirsch, A.: Jugendleichtathletik. Berlin 1970[3].
220 Kirsch, A.: Audiovisuelle Bildungsmittel im Sport. In: Die Leibeserziehung 4/1971.
221 Kirsch, A.: Training. In: Röthig, P. (Red.): Sportwissenschaftliches Lexikon. Schorndorf 1983.
222 Klemm, F. / Klein, C. (Hg.): Turnen, die volkstümliche Leibesübung für jedermann. Celle 1970[3].
223 Klemm, O.: Die Entdeckung der Bewegungsgestalt. In: Die Arbeitsschule 1/1936.
224 Kluth, H.: Sozialprestige und sozialer Status. Stuttgart 1957.
225 Knebel, K. P.: Funktionsgymnastik. Reinbek bei Hamburg 1986[2].
226 Knusmann / Müller: Körperbau und sportliche Leistung bei Mainzer Sportstudenten. In: Sportarzt und Sportmedizin. Köln 1968.
227 Koch, K. / Miehlke, W.: Die Gestaltung des Unterrichts in der Leibeserziehung. Schorndorf 1968[2].
228 Kohl, K.: Allgemeine Theorie des motorischen Lernens. In: Carl, K. (Red.): Psychologie im Training und Wettkampf. Trainerbibliothek DSB, Berlin 1977.
229 Komi, K. / Paavo, V.: Faktoren der Muskelkraft und Prinzipien des Krafttrainings. In: Leistungssport 5/1975.

230 Konzag, G.: Aufmerksamkeit und Sport. In: Theorie und Praxis der Körperkultur 11/1972.
231 Konzag, L. / Konzag, G.: Anforderungen an die kognitiven Funktionen in der psychischen Regulation sportlicher Spielhandlungen. In: Theorie und Praxis der Körperkultur 1/1980.
232 Kosel, H.: Behindertensport. München 1981.
233 Kossakowski, A.: Über die psychischen Veränderungen in der Pubertät. Berlin (DDR) 1965.
234 Kosumin, L. / Owtschinnikow, W.: Die Messung der spezifischen Ausdauer-Tests für Mittelstreckler. In: Lehre der Leichtathletik 25/1975.
235 Koz, J. M.: Eine Methode zur komplexen Therapie und Prophylaxe von traumatischen Erkrankungen für Sportler. In: Leistungssport 4/1974.
236 Krämer, K.: Konzepte zur Talentsuche im Sport. Sportwissenschaftliche Dissertationen Trainingslehre Bd. 12, Ahrensburg 1977.
237 Kraus, H. u. M.: Regulation der bei langandauernden beobachteten metabolischen Adaptationen und Leistungssteigerungen durch Thyreoid-Hormone. Archiv Pflüeger, European Journal of Physiology 1970.
238 Kretschmer, E.: Körperbau und Charakter. Berlin 1967.
239 Kröncke, K. u. a.: Unfallverhütung bei Boden- und Gerätturnen. Sicherheit im Schulsport, Heft 1/1982.
240 Krüger, A.: Isokinetisches Krafttraining. In: Leistungssport 1/1971.
241 Krümmel, K.: Athletik, ein Handbuch. München/Berlin 1930.
242 Kruse, D. / Fuchs, E.: Programmiertes Lehren und Lernen im Sportunterricht. Schorndorf 1976.
243 Kuhlow, A.: Analyse moderner Hochleistungstechniken; ein Beitrag zur speziellen Bewegungslehre der Leibesübungen, Band 5 der Sportwissenschaftlichen Arbeiten. Berlin 1971.
244 Kuhlow, A. / Petersen-Dittmann, R.: Modell zur Einschätzung der Einflußhöhe der konditionellen Komponenten auf die komplexe Weitsprungleistung. In: Leistungssport 4/1973.
245 Kultusminister des Landes NW: Richtlinien und Lehrpläne für den Sport in den Schulen des Landes NRW. Köln 1980.
246 Kunze, G.: Mentales Trainingssystem und Anwendung, in: Motivation im Sport: Schorndorf 1971.
247 Kurz, D.: Elemente des Schulsports. Schorndorf 1979[2].
248 Kuschinsky, G.: Kurzes Lehrbuch der Pharmakologie und Toxikologie. Göttingen 1978.
249 Kusnezow, L. L.: Kraftvorbereitung. Berlin (DDR) 1972.
250 Kusnezow, L. L. / Petrarskij, L. L. / Schustin, B. N.: Modellmerkmale von Leichtathleten. In: Beiheft zu Leistungssport 21/1980.
251 Kuttelmer, E.: Körperbau und Charakter. Berlin/Göttingen/Heidelberg 1967.
252 Lay, P. A.: Eine neue Krafttrainingsmethode – Isokinetische Kontraktion. In: Lehre der Leichtathletik 22/1971.
253 Lee, D. N.: Visuo-motorische-coordination-in-space time. In: Stelmach (Ed.) Tutorials in Motor Behavior. Amsterdam 1980.
254 Leist, K. H.: Vernachlässigte Bezugsgrundlagen. In: Sportpädagogik. 1983.
255 Letzelter, H. u. M.: Krafttraining. Theorie, Methoden, Praxis. Reinbek bei Hamburg 1986.
256 Letzelter, M.: Sprinteigenschaften, Wettkampfverhalten und Ausdauertraining. Ahrensburg 1975.

257 Letzelter, M.: Trainingsgrundlagen. Reinbek bei Hamburg 1985[9].
258 Letzelter, M. u. a.: Schrittgestaltung im 100-m-Lauf der Männer und Frauen bei den Olympischen Spielen 1976. In: Leistungssport 4/1979.
259 Leuthard, F.: Lehrbuch der physiologischen Chemie. Berlin 1963.
260 Lippert, H.: Anatomie. München/Berlin/Wien 1976.
261 Lorenz, R. u. a.: Einfluß der Intensität von Ausdauerbelastungen auf das Verhalten des Serumglycerins. In: Medizin und Sport 6/1973.
262 Lorenzen, H.: Lehrbuch des Versehrtensports. Stuttgart 1961.
263 Lüschen, G.: Leistungsorientierung und ihr Einfluß auf das soziale und personale System. Ein Beitrag zur Theorie des Gleichgewichts. In: Lüschen, G. (Hg.): Kleingruppenforschung und Gruppe im Sport. Sonderheft 10 der Kölner Zeitschrift für Soziologie und Sozialpsychologie, 1966.
264 Lullies, H.: Medizin von heute. Physiologie I: Vegetative Physiologie; Physiologie II: Animalische Physiologie. Köln 1966.
265 Lullies, H. / Trincker, D.: Taschenbuch der Physiologie, Band 2. Stuttgart 1979.
266 Lydiard, A. L.: Run to the top. London 1967.
267 Lydiard, A. L.: Meine Methoden beim Mittel- und Langstreckentraining. Berlin 1969.
268 Mahlo, S.: Theoretische Probleme der taktischen Ausbildung in den Sportspielen. In: Theorie und Praxis der Körperkultur 14/1965.
269 Mallow, J. / Papst, H.: Alles übers Laufen. München 1979.
270 de Marées, H. / Mester, J.: Sportphysiologie I. Köln (Troponwerke) 1979.
271 de Marées, H. / Mester, J.: Sportphysiologie II. Köln (Troponwerke) 1980.
272 Marhold, G.: Biomechanische Untersuchungen sportlicher Hochsprünge. Dissertation an der Deutschen Hochschule für Körperkultur Leipzig. o. J.
273 Markworth, P.: Sportmedizin I. Reinbek bei Hamburg 1986[3].
274 Martens, R.: Social psychology and physical activity. New York 1975.
275 Martin, D.: Grundlagen der Trainingslehre I. Schorndorf 1979.
276 Martin, D.: Grundlagen der Trainingslehre II. Schorndorf 1980.
277 Matwejew, L. P.: Periodisierung des sportlichen Trainings. Trainerbibliothek Band II. Berlin 1972.
278 McKlevery, G.: Coaching methods for young athlets. In: Track and Field Technics 70/1977.
279 Medan, H.: Moderne Gymnastik. Celle 1967.
280 Medvedev, V. V. / Rodionov, A. V. / Chudatov, N. A.: Psychische Zustände während der sportlichen Tätigkeit. In: Theorie und Praxis der Körperkultur 3/1974.
281 Meinel, K.: Bewegungslehre. Berlin (DDR) 1977.
282 Mellerowicz, H. / Meller, W.: Training. Berlin/Heidelberg/New York 1972.
283 Merkens, H.: Zum Problem der Konstruktion von lernzielorientierten Tests. In: Schule und Psychologie 19/1972.
284 Merz, F.: Tests zur Prüfung spezieller Fertigkeiten. In: Handbuch der Psychologie. Göttingen 1963.
285 Metzger, W.: Der Ort der Wahrnehmungslehre im Aufbau der Psychologie. In: Handbuch der Psychologie. Band I, Göttingen 1966.
286 Meusel, H.: Gewandtheit und Geschicklichkeit in der Sportmotorik. Frankfurt/M. 1969.
287 Meusel, H.: Praxis der Sportlichen Grundausbildung. Frankfurt/M. 1972.
288 Meusel, H. u. a. (Hg.): Dokumentationsstudie, Sport im Alter. Schorndorf 1980.

289 Mißmahl, I.: Gymnastik. Reinbek bei Hamburg 1985⁴.
290 Mollenhauer, K.: Theorien zum Erziehungsprozeß. München 1974.
291 Morscher, E.: Pubertät und Leistungssport. In: Schweizer Zeitschrift für Sportmedizin 1/1975.
292 Mühle, G.: Rückgriff und Regression. In: Kreativität und Schule. München 1970.
293 Mühlfriedel, B.: Trainingslehre. Frankfurt/M. 1979.
294 Müller, H.: Helfen und Sichern im Gerätturnen. Frankfurt/M. 1971.
295 Münster, H. P. / Graff, K.: Modell der Trainingsberatung im Leistungssport – dargestellt am Beispiel des 400-m-Hürdenlaufs. In: Leistungssport 11/1981.
296 Nabatnikova, M.: Biologische und pädagogische Aspekte der Ausdauer. In: Leistungssport 1/1973.
297 Nabatnikova, M.: Die spezielle Ausdauer des Sportlers. Berlin 1974.
298 Nägele, M.: Interview über Leben, Lehre und Erfolge des Altmeisters der Spitzentrainer im Mittel- und Langstreckenlauf. In: Rundbrief der Interessengemeinschaft älterer Langstreckenläufer. Köln 1969.
299 Nett, T.: Der Langstreckenlauf. Leichtathletik-Fibel Band 4. Berlin 1956.
300 Nett, T.: Taktik im Kurz-, Mittel- und Langstreckenlauf. Frankfurt/M. 1956³.
301 Nett, T.: Festlegung von Begriffen des Lauftrainings. In: Lehre der Leichtathletik 9/1958.
302 Nett, T.: Der Lauf. Berlin 1960.
303 Nett, T.: Die Technik beim Hürdenlauf und Sprung. Berlin 1961.
304 Nett, T.: Die Technik beim Stoß und Wurf. Berlin 1961.
305 Nett, T.: Das komplexe Training. In: Lehre der Leichtathletik 14/1964.
306 Nett, T.: Zur Trainingslehre der Leichtathletik. In: Berichte und Literatur zur Trainingslehre, Dokumentation zum Leistungssport. Hg. von der Deutschen Sporthochschule Köln, Sondernummer 2. Köln 1967.
307 Nett, T.: Schrittlänge und Schrittzahl im Sprint. In: Lehre der Leichtathletik 31/1968.
308 Nett, T.: Der Sprint. Berlin 1969.
309 Nett, T.: Leichtathletisches Muskeltraining, Kraft-Dehnübungen. Berlin 1970³.
310 Nett, T.: Weltbeste Athleten in Lehrbildreihen, Band 4, Weitsprung. Berlin 1971.
311 Nett, T.: Modernes Training weltbester Mittel- und Langstreckler. Berlin 1971⁴.
312 Nett, T.: Lehrhilfen für die Leibeserziehung. Folge 9. 1971.
313 Nett, T.: Zum «Hoch und Tief» der Leistungsfähigkeit. In: Lehre der Leichtathletik 23/1972.
314 Nett, T.: Elektrisches Krafttraining. In: Lehre der Leichtathletik 23/1972.
315 Nett, T. und E.: Hochsprung, Spielvogel (BRD): Lehrbildreihe 471. In: Lehre der Leichtathletik 19/1968.
316 Neumaier, A.: Sportmotorische Tests in Unterricht und Training. Schorndorf 1983.
317 Neumann, O.: Sport und Persönlichkeit. München 1957.
318 New guide to distance running. Mountain view 1978.
319 Nigg, B. / Kuz, H. B. (Hg.): Zehnkampf I–V. Diplomarbeiten in Biomechanik. Zürich 1975–1977.
320 Nikiforow, J. B. / Viktorow, J. B.: Mikrozyklen nach dem Pendelprinzip in der Wettkampfvorbereitung von Boxern. In: Leistungssport 1/1973.
321 Nitsch, J.: Theoretische Grundlagen sportpsychologischer Beanspruchung. In: Nitsch, J. / Udris, J.: Beanspruchung im Sport. Bad Homburg 1976.

322 Nitsch, J. / Allmer, H.: Die Handlung als Grundeinheit sportpsychologischer Betrachtung. In: Nitsch, J. / Allmer, H.: Sportpsychologie – eine Standortbestimmung. Psychologisches Institut der Deutschen Sporthochschule Köln. In: Psychologie und Sport, Band 1. Köln 1978.
323 Nitsch, J. / Allmer, H.: Naive psychoregulative Techniken der Selbstbeeinflussung im Sport. In: Sportwissenschaft 9/1979.
324 Nitsch, J. / Udris, J.: Training und Beanspruchung. Bad Homburg 1976.
325 Nitsch, J. / Udris, J. (Hg.): Beanspruchung im Sport. Hamburg 1976.
326 Nöcker, J.: Die biologischen Grundlagen der Leistungssteigerung durch Training. Schorndorf 1960.
327 Nöcker, J.: Physiologie der Leibesübung. Stuttgart 1964.
328 Nurmekiwi, A.: Hügellauf über welche Streckenlänge? In: Lehre der Leichtathletik 39/1975.
329 Oehme, J.: Motorik und Reflexe. In: Linneweh, A. (Hg.): Die physiologische Entwicklung des Kindes. Berlin/Göttingen/Heidelberg 1959.
330 Oerter, R.: Moderne Entwicklungspsychologie. Donauwörth 1970[6].
331 Osolin, E.: Die Geschwindigkeitsbarriere und Möglichkeiten ihrer Überwindung. In: Theorie und Praxis der Körperkultur 11/1970.
332 Osolin, E.: Sprint- und Schnelligkeitsausdauer. In: Lehre der Leichtathletik 12/1972.
333 Pädagogische Psychologie, Band I. Frankfurt/M. 1977.
334 Pausold, B.: Alaktazide und laktazide Energiebereitstellung bei Schwimmbelastungen. In: Medizin und Sport 4/1973.
335 Pförringer, W. / Rosenmeyer, B. / Bär, H. W.: Sporttraumatologie. Erlangen 1981.
336 Pietka / Spitz: Probleme der Optimierung und Individualisierung der Technik des Beidarmigen Reißens im Gewichtheben. In: Leistungssport 1/1976.
337 Pitzen, P. / Rössler, H.: Kurzgefaßtes Lehrbuch der Orthopädie. München/Berlin/Wien 1976.
338 Poedč, K.: Der Begriff des Körperschemas und seine Probleme. In: Sprachheilpädagogische und hirnpathologische Probleme bei der Rehabilitation von Hirn- und Sprachgeschädigten. Tagungsbericht. Köln 1983.
339 Posden, K.: Lifetime-Sport. Ahrensburg 1977.
340 Puni, A. Z.: Abriß der Sportpsychologie. Berlin (DDR) 1961.
341 Ratow, I. P.: Zur Veränderung des Trainingssystems durch technische Mittel und Trainingsapparate. In: Leistungssport 2/1977.
342 Reckling, K.-A.: Mechanik, Band I. Braunschweig/Frankfurt/M. 1968.
343 Regeln und Sprache des Sports, Band I. Mannheim/Wien/Zürich 1976.
344 Reindell, H. / König, D. /Roskamm, H.: Funktionsbeurteilung des gesunden und kranken Herzens. Stuttgart 1967.
345 Reindell, H. / Roskamm, H. / Gerschler, W.: Das Intervalltraining. München 1962.
346 Reindell, H. / Roskamm, H.: Herzkrankheiten. Berlin 1977.
347 Renström, P. / Petersen, D. L.: Verletzungen im Sport. Köln 1981.
348 Röthig, P. / Gabler, H.: Psychologische Grundfragen der Leibeserziehung. In: Einführung in die Theorie der Leibeserziehung. Schorndorf 1970.
349 Rohracker, H.: Einführung in die Psychologie. Wien/Innsbruck 1965[9].
350 Roskamm, H.: Pathophysiologie der Coronarerkrankungen. In: Reindell, H. / Roskamm, H.: Herzkrankheiten. Heidelberg/New York 1977.
351 Rost, R.: Medizinische Gesichtspunkte zu den Ausdauersportarten Ski, Kanu,

Rudern und Orientierungssport. In: Ausdauersport als Freizeitsport. Frankfurt/M. 1976.
352 Rost, R. / Hollmann, W.: Elektrokardiographie in der Sportmedizin. Stuttgart 1980.
353 Rost, R. / Hollmann, W.: Belastungsuntersuchungen in der Praxis. Stuttgart/New York 1982.
354 Roth, J. / Voss, B. / Muverricht, A.: Untersuchungen über den Einfluß von Massagen und dynamischen Muskelkontraktionen zur Optimierung des Erholungsprozesses. In: Medizin und Sport 9/1973.
355 Rubinstein, S. L.: Grundlagen der allgemeinen Psychologie. Berlin 1959.
356 Satori, J.: Beobachtungen bei den Weltmeisterschaften der Schwimmer in Belgrad 1973. In: Leistungssport 4/1974.
357 Satori, J.: Beobachtungen bei den II. Weltmeisterschaften im Schwimmen in Cali 1975. In: Leistungssport 3/1976.
358 Sbandi, P.: Gruppenpsychologie. München 1975.
359 Schede, F.: Grundlagen der körperlichen Erziehung. Stuttgart 1968.
360 Schilling, K. / Baur, R. (Hg.): Audiovisuelle Medien im Sport (Kongreßbericht). Basel/Boston/Stuttgart 1980.
361 Schmidt, H.: Orthopädie im Sport. Leipzig 1983.
362 Schmidt, P.: Psychoregulation im Leistungssport. In: Leistungssport 1/1971.
363 Schmidt, R. F.: Neurophysiologie. Berlin/Heidelberg 1971.
364 Schmidt, R. F. / Thews, G.: Physiologie des Menschen. Berlin/Heidelberg/New York 1980.
365 Schmidtbleicher, D.: Beiträge zur Bewegungsforschung im Sport. Bad Homburg 1980.
366 Schmidtbleicher, D.: Maximalkraft und Bewegungsschnelligkeit. Bad Homburg 1980.
367 Schmidtbleicher, D.: Strukturanalyse der motorischen Eigenschaftskraft. In: Lehre der Leichtathletik 30/1984.
368 Schmidtbleicher, D.: Klassifizierung der Krafttrainingsmethoden im Krafttraining. In: Lehre der Leichtathletik 1, 2/1985.
369 Schmidtbleicher, D. u. a.: Auftreten und funktionelle Bedeutung des Muskeldehnungsreflexes bei Lauf- und Sprintbewegungen. In: Leistungssport 6/1978.
370 Schmolinsky, G. (Hg.): Leichtathletik. Berlin (DDR) 1977.
371 Schnabel, G.: Zur Terminologie der Bewegungslehre. In: Theorie und Praxis der Körperkultur 9/1965.
372 Schnabel, G.: Zur Bewegungskoordination. In: Wissenschaftliche Zeitschrift der Deutschen Hochschule für Körperkultur Leipzig 1977.
373 Schneider, K. / Bäumler, G.: Sportmechanik. München 1981.
374 Schneider, M.: Einführung in die Physiologie des Menschen. Berlin/Göttingen/Heidelberg 1964^{15}.
375 Scholich, M.: Kreistraining. Berlin/München/Frankfurt/M. 1974.
376 Schröder, W.: Merkmale eines Sportartspezifischen Krafttrainings. In: Wissenschaftliche Zeitschrift der Deutschen Hochschule für Körperkultur Leipzig 11/1968.
377 Schütz, E. / Casper, H. / Speckmann, E.-J.: Physiologie. Lehrbuch für Studierende. München/Wien/Baltimore 1978.
378 Schwank, W.: Sport und Gewerkschaft in der Bundesrepublik Deutschland. Ahrensburg 1975.
379 Schwarzenegger, A.: Bodybuilding für Männer. München 1982.

380 Scientific Approach. In: Bäumler, G. (Hg.): Aktuelle Probleme der Sportpsychologie. Schorndorf 1979.
381 Senger, H. / Donath, R.: Zur Regulation oxidativer Substratverwendung im Muskel bei erhöhtem ATP-Umsatz. In: Medizin und Sport 12/1977.
382 Seybold, A.: Schulgymnastik I: Laufen, Hüpfen, Springen. Bad Homburg 1976.
383 Shepard, R. J.: Intensity, duration and fequency of exercise as determinance of the response to a training regime. In: Internationale Zeitschrift für angewandte Psychologie 26/1968.
384 Simkin, N. W.: Physiologische Charakteristik von Kraft, Schnelligkeit und Ausdauer. Berlin (DDR) 1960.
385 Sklorz, M.: Tischtennis vom Anfänger zum Könner. München 1974.
386 Söll, W.: Differenzierung im Sportunterricht. Schorndorf 1976.
387 Sonnenschein, I.: Psychoregulatives Training. In: Müller / Augustin / Hunger (Red): Frauenleichtathletik. Niedernhausen 1985.
388 Steffny, M.: Lebens-Lauf. Neue Wege zu Körper und Psyche. 1978.
389 Stegemann, J.: Leistungsphysiologie. Stuttgart 1984.
390 Stein, N.: Über medizinische Aspekte zur Manipulation der Leistungsfähigkeit des Spitzensportlers. Diplomarbeit an der Deutschen Sporthochschule Köln.
391 Steinbach, M.: Wie ich in den letzten Jahren trainierte. In: Lehre der Leichtathletik 13/1962.
392 Steinbach, M.: Gedanken über den Sprint und sein Training. Lehre der Leichtathletik 9/1968.
393 Steiner, H.: Leistungsmotivation und Wettkampfanalyse. Ahrensburg 1976.
394 Stiehler, G.: Methodik des Sportunterrichts. Berlin (DDR) 1973[2].
395 Stoboy, H. / Friedebold, G. / Nüsgen, W.: Die Veränderung der elektrischen Aktivität der Skelettmuskulatur unter den Bedingungen eines isometrischen Trainings. In: Experimentelle Medizin 129/1959.
396 Strata, P.: Das Kleinhirn. In: Haase, J. u. a.: Sensomotorik. München/Berlin/Wien 1976.
397 Strunz, K.: Das Problem der Persönlichkeitstypen. In: Lesch, Ph. / Thomas, H. (Hg.): Handbuch der Psychologie, Band 4. Göttingen 1960[2].
398 Stüdl, H.: Freizeit- und Erholungssport in der DDR. Schorndorf 1977.
399 Tanner, J. M.: Wachstum und Entwicklung des Menschen. Stuttgart 1966.
400 Tanner, J. M.: Moderne Tendenzen im Krafttraining des Hochleistungssports. In: Beiheft zum Leistungssport 1975.
401 Ter-Owanesjan, A.: Die technische und taktische Vorbereitung im Training. In: Für die Mappe des Technikers. DSV 1971, Folge 4–6.
402 Thiery, C.: Die Entspannung und das psychotonische Training. In: Leistungssport 4/1972.
403 Thiess, G.: Die Bestimmung der Trainingsetappen als Grundlage der Trainingsplanung im Aufbautraining. In: Wissenschaftliche Zeitschrift der Deutschen Hochschule für Körperkultur Leipzig, Sonderheft 1964.
404 Thiess, G.: Möglichkeiten der Eignungsdiagnostik. In: Harre, D.: Trainingslehre. Berlin (DDR) 1979.
405 Thomae, H.: Entwicklungsbegriff und Entwicklungstheorie. In: Handbuch der Psychologie, Band 2. Göttingen 1959.
406 Thumm, H. P.: Techniknahe Tiefsprünge im Weitsprungtraining Jugendlicher. In: Lehre der Leichtathletik 8/1977.
407 Tittel, K. / Wutscherk, H.: Sportanthropometrie. Leipzig 1972.

408 Tittel, K.: Beschreibende und funktionelle Anatomie des Menschen. Stuttgart/New York 1978[8].
409 Tschakert, R. u. a.: Untersuchungen zu naiven Techniken der Psychoregulation im Sport. Köln 1981.
410 Tscherne, F.: Zur Terminologie der Leibesübungen (des Sports). Wien 1964.
411 Tschiene, P.: Zum finnischen Mittelstreckentraining, Elastizitätsausdauerübungen. In: Lehre der Leichtathletik 4/1974.
412 Tschiene, P.: Zur Doppelperiodisierung im DLV-Bereich. In: Lehre der Leichtathletik 29/1974.
413 Tschiene, P.: Moderne Tendenzen im Krafttraining des Hochleistungssports. In: Beiheft zum Leistungssport 1975.
414 Tschiene, P.: Keine Tendenzwende im Krafttraining. In: Leistungssport 5/1976.
415 Tschiene, P.: Zu einigen Fragen der Steuerung des Trainingsprozesses. In: Leistungssport 6/1976.
416 Tschiene, P.: Im Mittelpunkt: Das spezielle Krafttraining. In: Leistungssport 4/1977.
417 Tschiene, P.: Einige neue Aspekte zur Periodisierung des Hochleistungstrainings. In: Leistungssport 5/1977.
418 von Üxküll, T.: Grundfragen der psychosomatischen Medizin. Reinbek bei Hamburg 1963.
419 Ulbricht, W.: Neurologie im Kindesalter. Berlin (DDR) 1977.
420 Ulich, E.: Some experiments on the function of mental training in the acquisition of motor skills. Ergonomics. New York 1967.
421 Ungerer, D.: Bewegungslehre. In: Grupe, O. (Hg.): Einführung in die Theorie der Leibeserziehung. Stuttgart 1968.
422 Ungerer, D.: Die Leistungsfähigkeit im Kindes- und Jugendalter. Schorndorf 1970.
423 Ungerer, D.: Die Lernkurve. In: Koch, K. (Hg.): Motorisches Lernen, Üben, Trainieren. Schorndorf 1972.
424 Ungerer, D.: Zur Theorie des sensomotorischen Lernens. Schorndorf 1973.
425 Vogt, U.: Die Motorik 3–6jähriger Kinder. Schorndorf 1978.
426 Volkamer, M.: Bewegungsvorstellung und mentales Training. In: Koch, K. / Bernhard, G. / Ungerer, D.: Motorisches Lernen, Üben, Trainieren. Schorndorf 1972.
427 Volpert, W.: Untersuchungen über den Einsatz des mentalen Trainings beim Erwerb einer sensomotorischen Fertigkeit. Psychologisches Seminar der Deutschen Sporthochschule Köln 1969.
428 Weber, K.: Tennis-Fitness. München 1982.
429 Wegmann, R. / Burger, R.: Gesundheitserziehung in der Schule. Neuwied 1968.
430 Weineck, J.: Optimales Training. Erlangen 1983.
431 Weineck, J. / Thiery, C.: Die Entspannung und das psychotonische Training. In: Leistungssport 4/1972.
432 Weiss, H.: Die Coronarreserve des menschlichen Herzens. In: Reindell, H. / Roskamm, H. (Hg.): Herzkrankheiten. Heidelberg/New York 1977.
433 Weizsäcker, F. v.: Der Gestaltkreis. Stuttgart 1950.
434 Wellhöner, G.: Allgemeine und systemische Pharmakologie und Toxikologie. Köln 1976.
435 Winter, R.: Die motorische Entwicklung des Menschen von der Geburt bis ins hohe Alter. In: Meinel, K.: Bewegungslehre. Berlin (DDR) 1977.

436 Wendt, J.: Fußball. In: Konzag, I. / Konzag, G.: Übungsformen für die Sportspiele. Berlin (DDR) 1975².
437 Werschoshanskij, J. W.: Zur Beurteilung der Absprungqualität des Dreisprungs. In: Der Leichtathlet 12/1968. Beilage «Der Leichtathletiktrainer».
438 Werschoshanskij, J. W.: Komponenten und funktionelle Struktur der Explosivkraft. In: Leistungsport 5/1975.
439 Werschoshanskij, J. W.: Modernes Krafttraining im Sport. Berlin 1978.
440 Werschoshanskij, J. W.: Grundlagen des speziellen Krafttrainings. In: Adam, K. / Werschoshanskij, J. W.: Modernes Krafttraining im Sport. München 1978.
441 Werschoshanskij, J. W.: Zum speziellen Krafttraining der Werfer und Springer. In: Lehre der Leichtathletik 26, 27/1978.
442 Werschoshanskij, J. / Tatjan, W. W.: Komponenten und funktionelle Struktur der Explosivkraft des Menschen. In: Leistungssport 1/1975.
443 Werschoshanskij, J. / Tschjonnonssow, G.: Sprünge im Training der Sprinter. In: Lehre der Leichtathletik 25/1974.
444 Willimczik, K.: Die sportliche Zieltechnik. Möglichkeiten und Grenzen der Erstellung. In: Rieder, H. (Hg.): Bewegungslehre des Sports. Sammlung grundlegender Beiträge II. Schorndorf 1979.
445 Willimczik, K.: Biomechanik der Sportarten. Reinbek bei Hamburg 1987 (i. V.).
446 Willimczik, K. / Roth, K.: Bewegungslehre. Reinbek bei Hamburg 1985².
447 Wilt, F.: Run, Run, Run. Los Altos 1964.
448 Wolf, K.: Sport, gestern-heute-morgen. In: Asko Sport. Wien 1971.
449 Wolkow, J.: Aktuelle Fragen der sportlichen Auslese. In: Leistungssport 6/1974.
450 Worobjewa, E. I. / Worobjewa, A. N.: Die Adaptation im sportlichen Training als eine der Formen der biologischen Anpassung des Organismus an Umwelt- und Entwicklungsbedingungen. In: Leistungssport 2/1978.
451 Zaciorskij, V. M.: Die Wechselbeziehung zwischen den körperlichen Eigenschaften. In: Theorie und Praxis der Körperkultur 19/1970.
452 Zaciorskij, V. M.: Die körperlichen Eigenschaften des Sportlers. Trainerbibliothek Band II. Berlin 1972.
453 Zaciorskij, V. M.: Die körperlichen Eigenschaften des Sportlers. In: Leistungssport 1/1973.
454 Zaciorskij, V. M. / Raizim, L.: Die Übertragung des kumulativen Trainingseffektes bei Kraftübungen. In: Leistungssport 1/1975.
455 Zaciorskij, V. M. u. a.: Das Problem des Talents und der Talentsuche im Sport: Richtungen und Methoden der Untersuchungen. In: Leistungssport 4/1974.
456 Zanon, S.: Plyometrie für Sprünge. In: Lehre der Leichtathletik 16/1974.
457 Zeller, W.: Konstitution und Entwicklung. Göttingen 1952.
458 Zetkin, M. / Schaldach, H.: Wörterbuch der Medizin. Stuttgart 1980.
459 Zieschang, K.: Zur Bedeutung der Angst beim motorischen Lernen und Handeln. In: Sportwissenschaft 9/1979.
460 Zimbardo, F.: Lehrbuch der physiologischen Chemie. Berlin 1963.
461 Zimbardo, P. G. / Ruch, F. L.: Lehrbuch der Psychologie. Berlin 1978.
462 Zwingmann, Ch. (Hg.): Zur Psychologie der Lebenskrisen. Frankfurt/M. 1962.

Bücher zum Thema

Manfred Letzelter
Trainingsgrundlagen
(7024, 288 Seiten)

Helga und Manfred Letzelter
Krafttraining
(7621, 400 Seiten)

Ulrich Jonath/Rolf Krempel
Konditionstraining
(7038, 432 Seiten)

Ulrich Jonath
Circuittraining
(7625, 192 Seiten)

Karl-Peter Knebel
Funktionsgymnastik
(7628, 208 Seiten)

Helmut Digel (Hg.)
Lehren im Sport
(7050, 352 Seiten)

Peter Markworth
Sportmedizin 1
(7049, 320 Seiten)

Hans Eberspächer
Sportpsychologie
(7047, 288 Seiten)

Klaus Willimczik/Klaus Roth
Bewegungslehre
(7048, 384 Seiten)

C 2191/2

Ballsport

Training
Technik
Taktik

H. W. Niesner/J. H. Ranzmayer
Badminton (7042)

Lothar Waldowski
Basketball (7023)

Gero Bisanz/Gunnar Gerisch
Fußball (7039)

Hans-Dieter Trosse
Handball (7004)

H. Budinger/W. Hillmann/W. Strödter
Hockey (7035)

Conny Hasselbach/Niels Härtel
Squash
Offizielles Lehrbuch des DSRV (7040)

Klaas Bohlens
Tennis (7006)

Klaas Bohlens/Rainer Hamann
Tenniskurs (7022)

H. Harst/H. Giesecke/J. Schlaf
Tischtennis (7013)

Günter Blume
Volleyball (7011)

Günter Blume/Klaus Lange
Volleyball und Handball
Organisations- und Übungsformen für Schule und Verein (7034)

sachbuch rororo

C 2149/1